U0687560

大癫狂

DA DIANKUANG

[英] 查尔斯·麦凯◎著　　方霈◎译

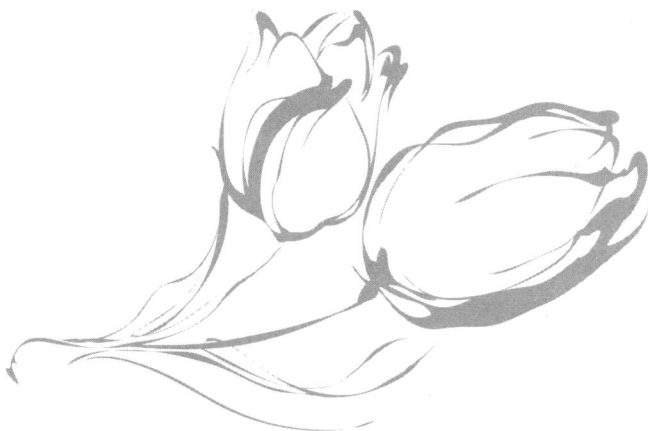

民主与建设出版社

Democracy & Construction Publishing House

© 民主与建设出版社，2021

图书在版编目 (CIP) 数据

大癫狂 / (英) 麦凯 (Mackay,C.) 著；方霈译 .
— 北京 : 民主与建设出版社 , 2016.5（2021.3 重印）
ISBN 978-7-5139-1086-6

Ⅰ .①大… Ⅱ .①麦… ②方… Ⅲ .①金融–经济史
—世界 Ⅳ .① F831.9

中国版本图书馆 CIP 数据核字 (2016) 第 095291 号

大癫狂
DA DIANKUANG

著　　者	(英) 麦凯 (Mackay,C.)	
译　　者	方　霈	
责任编辑	李保华	
封面设计	久品轩	
出版发行	民主与建设出版社有限责任公司	
电　　话	(010) 59417747　59419778	
社　　址	北京市海淀区西三环中路 10 号望海楼 E 座 7 层	
邮　　编	100142	
印　　刷	固安县保利达印务有限公司	
版　　次	2016 年 8 月第 1 版	
印　　次	2021 年 3 月第 4 次印刷	
开　　本	710 毫米 ×960 毫米　　1/16	
印　　张	31	
字　　数	500 千字	
书　　号	ISBN 978-7-5139-1086-6	
定　　价	58.00 元	

注 : 如有印、装质量问题，请与出版社联系。

▲ 路易十四画像。法国历史上最伟大的君主之一，统治法国有72年之久，被誉为"太阳王"。而他的风流韵事也被人津津乐道，他是第一个公开确立情妇地位的法国国王。

▲ 18世纪法国贵族妇女形象。当时的贵族妇女内穿束身马甲，下着流行的裙撑架，此时裙撑架的形式为前后扁平、左右对称，外穿衬裙，整体风格精致、优雅，装饰性强。

▲ 郁金香泡沫。有人戏称为"一朵小花摧毁了一个大国"，在当时的荷兰，买卖郁金香成为了全民运动。一株名为"永远的奥古斯都"的郁金香球茎可以换来一栋豪宅。

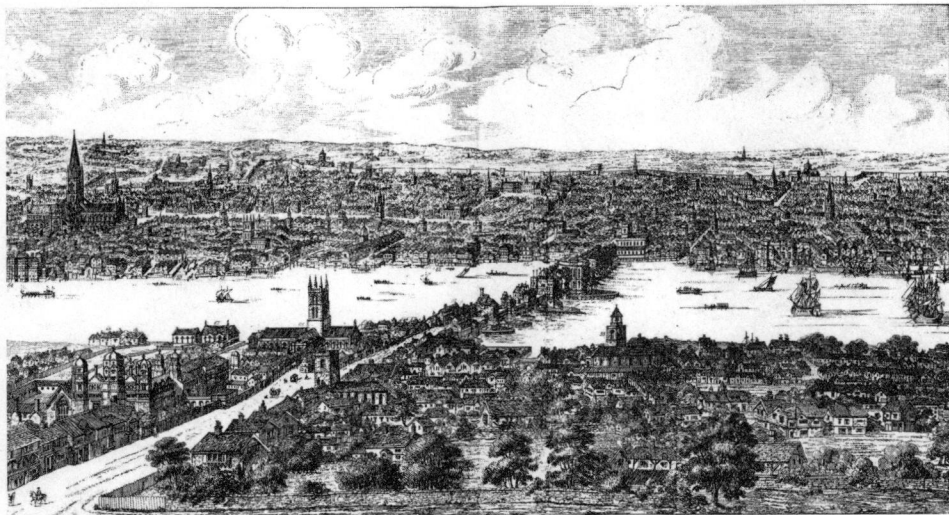

▲ 1543年伦敦图景。16世纪，伦敦是当时英国的文化中心，城市里居住着众多的商人和工匠，此外还有许多上层人士，比如法学家、外国语专家、医生。但是当时的总人口数量较少，不超过20万人。

▲ 中世纪决斗。这是骑士时代的产物，决斗时骑士们会事先约定好是骑马决斗，还是在地上用刀或斧头决斗，一般要打到一个人死去或者重伤才结束。这种决斗传统一直保留到19世纪，绅士们会用刀或者枪来决斗。

▲ 罗宾汉塑像。在英国的民间传说中，罗宾汉名气响亮。他武艺出众、机智勇敢，仇视官吏和教士，是一位劫富济贫、行侠仗义的侠盗。

▲ 梅林拯救亚瑟王。传说中，大法师梅林是亚瑟王的挚友，他指引亚瑟王得到石中剑，并统治了英格兰。人们相信梅林具有超自然的力量，有预言的能力，并且懂得魔法。

▲ 教皇乌尔班二世宣布发起十字军东征。十字军东征共进行了9次，这是由天主教国家对地中海东岸国家发动的战争。历次十字军东征导致西欧民众死亡二百万以上，而十字军在巴勒斯坦建立的一系列小国，最终也全部灭亡。

▲ 审判女巫。这段残酷的历史从14世纪延续到17世纪，全欧洲都陷入到了"女巫审判"的狂热中，凡是被指认为女巫的人，都会受到拘捕，而且大多数会被处以火刑。挪威建有一座女巫审判案受害者纪念馆，用以纪念那些被迫害而死的人们。

▲ 始建于17世纪的建筑，有闹鬼的传闻。鬼宅传说在西方一度很流行，各种各样的闹鬼传闻闹得沸沸扬扬，这可能与当时黑死病肆虐欧洲有关。直至今日，在欧洲还有各种鬼宅的传说。

如何在群体癫狂中保持清醒

无论在东方还是西方，无论在古代还是现代，人们对于对金钱的追求、对宗教的膜拜、对时尚的尊崇都曾掀起一次次的狂潮，很多时候这种狂热都伴随着争斗、群体性癫狂、巨大的财富流失，甚至是流血与杀戮。在现在看来，当时人们的这些狂热行为可能是难以理解的和荒唐可笑的，但是历史已经向我们证明了：一旦人们内心的欲望被一些特定的情境激发，癫狂仍然会再次上演。

1841年，苏格兰记者查尔斯·麦凯出版了一部影响深远的巨著《大癫狂》，在这部著作中麦凯第一次运用心理学剖析了人们在金融、市场、战争、时尚多个领域的群体性行为。这本书出版后引起了巨大轰动，不但多次再版，还影响了包括伯纳德·巴鲁克、约翰·坦普敦以及彼得·伯恩斯坦在内的诸多金融投资界人士。本书还入选《财富》杂志鼎力推荐的75本商务必读书，同时也被《金融时报》评选为史上最佳十部金融作品之一。而在2000年，经由经济学家吴敬琏的介绍，本书第一次引入我国，并在中国财经界引发了巨震。

书中，麦凯把多个历史片段用同一主线串起来，不但读来生动有趣，更能够给生活在当下的人们以启示：

在密西西比泡沫、南海幻梦这两大历史上的股票投机事件中，贵族、王室、牧师、官员、平民百姓全部陷入一场巨大无比的股票投机骗局之中，最后的结局惨不忍睹。

人们疯狂地执著于郁金香这种植物，以至于它的价格猛涨，达到了令人不可思议的天价。

宗教圣物的崇拜又是一件十分狂热的事。人们对所有的圣物都情有独钟，无论多么丑陋、肮脏，最后就连人的骨灰也被当作圣物，引发了众人的哄抢。

在关于预言家的故事中，人们已经陷入了疯狂的状态中，你很难弄清楚他们是真的痴迷于那些有权威预言家的预言，还是根本就不在意预言是谁作出的，他们唯一关注的可能就是这是一个预言。

强盗在某一时期也成了了不起的"大人物"，诗人、剧作家都给了他们极高的评价，这段故事就是关于历史上的侠盗的。

谁会想到头发和胡须会和政治扯上关系，但事情就这样发生了。在法国、俄国，专制皇权与宗教神权为了它们进行了旷日持久的斗争。

决斗被人们当作解决问题的一种方式。欧洲各国的人们都有着决斗的倾向，使得它成为干扰社会秩序的一个重要原因，各国国王都想尽办法去制止类似事件的发生。

……

本书为《大癲狂》的完整全译版，不仅是一本金融投资领域的超级经典，也是对人类社会群体迷失现象的一次总记录，如十字军东征、圣物崇拜、决斗潮、女巫、炼金术士等历史事件，需要指出的是，这种集体妄想与群众狂潮在现代也在不断掀起：互联网泡沫、股市泡沫、金融海啸甚至楼市及商品狂潮等。以史为鉴，我们就能让自己站在更全面、更高的角度来看事情，保持自身独立的判断，从而避免跟随性的大众性癲狂，成为盲动"羊群"中的一只。

目 录

第十一章
"女巫""活"在许多国家 / 237

第一章

密西西比泡沫

Extraordinary Popular Delusions

and the Madness of Crowds

"金融大师"约翰·劳

一心投机钻营赚大钱，

一些人私下里自组公司，

不惜发行新股吹大牛，

好用虚名引诱世人，

先建立新的信用，再让股票贬值，

让无中生有的股份变成了资本，

为了金钱啊，人们聚在一起争吵无休。

——丹尼尔·笛福（Daniel Defoe）

　　说起密西西比大阴谋，就不得不提到约翰·劳这个人，他的品行、经历与发生在1719—1720年的那场大骗局之间有着密不可分的关联。他可以说是整个阴谋的始作俑者。

　　在历史学家们看来，约翰·劳这个人是个十足的大骗子，他是个居心叵测的阴谋家、小人，甚至有人说他是疯子……如此种种，不一而足。之所以如此，有其深刻的现实背景。因为他的一个计划，害得无数人为此赔上身家性命，那些令人痛心的不幸后果被深深地烙印在人们的心中，久久不能忘怀。但是随着事态的逐步明朗，人们意识到如此对待他是不公正的。约翰·劳既不是骗子，也不是疯子。与其说他设计骗人，不如说他本身也是受骗者；与其说他是罪犯，不如说他只是无辜的替罪羊。

　　客观地来看，约翰·劳本人其实是个非常优秀的金融专家。他对信用的理论和原则可谓了如指掌，他比同时代的任何人都要熟悉金融问题，而且他所建立的金融系统会如此快速地坍塌，主要原因并不在于他。那些推波助澜、渴望快速攫取金钱财富的人们，协助他建立这个金融货币体系的人们，才是问题的根源所在。

　　约翰·劳自己也没有料到整个国家竟会陷入如此巨大的贪婪狂潮中。他更没料到，人们的信心，就像怀疑一样，可以无限制地增长、膨胀；而希望也可以像恐惧一样四处蔓延，最终吞噬一切。他又怎么能够预见到，法国人会像寓言中所描绘的那样，在金钱的疯狂驱使下，在发疯般的渴望中，杀掉那只曾给他们下了无数金蛋的鹅呢？他的命运就像第一个冒险划船从伊利湖向安大略湖漂流的人一样。他出发的时候，河面上还是风平浪静、水流轻缓，仿佛一块明镜。他的航程是既迅捷又惬意。这时候，有谁能阻碍这一航行的轻舟呢？转眼工夫，平静的波浪尽头竟然出现了一个大瀑布！但是水手兀自沉浸在美妙的航行中，对前方的危险一无所知。当他意识到自己的处境时，为时已晚！以前载着他畅游的湖水如今竟成了他的葬身之地。他试图折回原路返航，可是水流实在太湍急，他显得如此渺小。以他微弱的力量根本不足以对抗。随着时间一点点地流逝，这一人一船距离那雷霆震怒一般的瀑布越来越近。终于，一个浪头拍下，水手连人带船跌进万丈深渊——他的身体、他的小船旋即被嶙峋的岩石撞成碎片。奔流的河水裹挟这可怜的碎片坠入谷底，翻起滚滚的水花，但是很快就消失不见，又如往常一样继续向前流去。约翰·劳和法国人就是如此，约翰如同那个可怜的水手，而法国民众就像那看似无害却满布旋涡暗流的滔滔湖水。

约翰·劳1671年出生于苏格兰首府爱丁堡的一户富裕人家，是家中的长子。他父亲既是金匠又是银行家。能在自己的名字前加上一个领地的称号，这是他那个时代所有人的梦想，他的父亲也不例外。他用做买卖积攒的大笔财富买下了劳里斯顿和兰德尔斯顿两处地产，因此被当地人称为"劳里斯顿的劳"。约翰刚满14岁就被带到父亲的会计事务所中做了学徒。在那里他艰苦劳动了3年，勤奋地学习商业知识，也一步步地熟悉了苏格兰银行业的操作规则。约翰在很小的时候就在数字方面显露出了非比寻常的天赋，这一点让他在这一行里如鱼得水。

17岁时的时候，约翰已经长得又高又壮了，他的身材健美，脸上因出天花而有些瘢痕，但这并不影响他英俊的容貌。他的表情总是朝气蓬勃，看起来充满了智慧，因此十分讨人欢喜。不过，很快他也开始不务正业，喜好打扮自己，派头十足又极度自信。在女人堆中约翰也备受青睐，可谓无往而不利，女人们都管叫他"俊俏的劳"。而男士们则对这个外表浮夸的小伙子十分鄙夷，也送了他一个外号叫"浪荡子约翰"。1688年约翰的父亲去世后，他彻底抛开了会计事务所的繁冗琐事，带着继承的遗产来到伦敦，打算在这个花花世界闯荡一番。

因为他的狂妄和缺少自制，以及喜好排场和奢侈的生活习惯，很快他就变成了伦敦各家赌场中的常客。但是他表面上虽然喜好挥霍，放肆张扬，却并不是个严格意义上的"花花公子"。他从不随便出手，靠着他对输赢概率的精心计算，他一直不断地赢钱。为此，他甚至成了所有赌徒的崇拜对象，人们相信跟随他就能在赌桌上翻盘赢大钱！

这个出手阔绰又潇洒风趣的苏格兰男子，同在他的家乡一样，受到了伦敦上流社会社交界，尤其是那些名媛们的欢迎。与在赌场中相似，在情场上，约翰也是个常胜将军，纵横花丛中进退自如。然而，这些也只是铺平了他通向不幸的道路，这个年轻、富裕、聪明又赋有魄力的小伙子也有走背运的时候。在伦敦度过了整整9年放荡、奢靡的生活之后，他逐渐沉溺于赌博，开始滑向失控的边缘，变成了一个无可救药的"赌棍"。他不再满足于小打小闹，赌注越押越大，但是他装满数字概率的脑袋却越来越迟钝。终于在一个不幸的日子，他输了一大笔钱，被迫抵押地产以支付一大堆令人头痛的债务。他眼睁睁地看着这一切发生而无能为力。

福无双至，祸不单行，就在他被债务危机而弄得焦头烂额之际，一件"桃色事件"又把他拖向另一个深渊。他与一位名叫维莉尔丝（Weiliersi）的女子之间的桃色新闻又招致一位名叫威尔逊先生（Mr Wilson）的敌意，为了把事情做个干净的了断，两人约定了一场决斗。结果在决斗中约翰当场杀死了威尔逊。男女间的争风吃醋一下子转变为刑事案件，当天他就被逮捕归案，威尔逊先生的亲属以谋杀罪的名义起诉了他。法庭判他有罪，应处以死刑。但考虑到事情的缘由，于是约翰落了个过失杀人罪，判决也被减为罚款。这样的处理引起了死者兄弟的极度不满，重新提出了上诉。可是，就在被押到最高法院受审后，约翰却神奇地逃之夭夭了。至于他是怎么得手的，至今是个谜，约翰也从未向人提过。法官们因此受到了斥责，他们在报纸上通缉并悬赏捉拿约翰。在通缉文告中，约翰是这样的一个人物："约翰·劳上尉，26岁，苏格兰人。身材消瘦，身高约6尺以上，皮肤黝黑，相貌端正，脸上有麻点，大鼻子，声音洪亮……"这种漫画式的描绘使他的逃亡之路没有遇到多少障碍，他成功地抵达了欧洲。在这块古老的大陆上，他整整游历了3年，并把自己大部分的精力投入研究各国货币和金融事务上去。在阿姆斯特丹的几个月里，他甚至做了几笔金融投机买卖。但是他积习难改，白天虽然都在研究金融和贸易规律，到了夜晚，他照旧是各大赌场的常客。大约1700年，他返回了爱丁堡，并发表了一本名为《组建一个贸易委员会的建议和理由》的小册子。但是并没能引起人们的关注。

没多久，他阐述了一个建立所谓的"土地开发银行"（Land Bank）的新主张。该主张认为，银行所发行的货币绝对不能超过这个国家的所有土地的价值。在正常的利率下，或者与土地价值相当。拥有这些货币的人，在特定的时间有权被认为拥有土地。这次，他的提议在苏格兰议会中激起了轩然大波，并持续了相当长一段时间。其中的一个中立党派甚至还专门提出议案要求政府建立这样一家银行。约翰对此很是兴奋。但是，议会最终通过决议认为：强迫发行任何形式的纸质货币以促进流通，对整个国家来说是很不明智的，那将可能使整个国家陷入巨大的风险之中。

计划失败了，同时他企图得到司法赦免的努力也落空了。他不得不离开苏格兰重返欧洲大陆，继续操持着赌博旧业。他陆续在荷兰、德国、匈牙利、意大利、法国等国游荡了近14年之久。丰富的经历使他的眼界大为开阔，约翰几乎对每个国家的货币和贸易政策都了如指掌。并且他坚定地认为如果没有纸币，任何一个国家的经济想走向繁荣都是空谈！这14年中，他最成功的事情依然是赌博，他被认为是一个技术精湛的资深赌徒，约翰在欧洲各大赌场里都是声名显赫。当时的人们普遍认为他是全欧最擅长算计、最会利用错综复杂的概率创造机会的精明人。在官员们的心目中他对年轻人来说是很危险的，根据《世界传记》记载，他先是被当局驱逐出威尼斯，接着又被赶离热那亚。在巴黎滞留期间，约翰同样引起了法国警察总长德·阿金森（De Atkinson）的侧目，警察总长大人命令约翰尽快离开首都。但是好运降临了，这个命令并没有付诸实施。法国宫廷中几位位高权重的大人物，例如旺多姆公爵、孔蒂王子和奥尔良公爵等，都是约翰在沙龙里结识的新朋友，特别是奥尔良公爵，他对约翰的翩翩风采及冒险精神十分赞赏，坚持做约翰的保护者，后来对约翰的命运也产生了巨大的影响。而约翰也被这位公爵大人的远见卓识所吸引，两人之间颇有点"英雄惜英雄"的味道。他们经常见面，约翰尽可能地抓住每次见面的机会向公爵灌输自己的金融主张，因为他知道奥尔良公爵与皇帝十分亲近，并且以后也会对整个政府起到举足轻重的作用。

路易十四[①]去世前不久，约翰曾经向审计长德斯马莱（Desmond Mallett）提出了一个财政计划。因为路易十四知道该计划的制订者不是一个天主教徒，所以拒绝实施该计划。随后失意的约翰来到意大利。但是他一直念念不忘这一财政计划，于是前往拜谒优伊公爵维克多·阿马德斯，说服他在自己的领地内建立土地银行。公爵认为自己地盘狭小，无法实施这一计划，建议他到法国去试试看。在他看来，法国人对新颖的东西赞赏有加，所以很可能会赞同这一计划。

1715年路易十四去世，年仅7岁的继承人登上王位，奥尔良公爵则被指定为摄

---

① 　路易·迪厄多内·波旁（Louis-Dieudonné，1638—1715年），于1643—1715年在位。是法王路易十三的长子，出生于法国圣日耳曼昂莱，他的执政期是欧洲君主专制的典型和榜样。——译者注

政王，负责辅佐小皇帝主持朝政。好运一下子降临到了约翰的头上，如洪水般猛烈，约翰梦寐以求的财富和地位似乎近在咫尺。摄政王既是他的朋友，又对他的货币理论和设想十分熟悉，更关键的是，他愿意无条件地帮助约翰重新树立法国伤痕累累的信誉。众所周知，在路易十四漫长的统治期间，法国的金融信用已经被皇室贵族们的奢靡无度弄得岌岌可危了。

因此，路易十四刚刚去世，公众压抑已久的愤怒就像火山一样爆发了。生前他所得到的阿谀奉承不计其数，简直无人能及，死后却被骂成"暴君""死硬派"甚至是无恶不作的"盗贼"。人们将他的雕像砸得稀巴烂，在不停的诅咒声中撕毁他的画像，他的名字也成了"自私""压迫""骄横暴虐"的代名词。昔日的辉煌早已远去，留下的只有他的倒行逆施、奢侈和残暴。

整个国家的财政已经到了崩溃的边缘。上梁不正下梁歪，国王的腐败堕落引起各级官员的竞相模仿，从上到下无人不贪，无人不恶。整个社会的经济秩序混乱不堪。国家债台高筑，外债总额竟高达30亿里弗①，而国家每年的财政收入总共只有1.45亿里弗，仅政府开支就要花费1.4亿里弗。也就是说，每年只剩300万里弗来支付这30亿外债的利息。摄政王受命于危难之际，他要做的第一件事就是想办法扭转乾坤，改变当时的危机局面。

为此，他召集各位大臣一起商讨解决的办法。与会人士纷纷出谋献策。圣西蒙公爵认为，只有宣布法兰西政府破产这一方法才能避免整个国家陷入革命的危机，即使这是一个大胆而又危险的方法。诺阿勒公爵是一个和事佬，处事非常圆滑，他坚决反对圣西蒙的建议。他认为这种做法十分不明智，很可能会给国家带来毁灭性的打击。摄政王采取诺阿勒的意见，却未曾想到这令本已奄奄一息的国家财政更加雪上加霜！国家下令重铸货币，这样一来货币立即贬值了五分之一。人们拿1000个金币或银币到造币厂取回等额的货币，但是货币中金属的重量只有原来的五分之四。借助这种损人利己的行为，国库一下增加了7200万里弗的收入，但是整个商业运作却变得一团糟。法皇不得不下令稍微削减赋税，这才暂时平息了民众的怒火——为了眼前的一点蝇头小利，人们选择对将要落在自己头上的巨大灾祸视而不见。

根据计划，政府组成了一个裁决委员会来审查那些贷款承包商和包税人的不法行为。尽管任何国家的人民对税收人员都颇有微词，但在当时的法国，人们对税收人员却是恨之入骨。因此，当被称做征收苛捐杂税的人——赋税承包巨头以及手下的

---

① 法国的一种旧货币单位。——译者注

各级承包人被法庭传唤交代他们罪行的时候，法国被前所未有的欢欣喜悦所笼罩。

裁决委员会由国会主席、各委员会领袖及司法机关的大法官组成，主席是财政大臣。该委员会被赋予了极大的权力，获得了社会各阶层的广泛支持。他们鼓励人们积极提供线索以揭发各种犯罪行为，并许诺以罚款和没收赃款的五分之一对检举人进行奖励。而被检举人所有隐匿款项的十分之一也将被作为检举者的报酬。

这样诱人的法令刚一颁布，那些从事不法行为的人们立即惶恐不安起来，因为他们非法盗用的税款数额非常巨大，以至于没有人会同情可怜他们。接下来一项项的起诉逐一印证了他们的恐惧，巴士底监狱很快就人满为患了。与此同时，全国各地的大小监狱也都处于饱和状态，里头关满了罪犯或嫌疑人。法庭同时下令，任何一家旅店的老板或驿站站长都禁止向试图逃脱的人提供马匹；任何帮助罪犯或者带他们逃跑的人都将受到严惩。如果违反这些规定，要么被罚披枷示众，要么被罚做苦役，罪行较轻的则被处以罚款和监禁。

在整个过程中只有一个外省的银行家兼包税人塞缪尔·伯纳德（Samuel Bernard）被判死刑。他被当地人称为本地区的暴君兼独裁者，这个家伙居然胆大包天地提出愿意掏出600万里弗作为获得自由的赎金。结果他的如意算盘落空了，等待他的是阴森的绞架。相比之下，另外一些罪行可能更严重的人因为把财产都藏匿起来了，所以要幸运得多。于是，政府的强硬态度逐渐缓和下来，在税收的名义下，所有犯法的人统统被判处罚款，但是这一招并没有令国库增加多少收入。法国的各个部门早已是腐败到骨子里了，这些巨额罚款中的绝大部分都流入了形形色色的大臣以及他们的妻子、情人的荷包里。为了避免掏罚款，一些不法分子们纷纷开始对这些大臣背后的女人们大献殷勤。据说有一个承包商人，根据财富的多少以及罪行的轻重被处以1200万里弗的罚款，但是一位在政府中举足轻重的伯爵主动告诉他如果给自己10万里弗，他的罚款就可以被免除了。谁知这位承包人竟说："朋友，你说得太晚了，我已经和你的妻子讨价还价过了，她只要5万。"

就这样，政府费尽心思征收到的1.8亿里弗罚款中，只有8000万被用来还外债，剩下的1亿则全部成了大臣们分食的盘中餐。人们愤怒地看到如此严厉的措施竟然只是为了掠夺一群骗子的财产去中饱另一群恶棍的私囊。为了获得诱人的巨额报偿，一些人甚至在那些正直清白的商人身上动脑筋。法国社会顿时冤案四起，人民开始怨声载道。一年之后，政府不得不解散了法庭，那些无辜遭到指控的人得到了赦免。

劳氏银行的建立

正当法国财政一片混乱之际，约翰·劳隆重登场了。没有人会比摄政王更加深刻体会国家的悲惨状况，也没有人比他有能力力挽狂澜。但是他却讨厌商业贸易，经常不假思索就签发官方文件，并喜欢让别人代劳他自己分内的事情。身处高位所应承担的责任对他来说是一种负担。虽然他知道必须采取相应的措施来遏制当前的情况，但是他不愿意也不能花费太多的精力。为了不牺牲自己的安逸和舒适，他希望找个代理人来帮忙处理那么多令他头疼的事务。于是，约翰·劳，这个为他所赏识的既有才华又灵活聪明的"探险家"，就成了他所倚重的得力干将。约翰此前一直在酝酿却始终得不到施展的伟大计划，终于有了用武之地！

踌躇满志的约翰一出现就受到了大臣们的热烈欢迎。他向摄政王提交了两份备忘录，指出由于流通中的货币量不足以支撑经济的正常运行并且屡屡贬值，金融危机已经笼罩了法兰西。他认为缺少纸币的辅助，金属货币远远不能满足一个商业国家的要求。为此，他还专门引述了英国和荷兰的例子来说明纸币的好处和优越性。因为当时的法国经济在欧洲诸国中显得十分不景气，他提出了许多关于货币信用的实际论据来重建法国的货币信用。他还建议建立一家专门负责管理国家税收的银行，并以这些税收和不动产为基础发行纸币。他进一步提出，这家银行应该以国王的名义进行管理，但实际上必须由议会指定组成的委员会来操控。

这些备忘录还没有通过审议，约翰又把自己撰写的有关金融和贸易的论文译成法文进行发表，以此向法国人显示自己是一个娴熟的财政学家。很快，他就成了法国妇孺皆知的人物，与此同时，摄政王的其他心腹也在四处宣扬他的才华。所有的人都翘首期盼这个金融专家能够重整山河，带领法国走出泥潭。

1716年5月5日，皇室发布命令，授权约翰·劳与他的兄弟一起，成立一家名为"劳氏公司"（Law and Company）的银行，它发行的纸币可以用来缴税。银行的资本金为600万里弗，每股500里弗，共1.2万股。其中四分之一可以用金属货币购买，剩余的四分之三以公债的形式供人们购买。

法国政府还批准了约翰·劳在备忘录中请求的其他特权，一开始人们认为这只是个权宜之计，但后来的事实则证明，这些特权并没有被滥用，反而还带来了不少好处。

　　从此，约翰·劳平步青云，踏上了一条康庄大道。三十年来累积的丰富的金融知识使他在处理金融业务时显得从容不迫、游刃有余。劳氏公司的银行所发行的纸币可以随意购买或者兑换，而且发行后其价值保持不变。这一点可说是惊人之举，也是其政策的主要成就。人们开始信任纸质货币，最终使纸币的价值超过了黄金、白银等金属货币。而后者通常会因为政府不明智的干预而导致贬值。有时候，1000个银币在第一天还与它的名义价值相等，第二天就可能缩水35%。而劳氏公司发行的纸币却始终保持着它原来的价值。约翰·劳还宣称，如果一个银行家在发行纸币时，没有足够的资金来满足所有公众的需求，那么，他就只有死路一条。所有这一切促使他所发行的纸币日益受到大众的欢迎，价值也水涨船高，甚至比等值的金属货币还高百分之一。

　　很快，法国商贸业就从这项新货币政策中获得了巨大的利益，日渐萎缩的商业慢慢开始复苏。人们开始正常纳税，纳税时也不再那么抱怨连天，纸币的信用也慢慢稳固。如果这种信任继续保持下去，国家的整个经济状况将会更加稳固，经济也会日渐繁荣。就这样，一年内，约翰·劳发行的纸币价格居然超过了面值的15%。而政府发行的用来偿还奢侈的路易十四所造成的欠债的国库券，价值则下滑到面值的21.5%。这种强烈的对比对约翰·劳非常有利，以至于他成了整个国家的焦点，信誉也蒸蒸日上。几乎同一时间，在里昂、罗谢尔、图尔、亚眠和奥尔良等地，劳氏银行的分行纷纷建立。

　　摄政王对于约翰·劳所获得的惊人成功显得极为诧异，于是，一种错误的观点在他的头脑中慢慢形成：纸币既然拥有如此强大的力量来支持金属货币，当然也可以完全取代它。可他却没想到，事情并非这么简单，在这种荒谬观念的驱使下，他做出了许多蠢事。

　　与此同时，约翰·劳开始着手策划令他"永垂青史"的惊人计划。他向言听计从的摄政王提议建立一家公司，这个公司应该拥有与密西西比河广阔流域以及河西岸路易斯安那州做生意的专有特权。据说，新大陆上的这两个地方到处都是黄金。劳氏银行和法国政府如能独占这个极具吸引力的大市场，无疑将获得空前的暴利，同时成为唯一的赋税承包人和钱币铸造者。

密西西比泡沫危机显露

　　1717年，贸易授权书发下来以后公司顺利成立。公司总资本被划分为20万股，每股500里弗，这些股票可以用国库券以面值购买。尽管面值500里弗的国库券市场价格仅相当于160里弗，但是投机的狂潮已经席卷了整个法兰西，为了快速发财致富没有人在乎这些。劳氏银行所创造的辉煌业绩连约翰自己都忘乎所以，他甚至认为自己向大众许下的任何承诺人们都会坚信不疑。摄政王每天都在赋予这位"幸运儿"以新的特权。劳氏银行最终垄断了法国的烟草销售市场，独揽了改铸金、银币的大权。最后，银行彻底改头换面，竟成了法兰西皇家银行（the Royal Bank of France）！面对如潮赞誉，约翰·劳和摄政王开始肆意妄为，他们都忘记了约翰本人也曾为此大声疾呼过的准则：如果一个银行家没有足够的资金储备去支持所发行的货币，那他就只有死路一条。

当劳氏银行刚刚从私营转为国营的皇家银行，摄政王就命令它发行了面值10亿里弗的新币。这是他们偏离稳健原则的第一步，约翰对此不需要负太多的责任。毕竟，当他掌控银行业务时，银行发行的纸币从未超过6000万里弗。但是约翰·劳对摄政王主导的这个计划是否有疑义，后人却不得而知。但有一点却是可以肯定的：在这家私人银行摇身一变成为皇家管理之后，只能让摄政王本人来承受各种各样的指责和骂名。

约翰·劳明白自己生活在一个专制政府的高压之下，却没有弄明白这样的政府会对像银行信用这样一种复杂微妙的系统产生多么恶劣的干扰。尽管后来他明白了这个道理，但已经太晚了，他已身不由己地卷入了致命的旋涡之中。在摄政王的逼迫下，他一步步丢弃了原有的理性。在他的全力运营下，整个法兰西王国被钞票汇成的洪流所吞噬。由于缺乏稳固的支持，纸币迟早会如同泡沫一样，一个个破裂，最后化为乌有。然而，滚滚而来的财富迷住了他的眼睛，完全没有意识到即将到来的灭顶之灾。不久，危险的前景开始出现端倪。

法兰西议会从开始就对一个外国人插手本国事务极度仇视，同时也对约翰提出的那些大胆计划的安全性心存疑虑。随着约翰在法国国民心中的影响力越来越大，议员们对他的敌视心理也越发强烈。一些议员甚至公开反对约翰利用银行大量发行纸币，斥责这一行为造成国内金银货币的持续贬值。法官德·阿格索就因为反对这一计划而被撤职。此举无疑是火上浇油。尤其是当摄政王的亲信之一德·让松（De Jeanson）被任命为法官以接替德·阿格索的原有职务，并同时兼任财政大臣时，议会的敌意更加剧烈了。新官上任三把火，新财政大臣上任后放的"第一把火"就是使金银货币进一步贬值。为了尽快清偿国库券，他下令凡是送4000里弗硬币和1000里弗国库券到造币厂的人都可以得到5000里弗的硬币。德·让松对这一举措沾沾自喜，整日忙于将4000个旧的足值硬币改铸成5000个新的、掺了水分的小硬币。由于对贸易和信用的原则一窍不通，他根本不明白自己所做的一切对贸易和信用造成了多么大的伤害。

议会马上察觉了他的失策以及这种做法的危险性，并再三向摄政王陈情，但是摄政王却充耳不闻。无奈之下，议会被迫采取了一个大胆而异常的举措，宣布民众只能用旧币作为支付手段。摄政王闻讯立即召集御前会议，宣告议会通过的这项法令非法。议会坚持自己的意见，随即又发布了一项法令。摄政王再一次运用特权废除了该法令。然而，议会仍不妥协。1718年8月12日议会再次通过一项法案，其中明确指出严禁劳氏银行以任何直接或间接的方式参与征税，同时禁止所有外国人以自己或他人的名义干预国家财政政策，违者将严惩不贷。议会甚至指出约翰·劳才是最大的祸根，提议将他送交法庭接受审判，一旦定罪，就立即处死。

得到消息的约翰·劳惊惧万分，仓皇逃到皇宫中请求摄政王的庇护。为了解决问题，他乞求摄政王采取措施来逼迫议会就范。碰巧，先皇的两个儿子曼因公爵和索洛斯伯爵为储位问题闹纠纷，摄政王自己完全没了主见。随后，他下令将议会的议长和两名议员收监并发配到远方，议会这才被制服。

危机就这样解除了，死里逃生的约翰集中全部精力去实施著名的密西西比计划。纵然议会依旧强烈反对，公司股价却依然迅速飙升。1719年年初，政府又发布文告，授予密西西比公司全权在东印度群岛、中国、南太平洋诸岛以及法国东印度公司所属各地进行贸易，这里连科伯特一手建立起来的法国东印度公司（the French East India Company）也被并入了约翰负责的密西西比公司。由于业务发展迅猛，规模不断扩大，密西西比公司被世人称为"印度群岛公司"，同时增发了5万股新股。约翰·劳为众多股民描画出一幅辉煌的远景，他承诺，每份500里弗的股票每年派发的红利可以有200里弗。由于股票可以用国库券来购买，所以一支票面价值500里弗的股票仅仅花100里弗就可以买到，所以每股的投资回报率高达120%。任何人都无法拒绝这么大的诱惑，因此大众的购买热情高涨。至少有30万人急切地要求申购这5万份新股。急于申请新股的人们不断地涌向约翰·劳位于甘康普瓦大街的宅邸，这里从早到晚都被挤得水泄不通。巨大的需求注定了很多人的要求得不到满足，因此新股票持有人名单只能推迟到几周后再确定。在这段日子里，民众的焦急心情几乎已濒于疯狂的边缘。就连那些平日里装模作样故作清高的公爵、侯爵、伯爵以及他们的夫人也都放下了矜持，为那金光闪闪的"钱"途而疯狂了。每天，这些贵族们纷纷聚在约翰家门口的大街上，为早点知道结果等几个小时都心甘情愿。最后，等待的人已经成千上万，充斥了整个大街。为防止互相推挤，他们甚至在邻街租房暂住，以便能经常从"财神爷"的圣殿得到第一手的财富信息。旧股的价格也因此被拉高，节节攀升。整个国家陷入疯狂的黄金梦魇中无法自拔，新的申购人如热浪般一波接着一波。

为了满足高涨的需求，最后，公司认为可以再发行30万新股，每股发行价500里弗。这样一来，摄政王就能够清偿所有的国债。以前，为了这个目的财政必须要想方设法筹集到15亿里弗的资金。现在，全国上下一片狂热，只要政府认可，即使三倍于此的数额人们也情愿付出。

疯狂的法兰西

约翰·劳达到了人生的巅峰，法国人的疯狂也达到了顶点。无论是豪门显贵，还是山野村夫，每个人都在幻想着拥有无尽的财富，成为超级富豪！在上流社会的贵族中，除圣西蒙公爵和威拉斯元帅之外，其他人不论男女老少，不论贵贱贤愚，人人都想从密西西比债券涨跌造成的差价中分得一杯羹。甘康普瓦大街一时间变成了股票经纪人聚集之地。因为该街又窄又不方便，再加上人口聚集，所以事故频发。与此同时，这条大街两边的房子的租金也飞涨，由原来每年1000里弗涨到了1.2万～1.6万里弗。一个在街边摆摊的补鞋匠把自己的摊位租了出去，同时向经纪人及其客户提供纸笔，这种方法令他每天净赚200里弗。更夸张的是，一个驼子利用自己的驼背给那些忙碌的投机商当书桌，居然也狠赚了一笔。大量的人聚在一起做生意又吸引了更多的旁观者。这也给巴黎的小偷和无赖提供可乘之机，这里不断发生暴力骚乱，以至于每到夜晚，就会有一队士兵被派来清理街道。

约翰·劳也被这种情况困扰，觉得住在此地太不方便了，于是决定全家搬到了旺多姆广场。但是，那些消息灵通的投机商们也很快追到了那里。宽阔的广场顿时变得同甘康普瓦街一样拥挤。从早到晚，整个广场就如同人山人海的菜市场。广场上临时搭建了各种各样的帐篷和货摊，以供人们买卖股票兼贩卖饮料餐点。赌徒们甚至把轮盘的赌桌也搬到了广场中央，从熙来攘往的人群手里赚得大量钱财。到林荫道上或花园里散步消闲的人逐渐变少了，大家更喜欢到旺多姆广场消遣。这里除了是做生意人的聚集地之外，也成了闲逛者时髦的休息之地。广场上到处充斥着人们高谈阔论的声音，那闹哄哄的场面连官员们都抱怨连连，广场边上法庭里的一位法官曾向摄政王和市政府抱怨说，他在判案时甚至连律师的辩护词都听不到。

　　约翰·劳知道后表示愿意帮忙解决这个麻烦。为此，他开始与加里格南亲王协商，打算租下亲王的苏瓦松官邸，因为这座官邸的后面带有一个面积数英亩的大花园。经过几番讨价还价，约翰·劳以近乎天文数字的价格买下了官邸，而亲王自己则留下了那个宽阔豪华的后花园好获取更丰厚的利润。后花园里有几座精美的塑像和喷泉，设计极有格调。搬进新居以后，约翰·劳就派人发布公告，所有人必须在苏瓦松官邸的后花园中进行股票交易。为给交易者提供合适的场地，亲王专门命人在花园中的树木之间搭起了约500个小帐篷以及摊位。五颜六色的帐篷之间飘扬着色彩明亮的彩带和旗帜，无休止的喧哗声夹杂着音乐声，以及人们脸上流露出的喜怒哀乐掺杂在一起的表情……这一切都使巴黎显得如此新鲜奇幻又富有魔力。精明的加里格南亲王在这个花园上赚到了丰厚的利润。每顶帐篷的租金是一月500里弗。花园中至少有500顶帐篷，亲王每月的纯收入仅帐篷一项就高达25万里弗，也就是超过1万英镑！

　　但也有人对这种全民性疯狂保持理智，陆军元帅威拉斯就是其中之一。看到同胞们正做着愚蠢的事且不能自拔，这位老兵感到非常窝火。有一次，当他乘坐马车路过旺多姆广场时，看到人们依然痴迷于买卖股票，他性格中暴躁的一面展露无疑，突然命令车夫停车，自己把头探出车窗，向人群大声疾呼，要求他们停止这种"令人鄙视的贪婪行为"。他足足讲了半个钟头，真称得上用心良苦。可是，人们对此嗤之以鼻，回应他的是人们的嘘声和嘲笑声。甚至有人用杂物去回应他，差点打着他的脑袋。这时，他无奈地驾车远遁，此后，类似的事情再也没有发生过。另外有两个更加清醒、安静并富于思辨性的学者——拉·莫特先生与提·哈松神父，前一天刚刚彼此祝贺对方没有卷入这场奇怪的狂热行动，隔天德高望重的神父转身就上苏瓦松官邸买股票去了。当他买完出来时，恰好撞见也来买股票的老朋友拉·莫特。"哈，那是你吗！"神父问道。"是的。"拉·莫特回答。说完就快速地从朋友身边走过。当两人再次相见时，只对哲学、科学和宗教发表高论，两人也没勇气再对密西西比计划指手画脚了。最终，两人不得不面对这样一个问题，最后得到一致的结论：一个人永远也不要发誓坚决不干某件事情，还有世界上也不存在什么即使聪明人也不能享受的奢华。

　　在这个疯狂的年代，劳俨然成了法国最重要的新财富主宰者。贵族、法官、主教都来到了苏瓦松官邸，军队的将军、养尊处优和衣着时尚的贵妇以及拥有世袭爵位或较高官职并有希望近水楼台先得月的人挤满了劳的办公室，为的是得到劳的眷顾，好卖给他们印度公司的股票，而摄政王的办事厅内却几乎没有一位朝臣，异常冷清。由于劳的工作繁忙，只有不到十分之一的申请者可以见到他，所以这些贵族和高官不得不费尽心机，用尽方法争得与他见面。往常，这些人即使在摄政王的办事厅内等上半个小时都会异常愤怒，但此刻，为了见劳一面，他们却心甘情愿地等六个小时。劳的仆人也大受其益，来到苏瓦松官邸的人都往仆人们的手里塞了大量小费请求他们在安排接见时首先叫到自己而非他人。女士们也忘记了平日里的教养，不时地暗送秋波和甜美的笑容，即使这样，许多人还是在以超常的毅力坚持了两周之后才见到劳的面。在任何的聚会中，劳总是被众多女人围绕着，她们争相将名字告诉他，以便在购买新股票时得到照顾。这种窘境使他不再顾及自己以往在女人中风流潇洒的气度，而是落荒而逃。还有人为了见到约翰·劳而做出令人啼笑皆非的举动。有一位女士，一连几天都到劳的家里拜访，每一次都无功而返，这样的结果令她放弃了这种方式。但她告诉车夫要打起精神，当她外出时，如果劳先生恰巧在马车旁就让马车撞向灯柱，把她摔下来。马车夫郑重地接受了她的任务。在接下来的三天，这位女士一直乘着马车在城中穿行，并在心中祈求上帝赐给她与劳先生见面的机会。在第三天将近结束时，她看到了劳先生走向她的马车。她瞬间抓住马缰，对车夫大喊："让马车翻掉！看在神的面上，让马车立刻翻掉！"车夫随即赶着马车撞向柱子，这位女士则借机尖叫，最终车子翻了。这场事故就发生在劳的眼前，一向对女士十分殷勤的劳没有错过这个机会，马上跑到马车翻倒的地方进行救助。这位机灵的女士被带到了苏瓦松官邸，当她觉得"惊恐"的精神应当恢复过来时，她向劳先生说出了事实的真相并道歉。劳面带微笑地请这位女士说出名字，并允诺她可以买一些股票。还有一个故事是关于布莎夫人的。当她得到劳在某个餐馆吃饭的消息后，就马上赶到那里，一进门便惊呼失火。餐馆内用餐的人立即四散逃命，当所有人奔向外面时，劳发现一位女士匆忙地走向他，他意识到其中可能有问题，便向另外的方向逃走了。

　　当时，还有许多趣闻轶事流传，虽然会觉得有些夸张，但却是当时人们精神状况的一种反映。一次，摄政王与达让松、杜布瓦神父等人谈起自己正在为让哪位高贵的公爵夫人可以代他到摩德纳照顾他的女儿而忧愁。他说："不知在哪儿能找到合适的人？"其中一个人略带吃惊地说："您难道不知道？您只要到劳先生家，就可以在他的会客厅中见到法国所有的公爵夫人。"

　　希拉克先生的医术远近闻名，他曾购买过一些股票，但令人遗憾的是这些股票不停地下跌，因此他急于卖掉它们。而令他恐慌的是，股票又接连下跌了两周。

他再也无法控制自己，心里装满了股票的事情。这时，有一位女士请他到家中出诊。他来到这位女士的家，上楼来到那位女士的病榻旁进行诊断。病人用急切的眼神望着他，想知道自己的病情，这时，他陷入了沉思并说："神啊！它跌了，跌了，一直在下跌！""噢，希拉克先生，"这位女士边说边起身拉动响铃让仆人来侍候，"我要完了！完了！它一直在落！"希拉克先生不解地问，"您说什么落了？""脉搏！我的脉搏啊！"这位女士说道。希拉克先生说："放松一点，尊敬的夫人，我刚刚在说我的股票。我损失了很多钱，所以一直放不下这件事，我几乎不知道自己刚才说了什么。"

有时，经过几个小时，股票的价格就上涨了一二十个百分点，许多人在早上出门时还一贫如洗、地位卑贱，可晚上回家时已是百万甚至千万富翁了。有一位拥有大量股票的投资人，在生病时他命令他的仆人去苏瓦松官邸花园卖出250股。这位仆人到达后发现股票价格已从每股8000里弗上涨到1万里弗。这位聪明的仆人卖掉了那250股的股票，并从中赚取了每股2000里弗、共50万里弗（约2万英镑）的利润。他从容地将这笔意外之财投入了自己的钱袋，然后用剩余的钱向主人交差，当天晚上就逃离了法国。

劳的车夫在不长的时间里就挣了很多钱，他也拥有了一辆马车，然后向劳提出了离开的请求。劳很尊敬他，就请他离开前帮忙找一个与他一般好的车夫来继任他的职位。车夫应允了，在当天傍晚，他带着两个过去的同行请劳先生先挑一个，余下的将作为他的车夫。

贩夫走卒也会在一夜之间成为暴发户。由于他们并不懂得贵族的举止礼仪，因此当他们为自己如此轻松地获得巨额财富而自鸣得意时，做了许多令人发笑的错事。这些成为智者的笑料，也惹来了清醒人的鄙视，也使大多数人开怀大笑。但上流社会所表现出的愚蠢和卑鄙更加令人生厌，用一个例子就可以说明这一点。在圣西蒙公爵的记载中，品行恶劣并且缺少教养的安德烈，仅依靠在密西西比债券中的投机行为，就在短时间内积累了数目惊人的财富，圣西蒙公爵用"他为自己堆起了金山"来形容他的暴富。但富有的安德烈一直对自己的出身感到不满，时常做着与贵族联姻的美梦。为了使他的美梦变成现实，在他的女儿还是个3岁娃娃时，他就和拥有贵族血统而又贪得无厌的杜瓦斯家族谈判。他承诺如果他的女儿能嫁入这个贵族家庭中，他会双手奉上诱人的回报。杜瓦斯侯爵答应在这个女孩子长到12岁时娶她为妻，但同时也无耻地敲诈安德烈，要他一次付给10万克朗①，并且在女孩长到12岁以前每年都要给他2万里弗。当时侯爵已经33岁了，但双方仍在这个肮脏的协议上郑重其事地签字并加盖印章。这位大发横财的股票投机商还答应陪送女儿价值几百万里弗的嫁妆。作为族长，布朗卡公爵参与了整个谈判过程，并得到了不少好处。圣西蒙公爵认为他们的行事轻率成为众人的笑柄。"对于这件事的谴责从来都没有停止过，在劳垮台后不久安德烈先生的财产也在一夜之间化为乌有，而这个计划也在几个月后终止。"但值得注意的一点是，这个贵族家庭并没有在协议终止后将那10万克朗还给安德烈先生，其贪婪狡诈的本性暴露无遗。

　　上述这些荒唐可笑的事情虽然令人感到羞耻，但却不会危害社会。而另外一些性质的事却大不相同。一些恶徒瞄上了携带大量纸币的行人，抢劫案每天都会发生，暗杀也接二连三出现。其中有个案子震惊了整个法国，这不仅是因为罪犯令人发指的恶行，更是因为罪犯拥有很高的社会地位。

血腥的贵族凶案

　　道赫纳亲王的弟弟道赫纳伯爵，与地位极高的达杭伯格家族、德里格纳和豪莫杭西家族之间有着亲戚关系。与其他的纨绔子弟一样，他总是无法无天。他的两个朋友，一个是意大利皮埃蒙特②的一名上尉叫米勒，另一个是佛兰明人名叫莱斯堂，都和他一样浮躁。有一次，他决定抢劫一个经纪人，这个经纪人非常富有，经常随身携带数量可观的金钱或股票。经过与他的两个朋友商讨，决定由伯爵以购买一定数量的印度群岛公司股票为借口，邀请那个经纪人在旺多姆广场周边的一个酒馆内会面。

　　那位经纪人对此没有丝毫怀疑，按照约定时间准时到达，道赫纳伯爵也和他的两个同伙到了那里，他向这位经纪人介绍说这两个人都是他的好友。交谈进行了几分钟后，道赫纳伯爵猛然跳起抓住这位经纪人，并用短剑连刺他的胸口三下，那人随即倒地而亡。伯爵立即取出了受害人皮包里全部价值10万克朗的密西西比公司和印度公司债券，但米勒又连刺了这位倒霉的经纪人数下，直到感觉对方确已死去。在被害之前，这位经纪人大声呼救，引来了酒馆内的其他顾客。在楼梯口望风的莱斯堂见势不妙跳窗逃走了，但米勒和道赫纳伯爵却被当场拘捕。

---

① 货币名称和单位。——译者注
② 意大利西北的一个大区，首府都灵。——译者注

这件青天白日下发生在酒馆这种人群密集之处的凶案，使整个巴黎被前所未有的恐怖氛围所笼罩。第二天法庭就审理了这起在证据方面毫无疑问的凶案，他们二人被判决有罪并处以车裂之刑。消息刚刚传出，道赫纳伯爵的贵族亲友们就一齐来到了摄政王的办事厅，他们以精神有些问题作为理由，希望摄政王能从轻发落这位身陷迷途的年轻人。摄政王已决心依据法律对这件残忍的凶案做出公正的判决，因而一直避而不见这些贵族，但那些势力颇大的求情者并不肯轻易放弃。最终他们见到了摄政王，并请求他不要公开处决道赫纳伯爵，因为这会殃及整个家族的名誉。他们还提醒摄政王，道赫纳亲王与高贵的奥尔良家族联姻，如果与摄政王存在亲戚关系的道赫纳伯爵被一个低贱的刽子手当众砍头，那摄政王也会颜面扫地。

摄政王严词拒绝了他们的请求，并引用了高乃伊①的"罪恶已成耻辱，上断头台又有何用"的名言来反驳贵族们的暗示。他还说，他愿与其他亲戚一同承受因惩罚罪犯而给亲属们带来的巨大羞辱。虽然那些说情人不肯罢休，但得到的答案却是相同的。最后，他们想出了拉拢摄政王最尊敬的圣西蒙公爵的主意。拥有纯粹贵族血统的公爵一听说有个贵族杀人犯即将被用处决卑贱人的方法处死后大为震惊，他立即请求摄政王的召见，并向后者陈述这样会得罪一个人数众多、富有且权势煊赫的家族并由此引发诸多害处。他补充说，达杭伯格家族在德国的产业很大，但德国法律规定，如果有亲属被车裂处死，那么在他的同辈人全部离世之前，家族中的任何人都不得担任任何公职或受雇于任何部门。因此，他认为对道赫纳伯爵的刑罚最好改为砍头，因为在整个欧洲罪犯亲属都不会因为这种刑罚方式而感到多么羞耻。

就在摄政王已被这番话打动，正要同意圣西蒙公爵的提议时，极为关注被害人命运的劳出现了，在他的帮助下摄政王重拾决心：依据法律做出公正的判决。

就这样，道赫纳的亲戚们再也无法改变什么了。在几乎绝望的情况下，赫贝克·蒙莫杭西亲王决定作最后的努力来减轻家族的耻辱。他设法给关押在地牢的道赫纳送去了一杯毒药，请求他自己结束生命以保全家族声誉，可道赫纳伯爵却拒绝了。蒙莫杭西强迫他喝下毒药，也遭到了再一次的拒绝。最后，失去了耐心的蒙莫杭西，转过身去大声喊道，"去死吧！你这贱骨头！按你愿意的方式去死吧！像你这样只配死在绞架上！"然后带着愤怒离开。

后来，道赫纳本人也请求摄政王判处斩首，但劳的思想影响了摄政王。他认为摄政王应当坚持公理正义而不能屈服于道赫纳家族自私的意见，而这与摄政王刚开

---

① 高乃伊（1606—1684年），法国古典主义悲剧始祖，剧作家，作品有《熙德》等三十余部。——译者注

始时的看法相同。这样，在宣判后的第六天，道赫纳与米勒在格莱弗广场上被处以车裂之刑，而另外一个杀人犯莱斯堂则始终没有归案。

巴黎市民为这个严厉而迅速的判决而拍手称快，而劳也因为曾劝说摄政王不要屈服于贵族而得到了他们的嘉许，被他们称为甘康普瓦先生。但抢劫杀人案的发生却没有因此而减少，人们并不同情被抢劫的富有经纪人。虽说以前也可以明显地看出公共道德的败坏，但并没有泛滥到整个社会。而现在，在以前处于公开作恶的上层阶级与隐蔽犯罪的下层阶级之间，又新增加了暴富之后的中产阶级，相对比较纯洁的他们也被物欲所改变了。赌博像瘟疫般在社会上传播，几乎所有的人都染上了这种"疫病"。

化为泡影的财富

在那个疯狂的年代，由于人们对未来充满自信，贸易也逐渐繁荣起来，做什么生意都会赢利。在巴黎，这种情况尤其突出，大量的外地人从不同方向涌进首都，他们不但挣钱，也在这里消费。摄政王之母奥尔良公爵夫人经过粗略计算得知这一时期巴黎新增加的人口约有30.5万。阁楼上、厨房里甚至马厩中，到处都支上了床，主妇们通过这种方式满足日益增长的借宿需求。城里的街道上挤满了各种式样的马车和其他交通工具，以至于人们在主干道上也要缓慢前行以避免事故。全国各地的织布机日夜不停地转动生产出美丽的缎带、丝绸、宽幅细布和天鹅绒，由于纸币发行量过大，这些物品的价格已经是原来的四倍。食品价格也飞速上涨，面包、鲜肉和蔬菜的价格超出了所有人的想象。工资也有了相应比例的增长，以前每天工资15苏的工匠现在达到了60苏。全国各地都在大兴土木，虚假的繁荣遮蔽了全国人民的视线，没有一个人注意到地平线上的乌云和它所预示的即将到来的强烈风暴。

像魔术师一样，劳挥动魔棒创造了令世人惊叹的变化，他也在其中获益良多。法国最尊贵的贵族努力接近他的妻子、女儿，王公贵族们争相表达着希望与他联姻的愿望。而他则买下了两处不同地方的豪宅，又与苏利公爵谈判购买其在罗奈的领地。这时劳的宗教信仰成了他加官晋爵的最大障碍，于是摄政王承诺，如果劳愿意公开宣称皈依天主教，他将委任劳为全国财政的总审计官。像其他信教的赌徒一样，劳其实并不信仰任何神灵，因此他立即表示皈依天主教。后来，汤仙神父在默伦教堂里当着围观者的面为他施了坚信礼①。在施行坚信礼的第二天，劳就当选了圣罗奇教区名誉教会执事，并捐赠了50万里弗的善款给教会。事实上，劳一直存有一颗善良的爱心，慷慨的捐赠数量也无人能及。而且，平时只要有人因为自己无法克服的苦难向他求助，他总会尽力帮忙。

这时，劳的影响已经遍及全国。奥尔良公爵很欣赏他那高远的见识，并坚信他的计划定能成功，所以无论遇到大小事都会请他提些意见。尽管他在法国权势煊赫，但还保持留着他在生活困顿时所形成的朴素、和蔼和善解人意的优良品质。他的一举一动，都体现出他超越常人的骑士风度，善良、优雅而让人肃然起敬，无论在何时都会消弭人们的怒气。也许有人说他在某些时候待人有些傲慢，但那是因为他面对的是善于谄媚奉承、卑躬屈膝的令人恶心的贵族。他经常带着调侃的眼光观察那些贵族为了获得他的帮助能殷勤侍候多久。对于那些偶然路过巴黎、想见他一面的同乡，他的态度则截然相反，他招待他们周到而有礼。伊斯莱的阿奇博尔德·康贝尔伯爵，曾到旺多姆广场探望劳，他就是后来的阿盖乐公爵。他在劳的几个会客厅里看到了争先恐后地想与这位伟大财政学家会面的各界名流，他们都希望自己的名字出现在预约购买股票人名单中最显眼的位置。当伯爵来到书房时，发现劳竟然正静静地坐在书桌前写一封给劳里斯顿的园丁的信，内容是要他种点白菜。伯爵和他的老乡玩了会儿纸牌，并在那儿待了很长时间，劳的平易近人和极好的教养让他十分钦敬。

这段时间里许多贵族赚了大钱，使得即将败亡的家业再度回春。波旁公爵、吉尚公爵、拉福尔斯公爵、绍讷公爵和汀丹公爵、埃斯特雷元帅、罗昂亲王、普瓦亲王和莱昂亲王都是这样的例子。路易十四和蒙苔丝邦夫人之子波旁公爵在密西西比股票的投机买卖中行了大运，他不仅重新建起了位于尚蒂伊的富丽堂皇的行宫，还建起了多个欧洲闻名的马厩（波旁公爵热衷于赛马），买进了150匹英格兰优种赛马，购买赛马主要是为了改良法国赛马的品种。他还购买了皮卡第②的大片土地，成为瓦兹省和索姆省之间几乎全部良田的主人。

看到波旁公爵在投机中所攫取的巨额财产，就会理解为什么劳几乎成了拜金者虔诚跪拜的偶像。当时所有的小诗人和文学家都绞尽脑汁地赞美劳，恐怕即使是皇帝也没有得到过如此多的称赞。在他们的描述中，劳俨然是法国的救世主、保护

① 一种基督教仪式，孩子在13岁的受坚信礼，这样才能成为基督教徒。——译者注
② 皮卡第（Picardie），法国的一个大区，下辖三个省。——译者注

神。他的语言都体现着机敏，他的表情都代表着美德，他的行为都充满了智慧。每次他出门，都会有人成群结队地跟在马车后面，于是，摄政王派了一队骑兵在出行时为他开道，并做他的永久护卫队。

有人说，以前的巴黎从来没有过这么多豪华、精巧的物件。从国外进口的雕像、油画、挂毯成了畅销货。家具、装饰品之类法国人擅长做的漂亮玩意儿也不再是王公贵族的专属品，在普通的商人和中产阶级家里都会看到这些东西。世上最光彩夺目的珠宝也被运到了这个最为有利可图的商业中心巴黎，其中最有名的是那颗由摄政王购买并以他的名字命名的、用来装饰法国王冠的钻石。购买这颗钻石花掉了3200万里弗，从购买过程来看，摄政王在投机风潮中赚到的钱远没有他的一些臣民多。第一次见到这颗钻石时，摄政王就一心想拥有它，但理智告诉他应当放弃这个念头，因为他不能为了一件小小的珠宝花掉如此巨额的公款而不顾他对整个国家的责任。这个堂而皇之的理由让皇宫里所有的女人都非常惊讶，接下来的几天里，她们不停地谈论这件事。这颗异常稀有的宝石很快将被从法国带走，因为没有人能出得起钱将它买下，这种情况令法国人深感遗憾。为了这颗钻石摄政王也竭尽所能地想了不少办法，但都失败了。最后，还是善于社交、口才出众的圣西蒙公爵挑起了这个重担。他说服了劳，并请求善良的摄政王指派劳发挥自己的才能找一个能付得起钱的办法。一番讨价还价之后，宝石的主人答应成交，条件是他将在商定年限内获得200万里弗，同时还能得到这个数目5%的利息以及在加工宝石时产生的碎块。在圣西蒙公爵的《回忆录》中，他对自己在这件事中所起的作用进行了颇为得意的评述。他这样描述：宝石如一颗青梅般大小，洁白无瑕，重量约500多格令[①]。在文章结尾处他写道，"劝服摄政王购买这件价值连城的宝石，让他深感光荣。"也就是说，他把说服摄政王丢掉自己的责任，用公款买下这件价格接近天文数字的华而不实的小玩意作为一种骄傲。

1720年，社会日趋繁荣。议会多次发出"纸币的过量发行早晚会导致整个国家经济崩溃"的警告，但人们无视这些警告。而根本不了解财政运行原理的摄政王则认为，既然发行纸币能给经济发展带来好处，那为什么要对它进行限制呢？如果5亿里弗的纸币就带来了令人兴奋的利益，再发行5亿就会有更大的好处，而此时劳没有指出摄政王这个巨大的逻辑错误。人们贪得无厌的本性支撑着这个海市蜃楼，使自己迷失在幻境中。印度群岛和密西西比两个公司的股价持续走高，银行也同步

① 英美制中最小重量单位，等于0.0648克；也是珍珠的重量单位，等于四分之一克拉。——译者注

发行更多的纸币。这如同波将金元帅①为了博得女皇惊喜而用一个个巨大冰块建造宏伟豪华的宫殿，宫殿顶上安装着的涡卷形饰品、爱奥尼亚式的冰柱，这些都凸显了工匠炉火纯青的技艺。冰柱还围成了一个透着高雅气息的门廊，冰质的圆顶在阳光中闪耀着光辉，像是披上了一层金色的外衣，又仿佛整座宫殿是用水晶和钻石做成的，这时的阳光并没有使它融化。但南方温暖的轻风一吹来，这座宏伟的建筑物就再也抵不住了，并且无法挽回。劳和他创造的纸币系统与此相似。公众的不信任之风一旦吹向它，它就会在瞬间瓦解，任谁也无法让它重整旗鼓。

1720年年初，第一个小小的警告发生了。由于劳拒绝了孔蒂亲王以他自己制定的价格购买新上市的印度股票的要求，这位孔蒂亲王让人带着满满的三马车纸币到劳的银行，要求将所有纸币兑换成硬币。劳有些怨恨亲王，就向摄政王指出，如果孔蒂亲王的举动被许多人效仿的话会给国家造成很大的危害。摄政王对此也心知肚明，于是他派人找来了孔蒂亲王，并用带着愤怒的语气命令亲王将兑换来的硬币的三分之二再次存入银行。亲王被迫执行了这个专制的命令。令劳欣慰的是，人们并不赞成孔蒂的做法，每个人都指责他吝啬且贪婪，给予了劳不公正的对待。但更令人好奇的是，虎口脱险后的劳与摄政王并没有醒悟应该紧缩银根应对危机。出于信任方面的顾虑，不久又有许多人仿效了孔蒂的做法。稍稍有点头脑的股票投机者都会知道股票价格不可能只升不降。银行投资家布尔东和拉·理查迭赫秘密地将他们的纸币一点点地兑换成硬币并运到国外。他们还买了许多便于携带的金银器皿和稀有珠宝，然后秘密运往英格兰或荷兰。作为投机商的韦尔马莱也感觉到了风暴即将来临，于是他购买了价值超过100万里弗的金银币，并将其装到一辆普通的农村马车上，然后盖上干草和牛粪，他则穿上肮脏的衣服伪装成农夫，将这车贵重的金银安全运到比利时，最后转运到了阿姆斯特丹。

开始，任何人都可以在任何时间将纸币兑换成硬币。但经过一段时间，硬币严重匮乏的情况就出现了，许多人开始抱怨。经过调查很快发现了问题所在，议会对采取什么样的措施应对危机进行了长时间的辩论，并请劳发表意见。劳建议发布命令，将相同面值的硬币贬为比同面值纸币的价值低5％，这项命令没有发挥预期的作用。紧接着又发布了另一项命令，这次硬币价值贬值到低于纸币10％。同时，银行规定每次兑换硬币的限额：金币100里弗、银币10里弗。虽然兑付限额措施勉强保住了银行的信誉，但这些努力还是没有唤起人们对纸币的信心。

① 金元帅（1739—1791年），俄国陆军元帅、军事活动家，女皇叶卡捷琳娜二世的近臣。——译者注

采取诸多措施后，贵重金属不断流向英格兰和荷兰的趋势并没有被遏制住，国内仅存的少量硬币也被小心谨慎地保存或藏匿起来。最终，国内硬币匮乏到了贸易都无法维持下去的程度。形势万分危急之时，劳进行了他最大胆的实验：禁止任何硬币流通。1720年2月，政府颁布了新的法令，这个法令不仅没有在恢复纸币的信誉方面有所作为，而且还进一步摧毁了人们对纸币残存的一点信心，而整个国家也被推到了暴乱的边缘。按照这个法令，任何人不得持有超过500里弗的硬币，违法者将被没收全部硬币并遭受巨额罚款。这个法令还禁止所有收购金银首饰、器皿和珍贵宝石的行为，鼓励人们告发违犯规定之人，承诺告密者可以得到其告发的违法数额一半的报酬。在这种前所未有的暴政下，全国人民陷入了痛苦之中。从此，令人恐惧的迫害案件每天都在发生，几乎所有家庭的隐私权都受到了告密者的威胁。因为被指控拥有一枚金路易，最忠厚老实的人受到了传讯。仆人出卖主人，市民成了刺探邻居情况的奸细。每天都有许多人被逮捕，许多财产被没收，以至于法庭都难以及时处理这么多突然出现的案子。仅凭告密者"怀疑某人家里藏有硬币"的口头控诉，就能立即签发搜查令。英国大使斯泰尔爵士说，我们再也不能怀疑劳皈依天主教的诚意，因为他所主导的将大量金子变成纸的事实已表明他完全相信圣餐变体[①]，并且已经懂得运用宗教迫害手段迫害平民了。

人们痛恨摄政王和不幸的劳，不停地咒骂他们，并送给他们许多绰号。即使硬币超过500里弗就成了非法货币，但不到万不得已人们还是不愿接受纸币，因为谁也不知道今天的钞票到第二天能买到什么。在杜可劳斯的《摄政时期秘闻》一书中有这样的描述：如此变化无常、朝令夕改的政府，如此掌握不牢的暴政在这世上从未出现过。对所有亲历那个时代恐怖气氛的人和所有现在重温这段噩梦般历史的人来说，简直无法理解为什么在这样的情况下没有发生暴动。同样无法理解的是劳和摄政王竟然都得以善终。他们二人使整个法国处在恐怖之中，但人们却只通过抱怨来排解自己的不满。忧郁而胆怯的绝望、愚蠢的恐怖萦绕在所有人的心中，人们的内心是如此懦弱，以至于没有人起来反抗。有一些人也曾试图发起一个反抗运动，他们在墙上贴上了富有煽动性的文章，许多高官家里也收到了有相同内容的传单。下面是载入《摄政期间回忆录》中的一个传单："先生及夫人，这封信是为了告诉你们，如果没有变故发生，星期六和星期天将举行圣巴托罗缪节[②]（St.Bartholomews

---

① 天主教理论认为牧师的祝祷可以将红酒和面包转化为耶稣基督的血和肉。——译者注

② 法国的狂欢节，时间是每年的8月25日。——译者注

Day）的庆祝活动。请您和仆人们留在家里，上帝将保佑您平安！请将此信转交您的邻居。时间：1720年5月20日，星期六。"无处不在的密探使得人们再也不能互相信任，而且也没有人愿意参与一个在傍晚举行的不会产生任何影响的反抗活动，因此，巴黎的和平没有被破坏。密西西比股票的价格迅速下跌，再也没有人相信那个密西西比地区隐藏着巨大的财富神话。政府也开始进行最后的努力，以恢复人们对于密西西比计划的信心。为了达到这一目标，政府发布了强制征兵计划，强迫巴黎所有贫穷的流浪汉都加入。就像战时征兵那样，大约6000多名地痞流氓被强迫穿上了由政府提供的衣服，拿着工具，坐上了驶往奥尔良的船，有传言说那里的金矿需要大量的工人。就这样每天都有成群结队的人扛着镐和锹在巴黎街头经过，之后分成小队去往不同的港口，等待着搭乘去往美洲的船。事实上，他们之中有约三分之二的人没有上船，而是被安排到了法国其他地方。这些人卖掉了工具，钱花完之后便重拾旧业。他们离开后还没三个星期，就有超过一半的人又回到了巴黎。即使这样，这个策略还是使密西西比的股票有了一点转机，许多头脑简单的人又开始觉得这个公司找到了新的矿藏，用不了多久大量的金银就会潮水般涌进法国。

法兰西之怒

处在君主立宪制度下的国家，在恢复人们对经济的信心方面会有更为有效的方法，英国就是这样的例子，在后来的年代里，英国人面临了同样的欺诈带来的危机，但他们却采取了与法国完全不同的方法弥补了邪恶带来的威胁。但令人感到可悲的是，在法国制造危机和负有应对危机责任的却是同一人。摄政王非常想让法国早点摆脱灾难，可他的专制措施却使法国滑向了更大的危机。从2月1日到5月底，在一切交易都必须使用纸币的政策前提下，银行共发行了15亿里弗纸币，约6000万英镑。这也意味着只要发生一次危机，政府就会因为无法将纸币兑换为硬币而失去人们对纸币仅存的一点信心。事实上，由于过量发行纸币而造成的流通中纸币与硬币比例的严重失调，已经使事情变得不可收拾，大多数人已不再信任纸币，巴黎议会议长朗贝尔特曾当面对摄政王说，他觉得10万里弗的金币或银币要远远大于500万银行发行的钞票。事实说明，摄政王颁布的意图使硬币贬值的法律恰恰使得硬币价值日益提高。

2月，议会顺应了人们的想法，发布了皇家银行与印度群岛公司合作的法令：银行不再由劳掌控而转为国家的专门机构，其全部利润由摄政王转给东印度公司；国家依然对银行发行的纸币提供信用担保，但不经议会同意银行不能擅自发行纸币。这些依靠国家信用的措施在短时间内使密西西比股票及印度群岛公司的其他股票的价格有所上升，但国家的信用并不是可以持久依靠的基础。

5月初，摄政王召开了由劳、达让松以及所有大臣共同参加的国务会议，经过估算，与会人士得出了这样的结论：流通中的纸币有26亿里弗之多，而全国的硬币价值总和还不到这个数目的一半。参加这次会议的大多数人都很清楚，国家必须采取措施来平衡这两种货币的量，有人提议减少纸币的量，也有人提议提高硬币的面值，但劳对这两种建议都不满意，可是他也拿不出更好的办法。最终，会议讨论决定让纸币贬值50%。

5月21日，政府颁布法令宣布印度群岛公司的股票和银行发行的纸币将一同贬值，到年底，它们将按照面值的一半在社会上进行流通。这个法令很不得人心，议会拒绝通过，民怨四起，整个国家走到了悬崖边缘。为了确保国家的平安，摄政会议不得以撤销了这项法令，并以恢复纸币币值的法令取而代之。5月27日，银行宣布不再兑换硬币，也是在这一天，劳和德·让松一同被赶出了内阁。胆小怕事、懦弱无能的摄政王的行为有些反复无常，开始他把所有的罪责都推给劳，劳到皇宫求见还吃到了闭门羹。但是夜幕刚刚降临，摄政王就急着把劳召进皇宫，为他的举动向劳道歉，并告诉劳他这样严厉的处置也是逼于无奈。几天后，摄政王又公开带着劳去看歌剧，所有人都看到了摄政王对劳的关怀备至。由于人们对于劳已经深恶痛绝，所以摄政王的表演不但没有改变劳的处境反而加大了他的危险。一天，他正要乘车进入家门时，一群暴徒向他的马车扔石块。多亏了马车夫眼疾手快驾车冲入院子，家中仆人顺势关闭了大门，他才躲过一劫。第二天，他的妻子和女儿在看完赛马回家的路上同样遭遇了围攻。闻知这些后，摄政王派了一支剽悍的瑞士骑兵队日夜保护劳及家人的安全。后来，随着公众愤怒的增加，劳觉得即使有警卫住在自己的家里也不安全了，于是他要求到摄政王的处所——皇宫避难。

巨大的压力使得摄政王不得不重新起用曾在1718年因反对劳的计划而被罢免的达格索法官，并且公开承认由于自己的严苛和怀疑错怪了这位有才能而又能在腐败的风气中洁身自好的官员。自从被罢免后，达格索法官一直住在弗来尼斯乡村的房子里研究哲学，虽然艰苦，但心情很愉悦，这也让他渐渐地忘记了政治斗争中的尔虞我诈。劳和摄政王家中的一名家臣贡弗朗斯骑士奉命将这位法官请回巴黎，他们乘着一辆运送邮件的马车赶到弗来尼斯。达格索的朋友们劝他不要再次卷入政治旋涡，但他没有接受朋友的劝告并同意再度回到政府任职，帮助恢复业已接近崩塌边缘的政府信用。他一到巴黎，就同五名议员及财政大臣商议对策。6月1日，政府发布新法令：废除任何人持有硬币数目超过500里弗都将以犯罪论处的旧法令，任何人都可以拥有任意数目的硬币。为了收回旧钞，政府用巴黎的赋税作为担保，发行了收益率为2.5%的25万份债券，债券每张价值10里弗。市政府还在办公大楼前将出售债券回收的旧钞公开销毁。6月10日，银行重新营业，这时银行有了足够的硬币来兑换纸币。这些措施使人们的愤怒情绪有所缓解。所有居住在巴黎的人都争相到银行将他们的小面值纸币兑换成硬币。由于硬币数量有限，后来他们只好换成铜币，但很少有人因为铜币的重量而发牢骚。经常可以见到那些可怜的人背负着难以承受的包裹，满头大汗地在街头穿行，而这个沉重的包裹里装的只是刚刚从银行兑换的50里弗的铜币。

　　银行周边的人总是很多，几乎每天都有人因为拥挤而丢掉性命。7月9日，银行门口的人数剧增，守卫马萨林花园的卫兵担心发生骚乱关闭了入口处的大门，不允许任何人进入。马萨林花园门外的人越聚越多，由于不堪拥挤而愤怒的人们把石块投向了隔着栅栏的卫兵。密集的石块让卫兵们开始愤怒了，他们警告人们如果再受到攻击，他们会向人们开枪。恰好，这时有一名士兵被石块打中了，他拿起枪向人们射击。一个人被子弹击中身亡，另外一个受重伤。空气中弥漫着火药味，似乎人们随时都有可能向银行进攻。在这个关键时刻，花园的大门再次开启，走出来一队全副武装的卫兵，手中握着上了刺刀的枪，怒目而视。熙熙攘攘的人群顿时鸦雀无声，所有的人都不敢轻举妄动，只用呻吟和叹气声表达着他们的愤怒。

　　7月17日，银行被人们围得水泄不通，由于人数太多，当天竟有15人被挤死在银行门口。人们更加愤怒了，他们将三具尸体放在担架上抬着，引领着一支七八千人的示威队伍声势浩荡地来到皇宫花园。他们想让摄政王知道他和劳给整个国家带来了怎样灾难。劳的车夫非常忠诚，但有些冲动。当时他正在皇宫的院子里看护马车，他很厌烦人们辱骂他的主人，就用许多人都能听到的话语说，游行的人都是举止粗鲁的恶棍，应该被处决。人们立即冲向马车，由于他们觉得劳就坐在马车上，就将马车砸得粉碎，而这位莽撞的车夫侥幸存活了下来。还没等他们有新的行动，一大队士兵就来到人们面前，告诉人们摄政王已经保证将出钱厚葬三个死亡的人，并让他们立刻离开皇宫大门，人们才不得不静静地离开。正在议事的议会也被吵嚷声惊动了，议长走出来看看是什么人在闹事。他一回到议事厅就告诉所有议员，劳的马车成了一堆碎片。几乎所有的人同时欢呼起来，其中有一个人似乎比其他人更痛恨劳，他大声说道："劳呢？他是否也粉身碎骨了？"奥尔良公爵夫人曾说起过这个故事的另一种情形。但无论哪种说法是真实的，对于一个国家议会的议员来说，这样表达情感都让人难以想象。据奥尔良公爵夫人说，议长极其高兴，有点手舞足蹈地回到大厅，向大厅内的议员大喊"先生们！快来！有好消息！劳的马车被砸得稀巴烂！"

毋庸置疑，全国纸币的信誉与印度群岛公司的信誉有着很大关联。内阁讨论后认为，如果政府能够赋予公司一些特权助其渡过危机，那么在国内会产生好的影响。从这种想法出发，内阁建议赋予公司海上贸易的特权。于是，政府颁布了这样的法令。但不幸的是，政府忽略了这个法令会使全国所有的商人面临破产。关于赋予公司贸易特权的法令引发了全国人民如潮的反对，人们不断地致函议会，要求他们不要通过法令。议会果真没有通过法令，这让摄政王十分恼火。摄政王认为议员们的做法是在煽动叛乱，并下令将他们流放到布鲁瓦兹。由于达格索求情，才改为流放旁杜瓦兹。议员们毅然决然地到了那里，并下定决心绝不妥协。他们想方设法地使放逐生活和以前一样。议长把巴黎所有的最会享乐和最聪明幽默的人请到放逐地举行盛大而典雅的晚宴。女士们每晚都可以参加音乐会和舞会。平时不苟言笑的法官和议员们也学会了纸牌和其他的娱乐方式。一连几个星期议员们都过着纸醉金迷的生活，他们想让摄政王知道他们不在意放逐这件事，并且，如果他们想要的话，他们可以使旁杜瓦兹成为比巴黎更加舒适和豪华的地方。

约翰·劳的末路穷途

在世界各国中，法国人最擅长用歌声唱出心中的不满。有人认为法国的全部历史都可以用歌曲来反映。由于经济计划的彻底失败，劳成了最臭名昭著的人，人们自然也就把讽刺挖苦送给了他。所有的商店中都出售劳的漫画像，街头巷尾到处传唱着刻薄地讽刺他和摄政王的歌谣。这些歌谣中有许多粗鲁的词语。其中有一首歌谣还劝人们把劳发行的纸币当作厕纸用。下面这首记载在奥尔良公爵夫人信件中的歌谣是当时流传最广、最好和传唱时间最长的，这首歌谣用合唱的方式演唱，又让人感到很活泼。

拉斯①刚刚来到，

我们如花般的城市，

摄政王就马上宣布，

拉斯很有才能，

可以重新振兴法兰西。

啦啦啦！咚咚锵！

可他让我们变得富有，

比希比②！

以欺骗的方式，

我的朋友！

这个新教徒，

为夺取所有法国人的金银，

就想尽办法让我们，

信任他的才能。

他丢掉了神圣的信仰，

啦啦啦！咚咚锵！

这个骗子开始信奉天主教，

比希比！

以欺骗的方式，

我的朋友！

拉斯，他是魔鬼的子孙，

让我们都只能沿街乞讨，

他夺走了我们所有钱币，

一分钱也没留下。

可是仁慈善良的摄政王，

啦啦啦！咚咚锵！

归还给我们被抢夺的财产，

比希比！

---

① 法国人给约翰·劳起的诨名。——译者注

② 比希比（Biribi），一种赌博。——译者注

以欺骗的方式，

我的朋友！

下面这首讽刺诗也出现在同一时期：

星期一，我买了股票，

星期二，我赚到几百万，

星期三，我买了好家具，

星期四，我买了上好的衣衫，

星期五，我跳舞欢歌，

星期六呢，我来到了乞丐收容站。

　　法国人已经渐渐地明白了自己以前的愚蠢行为，这一点从当时大量出现的漫画像上可以看得出来。其中有一幅刊载在《摄政时期回忆录》中的画，作者这样描写："股票女神坐在豪华的马车上，车夫是愚蠢女神。拉着马车跑动的是几只奇怪的动物，他们中在最前边的是长着四条木腿的密西西比公司，后边还有南海公司、英格兰银行、西塞内加尔公司以及其他不同的保险公司等几只奇怪的动物。为了让车子走得快一些，一只代表这些公司的长有长长狐狸尾巴和狡猾面容的动物使劲转动着轮子的辐条。随着轮子的转动，轮子周围写着名字的几种股票的价值不断地上升下降。地上都是被愚蠢女神的马车轧碎的合法商业的商品、流水账和分类账。马车的后边还跟着一大群不同年龄的男人女人、富人穷人，他们跟在财富女神的后面，互相争吵推搡，只想得到一点她大把大把地撒在人群中的股票。云彩上坐着一个魔鬼，他向人群吹着肥皂泡，这些气泡也成了人们争抢的目标，人们想方设法地踩到别人的背上，想要在气泡破裂前抓到它。马车的去路被一座巨大的建筑物挡住了，这座建筑有三个门，跟着马车前进的人们必须通过其中一个。第一扇门上写着'病人医院'，第二扇门上写着"紊乱失调医院"，第三扇门上写着'疾病医院'。在另外的一幅漫画上，劳坐在一口大锅上，锅里翻着滚滚水花，而煮沸这口锅的正是公众疯狂的情绪火焰，锅周围聚集着疯狂的人群，他们心甘情愿地把自己所有的硬币都扔进大锅，来换取劳大把扔在他们中间的纸币。"

　　由于群情激奋，在没有护卫的情况下劳尽量不会出现在大街上。他躲在摄政王的皇宫里，以免被群众围攻。为了避免危险，每次出门他都乔装改扮或者坐在一辆两旁有全副武装护卫的皇家马车上。关于人们痛恨劳到何种程度，还有一个非常有趣的故事，从中我们可以知道如果劳落在人们手里，人们会怎样对待他。有一个名叫布尔赛的绅士，一天当他坐着马车通过圣安杜瓦纳大街时，一辆出租马车挡住了他的去路。布尔赛的仆人言语粗鲁地叫出租马车车夫让开道路。对方不满他的态度拒绝了他的要求，他就给对方的脸上来了一拳。由于发生冲突，一大群人围在了四周。布尔赛下了马车想调解纠纷，但那位出租马车的车夫认为他是新来的帮手，唯恐难以抵挡，于是他大声喊道，"救命啊！救命啊！有人要杀人了！劳和他的马夫要杀掉我！救救我！救救我！"一听到喊声，许多手持棍棒和其他武器的人都从他们的商店里冲出来，其他的人则捡起石块准备向那位未曾谋面的银行家报复。值得庆幸的是，耶稣会的教堂大门那时候正好开着，布尔赛和他的仆人看到形势不好，就飞快地跑进了教堂。人们在祭坛边追上了他们。要不是他们急中生智跳进了圣器室并马上关闭了大门，他们的结局肯定会很惨。又惊又怒的牧师极力劝说，暴徒们才答应离开。出去后，他们看到了停在大街上的布尔赛的马车，于是就把怒火发泄在了马车上，将马车砸了个稀巴烂。

由于利息只有2.5%，用巴黎市的赋税作为担保发行的那25万份债券没有得到密西西比公司股票大户的认可，债券的兑换进展困难，许多人怀着公司股票价格反弹的美好愿望，甘愿保留下跌的股票。为了尽快完成兑换，8月15日政府发布了新命令，规定所有面值在1000到1万里弗的钞票，只能在三个领域中流通：购买年金保险、支付银行账单以及为买公司的股票而进行分期付款。

10月，又有新的法令颁布。这个法令规定11月以后所有面值的纸币将不能在市场流通。印度群岛公司或者可以说是密西西比公司所拥有的造币权、代收赋税权以及其他所有的特权都被剥夺了，公司也变成了彻头彻尾的私人公司，这成了施加给整个纸币系统的致命一击。

劳对法国金融委员会已经没有了任何影响，公司的所有特权也被完全剥夺，他没有一点回旋的余地。所有被怀疑在全国人民受蒙骗中牟取非法利益的人都被找了出来，并处以重金罚款。政府还曾颁布了一个法令要求列出最原始股票的持有人名单，如果这些人中还有人持有股票，那么就应当把他们的钱算做公司的保证金。而对于那些已经订购股票的人则要按时履约。公司回购这些股票的价格现在是每股1.35万里弗，但实际上这些股票在市场中只能卖到500里弗。大股东们自然不愿意做这种赔本的买卖，他们将能带走的东西打包，试图逃到国外去。得到这个消息，政府立即发布命令封锁所有港口和边境管理机关，逮捕那些试图离开法国的人，并把他们监禁起来，在弄清楚他们是否带有金银珠宝或是否参与过股票投机前不得释放。有几个试图逃跑的人被抓住后判了死刑，而那些待在法国境内的人则受到了最严苛的处置。

居住在法国已经变得不安全了，这让劳感到非常绝望，也因为这样他打算离开法国。起初，他恳请摄政王允许他离开巴黎搬到乡村的住宅，摄政王毫不犹豫地同意了。虽然摄政王因为国内糟糕的财政状况非常烦恼，但是对于劳提出的财政政策仍怀有信心。他认识到了自己做了错事，在此后剩余的生命中他多次努力试图实践劳的财政政策。传闻，在劳和摄政王最后一次见面时，摄政王说道："我的确犯不少的错。但凡是人都会犯错，我也不例外。严肃地说，这些错误没有一个是出于邪恶或者虚伪的动机，在我的一生中也没有一件事是源于这种动机的。"

在劳离开巴黎两三天后，摄政王给他写了一封信，言辞异常恳切，在这封信中摄政王告诉劳可以随时离开法国，并已为他准备好了护照。同时，摄政王还允诺送给劳所需要的足够的钱。劳谦恭地拒绝了赠与的钱，乘坐德·普芮夫人名下的一辆邮递马车，由6名士兵保护着去了布鲁塞尔。后来，他又辗转到了威尼斯，并在那里盘桓数月。在威尼斯他被当地人好奇的眼光关注着，人们都认为他拥有难以想象的财富。但这种看法一点也不合乎实际。尽管劳在前半生中是一个十足的赌徒，但他却不愿以一个国家的毁灭为代价来换取自己的富有。当人们对密西西比股票的疯狂达到顶点之时，他坚信自己的计划会获得最后的成功：使法国成为欧洲最富裕、最强大的国家。他用自己的全部财产购买了法国的地产——这个做法可以说明他对自己计划成功的信心。他没有购买一件金银器皿或珠宝，也没有像奸诈的投机者那般把钱运往国外。他把所有收入都投资在了法国，除此之外唯一的财产就是一颗价值约五六千英镑的钻石。当他离开法国时，他几乎一无所有。仅这个事实就可以证明加在他头上的欺诈的罪名是多么不公正。

他离开的消息一传开，他名下的地产以及珍贵的图书馆都被查封了。另外，还剥夺了他妻子、女儿的20万里弗（8000英镑）的年金，尽管在劳的事业达到巅峰的时候，政府曾以特别命令的形式宣告这个年金在任何时候、任何情况下都不得没收。人们对于劳被允许出逃感到十分不满。他们和议会都很愿意看到劳被处以绞刑。那些与这场商业危机无关的少数人得知劳这个骗子已到了其他国家十分高兴，但所有财产被牵扯的人（毫无疑问这是多数人）却非常遗憾，他们主张利用劳对国家面临困难的本质原因的深入洞察力对症下药，让他设计一种补救措施。

在一次财政委员会和摄政理事会的联合会议上，人们看到了一份文件。根据这份文件，目前有27亿里弗在社会上流通。人们要求摄政王解释授权发行货币的命令的日期与货币发行日期之间不一致的问题，本来他应当承担全部的责任，但他认为一位离开法国的人也应该承担一部分责任。就这样，他说劳自作主张先后发行了12亿里弗的纸币，他（摄政王）得知时，结果已不能改变了，他不得已修改了议会授权加大发行量的法令的日期。假如他说出了真相，承认他的贪婪和冒进促使劳超越了安全投机的底线，那么在人们心中他的形象会好一点。一份资料说明，到1721年1月1日，法国国家债务超过了31亿里弗，或者说超过1.24亿英镑，利息为319.6万英镑。于是，政府专门设立了一个委员会来审查国债债券的持有人。所有的债券持有人被分为五种类型：前四种都是用自己的财产购买债券的人，第五种是那些拿不出证据来证明自己合法有效购买债券的人。第五种人的债券被强制销毁，接着前四种人也受到了更加严苛的审查。这个委员会最终形成了一份报告，在报告中他们主张政府将债券的利息减至5600万里弗，因为经过调查他们知道有许多挪用公款和敲诈勒索的事件。政府采纳了报告的建议，发布了一项相似内容的法令，并获得了议会的许可。

此后，政府设立了一个法庭，这个法庭专职审理政府财政部门在后来的不幸时期内发生的营私舞弊行为。一个名为法洛奈的部门主官、克莱芒神父以及他们雇用的几名工作人员被发现有金额达到100万里弗的投机行为。前两人被判处斩首，而其余几名职员则被处以绞刑。后来，他们的惩罚被减轻了，终身监禁在巴士底监狱。数不清的诈骗案件被揭露，当事人或被罚款或被监禁。德·让松也因为与密西西比股票有牵连而像劳和摄政王一样为人们所痛恨，他被罢免了大臣职务，由达格索接任。但他还拥有掌玺的职务，并有权出席各种会议。但他觉得他最好离开巴黎，去自己在乡间的宅第隐居一段时间。但他却不具有适合退隐的性格。被罢免之后，他感到万事难以遂心，心情时喜时忧。他原来就患有疾病，这样一来病情加重了，此后不到一年，他就离开了人世。但巴黎人实在太憎恨他了，以至于死后也不肯饶过他。当他的送葬队伍经过圣尼古拉教堂（他们家族的墓地）时，愤怒的人群疯狂地围攻他们。他的两个儿子不得以驾车狂奔到一条偏僻的小街才躲过暴力。

至于劳，在离开法国的日子里他盼望着能够被召回法国，以稳定经济为基础重建法国的信誉。但当摄政王于1723年冬天和帕莱莉公爵夫人谈话时突然去世的消息传来时，劳完全绝望了。他又开始频繁出入赌场，由于情势所迫，他多次当掉了自己巨额财富中唯一留下来的钻石，但在赌博中的成功又使他多次将宝石赎了回来。由于受到债主的逼迫，他从罗马辗转到了丹麦的哥本哈根。在那里，他得到英国大使的准许回国定居，因为1719年英国已经赦免他谋杀威尔逊先生的罪名。他获得许可乘坐舰队司令的船回到了英国——这件事在上议院引发了一段时间的争论。柯宁斯比伯爵抱怨说："像劳这样背弃自己祖国和宗教信仰的人不应该得到这样的待遇。"他认为在人们被南海公司的董事们搞得十分窘迫的时候，劳在英国的出现将带来很大的麻烦。他就此事提出了一项动议，但没有通过，因为其他所有的上议院议员并没有和他一样担心。在英国停留了四年之后劳去了威尼斯，并于1729年在惨淡中离开人世。下面是人们为他写下的墓志铭：

> 一个著名的苏格兰人长眠在这里，
>
> 他的数学技巧罕有人及，
>
> 他以普通的数学规则，
>
> 将法国变得穷困潦倒。

他有一位名叫威廉·劳的兄弟，因为和他一同经营银行和密西西比公司而被人们冠以合谋营私舞弊罪，关进了巴士底监狱。但是，由于找不到任何证据证明对威廉·劳的指控，15个月后他被释放了。后来，他成了一个至今仍在法国以劳里斯顿侯爵为称号而闻名的家族的创立者。

在第二章，我们将看到一段故事，叙述了几乎在同时期受到非常相似的情况影响的英国人民的疯狂。但是，由于君主立宪政府良好的能力和理智的应对，使发生在英国的这场灾难没有造成在法国这般灾难性的后果。

古斯塔夫·勒庞点评

[1] 人们虽然在智力上存在巨大的差别，但他们的本能和情感却非常相似，在属于情感范围内的每一种事情上，如宗教、政治、道德、爱憎等，最杰出的人士也不见得比凡夫俗子高明多少。一个伟大的数学家和他的鞋匠之间在智力方面也许有天壤之别，但是他们性格的差别可能很少，甚至完全没有差别。

[2] 群体中的个人与孤立的个人不但在行动上存在本质的区别，甚至在独立性还没有完全丧失之前，其思想和感情就已经发生了变化，这种变化是非常深刻的，它可以让一个守财奴变得挥金如土，把怀疑论者改造成信徒，把懦夫变成豪杰，把老实人变成罪犯。

南海泡沫事件

Extraordinary Popular Delusions

and the Madness of Crowds

阴谋的开始

......

最终，腐败如肆虐的山洪，

冲垮堤岸，在大地上疯狂而行；

贪婪如生于低处的晨雾，

弥漫开来，挡住了阳光。

政客和爱国人士皆在为股票而东奔西走，

贵妇与男仆因股票而陷入相同的窘境；

法官做了股票经纪人。

主教愚弄了整个城市。

大公施展权术笼络人，

只为了得到半个克朗：

英国人臣服在金钱的诱惑下，

这是多么的肮脏！

——亚历山大·蒲柏（Alexander Pope）

    1711年，享有盛誉的牛津伯爵哈利创立了一家公司，这家公司被赋予了发行总值近1000万英镑股票的任务，所筹的资金主要用于清偿陆军、海军债券和其他一些短期债务，同时，公司还肩负着恢复因辉格党内阁解散而受到影响的公共信用的责任。在这家商业公司名字还没有确定的时候，就把上述众多的责任揽到了自己身上。

    作为回报，政府允诺在一定时期内按6％的安全利率支付利息，这意味着政府每年要提供60万英镑的利息。为了支付这些利息，政府给予了该公司税收优惠，他们所经营的酒、醋、印度货、缫丝、烟草、鲸鳍和其他一些商品将使用永久退税政策，此外，政府还授予了他们南海贸易的垄断权。受这一事件的触动，这个由议院批准设立的公司，为自己取了"南海公司"这样一个他们自己都从未曾听过的名字。在公司创立的过程中，伯爵先生用自己的股份承担了大部分信用风险，因此善于溜须拍马的人就用"牛津伯爵的杰作"来夸赞这番谋划。

    成立之初，南海公司就有一个路人皆知的图谋，那就是掠取南美东部海岸蕴藏的巨大财富。那时，人们都知道秘鲁和墨西哥的地下有着数量惊人的金银矿，只要英格兰的制造商可以登上海岸，马上就会有数以百倍计的金砖银锭不断地运回英国。这时，西班牙打算放弃位于智利和秘鲁海岸的四个港口的消息也传开了，这更让人们的信心倍增。于是，在多年之间，南海公司的股票一直很受欢迎。

西班牙国王菲力浦（Philips）五世并没有让他们的如意算盘得逞，他根本没有想过允许英国人利用西班牙在美洲的港口进行自由贸易。两国为此事而展开的谈判只有一个结果：签订了一个贩奴合同。按照合同约定，西班牙政府授予英国向其殖民地贩卖黑人的30年特权，但每年只能进行一次，而且轮船吨位和货舱容积也受到了限制，目的地也只限于墨西哥、秘鲁或智利。另外，西班牙还提出了一个非常严苛的要求：每年英国贩奴所得利润的25%要交给西班牙，并且剩余的75%的利润也要按5%的税率征税。始料未及的谈判结果让伯爵和同僚们大失所望，他们那些对南海公司的美好幻想也一扫而光。

但是，公众还是对南海公司怀有坚定的信心，因为牛津伯爵公开表示，西班牙同意英国在合同的第一年增加两艘货运船，同时，还给出了一份大大超出约定范围的清单，让人们感到似乎西班牙的所有港口和码头都会向英国开放。但合同约定的货运船舶的首航直到1717年才实现，而一年之后，这个贸易合同就因为英国和西班牙断交而中止了。

在1717年议会会议上，国王通过演讲暗示公共信用状况堪忧，并给出了以适当的措施减少国内债务的建议。南海公司和英格兰银行这两家大公司在5月20日向议会提出了自己的方案。南海公司的方案是以认购或其他方式将其资本存量从1000万英镑增加到1200万英镑，并主动将其利息从6%降至5%，英格兰银行的方案也包含了同样的内容。经过多次辩论，议会最终通过了三个法案：南海法案、银行法案和通用基金法案。在南海法案中，议会采纳了南海公司的建议，拟由南海公司发行200万英镑的股票，以偿还安妮9年和安妮10年的四种彩票基金债务。在银行法案中也给了英格兰银行一个较低的利率，其发行股票的总额是1775027英镑15便士。银行答应交出即将到期的总额200万英镑的财政部账单，并接受10万英镑的年金，作为全部股票一年期利息的抵押。议会还要求银行按5%的利率为该项目准备总额不超过250万英镑的预付金，以备紧急情况使用。通用基金法案则列举了各种赤字，这些赤字将由上述收入进行冲抵。

这样，南海公司的名字又一次频频出现在公众面前。虽然在与南美各国的贸易中并没有获利，但是它却作为一个金融公司兴旺发达起来，公司的股票也受到追捧。受到这些成功事件的鼓舞，董事们开始策划扩大影响的新举措。这时，他们想起了约翰·劳谋划的曾经使法国人为之疯狂痴迷的密西西比计划。他们也想要在英格兰实施同样的计划。虽然他们预感到这个计划有可能会失败，但还是不忍放弃。他们认为凭自己的聪明才智，不但会免于灭顶之灾，而且还能够使这项计划永不停息地执行下去，不但可以充分利用信贷这个工具，而且还不会引火烧身。

正当劳的计划如火如荼地进行，数以万计的人涌到甘康普瓦大街，疯狂地渴望财富之时，南海公司的董事们向国会提交了支付国债的著名计划。于是，在欧洲的两个不同的国家里，人们惊喜的眼睛里似乎呈现出同样一幅金银财宝滚滚而来的图画。在英国，这场疯狂游戏的开始迟于法国，但他们一陷入狂热之中就再也难以自拔了。1720年1月22日，英国议会下院成立了一个委员会，该委员会专司研究实施国王演讲中关于公共债务的旨意以及南海公司关于偿还债务的方案。方案分为几个部分，总的篇幅很长，所涉及的国债总值为30981712英镑。南海公司害怕这笔债务全部由自己承担，因此在方案中提出了在1727年仲夏以前维持5%的安全利率、其后降为4%的要求，委员会愉快地同意了这个要求。

但是，英格兰银行的朋友有很多也在下院里工作，他们当然愿意看到银行也能从中分一杯羹。他们站在银行一边表示，在国家很多次遇到困难的时候，英格兰银行都曾有过卓越的功绩，现在，如果南海公司将通过这场公共交易获得利益，那么至少应当保证英格兰银行不会因它参与其事而受到指责。考虑到这些问题，银行想办法让下院议员们拖延南海公司的建议的表决时间，而在这期间，英格兰银行制订了自己的计划。南海公司担心政府同意英格兰银行计划从而使其获得利益，所以修改原计划的部分内容，使它更符合政府的利益。其中最大的变化是把国债偿还期由原定的七年改为四年。在这场商业竞争中，英格兰银行拿定主意不再出更高的价格，而是修改了自己的建议，向政府递交了新的计划。

这样，每家公司都给出了两个建议。在下院的辩论中，罗伯特·沃普乐（Robert Wopule）——是银行一方的主要支持者，而财政大臣艾斯拉比则更为欣赏南海公司的计划。2月2日，辩论结果揭晓，下院的多数人认为南海公司的建议更有利于国家，因此几乎不做改动地接受了南海公司的第二个建议，而其余建议都当作议案。

整个厄雷交易街都变得异常兴奋。南海公司的股价飙升，从一天前的130英镑慢慢涨到了300英镑，在下院讨论的推动下，股价还在持续攀升。议院内只有沃普乐一个人还在大声疾呼表示反对，他怀着沉重而激动的心情向众人慷慨陈词："这将会是扼杀我国的工商业天才的一次危险的股票投机行为。它会像危险的恶魔一样，使人们沉睡在财富从天而降的幻想之中，不再相信踏实的劳动，它会把人们引向歧途。这个计划的实质是无比邪恶的，它只会让大众陷入长时期的疯狂而不能自拔，人为地使股票价值上涨到超出真实价值的价格，在这种基础上的分红是永远不会做到的。"他如先知般地预言，如果这项计划的目标顺利实现，南海公司的董事们将摇身一变成为政府的主宰者和大英帝国新的独一无二的独裁者，操纵立法权。如果如他所相信的那样失败了，就会惹来全国人民的愤怒，但整个国家也将被毁灭。当人们面临这样的厄运时，就会从像清晨刚刚从噩梦中惊醒一样，问一声他们所见到的到底是真的还是假的。但沃普乐的仗义执言就像石头落入深水中一样，没有得到任何回应。人们认为他是一个失败的"先知"，并把他看作是一个发出不祥之兆叫声的乌鸦。但是，他的挚友们却认为他是当时的"卡珊德拉"①，能够准确地预言灾祸，但那些不撞南墙不回头的人只有灾难降临时才会相信预言是真的。议员们在开始时还保持着谦逊的态度倾听沃普乐的讲话，但当他们明白他的目的是揭穿南海公司的阴谋之后，便纷纷离席。

大概过了两个月的时间，下院才通过了这项议案。在这两个月里，南海公司的董事和他们的朋友们用尽了一切办法提高股票的价格，其间，他们充分利用了大名鼎鼎的约翰·布伦特（John Brent）爵士的名义。

一时间，有利于南海公司的谣言四起。有的说，英国已经和西班牙签订允许英国在其所有的殖民地从事自由贸易的条约。也有的说，英国将开发波斯拉格斯的丰富矿藏，那时英国就会拥有像铁一样多的银矿资源。墨西哥人会用他们的全部黄金购买英国生产的棉花和羊毛，投资南海公司股票的人也会因为南海公司贸易的巨大成功而获得难以想象的财富，只要投资100英镑就会有数倍的股票红利。通过这些手段，南海公司的股价提高到了400英镑。此后股价出现了大幅波动，在下院以172票对55票的多数通过南海公司提交的议案时，股价已经趋稳，为330英镑。

上院通过这项议案的速度也是史无前例的：4月4日，第一次宣读；4月5日，第二次宣读；4月6日，议员评议议案；4月7日，第三次宣读，并立即宣布通过。

上院也有几位议员非常担忧这项计划，但大多数人并不在意他们的激烈抨击

---

① 卡珊德拉：希腊神话中预言凶事的神。——译者注

和警告，在投机的狂潮下，他们的意见如平民的一样被忽略了。有两位名字叫做诺思和格雷的议员说，未来发生的事实会证明这个议案只能使极少数人暴富，而大多数人则会更加贫穷，它的实质是不公正的，而其造成的结果也将是致命的。沃顿（Wharton）公爵也站出来表示反对，由于他只是以沃普乐在下院中发表的观点作为论据，因此人们对他的话比诺斯和格雷的还不屑一顾。库珀伯爵则把这项议案比做欧洲历史上著名的特洛伊木马，指出这是一个惑乱人心的大阴谋，它必将使人们放弃信义并招致最终的毁灭。桑德兰德伯爵声嘶力竭地驳斥这些反对意见。表决的结果是：17票反对，83票赞成。就这样，上院在表决后便通过了这项议案，使之得到了国王的钦准，成为国家的法律。

那一刻，整个国家似乎都因为股票投机而疯狂了。厄雷交易街、康恩希尔街每天都挤满了前来购买股票的人，如蜂聚般的人群和数量众多的马车把街道堵得水泄不通。人人都来买股票，"就连傻瓜也想来骗人。"

不断吹大的泡沫

当时有一首这样的民谣在民间流传，这首民谣的名字叫《南海泡沫之歌》，歌中这样唱道：

> 星星在疯狂的人群头上闪耀，
> 袜带在下里巴人中缠绕，
> 人们忙于买和卖，
> 对犹太人和别人的争吵津津乐道。
> 就连贵妇们也从四面八方赶来，
> 天天乘着马车来回奔波，
> 为了在交易街上参与冒险，
> 她们心甘情愿地当掉了珠宝首饰。

对于发财和暴富的渴望，使得社会各个阶层都对南海公司的一举一动异常敏感。这时，南海公司又抛出了花样翻新各种方案，他们迅速地填写股单，用火车运来股票，当然，这一切都是为了使股票的市场价值再度升高。

但令人意外的事情发生了，国王批准议案之后，南海公司的股价却下跌了。4月7日的成交价还是310英镑，4月8日就跌到了290英镑。已经从这项计划中获得巨额利益的董事们看着股价回落并不甘心，于是，他们立即派人四处散播谣言，告诉人们南美蕴藏着巨大财富。厄雷交易所里全身心投入股票交易的人们很快就对这样的谣言信以为真：由于西班牙政府的建议，斯坦霍普伯爵在法国已经决定选取秘鲁海岸的某些地方与西班牙交换直布罗陀和玛汉港，旨在扩大南海贸易和增加贸易安全性。除此之外，西班牙还将取消每年一轮次的航运限制，放弃每年25%的利润。南海公司还可以建造和租用任何数量的船只，外国人都不能干涉。仿佛一幅"金砖银锭在眼前飞舞"的景象马上就要成为现实。在这个谣言下，股市急速反弹。4月12日，即上院议案通过后的第5天，董事会以3∶1的比例发行了100万份认购单，人们争相竞购，首次认购总值已经超过了200万英镑。认购单发售时收取股票价格1/5的预付金，即每100英镑收取20英镑，余款分期付清。数日之内，股票价格就涨到了340英镑，认购单的价格也上涨了一倍。为了继续扩大交易总额，4月21日，董事会宣称，夏季中期的股息为10%，而且所有的认购单都将获得相同的利益。这些消息使大户们变得更为疯狂。紧接着，董事会又以400%的价格发行了第二个100万新股。人们就像被恶魔附体一般，疯了似的进入这场投机中，仅用了几个小时，竟然就卖掉了150万份认购单。

也是在这个疯狂的时段里，难以计数的股份公司呱呱坠地，人们很快就送给了这些公司一个再合适不过的雅号"泡沫"。大家都认为这个称呼很贴切。这些公司有的只成立了两个星期，有的时间更短，便再无影无踪了。新方案、新工程一个接一个地出现，就连最高等的贵族也卷入了这个旋涡，他们像不知疲倦的股票经纪人一样渴望在这次投机狂潮中大发横财。威尔士王子竟然成了一家公司的管理人，据说他在这次股票投机中的收益是4万英镑。布雷基瓦特公爵以改建伦敦城和威斯敏斯特为名发布了一项募资方案，钱多斯公爵又进行了另一个方案。这时出现的约有100多项工程，它们一项比一项更诱人、更离谱。用《政治的国家》中的话来形容，"骗子们设计和施展他们的伎俩，贪婪的傻瓜们跟着上当，直到最后才发现，这些人不过是一群十足的骗子。"据估算，在这场没有任何保障的游戏中，共有150万英镑的财富从傻瓜手中转移到流氓的腰包里，就这样，傻瓜变穷而流氓暴富了。

在这些方案中，有的是在公众还有清晰的判断能力时实施的，这些方案似乎没有什么问题，能够给投资者带来收益，但事实上，这些方案的唯一目的就是提高股价。一旦股价上升，实施者马上抓住机会卖出股票，而后就将他的方案抛诸脑后。麦特兰德在他的《伦敦史》中严肃地记录了这样一个故事，有一项曾令人几近疯狂的工程事实上只是创办一家"用锯屑制造木板"的公司，这无疑是一个天大的玩笑。大量的事实说明，数以千计的极其差劲的方案，在提出数日、骗到几百人后便消失得无影无踪。比如，有个项目是要募集100万的资金制造一种永动轮；另一个项目是"促进英格兰的牧马业，改良牧师和教堂的土地，修缮和重建教区长和牧师的住房。"那些对后者怀有极大兴趣的牧师们从中得到了巨额财富，因为这个项目就是为一群狩猎高手般的教区长量身打造的，在很短的时间内，这家公司的股份就被抢购一空。但最荒诞可笑、最能体现人们疯狂状态的是这样一个项目，它的名目是，"一家经营和承揽巨大利益的公司，但是没有人了解这是什么。"假若不是有几十位可靠证人的确切陈述，谁能相信竟然有人被这样的项目所欺骗。有一个颇具智慧和胆识的人，只通过发布募股书的方式，就让人们产生了对他的信任。募股书上这样写道，有一个需要50万英镑资本的项目，共有5000股，每股面值100英镑，认购者只要支付2英镑的定金，每年就可以获得每股100英镑的股息。这个利润丰厚的项目多么诱人啊！但他又宣称，他不会自降身份去请求认购者与他共享利益，但他会在一个月内向全体股东告知他的所有计划，在那时人们可以选择是否支付剩余的98英镑。第二天上午9时，他刚打开设在康恩希尔街的办公室，一大群人就挤了进来，到下午3点下班时，他估算至少卖出了1000股，并且都收到了定金。这样，5个小时他就得到了2000英镑。他自鸣得意并在当天晚上离开了这座城市，音信全无。

著名作家斯威福特[①]（Swift）曾经把厄雷交易街比喻成南海中的一座海湾，并对他进行了相当精辟的描述。

> 这里有数以千计的认购单，
>
> 就像无数的船只布满海面，
>
> 人都情愿坐在破了洞的小船上，
>
> 每个人为了发财梦都不计生死。
>
> 一会儿处在死亡的恐惧之中，
>
> 一会儿又被天堂的幸福包围，
>
> 他们步履跟跄摇摇摆摆，
>
> 就像醉鬼一样跌跌撞撞前行。
>
> 这时的格拉维悬崖异常安宁，

---

① 乔纳森·斯威福特（1667—1745年），讽刺小说《格列佛游记》的作者。——译者注

> 一场吞噬沉船的野蛮竞赛正在这里酝酿，
>
> 他们静候着小舟的沉没，
>
> 好去把死尸财物全部侵吞。

另一个获得很大成功的骗局叫做"环球许可证"。这些"许可证"只是一些像扑克牌一样的方纸片，上面印有与厄雷交易街毗邻的用蜡密封着的"环球客栈"标志，贴有一张"帆布许可证"。持证者可以享受到的权利是在将来不确定的时间里认购一家新建的帆布厂的股份。这些许可证在厄雷交易街上以60基尼①的价格出卖。这场骗局的制造者是一个很幸运的家伙，至少人们是这样看的，但后来，他却因为牵扯进南海公司董事会的挪用公款事件而受到惩罚。

几乎所有人，无论身份贵贱、性别年龄，都卷入了对财富狂热的追求之中。在酒馆和咖啡馆里，男人们与经纪人交谈；在服饰店和杂货店里，女人们也大谈股票。虽然他们并不完全相信那些宣传中前景美好的项目，但却希望通过这场投机活动大赚一笔。

狂热公众的觉醒

交易街上的秩序并不尽如人意，以至同一种股票在同一时间因为在不同地点成交价格竟相差10%。但是，还是有一些人头脑始终十分冷静，议会内外都有这样的人，他们十分明确地预言了即将发生的灾难。沃普乐先生继续指出了各种不祥的预兆。那些头脑清醒的人也和他一样表示了对于局势的担忧，这让政府开始关注事件的发展。在6月11日议院召开会议时，国王发布公告宣布所有的非法项目都是不被容忍的，并将启动司法程序。同时，禁止任何经纪人进行违法公司的股票交易行为，违者将不得不支付500英镑的罚款。

这项公告并没有引起狡诈的投机商的关注，他们继续引诱贪利者进行非法交易。7月12日，高等法院的法官们聚集在枢密院共同发布了一道命令，驳回所有的专利和特许申请要求，解散全部的泡沫公司。命令中还一一列举了这些非法项目的名单：

1720年7月12日，怀特会议室。出席人员：高等法院法官。

考虑到出于各种目的而设立的股份公司以及他们所推出的计划与项目给公众带

① 基尼：英国过去的一种货币单位，1基尼为105英镑。——译者注

来的困扰，尤其是英国臣民因受这些泡沫公司的蒙蔽已损失了大量金钱，而这些公司仍试图以投资者利益为由获得专利和特许申请书的批准，为了避免类似事件继续发生，高等法院今天慎重讨论了下列申请以及贸易委员会、检察长和副检察长的报告，并决定接受枢密院的建议，取消下列申请：

1.多人共同递交的申请书，请求授予以"大不列颠大渔场"之名经营捕鱼贸易的专利权。

2.英格兰皇家渔场为了更好经营捕鱼业务而请求授予更大的权利的申请书。

3.乔治·詹姆斯（George James）代表他本人和其他数人递交的申请书，请求与国有渔场分立并经营同一业务。

4.一些商人递交的关于以合作方式经营和恢复格陵兰岛及其他地方的捕鲸业的申请书。

5.约翰·兰伯特爵士和一批商人提交的申请书，请求从事格陵兰岛的贸易业务，特别是戴维斯海峡的捕鲸业务。

6.另一项在格陵兰岛从事贸易的申请书。

7.几位商人、绅士和居民提交的关于请求合作购买和建造货轮进行出租或运输业务的申请书。

8.萨缪尔·安垂姆等人提交请求种植大麻和亚麻的专利申请书。

9.几位商人、船长、帆匠和帆布商提交的请求授予以股份公司的形式合作经营业务的申请书。

10.托马斯·鲍德和数百位商人、船主、船长、帆匠、纺工以及其他一些商贩提交的请求以合作形式借钱买地、制造帆布和纺线的申请书。

11.几位对威廉三世和玛丽二世后期批准的一项制造亚麻布和帆布的专利感兴趣的人士的申请书。他们请求只认可他们现在拥有的制造帆布的专利权，同时请求允许他们经营棉花和制造棉线业务。

12.伦敦的几位居民、商人、商贩和其他一些要求对英格兰所有港口的火灾实行保险的英国股票认购者提交的申请书，请求获得合作经营此项业务的权利。

13.伦敦和英国其他城市的部分皇家成员的申请书，请求合作开展英国的一般火灾保险业务。

14.包括托马斯·伯格斯（Thomas Burgers）在内的一些皇室成员提交的申请书，他们代表本人和一些认购了总额为120万英镑的德意志领地内贸易业务股票的其他人士，请求就设立哈堡公司进行合作。

15.木材商爱德华·琼斯（Edward Jones），代表他本人和其他人的利益提交了请求以合作形式从德国进口木材的申请书。

16.几位伦敦商人提交的请求授予合作经营盐业特许权的申请书。

17.伦敦商人开普敦·麦克菲朱利斯（Cape Town McPheeJulius），代表他本人和一些商人、织布匠、帽匠、染匠和其他一些商贩提交的申请书，请求允许筹措足够的资金购买土地，种植和培育一种供染匠用的叫做茜草的植物。

18.伦敦鼻烟制造商约瑟夫·格兰多（Joseph Grand）提交的制造和保存弗吉尼亚烤烟方法的专利申请书，并要求将专利应用于所有领地。

以下公司为泡沫公司并将予以取缔：

1.从瑞典进口铁矿石的公司。

2.向伦敦提供海运煤炭的公司，资本金300万英镑。

3.英格兰房屋建筑和重建公司，资本金300万英镑。

4.细棉布制造公司。

5.英国铝业经营公司。

6.建设布兰科和索塔尔哥斯岛安置点的公司。

7.向城镇供应淡水的公司。

8.弗兰德斯花边饰带进口贸易公司。

9.改良英国土地的公司，资本金400万英镑。

10.发展英格兰牧马业、改良牧师和教堂土地以及修缮和重建教区长和牧师房屋的公司。

11.大不列颠钢铁制造公司。

12.福林特郡土地改造公司，资本金100万英镑。

13.购买开发和建设用地的公司，资本金200万英镑。

14.皮毛商业贸易公司。

15.豪利岛盐业发展公司，资本金200万英镑。

16.买卖不动产并提供住房抵押贷款的公司。

17.能够带来巨大利益，但没有人知道具体业务的公司。

18.伦敦街道铺设公司，资本金200万英镑。

19.全英葬礼装饰公司。

20.向买卖土地业务提供有息贷款的公司，资本金500万英镑。

21.大不列颠皇家渔场公司，资本金1000万英镑。

22.海员工资保险公司。

23.为帮助和鼓励艰苦创业而建立的贷款公司，资本金200万英镑。

24.购买和改良出租地公司，资本金400万英镑。

25.从英国北部和美洲进口沥青和海军物资的公司。

26.布匹、毛毡和波形瓦商业贸易公司。

27.购买和改良艾塞克斯庄园和征收矿区使用费的公司。

28.马匹保险公司，资本金200万英镑。

29.从事羊毛制品、铜、黄铜和铁进出口业务的公司，资本金400万英镑。

30.药品贸易局，资本金300万英镑。

31.建设磨粉厂和购买铅矿公司，资本200万英镑。

32.改进制造肥皂工艺的公司。

33.桑塔·克鲁兹岛安置公司。

34.德贝郡沉坑和铅矿勘探公司。

35.玻璃瓶和其他玻璃制造公司。

36.永动轮制造公司，资本100万英镑。

37.花园改进公司。

38.增加和保障儿童财产的公司。

39.进入海关装载货物，并为商人进行商务谈判的公司。

40.北英格兰羊毛制造经营公司。

41.从弗吉尼亚进口胡桃树的公司，资本200万英镑。

42.曼彻斯特棉花和线料制造公司。

43.加珀和卡斯陶肥皂制造公司。

44.王国熟铁和炼钢业改进公司，资本400万英镑。

45.花边饰带、棉麻线、棉麻布、细麻布等货物的经营公司，资本200万英镑。

46.我国及其他国家生产的某些商品的贸易发展公司，资本300万英镑。

47.向伦敦市场供应牛的公司。

48.眼镜、马车镜等制造公司，资本200万英镑。

49.康瓦尔郡和德贝郡锡矿和铅矿公司。

50.菜子油制造公司。

51.海狸皮进口公司，资本200万英镑。

52.纸板和包装纸制造公司。

53.用于羊毛制品的石油和其他材料进口公司。

54.改进和扩大丝制品业公司。

55.储蓄、年金和票据贷款公司。

56.以较小折现率支付寡妇和其他人的养老金的公司，资本200万英镑。

57.啤酒开发公司，资本400万英镑。

58.大美洲渔场。

59.购买和改良林肯郡沼泽地的公司，资本200万英镑。

60.改进大不列颠纸制品公司。

61.鲍特莫利公司。

62.麦芽热气干燥公司。

63.奥郎诺克河贸易公司。

64.科尔彻斯特和大不列颠其他地方的厚毛呢高效制造公司。

65.购买海军存货、供给食物、支付工人工资的公司。

66.雇用技工、为商人和其他人装饰钟表的公司。

67.改进耕地和养牛公司。

68.发展牧马业公司。

69.另一家马匹保险公司。

70.大不列颠玉米贸易公司。

71.为所有男女主人因为仆人造成的损失而保险的公司，资本300万英镑。

72.为收容和养育私生儿童而建造房屋和医院的公司，资本200万英镑。

73.不用火或不发生营养损失而漂白粗糖的公司。

74.大不列颠收费公路和码头建设公司。

75.劫盗保险公司。

76.从铅中提炼银的公司。

77.瓷器和陶器制造公司，资本100万英镑。

78.进口烟草，再向瑞典和北欧出口的公司，资本400万英镑。

79.利用坑煤制铁的公司。

80.用干草和稻草装饰伦敦城和威斯敏斯特城的公司，资本300万英镑。

81.爱尔兰的一家帆布和包装布制造厂。

82.碎石收购公司。

83.购买和装备镇压海盗的船只的公司。

84.威尔士木材进口公司，资本200万英镑。

85.岩盐公司。

86.把水银变成金属掺入可锻精制金属的公司。

政府宣布这些泡沫公司非法，头脑清醒的人们也开始远离他们，但还是有许多泡沫公司不断膨胀。

讽刺漫画充斥着印刷店，具有讽刺内容的短诗和短文也不断刊登在报纸上。一位扑克牌生产商制造了颇具创意的一种南海扑克，现在已经很少能见到了。牌上除了常规的一幅很小的图画之外，还在一个角上印了一幅泡沫公司的漫画，并在漫画下附上不同的诗句。比如，这副牌中的梅花8就加印了一家名称为"帕考尔机械公司"的泡沫公司。画面上，这家公司不断发射圆形和方形的加农炮弹和子弹，并自认为将带来一场战争艺术的巨大改变。牌面的诗歌这样写道：

> 有一个十分伟大的发明创造，
>
> 专门清除国内而不是国外的蠢人，
>
> 我的朋友，请不要为这种可怕的机器而担忧，
>
> 它只让那些待在那儿等着分红的笨蛋浑身是伤。

红桃9的牌面上印着的是一幅讽刺英格兰铜和黄铜公司的漫画，上面有这样的讽刺诗：

> 一个轻易信任他人的傻瓜，
>
> 梦想用英格兰铜来换取金银宝贝，
>
> 自己却成了交易街上的一头蠢驴，
>
> 用贵重金属换来了一堆破烂。

方块8描绘了阿卡地亚殖民地公司的情况，同样上面也配了一首打油诗：

> 有个富翁甘愿当傻瓜，
>
> 毫不吝惜地把金钱洒在北美大地。
>
> 让他去买进那些骗人的股票吧，
>
> 只有蠢驴才会相信这些鬼话。

这副扑克牌的每一张都用风格相似的漫画揭露了一个诈骗计划，讽刺那些上当受骗的人。有人计算过，这副扑克牌中所包含的所有工程项目，资本总额大约为3亿英镑。

投机者的最后挣扎

现在，我们再回望这个大海湾，它曾经卷走了千百万极度贪婪而又头脑简单的英国人的财富。

5月29日，南海公司股价涨到了500英镑，到这时，约有三分之二的政府工作人员购买了由南海公司发行的国债。在整个5月里，股价一直在上涨，在5月28日这一天，股票价格达到了最高峰550英镑。四天之后，股价再度狂升到了890英镑。大多数人都认为股价不会再继续升高了，于是许多人抛售股票套现。

听到这一消息，正要陪同国王去汉诺威的许多贵族也开始变得不安，他们也迅速地卖出了股票。到6月3日，厄雷街上的形势大变，卖家如云而买家寥寥，股价也从890英镑下跌到640英镑。见到这种情形，董事们目瞪口呆，马上告诉代理人购买股票。他们的应对很有效，当天晚上，人们又有了往常的信心，股价回到了750英镑。直到7月22日，一直没有发生大的波动。

现在没有必要去描述董事们是如何通过各种手段操控股票价格的。到8月份，股价达到了最高点1000英镑，然后就开始上下波动，泡沫逐渐破灭了。许多公务人员对董事们表示不满，他们尤其反感那种将股份清单列在每张认购单上的做法。人们慢慢了解到，约翰·布伦特（John Brent）主席和其他一些人所带来的祸事远不止于此，他们开始出卖股票。整个8月，股市持续走低的态势，9月2日，南海公司的股价只有700英镑。

事情已经变得非常糟糕，为了防止公众对南海公司完全绝望，9月8日，董事会在泰勒商贸大厅召开了一次全体会议。当天上午9点，会场内寂静无声，但厅外却异常热闹，许多被获允许的人挤入了大厅。由于董事以及他们朋友的推举，南海公司副主管约翰·费洛斯爵士负责主持会议。他示意大家安静，接着宣读了董事会批准的几项提案，然后又宣布有关可补偿基金、不可补偿基金和预付金等相关账务的处理方法。

接下来，克拉各斯先生做了一段简短的讲话，他希望大家能够团结起来，群策群力，渡过这次危机。在发言结束时，他对董事会富有成效的管理表示了感谢，同时也恳请他们为了公司全体股东的利益而继续努力。亨格福特先生在类似的场合总要滔滔不绝地讲一番话，今天也不例外。当初，因为他毫无保留地支持南海公司而受到了公众的关注，后来，人们怀疑他因为事前知道股票上市的具体时间而获得了大笔收益。他说，他见过许多同类社团的出现和衰落，但像南海公司这样能够在短时间内成就一番事业的，却从来没有过。他们做了许多官员、教士和法官想做而做不到的事。他们把各党派团结在一起。即使他们没有全部消灭，也至少是部分地减少这个国家的动乱和仇恨。通过股票交易，富人变得更加富有，乡村士绅的土地也获得了2倍、3倍的增值。同时他们也帮了教堂大忙，很多牧师和教士从他们兴建的工程中得到了好处。总之，整个国家因为他们走上了繁荣富强之路。他希望这些杰出人士适当地考虑自己。亨格福特的讲话引发了一阵嘘声，这些美妙动听的夸赞之辞听上去就像是对事实的无情嘲弄，但到会的董事、他们的朋友以及所有的赢家都还是以热烈的掌声和欢呼声来表示对亨格福特的讲话的赞同。波特兰公爵也发了相似的讲话，并且对那些在股票投资中失利的人表示了同情。由于他自己在这次大投机中获利非常多，所以，他的举动似乎像是《琼·米勒的笑话》一书中的那个胖子，在丰盛的晚餐之后，他总是拍拍自己鼓鼓的肚子问这个世界是否还有吃不饱的人。

　　会议通过了多项提案，但并没有挽回公众的信心。当天晚上，股价就下跌到640英镑，第二天又继续跌到540英镑，此后几天仍然不改下跌之势，最后停在了400英镑。9月13日，M.P.布罗德里克（M.P.Broderick）先生给密德莱顿上议员写了一封信，这封信后来收入了库克斯的《沃普勒》一书中，在信中有这样一段话："为什么南海公司的董事们心甘情愿地去冒这么大的风险呢？对此民间有各种猜测。我本人也相信，他们这样做只是为了得到巨大的好处。他们滥用货币的信用，使货币难堪重负。在危急时刻，那些大股东们全身而退，因而没有因为泡沫的破灭而损失财产，而那些头脑狂热的人却被贪婪蒙蔽了双眼，妄想在鼹鼠丘上建起一座高山。千万个家庭因此而破产，他们不得不沿街乞讨——愤怒、惊恐和绝望在人群中蔓延开来，人们陷入了困境之中，以至于让我感到没有任何计划或方案能够使这个气泡免于破裂。总之，我无法思考要采取怎样的应对措施，甚至连假装去思考都做不到。"10天后，股价继续下跌，他又写道："公司仍然没有任何有效措施，如今的形势已是四面楚歌，找不到一条退路。从几位刚刚来到伦敦的绅士那里，我听到了一些南海公司大股东的名字，他们的行为令人作呕。现在，很多金融家已经潜逃了，每天还有更多的人在准备潜逃，我怀疑已经有三分之二或者四分之三的人潜逃。从一开始，我就以一句千古不变的箴言作为评判整个事件的基础：1000万英镑（这个数字已经大大超过了流通中需要的现金量了）的存款不能当成2亿英镑来花。而现在人们无疑已经这样做了，我们伟大的国家机器怎能避免灭亡的噩运。"

9月12日，由于塞格雷特利·克拉各斯先生的一再恳请，南海公司的董事和英格兰银行的董事先后几次召开了联席会议。接着一条信息在坊间传开了，消息称英格兰银行已经同意向南海公司贷款600万英镑，于是股价回升到670英镑，但到了下午，人们就知道了这条消息根本不可靠，股价马上下跌到580英镑，第二日又落到570英镑，随后慢慢跌至400英镑。

形势的严峻让政府倍感震惊。为了避免受到愤怒股民的攻击，董事会成员都躲在家里。街上到处是危险的暴徒。正在汉诺威的国王一连收到了数封公文，请求他即刻回国收拾残局。正在乡间的家中修养的沃普乐先生也屡屡收到求救信，请求他利用自己对英格兰银行董事会成员的巨大影响力，说服银行对南海公司施救。

但英格兰银行并不愿意蹚这趟浑水，担心这会让他们陷入无法摆脱的麻烦之中。但全国上下都一致呼吁它挺身而出扶危济困，英格兰银行勉强接受了全部建议。它召集了所有制定贸易政策的著名人士研究应付紧急状态的对策。沃普乐先生拿出了一份合同草案，草案得到了各方认可并作为下一步谈判的基础。这样大众的惊恐情绪才稍微缓和了一点。

9月20日，南海公司在泰勒商贸大厅召开了扩大会议。会议的重要成果是通过了一项提案：根据这项提案，董事会有权批准英格兰银行或其他任何人经营本公司债券的要求，或者批准银行认为适当的任何建议。作为众多的发言人之一，鲍得内先生表示，他对人们陷入了极度的惊慌之中感到万分震惊，由于恐惧人们整天跑来跑去，满脑子都是无边无际的灭顶之灾。

> 无边的黑夜笼罩在大地，
>
> 人们心中满是狂暴和愤怒，
>
> 整个世界如同地狱般可怕。

两天以后，英格兰银行举行股东大会。主管告诉与会者，此前董事会已经多次召开讨论南海公司事件的会议，但并未就此事形成最终意见。会上，董事会做出了一项提案并顺利获得通过，该提案授权董事会批准经营南海公司的债券，但必须对债券的总值、项目和时间做出详细的规划。

这样，两家公司以维护公众利益为目标，开始自由地采取措施。为了重建南海公司的公共信用，英格兰银行开设专户，以15%的定金、3%的保险费和5%的利息，发行了300万英镑南海公司债券。9月28日清晨，人们如蜂聚般纷纷携款而至。这种情形让人感到债券可能会在一天内就被人们抢购一空，可是不到中午形势就急转直下。尽管采取了一切可能的措施，但南海公司的股价还是一落千丈。事实上，南海公司的债券早就没有什么信用可言了，此前，那些最有名的金融家和银行家也因为大量向南海公司贷款而无法正常运营，有的还不得不关门歇业溜之大吉。剑刃公司当时是南海公司债券的主要承兑商，也停办了支付业务。看上去，灾难似乎马上也要降临在银行的头上。上午，银行还在忙不迭地接受认购，可下午就不得不更加迅速地兑付现金。

第二天是节假日，银行才得以喘息，它们非常后悔卷入了这场灾难。它们的老对手南海公司在这场风潮中彻底倒下了，它们的股价一直跌至150英镑，几次波动过后，慢慢跌到135英镑。

到这时，银行才发现它无力恢复公众的信心，更不可能力挽毁灭的狂澜。它不想因为救市而白白搭上自己的性命，因此它决定终止已经履行了一部分的协议。他们为此找到的理由同样是冠冕堂皇的：英格兰银行与南海公司的合约只不过是一份协议草案，在一些重要的细节问题上，协议未作任何约定。其实，更为重要的是对退出协议没有任何惩罚条款。

"就这样"，用《议会史》的叙述就是，"人们看到，一个神奇的泡沫飘到了不可思议的高度，它制造了令整个欧洲凝神观望和翘首以待的海市蜃楼，在8个月的时间里，它由兴至盛，由盛而衰。而事实上。它是建立在欺骗、幻觉、轻信和恐惧之上的。它的制造者的那套鬼把戏一旦被人们识穿，它就啪的一声碎裂了。"

在灾难即将降临时，整个国家都变得"道德沦丧"。在为了揭发罪犯而举行的议会质询会上，一幕幕丑剧不断上演，向人们展示了罪犯们丑恶的心灵和肮脏的手段。对所有罪行的调查研究最终成为一件很有意义的工作，因为它向人们证明，国家的赌博和个人的赌博一样也要受到惩罚，罪犯们也必定遭到制裁。

著名作家斯摩莱特曾经说过："没有一个历史学家会喜欢这个时代。因为那些情感丰沛、善于想象的读者没有一个会喜欢阅读这些详细描写肮脏交易的史书。在这些描写里没有温情，没有色彩，不加修饰，它所展示的仅仅是一幅枯燥无味、腐化堕落的画面。"

事实上，他的想法错了。如果斯摩莱特有些幽默感，他就会发现这个主题所能够带给人们的启发要远远超出一个小说家所希望达到的。一群遭到劫掠处在绝望之中的人们难道没有温情吗？数以百计的家庭因为股票投机而一贫如洗；昨天的富翁沦为今天的乞丐；手握重权、前呼后拥的重臣落到贬谪流放的下场；在每一寸土地上都有自责、悔恨和诅咒。难道这样一幅悲惨的图画里不是充满了生命、生气吗？

全体国民理性的双眼都被蒙蔽了，他们疯狂地跟在一个金光闪闪的幻象后面狂奔，直到不幸陷入万劫不复的深渊，还在固执地否认这仅仅是一场噩梦，此情此景难道不是发人深省的吗？

历史学家们往往乐于记述那些无能的大臣为了取悦于更无能的国王而设计的阴谋、残酷的战斗等，一说起这样的故事，他们便滔滔不绝，一遍一遍没完没了。而却将那些可能会在很大程度上影响人类道德和福祉的事件丢在一边，视而不见，他们总是觉得这些内容干瘪沉闷、没有温情、没有色彩，他们以这种错误的笔调写就的史书典籍，已经泛滥成灾了。

在这个臭名昭著的泡沫时代，英格兰出现了一种独有的现象：公众的心志变得越来越不健康。人们开始厌烦那些通过小心谨慎的努力慢慢获得成功的产业了。他们渴望得到无穷无尽的财富，于是铤而走险，从事各种腐化堕落的行为。空前的奢侈之风带来的是人们道德品行的急剧下滑。一个愚昧无知的粗鲁之人，因为一场赌博的胜利就会一夜暴富，这怎能不让那些知书达理的人感到羞愧难当。

金钱的力量不断让世人折服，它可以令粪土变成珍珠！那些曾经被里查德·斯蒂勒爵士认为是"微不足道的小人物"的粗野之徒，在厄运降临而一败涂地之后，就成了人们心中的反面典型。在议会质询时，许多董事并没有因为挪用公款而尝到苦果，但他们的傲慢无礼却让他们吃尽了苦头。其中有一个既愚昧又狂妄的家伙，在他春风得意的时候声称要用金子去喂马，但到最后却落了个几乎要自己动手烧水做饭的下场。他们曾经留给世人的每一个傲慢的眼神，每一句不可一世的大话，都被记录下来，而命运最后回报给他们的，则是无尽的贫穷和羞辱。

逃不开的苦果

国内的形势非常紧急。乔治（George）一世不得不改变了他在汉诺威的预定日程，火速回国。11月11日，他回到了英格兰。

12月8日，议会召开会议。这期间，全国所有的城镇不约而同地举行了公共集会。人们纷纷恳请立法机关严惩南海公司的董事们。正是他们的那些恬不知耻的欺骗行为，使得整个国家走到了悬崖的边缘，然而几乎没有人认为政府也应当像南海公司一样受到惩罚。

没有人去指责大众的轻信与盲从，贪婪和堕落已经吞噬了所有优秀的国民本性，他们对金钱的痴迷和疯狂渴望使他们又一次地钻进了阴谋者布好的罗网。从来没有人指责人们的这些行为。所有人都认为单纯、诚实和勤奋的人民受到了一伙强盗的欺骗，这些人恶贯满盈，罪有应得。

全国上下几乎都是一致的看法，上下两院的议员也持同样的观点。对南海公司董事会成员的恶行，几乎众口一词地要求严惩。但这时国王发表了一个谈话，希望大家考虑董事会成员对国家经济所怀有的热忱和曾经的努力，处置的提案要对他们在这场灾难中遭遇的不幸予以照顾和适当的怜悯。这个谈话的发表立即引发了公众的争论。其中几位发言者猛烈抨击了南海公司董事的行为，在他们中莫乐斯沃思勋爵的发言最为激烈。

他这样说道："毫无疑问，南海公司的董事们是这场灾难的元凶巨恶。但现在却有人以适用于他们行为的法律为由来为他们开脱。如果是那样，我们可以遵照古罗马人的先例。古罗马人没有惩罚弑父逆子行为的法律，因为立法者猜想不可能有做儿子的天良泯灭亲手将亲生父亲置于死地。所以当出现这样的犯罪时，他们把那些罪恶滔天的恶徒直接装进麻袋，缝好袋口，然后扔到台伯河里活活淹死。同样，那些谋划和实施了邪恶的南海阴谋的罪犯们，也应当被装进麻袋扔到泰晤士河里。"

其他人的发言大都比较温和，也比较谨慎。沃普乐先生更是表现得异常谦和，他说当务之急是要努力恢复公共信用。"就像在伦敦城发生火灾的紧急时刻，所有的聪明人都会先想办法灭火，使火势不再蔓延，等火被扑灭了，再去慢慢地查找纵火犯。公共信用已处在危急时刻，如同一个受伤的人正流淌着鲜血，应当迅速挽救他的生命，以后还有充足的时间去惩办刺客。"

12月9日，国王的谈话得到了公众的响应，大家接受了一项有关南海事件处置的宣言。这项宣言是在加进了不仅要抚慰国民的失望情绪，还要惩办元凶等内容之后，才在议会获得一致通过的。调查工作进展迅速。议会命令南海公司董事会成员呈交一份完整的交易账目。经过多日的调查，议会一致通过了一项提案：大众恐慌主要是因为他们陷入了股票投机者设计的陷阱，因此在重建公共信贷的同时，也要考虑通过法律手段防止这种邪恶的行为重演。

这时，沃普乐先生提出了一个关键问题，如同他此前曾表示的那样，他已经设计了一项恢复公共信用的计划，但这个计划的执行要依靠一个稳定的基础，现在必须确认那些与南海公司签订的公共债务认购单、货币认购单以及其他合同，在现在的情形下是否还继续有效？这个问题再次引起轩然大波。议会最后就这一问题进行了表决，以259票对117票的多数做出决议：此前签订的所有这些合同依然受到法律保护，除非南海公司的全体股东大会宣布无效或者是经过法律程序判决无效，才会失去法律的庇护。

在议会表决的第二天，沃普乐先生正式向下议院的一个专业委员会递交了他制定的恢复公共信用策划书。该方案的主要内容是：英格兰银行购买900万英镑的南海公司股票，东印度公司也有条件地购进同样数量的南海公司股票。这个方案得到了大多数人的赞成，下议院通过了这项计划，并以命令形式通知两大公司执行这个方案。事实上，这两家大公司都不愿意仗义相助，在他们各自召开的内部扩大会议上，所有与会者都表示了对这个方案的强烈不满，但这并不影响议会决定的效力。最终，两家公司都购进了南海公司的债券，并向委员会提交了一份执行报告。

在沃普乐的监督下，委员会又提出了一项提案，经过上下两院审议顺利通过了。委员会同时还递交了一个提案，提案要求南海公司董事会成员、主管、副主管、会计、出纳和职员在一年内不得出国。同时，调查他们的财产状况，以避免他们转移或转让财产，逃避责任。所有在公众中声誉良好的议员都支持这项提案。恰恰在这个时候，施贾先生听到了有关南海公司秘书长塞格雷特立·克拉克斯的一些流言，他相信流言中关于这位先生在处理南海公司事务时手脚并不干净的说法。因此，他决定提醒一下这位先生注意自己的行为。他说："他很高兴地看到英国议会拥有了往日的神采，团结起来为了公众利益努力。同时，对南海公司各位董事和职员的人身及财产安全的保护也是适宜的。但是，"他看着克拉克斯，接着说，"但有一些人，虽然身居高位却并不洁身自好，如果定罪，他们的罪行并不比南海的董事们轻。"

听到这些话，克拉克斯惊惶失措，急忙站起身来说，如果议会认为他在南海事件中犯罪的话，他随时准备任何人的质询，无论他是不是议员。克拉克斯的话刚说完，大厅里喧哗之声顿时四起。上议员莫乐沃斯站了起来，他首先对克拉克斯敢于主动接受议会监督的勇气表示钦佩。他接着说道，他虽然已经是年过花甲之人，但还是要接受克拉克斯对议会发出的任何挑战。他相信，在议会外还会有大批的年轻人与他在同一战线，他们不惧怕与克拉克斯先生针锋相对。会议陷入了混乱状态，议员们争相发言，都想一吐胸中的不快，几乎所有的发言者都在那里大吵大嚷，只有莫乐沃斯和克拉克斯两个人还静静地坐在那里没动。经过几分钟的混乱之后，愤怒的议员们要求克拉克斯顺应大家的情绪，对他的那番毫无缘由的话做出合理的解释。

　　克拉克斯不得不去平息议员们的愤怒，他说他只是想要对议会里那些向他发难的人做出回应，并没有向议会挑战的意思，但他会就自己的行为给大家一个合理的解释。这样，混乱的场面才得以平静，议会又开始讨论下一个问题：对南海公司事件的调查究竟是以全体调查的方式，还是组成一个委员会负责此事。最后结论是组成一个13人的秘密委员会并赋予该委员会人事调遣和发布文件记录的权力。

　　上议院议员和下议院议员都非常关注南海事件的调查。罗彻斯特（Rochester）主教把这个计划比做一场瘟疫。沃顿公爵则表示，议会应当铁面无私。就他个人而言，如果他的哪位朋友涉嫌此事，即使是他最亲密的朋友，他也会秉公处理。南海公司的董事们犯下十恶不赦的罪名，他们掠夺公众财富，使得国家几近败亡，必须受到最为严厉的惩罚。上议员斯坦霍普则主张，没收所有涉案罪犯的财产，不管他们是不是董事会成员，以弥补公众遭受的损失。

　　这期间，公众的愤怒也越发强烈，这一点可以从库克斯在《沃普乐》一书中得到印证。人们把南海公司董事们的名字当成了骗局和邪恶的代名词。全国城乡各地都爆发了群众请愿活动，面对国家灾难，人民纷纷要求严惩这些罪魁祸首，那些没有走向极端的温和派人士也被人们斥为罪犯的同谋。深受南海事件之害、一心想要复仇的人们，以写匿名信或公开信的方式，对他们进行恶毒的侮辱、谩骂和指责。人们的矛头直指财政大臣艾斯拉比和克拉克斯，上议院立即采取行动调查他们。

　　1月21日，议会要求所有曾经参与南海计划的经纪人呈交账目，并报告经他们之手买卖股票的财政部官员的情况以及自1719年米迦勒节[1]以来他们的信托情况。通过上报，人们发现，大量的股票最后集中到艾斯拉比手中。5名南海公司的董事都被羁押了起来，其中包括爱德华·吉朋（Edward Gibbon），他是英国著名历史学家，《罗马帝国衰亡史》的作者吉朋的祖父。

　　关于事件的处置，斯坦霍普伯爵提出了一项动议，在此基础上议会做出了一项决定：凡是在南海公司向议会提交的议案未决期间以及其他某些时间内，未经对

----

① 基督教节日。——译者注

实际支付能力的有效评估和充分担保，经南海公司的任何董事或机构决定，为任何政府官员或议员的利益而购买股票的，都属于贪污腐败行为。几天之后，议会又通过了另一个决议：南海公司的董事和职员以秘密方式将自己持有的公司股票卖给公司，这对公共信用造成极其有害的影响，构成法律规定的诈骗和破坏信托罪。艾斯拉比因为对上述罪名负有不可推卸的罪名辞去了财政大臣的职务，并退出议会，等待他的将是正式刑事质询和法律的裁决。

南海公司有一名会计叫奈特，他受那些不诚实的董事的指使，进行了许多危害极大的秘密活动。事发后，他携带大量账簿和文件逃往国外。出于安全考虑，他乔装改扮乘小船离开伦敦，后来乘坐一艘大船逃到了加来①。秘密委员会将这一情况下报给议会通报。鉴于这一事实，议会立即向国王呈交了两个报告：第一个报告请求国王发布命令，悬赏捉拿奈特；第二个报告请求国王立即命令关闭港口，防止南海公司的其他职员逃离国境。墨迹未干，这两个报告就由议会代理人摩修呈交给国王，国王当晚便发布命令：悬赏2000英镑抓捕奈特。几乎在同一时刻，下议院关闭了议会大门，钥匙放在桌子上。秘密委员会成员之一鲁斯将军向议会宣布，他们已经掌握了大量不为人知的恶行和骗局的证据，在适当的时候他们会向议会通报所有事实。秘密委员会同时提出，为了调查的顺利进行，应当限制南海公司一些董事和主要职员的人身自由，并没收他们掌握的文件。以此为内容的一个动议在议会获得了一致通过。议会传唤了议员罗伯特·查普林爵士、塞奥多·简森爵士、索布里奇先生和F.叶勒斯先生，以及南海公司各位董事，让他们交代自己的腐败行为。

塞奥多·简森爵士和索布里奇先生绞尽脑汁为自己辩解和开脱罪责。议员们以极大的忍耐听完了他们荒唐的辩解，并让他们回去等候，随后一致通过一个动议，指控他们构成了破坏信托罪——使整个国家面临巨大灾难，极大地破坏了公共信用。由于他们不合作的态度，还将被议会除名，羁押候审。罗伯特·查普林爵士和叶勒斯同样也在关押了四天之后，被逐出议会。议会同时请求国王命令驻外使节协调各国协助缉捕奈特，并在捕获后移交给英格兰，不给他在任何国家寻求避难的机会。国王立即批准了这个请求，连夜向欧洲大陆各国派遣了信使。

公众一致认为，在被关押的董事当中，约翰·布伦特爵士应当为这场史无前例的灾难负主要责任。波普写给阿兰·洛德·巴瑟斯特的信中也透露了这一事实，此人并不是个虔诚的英国国教教徒，但他却以一个信教者自居，常以一些极端的行为

①　法国北部的一个海港。——译者注

引起人们的注意。他经常批判时代的奢靡之风、议会的派系之争，对贵族们的贪婪行为更是严厉抨击。他原来的职业是捐客，后来不知因何缘由竟然摇身一变成了南海公司的一名董事，而且还是公司里表现最抢眼的经理。至于他是不是在进入南海公司之后才开始声讨那些贪婪之徒，现在已无法考证，但可以肯定的是他一定看到了上流社会的贪婪行为，或许这也是他在后来不惜铤而走险的原因。但他没有想到的是，布道者只有保证自己不犯他所谴责的罪行时，才能拯救人们的心灵。

布伦特先生被带上法庭受审。在长时间的质询之后，他仍然拒不回答案件中的几个关键问题。他说这些问题下院的一个委员会已经询问过他，现在他忘记了自己当时是如何回答的，因而再回答的话可能有所出入。这个关于他拒绝回答问题的声明已经间接地证明了他的罪刑。他的态度引起了议院的一场骚动。法官强行要求他回答在南海公司提交的议案通过的过程中是否曾经向任何官员或任何两院议员出售过任何数量的股票，他再次拒绝了法官的要求。他说，他很尊重议会，也相信议会不会强迫他认罪。法官又做了几次努力，想让他回忆起在议会询问时的答案，但均告失败，于是让他退出了法庭。

接着，就布伦特的审判，政府内的同情者和反对者之间展开了一场激烈的辩论。同情者认为，约翰·布伦特爵士为人随和，与政府中的许多人也很熟悉，他之所以沉默寡言一定是有人施压。而反对者的情绪更为激烈，斯坦霍普公爵就是代表之一。沃顿公爵的反应最为激烈，他在发言之时大声叫喊，激烈的情绪导致了热血上涌，一阵晕眩之后，他不得不离开议院，回到家中休息。片刻之后，医生给他做了杯吸手术，第二天上午又做了个小手术，才让他感到轻松了一点儿，暂时脱离了生命危险。但到了傍晚，他的病势加重了，转眼之间便与世长辞。这位国会议员的猝死使得全国人民沉浸在巨大悲哀之中。乔治一世伤心欲绝，他自己在密室待了几个小时，默默地悼念这位去世的忠臣，谁来劝慰他都没有接见。

逃往国外的奈特先生终于在列日城附近的蒂里蒙特①被捕了。在捉拿奈特这件事情中居功至伟的是侨居布鲁塞尔的英国人里斯的一位秘书。奈特被捕获前，藏在安特卫普的一座城堡里。英国多次向奥地利法院提出了引渡奈特的要求，但都被拒绝了。奈特自愿加入布拉班特国②，并要求接受该国法律的惩罚。布拉班特是乔恩斯准入协定的缔约国，根据该协定的相关规定，布拉班特拥有这样的权利：凡是在

---

① 比利时东部的一个城市。——译者注

② 现为比利时中部的一个省份。——译者注

国内被捕的罪犯，都由该国审判。布拉班特决定行使这项权利，拒绝英国的引渡要求。借英国当局进行交涉之机，奈特乘机逃离了安特卫普城堡。

2月16日，秘密委员会向议会提交了第一份调查报告。在报告中，他们陈述所面临的困难：他们所审查的每一个人都满嘴谎言，试图逃脱法律的制裁。在他们提供的账册上，有些项目是伪造的，有的则不写股东的名字，涂改的痕迹随处可见，还有些账单被整页整页地撕掉了。更为令人吃惊的是，有些非常重要的账本不见了踪影，有些则被转移走或藏匿起来了。一开始审查他们就发现，需要查阅的资料浩如烟海，需要处理的情况也千差万别，极其复杂。有时在处置涉及数千人的价值数以十亿计的财产时，有的可以通过正常的法律程序处理，有时则不得不在不合法的前提下采取行动。

比如，他们曾发现这样一件蹊跷事。在南海议案通过之前，公司账册上有一笔总值1259325英镑的账目，而股票账单上的记录却与公司账单相去甚远，以547500英镑的总额卖出。显然，这笔账目是编造的，目的只有一个，那就是加速南海公司议案的通过。根据账册的记载，这笔股票是按照票面价格的150%～325%不等在不同时间分批售出的。在公司尚未被授权增加资本之前，这么大的一笔股票就卖出了，秘密委员会感到里面大有文章，于是决定彻查全部交易细节。他们把公司主管、副主管和几名董事带来询问这一交易的详情，结果他们吃惊地发现在进行这笔股票交易时，南海公司根本就没有这么多的股票，当时能够进行交易的股票至多也不过3万英镑。

经过进一步审查，秘密委员会发现了其中的"天机"。这笔交易是由公司自己上下其手完成的，股票由公司伪装成购买商买入或持有，他们相互之间从未签订过任何转移或接收协议。这些伪装的购买商既没有交纳订金或保证金，也没有向公司付钱。他们制造这一假账的目的在于，如果股市下跌，议案未被通过时，他们不会遭受任何损失。但是，一旦股价上涨，事实上确实如他们所想的那样，股价上涨了，那么他们就可以利用这个事先订立的约定买入卖出股票从中渔利。根据这个需要，议案通过以后，奈特就对这笔空头账进行了修改和调整，那些伪装的购买商也从中得到了好处。

这笔虚假的股票，主要掌握在约翰·布伦特、吉朋和奈特三人手中，他们把股票赠送给几位政府官员以及他们的特定关系人，这些接受贿赂的人帮助他们促成议案的通过。这笔股票的分配情况如下：桑德兰伯爵5万英镑，肯德尔女公爵1万英镑，普拉顿伯爵夫人3万英镑，她的两个侄子3万英镑，查理斯·斯坦霍普（财政部的一位秘书）1万英镑，剑刃公司5万英镑。

他们的另外一个重大发现是，此前一再要求严惩南海公司祸首的斯坦霍普先生也曾通过特纳尔——卡斯沃尔公司获取了25万英镑股票的差价收益，但为了遮掩这件事情，他的名字从账册上涉及的地方被擦掉了，或改成了斯坦吉泼。财政大臣艾斯拉比获取利益的方式更为令人发指。他也在作为南海公司董事之一的特纳尔—卡斯沃尔公司开了一个户头，户头上的股票金额为794451英镑。除此之外，他还建议南海公司把第二批认购单做成150万而不是100万，多出的50万股股票由公司自己控制，不用做任何担保。第三次认购单的交易则更加令人瞠目结舌：艾斯拉比先生7万英镑，老克拉克斯先生65.9万英镑，桑德兰伯爵16万英镑，斯坦霍普议员4.7万英镑。

与这份报告同时提交的还有六份比较次要的报告。在报告的结尾，委员会宣布，由于缺少主要当事人奈特先生的配合，调查工作已无法继续开展。

在第一篇报告被印刷出来之后的第二天上午，议会就此进行了讨论，这也是仅有的一次讨论。经过一场充满愤怒气氛的激烈辩论之后，议会通过了一系列决议，决议申斥了董事会成员及与他们有瓜葛的议员和政府官员腐化、可耻和堕落的行为，决定给予他们严厉的惩罚。这些人的财产将被没收以补偿因为他们受到严重损失的公众。关于补偿款的发放，议会还要求秘密委员会提交一份议案。

查里斯·斯坦霍普是第一个被审判的人，他自然是想尽办法为自己开脱。他说，在过去几年，他将所有的钱集中存在奈特那里，奈特为他买进了很多股票，但他都按价付款了，没有占一点儿便宜。但他对在特纳尔·卡斯沃尔公司账户上的股票表示并不知情。他认为这是有些一相情愿的人在未经他本人允许的情况下私自进行的事情，他对此并不负有责任。特纳尔公司应当为他自己的行为付出代价。对于品行端正的人来说，将25万英镑股票据为己有的斯坦霍普，一定是个不能饶恕的家伙。

然而，还是有人试图包庇他，最终同意宣判他无罪的票数仅仅多于反对者三票。他的亲朋好友们，如斯坦霍普议员，切斯特菲尔德伯爵的儿子这时四处活动，他一位一位地拜访那些态度并不坚定的议员，他对每一位议员都详陈利弊，孜孜不倦地劝诱他们投无罪票或者干脆不要出席议会会议。许多昏庸懦弱的乡村绅士被他连绵不绝的各种说辞搞得头晕目眩，最终接受了他的建议。斯坦霍普的无罪判决做出之后，在民众的心里激起了千层浪，许多人表示不满。带有示威性质的集会和骚乱充斥在伦敦的大街小巷，暴乱一触即发。尤其是在即将审判那个比斯坦霍普罪刑名更为严重的罪犯时，空气中的火药味更浓了——人们认为艾斯拉比可能也会受到官员们的包庇，从而逃脱法律的制裁。

　　而艾斯拉比，人们普遍认为他是罪魁祸首之一。在公众的思想里，即使艾斯拉比天性恶劣，但他所担任的职务和肩负的重任，也应使他在法庭上讲出实情。与斯坦霍普被宣布无罪的同一天，对艾斯拉比的审判开始了。那天，情绪激动的人群挤满了议会周围的各条街道，他们急切地想知道判决结果。关于艾斯拉比最终如何定罪，议会用了整整一天时间进行辩论。通过辩论艾斯拉比知道了一个他不愿接受的现实，已经没有一个人站在他的一边，他的恶行众所周知，没有一个人敢于为他进行辩解。议会辩论的最后结果惊人的一致：艾斯拉比贪得无厌，视财如命，鼓动和促成了为祸深远的南海事件；他还与南海公司的董事们沆瀣一气，将国家的公共信用体系彻底击垮；鉴于他令人发指的罪刑，他将被逐出议会，关进伦敦塔监狱；一年之内，也有可能直到下一届议会开幕之前，他不得出国。他必须如实报告自己所拥有的全部财产，并用他的财产去帮助那些因为他不负责任的行为而受害的民众。

　　这一判决大慰民心。尽管判决结果做出时已是深夜十二点半，但消息还是在顷刻之间就传遍了全城。有些人点燃了房中所有的灯表示庆贺。第二天早上，艾斯拉比被押往伦敦塔监狱。沿途的道路两旁站满了人，他们一边大声辱骂，一边向他投掷石块。人们觉得这样仍不能全部表达自己的喜悦之情，于是又燃起堆堆大火，围成圆圈边歌边舞，好像是刚刚从灾难中生还一样互相道贺庆祝。伦敦大街呈现出一派节日的喜悦景象。因为斯坦霍普事件而积聚的民愤也在此时得到了宣泄。

　　为了进一步安抚民心，议会又将特纳·卡斯沃尔公司的乔治·卡斯沃尔爵士驱逐出议会，关进伦敦塔监狱，并命令他赔偿25万英镑的损失。接下来，议会开始讨论秘密委员会的报告中涉及桑德兰伯爵的那部分内容。由于他素有名望，议会想尽办法为他洗清罪名。有关他的指控主要是他曾强行勒索过约翰·布伦特爵士。因为这项控告关系着一位德高望重的议员兼枢密顾问官的名誉，所以议会费尽心机想要找到一些证据表明约翰爵士的话不足为凭。这位贵族的许多朋友都站出来为他说话，并提醒说如果这位爵士有罪，将会使保守党在政治上占尽优势。在最后的议会表决中，以233票对172票的多数宣布桑德兰伯爵无罪。但是，全国人民并不这样认为，这件事也招致了人们的巨大愤怒。大量的群众走上伦敦街头集会，幸运的是最终没有造成骚乱。

　　在这一天，老克拉克斯撒手人寰。根据议会的日程，第二天他的案子就要开庭审理，人们普遍认为他的死事出有因，多半是畏罪服毒自杀。但也有人觉得他并非死于自杀。事实上，在五个星期之前，他在财政部担任秘书的儿子由于身染天花不幸殒命，老年丧子使他这些天来一直沉浸在悲恸之中。他之所以不惜自毁声誉，忘却忠义，不顾一切地聚敛钱财，就是为了他这个宝贝儿子。但随着罪行的暴露，他的内心已经变得异常脆弱，精神压力也越来越大，恰在此时，他的儿子离世，所有的一切令他难以招架，最后突发中风而死。在他死后，他的150万英镑遗产被充公，用于救助不幸的受害者。

泡沫的破灭

董事会成员的案子基本上已经审理完毕。为了补偿因他们的行为而受到伤害的公众，议会没收了他们的许多财产，累计达到了240万英镑。根据每位董事的具体情况，议会允许他们保留一定的财产，以便保证他们的生活需要。其中，约翰·布伦特爵士有约18.3万英镑的财产，议会允许他留下5000英镑；约翰·费洛斯爵士的财产是24.3万英镑，最终留下1万英镑；塞奥多尔·简森爵士拥有24.3万英镑，保留5万英镑；爱德华·吉朋拥有10.6万英镑，保留1万英镑；约翰·兰伯特爵士拥有7.2万英镑，保留5000英镑。其他犯罪较轻的人，得到了较为宽大的处理。

爱德华·吉朋受到了严厉的惩处，他的孙子历史学家吉朋在他的《我的生活与写作》一书中，对当时议会的行动进行了详细的描述。他承认自己可能不是一个十分客观的记录者，但我们不能忽视这样的一个事实：几乎所有的作家都会出于自己的立场而对事件做出并不十分客观的记录。但从兼听则明的角度来考虑，这位伟大的历史学家的叙述仍然具有参考价值。

他写道："1716年，我祖父受众人推举成为南海公司的一名董事。根据他财产账目的记录，在履职之前，他已经拥有了6万英镑的财产。但是，当1720年的那场灾难来临时，他三十年的劳动成果几乎在一夜之间化为乌有。我很难从一个评价者的立场去评价南海事件，还有我祖父和他的董事兄弟们究竟是否有罪，因为我既不胜任，也可能带有偏见。但那些玷污道义、冤冤相报的粗暴而武断的行为必然会受到当今时代的平衡法的谴责。整个国家的人们从黄金美梦中醒来，就争吵着要找到为这个举国上下疯狂行为负责的人，就连议会也加入了这个行列。但我们不得不承认，尽管那些董事们犯有严重的罪行，但当时的英国却没有针对这些行为的法律。

上议员莫乐沃斯的言辞虽然未被采纳，但它却催生了一个刑罚法案——一个具有追溯性的法律条文，用以惩罚那些潜在犯罪。董事们的人身自由受到限制，议会通过命令的形式给他们的名字加上了事先准备好的可耻记号。他们被强迫发誓，上交自己的所有财产，而且绝对不能转移或转让。"

"而刑罚法案忽视的是，即使是狱中的在押犯都应享有申诉的权利。就这样，他们的申诉请求被拒绝了。那些高高在上的人并不依靠证据，也不在意任何申辩。开始时，有人提议授予每位董事保留八分之一的财产的权利，以使他们安度晚年。但有人对此表示了强烈反对，反对者认为，每个人犯罪的情况并不相同，对有些人来说，这样的比例太轻了，而对有些人来说又太重了，不能够使犯罪和惩罚实现真正的对应。因此，应当区别每个人的犯罪轻重，具体行为区别对待。并没有通过一次庄严、公正和冷静的审查，而仅凭一次草率从事的会议，一个并不具备法律效力的投票结果和几个最卑鄙的秘密委员会成员，就主宰了33个英国人的命运和名誉。在这种情形下，委员们的任何一句恶意的言论，或是一次沉默的投票，都可能受到人类天性中的乖戾或是个人间的敌意的影响。伤害因侮辱而生，而侮辱又因玩笑而生。在这种充满不确定因素的情形下，20英镑的津贴似乎是在玩笑中被拿走了。"

"在一份言语暧昧的报告中，某位董事曾经与某个项目有牵连，而一些平民百姓恰恰在这个项目上折了本，凭这些就可判决他有罪。另一个人获罪的理由更是荒谬至极，只因为他说了一句要用金子喂马。还有一位在当时处在高位的财政部官员，因为傲气而被定了罪，据说在接受询问时他拒绝回答那些高高在上的大人物们关于个人隐私的提问。凡是不参加法庭辩论的董事们都被定罪，即使他们未经申辩也在所不惜。同时，还武断地做出了没收财产的决定，董事们的所有财产全都被席卷一空，以填补政府亏空。即使这样愚不可及的措施也得到了全能议会的许可。"

"我的祖父从未想过能够获得比公司其他董事稍轻一些的处罚。他恪守保守主义原则的性格和他与保守党之间的亲密关系，无疑招致了当权者的憎恶。他的名字被列入了一份秘密报告中。纵然他的才能尽人皆知，但也不能成为他得到宽恕的理由。在第一次对南海公司董事会成员采取行动时，吉朋就被关押了起来，最后判决更让他臭名远扬。他发誓会向议会呈交所有的财产，除了继承的遗产以外，总值约为106543英镑5便士6芬尼。吉朋曾经获得的两笔津贴，各为1.5万英镑和1万英镑，也被算入没收财产的范围。在这片被劫掠一空的废墟之上，我的爷爷，拖着他年迈的身体，凭借着议会留给他的技能和一点存款，建立了一座新的命运大厦。16年辛苦付出得到了最好的回报，我还有什么理由拒绝相信，这第二座大厦比第一座更让人感动呢？"

在董事会成员得到了应有的惩罚后，立法机关着手第二项工作——恢复公共信用。这时，人们发现沃普乐先生的计划并不十分完美，而且公众已经对他颇有微词了。

1720年底，人们知道了南海公司的全部股票本金数目，总值为3780万英镑，其中的2450万英镑将分派给全部股东，剩下的1330万英镑则由公司以法人的身份占有和支配，这也是他们导演这出闹剧所获得的全部收入。他们从中拿出800万英镑作为一般所有者和认购者的红利，红利按每100股33英镑6便士8芬尼派发，这个做法已经是相当宽厚了。议会还进一步规定，曾经向南海公司借款的人，如果已经向南海公司实际转付或抵押股票，那么南海公司就不得再提出偿付和追索的要求。但是，借款人还要加付借款总额的10%。在股价处在高位时，南海公司通过这种方式借出了110万英镑，而现在股价已经跌落到正常水平，所以他们只能收回110万英镑。

但是，想要彻底恢复公共信用还需要一个很长的过程。企业已和伊卡鲁斯①的处境相同，它们飞得太高了，以至于阳光烤化了粘接翅膀的蜂蜡，它们也从云端跌入了深海，在猛烈的波浪中挣扎求生，这时才恍然明白它自己只能生存在坚实的大地上。从此，它再也不想飞上天空了。

这次危机之后，在国内贸易再度繁荣的时候，又几次出现了过度投机的迹象。一个项目的成功就会引发一群相似项目出现。在商业世界中，公众的双眼总是盯着成功的行为不放，不失时机地进行模仿，这种只关心利益而忽视风险的做法，往往把人们带进危险的深渊。

1825年，又是一个令英国人恐慌和难忘的一年。与当年南海计划中出现过的公司一样的泡沫公司东山再起。这些骗子们又像1720年一样，利用人们的贪婪诈取了大量财富，但当命中注定的报应来临时，他们还是走了霉运。

另一次可怕的事情发生在1836年，相似的阴谋几乎又一次带来灾难，但幸运的是，在灾难到来之前，人们猛然间惊醒，总算是有惊无险。直到1845年，南海阴谋始终都是英国历史上因为商业投机行为而造成大众恐慌中最著名的事件。这本书首次发表的时间，大约是在铁路大恐慌（约1845—1846年）来临前后。

---

① 希腊神话中的一位神。——译者注

第三章

郁金香风暴

Extraordinary Popular Delusions

and the Madness of Crowds

美丽的奇花

哦，公民们，这就是疯狂的报应！

——卢梭（Rousseau）

据说，郁金香花名的由来源自土耳其语，意思是螺旋贝，16世纪中叶才传入西欧。康拉德·杰斯奈尔（Conrad JessMcConnell）介绍说，郁金香在当时极具影响力。让很多人都没有想到，它传入后不久，就引发了一场狂热的郁金香热。康拉德·杰斯奈尔说，他是在1559年首次见到这种花的。当时，是在极负盛名的珍稀艺术品收藏家和博学多才的康赛勒·赫尔瓦特律师的奥格斯堡花园里看到的。康赛勒·赫尔瓦特律师向康拉德·杰斯奈尔介绍，这花是由他在君士坦丁堡的一个朋友送给他的一个郁金香球茎长成的。而在那个时候，郁金香在君士坦丁堡已经风靡已久了。在其后10年左右的时间里，郁金香一直是富人们渴望拥有的名花，尤其是在荷兰和德国，阿姆斯特丹的有钱人甚至不惜重金差人直接前往君士坦丁堡去买郁金香球茎。而英国的第一株郁金香则是1600年从维也纳带回的。郁金香传入后，名声逐年提高，直到1634年，人们对郁金香的狂热度依旧不减，人们甚至认为，富人如果不是郁金香的爱好者或收藏者，就说明他的趣味是低级的。

那时的许多著名学者都热衷于收藏郁金香，包括蓬皮尤斯·德·安吉利斯和莱顿的利普西尤斯在内。许多中产阶级对郁金香都有极强的占有欲，无论是大商人，还是小店主，甚至是经济情况一般的人，为了互相攀比，为了拥有更多郁金香的珍奇品种，也会不惜重金去抢购。哈勒姆的一位商人就不惜花去自己一半的财产买一株郁金香，结果他还因此而名声大振。他不惜重金购买这株郁金香的目的并非是转手获利，而仅仅是为了收藏，为了让人们羡慕他。

不少人一定这样猜想，郁金香必定有什么特别之处，否则不可能在精明的荷兰人眼里是如此价值连城。因为它既没有玫瑰花的美丽芳香，也没有玫瑰花的花期长，甚至连豌豆花的淡雅清香也没有。考雷曾如此歌咏过郁金香：

郁金香呀郁金香，

她给世人带来无限欢乐，无限希望。

她花团锦簇，娇艳妩媚，让人神往。

她拥有世界上无与伦比的色彩，

每一次栽培都会让它更加绚丽和芬芳。

紫色和金色是她经常的色彩，

就好像是最酷爱的服装。

她只想让人快乐，讨人喜欢，

并用她美丽的形象把世界装点得更加漂亮。

这首诗虽然不是十分讲究韵律，但字里行间却洋溢着诗的意境。贝克曼（Beike Man）在他的《发明的历史》一书中对郁金香的溢美之词更让人为之心动。贝克曼说："好像没有任何一种植物能像郁金香那样美丽多彩，超凡脱俗。即使是在遭遇了意外，甚至是在生病之后，她依然会绚丽多彩。没有经过精心培育的郁金香，颜色比较单一，叶子比较大，茎也比较长，是一种自然的淡雅美。一旦经过精心培育就会备受花商以及花主的青睐。随着时间的推移，它的花瓣会慢慢变小，颜色也会渐渐变淡，深浅会日渐分明，叶子则呈现淡绿色。这时的郁金香就更加美丽和娇贵了，是一种不可多得的园艺精品。而这同时意味着她成了温室的花朵，不能随便移植，一不小心就可能让她的美丽凋零。"

很多人在栽培植郁金香的时候一不小心就会遇到大麻烦，就像一位母亲照顾一个体弱多病的孩子一样。因此，我们必须说，过分去青睐这种娇贵的花儿未必是明智之举。1634年，荷兰人把过多的精力都放在对这种花的占有上，甚至因此连国家普遍存在的人口问题和工业问题都置之不理。在那个时候，就连生活在社会最底层的人也来做郁金香生意。郁金香贸易越来越火，价格也随之水涨船高。到了1635年，很多人甚至愿意花10万弗洛林①的高价去买40支花。其后，郁金香交易也顺理成章地演变为销售。这个时候的计量单位是波里兹（perits），一个比喱还小的计量单位。被称为里夫肯上将的郁金香品种，400波里兹的价格高达4400弗洛林；范·德·埃克上将，446波里兹，价格是1260弗洛林；切尔德，106波里兹，价格是1615弗洛林；总督，400波里兹，价格是3000弗洛林；最珍贵的还要数奥古斯特，每200波里兹的最低价甚至达到了5500弗洛林。奥古斯特这种郁金香可以说是人们最梦寐以求的品种了，即使是最不好的球茎也可以卖到2000弗洛林。1636年年初，整个荷兰甚至只有两株，一株在阿姆斯特丹一位商人的手中，另一株在哈勒姆。人

———
① 荷兰的一种货币单位。——译者注

们为了得到这两株稀世珍宝，甚至搞起了投机。有人甚至愿意用12英亩的地产来换取哈勒姆的那一株，而阿姆斯特丹的那株则被人用4600弗洛林，外加两匹马、一辆新马车和全套马具购得。当时，有一位名叫蒙丁的作家，甚至写了一本长达千页的书来描写了人们对郁金香疯狂的追逐。这位用功的作家在书中对郁金香的交易描写得非常细致，书中还列了一个总督郁金香的交换物品和价格清单，一株总督的价格如下：

两拉斯特小麦	448弗洛林
四拉斯特黑麦	558弗洛林
四头肥牛	480弗洛林
八头猪	240弗洛林
十二只羊	120弗洛林
两大桶果酒	70弗洛林
四大桶啤酒	32弗洛林
两大桶黄油	192弗洛林
一千磅奶酪	120弗洛林
一张大床	100弗洛林
一套衣服	80弗洛林
一只银酒杯	60弗洛林
	总计2500弗洛林

很多不在荷兰的人也在郁金香价格炒到最高的时候，在利益的驱使下赶回荷兰，盲目地加入到对郁金香的疯狂追逐中，参与到郁金香贸易中，最终不得不以失败而告终。《布莱恩威尔游记》中就有这样的记载：有一次，一位因为有了几株郁金香珍稀品种而扬扬自得的富商，在一位水手处了解到有一批贵重的货物要运往列文特，他便想揽下这笔生意。于是，就派这位水手到会计室打探详情。为了答谢这位水手，富商非常大方地给了水手一条红鲱鱼当早餐，没想到这位水手更喜欢吃洋葱。或许正是因为这样，富商餐桌上放着的那个和洋葱一样的东西很快吸引了水手的注意力，他趁别人不注意，一把将这个和洋葱一样的东西装进了自己的衣袋。有了自己酷爱的"洋葱"来调味，这位水手高高兴兴地回码头吃他的"洋葱"红鲱鱼早餐。

当富商发现自己价值3000弗洛林的萨姆波·奥古斯特郁金香丢失的时候，他赶紧召集所有的人四处搜寻，但翻遍所有的角落都一无所获，富商十分伤心。就在这个时候，有个人突然想到了那位爱吃洋葱的水手。万分焦急的富商随即向码头冲去，随从们也紧跟富商朝码头奔去，但为时已晚。当他们奔到码头时，那位水手正津津有味地嚼着他酷爱的"洋葱"，就剩下最后一小块了。而这位头脑简单的水手还不知道发生了什么事，所以没想到要躲起来。因为他做梦也不会想到他吃的这个"洋葱"够全船的人享用一年，或者如这位被偷走"洋葱"的富商所说，他的这顿早餐"奢侈得足够宴请一次奥兰王子和联会省整个朝廷了"。

安东尼（Anthony）为了埃及女王克里奥巴特拉（Cleopatra）的健康曾把珍珠溶入酒中；理查德·怀庭顿爵士为了取悦亨利五世曾大搞巫术；伊丽莎白女王主持皇家事务时，为了她的健康，托马斯·格莱沙姆爵士曾在酒中溶进钻石……这名荷兰水手的这顿早餐，其奢侈程度完全可以和上述这些人相提并论。而这位水手占到了更大便宜，因为这些人的昂贵珠宝并未给他们的美酒增添什么色彩，也没有对改善他们的健康起到什么作用，但这位水手的"洋葱"就鲱鱼却是无与伦比的美味佳肴。结果，这个可怜虫因为这顿昂贵的早餐被富商指控犯抢劫罪，最终被判了几个月的监禁。

还有一位旅行家的故事更让人忍俊不禁。这位英国的绅士是位业余的植物学家。一次，他在一位荷兰富翁家里偶然间看到收藏的郁金香球茎，由于没见过这种东西，也不知道是什么，因此他想做个实验。于是，他掏出随身携带的小刀，一层一层地剥这个球茎的皮。当他剥到一半的时候，还将它切成了两半，认真地观察这个他从来没有看到过的球茎的每一个部位。没想到球茎的主人竟突然向他扑过来，而且两眼还向外喷着愤怒的火花："你知道自己在干什么吗？"这位旅行家不知所措地说："在剥这只特别的洋葱啊！""你这该死的笨蛋！"荷兰人怒骂着，"它可是范·德·埃克上将呀！""谢谢，"旅行家边说边拿出笔记本记下这句话，而且还问，"这种上将在你们国家多不多呀？""你这该死的魔鬼！"这位荷兰的富翁忍无可忍了，咬牙切齿地揪住了这位惊愕不已的植物学家的衣领，"到了市政官那儿，你就知道是怎么回事了。"

话毕，这位荷兰富翁不由分说地将植物学家揪到了大街上，这也引来了一大群围观的人。不过，一路上，植物学家始终是一头雾水，丈二和尚摸不着头脑，直到被带到市政官那里时，他才恍然大悟，原来自己用来做实验的那个球茎竟然价值连城。因此，无论他怎么解释都没有用，最终还被关进了牢里，直到他筹集到的抵押品足够赔偿这个富翁的球茎损失后才被释放。

郁金香狂热的终结

　　1636年，郁金香珍品的追逐热更是空前高涨。在阿姆斯特丹、鹿特丹、哈勒姆、雷顿、阿尔克马、霍恩以及其他一些城市建起了一批股票交易所，投机者更是明目张胆。股票经纪人对投机信息触角很灵敏，他们大量买进郁金香股票，并想方设法地操纵股票价格的涨落。刚开始时，人们十分相信这些投机者，投身到这种赌博游戏中，而且也从中获利了。郁金香经营者在郁金香股票价格大起大落中做着投机的生意，价低时买进，价高时卖出，从中赚取高额的差价。很多人一夜暴富。

　　这也让更多的人无法抗拒诱惑，争先恐后地涌进郁金香市场。最终，郁金香市场上的赌徒们有如爬满蜜罐的苍蝇，密密麻麻。每一位投机者都期望大家对郁金香的疯狂追逐能够永远持续。世界各地的富翁也纷至沓来，毫不犹豫地一掷千金买下天价郁金香。欧洲的富翁涌向荷兰北部海岸，将贫穷给消灭了。贵族、市民、农民、机械工、水手、男佣、女佣，甚至烟囱清洁工和洗衣的老妇人也都进入了郁金香交易市场。不同阶层的人都把他们的财产变成了现金，进入交易市场。房产被人以非常低的价格卖出，或者以很低的价格进行抵押。

　　外国人在这场对郁金香的疯狂追逐中也变得神经错乱，他们把自己的财产从世界各地带到荷兰。生活必需品价格节节攀升，房子、土地、马、马车以及各种奢侈品也随着郁金香的价格水涨船高。有一段时间，荷兰可以说就是财神爷的接待站。郁金香的交易也逐渐发展到了一个十分普遍但又非常复杂的阶段，亟须制定一部法律来进行规范。因为政府的职员以及政府任命的公证员也在纷纷进入郁金香交易市场。在有的地方，人们不知道有公证条款，但却知道有郁金香的公证。在部分没有交易所的小城镇，各路人就云集在一些稍微大一点的酒店讨价还价。这种昂贵的聚餐有时会吸引两三百人。酒店的桌子和过道会整整齐齐地摆放着一盆盆正在绽放的郁金香，成为席间让人心旷神怡的风景。

　　不过，后来有些细心的人发现，这种对郁金香的狂热追逐不会永远持续。于是，富翁们不愿意再花高价买郁金香种到自家的花圃里，而是选择以100%的价格售出自己占有的郁金香。在最终肯定会有人破产的消息传出后，郁金香价格不再坚挺，出现了下滑，从此一蹶不振。由于人们对郁金香的价格不再有信心，投机者越来越感到不安和恐惧。张三开始同意以每株4000弗洛林的价格从李四那里买10株萨姆波·奥古斯特。可没想到的是，合同签订6周后，花价就降到了三四百弗洛林一株，李四准备供花，张三却拒绝李四的履约，即便是降价也不肯接受。荷兰的每一个城镇也因此不得不每天传讯很多类似的违约者。人们开始发现，贫困在向他们袭来。当时出现了这样的情况，即便是有人愿意以四分之一的买入价卖出自己的郁金香，也没有人愿意买了。四处弥漫着痛苦的呐喊，每个人都在疑神疑鬼，总以为别人会偷自家的东西。少部分发了财的人还隐瞒自己的同胞，悄悄地将财产转移到英国或者是投放到其他产业上。很多在郁金香交易顶峰时涌出的生活在社会底层的人，而今又被重新抛了回去。曾经的富翁也在这个时候沦为乞丐，世袭的贵族也因此而倾家荡产。

第一次的恐慌平息一些后，多个城市的郁金香拥有者就赶紧聚集在一起，谋划怎样才能让公众重拾信心。所有人都认为，应该把每个地方的经纪人召集到阿姆斯特丹，与政府一起商量解决问题的办法。刚开始的时候，政府拒绝参加，只是提议让他们制定一些内部规章。他们也因此开了几次会，但最终却没想出什么办法去让那些被愚弄了的人们对郁金香市场前景重拾信心。会上，他们只能进行无谓的抱怨和不断地相互指责，甚至是撕破脸大吵。在阿姆斯特丹经纪人联合会的主持下才好不容易达成了一个协议。随后他们规定，在郁金香追逐的顶峰期，也就是1636年11月以前达成的交易合同全部无效，而在这之后的合同，如果买方提出终止，就必须对卖方进行10%的补偿。

但这个决定非但没让卖方满意，而且还让那些信守合同、买了郁金香的人觉得自己亏大了。以前能卖到6000弗洛林的郁金香，现在只能卖500弗洛林，规定要求的10%的补偿只比这个卖家价格高出100弗洛林。因此，到处都有交易者向法院提出违约诉讼，但被告却说什么也不服从法院对其参与投机的判决。最终，问题被捅到了海牙省议会。大家都认为，这个智囊机构肯定能够拿出解决问题的方法，让大家对未来的交易重拾信心，但他们的等待却久久没有回应。议员们的争议不断，3个多月协商和争议之后才宣布，在得到更加明确的消息之前，他们还不会做出最后的决定。但他们同时也提议，为了稳妥起见，所有的卖方都应当以现在的价格将郁金香卖给买方，如果买方拒不购买，则应该将郁金香进行公开拍卖，差价则由合同上的最初买方负责。

事实上，这也只是经纪人之前提出来的方案，而且还被证明是没有用的。荷兰的法院不能强迫买方付款。在阿姆斯特丹，事端变得更加糟糕，但法官们却拒绝管这个事情，因为这属于赌博合同，而赌博合同涉及的债务在法律上无效。由于政府也无权干预这件事，问题也就只能被搁置。那些不幸的郁金香持有者也只能努力克制自己，默默吞食这场郁金香投机热给自己带来的苦果，毕竟那些从郁金香投机中渔利的人也要维护自己的利益。但可怕的是，国家的商业因此遭受了重创，可以说是很多年后这次重创才得以恢复。

英国也在某种程度上也上演了荷兰的郁金香投机热，1636年，伦敦的交易所也在公开买卖郁金香，投机者最大限度地哄抬着他们从阿姆斯特丹买来的郁金香的价格。在巴黎，投机商也奋不顾身地掀起了一场郁金香炒作热，虽然他们最终没能完全如愿以偿，但榜样的力量还是让这两个地方的人们疯狂地爱上了郁金香，有些人对郁金香的欣赏更是到了无以复加的地步。不过，所有国家对郁金香的偏爱都难胜荷兰人，他们不会因为价格高而对郁金香望而却步，他们继续在高价购买。当英国的富翁炫耀自己的优质赛马和高级古画时，荷兰的富翁却更乐意称赞自己的郁金香。

让人们无法想象的是，当时的英国，一株郁金香的价格甚至要比一棵橡树高很多。一株稀有的像黑天鹅的雏鸟一样黑的特里斯能卖上相当于12英亩未收割的谷物的价钱。《大不列颠百科全书（第三版）》的权威作家曾经这样说过，在苏格兰，一株郁金香在17世纪末的最高价是10基尼，直到1769年，郁金香的价值才渐渐降低。当时英国最珍贵的品种是唐·哥沃杜和瓦伦丁尼亚，前者2基尼一株，后者2.5基尼一株，这好像已经是最低的价格了。1800年的正常价格是每个球茎15基尼。1835年，一种名叫范妮·康伯小姐的品种在伦敦拍卖，价格是75英镑。更让人意外的是，一个住在切尔西国王路上的园丁，竟然将他花圃里的郁金香的价格标到每株200基尼。

第四章

盲目的圣物崇拜

一件破烂不堪的古董，

　　锈迹斑斑的破烂头盔，

　　叮当作响的将军铠甲，

　　铁钉铆住的三层软垫。

　　历史更远的亚麻铜器，

　　追溯到洪荒年代之前。

——彭斯（Burns）

　　只要人们心中还存在情感，那么他们对圣物的珍爱就会永远存在。这是一种发自肺腑的，最善良的也是最容易让人激动的爱，无论是多么冷酷无情的人都不能藐视它，无视它。谁能忽视了忠贞不渝的亡妻生前悬在眉宇间的那绺头发，又有谁会不珍视长眠于九泉之下的爱子生前挂在脖子上的小挂件呢？这些都是亲人眼中的圣物，每个人都清楚其中蕴涵着无与伦比的情感。从人类的亲情上来分析，这是试图将活着的人对逝去的亲人的那份挂念从坟墓里"挖掘"出来，这是一种十分珍贵的感情。对于一个早就被人遗忘的生者而言，如果他偶然间在一本书里发现已故亲友写的一些文字，那该是多么宝贵的东西呀！

　　如果写下一种思想、一种观念或者是一个名字的手已经变得冰凉，那这本书必然是无价之宝。除了这些让家人珍爱的圣物，还有一些纪念品也是让人们无法割舍的：被人们所欣赏以及崇高美德神圣化的东西，比如一本莎士比亚（Shakespeare）亲手签名的蒙田文集；保存在安特卫普的一把椅子，因为那是鲁宾斯（Rubens）在创作不朽之作《来自十字架的祖先》时坐过的；佛罗伦萨博物馆里收藏的一架望远镜，由于它是当年帮助伽利略（Galileo）完成伟大发现的工具……当人们真切地看见威廉·泰尔[1]（William tell）的箭——华莱士或汉普顿的剑——或者是某些虔诚的宗教创始人曾经读过的《圣经》时，哪能不油然而生一种景仰之情呢？

　　圣物崇拜主要起始于人们有表达爱的需求，付出爱的欲望。源自这种单纯的情感，不知有多少家人、后代表现得迷信和荒诞！人们景仰伟人以及伟人留下来的东

---

[1]　威廉·泰尔，生活在14世纪，瑞典民族英雄，他曾手持弓箭射中儿子头上的苹果，他的箭因此而与众不同，象征自由与独立。——译者注

西，但他们同时却忽略了这些只是缅怀先贤的一个组成部分。他们对圣徒的颚骨、圣徒的脚趾甲、国王擦过鼻涕的手帕，以及那些吊死过犯人的绳子等圣物趋之若鹜时，已经把自己变成了傻瓜。他们只是一味地从祖先的坟墓里挖掘陪葬品，完全不分有名还是无名，美名远扬还是臭名昭著。无论是大圣人还是犯罪分子，无论是大哲学家还是大骗子，无论是大英雄还是杀人恶魔，无论是忠臣还是贼子，都一样受到顶礼膜拜。他们穿越整个地球，踏遍整个世界，找寻着所有逝者的遗物。

现在的圣物崇拜开始于十字军东征前不久。那时，第一批朝圣者把上千件圣物带回到欧洲，不知道他们花光所有财物换回来的这些圣物是真的还是假的。人们最推崇的圣物莫过于十字架上的木头了。这种推崇犹如寡妇的头油，永远不会减少。在罗马天主教教堂里，人们传言，是康斯坦丁大帝的母亲海伦太后在去耶路撒冷朝拜的时候，最先发现了"真正的十字架"。狄奥多斯皇帝把这个十字架上的一大块木头送给了米兰大主教圣·埃布鲁斯，大主教用宝石装饰了这块木头，并将之供奉在米兰最大的教堂里，但后来却被匈奴人掠走了。匈奴人在取下镶嵌在木头上的宝石后，竟然把木头给烧毁了。在11世纪和12世纪，欧洲所有大教堂几乎都能见到据说是从真正十字架上砍下来的木头。如果把这些木头集中到一起，足够建起一座教堂了。能够看一眼它们，对一个罪犯来说是最大的幸福，更不要说拥有一块了！如果要想拥有这样一块木头，就必须有足够的勇气去应对可怕的危险。人们普遍认为，这些木头不但可以用来避邪，而且还可以用来治愈顽疾。圣徒们年年都会到供奉着这些木头的教堂里去朝拜，教堂也因此会有不菲的收入。

救世主的眼泪也是一件极负盛名的绝美圣物。信徒们完全不顾是谁用怎样的方法将它们保存下来的，他们聪明的双眼完全被基督徒给蒙蔽了。只要说这是救世主的眼泪，信徒们就会对之推崇备至。圣母马利亚和圣彼得的眼泪也不难拿到，它们被精心地封存在小匣子里，就好像是虔诚的信徒们将之珍藏在自己的心里一般。除了眼泪，还有别的精致的圣物，那就是耶稣和殉道者的血滴，还有就是圣母马利亚的乳液。头发和趾甲也是十分受欢迎的圣物，它们都能卖上很高很高的价格。

在11、12世纪，数以千计的朝圣者年年都会到巴勒斯坦去买假冒圣物，并在自家的店铺里销售，多数信徒除此之外再也没有什么其他的生财之道。事实上，很多脚趾甲都是从一些恬不知耻的牧师的臭脚丫上修剪下来的。这些趾甲在被剪下来不到半年的时间里，就会被披上某个圣人或信徒的"外衣"，摇身一变成为某个圣人或者是某个圣徒的脚趾甲，这样就可以卖上如同钻石般的高价了。让人吃惊的是，圣彼得的趾甲出人意料地多产。克莱芒议会时代，在欧洲圣彼得的脚趾甲多到可以装一大麻袋了。尽管圣徒的脚趾甲多得近乎荒唐，但人们却对这些脚趾甲是长在伟大圣徒们神圣的脚上的这个问题深信不疑。

直到今天，尚贝里的大教堂里也还有一些趾甲在展出。这些展出的圣物让不远千里前来朝拜的信徒们目不暇接。巴黎皇家港有一棵荆棘总是被人精心地照看着，神学院的信徒们更是肯定地说，这棵荆棘是耶稣基督圣首所在的那片荆棘中的一棵。至于它是如何跑到这里来的、是谁把它栽培下来的这些问题，至今没有人能做出合理的解释。这棵荆棘在不同教派的长期纷争中已经远近闻名，更让它闻名遐迩的是它在彼埃尔小姐的身上创造了奇迹——她只是吻了它一下，就治好了长期折磨着她的眼病。到过罗马的旅游者都知道圣梯，也称为圣阶。据传，这是从耶路撒冷朝拜回来的海伦皇后带着"真正的十字架"在比拉多的住所里发现的。

据传，当年耶稣被带到罗马总督府时，就是从这架云梯上去和下来的。因此，信徒们就认为，脚踏这架云梯就是对神灵的不尊敬，甚至是一种亵渎。也正是这样，他们便怀着无比崇敬的心情将之悬挂在空中。朝圣者必须先虔诚地亲吻它之后，才能用虔诚的膝盖跪在这云梯上爬上爬下。

欧洲人依然狂热地痴迷于宗教圣物。在西班牙、葡萄牙、意大利、法国以及比利时的罗马天主教教堂里，都还或多或少地供奉着一些圣物，即便是最穷的乡村教堂里，也会吹嘘自己拥有罗马历史上无数的圣人腿骨，虽然这如同天方夜谭般荒诞。尚贝里教堂也在不无夸张地吹嘘说，它那里有查理曼大帝[①]的腿骨，能够治好跛脚。豪勒的教堂则宣称，它那里有圣母马利亚的腿骨。西班牙教会也说，它那里有七八块，还说这些腿骨绝对是真的圣物。布鲁塞尔曾经拥有过，而且至今可能还保存着圣高杜勒的牙齿。有一位虔诚的教徒常年受牙痛的折磨，一次祈祷时只是看了一下这些牙齿，牙痛竟然奇迹般地好了。欧洲到处都埋藏着这些圣骨。据说，时间久了，当水从埋着圣骨的地方流过时，会变成甘甜的泉水。信徒们只要虔诚地喝下这甘甜的泉水，能够治好百病。

各个国家，历朝历代的人们非常渴望拥有圣物，为了拥有一件名人，甚至是大罪人的物件，人们挖空心思，绞尽脑汁。理查德一世当政时，伦敦的平民领袖威廉·郎伯德（William Lambert）在史密斯弗尔德被处以绞刑，当时就有不少人想方设法想要得到他的一绺头发，甚至是他衣服上的一块碎布。艾塞克斯、肯特、索夫

---

① 查理曼大帝（742—814年），是神圣罗马帝国的奠基人。——译者注

克、索塞克斯和周围各郡的妇女们纷纷涌向伦敦来抢走一把他绞刑架下的土。在这些人看来，威廉·郎伯德的头发可以避邪，他衣服上的布可以用来治病。

再从近一点的年代来看，还有一个那不勒斯渔夫马萨尼罗的遗物的故事。他在暴动之后，被暴动支持者们推到了权力的顶峰。但让人没想到的是，他却比以往的任何暴君都要更加残暴。最终，他被暴民们就像打死一只疯狗一样，打死在马路上。随后，他的无头尸在泥沼里沤了很长时间，夜晚被抛到了护城河里。次日，不知道为什么，人们对他的感情突然来了个一百八十度的大转弯。人们手握火把，找他的遗骸，找到之后还给它穿上了皇袍，隆重地埋在了教堂里。一万名武装士兵和一万名送葬者参加了葬礼。这个渔夫生前穿的衣服还被众人撕成碎片，被当作圣物收藏。他生前住的那间小屋的门板也被妇女们拆下来劈成碎块后，或是刻成肖像，或是制成保存圣物的小匣子和其他的纪念品。他简陋的小屋里的家具也变得比奢华的宫殿里的装饰物更受青睐，他去过的地方也被当成了圣地，人们在那里收集泥土装在小瓶子里，以天价出售或当作护身符随身携带。

在处死残暴的布瑞威尔夫人时，巴黎人也表现得同样疯狂。马萨尼罗的罪行并未让他的个人形象受到损害，这一点倒是容易让人理解。但发生在布瑞威尔夫人身上的事，除了让人厌恶和鄙视之外，就没有其他什么感觉了。据说，她曾经毒死过7个人。她被判处在格瑞威广场上烧死，并将她的骨灰撒在风中。让人们惊讶的是，在她服刑那天，她还打扮得雍容华贵、美丽端庄。很快，人们便把对她咬牙切实的咒骂演变成了惋惜。接踵而至的是，人们的这种惋惜很快又演变成了崇拜。更让人瞠目结舌的是，她当天晚上就被奉为圣人。她的骨灰被人们一点一点地收集起来，就连烧焦的木头也被哄抢。因为人们相信，她的骨灰能够避邪、驱赶巫术。

在英国，也有不少人钟情于小偷、杀人犯以及其他重罪犯的遗物或与他们有关的东西。绞死这些罪犯的绳子常常以每英尺1基尼的价格被人买走。绞死过多德博士的绳索、绞死被判叛国罪的佛特劳埃先生的绳索、绞死杀害维尔先生的凶手修泰勒的绳索无一例外地都卖了好价钱。1828年，凶手为考德的玛利亚·马顿谋杀案也引起了公众的极大热情。威尔士、苏格兰，甚至爱尔兰的人们都纷至沓来，参观埋藏过受害者尸体的小房子。人们在离开时都想带点纪念品回去，因此房门上的木块，屋顶上的瓦片，尤其是死者生前的衣物都被拿光了。她的一绺头发竟然卖了2基尼，买到的人还认为自己占了个大便宜。

1837年，格林那斯在坎伯威尔巷杀害了汉纳·布朗。案件发生后，人们像潮水一般涌向坎伯威尔巷，这使得警察也不得不前来维持现场的秩序。人们都迫不及待地要从这个暴徒的房间里拿走一样东西来做纪念。要不是警察动用了武力，房子的门窗和桌椅当时就会被洗劫一空。

再早一些时候，还有一个被判绞刑的罪犯的手的传说。人们认为，患有瘰病的人如果被这个罪犯的人手搓一下，就会马上痊愈。这个愚蠢的传说让新兴门监狱的刽子手大发横财，他因此赚到的钱是他之前想都不敢想的。因为大家都认为，这是一只包治百病、能够辟邪消灾的妙手。就是这样一个让人恶心的东西，在查理二世时期却要花10基尼才能买到，但人们居然一点也不觉得它贵。

1838年春，就在疯狂的汤姆（或叫考特内）即将被枪毙时，圣物搜寻者又开始蓄势待发，准备冲上去抢一件这个特殊人物的东西做纪念。外科医生剪下他的长胡子和头发后，交给了他的信徒。这些信徒将这些胡须和头发奉为至宝。而且还不只是他的信徒这样，就连住在坎特伯雷的富翁和他的邻居们也将他的头发当作无价之宝。他被击毙时倒向的那棵树的皮也被人们疯狂地一条条剥下拿走；一封有他签名的信也需许多金币才能换到；他钟爱的坐骑也和他的主人一起出名了。很多人成群集队地从150英里以外的地方赶到布格顿，竟然只是为了看一眼他被枪毙的地方，或摸一下"马耳他的疯狂骑士"的马背。要不是看管很严，他的尸体也会被从坟墓中挖出来，其骨头也会被当作纪念品拿走。

在现代的欧洲，最让人们顶礼膜拜的莫过于莎士比亚的桑树、拿破仑的柳树和他在滑铁卢写公文时用的桌子了。比较而言，莎士比亚的桑木鼻烟壶更为稀有，尽管市场上有无数用这位大诗人种的树制成的东西，而且有各种各样打着莎士比亚旗号的木头制品，但毋庸置疑，大多数都是冒牌货。至于"拿破仑在滑铁卢写作公文时用过的桌子"，也大多是冒牌货，因为拿破仑在滑铁卢写作公文时用过的桌子早就被毁坏了。没有一个是真的，就会冒出一打假货。事实上，很多人只是收藏了一根木棍，有的人把自己拿到的那点纪念物刻成别针或是其他饰物，更多的人则是将它制作成了烟灰缸。这些木头在法国被制成精美的糖果盒。不过，无论被制作成什么，都被那些一提起拿破仑就眉飞色舞、双目熠熠生辉的人当作了珍宝。滑铁卢战场上的弹壳、阵亡士兵军服上的纽扣，至今依然备受欧洲人宠爱。就好像旧桌子毁掉后又制作了新桌子一样，人们又开始热衷于如法炮制当时的子弹。很多人还拥有了一颗他们自以为是曾在那个值得纪念的日子里，为世界和平作出过突出贡献的子弹——那是在滑铁卢之战12年之后，人们在战场的遗址上挖矿时挖出的首个军火库里弄来的。所有的圣物崇拜者们，你们一定要看好自己的钱包，不要那么轻易地将钱花在滑铁卢村成群结队的导游们的身上！

在路易·菲力普政权将拿破仑的遗体搬走之前，站在圣赫勒拿岛上孤零零的拿破仑坟墓前，很多旅游者会从拿破仑坟墓前的柳树上折下树枝，将它们带回欧洲的各地去种植。其后，它们和它们的母亲一样长成了大树。因此，圣物的信徒们也就分不清哪一棵才是最初的那一枝树枝长成的，但他们还是对这些大树充满了虔诚。在伦敦的周围，直到现在也还有好几棵这样的大柳树。

推崇圣物和别的事情一样，有可取的方面，也有不可取的方面。那些真正的伟人的遗物，或者那些关于伟大事件的纪念品，永远都不会褪色，它们对人们会永远充满诱惑力。它们会吸引人们去想象、去探索，它们能够净化人们的心灵。估计很多人都会同意考雷说过的那种美好愿景，他想"坐在用弗兰西斯·德雷克爵士环球航行时乘坐的船的残骸制作成的椅子上创作：

> "我自己现在也偏爱安静，
>
> 和一把椅子差不多，
>
> 但我哪能坐着一辆
>
> 车轮破旧的马车去旅游，
>
> 还眼睁睁地看着它急刹车。"

古斯塔夫·勒庞点评

[1] 有政治信条或宗教的创立者能够站稳脚跟的原因，就在于他们彻底地激起了群众不切实际的感情，让群众在盲目的服从和崇拜中，找到了自己的幸福，随时准备为自己的偶像奉献一切。

[2] 如果想知道理性在与感情对抗时有多么不堪一击，根本不用降低到这么原始的水平，你只需想一下这个事实：在几百年前，甚至连最简单的逻辑都没有的宗教迷信生命力有多顽强，在漫长的岁月里，就连最清醒的天才也不得不对它们俯首听命。

[3] 就群体的大众行为而言，它在思想上显现出一种独特的低劣性，但在一些行为中，它似乎又被一种神秘力量所牵引，古人把它称为命运、自然或天意，我们则称它为"幽灵的声音"。

第五章

近代预言家记事

Extraordinary Popular Delusions

and the Madness of Crowds

末日大审判

宇宙之神到来了！

神的声音清晰地响在耳边，

行为神秘活动于天地之间。

肉体心精神都坚不可摧，

天地万物他踩于足下，

仿佛他的座垫。

——诺查丹玛斯

在人类历史上，世界末日即将来临的阴霾曾经数次出现在许多国家，其中，最为有名的一次发生在10世纪中期的基督教世界。当时，法国、德国和英国等国家出现了许多相信世界末日的教徒，他们用几近疯狂的语调告诉人们，《圣经·新约·启示录》中预言的世界末日将要到来！那时，上帝之子会现身云端，判断世间善恶是非。教会曾经训斥这些人不要妖言惑众，但是谣言还是不胫而走，迅速地在大众当中流传开来。

有传言说，末日审判将在圣地耶路撒冷开始。于是，在公元999年，一群朝圣者向着耶路撒冷的方向前进，去迎接圣主的降临，队伍十分壮观，就如同一支大军在行动。他们中，有很多人是变卖了所有家产参加这次朝圣大事的。因为世界末日马上就要来临，所以社会秩序变得异常糟糕。教堂被毁，教义变得没有任何作用，教士也不再受到人们的尊敬，骑士、贵族和穷苦人都带着自己的老人、孩子慢慢前行。他们边走边唱圣歌，充满恐惧的眼神不时仰望天空，内心中盼望上帝之子将福音播撒给他们。

到了公元1000年，又有许多人加入了朝圣者的队伍。多数人都感到了经常发生的恐怖与灾难，他们认为这些自然现象都是一种警告。有时候在行进中途响起的一声雷都会让他们长跪不起，他们相信那是上帝的声音，在向世人宣布审判的时间。许多百姓认为雷声响过，大地就会龟裂，死神也会降临。天空中每颗流星都成为传示上帝旨意的载体，奔向耶路撒冷的教民们莫不悲泣祈祷，路上的朝圣者也是如此：

主啊，世界真的要灭亡吗，

世间万物将重新轮回，

大地将变成荒芜，

就像空中飘落的一张纸牌。

牧师和神甫似乎也因为恐惧而发疯，每一颗流星滑过都会引发一番说教，他们所有谈话的主题都是即将来临的末日审判。

人们一直认为彗星的出现是世界解体的预兆。这种观点现在还部分地流传，但彗星已不再被看作世界解体的一种征兆，而被人们看作是地球毁灭的原因。1832年，有关彗星与地球毁灭的最严重的警告在欧洲传开了，尤其是在德国，根据天文学家的预测，彗星将会撞毁地球。许多人担心彗星会把地球撞成粉末而停止了一切工作或生意。

在瘟疫盛行的时候，人们总是容易轻信传言，这次也不例外，大多数人都认为世界的末日即将来临。在1345—1350年，整个欧洲都处在惨淡的愁云之中，人们普遍相信世界末日很快就会降临。在德国、法国、意大利的各大城市中，到处都是占卜凶吉的术士。他们妖言惑众，告诉人们10年之后大天使长的声音将响彻大地，主也将在云间现身，对地球做出最后的宣判。

1736年，有着极好口碑的预言家威斯顿预测该年10月13日将是世界末日，这使得伦敦的市民异常惊恐。在10月13日，人们纷纷逃往艾灵顿、汉姆斯戴德以及这些城市场之间的田野中，以便观看伦敦城的毁灭——"世界末日的开始"。在《斯威福特杂文》第三卷中有一篇题为"在谣传的世界末日当天伦敦所发生之事的忠实记录"的文章，文中对此愚蠢荒唐之举做了十分辛辣的讽刺性描述。这种貌似真实的预测叙述可能令人感兴趣，但这种类似天主教皇和同性恋者的严肃妙语同样是令人难以相信的。

在亨利八世的时代，这样的事情也曾经上演过。

1761年，伦敦发生了两次地震，这时预言家声称第三次地震将要毁灭一切。关于前两次地震，第一次发生在2月8日，地震中利姆豪尔斯和波普拉几家的烟囱倒掉了。第二次发生在3月8日，震区涉及伦敦北部以及汉姆斯戴德和海歌特。第二次地震发生后，人们都知道了这样一个事实：地震间隔恰好一个月。这时，一个名叫拜尔的治安队士兵因为患有精神分裂病，他相信下个月还有一次地震。他像发了疯一样在街道上狂跑，逢人便说4月5日伦敦就会毁灭。大多数人受了他的情绪影响，他们认为4月1日更有可能发生第三次地震，几乎所有人都相信了这个预言，他们想尽办法离开伦敦躲避灾难。

那个可怕的日子一天天临近，恐惧的情绪在人群中蔓延，不计其数的盲信之人蚁聚般蜂拥躲到了方圆20英里之内的村子里，在那里等待灾难的降临。艾灵顿、海歌特、汉姆斯戴德、哈罗和布莱克海斯到处都是避灾的难民，为得到栖身之处他们向房主支付高额的费用。而那些经济上穷困的人只好待在伦敦，直到人们预言的灾难来临前的两三天才逃到城市周围的田野里露营，静静地观望着巨大的灾难来临时他们城市的灰飞烟灭。

传说中的灾难之日即将来临，那些一周前还在嘲笑预言不可信的人也装好行李，跟着逃难的人流涌向乡间田野。人们认为河流是最安全的地方，因此港口中所有的商船上都挤满了人。从4日到5日晚上，他们都只能在甲板上栖身，同时静待那惊世骇俗的一幕——圣保罗教堂在震动中颤抖，威斯敏斯特修道院的塔石被狂风卷起在天空飞舞，又在烟雾中狠狠跌落……

第二天，大部分的逃亡者都回到了伦敦，他们知道了所谓的预言根本就是子虚乌有。但是也有许多人觉得应该再等一周，等一切都平安无事后再回伦敦才放心。自此，人们再也不相信拜尔了，就连那些此前深信不疑的人也认为他是个十足的疯子。他又试图去预言其他事件，但没有人再上他的当。几个月后，他被关进了疯人院。

1806年，地球毁灭的恐慌再次占据了利兹和它周边人的心。这个谣言是在一种诡异的气氛下形成的。在利兹附近的村子里，有人见到了一只上面印有"基督将至"字样的鸡蛋。许多人闻讯前来参观这只鸡蛋，并预测这只奇蛋所暗含的信息，许多人都认为末日审判为期不远了。

这个消息甫一传出，人们就沉不住气了，就像在暴风雨中担心翻船的海员一样。几乎所有人一下子成了狂热的宗教信徒，他们不停地祈祷，想尽办法救赎以前的种种罪恶。但出人意料的是，这场闹剧几天后就被人拆穿了。一天清晨，几个人闻知消息后去看那只母鸡，那时它正在下"神奇"的蛋。这几个人很快发现，原来所谓的神蛋，是被人用腐蚀性的墨水涂写过，然后塞回鸡屁股里的。听到这个消息，那些刚刚做完祷告和忏悔的人们不禁苦笑，地球依然像以前一样在正常运转着。

瘟疫笼罩下的米兰

1630年，米兰发生了一场影响深远的瘟疫，罗帕蒙特在他的作品《地中海国家的瘟疫》一书中记述过这件事情，在那场灾难中，人们受尽了占星家预言的欺骗。

在瘟疫流行前一年曾有人预言瘟疫的发生。1628年，一颗巨大的彗星出现在夜空中，对此，占星家们发表了自己的看法。一些人认为将要发生战争，一些人认为可能会发生饥荒，而大多数人主张从彗星苍白的颜色可以断定有瘟疫降临。在瘟疫横行的日子里，预言这次灾祸的占星师们声名大振。

而那些在几百年前就广为流传的预言，对世俗人的心理产生了极深的影响，甚至有人把这看成了自己的宿命。为了使人们对预算深信不疑，占星师们谎称这场瘟疫将带来三重人们不能预见的恶劣影响。这一预言的出现，使得所有不幸的人几乎都要发疯了。

有一首古诗预言说，在1630年，撒旦将会用毒药害死所有的米兰人。在4月的一个早上，那时瘟疫并没有达到最严重的状态，有一位过路人发现米兰城主要大街的所有门上都粘着奇怪的海绵状污点，其中还流淌着腐烂的浓液。全城人都互相传递着这个消息，很快有人敲响最大的警钟。众人想尽办法想找出罪魁祸首，但一无所获。最后，有人想到了古老的预言，并请求大家到所有的教堂祈祷，以粉碎魔鬼的阴谋。有人认为是某些人借助国外势力在城市上空施毒，有些人则主张是神对人的惩罚。

与此同时，瘟疫在不断地蔓延，人们彼此之间也变得越来越不信任。人们甚至觉得所有的东西上都有魔鬼涂的毒药——井里的水、田里的庄稼和树上的果实，还有所有平时接触到的东西——屋子的墙壁、街上的人行道以及门上的把手等。平民们的愤怒和恐慌已经到了极点，于是大家都想找到谁在替魔鬼做事。凡是不想被当成魔鬼使者的人都用油膏涂抹自家的家门，否则被人们指认为魔鬼使者就会必死无疑。有位年逾八旬的老人，经常到圣安东尼奥教堂祈祷。他想用衣服擦一下他要坐的地方，马上就有人指认他涂毒。这时，正在教堂里的一群妇女抓住了这位虚弱的老人，手拉其头发将他拖出，一边拖一边咒骂。就这样，这位老人被从地上拖向市政法官处，他将会受到刑罚并交代他的同谋，但在半路上他就死去了。

还有许多无辜者死在了狂怒的群众手中。有一个名叫毛拉的人，他身兼药剂师、理发师之职，这时，有人指控他与魔鬼勾结毒害米兰人。他的房子被人们包围了，而他所配制的化学药品则被人们指认为准备自用预防传染病药品。一些别的大夫检查了之后，宣称所有药品都是毒药。人们把毛拉捆在架子上，他用了很长时间去辩解，但徒劳无功。终于，他不堪折磨，屈服了。他承认与魔鬼串通，又勾结一些外国的势力，目的是要毒死全城的人。他还坦白了自己的其他恶行——用油膏涂抹了门，往泉水投放毒药。他还供出了几个同伙，他们也获得了大体相同的处置。

法官判决毛拉和他的同伙们有罪并处以绞刑，人们推倒了毛拉的房子，并在原地树起一根石柱，上面刻有用来警醒世人的所有关于毛拉所犯的罪状。

正在这些奇闻逸事发生时，瘟疫也在不断扩散。当人们聚集在一起观看处决罪犯时，几乎所有人都被传染上了瘟疫。但这并没有让人们清醒，相反地，因瘟疫产生的暴怒和轻信盲从，都与瘟疫的传染同时发展。所以不管是奇异的还是荒谬的，所有的故事都会使民众疯狂。

有一个故事，很长时间里人们对此深信不疑。人们已经发现了魔鬼，他就住在米兰，他已经准备好了毒药并把它们交给他的密使，这些密使会把毒药涂在所有地方。还有一个人杜撰了一个连他自己都信以为真的故事。在米兰市场的附近，他向围坐在他周边的人讲述这个故事。

他告诉人们，在一个漆黑的傍晚，当时大教堂的周围空无一人，就在这时，由6匹乳白色的马拉着的一驾深色马车停在了他身旁，马车后有无数穿黑色长袍的家丁，他们都骑着黑色的马。马车上坐着一个高大雄壮、气质高贵的陌生人，又长又黑的浓发随风飘动，脸上的表情有些轻蔑。他的相貌是那样高贵，令人肃然起敬。当他转过头来注视这位陌生人时，一股寒意流遍全身。他从未见过肤色如此之深的人，周围空气的温度开始上升，让人难以呼吸。他立即感到这陌生人一定不是阳世之人。陌生人发现他的惶恐，和蔼而又庄重地请他上车同乘。他感到自己无力拒绝陌生人。当他有点清醒时，发现他已经在马车里了。马车开始伴着强大的风力飞奔，而那个陌生人则一言不发。最后，马车在米兰一条大街上的一个门前停下了。这时，街上人声鼎沸，但令他惊奇的是，竟没有人理会陌生人这非比寻常的车队人马。他恍然大悟，想到有可能一般人看不见他们。在车队停靠的这家商店里，有一个几乎倒塌一半的巨大宫殿。他和那位高贵的领路人并肩走过几间宽敞但光线暗淡的房间。其中有一间房屋，四周都是巨大的大理石柱子，柱子上雕有鬼神像，记载着各种灾祸。除此之外，这个建筑物的其他地方都被黑暗笼罩着，他借助偶尔闪现的光亮，看到房间里有许多骷髅正相互嘲笑、吵闹，相互追逐着或做一些跳背游戏。在这栋建筑物之后，是一块荒地，好像已经许久无人耕种，在荒地的中间有一块黑色的岩石，岩石下面不时传出毒水流动发出的骇人声音。正是这里的毒水流过田地，流到米兰所有的泉水中，使人们无法使用。在参观完所有这一切后，陌生人将他领到另一个大房间，里面堆满了金子和宝石，陌生人承诺如果他肯跪下行礼膜拜，并帮助他将一种传播疾病的药膏涂抹在米兰所有的门和房子上，他就会将这些金子和宝石全送给他。此时，他才明白这个陌生人就是魔鬼。他立即向上帝祷告，请求上帝赐予他抵抗魔鬼诱惑的力量。但他的祷词被那魔鬼听到了，魔鬼用愤怒的眼神注视着他，天空中响起了巨大的雷声，很快无数的闪电也出现在他的面前，就在这时，他发现自己正孤身一人站在教堂的走廊上。

日复一日，他向所有他所见到的人一字不变地重复这个奇怪的故事，听到的人都对此深信不疑。不断有人想尽办法去寻找那所神秘的房子，但没有一个人成功。那个人说出了几个相似的建筑物，都是些警察正在搜查的地方，但那个所说的瘟神、鬼屋和毒泉却没有踪影。即便如此，人们还是坚信传说是真实的，一些因为瘟疫而处在半疯狂状态的所谓目击者向人们发誓说他也见过那陌生人，听到过那白色的马拉着奇特的马车的声音。他们还不停地告诉人们那马车半夜从街道经过时发出的声响比雷声还要大。

更为让人吃惊的事实是，许多人坦白他们被魔鬼雇用施毒。就这样，更大范围的狂乱发生了，它也像瘟疫一样传播迅速。精神和身体一样处于病态的人们不断地自动站出来谴责自己，他们都承认有罪，在这种忏悔行动之中，很多人都死了。

在1665年伦敦发生大瘟疫期间，人们在同样的情形下被庸医和盲目者的预言折磨。笛福说，人们那时生活在无法把握的预言、没有边际的假设之中。各种各样曲折离奇的梦和占星者的传说层出不穷，古代的历书和那些古老的预言把人们吓坏了。在瘟疫发生的一年之前，由于有彗星出现，就有人说这是警告，饥荒、瘟疫、火灾将会到来。而瘟疫刚一出现，马上就有人跑到街头疾呼在几天之内伦敦将要毁灭的谣言。

"伦敦大洪水"的荒唐预言

1524年，伦敦发生了一件更加受虚无的预言影响的事情。当时的整个伦敦城几乎被算命人和占星家占据了，每天都有人成群结队地请他们算命和占卜。1523年6月上旬，预言家中有人说1524年2月1日洪水之灾将要降临伦敦，那时泰晤士河水将会猛涨，整个城市都逃不过这个劫数。盲信者们把这个预言奉为圣经。时间慢慢地过去，几乎全部盲信者都坚定地传播这个预言，因此越来越多的人相信预言是真的。于是，城中的百姓收拾行李，迁居到肯特和伊塞克斯两个城市。当预言中灾难日即将来临时，更多的人加入了移民大潮。到1524年1月，在城中居住和生活的人们扶老携幼步行奔向15至20英里远的村庄中躲避灾祸。上流社会人士也不例外，只不过他们乘坐的是马车或别的交通工具。到1524年1月中旬，至少有20000人离开这个在传说中注定要毁灭的城市——伦敦，剩下等待洪水的只有空空如也的房子。富有之家大都搬到了海歌特、汉姆斯戴德、布莱克海斯等地的高处居住。位于北方较远处的沃尔莱姆修道院，泰晤士河南岸的克罗伊顿也搭满了帐篷。博尔顿——圣·保尔索罗纽斯修道院院长花大价钱命人在哈罗山上建造了一座城堡，里面储备了足够两个月使用的粮食和水。1月24日，那时距大灾难来临还有一个星期，他匆忙和他的同事及家人搬到这里。他还用马车将许多船运到城堡里，并且配备了一流的水手，他这样做，主要是为了在洪水过大时可以用船逃到地势较高的地方。很多富有之人都向修道院长提出了到城堡中避难的要求，但远见卓识的勃尔顿只收留了他的亲密朋友和那些准备了洪水来临期间有食用食品的人。

终于，传说中令人谈而色变的这一天来临了。清晨，骚乱的人群怀着极大的好奇心观看正在上涨的河水，他们认为即便洪水到来河水也会慢慢上涨，因此打算等河水超过警戒线再逃向安全地带。但大多数人还是担心这样做并不保险，他们觉得只有躲到一二十英里之外才安全。泰晤士河并没有理会这些愚蠢之人的可笑行为，它的河水一如往常静静地上涨，又静静地退潮，接着，又涨潮又退潮，这和20多位占星学家所作的预测完全不同。当夜幕降临时，那些自认被人愚弄的市民们被气得脸色苍白，河水也呈现出了一片苍白。到了晚上，奔流不息的河水没有涨过堤岸而冲进城市。但是，人们依然不敢入睡，成千上万的人在河边值守到第二天天亮，以避免洪水在夜间悄然来临。第二天，那些预言家们就如何避免泰晤士河洪水的错误预言带来的恶劣影响进行了认真的讨论。令他们高兴的是，他们想到了一个能够预防人民狂怒爆发的计策，他们声称，这个错误是由一个数字的过失引起的，这个过失导致了他们将这次洪水发生的日期提前了整整一个世纪。日月星辰的天象变化莫测，而他们是凡人，因而出现了疏漏。当时的伦敦人是安全的，伦敦暴发洪水的准确时间是1624年，而非1524年，这样的声明发布后，保尔索罗纽斯修道院院长勃尔顿不得不拆毁了他的堡垒，身心俱疲的"移民"们回到了城市。

受人尊敬的预言家们

一份曾刊登在皇家文物学会会报上的伦敦大火目击者的陈述现在存放在英国博物馆中，它叙述的是一个伦敦人轻信预言的事例。作者曾陪同约克郡的公爵长时间地在教区内的各地走访，这个教区处在弗利特桥和泰晤士河之间。在陈述中，他记录了他们曾经试图阻止迷信之火的蔓延，但人们对预言却深信不疑，不想做任何改变。圣母斯波敦曾经预言伦敦将化为灰烬，因此，所有的民众拒绝付出任何努力去阻止已经发生的火灾。文中还提到了凯伦·迪各伯先生的儿子，他也是一个极有预言天赋的狂徒，他在《命运》这一伟大著作中写到伦敦将要毁灭，他告诉人们地球上没有什么力量可以阻止预言的应验。有许多本来可以向他人提供帮助的人，本来可以努力设法拯救整个教区的人们脱离危险，但现在只能袖手旁观。就在许多人任由命运摆布时，那些从不敬鬼神的人们开始抢劫处于绝境的城市。

在英国的许多乡村地区，修女院院长斯波敦嬷嬷的预言现在仍然被人们笃信。在农村她享有很高的声誉，几乎英国所有最流行的预言都是她做出的。无论是否受过教育，受过一点教育，或者社会其他阶层的人，都非常相信她的预言。民间传言说她是出生在亨利七世[①]时期的纳雷斯堡，还有传言说，她为了增强预测未来事件的力量，向魔王出卖了灵魂。虽然在生活中人们把她看成是个女巫，但最终她摆脱了女巫的命运，在约克郡的克利夫顿附近无疾而终，表情祥和地死在了卧床上。据说，人们在当地的教堂院子里为她立了一个石碑用以纪念，下面是墓碑的墓志铭：

> 在她的生命中从没有谎言，
>
> 她施下的魔法时常在世界重现，
>
> 所有的预言都将继续流传，
>
> 她的英名将永世长存。

她的传记作者曾有这样的叙述："在她的生命中，从没有一天白白流逝，在预言中，没有任何危言耸听的内容，都是她最严肃的思考。她的名气越来越大，人们从四面八方涌来，领悟她的全部精神。在这些人中，有年青的、年老的、富的、穷的各色人等，其中也有少女。他们带着与未来发生的事情的相关问题来找她，然后带着她所给的满意解释回去。"

传记中的一部分提到曾做出的伟大预言，如她曾去伯弗利的修道院长处预测亨利八世对修道院的查禁，亨利与安妮·玻伦结姻、斯米斯弗尔德的异教徒大火和苏格兰人玛利皇后死刑的执行。她预测了詹姆斯一世的即位，并且补充说："灾难将会在寒冷的北方出现。"

在后续的走访中，作者得知了她曾说过的另一预言。她的信徒普遍认为这个预

---

① 　亨利七世（约1275—1313年），卢森堡王朝的第一位德意志国王。——译者注

言至今并未实现，但或许会在本世纪内实现：

> 当血海与洪水交汇，
>
> 将会传来震天的哭喊声。
>
> 波涛之声胜过雷鸣，
>
> 三对雄狮奋力拼杀。
>
> 胜利的荣誉归于国王，
>
> 欢乐的生活还于人民。
>
> 杀戮的时代已经结束，
>
> 和平的阳光照耀大地。
>
> 人们的生活富足安康，
>
> 铸剑为犁，人们再事农耕。

然而，在她所做的全部预言中最为有名的是一个关于伦敦的预言。这个预言说，如果伦敦和海歌特被一排连续的房屋连接起来，那么将会有灾难发生。成千上万的人一想到这个预言就不寒而栗。如果按照城市目前的扩张速度，那么她弥留之际做出的这一预言很快就会实现。强大的君主会垮台，流血事件会不断发生。到那时，那些看到我们受尽灾难之苦的天使们，也会在天国里为不幸的英国面墙而泣。

传说中的预言者梅林

尽管斯波敦嬷嬷在英国有着极高的声誉，但她在英国预言家中的地位却不是第一位的。梅林，这位亚瑟王[①]的导师占据了最伟大的预言家这个显赫位置。

> 哪个地方的人没听说过梅林和他的预测术？
>
> 在人类生存的时空中遍布梅林的预言，
>
> 他的预言已在人间留存了一千多年，
>
> 直到预言实现的时间来临才告结束。

在斯宾塞充满神韵的诗境里，已经给这个伟大的预言家生动而形象的描述。

与过去、未来和现在之人相比，他拥有神奇的魔法，他能使老天顺从他的意志，日月星辰都向他俯首称臣。沧海桑田，岁月更迭，更不值评说。他独自一人，能敌百万雄兵。提起他的大名，敌人便吓破了胆，无人不惧怕他的威名。直到现在，听到他的名

① 公元5世纪左右，英国最富传奇色彩的国王。——译者注

字，魔鬼都会浑身打战。先知说他绝非俗世之人，不是生命终会结束的帝王和芸芸众生。但是他生活在那个充满仙女和精灵的世界，象征着一种变化莫测的美妙人生。

这些诗句，反映了人们对于梅林本人最普遍的评价。一般来说，人们认为梅林和维特智生活在同一时代。至于说他是否是一个真正的名人，抑或由那些轻信者们主观臆造出来的人物，到现在仍莫衷一是。似乎这样的人的确存在，关于他拥有超越了他实际年龄理解力的知识的说法似乎也言之有据，就好像梅林真的曾被那些由斯宾塞提到过的具有超自然力量的人所资助。

芒茅斯的治奥佛雷将关于梅林的诗歌或预言翻译成了拉丁散文，因而梅林不但为治奥佛雷所崇拜，而且还为大多数经验丰富，资格极深的编年史作者所称道。英国的编年史对梅林的经历、他的推测和预言的内容都做了完整的记述，这部编年史由生活在查理一世①时的托马斯·霍华德（Thomas Howard）编撰出版。从中，我们发现了几则虚假的预言，但这些似乎都是霍华德所为。霍华德的叙述清晰、准确，几乎所有人都没有怀疑这些由前人加工所形成的梅林的故事。

在谈到理查一世时，霍华德这样说道：

> 狮心压制起义的撒拉逊人②，
> 获得很多辉煌的战绩；
> 玫瑰和百合开始时亲如兄弟③，
> 但分赃不均让他们彼此对立。
> 狮心只顾着国外战争的胜利，
> 国内局势日益破败。
> 狮子将被关进牢笼，
> 经过多重磨难才又见光明。

坦诚的托马斯·霍华德接下来毫无保留地告诉了我们所有那些在最终发生的事情。

关于理查三世，他记述得相当清楚：

> 有个生来就长牙的驼背怪物，
> 被艺术愚弄，也被自然嘲笑。

---

① 查理一世（1600—1649年），英国历史上唯一一位被公开处死的国王。——译者注
② 狮心指英王查理一世，撒拉逊人指十字军东征时的阿拉伯人。——译者注
③ 玫瑰指英国，百合指法国。——译者注

> 一出生便与常人不同，受尽世人咒骂。
>
> 本来他地位那样低下，
>
> 趟过没膝的血河，他步步高升。
>
> 他将获得他希望、追求的高位，
>
> 一旦皇袍加身，丑陋者也会人人夸赞。
>
> 他的外貌丑恶而令人钦佩，
>
> 但当他正兴高采烈端坐王座时，
>
> 一个野崽子从国外杀回了老家。

在这个事件之后，还有一些预言说从罗马回来的亨利八世将要成为国王。在预言中用这样的词句描述这位君主："当他发怒时绝不会饶过男人的罪责，有情欲时也绝不迁就女人的想法。"因而，在他成为继位者的时代，"同性恋和赌博同时出现了"。

大师霍华德在他的时代有着接近梅林的地位，自从梅林亡故，他并没有注意在英格兰发生的事情。大多数其他的预言家，包括那些与他同时代的人，都以梅林的名义在国外行走，但霍华德还向读者传递了这样一个信息，这些信息蕴藏在下面的语言中：

> 在大麻成熟并准备收割时，
>
> 英格兰人要看护好自己的性命。

透过这个预言，人们觉得他应该被绞死。那时候，预言不能应验的预言家一般都会落得如此下场。他这样解释他的预言，"HEMPE这个单词由五个字母组成，只要想想亨利八世的五个王储，就不难理解预言的真实含义。H指以前说到的亨利国王；E指他的儿子爱德华；M，就是玛丽，爱德华的王位继承人；P是指西班牙国王菲利浦，他与玛丽联姻，共同拥有了英国王位；最后那个E指伊丽莎白女王，在她去世后有可能会发生许多与王位继承相关的争端。"最终，这样的争端并没有出现，于是狡诈的霍华德便散布各种流言进行狡辩："虽然事实如此，但也证明了预兆是言之有据的。在平安度过詹姆斯国王的就职仪式后，发生了多起死亡事件。在未来一段时间，也许是在七年之后，不但伦敦不会幸免，哪怕全国都不会十分安宁。"

这就像是庞特福兰克特·彼得的诬辞，大胆的他曾预言约翰国王会丢掉王位并在不久之后死去，而彼得本人却被处以绞刑。在克罗顿的《英国编年史》一书中对这个所谓的预言家进行了生动诙谐的描写。"与此同时，"他写道，"这群英格兰的教众们塑造了一个属于他们自己的先知，叫做彼得·卫科弗尔德。他是约克郡人，早年曾做过教士，他还有两个身份：游手好闲的人和唯利是图的商人。

　　"现在，彼得重新装扮一番，用谎言骗取了普通公众的信任，他说耶稣两次以小孩的形体撞入他的怀里，降临在他的身上，一次发生在约克郡，另一次发生在波姆弗莱特，而且用急促的声音低呼'和平！和平！和平！'耶稣还教给他许多东西，他将此禀告了主教，并向生灵发誓此言非虚。他向人们宣称，只要忠心对待主，就会体会到天堂和地狱的乐与苦，王国里有三次演变，他为耶稣而活。"

　　"这个假冒的预言者声称约翰国王的统治期限会在下一个耶稣升天日之前结束，即1211年的耶稣升天日，那时正是他登上王位十三周年。至于怎样离开王位由他自己决定，或者被罢黜，或者被绞死，或者拱手让出王位。他声称他不会泄露天机，但是下届统治者不会是他也不会是他的子孙。"

　　国王闻知之后，说道："哼，扯淡！这个该死的巫师。"一笑而过。当这一荒谬的预言传到失势的太子那儿，他下令禁止彼得出国，阻止他再到处乱说，但并没采取其他的处置措施。彼得是个游手好闲、到处造谣生事的流氓，因此那些爱戴国王的大臣们背地里以诽谤罪将他逮捕并关入监牢，但国王却并不知情。

　　"英明预言者"声誉遍及全国，他们的名字无人不晓，但大都十分愚蠢，没有聪明人。他们被囚禁之后，流言四起，随着好事者的四处议论，于是产生了新的预言，接着以讹传讹，越传越玄，无知的草民们信口雌黄，流言蜚语也传到了国外。旧事未平，新的谣言又产生了，但都是造谣生事，无稽之谈，每天都会有关于国王的传言，但没有一个是真的。大家总是把这些话挂在嘴边，"彼德·沃克菲尔德是这样说的"，"他是这样预言"，"经过是这样的"。他们总是喋喋不休，却不假思索。

　　最终，彼得预言中的耶稣升天日到了，国王约翰在露天旷野里设立了宫廷大帐，与他的部属亲友们庄严地共度那一天，场面异常盛大，人们穿着华丽的衣服，有歌舞相伴，其乐融融。这一天就在这样壮烈的场面中过去了，但预言的事情并没有发生，他的敌人对此非常不解。为了使人们觉得预言应验，他们宣称他不再是国王，因为只有人民如此快乐地生活，而不是他。

　　当时，国王约翰正遇到被开除出教廷的祸事，于是，有人趁机对国王说这个预言使国王遇到了不少麻烦，由于他们的话蛊惑人心，招致了下议院强烈反对。他的预言还产生了另外的作用，在高级教士帮助下，他的预言漂洋过海，传到了法国国王的耳朵里，因而法国国王觉得这是侵略英国领土的好时机，他没有立刻行动，但也差一点就上当。就如真理被埋入希波布拉底黑暗的迷梦一样，早晚会拨开云雾见青天。于是，国王决定将彼得及其同行处以绞刑，以免再出现谣言。

海伍德（Harewood）是一个坚持主张预言真实性的人，他因为当时遭遇的不幸而享有盛名，他曾对彼得的预言给予褒扬的描述。要是他与彼得生活在同时代，他极有可能会与其同坐一条船，荣辱与共。他这样说过，彼得是先知，也是诗人，他预言了约翰国王许多灾难，而且都应验了。由于彼得预言约翰国王在统治英格兰十五年内将被罢黜而被加重税负，但他并不惧怕这些，他告诉国王所有的预言都符合逻辑并最终发生。于是，国王不得不向罗马教皇称臣和纳贡。这样，统治英格兰的不再是约翰国王，而是罗马教皇。在哈伍德看来，这个解释具有无可争议的证明力，因此人们对预言者的信任会永久地存续下去。

让我们再来说一说梅林。即使在当今，他还有很大影响力。伯恩斯曾用一句话形容另一个非常著名的要人，也可以把这句话用来形容他：

> 他的名声很大、法力无边，
>
> 他的名字为众人所知。

开始的时候，他的名气仅限于他的家乡，但很快欧洲大多数国家的人都知道了他的名字。1498年，罗伯特·德·伯斯朗写的一本关于他的《生活、预言和奇迹》的奇趣之书，在巴黎印刷出版。书中写道，梅林的父亲是撒旦，据梅林说，在出生的那一刻他就能说话。他要他的母亲——一个年轻纯洁的女人，向他保证会养育他直到成人。这应验了品质恶劣的邻居的预言。他家乡的法官觉得这样的奇异之事非常蹊跷，于是当天将他们母子俩召到面前。他们母子按照约好的时间去了，在那里法官检视了这个年轻的预言者的智慧。法官问他父亲是谁？他立即用非常洪亮的声音说："撒旦是我的父亲，我拥有与他一样的力量，我知道世间过去、现在和将来的所有事情。"法官吃惊地鼓掌喝彩，并决定不再打扰这对令人敬畏的母子。

很早的时候，人们认为史东亨治的建筑物是梅林力量的象征。据说，在他的指挥下，这些巨大的石头飞上天空，并从爱尔兰到萨利斯伯利平原排列成现存的石头建筑，为的是永久纪念被萨克逊人屠杀的300名不幸的大不列颠首领。

在卡玛森附近的阿伯歌威利，还存留着预言者住过的洞穴和他们念出咒语的景象。在斯宾塞（spencer）的著作《仙后》中有着非常精彩的描述。他的文字精妙绝伦，没有了它们，大不列颠所有的先知预言都不能流传于后世。

> 聪明绝顶的预言家梅林，
>
> 他的预言从未落空。
>
> 深深地思考，离群索居，

在他的栖息之地没有一点生命。

在任何时候他都耐心劝慰，

聚拢在他身边的精灵。

如果你曾有过这样的经历，

游遍世界，看到那些令人惧怕的景象。

他们说有一个存于石缝之中的狭小空间，

那里无比恐怖。

但无论你如何畏惧，

进入充满邪恶的凉亭。

害怕那凶残的魔鬼，

一不留神他就拿走你的生命。

身处高位要不忘了解民情，

那里有恐怖的铁锁链声音。

黄铜的大锅里发出剧烈的响声，

成千个精灵经受着无尽的苦难。

上下颠簸、反复折腾，

虚弱的大脑更加模糊不清。

在紧张中不停地劳作，

他们呻吟声令人难过。

阵阵钟声，响彻云霄，

深渊下传回令人惊悚的回声。

他们认为这是原因所在，

不久梅林即将离世。

他打算在环绕的铜墙上，

集聚凯尔·梅林的预言，

嘱托那些小精灵，

让他完美地离开人世。

湖中的圣母邀他一见，

那是他朝思暮想，情有独钟的人。

她让那些劳工离开，

但他们却情愿留下，辛苦地工作。

在这虚伪女人的引诱下，

发生了让他吃惊的结局，

他被埋入棺木之中，

不能再去参加劳动。

这些魔鬼和精灵，

可能躲避这繁重的劳动。

但梅林的法力无边，

使他们害怕得不敢乱动，

日夜不停地辛勤劳作，

直到让铜墙竖立起来。

神奇的尼克松

在其他英国预言家中，还有与斯波敦嬷嬷同一时代的一位名叫罗伯特·尼克松（Robert Nixon）的预言家，他相信权力仍未完全被知识进步之光抹掉。据当时流传甚广的说法，尼克松出生于距维尔罗伊尔不远的德莱迈尔森林边的一个家庭，他的家庭很贫穷。虽然他的父母曾经教导他如何进行农耕，但由于他的无知和愚蠢，他在农事方面非常失败。周围的人都认为他是个十足的精神病患者，因而对他的那些奇怪论调视而不见。因此，他的许多预言都被人遗忘，但他的预言并不总是失误。一件引人关注的事情终于发生了，这位伟大的预言家也因此身价大增。

当时，罗伯特·尼克松正在耕田，他突然停了下来，脸上满是奇怪而惊恐的表情，喊道：“哎，蒂克！哎，亨利！哦，做错了，蒂克！哦，对了，亨利！亨利拥有天下！”与他一起干农活的人并不理解他这一狂妄欣喜的举动的缘由，但第二天一切都清楚了。尼克松突然告诉大家理查德三世在波斯华兹的战斗中被谋杀，亨利七世即将登上王位，这时一位信使恰好送来了这个消息。

不久，年轻的预言家尼克松的大名就被国王知道了，国王非常想和他见面谈一谈。于是，国王派出一位信使邀请罗伯特·尼克松到皇宫一叙，这封信过了很久才到达罗伯特·尼克松的住处。尼克松知道了国王的诚意之后感到非常惶恐。的确，不久国王说出了自己的想法，尼克松通过近乎神奇的方式得到了消息。他像发疯似的在街上大喊，他说亨利国王将在皇宫召见他，他必须马上到皇宫，他感觉到他兴奋得要死掉。他的一通胡言乱语并没有给人们的情绪带来不良影响。到第三天，国王的信使来到并将他带到了皇宫里。他给切斯海尔人民留下的印象是，他是一位伟大的天才预言家。

到达皇宫之时，亨利国王好像正在因为丢失了宝贵的钻石而感到非常苦恼，因此，亨利国王问尼克松是否知道钻石在什么地方。原来，亨利国王故意将钻石藏了起来，他想考验一下尼克松是否真的拥有预言的能力。当尼克松说出"谁藏谁能找到"这句古老谚语时，他惊呆了。从那时起，国王非常相信尼克松确实拥有预言的天才，并命令手下人记录他说的一切话。

留在宫廷的这段时间，尼克松不时对国王说，如果他长期待在皇宫而不回到自己家园，他就会饿死。但亨利国王不想让他离开，于是他命令皇宫官员和厨师们，给尼克松足够的食物。在宫廷中，他生活得太好了，以至于一段时间后他健壮得像个贵族管家，胖得像个总督。有一天，国王要外出打猎。尼克松跑到皇宫门口，跪下恳求国王允许他离开，以免饿死。国王笑了笑，吩咐一位官员在他外出期间要好好照顾尼克松，然后，他才骑马离开。国王离开后，宫中的仆人开始怠慢这位他们认为不值得如此款待的尼克松。尼克松向那位官员报怨，那位官员为了避免受嘲弄，便将他关在了国王的密室里，并让人每天送四顿饭给他。但这时不巧的事发生了，国王派来一位信使要这位官员马上赶到温切斯特去，这位官员立刻动身，骑上马跟着信使走了。然而，他忘记了照顾可怜的尼克松。三天之后，这位官员回来了，他忽然想起被关在国王密室里的那位预言家。他进去看时才发现这位预言家已经躺在地板上——被饿死了，这正如预言家所预言的那样。

在他做出的预言中，有一些已经应验，这些都发生在觊觎王位者时期：

> 一个伟人到达英格兰，
>
> 然而王子获得了胜利。
>
> 贵族的血被乌鸦饮尽，
>
> 反对南部的北部人民举起义旗。
>
> 北部雄鸡逃走了，
>
> 人们拔掉了他骄傲的羽毛，
>
> 他因而诅咒自己的出生之日。

称道这些预言的人认为预言的内容就像正午的太阳一样清晰。第一段指在库劳登战役中，卡姆布兰德公爵打败了查尔斯·埃得伍德王子；第二段指被处决的上院议员德温特·伍德、巴尔摩里努和劳瓦特；第三段指觊觎王位者自不列颠海岸的撤退。

下面的预言也是显然会成功的：

　　　"在7、8、9中，

　　　英国将显现奇观；

　　　在9与13中，

　　　会出现所有的不幸。"

　　　"我们耗费财力和人力，

　　　一场可怕的战争爆发，

　　　所有英格兰人将重振精神，

　　　在美酒和镰刀之间。"

　　　"头戴有雪钢盔的外国人入侵英格兰，

　　　这会带来饥荒和祸患，

　　　屠杀那些穿着裙装的人。"

　　　"洪水将冲垮南特威齐城镇。"

到现在为止，前两段还没有明确的解释，但在某个文件上被扭曲成他们理解的那样。第3段讲到英格兰受到一个头盔上有雪的国家的侵略，这明白地预言俄国要与英格兰交战。最后一段，谈的是南特威齐城镇命运的问题。预言家总是保持着快乐平和的心理，他们没说什么时候会证实那可怕的祸患，但我们认为很可能需两百年的时间才能证明。

在与尼克松有关的一些传记中，他认为一些人的预言是没有根据的，而现在他的大部分预言已经被证实或即将被证实。我们认为不应只是贪图现在的快乐，而应以武力赶走与我们为敌的人，以制止那些为我们所丢弃的不良的生活方式重新出现，以祈求神的保佑使我们平安。虽然大家并不会全部赞同这一观点，但至少人人都会高喊，阿门！

除预言家以外，还有创造历书的莉莉、玻尔·罗宾和帕崔矶以及弗朗西斯·摩尔，法国和比利时有马修·朗斯伯基。他们虽然很自负，但难以和这些将其思想建立在精神上而非境遇上的，不受一年仅预言一次的约束而大胆进行预言的梅林、圣母斯波敦和尼克松相比，因此也只有谦虚一些。在这些预言家亡故之后，人们也不再提及历书的发明者，甚至那位著名的帕崔矶也被人遗忘。

第六章

大盗的赞歌

Extraordinary Popular Delusions

and the Madness of Crowds

侠盗罗宾汉

杰克：我们应当去哪儿找一些有用的哲人，他们是视死如归的血性汉子！

瓦特：强壮又勇敢的男子汉！

罗宾汉：他们勤劳勇敢，百折不挠，历经磨难！

耐德：谁不为朋友仗义执言，抛弃生命？

哈里：谁会为私利背信弃义，出卖朋友？

马特：我看那些官场上的人谁敢这么说。

——《乞丐的歌剧·大盗们的对话》

无论民众是因受尽贫困之苦而赞赏勇猛机智、善于谋略的侠盗劫取富人的财产，也不管是源于人们特有的对冒险事情的好奇心，有一点可以肯定，那就是各国家的人们都敬慕侠盗。也许正是因为这个原因，才使得他们在公众心里的形象充满了神奇色彩。几乎每个欧洲国家在历史上都出现过巨盗，人们用最优美的诗歌记载和传颂他们的功绩，而他们的罪过会被人们编成顺口溜，在未来漫长的时光中，在顽童中代代传唱。①

那些研究国民行为与特征的旅行者经常观察和评论这种情感。18世纪初，学识渊博的布兰克神父在英国居住了很多年，在他的书信里有一些关于英国和法国人民有趣的故事，他说他多次见过英国人吹捧拦路抢劫的行为，甚至到了对与勇敢军队的褒扬相当的地步。他们的谈吐幽默、机智狡猾以及慷慨大方的故事在人们中间广为流传，即使是著名的小偷也被人们当作享有极高声望的英雄。他又说道，所有国家的人民的情绪时常会因为盗贼而激动，但对将被处以极刑的罪犯却非常冷漠。然而有一伙英国强盗却对这样的事情有很大的兴趣：他们享受在整个审判过程中的坚定，并且为那些在面对上帝与人间的审判时表现勇敢，坦然面对死亡的人鼓掌喝彩。例如，在古老的民谣中，如此描述著名的强盗马克佛森：

① 摘自莎士比亚《鲁克丽丝受辱记》。——译者注

他离开了，

如此喧闹，

如此不羁，

如此使人惊惧；

他跳动着活泼的舞步，

在绞刑架下翩翩而舞。

在英国，也许是在全世界，民间流传的侠盗中，最为有名的当数罗宾汉。这个名字在人们心中拥有特殊的光环。"他劫富济贫"，人们把不朽的声名送给他，一个足以酬谢恩人给他们的实物资助的名号。在传奇小说和诗歌中，都有很大篇幅描写他的故事。他和他的那些背挎长弓、身穿林肯绿呢的快活部下经常出没的舍伍德森林现在已被流浪者当作圣地，一个纪念他的固定场所。如果作为一个普通人，他是绝不会受到赞扬的。在七百多年的时间长河中，他的一些美德被人们广泛宣传，在所有讲英语的地区，都有他的名字出现。他的勇敢、他对穷人的关爱以及对女人的尊敬，都使他成为全世界绿林好汉中的佼佼者。

城市游侠传奇

在后来出现的英国盗贼之中，几乎所有人都听说过克劳德·杜瓦尔、迪克·特品、乔纳森·怀尔德和杰克·谢泼德。在18世纪的英国，在人们恐惧和欢喜之中，这些拦路贼和城市游侠独特的骑士精神形成了。英格兰10岁以上的男人都知道他们的英名。他从伦敦驰马飞奔约克的行为令人惊叹，也使他成为无数人爱慕的偶像。他为了得知藏钱的场所，将一名老妇放在火上，这一冷酷行为被当作是一个有趣的笑话。他凛然面对死亡的态度被当作是勇敢行为。布兰克神父在他1737年的书信里写道，他一直对特品的故事很感兴趣。他抢劫绅士的时候，会慷慨地留下足够的钱以便使其走完旅程，他让他们发誓永不告发他，而这些绅士又真的认真负责地履行了自己的诺言。

一天，神父听到了一个人非常兴奋地讲述他的故事。不知是特品还是其他有名的强盗，拦住一个非常富有的人，至少据他所知是这样的。他如往常那样喝问"要钱还是要命！"但在此人身上他只搜出了五六个畿尼^①。于是，他放了这个人，态

---

① 英国的一种货币，一畿尼为21先令。——译者注

度十分友好地告诫此人以后出门不要这样囊中羞涩，并补充说，如果下次碰见他还是这样吝啬，就要痛打他一顿。

特品的一个崇拜者讲了另一个有趣的故事，是有关特品在剑桥附近抢劫某先生的。他拿走了这个绅士的手表、鼻烟盒和所有的钱，只给他留下2先令。临走时，他要求该绅士以名誉发誓不会报警或去法庭告发他。绅士按照他的话立了誓言，然后依礼而别。后来，他们在纽马克特意外相遇，并认出了对方。这位绅士认真地践行了自己的誓言，他不仅没有告发特品，而且还夸赞他以正当手段赢了很大一笔钱。特品提议他们2人各自在一匹有希望获胜的马身上下注，某先生非常高兴地接受了，就好像是在和全英国最有身份的绅士一同下注那样风度翩翩。结果特品输了，他什么也没说就付了钱。某先生的这种宽宏大量的举止使他深为感动，以至于他告诉某先生非常遗憾因为他们之间曾经发生的小事他们不能一起畅饮几杯。讲述这个轶事的人，为英国是一个绿林好汉的故乡而感到特别自豪。

杰克·谢泼德在英国也是尽人皆知的人物。他的残忍行为曾使他的国家蒙羞，但他又是如何获得了公众的普遍尊重呢？他没有罗宾汉劫富济贫的行为，也不会像特品那样以古怪的礼貌方式抢劫，但是他却在脚戴镣铐的情况下逃出了新兴门监狱。这个成绩——人们不止一次地重复——使他戴上了不朽的花环，也使他成为人们心目中典型的盗贼。他不满23岁时就被处决了。对他的死，人们非常同情，在他死后的数月，人们谈论的唯一话题就是他的冒险奇遇。他的画像和一幅理查德·桑黑尔以他为题制作的油画挂满了画店。1724年11月28日的《英国日报》上还刊载了这位画家的赞美诗：

> 是您，桑黑尔先生，
>
> 赐予了一个如此无名、如此微贱的名字，
>
> 以耀眼的名誉；
>
> 是您，
>
> 避免谢泼德被拖进死亡的坟墓，
>
> 使他的形象存留人间！
>
> 艾普莱斯·亚历山大，
>
> 将恺撒画成了奥里留斯；
>
> 莉莉的画作使克伦威尔成为不朽，

而桑黑尔的画使谢泼德永生。

由于杰克的声誉很高，因此人们觉得可以将其搬上戏剧舞台。于是瑟蒙德策划了一出名为《滑稽的杰克·谢泼德》的哑剧，其在伦敦剧院区的特鲁利街剧院上演时取得了巨大成功。其中，所有的场景都以自然风光为背景，即使是他在克莱尔集市经常出入的酒吧和他在新兴门监狱成功逃脱出的死牢也不例外。

1754年出版的《新兴门监狱年鉴》的编辑维莱特（Villette）先生进行了一次奇怪的演说。他声称他的一个朋友在一个街头传教士那里听说了杰克的行刑时间。演讲人维莱特用当时的情况作为例证进行说明，谴责人们只会用蛮力而极少利用头脑。他说："在这方面，我们有一个尽人皆知的最好例子，那就是有名的杰克·谢泼德。他排除了如此巨大的困难呀！他干了一件如此惊人的事情啊！这一切都为了他那条几乎被送上绞架的令人厌恶的性命！他是如此敏捷地用弯曲的钉子打开了脚镣挂锁的链子，又如此果断地拆下脚镣，爬上烟囱，用手拧弯了那根铁栅，穿越石墙而过，他砸碎了通道尽头的大门，然后一直爬上盖着铅皮的监狱屋顶，他用一枚长钉把一块毯子挂在墙上，至此他躲过了死亡！他是如此勇敢地从屋顶溜到鸽笼顶上，然后又如此小心地爬下楼梯，成功地逃到了大街上！"

"噢，你们都与杰克·谢泼德很相像，不要误会，我的同胞们，我不是说物质方面，而是指精神方面，因此我认为应当给予这些事情精神内涵，如果我们觉得如他拯救他的肉体那般，我们也承受着巨大苦痛，经过再三思考，若救赎我们的灵魂不值得的话，那会是多么可耻呀！"

"我来警告你们，用悔恨的钥匙打开你们内心的锁！打开你们钟爱的欲望的枷锁，走近希望的'烟囱'，清除阻挡你们决心的'栅栏'，走过绝望的石墙和死亡之谷的黑色通道！使你自己变成神的铅皮屋顶，用教堂的钉子安装信任的'毯子'，走下屈服的鸽笼，爬下谦逊的梯子！这样一来，你就会来到罪恶之狱的出口，逃脱妖魔鬼怪等老刽子手的魔掌！"

乔纳森·怀尔德——菲尔丁同样使这个名字变得不朽，并为人们所厌恶。在他的身上几乎找不到一个巨盗所应拥有的性格优势，这种优势与犯罪难以分离。他是个卑鄙的小人，因为惧怕死亡而告发了他的同伙。他的卑鄙行径为人们所不齿，在他去往伦敦死刑场的路上，无数的脏东西和石头投到他的身上，人们用各种方式来表达他们的愤怒和轻蔑。和他相比，人们对待特品和杰克·谢泼德的态度则有着天壤之别。这两个人在死前都穿着干净整齐的衣服，衣服的扣眼里是散发着轻香的鲜花，而且他们也像人们心中所期待的那样勇敢地面对死亡。人们想到有人会将特品的尸体送往外科医院去进行解剖，因此，当他们发现有人在匆忙地搬运尸体之时，便从搬运人手中武力夺回了尸体，他们抬着特品的尸身在全城明目张胆地转了一圈，然后将尸身埋在一个非常深的墓坑里，他们还在墓坑里填满了生石灰使尸体快点腐烂。他们不能想象他们心中的英雄——在24小时内从伦敦飞马奔往约克的英雄的尸身被卑鄙的外科医生野蛮地肢解。

克劳德·杜瓦尔的死就不这么幸运了。克劳德很有绅士派头，根据巴特勒在纪念他的颂诗中的描述，

> 他给野蛮的阿拉伯人指明了方向，
>
> 一种更为文明的劫掠形式；
>
> 如受过教养的绅士般谦和地接受恩赐；
>
> 在愚笨的英国人民面前
>
> 他以从未有过的优美姿势走向绞架。

实际上，他是礼貌的代名词，而且他对女子的尊重也是天下闻名。最后，在他被捕后关进"石墙、铁链和铁栅"之内时，由于他拥有罕见的优良品质和英名，妇女们感到极为悲伤。

巴特勒说，在他的地牢中：

> 来自全国各地的女士们，
>
> 将她们的爱心献给这个亲密的囚犯。
>
> 他淡然处之，毫不动情，
>
> 就像是这都是他应得的。
>
> 最骁勇的骑士也无法
>
> 减轻女士们的伤痛，
>
> 就像少女一样悲从中来，
>
> 无论武艺多么超凡脱俗。
>
> 要以世匹敌的雄心，
>
> 去挽回世界的损失、去挽救他们。

与他一同改变生活景象，

丢掉所有虚荣而奋起战斗。

欧洲各国的成名大盗

在法国的著名强盗中，任何一个都不能与艾默尔·瑞高特·泰特努埃尔相比。在查理六世统治时期，他非常活跃。他有约四五百人的部下，并且还拥有利木森和奥维根两座十分坚固的城堡。在他周围地区分布着许多封建贵族的领地，尽管他的收入并不稳定，但是驿路却给他提供了源源不断的财富。他死后仅留下一份遗嘱，遗嘱的内容如下：我将送给圣乔治教堂1500法郎作修缮之用，留给一直忠贞不渝地爱着我的姑娘2500法郎，剩余的全部送给我的同伴们。我期待着他们能像亲兄弟般相处，并且友善地分发这笔钱。如果他们中有不同想法，并因此而发生争执，那不是我的错，我只能请求他们找一把锋利的斧头，打开我的保险箱，自己争抢保险箱里的物品，动作慢的人只能自认倒霉。"奥维根的人们还在用一种钦佩的语气谈论着这些强盗的高明手段。

但在那之后，法国的窃贼就成了十足的恶棍，人们一点也不尊敬和欢迎他们。著名的卡吐什——这个名字在现在的法语中已是流氓恶棍的代名词——根本没有一点侠盗所应具有的慷慨大方、彬彬有礼和勇敢的献身精神。17世纪末，卡吐什在巴黎出生，1727年11月死亡。尽管他的确很坏，但他的死还是引起了大多数人的同情，后来人们把他的故事改编成一出颇受欢迎的戏剧，该剧在1734年5月至6月间在巴黎所有剧院的演出都受到了观众的追捧。

在当今，法国以拥有维多克这个几乎可与特品和杰克·谢泼德相匹敌的强盗而感到极为幸运。现在，维多克已经成为无法考证的传奇小说的男主人公，他的同胞以他五花八门的成就为荣，并且表示对欧洲其他国家是否拥有像维多克这样聪明，才能卓著并拥有绅士风度的大盗表示怀疑。

同样，在欧洲其他国家里也有着这样的大盗，他们在各自的国度里可说是老幼皆知。比如，德国有斯堪德汉斯，匈牙利有斯库布瑞，意大利和西班牙都有许多名强盗。

在全世界都享有盛名的意大利强盗有一个突出特点，他们中许多人不但虔诚而且非常有仁爱之心。这些人所表现出的仁爱与他们的身份极不相符，以至于人们非常偏爱他们的这一特点。当强盗中有一人被警察抓住时，他声称"我所付出的博爱精神要比这些地区随便哪三个女修道院都要多！"人们承认这个小伙子的说法与事实相符。

在伦巴第①，有两个臭名昭著的强盗现在仍为人们所牢记，他们最活跃的时期是在二百多年前西班牙人统治期间。据麦克·法伦（Mike Farren）说，有一本小册子记录了他们的故事，几乎该省所有儿童都知道这本小册子，而且孩子们阅读此书的兴致比读《圣经》更大。

斯堪得汉斯是出没在莱茵河上的强盗，在很长的一段时间里，他受到敬畏他的莱茵河沿岸人们的喜爱。农民中流传着很多有趣的故事，是关于他用种种恶作剧嘲弄富有的犹太人，或是特别专横的审判官以及他如王公贵族般的慷慨大方和英勇无畏的精神。简而言之，这些人为他感到自豪，他们愿将对他的功绩的回忆与他们的河流一样长久存在，就像他们不愿用火药去破坏爱伦布瑞特斯汀的岩石一样。

在德国，还有一个绿林好汉，人们说起他的品格和功绩时也总是用赞美的语气。1824年以及随后两年里，在莱茵河、瑞士、阿尔萨斯地区（法国的）以及洛林等地，有一个经常出没的巨大强盗组织，它的首领名叫毛斯科·纳代尔。与杰克·谢泼德相似，他也有着从防守森严的监狱逃脱的经历并因此受到人们喜爱。在他被囚禁在不来梅巾监狱主楼3层的牢房之时，身上戴着铁镣，但这并没有阻止他巧妙地避开看守的戒备，逃到楼下并游过威瑟河。一个哨兵发现了游到河中心的他，并开枪打中了他的腿肚子，但这个英勇的强盗依然手脚并用奋力游到了对岸，即便后来司法官员组织了严密的追捕也没有将他抓住。1826年，他又被捉住了，在梅因斯对他进行审判后，他被判处了死刑。尽管他是一个坏人，但他还是那样的高大、强壮、英俊。全体德国人都同情他的命运，尤其是妇女们，更因为没有什么办法可以将一个相貌英俊而又有着传奇冒险经历的英雄从刽子手的屠刀下面拯救出来而感到非常遗憾。

---

①　意大利北部区名，与瑞士接壤。——译者注

歌功颂德的戏剧

在说起意大利的强盗时，查理·麦克法伦先生指出了天主教派的不良倾向。它的悔过和赦罪使得此类犯罪加剧上升，但他又明确地补充道，与民谣作者和说书人的信口胡言所造成的坏影响相比，牧师和僧侣们连他们一半的影响也没有。应当把剧作家也算上，这样这份名单才是完整的。实际上，从赢利的角度讲，剧院只在乎自己是否有钱赚，因而会投公众所好，不断地上演受人追捧的窃贼和强盗的历史故事剧目。这些戏剧中的强盗个个形象鲜明，他们身着奇装异服，神秘莫测，寻欢作乐，冲动轻率以及无所顾忌的行为方式充分地满足了人们的想象欲。而且即使支持他们的人提出完全不同的看法，他们对公众所造成的有害影响也是无可挽回的。据说，为了纪念在1647年和1648年那不勒斯革命中的盖兹公爵，剧目中的那不勒斯强盗不管是行为还是服装以及生活方式都被塑造得引人注目。但政府当局觉得这种对强盗大吹大擂的做法必须要禁止，因此政府发布了命令禁止在化装舞会上使用强盗的服装。那时强盗成群，公爵审时度势，认为可以将这些强盗组织起来成为一支军队，帮助他夺取他魂牵梦绕的那不勒斯王位。他这样描述这些强盗：“他们是那样的高大健壮，留着长长的差不多全部卷曲的黑发，他们约有3500多人，年龄在20~50岁之间。全都穿着黑色的西班牙皮衣，丝绒长袖或者是金黄色的衣服，马裤镶着金边，绝大部分镶的是深红色的花边，镶着金边的丝绒腰带上还系着一个放鹰打猎用的袋子，腰间都插着两把手枪。皮带上挂着一把三指宽、两英尺长的华美的短剑，脖子上挂着用丝质长带系着的火药筒，其中一些人扛着火炮，也有一些人拿着老旧的大口径短枪。他们脚穿长筒丝袜，足蹬漂亮的鞋子，头顶的帽子是用悦目的金线织成的，也有的是用不同颜色的银线织成的。”

在我们国家，《乞丐的歌剧》是为窃贼们歌功颂德的又一个作品，此剧第一次上演就受到民众的欢迎。在《唐西亚德》的评论中我们可以得知此剧是如何成功的。在《生命的诗篇》中约翰逊也引用了这一说明：“看过该剧的人都对它大加赞赏，该剧在伦敦连续演出了63天，而且在接下来的季节里又一次演出，依然非常受欢迎。该剧在英国所有的大城市几乎都上演过，而且在很多地方还演出了30场或40场；在巴斯和布里斯托等地更是演出了50场。依次在威尔士、苏格兰和爱尔兰也连续成功演出了24天。随处到处可以听到妇女们吟唱剧中让她们着迷的歌曲，而且她们还模仿剧中场景布置自己的房子。除了该剧的作者自己因该剧的成功而获得荣誉外，剧中人物波莉的扮演者也一下子成了城里人喜爱的明星，她此前没有一点名气。商店里都是她的画像，有关她生平的文学著作和诗歌也相继出版发行，甚至还用人把她的一些言语和俏皮话集成了小册子。该剧的影响远不止于国内，在意大利的歌剧院长达10年的时间里也始终将此剧作为压轴戏。"

约翰逊博士以一个作家的身份指出海瑞恩——即后来的坎特伯雷大主教对这一歌剧的批评存在问题。海瑞恩说道："该剧对拦路强盗大加颂扬，并且最后还使他逃脱处罚。这样一来，会使人们觉得邪恶和犯罪是被鼓励的。"另外，他还补充道："有传闻称此剧上演后匪帮数量惊人地增长。"约翰逊博士觉得这个说法值得怀疑并且提出了自己的理由，那就是那些从事拦路抢劫和入室抢劫的很少会到戏院看戏，而且按照普通人的逻辑，劫匪不可能和平抢劫。但如果约翰逊博士所说的话被推翻，人们就会得出这样的结论：拦路强盗和入室抢劫的人经常光顾剧院，而且他们受到一部成功的歌剧的影响变成了模仿剧中人的品行不端的年轻人，这种影响的可能性非常大。另外，在社会上影响力广泛的权威人士约翰·费尔丁爵士——玻街（伦敦中央违警罪法庭所在地的最高司法长官）——以他在政府机关中了解的情况为基础十分肯定地指出，在那部歌剧流行期间，犯罪的数量明显增加了。

在距离现在非常近的年代里，也有一个产生了同样影响的例子。当时，并不出名的年轻人席勒创作了一出名为《强盗》的戏，该剧误导了整个德国年轻人的思想和喜好。一位著名的评论家海兹李特也对这出戏发表了这样的评论：长期以来，从来没有一出戏如此强烈地震撼他，"它就像一记重拳，使他头晕眼花。"事情过了25年，他仍然对这出戏记忆犹新。用他的话说，它"就像一个一直居留于他脑中的老住户一样"，他好像还没能完全清醒过来，所以很难描述这出戏到底是怎么样的。剧中的男主人公是一位品德高尚具有超凡本领的小偷，刚入学的新生几乎都非常崇拜他，以至于他们甚至渴望着模仿这位在他们看来非常有名的剧中人，离家出走，置身于森林荒野之中，劫夺过路行人的钱财。他们想象他们会像摩尔人一样抢劫富人财产；他们还想象救济他们遇到的穷人，然后他们和自由自在的伙伴在原始的关隘或是森林深处的帐篷里，痛快地喝莱茵白葡萄酒。仅仅一点儿冷酷的经历就地摧毁了他们的勇气，他们发现真正的抢劫与舞台上传统侠盗的行为完全不同。以面包和水为食，每天睡在潮湿的麦草堆中，这样过三个月的牢狱生活，如果作为在壁炉边消遣的传奇小说还不错，但对于真正经历这种生活的人就没有这么愉快了。

拜伦勋爵认为，品格高尚的窃贼们至少已改变了其祖国的那些年轻幼稚的诗歌创作人的品位爱好。他觉得这样总好过他们那些德国的同龄人，因为他们没有投身绿林之中，作响马或者拦路贼盗。尽管他们同样地敬佩海盗康拉德，但是他们不会参与海盗的行动并为他们升起黑旗。他们所做的只不过是用语言表达他们的赞美之情，在具有很大发行量的期刊和音乐杂志上发表了数量众多的描写海盗和土匪的新娘以及劫匪的各种各样冒险经历的诗篇。

但剧作家们发挥了不好的作用。与盖伊和席勒相比，拜伦在这方面要做得好很多。通过舞台布景、华丽的服装、悦耳的音乐以及他们在剧中表达的极其错误的看法，使得公众的鉴别力受到了损害。他们并不明白，粗俗的噱头会削减艺术的感染力。

在伦敦的贫民区和人口稠密的地区，集中着很多票价低廉的剧院，那些游手好闲、行为放荡的年轻人经常光顾。比起任何其他种类剧目的演出，他们最喜欢有关窃贼和杀人犯的传奇故事的剧目，因而这种戏能吸引更多的观众。演员们表演的拦路盗贼、夜间窃贼和绿林好汉们非常生动，这给这些情绪激昂的观众进行了有关犯罪的生动教育。同时剧中还充斥着窃贼和杀人犯各自生涯中最为悲惨的事件和极其粗俗下流的情节，在观看时，人们为剧中人的深厚感情和宽阔胸襟而鼓掌欢呼。不论何时发生了如何恶劣的犯罪案件，他们中所有令人作呕的细节都会在舞台演出，以取悦于那些早晚会是效仿这种行为的观众。

单纯的读者对于强盗题材的戏剧有着不同的态度，他们中的大部分人都想了解那些臭名昭著的流氓恶棍的冒险经历，即便是虚构小说，他们也很乐意去看一看吉尔·布拉斯·德·桑特伦和大恶棍唐·古兹曼·德阿尔福雷克的曲折动人的传奇故事。在这里，诗人不会带来什么损害，也用不着担心有人模仿，只要他们高兴，他们就会对所谓的"英雄人物"歌颂一番，使我们想起值得我们同情的杰米·道森、吉尔达瑞或者是具有大无畏精神的麦克佛森等人，或者是在不朽诗篇里的苏格兰巨盗罗伯·罗伊（Rob Roy）因自己所受的不公正待遇而进行的申冤雪恨。假如，诗人用他们优美的语言能够使整个世界相信这些英雄人物只是晚出生了几个时代的被人误解的哲人，且无论从理性还是现实的角度他们都热爱。

> 良好的传统，
>
> 简单地谋划，
>
> 他们愿意臣服强权，
>
> 他们愿意履行承诺。

那么，整个世界可能会变得更明智，并愿意使用好的方法来分享财物，以使这些窃贼不再与社会对抗，达到社会和谐。但是，从事实来看，即使魔法师的法术再高明，恐怕也无法使他们变得明智起来。

古斯塔夫·勒庞点评

[1] 无论一个社会有多么文明，但是总会存在一些社会渣滓。这些人中有的是无法适应社会，还有的则是自身存在这样或那样的污点。游手好闲的流浪汉、沿街乞讨的乞丐、试图逃避惩罚的逃犯、小偷、骗子及不思进取的下层饥民，成为大都市的犯罪群体。

[2] 惯犯和偶尔性的犯罪这两类犯罪群体无论哪种都是一股破坏安定的力量，除了制造混乱，我们看不到他们对社会有什么贡献。

[3] 群众只善于模仿，但不善于挖掘，因此是很难向着理性的方向走下去，唯一能对他们产生影响的只有通过想象的形式而激发的情感。

[4] 群众的行为只是受自己的感情冲动支配，根本没有驾驭和运用理性的能力，然而，我们同时看到，群众十分乐于接受英雄主义，甚至能经常产生高度的利他主义，因此很多人准备献身于一种信仰。

第七章

须发之争

Extraordinary Popular Delusions

and the Madness of Crowds

英格兰长发习俗的衰落

——政治和宗教对于须发的影响

满怀尊敬和关怀。

谈起胡须及主人。

——哈迪布拉斯（Hardy Blass）

"长发是男人的耻辱。"这是著名的圣保罗宣言中的一句名言，但它却成了政府和教会制定相关法律和教规的依据。自基督教诞生起到15世纪，是否允许留长发和胡须始终是法国和英国最为重要的问题。

历史告诉我们，在很久以前，对于自己的头发，男人是没有权利支配的。亚历山大大帝认为，军队士兵的长胡子会给敌人以可乘之机，他们有可能被敌人抓住胡子砍掉脑袋。为了避免这个问题，他命令全体官兵都要仔细刮脸和胡子。他面对敌人的这种谨慎态度与那些在北美印第安人处受过款待的人完全不同。在印第安人看来，武士的荣耀体现在头发和胡子上，应该让它自然生长，当敌人想要剥去士兵头皮时，也可以抓住这个。

在欧洲有一段时间，长发成了权力的象征。从多尔的格雷戈里①的描述中可以知道，克洛维一世②的继承人开始留长长的卷发，而且还把它作为皇家的特权，贵族们也享有这一权利。他们不仅留长发，还蓄起了长长的大胡子。从头发和胡子上很难看出贵族和皇族的区别。直到路易·戴邦乃尔时代，这种发型才有了一些变化。在他的继承人休·卡比特时代，主张将发型变短以示有所区别。然而奴隶们并不同意这一主张，继续任须发自由生长。

在威廉一世征服英国的时候，诺曼底人留的就是短发。英王哈罗德二世在向哈斯丁斯进军时，派出了一些间谍刺探敌情。间谍回来禀报说："敌军的脸和嘴都刮得很干净，好像全部都是牧师。"当时英国的风俗是头上留长发，上唇蓄须，下唇刮净。倨傲的胜者分割了萨克逊族大乡绅、大地主的土地，用各种方式

---

① 格雷戈里（538—594年），法国人，基督教士，历史学家。——译者注

② 克洛维一世（466—511年），法兰克国王。——译者注

羞辱英国人。此时，英国人开始鼓励留长发，为的是与他们留平头、刮胡须的主人有所区别。

这一时尚使得神职人员非常愤怒，而且在法国和德国都发生了大规模的劝诫活动。到11世纪末，教皇得到了全欧洲基督教权力机构的大力支持，颁布了禁令：凡是留长发的人，一律要逐出教会，死后也不能为他祈祷。迈尔麦斯伯雷的威廉[①]说，著名的乌斯特大主教圣·巫士丹，无论何时只要看见留着长头发的男人就会异常愤怒。他认为这种行为是极不道德的犯罪，不应当是人类的行为。于是，他的身上总带着一把小刀，无论在哪里，只要他看到了留着长发的男人，他就会叫他们当街跪下来，然后拿出他的小刀剪下那人的头发并把它扔到那人的脸上。最后他会命令他去把头发全部剪掉，否则就会送他下地狱。

但是，时尚与法律似乎总是天生的矛盾。那时候，男人们可以把头发盘在脑后，他们甘愿冒着受上天谴责的危险也要把头发披散下来。在亨利一世时代，坎特伯雷大主教安塞勒姆认为有必要重申教皇关于禁止留长发的谕令。但就在这时，法庭却表现出了不同的态度，他们开始欣赏卷发。于是，教会的激烈抗议变得没有任何作用，就连亨利一世和他的贵族们也都把长长的发卷披在身后，神职人员们认为他们都是"违反道德的恶人"。

国王的牧师赛尔罗对国王这种不敬的行为感到非常难过，于是，他在法庭集会时宣读了圣保罗宣言中的有关内容。他绘声绘色地描画了在另一个世界等待他们的磨难和痛苦，好多人被他的行为而感动得失声痛哭，也有人使劲揪自己的头发，仿佛要把它们全部拔掉。据说，有人看到亨利国王也哭了。牧师发现自己的话发挥了作用，便抓住时机从口袋里掏出一把剪刀，在众人面前剪掉了国王的长发。接着，几个大臣也剪掉自己的长发。这样，没过多久，留长发的时尚似乎就成为过去。尽管德里拉神父非常赞赏大臣们的勇气，但在第一次忏悔过去的不到六个月后，大臣们就觉得自己成了最大的罪人。

坎特伯雷大主教安塞勒姆因为强烈反对留长发而名震鲁昂，他过去曾是诺曼底的教士。他做主教后，仍然非常看重这项事业的改革。他的这种固执果然没有得到国王的欢心和支持，国王最终还是选择了留卷发。大主教和国王之间还因此而产生了很深的矛盾。因此，在大主教离世之后，国王异常高兴，因为他终于不用再为大主教的说教烦恼。后来，在国王的坚持下，大主教这个职位

---

① 威廉（1090—1143年），英国历史学家。——译者注

空缺了五年。但是，在这期间，在全国各地的教会讲坛上仍然有很多倡导者声讨长发族并指责他们对教会的不忠，但这没有产生任何作用。受一些古编年史学家的影响，史陀①这样撰写了这一时期的历史："男人们好像忘记了性别，留起的长发把他们的外貌搞得和女人相差无几。当他们因为年龄的增长或者其他什么原因而导致头发脱落后，他们便把头发编成了一些卷，然后再缠假发上去。"这种潮流却最终因为一件意外事情的发生而出现了变化。当时有一位爵士，他经常在人前夸耀自己一头漂亮的长发。一天晚上，他做了一个凶梦，在梦中一个恶魔向他扑来，抓住了他的头发想用头发堵住他的嘴把他憋死。惊吓之下他马上醒了，却发现自己的嘴里塞满了头发。他认为这是上天对他的警告，因而内心受到了很大的触动。于是，当晚他就决定剪掉长发，从此开始赞成改革。

在教士们的努力下，这个故事传播得很快，而那位爵士也被尊为开风气之先河的人。经过教士们不遗余力的劝导，人们争相效仿。男人们的头发都变得符合可敬的圣·巫士丹大主教的想法了。谁会想到，一个花花公子的噩梦竟会比圣徒的恳求更起作用。然而，如史陀所说，"在过了不到一年时间，当这些自认为被人尊重的人心态复萌时，他们开始偏爱女人们的头发了。"但亨利国王似乎根本就没受这个噩梦的影响，这一点他和其他人不同，他可是从未想过要剪掉自己的头发。

据说，由于他的观点与当时的主流观点完全不同，再加上在其他一些事情上和教会也有冲突，那段时间他内心实际上非常别扭，常常难以成眠。甚至有时他会有一些幻觉，好像所有的主教、修道院院长和各个阶层的神父、教士将他围住并用权杖殴打他。他被这个幻觉搞得心神不宁，经常在噩梦中惊醒，下床持剑追逐鬼怪。御医格雷姆德也是个基督教教士，他和国王情同手足，但他从不告诉国王这些事情的原因，而是劝他剪发以重新获得教会的信任，通过祈祷和布施来改变他的境遇，但国王并不理会这个忠告。一年后，一次海上风暴灾难让他改变了想法，那次国王差点葬身海底。此后，国王开始真心悔悟自己的罪行，剪了头发，并按照教士的愿望做了适当的忏悔。

---

① 史陀（1525—1605年），英国历史学家和古物专家。——译者注

法国的长发争端

在法国，梵蒂冈教廷废除长卷发风俗的努力远没有在英国那样尽心。路易七世比他的皇兄要容易对付，像教士们一样把头发剪短，朝中的勇士们对此却感到非常痛心。他的皇后爱丽诺，是一位快乐、傲慢和喜欢寻求刺激的圭因那人，她对国王的这种发型非常不满。她不断地指责国王是在模仿教士的发型和衣着，也因为这件事，他们的关系变得日渐冷淡。后来，国王发现王后不仅不赞同刮脸而且还有其他的不忠行为，因此果断地与她一刀两断。法国国王为此付出的代价是失去了圭因那和普瓦蒂尔这两个富饶的省份，这是王后出嫁时带来的嫁妆。没过多久，王后就带着自己的财产与英王亨利二世成婚，这成为导致后来长达几个世纪的两国血战的重要原因。

当所有漂亮的年轻人都被十字军驱赶到巴勒斯坦时，教会认为要使那些留下的欧洲保守市民相信长发是一种罪孽并不是什么难事。在里恩总督理查德离开的期间，他的英国臣民剪掉了长发，刮了胡子。这时，著名的社会活动家，被人们称作长胡子的威廉·福兹伯特（William Ford Bert）再一次以萨克逊子孙的名义在人们中倡导留长发。他告诉人们，留长发的根本目的在于与诺曼底人区别开来，他用自己举例，说因为他自己的胡子长及腰间，所以送给了他长胡子的雅号，这个名声也会传到后代。

法国教会不再宣布胡须和长发是违反教义的。在通常情况下，他们愿意任其自然生长，人们可以在下颚和上颚上蓄胡须，但是时尚变化的脚步总是让人难以跟随。在理查德一世之后的一个多世纪里，人们又开始把留长胡子当作时尚。当苏格兰国王罗伯特·布鲁斯的儿子大卫迎娶英王爱德华的妹妹琼时，人们想起了1327年斯考特访问伦敦时讲过的那段非常有名的话，它后来被刻在了圣彼得·斯坦各特大教堂的大门上：

> 无情的大胡子
>
> 笨拙的彩帽子
>
> 粗鲁的灰大衣
>
> 让英国更奢靡。

在西班牙，登上王位的查尔斯五世没有留长胡子。人们明白他们不能期待那些在国王身边卑躬屈膝的寄生虫能比他们的主人表现得更有男子汉气概。除了一些暮年的老人准备带着胡子离开人世之外，其他人都受到时尚的约束，很快，各地的男人们都剪掉了自己的胡子。那些谨慎的人们不得不用一种痛苦而惊慌的神情看待这场革命，他们认为男人们所拥有的所有美德也会随胡须而逝。当时人们说得最多的一句话就是："因为没有了长胡子，我们的灵魂也随之而去。"

在法国，亨利四世去世之后，胡子不再受人喜爱，他们为这个做法找到的唯一的理由是亨利的继承人年龄太小而无法蓄胡须。有一些社会名流，其中包括伟大的贝阿耐斯的一些密友和他的一些大臣认为应当保留这个风俗，但这种做法却被新一辈人当作笑谈。

没有人会忘记英格兰曾经有两大派系：圆颅党和保皇党。那时，清教徒指出所有的罪恶之源都藏匿在拥护君主制的那帮人的长头发里，后者就怒斥他们的对手是一群无才无德的狂徒，就像他们没有长头发一样。而清教徒们则主张，无论是从政治上还是从宗教的角度讲，男人的头发可以当作信仰的标尺，头发的长短就代表着人的虔诚程度。

彼得大帝的专制法令

在所有的关于男人头发和胡子受到政府干涉的事例中，最引人注目的就是1705年彼得大帝的那一次了。他不但敢于干涉，而且做得非常漂亮。

当时，长胡子在欧洲各国都不被看好，在这种比教皇和国王的声音更有效的潮流中，长胡子不被文明社会所容。但这却使俄国人加倍珍惜和保留传统装束，因为这是他们与那些令他们深恶痛绝的外国人区别的标志。虽然民众是这样的想法，但彼得大帝却想刮掉他的胡子。最后，他真的成功地解决了这个问题。

如果他十分熟悉历史，那么他处在这种试图歧视国人和以强制的手段来攻击这个历史悠久的传统之中时，就会感到非常踌躇。但彼得大帝不是这样的人，他不了解也不想了解他的做法会带来什么样的危机。在他强大的意愿的支配下，他很快下达了命令，这个命令不仅要求军队，而且还要求社会上各个阶层的人们，包括市民、贵族、农奴，都要刮胡子。彼得大帝设定了一个期限，人们可以利用这段时间去克服因为刮掉胡须而产生的心理剧痛。在过了这个期限之后，如果还有男人留有胡子，那么他就不得不缴纳100卢布的税。被归入社会地位最低阶层的牧师和农奴，可以不交胡须税，但他们每次进出城门都要付1戈比①。尽管人们对此非常不满，但受斯特勒利兹那可怕的命运影响，数以千计的想留胡子的人没有一个说个不字。

在一位著名作家的《大英百科全书》中有这样的记录：人们觉得刮胡子是明智的，因为不刮胡子总要去冒犯一个人，而冒犯这个人的结果就是被他毫不犹豫地砍掉脑袋。彼得大帝还有一个聪明之处，他不像教皇和主教们那样用那些所谓的遭天罚的诅咒威胁人们，他让那些不服从的人付出更大的代价——征收重税。许多年以后，这个税种仍然是朝廷的一项重要收入。纳税人纳税之后会得到一个小铜币，上面铸有"胡须"字样，这是收税者给纳税人的收据。铜币的一面刻有鼻子、嘴和胡须的图案，图案上方有"收讫"字样，周围是花纹和象征俄国的黑鹰；另一面刻有年、月、日。这是每个留胡子的人在出入城门时的凭据。此外，对于那些难以驾驭的和抗税的人，彼得大帝则把他们统统关进了监狱。

从那时起，现代欧洲各国的统治者对于时尚之类的问题的处理方式发生了变化，他们不再以强迫而是以劝导的方式加以解决，教会也不再纠缠于大胡子和长头发的问题了。任凭男人们自己处置，喜欢什么样子就留成什么样子吧，用不着为此而遭遇逐出教会或者剥夺政治权利的处罚。在这样的情况下，人们又开始放纵起来，男人们大都蓄起了上唇的小胡子。

政府对此没有熟视无睹，更没有放任自流。这一次，政府的手段比宗教更加极端，而且这种干预至今仍然影响巨大。在1830年的大革命之前，法国人和比利时人都觉得他们上唇的小胡子没什么了不起。但那次事件发生之后，巴黎和布鲁塞尔小店主的嘴巴上，突然间都长出了一圈小胡子，也没人知道真假。1830年10月，荷兰人取得了鲁温城的暂时胜利之后，比利时人立即就刮掉了他们的胡子。荷兰军队中的智囊宣称，比利时人已经刮下的胡子多到可以为医院里的病残人员填充床垫，这已成了嘲笑所谓爱国者的典型笑话。

最后一次荒唐事离现在很近。在1838年8月，巴伐利亚国王在德国的报纸上登出了一份诏书，禁止平民以任何借口蓄须。诏书命令警察和官员去逮捕蓄须

---

① 俄国的货币单位，1卢布等于100戈比。——译者注

者，并强迫其刮脸。报道此事的《权利》杂志报道，"奇怪的是，国王的诏令得到了全体国民的遵循，胡子如秋风扫落叶般消失了，警察一个人都没抓到"。

巴伐利亚国王非常擅长在短时间内写出打油诗。在他当政期间，他对诗的格律进行过许多合理的改革，但对胡须一事的处理却既无诗意也不合理。暗地里人们都祈祷这位皇帝千万不要想起剃头的事，否则他们也要跟着遭罪。如果事实真的这样了，那他也就堕落得更加严重了。

古斯塔夫·勒庞点评

[1] 群体对强权俯首听命，几乎不会为仁慈心肠所动，他们觉得那是软弱可欺的另一种表现。他们的同情心从来也不听从于作风温和的主子，而是只低头于严厉欺压他们的暴君，他们总是为这种人塑造最壮观的雕像。

[2] 群体爆发反叛和破坏行为的时间总是十分短暂，因为他们在很大程度上受无意识因素的支配，会轻易服从于世俗的等级制，所以难免十分保守，只要对它们不闻不问，它们很快就会厌倦这种混乱，依本能变成奴才。

[3] 我始终认为群体非常保守，而且指出，最狂暴的反叛最终也只能造成事物一些表面上的变化。18世纪末，教堂被毁，僧侣们或是被拉上断头台，或是被驱逐出国，人们都以为，旧日的宗教观念可能已经丧失了所有的威力。但是过不了多长时间，为了顺应普遍的要求，遭禁的公开礼拜制度又被重新建立起来了。

第八章

四处蔓延的决斗之风

Extraordinary Popular Delusions

and the Madness of Crowds

古时有一位善思的哲人

他曾发誓说，他能够证实，

这个世界已然满是好斗的狂人

——《哈迪布拉斯》

有许多作家在论及决斗的根源时，都把它归结为纪元之初就存在于整个欧洲的野蛮国家中的好斗风气。因为那时在这些国家中除了刀剑，人们找不到任何有效的争端解决办法。事实上，从最基本的和最能被人接受的意义上来说，决斗就是打架，是所有动物，也包括人在内，出于获取或保卫财产、报复别人的辱骂的目的而采取的最终行动。两只狗为了一块肉骨头会互相厮打；两只公鸡为了得到一只美丽的母鸡会在粪堆上扑腾得羽毛乱飞；两个傻子因为自己的尊严受到了对方的侵犯会在公园里向对方射击。这些鸡、狗和傻子们实质上都是决斗者。伴随着文明的发展，那些身处文明社会的人渐渐觉得这种解决分歧的办法令人蒙羞，于是，他们就颁布了几项法律，规定凡是受到伤害的人都可以获得赔偿。但有时被告拿不出任何有效的证据来反驳原告的指控，而且这样的事情还很多。

在欧洲社会的早期，决斗的事情更多。在这时，他们选择决斗，并且决斗后谁也不能控告谁。据说，正义的人会得到上帝的帮助因而手臂充满力量，并最终取得绝对的胜利。正如孟德斯鸠所说，对于一个刚刚结束愚昧状态的民族而言，这种信仰是合乎自然法则的。在人们都十分好战的氛围下，那些不是十分勇敢的男子——勇敢当时被人们当作是最大的优点——很自然地就被认为是胆怯且虚伪的，因为胆怯和虚伪总是连在一起的。于是，凡是在决斗中英勇作战的人，公众便觉得他们是一身清白的，对他们的任何指控都是无中生有。这时，如果社会中的"劳心者"——不是"劳力者"——不能采取措施来"治人"，来征服他们无法无天的同类的冲动，那么社会就只能回到最原始的状态去，这也是必然的结局。出于上述想法，政府着手圈定了一个极小的范围，只有在这个范围内，人们才可以用格斗的方式来对一项有罪的指控进行证明或否定。

按照在公元501年通过的勃艮第王贡德巴都的法律，在所有的合法手段中，决斗都可以取代起誓来为判案提供证据。到了查理曼（Charlemagne）统治时期①，整个法兰克帝国都按照勃艮第王的做法行事。这样，不仅是原告、被告，就连证人、法官，也被牵扯进了决斗的圈子，他们被迫用刀剑来证明他们控诉的真实性、证据的确切性和判决的公正性。查理曼的继承者——虔诚者路易②为了避免格斗助长目前业已存在的恶习，颁布一项法令：只有在与谋杀、抢劫、纵火一类的重罪有关，或者发生民事案件或当一个人的骑士资格受到攻击时，人们才能使用决斗的方式。但是妇女、病人、残疾人以及15岁以下、60岁以上的人任何情况下都不能作为决斗对象。法律还允许牧师和传教士请人代替决斗。随着时间的推移，这种做法被推广到了所有必须通过决斗来解决的民事以及刑事案件的审判中。

　　教士们一直反对这种把正义判给最强壮有力的人的法律体系，因为他们想要控制人们的精神世界。刚开始时，他们就不赞成用决斗来解决，而且还试图在当时的偏见所允许的范围内控制那种和宗教原则相背离的好战情绪。教士们先后在瓦伦提亚会议、特伦特会议上公开宣布过开除决斗者的教籍，助手和观看决斗的人也受到了牵连。在教士们看来，决斗之风罪大恶极，是魔鬼想要通过决斗来摧残人类的精神以及肉体。因此，决斗发生之地的王公大臣如果对决斗不加以制止，也应暂时取消其在当地的司法权以及控制权。然而，后来我们却发现，正是该条款成了它原本反对决斗的依据。

　　但当时的人们却持有一种错误的观点，在他们看来，无论在什么时候，只要他们的一声祈祷，万能的上帝就会奇迹般地出现，就会来帮助无辜受害的人。因此，虽然教士们强烈谴责决斗，却不反对决斗者这一条错误的信仰。他们依然鼓励大众相信这些准则：国家之间，包括个人之间有了纷争时，神灵会作出公正的判决。教士们竭尽全力支持的神裁法在审判时依据的也是这样的原则。决斗时，谁是谁非完全取决于人们的手臂，而在神裁法中所有的人都是平等的。因此，人们原本是该用和平的方式来解决所有分歧的。正如他们所愿，这种做法被推广开后，他们成了本国最有威望的人。但是，因为当时的法律仍然允许在所有的疑案中用个人的力量来做出最后裁判，因此王公贵族比教士更有权力和影响力。

① 　查理曼大帝（742—814年），是法拉克王国加洛林王朝国王，神圣罗马帝国的奠基人。——译者注
② 　因为路易曾滥用皇室土地分赠教会，并有偏袒教会的行为，因而被人称做"虔诚者"。——译者注

为了权力而设立5种裁判模式

我们应该知道，教士们用开除教籍的严厉措施来惩罚决斗者，不只是因为痛恨流血事件，还是为了保留只有他们才有资格进行审理案件的处罚权。由于他们是当时知识阶层的代表，他们的教义蕴涵着知识以及文明的萌芽，就如同当时的贵族是世俗权力的代表一样。为了牢牢将裁判权抓在自己手中，为了让自己成为所有民事以及刑事案件的最终裁判，他们创立了在福音传教士面前发誓、水淹判决法（地位卑微的人适用）、面包和奶酪判决法（适用于教士阶层内部成员）、十字架判决法和火烧判决法（身份较高的人适用这两种办法）5种裁判模式，并掌控着所有模式的监控权。

在福音传教士面前发誓的判决法具体是这么操作的：让接受这一判决法的被告面对一本新约圣经，站在殉道者的遗物或者是坟前发誓说自己是清白的，并未犯被指控的罪行；当然不是他一个人发誓就能证明自己的清白，他还必须找到12名被公认为正直的人和他一起发誓，才能证明自己是无辜的。这一判决法在判决中弊端很大，尤其是在继承权纠纷的审理中。因为那些做伪证的人也不时会打赢官司。人们之所以会选择用决斗的方式决定是非，某种程度上也是这种审判法的弊端导致的。当时的封建男爵以及早期的首领宁愿选择一场公平的打斗来决定是非，也不愿意选择这种常常会让做伪证的人如愿以偿的裁判模式。

查理曼大帝要求儿子们在他死后用来解决内部纠纷的最佳方法是十字架判决法。这种判决法是这样进行的：先做出对自己有利的判决，也就是发誓说自己无罪，然后再向十字架请求宽恕。而后被告就被领进教堂，站在牧师事先布置好的祭坛（牧师事先准备好两根极其相似的木棍，其中一根上雕有一个十字架图案。然后，牧师用一些上好的羊毛织物，极其庄重，小心翼翼地把两根木棍包好，放在祭坛或殉道者的遗物之上）前面，由牧师庄重地向上帝祈祷，请求上帝用他神圣的十字架恩赐他的判决，判决被告是否有罪。祈祷之后，牧师走近祭坛，拿起一根木棍，然后由助手小心翼翼地解开羊毛织物。如果木棍上刻了十字架，就说明被控的人是清白的。反之，这个人就是有罪的。我们不能荒唐地认为这种判决完全是碰运气。如果说这种判决法做出的判决都是错误的，那是不公平的。不可否认，牧师们任何时候都十分谨慎，给出过很多清楚的、可信的判决。我们坚信，牧师们在审理这些案件之前，对案件一定进行过很多调查和分析，他们已经清楚被告是否清白，然后根据他们的判断相应地选择有十字架的木棍或无十字架的木棍。虽然对围观者而言，这两根被包裹起来的木棍表面上看起来是相似的，但对打开包布的人来说，却不费吹灰之力就可以进行区分。

在火烧判决中，最终裁决权也毫无悬念地落在了牧师手中。当时的人们普遍认为，火是不会烧无辜的人的。所以在火烧判决前，牧师会让那些无辜的人（或者说是牧师眼中的无辜者）小心，不要碰到火。有一种火裁法是这么来操作的：牧师们将很多烧得火红的犁头在地上排成一排，每两个犁头之间留出一定距离，然后蒙上被告眼睛，脱掉他的鞋，让他从这头走向那头。如果他走过的时候都能有规律地踩在空地上，没有碰到火热的犁头，就说明他是清白的。反之，他就是有罪的。教士们常常事先就可以预见到判决的结果，因为只有他们有权安排这样的裁决。如果他们想判一个人有罪，把犁头稍微排列得不规则一点就可以办到了（被告肯定会踩上其中一个）。英王爱塞烈德二世①的妻子，也就是信教徒爱德华的母亲爱玛，在被指控和温彻斯特主教奥温过于亲密后，她就是用这一裁决法为自己洗清了罪名的（由于牧师们必须捍卫神裁法的名声，而且也想确保皇后的名誉，因此，他们想方设法地避免皇后踏上任何一个灼热的犁头）。这种判决法还有其他的操作手法，如让被告手拿一根烧红的约有2、3磅重的铁条。如果我们看见不只是手掌粗糙的男子，就连那些细皮嫩肉的女子都能安全地手持灼热的铁条时，那我们就可以断定，这些人一定事先在手上涂抹了防护品，或者就是那根看似火热的铁条是冰凉的，只是在外面涂上了一层红漆，让看的人觉得是烧热的罢了。还有一种判决法是将被告赤裸的胳膊浸入锅中沸腾的热水，然后由牧师们用几层亚麻和法兰绒布把被告的手臂包起来，并由牧师们悉心照料。3天内被告不得走出教堂。如果3天后被告的手臂完全恢复，不留一点疤痕，那他就是清白的。

现代印度人的火裁法与此十分相似，福布斯在他的《东方纪事》第一卷第十一章是这样描写的："如果选择用火裁法来判决一个有重罪的被告时，几天内他会处在严密的监护之下，他的右手和右臂会被用漆布紧紧缠裹，最后封上。为

---

① 爱塞烈德二世，978—1016年在位，世称"不敏捷者爱塞烈德"。——译者注

了避免作弊，通常有几名正直的官员在场。在英国控制的地区，被告手臂上裹的布通常由东印度公司的人最后封上，然后由欧洲守卫看管。待到火裁之日，会有人用火将一大锅油加热直到沸腾，然后往锅里扔一枚硬币。这时，才解开被告的胳膊，在原告和法官的监视下洗干净。仪式进行到这一环节时，出席仪式的世族会向上帝祷告。世族们祷告后，被告就将自己的手浸入锅中捞起硬币。然后再次封好被告的右臂，直到指定检查的那天。开封检验时，如果无疤痕，被告被宣布无罪；反之他就会受到与罪行相应的惩罚。"……进行这种判决时，被告往往还要在手臂浸入滚油前进行这样的祈祷："啊，火，你无所不在；你是纯洁的象征！你这个能证明人的美德以及罪恶的火呀，通过我的手臂上告诉我事情的真相吧。"如果其中无诈，这种裁决法所得出的结论只有一个——所有被告都有罪。而实际上经过这种裁决的人有的是被判无罪的。因此，那些世族一定在火裁过程中做了手脚，和中世纪的基督教牧师一样，试图通过他们的方法来保护他们想保护的人。

　　水淹裁决法这种适用于贫穷和卑贱的人的裁决法在操作中比较简单。因为它的结果已经被认为是无关紧要的。操作时就是直接将被告扔进池塘或者河里。如果沉下去淹死了，幸存的朋友就会为他的清白感到欣慰；如果漂在水上，就说明他有罪。也就是说，无论是哪种情况，他都不再属于这个社会。

　　值得一提的是，在所有的判决法中，教士们为自己设计的面包与奶酪判决法，是一种能够确保他们中任何人都不会被认为有罪的方法。即便是罪孽深重的魔鬼，如果用这种方法来审判，他也会是清白无辜、安分守己的。具体操作方法是，先让人在祭坛上放一块面包和一块奶酪，然后由被告身着法衣念符咒，身边围满罗马教廷煊赫礼服的助手。他先念符咒，再进行几分钟热情洋溢的祈祷。被告唯一的负担就是，如果他犯有被控的罪孽，上帝会派他的天使加百列（七大天使之一，上帝传达好消息给世人的使者）堵塞他的喉咙，他就会咽不下那块面包和奶酪。不过，有史以来还从没有牧师在这时喉咙被哽住。

　　教皇格列高历七世在位时，人们开始讨论这样一个问题——到底应不应该将格列高历赞美诗引入古代西班牙北部的开司提尔王国，用来取代塞维尔的圣伊西多创作的缪塞拉比克圣歌，这样的讨论引起了很多麻烦。由于开司提尔教会不愿接受新圣歌，因此双方建议各选一名代表参加决斗，以确定到底要不要采用新的圣歌。教士们更愿意用火烧裁决法来确定结果，而拒绝用决斗的方法来解决这件事。教士们于是燃起一大堆火，并将一本格列高历赞美诗和一本缪塞拉比克圣歌同时扔进大火里，由火焰来确定上帝到底更倾向于哪首圣歌。上帝倾向的一本书会完好无损。据说，巴龙纽斯红衣主教当时亲眼目睹了这件事。他说，格列高历圣歌刚被投入火里就完好无损地自己跳了出来，书跳出时还发出了十分大的响声，在场的人都看见了。因此，在场的人都认定，上帝支持的是格列高历教皇。于是大火被扑灭了。让人难以置信的是，另一本躺在火堆里的书虽然沾满了灰烬，却也完好无损，甚至一点也不热。最终大家认为，两本书都是上帝喜欢的，全塞维尔王国的所有教堂应该轮流使用它们。如果神裁法仅仅被用来解决这样的争议，世俗之人一般都不会反对，但如果人与人之间的所有纷争的最后裁定都要由它来解决的话，那些勇敢的人就会对此产生抵触情绪。

神裁法被决斗所取代

　　其实，在很久以前，贵族们就对牧师们产生了不满。因为这些裁判模式推出后，他们很快便意识到，牧师们的根本目的是要确保教会能够掌握所有的民事和刑事案件的裁决权。贵族们更愿意通过决斗的方式来解决问题，不仅仅是因为决斗本身方便简单，更重要的是通过决斗得出的结论更能让他们的对手心服口服，因为胜利是他们的勇敢和高超本领争来的。但在神裁中，双方都无能为力。还有一个原因是，骑士精神开始生根发芽。因此，尽管教士们在激烈反对，决斗却蔚然成风，而且还成了王公贵族们仅有的被当作很高雅的追求。

　　与此同时，人们也开始将尊严和荣誉看得十分高尚，不容侵犯。任何损害别人尊严的行为都可能引发竞技场上的决斗。双方在决斗的时候，周围会有很多热情的观众，场外观众的互动远比冰冷而正式的神裁法更能让交手双方感到满足。

　　后来，火烧判决法和十字架判决法被路易一世之子罗退尔在自己的管辖区域内废除了。但神裁法在英格兰却一直沿用到亨利三世时期。亨利三世在位初期，议会通过了一项禁止使用神裁法的法令。与此同时，十字军东征又将骑士精神推到了完美顶峰。骑士精神很快就摧毁了神裁法系统，而且还使得决斗成为司法判决的牢固基础。作为骑士精神的后裔，决斗一直延续到了今天，全然不顾智者和哲学家试图根除它所做的努力。可以说，在那个野蛮时代流传下来的种种遗毒中，决斗是最为顽固、最难消除的现象之一。

如果想要了解决斗规则，可以看看孟德斯鸠的著作。在他的著作中，我们看到关于决斗程序的详细介绍，还可以看到被安排得有条不紊、引人入胜的决斗介绍。就好像是很多聪明的事情被愚蠢的人搞得一塌糊涂一样，决斗这种愚蠢的事被安排得井井有条。让人们不得不感叹，如此荒谬而又亵渎神灵的决斗裁决法竟然有如此明智、如此富有宗教精神的规则！

决斗一度沉寂

一种更加富有理性的司法体系出现在十字军东征结束后，以火药和印刷术发明为标志的新时代开始之前。城市中忙于贸易和做工的居民由于没有时间和精力自己去解决争端，因此他们更加愿意由法官来做出裁定。他们没有王公贵族那么充裕的时间，他们的生活习惯和行为方式不允许他们为了一点小事就去决斗。在他们看来，像有关粮食、布以及母牛的价格等争执在市长或是地区长官那里，都能得到更让人满意的裁决。即便是那些好战的骑士和贵族也意识到了"如果过于频繁地采用决斗，将使它丧失权威"。政府部门的观点也一样，因此也在严格限制这种极端行为，只有在少数几种情况下才可以适用。

在路易九世执政以前的法国，就只有在冒犯君主罪、强奸罪、纵火罪、暗杀罪以及夜盗罪的裁决中才能采取决斗的方式来裁决。但在路易九世时，在民事案件中使用决斗也是合法的，因为他取消了所有的限制。不过此举让情况变得十分糟糕，菲力普认为应该限制决斗的施行范围。于是他在1303年下令，只有在叛国罪、强奸罪和纵火罪这样的刑事案件以及继承权纠纷的民事案件中才可以通过决斗来解决。不过，为了捍卫自己的尊严和报复别人对自己尊严的侵犯，骑士们也被允许在任何纠纷中使用决斗。

维护正义的决斗

我们发现在历史上有关最早决斗的记载中，唯一的一桩决斗发生在公元878年（路易二世统治期间）。事情的经过是这样的，一天早上，加斯蒂努瓦伯爵安吉尔吉鲁被醒来的伯爵夫人发现死在了自己的身边。伯爵的亲戚贡特朗指控伯爵夫人因为对伯爵不忠而谋杀了伯爵。贡特朗向伯爵夫人发出战书，让她找一个人代替她和自己决斗，他会亲手刺死这个人来证明她有罪。伯爵夫人的亲朋好友都相信她是清白的，但由于贡特朗是一个强壮且自负的有名武士，便没人敢和他交战。就在可怜的伯爵夫人感到绝望时，一个愿意替她决斗的人突然出现在她面前。这个人正是当年伯爵夫人怀抱他为其洗礼的安戎伯爵（也叫安吉尔吉鲁），他仅有16岁，深爱自己的教母，因此表示愿意替她与任何人决斗。由于决斗者需要具备非凡的力量、高超的技艺以及大无畏的气概，因此国王努力劝说这位侠义的孩子放弃这个决定。但他却坚持要这么做。法庭上所有的人都为让这样一个勇敢又俊秀的孩子送死而感到很伤心，认为这是一件十分残忍的事情。

决斗场准备好后，伯爵夫人确认了自己的代表后，决斗双方便走进了场地，开始决斗。贡特朗快马加鞭向对手奔去，用力将长矛刺向对方。没想到对方却用盾牌挡住了他的长矛。由于用劲过猛，他失去了平衡，从马上摔了下来。年轻的安戎伯爵趁机用矛刺穿了贡特朗的胸膛，还用刀割下他的人头。布朗多姆描述说，他把人头献给了国王，国王高兴得好像是有人赠送了他一座城池似的，国王非常庄重地收下了这份礼物。之后，人们为伯爵夫人的清白得以证实而欢呼。伯爵夫人则当众将教子安戎伯爵搂在怀中，亲吻他，伯爵夫人的泪水浸湿了他的肩头。

1162年，英王亨利二世登基之前，蒙特佛特的罗伯特指控艾赛克斯伯爵在5年前，在柯尔斯山与威尔士人发生冲突的时候，让英格兰皇室颜面扫地。罗伯特为了证明自己的清白，提出要与艾赛克斯伯爵决斗，艾赛克斯伯爵接受了挑战。决斗场被选在雷登附近的一个地方，很多人围在周围观战。刚开始的时候，伯爵表现得十分神勇，但后来却失去了自控能力，变得急躁起来，于是让对方占了上风，后来伯爵滚落马下，身负重伤。决斗也以伯爵的失败收场，罗伯特成了胜利者。在亲属们的恳求下，雷登修道院的僧侣将伯爵移走埋葬。在场的人都认为伯爵肯定已经死了，没想到艾赛克斯伯爵只是昏了过去，并没有死。在僧侣们的精心照料下，几周后他就完全恢复了身体健康，但他心理的创伤却难以修复。尽管他是个忠诚而勇敢的人，但由于他在决斗中被打败了，整个国家便都认为他是叛徒，是懦夫。他难以承受大家对他的这种偏见，于是就去做了一名修道士，在修道院里度过了他的余生。

作家都·沙斯特雷也介绍了发生在西班牙的一次决斗。塞维尔城一名信奉基督教的绅士说，耶稣基督的宗教是神圣的，而穆罕默德的宗教则是令人厌恶的，摩尔人如果不同意他的看法，可以通过和他决斗来判断谁是谁非，并直接向一名摩尔人武士提出挑战。西班牙的主教们不愿意因为这次决斗的结果而使基督教蒙受任何羞辱（因为说不定那个摩尔人武士会胜利），就用开除教籍来威胁那位基督徒，迫使他撤回了挑战书。

这位作家还记述了奥托一世统治时期，法学学者之间的一次学术交锋。问题的焦点是，丧父的孙辈能否与他的叔父们平等地分享祖父遗产。当时没有一个律师能解决它，于是这个问题被争论了很久也没有结论。最终，争论的双方达成一个协议——用决斗来一锤定音。论战双方各派一名代表参加决斗。在商量好时间和地点后，两名斗士开始了决斗。最终，"支持孙辈有权和叔父们共享祖父遗产的一方"的斗士将对手挑下马来，一矛刺死。直到这时，学者们才决定支持孙辈的这一继承权。

决斗之风风行欧洲

在欧洲很多国家，决斗数不胜数，尤其是在14世纪和15世纪。让人不解的是，很多决斗仅仅是因为某个莫名其妙、毫无意义的理由，这在勇敢的法国城堡主都·盖斯克兰的回忆录中可以得到佐证。他的回忆录中有"一个微不足道的原因就引发了一场殊死搏斗"的例子。都·盖斯克兰曾与一位英格兰的上尉威廉·布兰布尔发生过一次小冲突，都·盖斯克兰占了一点上风。这让威廉·布兰布尔的好朋友威廉·特鲁塞尔十分生气。特鲁塞尔思来想去，认为只有一场你死我活的殊死搏斗才能平息自己心中的怨恨。于是，特鲁塞尔请求兰开斯特公爵允许他与盖斯克兰决斗。由于这个决斗的理由不正当，兰开斯特公爵拒绝了他的请求。但特鲁塞尔却非常渴望与盖斯克兰交手，因此想方设法去寻找合适的理由。不久之后，他就如愿以偿地找到了机会——他的一位亲戚被盖斯克兰抓去做俘虏，如果不交赎金，盖斯克兰就不会放他的亲戚。特鲁塞尔心中大喜，决定借此挑起事端。他派一名信使前去与盖斯克兰交涉，要求盖斯克兰释放这个囚徒，还说要很久以后才给赎金。盖斯克兰明显地感觉到了特鲁塞尔强烈的挑衅意味，就直接回话说，如果不立即全部缴清赎金，他是绝对不会释放俘虏的。特鲁塞尔得到回话后就立即提出，盖斯克兰拒绝他的条件就是损害了他作为骑士的尊严，他一定要与这位城堡主进行一次你死我活的决斗来捍卫自己的尊严。特鲁塞尔还设定了决斗的规则——在决斗中双方要用长矛、利剑和匕首各战三个回合。虽然此时的盖斯克兰已经身患疾病，卧病不起，但他还是接受了特鲁塞尔的挑战，并通知一位名叫安德尔盖姆的王室司法官将军为他们安排了决斗的日期以及地点。这位将军提出"被打败的一方应拿出100金币宴请在场作证的所有贵族和绅士"作条件的同时，为决斗做了所有的准备工作。

兰开斯特公爵得知这一消息后非常恼火，他对特鲁塞尔说，如果他坚持要与身体虚弱、卧病在床的勇士盖斯克兰决斗，那就是对自己作为骑士的尊严，甚至是对整个国家的尊严的侮辱。特鲁塞尔听了之后，十分惭愧，于是写信给盖斯克兰说，他愿意推迟决斗的时间，等盖斯克兰完全康复了再决斗。但盖斯克兰却回信说，所有王公贵族都知道了他们即将决斗，因此他不愿意推迟时间，如果自己不能在约定的时间参与决斗，他就将被所有人认为不配做一名骑士，或者不配手持一柄表明尊严的长剑。他还自信地说，自己不仅有力量与特鲁塞尔交手，而且还有信心击败强大的对手。特鲁塞尔将盖斯克兰这些傲慢的说法讲给兰开斯特公爵后，兰开斯特公爵当即批准他进行决斗。

到了约定的日子，两位勇士出现在了四周围满几千人的决斗场。盖斯克兰带来了博马努瓦的马歇尔、莫尼的奥立佛、圣坡恩的贝尔特兰和拉贝利埃尔子爵这几位法兰西贵族中的精英。而特鲁塞尔则只带了两名副手、两名护卫、两名短剑侍卫和两名号手。第一次进攻时，盖斯克兰出师不利，他持盾牌的手臂被特鲁塞尔重重一击，身子不禁向左歪倒在马脖子上。由于身体虚弱，还差点被扔在了地上。他的所有朋友都因此感到痛惜，认为他已经无力回天了。没想到盖斯克兰孤注一掷，聚拢全身力气开始了第二次进攻。他瞄准对方的肩膀奋力一击，对手翻下马来，血流满地。盖斯克兰成功了，他从马上跳下，手持长剑，正准备砍下对手的头颅时，安德尔盖姆司法官将一柄镀金的权杖投在场地中间，宣布决斗就此结束。盖斯克兰在观众的欢呼声中退出决斗场。紧接着，4名英国护卫和4名法国护卫上场进行较低层次的决斗，用长矛胡乱打一通后，法国人占了上风，整场决斗就此结束。

大约在15世纪初，查理六世统治期间，法国议会允许进行了一次非常有名的决斗。这场决斗发生在一位名叫卡洛吉的绅士和一位名叫莱格利的先生之间。原因是卡洛吉到圣地朝圣期间，莱格利强暴了他在家的妻子。卡洛吉从圣地回来后指控莱格利犯有强奸罪，莱格利却矢口否认，说是卡洛吉的妻子自愿和他发生关系。卡洛吉忍无可忍，向莱格利提出了挑战。由于议会认为卡洛吉的妻子无法证明自己是无辜的，因此一场决斗势在必行。布朗多姆介绍说，在指定的那一天，卡洛吉的妻子坐着马车前去观看决斗，却被国王命令下车。因为在国王看来，在她的清白还没有得到证实之前，她就是戴罪之身，没有乘车的资格。国王让她站在一个绞刑架上等待上帝的怜悯和决斗的结果。几个回合过后，莱格利被卡洛吉挑下马来后，承认自己犯了强奸罪和诽谤罪。莱格利立即被押上绞刑架当众绞死。传令官也宣布这位女士是清白的，她的丈夫、国王以及所有的围观者也都认可这个结果。

反对决斗却死于决斗的亨利二世

与上述类似的决斗案件可以说是层数不穷、数不胜数，直到一件触目惊心的决斗案件发生后，亨利二世才郑重地宣布，无论是为了民事或刑事的案件，还是涉及绅士的尊严，都绝不允许类似的决斗再出现。

这场决斗发生在1547年，拉沙太杰拉领主维沃尼的弗朗苏瓦（Francois）和雅尔那克领主沙勃特的盖伊（Gay）从小时候开始起就是好朋友，在弗朗西斯一世的朝臣中都因为表现勇敢、仆从如云而非常有名。弗朗苏瓦知道他朋友并不富裕，有一天他就问盖伊："到底是从哪里弄来了这么多钱？"盖伊回答弗朗苏瓦，说是父亲刚娶了一位年轻漂亮的女人做妻子，比较而言，继母对儿子的爱远远胜过爱丈夫，他想要多少钱继母就会给多少钱。弗朗苏瓦把这个见不得光的秘密透露给了皇太子，皇太子又透露给了国王，国王又传给了朝臣，最终朝臣们又将这个秘密告诉了他们的朋友们。很快，这个消息被传到了盖伊父亲的耳朵里，他立即将儿子叫来，质问他这到底是怎么回事，问他是不是不仅无耻地和继母私通，而且还不知廉耻地向别人炫耀。盖伊气愤地否认自己做过这种事，说过这样的话。为了证明自己的清白，盖伊请求父亲和他到法庭去与指控他的人见面，他要当面拆穿那个说谎的人。他们两个便一同前往。当盖伊走进法庭时，皇太子、弗朗苏瓦和部分大臣在场。盖伊气愤地嚷道，谁说他和继母有不正当关系，谁就是懦夫，是骗子！于是大家都看着皇太子和弗朗苏瓦。无奈，弗朗苏瓦就站出来辩称，这件事是盖伊曾亲口对他讲的，他会让盖伊再次承认。对于这种事情，是很难证实或者否定的。于是，皇家议会决定用决斗来判断真假。但国王弗朗西斯却坚决反对这样，他禁止双方继续纠缠此事。可是一年后弗朗西斯驾崩了，亨利二世（当年的皇太子）即位后，由于当年自己也卷入了这场官司，因此亨利二世决定让这场决斗进行，日期被定在1547年7月10日，决斗的场地被定在圣日耳曼安莱一座城堡的院子里。双方当时的挑战书在《城堡记事》中有记载：

拉沙太杰拉领主，维沃尼的弗朗苏瓦之挑战书

诸位圣贤：近日听说雅尔那克的盖伊·沙勃特于贡皮涅地放话说，有人居然诽谤他和继母之间有乱伦关系，这样的人真的太可恶了，应该遭到天谴。如果不介意，我将在大家的面前作如下声明：是他在说谎，而且在抵赖自己说过的事时也是在说谎。我再次重申，他确实多次说过并向我吹嘘说自己曾和继母同床共枕。

维沃尼的弗朗苏瓦

德·雅尔那克的应战书如下：

诸位圣贤：请大家允许我在这里声明，维沃尼的弗朗苏瓦曾经编造过不属实的言辞来毁坏我的名声，这件事我也曾在贡皮涅地向大家郑重说明过。诸位圣贤，我在这里极其谦恭地请求能被允许和弗朗苏瓦公平地决一胜负，死而无憾。

盖伊·沙勃特

准备工作开始轰轰烈烈地进行着，国王也说自己会亲临决斗场观战。弗朗苏瓦自认胜券在握，就事先在决斗场边搭了一个豪华帐篷，准备在决斗之后邀请国王和150位朝廷重臣一起吃晚饭。盖伊这边，虽然下定决心要决一死战，但却不怎么自信。决斗当天的中午，两位决斗士上场后，都按规则起誓说自己没有佩戴任何护身符和符咒，也绝不利用别的任何巫术帮助自己和对手决斗。而后，他们剑拔弩张地展开了战斗。弗朗苏瓦精力充沛，身体强壮，自信异常；盖伊虽然敏捷灵活，但还是小心翼翼，并做好了最坏的打算。

决斗进行了一会儿后，盖伊被对手重重一击，伏在马上，处于劣势。于是他只能用盾牌挡住头部，并试图用自己的灵活来弥补力量上的不足。考虑到袭击对方的大腿不会受任何阻碍，他便弯下身子，用矛瞄准对方未做防护的左大腿，猛地刺了两矛，结果他成功了。弗朗苏瓦在所有观众的惊呼声和国王极度懊悔的叹息声中滚

落沙土之中。他抄起匕首，竭尽全力地刺向盖伊，试图作最后一搏，但是他却无力地倒在了助手怀中。决斗就此结束，获胜的盖伊取下头盔，双膝跪地，紧握双拳，对着天大喊："啊，上帝，清楚一切的上帝！"而这个时候的弗朗苏瓦却对决斗结果感到羞愧，他拒绝别人为他包扎伤口，还把医生给他缠的绷带扯下来扔掉。两天后弗朗苏瓦含恨而死。

亨利二世非常惋惜自己失去了一位最要好的朋友，悲痛之余，他庄重地发誓，只要自己在世，就绝不允许有任何形式的决斗（从那以后，任何私下的、狡猾的攻击都被法国人称做"雅尔那克的仅供"）。包括梅塞莱在内的一些作家证明说亨利二世的确发布过这样的禁令，但另外一些作家却提出了异议。这部分作家说，亨利的命令极有可能没有颁布，因为历代朝廷的文告中都没有这样的记载。有一个事例可以进一步证实后一种说法更可信——两年之后，枢密院又批准了一场类似的决斗。不过，该场决斗的双方身份卑微，场面没那么壮观。没有任何证据证明亨利试图去阻止这场决斗，相反地，他还给予了鼓励，还派出王室司法长官拉马尔克到决斗场去监督这场决斗是不是严格按照规则进行的。参加决斗的芬迪尔和达盖尔都是皇室的顾问。有一天，两位顾问在王宫吵了起来，后来还在王宫大厅里打了起来。枢密院了解到这一情况后，决定让两位绅士进行决斗。拉马尔克在经得皇帝同意后，将决斗的地方定在了法国北部的色当城。芬迪尔剑术不精，总是在想方设法地避免与当时因精熟剑术而闻名的达盖尔交手。但枢密院容不下他争辩，要他一定参加决斗，否则就剥夺他的所有荣誉称号。达盖尔在沙尔特尔伯爵旺多姆的弗朗苏瓦的陪同下出现在比武场，而芬迪尔则是在奈维尔斯公爵的陪伴下出场。芬迪尔不仅是个愚蠢的剑客，而且还是一个十足的懦夫。考雷在诗中是这样写他的："死神虎视眈眈地将可怕的剑带入清平世界。"只用一个回合，芬迪尔就从马上摔了下来。他在对手让他招的事情都招供完之后，带着耻辱从决斗场溜走了。

后人把亨利二世的死看成是对他就禁止决斗的事情发伪誓的报应。在女儿的婚礼上，亨利二世召开了一次盛大的比武大会。当时几位最勇敢的骑士被他击败后，他意犹未尽，雄心勃勃地想要再添战果。但却遇上了年轻的蒙哥马利伯爵，蒙哥马利伯爵用矛刺伤了他的眼睛。不久，亨利二世就去世了，终年41岁。

决斗狂时代

之后的弗朗西斯二世、查理九世和亨利三世统治期间[①]，决斗的数量之多让人瞠目结舌。此时的其他欧洲国家，决斗次数也非常多。巴黎议会也努力在自己的职权范围内竭力制止决斗发生。在一份落款日期为1559年6月26日的文书中，巴黎议会宣布，无论是谁，只要他实行、帮助或怂恿决斗，就将被视为"背叛国王、违反法律和破坏和平"而受到处罚。

1509年，亨利三世在圣克劳德被人暗杀，一位名叫里尔·马利奥的年轻绅士是他生前非常喜欢的朋友。这位朋友悲痛欲绝，决心追随国王而去，但自杀在当时却是一件十分不体面的事。由于他非常希望能光荣地为他的主人和国王捐躯，他便发表声明说，亨利三世的死是国家的一大不幸，不同意他这个观点的任何人必须和他决斗。一个性格刚烈，勇猛如虎的年轻人马洛尔斯接受了他的挑战。在决斗那天，马洛尔斯在决斗场上回头问他的助手，对手是不是只带了头盔，有没有穿铠甲。"这就好多了，如果我不能将长矛插进他的头颅将其杀掉，我就是世界上最笨的人！"当他听说对手只戴着头盔时，他异常兴奋地说。

讲述这个故事的布朗多姆说，不出所料，刚刚一开战，可怜的里尔·马利奥还没来得及发出一声呻吟就命丧黄泉了。获胜的一方原本可以随意处置对手的尸体，可以割下对手的头，扔出决斗场或者是扔向一头驴子，但是马洛尔斯是一位理性而又有礼的绅士，他让对手的亲属体面地将尸首埋葬。因为这次胜利的光坏，马洛尔斯受到了巴黎的太太和小姐们的青睐。

亨利四世登基后，决定反对决斗，但他从来没有认真地惩罚过违反禁令进行决斗的人。大概是因为他早年受到的教育和社会成见对他造成了太深的影响。在他看来，决斗可以让人们养成好战的习惯，整个国家才能因此而强盛。据说，当时，一位名叫克雷吉的、有武士风度的人请求他允许自己和塞维尔的唐·腓力普决斗时，亨利四世回答说："去吧，假如我不是国王，我会做你决斗时的随从。"既然国王对决斗是持这样的态度，那他反对决斗的命令很少有人注意就不足为怪了。罗梅尼先生在1607年做过一个统计，亨利四世自1589年即位以来，共有4000位法国绅士在

[①]　在法国，由于决斗发生得很频繁，史学家将这个时期称为决斗狂的时代。——译者注

决斗中丧生。也就是说，在他在位的18年里，每月都有18人因为决斗丧命，再算到每周，也有4～5人在剑下丧命！苏利在他的回忆录表示，他一点也不怀疑这个数据的真实性。朝廷、城市及整个国家之所以会置禁令于不顾，主要是因为国王优柔寡断的性格和不理性的好心肠。

苏利这个理性的大臣花了许多时间和精力来思考这个问题。他说，决斗盛行让国王和他本人的内心都非常痛苦。这个国家竟然持这样一种观点———一位绅士不管是亲自上阵，还是作为助手，如果从未参加过决斗，那他就无颜活在这个世界上。他唯一的选择就是故意找别人的茬，和别人争吵，然后用刀剑来洗刷自己从未参加决斗的不光彩历史！苏利多次给国王写信，请求国王重新发布禁令，禁止这种野蛮风气，并严惩违犯的人，规定不管在什么情况下也不宽恕参加决斗者，也不管他是杀死了对手，还是只是伤害了对手。他还建议成立一个处理案子严厉而迅速，使受伤害者能够尽快得到抚慰，冒犯者能够快速受到相应惩处的道德裁判所来处理恶语伤人以及诽谤他人的事情，以免进一步演变成决斗。

这位朋友兼大臣的建议深深地打动了亨利四世。亨利四世立即在芳丹白露宫召集了一次专门会议来讨论这件事。所有的人都到齐后，亨利四世要求他们中对决斗了如指掌的人向他作一个关于"决斗的起源、发展和各种不同形式"的报告。苏利在回忆录中扬扬自得地说，由于皇帝手下的顾问们谁也不了解这方面的东西，因此都默不作声；苏利这位办事周全的大臣，为了顾全他无知的同僚们的面子，他和其他人一样，也是正襟危坐，保持沉默，但是他的表情却是相当自信。当皇帝转向他说："我的大学士，从你的脸上我可以看出你对这个一定十分了解。我请求你，或者说是命令你，把你想到的和知道的全部告诉我们。"在皇帝一再催促后，他才从古到今详细介绍了决斗的历史。在他的回忆录中，并没有记录他当时的发言内容。此次会议的结果是，王室颁布了一项敕令——禁止任何人进行决斗。苏利以最快的速度将这项法令传达了出去，即便是最边远的省份也传达到了。他四处宣称，皇帝将严格按照法律打击那些违反这条法令的人。苏利没有详细介绍这个新法令的具体内容，但蒂亚斯神父介绍说，法国的高级军官们组成了一个道德法庭来审理"贵族以及绅士的尊严受到侵犯"的案件。如果出现违反法令去决斗的事情，决斗者将被处以绞刑和没收财产。助手和护卫的地位、尊严或职位也将被剥夺，而且还会被驱逐出他们所属领主的领地。

让人遗憾的是，国王虽然威胁说要严惩决斗者，但决斗次数却一点也没有减少的迹象，苏利深感惋惜。赫伯特阁下是路易十三当政时的驻英大使，他在信中多次提到过法国在亨利四世统治时的社会状况。他说几乎没有一名上层社会的法国人没有在决斗中杀过同胞。修道院院长米洛特也叙写过这个时期的情况。疯狂的决斗给社会带来了很大破坏，男人们都成了决斗狂。是幻想和虚荣导致了拔刀相见。一个人被迫和他的朋友一块儿同别人争吵，如果不愿参加，则会受到朋友的责难，从而不得不成为冲突的一方。报仇的信念在很多家庭代代相传。

据统计，由于亨利四世的放纵，在20年的时间里，皇帝共赦免过8000个在争斗中杀死对手的人的罪过。还有一些作家也证实了这个说法。胡塞的阿姆洛在他的回忆录中就提及过此事——路易十三当政前期，决斗变得如此风行，连普通人早上碰见朋友时的第一句话也成了"你知道昨天谁决斗了吗？"晚饭后则问，"你知道今天早上谁决斗了吗？"在此期间，最臭名昭著的决斗者是德·布特维尔。人们很害怕和这个恶棍发生冲突，担心不得不与之刀剑相向。他只要听说有人很勇敢，就要找上门去说："别人告诉我你很勇敢，因此我们必须决一胜负！"每天早上都有许多远近闻名的暴徒和决斗狂聚集在他家里吃早餐。他们饮酒，吃面包，然后切磋剑术。他和后来被提升为红衣主教的德·瓦朗塞在那群人中的威望很高。德·瓦朗塞每天都要参加一两次决斗，有时是自己亲自动手，有时是做别人护卫。德·瓦朗塞还挑战过自己的好朋友德·布特维尔，原因是德·布特维尔在刚刚进行的决斗没有邀请他当副手。因此，德·布特维尔向他保证下一次一定请他效力。德·布特维尔当天就出去向鲍尔特斯侯爵挑起了一场争吵。根据达成的协定，德·瓦朗塞就兴致勃勃地作为副手随他的朋友前往决斗。在决斗中，他杀死了鲍尔特斯侯爵的副手德·加弗瓦，而德·加弗瓦从未伤害过他，也从未和他见过面。

黎塞留治理决斗

在其后的几个国王统治时期，决斗之风继续蔓延，而且还愈演愈烈，一直到红衣主教黎塞留（Richelieu）上任首相为止。黎塞留对这种公众道德境况感到十分痛惜，因此也十分重视。他和他的前辈苏利的观点一致，那就是只有用最严厉的刑罚才能制止这种恶性事件继续发生。而黎塞留比苏利更善于同邪恶斗争，他拿地位高的人来开刀，杀一儆百。黎塞留敌人的行为更加深了他同世俗作斗争的信念。据记载，黎塞留还在卢松地方担任主教时，因为和梅地西斯德玛相关的几项陈述得罪了泰米尼斯侯爵。因为根据当时的惯例，人们不能向神职人员挑战，于是这位侯爵向黎塞留的一位兄弟提出了挑战。泰米尼斯侯爵很快就找到了机会。一天，泰米尼斯将黎塞留的兄弟黎塞留侯爵叫来，用侮辱的口气向黎塞留侯爵抱怨卢松主教亵渎神灵，不守信仰。黎塞留侯爵十分讨厌泰米尼斯说话的内容和说话的态度，立刻接受了他的挑战。他们在安古莱姆大街决斗，可怜的黎塞留侯爵被刺穿心脏，当即死去。

自那以后，黎塞留主教就成了决斗的坚决反对者。理智同手足之情一起坚定了他革除恶习的决心。当他的地位在法国得到巩固后，他便积极地履行他之前立下的誓言。他在自己的《政治遗嘱》一书中，将自己的观点写在了题为"阻止决斗之办法"的一个章节里。不过，虽然法令出台了，但仍然有贵族因为一些鸡毛蒜皮的小事或者是一些十分荒谬的理由展开决斗。黎塞留最终决定给他们颜色看。臭名远扬的德·布特维尔在和勃弗隆侯爵展开决斗之后，虽然这场决斗并未给交战的双方造成致命伤害，但后果还是让他们送了命。虽然他们两个身份高贵，但黎塞留决定拿他们开刀，在判他们有罪之后，将他们斩首示众了。这两个嗜血成性、败坏民风的害人精终于在社会上消失。

1632年，两名贵胄在决斗中双双命归黄泉。消息传到裁判所后，裁判所官员立刻赶到现场。这个时候，交战双方的家属还未来得及把尸体搬走。为了维护法令的权威，裁判所官员下令剥光这两具尸体的衣服，并将他们的头朝下吊在绞架上示众了数小时。这种严厉的惩处的确让公众从决斗热中清醒了一段时间，但他们还是很快就忘记了严厉的处罚。关于错误的荣誉观已经在人们心中生根发芽，想要彻底根除并非易事。黎塞留严厉处理的几个案子虽然可以预防他们采取极端做法，但却未能说服他们走上正道。虽然他很聪慧，还很敏锐，但却不清楚发生决斗的最根本的原因。决斗者并不畏惧死，而是受不了羞辱。就像艾迪逊八十年后说的那样，"死亡并不能震慑住以不怕死为荣的人。但如果将所有的决斗者都放在绞架台上示众，那些试图为荣誉而战的人会放弃决斗，决斗人数将大大减少，甚至停止这种荒唐的战斗。"不过，黎塞留却没有想过这些。

无所不在的决斗机会

在苏利所处的那个年代，决斗在德国也很普遍。在当时的德国，人们在弗朗索尼亚的威茨堡、斯瓦比亚的乌斯帕克和哈勒这三个地方决斗是合法的。在法律的鼓励下，这三个地方有很多人每天无数次决斗。如果一个只是受了伤但还有能力战斗的人向对手和解，就会遭到鄙视。那些根本就不愿意决斗的人更是被人看不起。在德国，这样的人不能刮胡子、赤膊，连马也不能骑，更不要说担任公职了。而在决斗中战死的人却能以豪华而隆重的礼节进行安葬。

1652年，当时路易十四刚刚到法定成年的岁数，波弗特公爵和内姆尔斯公爵各带4名随从展开了一次决斗。虽然二者的妻子是亲姊妹，但她们早就对对方有所不满了。波弗特公爵和内姆尔斯公爵的不断争执让自己手下的部队很混乱。双方都在找机会和对方大干一场，好不容易机会终于来了（一方的一名成员不小心走到了另一方的会议桌边）。他们选择用手枪来较量，没想到第一发子弹就让内姆斯公爵毙命。威拉尔斯侯爵作为内姆斯的副手，当即就向波佛特的副手黑利科特提起了挑战。这两个人以前从没见过面，但他们却打得比自己的主子们更卖力。由于双方是选择剑来决胜负，他们的厮杀比第一次更长，也更扣人心弦，6位现场观战作证的绅士直呼过瘾。最终，黑利科特因为心脏中剑倒地身亡。这场决斗的惨烈程度前所未有。

伏尔泰说，类似的决斗频频发生。《轶事辞典》的编者说，决斗的人带的护卫人数并不都一样，有时是10个，有时是12个，也有带20个的时候。当主将不能再战时，他们的护卫就会冲上去相互厮杀。其中一个决斗时叫上另外一个做护卫是两人之间友谊最深的标志。很多绅士们都希望能做他人护卫，他们经常刻意将一个小小的误会演变成一次争吵，以便能进行一场决斗。布西·拉布丹伯爵在他的回忆录中就记录了这么一件事：一天晚上，他从一座戏院出来时，一位名叫布鲁克的绅士礼貌地挡住了他的去路，而他们之前从未谋面。这位绅士将他拉到一边问他，蒂昂杰公爵是不是在背后说布鲁克是酒鬼。布西回答道，由于他很少见到那位公爵，所以的确不知道。但布鲁克却接着说，"哦，但他是你的叔叔呀！他住的地方离这儿一点也不近，我没办法亲自问他，所以不得不问你。"布西回答说，"我清楚你的想法，你是要我替我叔叔说话。没问题，我现在就可以告诉你，我叔叔从没有说过你坏话，如果有人这样说，那他定是说谎！"布鲁克很不高兴地说："这话是我兄弟说的，他还很小，不会说谎！"布西说，"他就是在说谎，回去用马鞭抽他！"布鲁克剑拔弩张地说："我很不愿意听到别人说我兄弟说谎。拔出你的剑来吧，接招！"二人即刻就在大街上拔出剑来，不过围观的人将他们分开了。于是二人约定了一个时间按照决斗规则来决出胜负。没过几天，就有一位布西从没听说过的人找上门来，请求要做布西的护卫。值得一提的是，这位不速之客还说自己和布鲁克之间也彼此不认识，只是听说布西和布鲁克二人要决斗，便决定做其中一人的护卫。他认为布西更为勇敢，所以选择要做布西的护卫了。布西对他说的一切表达了真诚的谢意后告诉他，很抱歉，自己已经有4名护卫了，如果再增加，决斗恐怕是要变成打仗了。

禁止决斗命令出台

　　当公众将这类冲突看作是理所当然的事的时候，社会风气就可想而知了。路易十四很早就注意到了这种可怕的现象，也很早就决定要对这种社会问题进行治理。但他却是直到1679年在"建立'火刑法庭'审理被指是有异端邪说、犯慢性投毒罪和实施巫术的人"时才出台法令禁止决斗。是年，他发布禁令，前任皇帝亨利四世和路易十三的严厉措施被重申。路易十四还保证要实施这些严厉措施，与此同时，他还表达了绝不宽恕任何以身试法者的决心。按照该项著名的法律，法国成立了高级道德法庭，由国内高级军官担任法官。该法庭的法官必须依法给予那些被冒犯的人满意答复以及补偿。如果有绅士斗胆不遵守法庭判决，他不仅会被罚款，而且还将被监禁。如果他试图逃往国外逃避惩处，那他在国内的财产就会被没收，直到他回国认罚。

　　一个人无论遭受怎样的冒犯也不得提出挑战，否则他非但不能从法庭得到任何补偿，而且还会被要求缴纳数额为他年俸一半的罚款，被停职3年，监禁两年。接受挑战的人也将受到同样的处罚。送传挑战书的佣人或相关人士如果知道内容还去传送，也会被判有罪，初犯的处罚是戴枷示众并当众鞭打；如再犯，受到的处罚则是送到船上做3年苦役。亲自参加决斗的人不管有没有打死人，都将被判谋杀罪，受到相应惩处。地位较高的人是被斩首，中等地位的人则要承受绞刑，而且还不能以基督教的礼节进行安葬。

路易十四发布此项禁令时，还要求其手下重臣承诺不以任何借口参加决斗。路易十四的立场很坚定，对决斗者绝不姑息。法令出台后，有很多决斗者被处死。参加这种罪恶行动的人数因此迅速减少，在之后的几年里，决斗现象几乎已经销声匿迹。路易十四下令镌刻一块奖章来纪念这一成果。路易十四一直很重视该项法令的落实，他在遗嘱中还特别嘱托他的继位者一定要坚持落实这项禁令，要求继位者绝不能对违犯的人发一点儿慈悲。

马耳他也有一项正式颁布的对决斗作限制的法令。按照这项法律的规定，人们只能在一条规定的大街上厮杀。如果他们在别处决斗，法庭将以谋杀罪对他们进行惩处。此项法律里还有一项特别的规定，那就是如果有牧师、骑士或者女士要求决斗者停止决斗，他们就必须停止，否则，将加重处罚。不过，无论是骑士还是女士都很少使用这一特权。因为骑士自己也经常卷入决斗之中，女士是因为她们认为如果阻止决斗者战斗将使他们蒙羞，因此都不愿意出来阻止。只有牧师才是和平的缔造者。布里多尼描写道，骑士在决斗中丧生后，决斗地点对面的墙上就会涂上一个十字架。他数了数，在那条被允许决斗的街上，墙上共有大约20个记号。

英格兰决斗潮起潮落

16世纪末、17世纪初，英格兰的私自决斗已经达到了让人反感的程度。后来用决斗做司法判决的情况少了很多，但在历史上还是有一些记载，伊丽莎白时期有一次，查理一世时期也有一次。亨利·司佩尔曼说，发生在伊丽莎白时期的那次决斗很是不可思议，因为在那个时候它竟然是完全合法的（这种情况一直持续到1819年）。一项关于在肯特郡恢复部分采邑权的决定被高等民事裁判所做出，被告提出通过一场决斗来证明自己可以保留控制权的挑战，原告接受了。裁判所由于无权阻止这场决斗，于是同意双方各选一名斗士代表自己参加决斗，一决胜负。伊丽莎白命令双方和解，但由于这场决斗并不违反法律，伊丽莎白最终也只能同意通过这种方式来解决问题。决斗场地选在托蒂希尔的一个地方。到了约定的时间，裁判所的法官和所有与此案相关的律师都到场作证。双方的斗士已然做好了准备，根据法定程序，要当众将原告和被告叫上前去确认自己的代表。被告应声而出，根据程序证实了谁是自己的代表，但原告却没有出现，于是决斗无法进行。原告的缺席被法官们认定为是放弃了自己的要求，法官们便就此宣布这个结果，并禁止他在其他任何裁判所再次提起诉讼。

尽管伊丽莎白对这种解决争端的方式早就不满了，但她的法官和法律顾问们却没有改变这种野蛮行为的意思。私下决斗层出不穷的状况激起了公愤。詹姆斯一世时期，英国决斗之风的猖獗程度完全可以和法国媲美。当时的首席检察官培根试图用自己的好口才推行改革。设于威斯敏斯特官内、以滥刑专断著称于世的星法院收集到的资料显示，有两个名叫普利斯特和赖特的人以主人和护卫的身份参加了一场决斗。培根就这件事发布了一项命令，上议院的贵族们对该项命令赞赏有加。因此，他们派人把内容印刷出来在全国散发。

培根的这项命令被称为"合乎时宜，应该公之于世，值得纪念。"培根在命令中首先阐述了决斗的本质以及危害：它破坏了和平和安宁；它引发了战争；它给个人带来了灾难；它让国家蒙受了损失；它使法律遭到轻视。对于引起决斗的原因，培根认为，最根本的原因无疑是对尊严和荣誉的错误理解。这种错误理解为决斗的发生埋下了种子。这颗种子一旦被傲慢无礼的言辞和幼稚无知的冲动浇灌，就会发芽，加上人们对刚毅、勇敢缺乏正确理解，决斗也就在所难免了。人们认为在争吵中正当的一方固执己见就是刚毅，根本就没有考虑过为此付出宝贵的生命和鲜血到底值不值得。是人性的弱点和对自身的错误判断才将自己生命押在了这种荒谬的举动中。人不应该随随便便地处置自己的生命。人的生命应该投入到高尚的公益事业中，应该牺牲在伟大的探险路上。决斗不仅仅是生命的浪费，也是金钱的浪费。我们不应将金钱花在这种徒劳无益的事情上，更不应把血溅黄沙看作勇敢刚毅的体现，除非是为了有价值的、伟大的事业。

在那个时候，发生在一个名叫桑奎尔的苏格兰贵族和一个名叫特纳的剑术教师之间的决斗是最引人关注的了。这两个人在切磋武艺的过程中，特纳的剑锋不慎刺中了桑奎尔的眼睛。特纳对此深表遗憾，桑奎尔也大人有大量，原谅了对手，但事情却没有就此结束。3年之后，桑奎尔爵士前往巴黎，很快就成了亨利四世的座上宾。有一天，在闲谈之中，和蔼可亲的亨利四世问起了桑奎尔的眼睛是怎么伤的。由于桑奎尔经常自诩是当时最有水平的剑客，国王的问题让他无地自容，他满脸通红地说，是一位剑术老师的剑所致。亨利四世此时也忘记了自己是决斗的反对者，在不经意间问了一句"这个人是不是还活着？"尽管他没再说别的什么，但他的这个问题却已经深深刺伤了桑奎尔的自尊心。

不久以后，桑奎尔就揣着强烈的复仇之火返回了英格兰。刚开始的时候，他是打算自己亲自和那位剑术教师交手，一决雌雄，但转念一想，又认为自己亲自与对手平等地公开交手有损自己身份。于是，他雇了两名刺客将剑术教师杀死在家中。刺客被抓到后被砍死了头，官府拿出1000英镑作为寻找幕后指使者的悬赏。桑奎尔躲了几天后，决定向法院自首。他以为法庭会念他是个贵族，加之是在一念之差下进行的报复，或许会网开一面，饶他一次。法庭上，大权在握的所有仲裁者确实都站在了桑奎尔一边。但国王詹姆斯为了引起人们对法律的重视，因此没有理会仲裁者们的请求。于是，培根作为首席检察官，对桑奎尔做出了判决。1612年6月29日，桑奎尔作为一名重罪犯，被绞死在了威斯敏斯特宫前的绞刑架上。

培根对"普通裁决难以实施时，在法律允许的范围内进行公开决斗或决斗裁决"也持反对态度。在培根看来，任何情况下决斗都不该被允许。他还建议，应该出台一项更为刚性的法律来根除这种现象。不能纵容它，更不能鼓励它。所有被判有罪的人都应当立即送到法院进行快速而又严厉的处罚，地位高贵的要驱逐出境。

在随后的那个朝代，又发生了一次决斗，里埃爵士唐纳德·麦凯指控戴维·莱姆塞有叛国之嫌，理由是戴维·莱姆塞曾同汉密尔顿侯爵一起密谋篡夺苏格兰王位。于是，戴维·莱姆塞向唐纳德·麦凯发出挑战，要求通过决斗一决雌雄。当时的政府原本想通过正常的法律程序解决这起争端，但是莱姆塞却坚持要采取决斗这种惨烈的，几乎已经完全被摒弃的习俗来更好地证明自己无罪。里埃爵士当即接受他的挑战，然后两人都被关在了伦敦塔内，直到有人担保他们会在法庭指定时间准时参加决斗为止。在法庭指定的时间即将到来的时候，莱姆塞如实向法庭交代了里埃爵士对他的指控。国王查理一世当即放下了决斗的准备工作。

尽管当时决斗这种罪恶的行动还不是十分猖獗，克伦威尔的议会还是在1654年颁布一个命令以杜绝决斗。在克伦威尔统治下的共和国，人们被禁止用刀剑来解决纠纷。但是人们心理上对决斗的认同并没有被根除。于是那些受禁令压制的皇家贵族们便将恶习带到了其他国家，在国外继续着他们的决斗。查理二世复辟之后，也颁布了不许用决斗来解决争端的类似禁令，但在查理二世统治时期却发生了最臭名昭著的决斗，对决斗这种无视禁令的举止，当局却表现得十分宽容和大度。

1668年1月，施鲁伯雷伯爵因为自己的夫人被邪恶的白金汉公爵奸淫，而向其发出挑战，施鲁伯雷伯爵要求用决斗来明辨是非。查理二世坚决反对，当然，他并不是出于公共道德的考虑，而是担心丧失宠臣。他下令让阿尔伯马尔公爵软禁白金汉公爵，或者采取其他的方法避免他应战。阿尔伯马尔公爵认为国王自己应采取更可靠的措施来阻止决斗，因此对国王的命令不以为然。决斗的地点被选在巴恩·艾尔姆斯。

决斗当天，受辱的施鲁伯雷带着亲戚约翰·塔伯特和阿兰德尔伯爵之子伯纳德·霍华德爵士"赴约"，白金汉公爵则带着霍尔摩斯上尉和约翰·詹金斯两名随从。根据当时的野蛮习俗，不仅主将要和主将打，随从之间也必须一对一地决斗。其结果是，詹金斯被刺中心脏，战死在决斗场；约翰·塔伯特双臂受重伤；可怜的施鲁伯雷伯爵也被一剑刺死，只有白金汉仅受一点轻伤。更为可气的是，决斗的时候，那个引发这场决斗的女人还恬不知耻地扮成仆人，躲在附近的树林里帮情夫白金汉牵着战马，等待决斗结果。白金汉刺死施鲁伯雷伯爵后，携情妇逃离了那个地方。

最让人气愤的则是，此事发生后，国王还通过发挥自己的影响力，来帮助当事人逃脱惩罚，而且还若无其事地宽恕了所有相关人员。查理二世在不久后发布的一项命令中正式赦免了杀人犯，只是补充说，以后不会再宽恕任何一个以身试法者。这件事情到底是让国王，还是白金汉公爵，抑或是那个无耻的娼妓声名狼藉了呢？

安妮女王统治期间，公众对蔓延的决斗之风怨声载道。包括艾迪生（Addison）、斯威夫特、斯梯尔（Steele）在内的很多作家都用犀利的笔触鞭挞过决斗。尤其是斯梯尔，他不仅通过那时的两本小品期刊《闲谈者》以及《旁观者》揭露了决斗的罪恶和荒谬之处，而且还想方设法地引导同胞们用正确的方式进行思考。他在自己的喜剧作品《自觉的情人》中表示，因为人们对"荣誉"的认识存在曲解，因此才会犯下了让人惋惜的错误。斯威夫特在有关决斗的作品中说，地皮白痴们的相互厮杀对社会倒是没有什么害处；斯梯尔在《旁观者》中高屋建瓴地阐述了他对决斗的看法："基督徒和绅士这两个名分在一个人身上可能会变得不可调和。如果你不能宽恕别人对你的伤害，你就得不到永生；但如果你被人辱骂了还不愿意因此动手杀人，尘世间就会有人耻笑你。慈悲之心和真正教义全被抛到了九霄云外，人们因为一些鸡毛蒜皮的小事而疯狂报复，总是把满足内心的冲动看得十分光荣，他们不懂得宽恕他人才是人性能达到或者是应该追求的境界。一个懦夫可能常常会舞刀弄剑，一个懦夫也可能会不断地征服他人，但是一个懦夫却永远不懂得宽恕别人。"斯梯尔出版的一本小册子上有关于"路易十四的法令以及这位国王为医治他的子民们杀气腾腾的蠢病而采取的措施"的详细记载。

1711年5月8日，在议员考姆莱·第令和下议院议员理查德·索恩希尔的决斗中，议员考姆莱·第令被杀死。3天后，议员彼得·金将该案件纳入司法体系的关注范围。基于对长时间决斗案例日益增加这种情况的考虑，他获准提出"对决斗之事进行禁止和惩处"的议案。这个议案当天就通过了一审，并将在下一周进行二审。几乎是在同时，上议院议员们的注意力也被十分痛心地吸引到了决斗的事上。要不是安妮女王及时发现并制止，两个最有声望的上议员之间已经发生了决斗。没过多久，又在上议院两名议员之间发生了一场有史以来最引人注目的决斗。

第一件最终没有进行的决斗发生在马尔伯拉夫公爵和波莱特伯爵之间，事情的经过是这样的：上议院的爵士们在讨论奥蒙德公爵拒绝冒险，害怕与敌人接触一事的过程中，波莱特伯爵说，奥蒙德公爵的勇敢不应该遭到怀疑，他不像是那种"仅仅为了侵吞部下的军饷，充实自己的腰包，就让自己的士兵成批地被敌人屠杀，让自己所有的军官几乎都捐躯沙场"的将军。其他的爵士都觉得这是在含沙射影地讽刺马尔保拉夫公爵，不过，马尔保拉夫公爵虽然对此气愤不已，但却装作若无其事。会后没几天，莫汉爵士就找到波莱特，并对他说，马尔保拉夫公爵想和他商量一下"前些天他在会上说的几句话"，希望他能一起到乡间去呼吸一下新鲜空气。波莱特立刻就听出了话外之音，不过却淡定地问莫汉爵士，马尔保拉夫公爵是不是在向他挑战。莫汉说，意思很明显，就不用解释了，自己将陪伴公爵前来与波莱特会面。随后，莫汉离开了。波莱特伯爵回家后，将这件事情告诉了夫人。他的夫人非常担心丈夫的安全，就赶紧将这件事告诉达特茅斯伯爵。达特茅斯伯爵当即以女王的名义禁止马尔保拉夫公爵走出家门半步，同时还派两个哨兵看守波莱特的家门。做好这些预防措施后，他将此事禀报给了女王。女王当即派人去把公爵叫来，告诉他，自己很讨厌决斗，要求公爵保证终止此事。公爵不得不答应，事情才得以圆满解决。

第二件令人痛惜的决斗发生在汉密尔顿公爵和莫汉爵士之间。事情的经过是这样的：这两位绅士打了11年的官司，但一直没有结果。他们之间的关系自然也就不融洽。1712年11月13日，他们在大法官奥列巴先生家不期而遇。谈话中，汉密尔顿公爵突然想起打官司的过程中一位证人的言行，就说那个证人既不正直，也不诚实。莫汉爵士对汉密尔顿公爵否定自己的证人非常不满，当即回敬说，事实上，他和你一样正直和诚实。公爵没再回应，在场的人都没有觉得莫汉爵士被冒犯了。汉密尔顿公爵走出奥列巴先生家时，也礼貌地向莫汉爵士打了招呼。但当天晚上，麦卡特内将军却带着莫汉爵士的挑战书两次上门，找汉密尔顿公爵。由于都没见到，所以又找了第三次，终于在一个酒店里将汉密尔顿公爵找到了，然后把挑战书给了汉密尔顿公爵。汉密尔顿公爵接受了挑战，决斗时间定在11月15日上午7点。

当天，双方出现在了海德公园。莫汉爵士带着麦卡特内将军前往，公爵则带着亲戚汉密尔顿上校应战。他们跃过一个大沟，来到一个叫"花圃"的地方做决斗准备。汉密尔顿公爵对麦卡特内将军说："先生，这起决斗是你搭的桥，你可不要旁观呀。"莫汉爵士不想让随从插手，但公爵却坚持麦卡特内也有"份"。一切都准备就绪后，两位议员站好位置就拔出剑来做殊死搏斗。不一会儿，两个人都倒在了血泊之中。莫汉爵士是当场死亡，汉密尔顿公爵也在被抬回的途中咽了气。

这一惨剧在伦敦，乃至全国都引起了巨大震动。当时的保守党托利党人为汉密尔顿爵士的死感到十分悲痛，他们指责自由党的前身辉格党的党魁马尔保拉夫公爵为政治决斗开了极坏的先例。由于莫汉爵士在决斗中杀死过3个人，其中两次被判谋杀罪，因此，托利党人骂莫汉爵士是"辉格帮的恶棍"，并说莫汉和麦卡特内密谋杀死汉密尔顿公爵的目的是想夺取他的封地。他们还肯定地说，汉密尔顿公爵的致命伤口是麦卡内特所为，而不是莫汉造成的。托利党人通过各种渠道散布此种说法。对于决斗的处理结果是，陪审团根据验尸报告，判汉密尔顿上校和麦卡特内犯谋杀罪。几天后，汉密尔顿上校自首，而后在达特茅斯爵士的家中受到私下审讯。他发誓说，他亲眼看到莫汉爵士倒下后，公爵也倒在了地上。他跑过去帮助公爵的时候，为了不碍事，他扔掉了手中的剑，还把公爵的剑也放在了地上。但当他把公爵扶起时，麦卡特内却向公爵刺了一剑。根据汉密尔顿上校的证词，皇家会议立即发布公告，以500英镑作为悬赏金，捉拿麦卡特内，公爵夫人后来还将赏金增加到了800英镑。

不过，在对汉密尔顿上校的继续审问中，他在几个重要细节的叙述上却自相矛盾，因此人们觉得他的口供不足为信。在他被伦敦中央刑事法庭以"谋害莫汉爵士的罪名"传讯后，伦敦所有的政治团体对讯问结果都表现出了高度关注，一大群托利党人还在开庭之前围住了所有通向法庭的门和道路达数小时之久。托利党所有党员都为汉密尔顿上校祈祷。审讯听证会持续了7小时之久，罪犯依然坚称是麦卡特内谋杀了汉密尔顿公爵，对于其他方面的问题则支支吾吾，难以自圆其说。最终，汉密尔顿上校被判过失杀人罪。对于此项判决，不仅是法官和所有在场的绅士，就连在场的普通人也大声欢呼，表达了无比的满意之情。

　　人们在兴奋之余，也开始了冷静的思索。尽管大家都知道麦卡特内惯于落井下石，但汉密尔顿上校所做的关于麦卡特内刺死公爵的证词也不足为信。之后，汉密尔顿以前所有的朋友都不愿再理他。这让他非常苦恼，后来他卖掉了所有的护卫，选择了辞职，闭门不出，4年后抑郁而终。

　　在此案中，麦卡特内将军后来也自首了。不过，虽然被英国高等法院以谋杀罪进行了审判，却也只是被判过失杀人罪。

　　1713年，在议会开始开会时，女王在演讲中特别提到过决斗发生得太频繁，提议司法机关制定一项快速而又有效的措施进行治理。议员们很快就研究出了一个提案，但让所有关心这件事的人失望的是，这个提案在二审时就被否决了。

　　1765年，在拜伦爵士和恰渥斯先生之间也发生了一场有名的决斗。这场决斗发生在一个咖啡馆中，起因竟然是因为双方攀比自己封地上的猎物。争论中，双方在酒精的刺激下，冲动地退到附近一方的房间，拔出剑在微弱的烛光下隔着桌子打了起来。恰渥斯先生虽然剑术纯熟，但还是因为受了一处致命伤而很快就死去了。拜伦爵士因此被带去上议院审判。因为这场决斗完全是在冲动状态下发生的，事先完全没有预谋，因此只是被判了过失杀人，缴纳罚款后就被释放了。不过，这个判决却给整个国家树立了一个很坏的榜样，决斗从此不再那么令人唾弃了。

　　比较而言，法国对决斗的判处要严厉得多。1769年，格勒诺伯议会发现了议员都什拉在一场决斗中杀死了佛兰米什军团的一名上尉。审判中，充当护卫都什拉的佣人也与主人一起被控犯了谋杀罪。最终，都什拉被判以车磔刑处死，他的佣人也被送到了船上终生做苦役。

　　1778年11月，在英国的巴斯，里斯伯爵和都·巴里子爵这两名外国探险家有过一场野蛮而惨烈的决斗。这场决斗是因为赌博引发的。赌博中，都·巴里不同意里斯的一个说法，就说：“那错了！”里斯当即就问都·巴里是否知道自己刚才的那句话不友好。都·巴里表示，自己很清楚自己在说什么，里斯愿意怎么理解就怎么理解。于是，双方很快就走完了挑战和接受挑战的程序。尽管已经是深夜，但他们还是当即就叫来自己的护卫，一大群人连夜赶往克雷弗顿·唐，在这里，他们和一位医生一直等到天亮才开始为交手做准备。

准备工作中，他们每人佩了两支手枪和一柄剑，护卫们的场地也单独划出来。决斗开始后，都·巴里先开枪打伤了里斯的大腿。里斯伯爵端平手枪，瞬间就射中了都·巴里的胸膛，血不停地流。双方好像疯了似的，谁都不顾身上的伤，都在向后退了几步后猛冲向前，用第二支手枪射向对方。双方的第二枪都没射中，他们随即扔掉手枪，准备用剑展开血战。他们站好位置后就向对方进逼，突然，都·巴里摇晃了一下，脸也变得苍白，在倒地后他大叫："救救我！"对手刚说愿意救他，不幸的都·巴里就在翻了一下身后，呻吟着死去了。

决斗的幸存者被送回家后，好几周都没脱离生命危险。与此同时，验尸官们仔细查验了都·巴里的尸体后，作了过失杀人的判断。里斯伯爵身体恢复后也被控告犯了谋杀罪。审判中，他为了更好地给自己辩护，向法庭介绍了决斗的公平合理以及决斗发生的突然性。对都·巴里的不幸身亡，里斯还深表惋惜，说他们有多年的深厚友谊。这些陈述好像发生了很大作用，因为这个性情暴躁的决斗者仅被陪审团判过失杀人罪，而且在作了一点名义上的惩罚后就被释放了。

1789年，在约克公爵和里奇蒙德公爵的外甥及继承人莱诺克斯上校之间也发生了一场决斗，这场决斗虽然不怎么激烈，但由于双方的地位较高，因此也比较受关注。冲突是由约克公爵挑起的，他当着几个皇家禁卫军军官的面说，没有一个人愿意服从莱诺克斯上校的口令。在队列行进时，莱诺克斯上校走上前公开质问公爵是否说过这种话。约克公爵冷冷地命令他回归原位，并未对其问话有所回答。检阅完队列后，约克公爵借训话之机站在莱诺克斯上校前公开说，他不想受到自己作为王子以及司令官这些身份制约，他即便是卸职后，像一位深居简出的绅士一样，穿上普通的棕色外衣，他也乐意接受任何挑战。这正是莱诺克斯上校想听到的，因为这等于说，他可以与约克公爵斗个你死我活了。于是莱诺克斯向王子发出了挑战，两人在温布尔登公园交战。莱诺克斯举枪先射，子弹从约克的头顶擦过，烧焦了约克头上的几缕卷发。约克没来得及还击，就在护卫们的调解下结束了这场决斗。

不过，莱诺克斯上校很快又卷入了另一场与这件事有关的决斗之中。原因是斯威夫特先生写的一本小册子中提到了谈论莱诺克斯和约克之间的决斗。莱诺克斯对这本小册子中描述自己的内容不满，因此便决定用手枪决斗来解心头之恨。他们在尤克斯桥路开展决斗，但双方都未受伤。

酷爱决斗的爱尔兰人

爱尔兰人很久以前就因为酷爱决斗而闻名于世。一些非常轻微的冒犯在爱尔兰也可能引发决斗。约拿·贝灵顿在他的回忆录中说，与英格兰统一之前，在都柏林一次有争议的选举过程中，每天有二三十场决斗并不是什么新鲜事。就是在平时，决斗也是件司空见惯的事，除了双方有伤亡的案件外，史学家们都不屑于记录。

当时，在爱尔兰的社会各阶层都必须用宝剑和手枪来赢得声名，军人也不例外。每个政治派别都有一群无赖之徒专门为自己所用，这群无赖被称为"吃火药的人"。他们脾气火暴，争强好胜，动不动就和人打架。他们是一群害群之马，只要一有空闲就耍枪弄棒、练剑打靶。他们吹嘘自己想干什么就干什么，想打哪儿就打哪儿，每次打斗之前，他们都会计划好到底是将对手杀死，还是只是把对手打残，抑或是将对手破相。

1808年，决斗之风发展到了高潮。国王乔治三世必须找机会表达自己对决斗的深恶痛绝。在1807年6月，他抓住了一个向爱尔兰人表明任何决斗杀人者都不能逍遥法外的机会。驻扎在爱尔兰的第二十一军团的军官坎贝尔少校和博伊德上尉之间发生了一场争执，原因是二人在对如何在阅兵时使用口令的看法上发生了分歧。争论中，他们的言辞越来越激烈，最终坎贝尔向博伊德提出了挑战。他们当即就退到了一个基地的食堂里，各自占据了一个角落，二人之间的距离只有七步。在这样的决斗中，他们没有带任何随从就相互射击起来，很快博伊德的第四根肋骨和第五根肋骨之间受了一处致命枪伤。不久后，医生赶来了，坐在椅子上的博伊德大口呕吐，痛苦万分。

博伊德被抬到另一个房间，坎贝尔紧跟其后，心里十分后悔和痛苦。博伊德支撑着活了18小时。在咽气之前，还对坎贝尔说："这次决斗不公平，你比我开枪早，坎贝尔，你是个坏家伙！"坎贝尔回答："你现在说这场决斗不那么公平，当时你不是说自己准备好了吗？"博伊德虚弱地说："不是这样的，你知道当时我想让你等一下，不想让你失去朋友。"当坎贝尔再次问这次决斗到底公平不公平时，奄奄一息的博伊德又嘀咕道："是的。"可1分钟后，他却又骂道："你这个坏家伙！"坎贝尔颤抖着双手，激动地抓住博伊德的双手大叫着："啊，博伊德！我们两个中你才是最幸福的人！你能原谅我吗？"博伊德回答道："我原谅你……我可怜你，我知道你也可怜我。"不久，博伊德就撒手人寰，坎贝尔也和家人逃到了切尔西附近，隐姓埋名生活了几个月。但后来还是被捕了，并被带到阿尔马进行审判。

坎贝尔在狱中说，一旦被判谋杀罪，他将会被作为爱尔兰决斗者的典型，受到严惩。但他还是满怀希望地祈祷陪审团能够只判他过失杀人罪。在审判中，由于有证据表明坎贝尔被冒犯之后，并没有立即进行决斗，而是回家喝了茶才去找博伊德展开殊死决斗的，因此陪审团对他做出了故意杀人的判处。但考虑到决斗是公平的，他们又对坎贝尔动了恻隐之心，因此在接下来的那周周一判了坎贝尔死罪后，又延缓了几天才执行。在延缓的那几天里，坎贝尔的妻子竭尽全力去营救他，一个深爱丈夫的勇敢女人所能做的任何事情她都试过了，如跪在威尔士王子面前，乞求他用自己的影响说服国王宽恕她可怜的丈夫，但是坎贝尔最终还是没有得到饶恕。因为乔治三世已经铁了心，要拿这个案子开刀，以示警戒。因此所有的事情都被要求按法律来办，坎贝尔这个牺牲品被当重罪犯处死。

当时德国大学校园里的学生们对决斗嗜瘾很深。这些学生动不动就枪剑相向。有些纠纷如果发生在其他国家，学生们往往就是打一架就完事，但在德国却不是，这些蛮横无理的学生会选择手枪和剑来表明立场，他们甚至借决斗之名把仇人的鼻子给割掉，他们还把通过这种方式把破他人的相当作自己的目标。德国的这些决斗狂还经常算算这种令人恶心的战利品的数量。计算的时候，他们的得意之状完全不亚于一位成功的将军巡视自己攻下的城池。

"鸡毛蒜皮"引发的决斗

如果我们停止对决斗案例的回顾，认真去审视一下引发决斗的原因，我们会发现，所有引发决斗的原因不是鸡毛蒜皮的事，就是毫无价值。一度成风的议会议员决斗中，因为选择决斗而污损了自己名声的人不少，诸如沃伦·黑斯廷斯、菲利普·弗朗西斯、威尔克斯、皮特、福克斯、格拉顿、柯伦、蒂尔尼和坎宁等。这说明权贵人物也抵御不了这种野蛮之风的侵蚀。这些著名人物一边在谴责一边却又投身其中。理性的束缚看似牢不可摧，事实却是轻易就被愚见击破。世俗的习气看似柔弱，却轻易就攻垮了人们心灵的道德防线。连皇家卫队的军官托马斯上校也因为决斗而亡。托马斯在决斗前立下的遗嘱中这样说："首先，我要将自己的灵魂交给无所不能的上帝，希望上帝能够可怜并原谅我即将采取的这一不符合宗教，但却符合这个邪恶世界习俗的行动，因为我也是不得已为之。"试想，有多少人和这个理性而又愚蠢的人持有同样的观点啊！他明知自己有过错，而且对决斗还厌恶之极，但一想到拒绝参加决斗将使自己蒙羞，他还是选择了决斗，他根本就没法抗拒世俗的偏见。

一些引起决斗的原因甚至无意义到令现在的我们感到羞耻。斯特恩之父曾为一只鹅与人决斗；英国航海家及作家雷利也曾因为一张酒店的账单与人决斗。很多造成伤亡的决斗竟然是因为牌桌上的争执或是戏院中争抢座位引发的。成百上千次的决斗甚至是因为半夜的一丝醉意，次日却不得不与人厮杀，最终导致死伤。

当代最臭名昭著的两次决斗分别是因为一条狗和一个妓女引起的。前一次决斗是因为蒙哥马利家的狗攻击了麦克纳马拉家的狗，两只狗的主人便介入其间，开始争吵。争吵的结果是一人提出挑战，另外一人接受挑战。次日双方决斗时，蒙哥马利中弹身死，他的对手也身负重伤。这件事在当时引起了很大震动。等在决斗地点旁边，准备随时救助伤者的医生赫维赛德被以谋杀案帮凶的罪名逮捕，投入了新兴门监狱。后一次决斗是在贝斯特和卡默尔福特之间展开，双方使用了在英格兰被认为是最适合用来决斗的武器——手枪。开战前，双方商定用抛硬币的方法来决定谁先开枪。贝斯特在抛硬币中赢了，就先开枪，第一声枪响，卡默尔福特就中枪倒在地上。但由于他是个铁杆决斗狂，曾参加过许多次决斗，亲手杀过不止一个对手，因此没有人可怜他。

各国为阻止决斗所采取的行动

各国是如何采取行动阻止决斗之风蔓延的呢？一分耕耘一分收获，前面提到过的英、法两国政府的努力，其成果已众所周知，在此不再赘述。在专制国家中，君王的意志被不断强化并广泛传播，因此出现过决斗次数暂时减少，但一旦继位者放松警惕，或是意志不够坚定，殊死决斗之风又会卷土重来的现象。普鲁士出现过一度消减的情况。据说，国王弗里德里克很讨厌决斗，因此他虽然在军中允许决斗，但却注明了这么一个条件：决斗必须当着一个步兵营的士兵展开，以便让士兵明白什么是公平竞争。士兵同时也必须严格遵守一个命令，那就是一旦决斗中的一方倒下身亡，他们就必须立即射死另一方。这位国王的此项规定有效地阻止了决斗之风的蔓延。

奥地利皇帝约瑟夫二世采取的措施虽然不够新颖，但他和弗里德里克一样有手腕。下面这封信则表明了约瑟夫二世对决斗的态度：

> 给某将军

> 我的将军，我要求你马上逮捕K.伯爵和W.上尉。伯爵受出生和对荣誉错误观点的影响，年轻气盛；W.上尉是个老兵，他一贯用剑和手枪来调解所有纠纷。因此，他接受年轻公爵的挑战是危险的。我不愿意任何决斗出现在我的军队中。那些试图正其名，试图冷酷地互相厮杀的人的诡辩，我将不屑一顾。

> 当我的军官面对敌人的时候，不顾一切危险，表现出勇敢、刚毅和攻防的果断时，我会赐给他们显位。因为他们在这种场合表现出的对死亡的态度和对敌人的冷酷无情对国家有利，而且还为自己增添了荣誉。但如果有人只是为了一己仇恨就牺牲一切去报复，他们将被我弃如敝屣。我认为后一种人和当年罗马公开表演中格斗的奴隶完全一样。

> 你应该成立一个军事法庭公平无私地去审判这两名军官，调查清楚事情的起因经过，被判有罪的人必须严格按照法律的规定为自己的行为付出代价。

> 这种野蛮的风俗只适合于铁木尔时代，它给每个家庭带来痛苦。即便是严惩决斗者也会使我损失一半的军官，我也已经决定坚决对其进行镇压和惩罚，必须遵纪守法才能既做一个英雄又做一个好臣民。

> 1771年8月 约瑟夫

在美利坚合众国，情况则更为复杂。在偏僻的西部，这里除了圣经十诫中"你不可杀人"的规定外，并没有关于决斗的专门法令。几个州当时还是一片草莽之地，人们从来没有决斗过，生活得很朴实。但随着社会的发展，决斗也越来越常见，弥漫于欧洲的关于荣誉的错误观念逐渐浸染着"这些由淳朴的乡巴佬转变成的所谓市民"。他们开始用手枪来解决与旁人的分歧。在多数州的法令中，对挑战、决斗和充当护卫者的惩处仅仅是不到一年的监禁和苦役，以及20年内不得担任公职。佛蒙特州则要严厉得多，对决斗者的惩处是剥夺公民权和一笔罚款，并终身不得任公职，如果有人被杀死，就必须按谋杀罪惩处决斗者。而在罗德岛，即便是没有造成伤亡，决斗者也一定会被押上绞刑架，脖子上套一根绳子后示众1小时，同时遭受公众围打。另外，如果法官对他示众时的表现不满意的话，他还得入狱一年。康涅狄格州对决斗者的惩处是终身不得受雇和担任公职，外加罚款100～1000美元。伊利诺伊州的法律规定，一些州政府官员上任之前还必须宣誓，他们从未也永远不会牵涉到任何决斗中去。

欧洲各国不同时代颁布的禁止决斗的法律中，值得一提的是波兰国王奥古斯都颁布的法令。1712年，他颁布的法令宣布，所有参加决斗的主将、随从都必须处以死刑，送挑战书的人也须接受惩罚。在德国的慕尼黑，1773年也有一个类似的法律出台。根据这个法律，决斗中即便无人伤亡，决斗双方的主将和随从也都要处以绞刑，尸体埋在绞刑架下。

1738年，那不勒斯国王颁布的一项法令规定，所有牵涉进有人死亡的决斗中的人都必须处死。死在决斗中的人和之后被处死的人的尸体都只能埋在荒村野外，而且不能举行任何宗教仪式，也不得有其他任何纪念形式。无论是有人受伤的决斗，还是无人受伤的决斗，法令都制定了相应的惩处措施，如罚款、监禁、剥夺地位和称号、不得担任公职等，传送挑战书的人也要受到罚款和入狱的惩罚。

决斗到底怎样才能根除

当然，光是法律的严厉是不够的，还必须有明智之士坚决去阻止。只有这样，根除决斗这种恶习才能成为可能。因为只要执法者的决心稍有动摇，法律无论有多么严厉，人们决斗的念想也很难断绝。让人痛心的是，严肃的法官只是在法庭上对一个被别人辱骂成骗子的倒霉蛋义正词严地说："如果你向他挑战，你就会杀人，你就会犯下谋杀罪！"但走出法庭，脱下官服后，与普遍人混在一起时却说，"如果你不敢冒犯谋杀罪的危险，如果你不敢向他挑战，你将被看作是一个胆小鬼，只配遭他人的轻蔑和嘲弄而不配与同伴交往。"看来，应该遭到谴责的是社会而非决斗者。

引发决斗的原因中，女人的影响也不可小觑，她可以轻而易举地让男人成为罪犯。因为匹夫之勇在女人眼里具有相当大的魅力，一个成功的决斗者常常会被女人看成是一个大英雄。而那些拒绝决斗的人却被女人们看成懦夫，遭到女人们的嘲讽和讥笑，尽管他们才是真正的勇者。1838年初，美国司法机关的一名成员格雷夫斯先生在决斗中杀死了一名叫西利的人后，他还站在众议院的讲台上滔滔不绝、有条不紊地辩解，说人们不应该谴责他，应当被谴责的是社会。这位追悔莫及的讲演者说："公共舆论才是世界上最重要的法律，不管是宗教的还是世俗的其他任何法律在它面前都不值一提。是的，所有的法律在公共舆论面前都会败退。正是至高无上的全国法律众议院将剥夺荣誉作为惩罚，迫使我不情愿地参加了这桩悲剧性的事件。就在众议院的门口，就在这个国家的首脑面前，抛洒玷污了我双手的鲜血！"

只要社会还认为"受到辱骂的人不去报复"就只配受辱骂，那不管法律多么严厉，恐怕决斗也难以根治。为什么尽管仁人志士在大力呼吁，但仍有很多人宁可拼一百次命决斗，也不愿被同伴耻笑，被人当作笑柄而苟活于世，让大家成天戳着后脊梁羞辱？那是因为当人们受到伤害而得不到法官的关注时，他们就会将社会舆论作为法律，与冒犯他们的人决斗，毕竟人们渴望"受到的伤害能够得到补偿"。

决斗风俗是文明社会的毒瘤，必须加以根除。能够根除的唯一的可行办法恐怕是建立道德法庭了。通过这个法庭来处理好给人们造成巨大心灵伤害的所有的，哪怕是非常细微的、模糊的冒犯行为。路易十四建立过的这种法庭或许可以当作一个很好的范本。社会发展到今天，已经没有人会为了只要一声道歉就可以解决的分歧而展开决斗了，那么这个法庭的工作恐怕就是冷静地思考和倾听被话语或者事件伤害自尊的人的抱怨，并迫使冒犯的人进行公开道歉。如果冒犯者拒绝道歉，那可以多给他一项罪名——拒不执行法庭命令。然后，法庭可以采取处罚措施，诸如对其加以罚款，将其关进监狱等，直到他知道自己错在什么地方，并愿意按照法庭的要求去为自己的冒犯行为负责为止。

古斯塔夫·勒庞点评

文明社会所做的全部努力就是要将人类的自然本能通过社会传统、习俗及法律的力量来加以限制。这些自然本能正是人类遗传而来的原始兽性，人类完全有可能将其控制起来，一个民族如果将这些本能控制得越好，那么这个民族的文明程度也就越高。但这种本能只是蛰伏起来而不可能被完全消除，它们可能很容易被各种各样的因素所激活，而一旦故态重萌，所造成的恶果是难以想象的。

第九章

城市疯狂症

Extraordinary Popular Delusions

and the Madness of Crowds

五花八门的城市俚语

拉发瑞咚叮

拉发瑞咚叮

万岁，拉发瑞咚叮！ [1]。

——白朗杰

对于一个富有同情心、可以包容所有人，以及那些虽然自己可能十分在意，但绝不会因一些城市通病表示轻蔑的人来说，存在于大都市中的流行俏皮话是一个无穷无尽的欢乐之源。一般来说，这些城市通病包括：酗酒的工人，生活穷困的乞丐，令人生恶的街头流浪者，在街头巷尾聚集的那些游荡懒散的、无所顾忌和热衷于模仿别人的人组成的各种各样的群体。那些穿行在都市的大街小巷想要寻找一些感人至深的主题的人，在任何的角落中都会发现为数众多的足以让他心脏发生抽搐的事情。

但是，让他独自继续他的旅程，体会那无尽的悲哀吧，我们不想与他同行。作为可怜的地球人，我们有自己的悲哀，对这些多愁善感的人的同情并不能减轻我们的悲哀。这些哲人有太多的眼泪，以至于这些悲哀的眼泪遮住了他们的眼睛。因而他们只能流泪，却找不到一种方法去拯救他们那些痛心疾首的罪恶。就像我们总是认为，真正的博爱主义者是没有眼泪的，就像即使在最糟糕的情形下仍然能带着一张令人鼓舞的笑脸的医生才是最好的医生一样。

太多的笔墨被用来指出悲哀和痛苦，太多的笔墨被用来谴责罪行和劣迹，而且所使用的大多是严肃的语言。所以，我们就不再增加这样的叙述了，至少在这篇文章中是这样的。我们现在的工作是多么令人生厌。徘徊在繁华的大都市中的聚会中心，我们想搜寻的只有快乐，记下那些文雅大方的俏皮话和穷人的奇思妙想。

首先，无论在哪里，我们都会不可避免地听到一个时常被人们反复提起的愉快短语，而且众人都会大笑着接受。在这些人中，有手臂粗糙、满脸污垢的男人，有聪明的肉铺伙计、小跑腿儿、小跟班，有轻浮放荡的女人，有出租马车夫，有单篷

---

① 此俚语系出自一法国民歌曲谱的谐音。——译者注

汽车司机，有那些整日游荡在街头的懒散的家伙。无论他们当中的哪一个说出这句话都会让听到的人捧腹大笑。看来在任何环境下它都适用，并且可作为所有问题的通用答案。简而言之，它是最被平民们喜爱的日常俚语，在它短暂的流行期中，给那些贫困和报酬低下的劳动者的生活带来了些许的快乐，让他们有理由大笑，如同那些处在较上流社会中的幸运的家伙一样。

在伦敦有很多这种短语。没有人知道这些短语出现的准确场合，也没有知道它们的确切使用场合，但不知道通过什么途径，它竟然在几小时内为民众所知。许多年前，人们最喜欢"Quoz"（虽然它只是一个单音节词，但它确实是一个短语），这个短语的意思是荒唐事，这个古怪的词在社会中产生了很大的影响，并且在很短的时间内被赋予了很多引申义。当一个智慧力一般的人想要大家都关注他，那他再也没有比这个短语更合适的替代品了。如果一个人请求另外一个帮忙，而另一个不想这样做，他就可以大声说"Quoz"，来表达他那种侍从官式的有些狂妄的傲慢；如果一个淘气的孩子想要用激怒一个过路人的方式让他的小伙伴高兴起来，那么就可以当着他的面大喊"Quoz！"，这声大喊肯定会取得很好的效果。当一个争论者想要表示他对对手观点正确性的怀疑时，或迅速地摆脱一个他无法推翻的论据时，他可以说"Quoz！"，同时轻蔑地撇一下嘴角，不耐烦地耸一下肩。这个流传甚广的单音节词就传递了所有他想要表达的信息，它不但告诉对手你知道他在撒谎，而且同时告诉他如果他妄想有人会相信他的话，那简直就是白日做梦。在几乎所有的啤酒店和每一条大街的街头都回响着"Quoz"的声音，在每面墙壁上也都写满了这个词。但是，如同地球上其他事物一样，"Quoz"也依时令而行，突然间就变得没有丝毫痕迹了——就如它出现时那般突然，再也不是大众的宠物和偶像。一个新挑战者毫不客气地占据了这个位子，把它驱逐出去，直到这位挑战者也被新贵从原先的荣耀的席位上赶走，另一个新兴的继承者又取代了它。

"What a shocking bad hat"——"这是多么糟糕透顶的帽子。"它是一个新兴的短语。它刚刚流行起来，那些闲来无事的人就开始关注过路人的帽子。无论谁，只要他的帽子因时间久了而有了皱褶，不管多么细微，马上就会引起一片哗然。并且，不同的人还会极不和谐地重复，就像印第安人在战场的叫喊一样。那些在大众的注目下仍能安之若素的聪明人，那些对强加给自己帽子的诋毁表现出不安迹象的人，只会使人们更加注意他的行为。人群很快就会知道这个人是否可以冒犯。如果他们认为这个人与他们同属一个阶层，那么他们会高兴地捉弄他一下。

当这样一个人，如果他戴着这样一顶帽子，在这个短语流行的日子里从拥挤的人群中走过，如果在此时，他能对周围人的叫喊不发怒，那么他应当觉得很幸运。否则他的这顶应受谴责的帽子就会被那些爱捉弄人的人抓下来扔到路旁的沟里，然后还会用一根棍子把沾满了泥巴的帽子重新挑起来，让观众们瞻仰。这个冒失鬼的周围会响起笑声，他们还会快乐地大喊"哦，多么糟糕透顶的帽子！"许多穷人们都为此感到不安，只要他们的钱包里还有一些钱可以勉强买一顶新帽子，他们都会为了避免这种尴尬场面而提前购买。

这个简单的短语，在产生之后的几个月间给整座城市带来了很多欢乐。它产生的源头也可以追查，不像其他与它类似的短语，如"QUOZ"那样无处溯源。在南沃克自治市曾经举行过一场竞争激烈的竞选，在候选人中有一位讲究戴帽子的著名人物。这位绅士为了赢得选民的好感，在游说选民的时候使用了一种巧妙的手段，即让他们神不知鬼不觉地受贿。他是这样做的，无论在何时他会见或者拜访一位选民时，如果他发现这个选民的帽子不是用最好的料子做的，或者虽然用的是最好的料子，但已经有些旧了，他就会说："你的帽子太糟糕了，到我的仓库去吧，在那儿你会有一顶新的。"在选举日人们想起了这件事情，他的对手更是充分地利用此事。在这位可敬的候选人发表演讲时，他的对手鼓动人们不停地喊："这是多么糟糕透顶的帽子啊！"从南沃克市开始，这句话传遍了整个伦敦，并且作为非常惹人喜爱的时令短语流行了很久。

"Hookey Walker"——逃学者，这个源于一首流行民歌的词语一举成名，像之前流行的"Quoz"一样，它被当作所有问题的答案。后来，walker（走人）单独流行起来，人们在发音的时候，往往在前一个音节带一个特别的拖音，到后一个音节突然急转。如果一个小伙子纠缠着可爱的小女仆要一个吻，但是女仆一点也不喜欢他，这时，女仆就会皱起她的小鼻子大喊一声"走人"。一个清洁工请他的朋友帮忙借点儿钱，无论他的朋友是不是愿借给他或是根本没钱，他都非常有可能得到这样的回答："走人"。假如一个醉鬼在大街上连路都走不稳了，这时一个男孩扯他的衣角或者一个成年人敲敲他斜扣在头上的帽子来开他的玩笑，最后都会被这个醉汉大吼"走人"。这个流行语只有两三个月的生命，之后就退出了历史舞台，作为那一代人或后人的消遣，它再也没出现。

下一句话更是荒谬得有点离奇。是谁发明的，它如何兴起，第一次是在哪儿出现，人们都不知道。关于这句话更没有一点确实的信息。但是，在伦敦人的眼里它却是最诙谐的俚语，从而给人们带来了无尽的欢乐。"There he goes with his eye out"（他（或她）瞪着眼睛去那儿了）在说它的时候要依对象的性别而定，这句话在城市中每个人的口中传递着。它有点难理解，但它给社区中那些粗俗的人所带来的快乐却与给严肃认真的人所带来的困惑相当。聪明人觉得它很愚蠢，但更多的人认为它很有意思，整天闲得无聊的人索性把它写在墙壁或者雕刻在纪念碑上作为娱乐。然而，所有的光辉都不会永恒，俚语也不能例外。一段时间人们对它厌倦了，"他瞪着眼睛去那儿了"在那些公共场所就再也没人说了。

隔了很短的一段时间，另外一句话就出名了，这句话适用范围有限。"Has your mother sold her man-gle？"——你妈妈卖了她的绞肉机了吗？因而它没有被人们疯狂地追逐，其流行的时间也很短。它之所以会有如此的命运，是因为年纪大的人不太适合使用它，所以它很快就消失了。它的后继者比它的命运要好很多，而且根基更为深厚，以至虽然时间流逝、时尚变迁都未能根除它。这句话就是"Flare up"——着火了。直到现在，它依然是一个人们常用的口语。这句话兴起于改革的暴乱之中。据说，狂热的人们把这座命中注定要遭殃的城市布里斯托港几乎焚毁一半的时候，虔诚的人们的热情也如火一样燃烧起来了。很难说这是因为这个单词在发音或意义方面有着独特的吸引力，但无论如何，它确实极大地刺激了人们的狂热，也驱赶了所有其他俚语而占据了这个领地。

"着火了！"除了它，你在伦敦不会听到其他什么话了。它是所有的问题的答案，化解所有的争端，适用于所有的人、事、场合……它俨然成了英语中含义最丰富的短语。在日常的谈话中，你只要有一点越过礼貌界限那就要被称为"着火了"；过于频繁地光顾杜松子酒店，因而可能会损害自己身体的健康也被称为"着火了"；狂怒被称为"着火了"；溜达到夜间休闲的聚会中心，大喝一声吓唬熟人，闹出任何一种乱子等，都被人们称为"着火了"。恋人吵架是"着火了"，两个恶棍在街头殴斗是"着火了"，英国人被革命和暴乱的煽动者鼓动地像法国人一样也是"着火了"……

人们是如此喜爱这个词，仅仅为了发音，人们也愿意重复它。很明显，只要人们听到自己发出了这个声音，就会异常高兴。在耳力所及的范围内，当下层人士中没有人来回应这个叫喊时，时常会有西区的贵族们的回应，这个在东区广为流行的语言在他们中也是通用的。即便是在万籁俱寂的深夜，那些失眠的人或者守望到深夜的人都经常会听到这样的响声。跌跌撞撞走在路上的醉鬼，一边打酒嗝一边大喊

"着火了"，以表明自己仍然是一个好市民和男子汉。他们已经丧失了实现任何其他想法的力量，智力水平相当于动物，但他们仍保留了这声流行的叫喊作为他们和人类的最后一个联系。只要他还可以大喊出这个声音，他就拥有作为一个英国人的权利，他就不会像一条狗那样倒在路边的沟里。他向前走着，喊声打破了街道的寂静和人们舒适的生活，直到筋疲力尽再也无法站住时，便无力地醉倒。在规定的巡逻时间，警察被这个倒在地上的醉鬼绊了一下，然后这个和平卫士拿起提灯直接照在他脸上，大声对他说："可怜的家伙！'着火了'！"然后，让人用担架把这个狂饮的醉鬼抬到看守所里，丢进一个肮脏的小屋。当他身处在一群与他一样烂醉如泥的醉鬼中间时，先来的人会长长地大喊一声"着火了"，以向他们的新同伴致意。

这个短语的应用范围之广泛，流传时间之持久令人咋舌，以至于有一个对俚语的转瞬即逝一无所知的投机商，竟以它为名创办了一份周报。结果，就像把房子建在沙滩上一样，一旦下面的基础崩溃了，这个短语和以它为名的那份报纸一起被大海冲毁了。渐渐地，人们对这种永远相同的单调说法变得厌烦了，即使那些粗俗的人也觉得"着火了"是那样俗不可耐，只有那些不知世事的孩子们还使用它。最后，随着时间的流逝，它被彻底遗忘了。现在，它已不再是一个时髦用语，但人们仍用它来表示火灾、骚乱或者突然爆发的坏脾气。

下一个流行的短语并不太短，而且看上去它最初是用来形容那些拿着腔调装大人的孩子身上的。"Does your mother know you are out？"——你妈妈知道你出来吗？这个提问让那些假装大人的大孩子们非常恼火。在大街上，他们吸着烟，戴着假胡子，想让别人不敢轻视他们。有很多这样的花花公子，他们对于身边走过的任何一个女人，都会目不转睛地盯着看直到她看起来有些局促不安，但只要对他们说起这句话，他们的恶意就会骤然减轻不少。那些身着最漂亮的服装的店员和学徒们觉得这句话有些令人憎恶，当有人把它用在他们身上时，他们就会异常愤怒。总而言之，这句话的好处是它不下千次地告诫那些纨绔子弟，这句话并不是想象中的那个样子。而这句话令人恼怒的根本原因，是它暗含着对被问者是否能够自立的怀疑。"你妈知道你出来吗"表现出一种戏弄的挂记和关心，暗示出一种关切和遗憾。也就是说，在一个这样大的城市里，这个人过于年轻和不成熟，如果他们出门没有父母带领的话，至少应当得到妈妈的允许。因此，无论何时，只要这句话用在那些接近成年而未成年的年轻人身上，他们都会非常愤怒。

　　曾经有一个出租车司机忘记了自己的身份，他当面对某位公爵的继承人说了这句话，这位贵族同时还是一个勇士称号的继承者，他十分愤怒，所以他向治安法庭控告了这位冒犯者。他向法庭要求双倍的罚金，这主要是为了显示他的贵族身份，但这个要求被法庭拒绝了。"他的妈妈是否知道他出来了？"所有站在旁听席上的司机都一起大声羞辱地质问。这位贵族不得不在不损害他尊严的前提下以最快速度逃避他们的笑声。这个车夫辩解的理由是他对对方贵族身份的疏忽，但法庭还是以他的疏忽为由对他罚了款。

　　这句话占统治地位的时代很快过去了，随着它的离去，"Who are you？"——你是谁？成了新的流行语。这个新的宠儿一夜之间如雨后春笋般地被众人熟知，它就像是切普塞德的一场浓雾，转眼之间就化为一场大雨。昨天人们还不知道它的存在，也不知道是谁创造了它，今天就传遍了整个伦敦。每条林荫路上都有这个声音在回响，每条大路上都飘荡着它音乐般的声音。

　　"大街小巷上，一直回荡着这个不变的声音。"人们说这个短语时速度极快，其中，声音比较响亮是前后两个词，中间一个词的声音却很小，有点像呼吸。与其他在此前风靡一时的俚语一样，它可以在任何场合使用。由于它的含义委婉曲折，所以那些性格直爽的人一点也不喜欢它。自以为是者喜欢用这句话来激怒别人，不学无术的人喜欢用它来掩盖自己的无知，爱开玩笑的人拿它来制造笑料。每一个到啤酒店的新顾客都会被毫不客气地提问"你是谁？"如果他对这个问题有些愕然，摸着头皮不知如何回答，就会引来人们的嘲笑。在一场激烈的辩论中，如果双方都被问到这个问题时，论辩能力再强的辩手通常也会沉默不语。

　　在它极为流行的那段时期内，一个小偷把手伸到了一位绅士的口袋中，这时这位绅士突然转身当场抓住了他，并大声问道："你是谁？"在他周围聚集的人群马上为此鼓掌喝彩，他们认为这是他们听到的最好笑的笑话，也是最为机智的，是幽默的精华。另一个与其相似的场景给了它一个额外的刺激，在它的活力开始减退时为它注入了新的生机。这件事发生在王室高级刑事法院。被告席上的被告罪行已经证实无误，他的辩护人也已完成辩护，辩护人的辩护词没有为被告脱罪，而是以被告生命的宝贵和优良的品行为由，请求法庭对其宽大处理。"你的证人呢"？主审的法官问道。"法官大人，请允许我发言，我了解被告，在现实生活中的人里没有比他更诚实的了。"一个粗鲁的声音从旁听席上传来。法庭职员似乎都惊呆了，其他人都强忍着窃笑。"你是谁？"主审法官猛然抬起头，以一种沉静和庄严的声音问道。整个法庭都被震动了，一直处在压抑状态的窃笑爆发成哄堂大笑，并且持续了好几分钟，之后法庭才恢复原有的主严和秩序。清醒过来的法庭工作人员，仔细搜寻这个亵渎法庭的罪人，却没有找到。没有人知道他是谁。过了一会儿，法庭审判继续进行。这句时髦话从一位正义代言人的庄严的嘴里说出来过，这个新闻传开之后，由他审判的下一个被告人因此对自己的前途表示很乐观了。因为他不担心这样一位法官会判处过当的处罚。他能够了解大众的心，他能理解大众的语言和方式，因此，他肯定能充分理解他们为什么会犯罪。我们可以从一个广为人知的事实中推断出这样的结论，很多人都有相同的想法。最后，这位法官的名望大幅度提高，人们交口称赞他的机智。"你是谁？"也因此而延长了生命，作为公众的最爱又停留了一段时间。

但我们绝不能认为流行语从未间断过。它们并不是一个连续不断的链条，而是和歌由共同占有了人们的宠爱。也可以说，在一段时间里，如果人们的精力在音乐上，那就无法涉足俚语。同样，如果人们把全部精力放在俚语上，那再甜美的音乐也不能引起人们的关注。大约三十年前，有一首歌在伦敦很受人欢迎，几乎拨动了所有人的心弦。无论男女老幼还是孤寡之人都爱上了它。人们对唱歌产生了一种难以理解的狂热。而且，最令人头疼的是，就像《修道院的浪漫史》中那位好神父菲利浦一样，他们不懂得去改动一下旋律。因而这个在全城传唱的曲子是"樱桃熟了，樱桃熟了"，拥有什么样嗓音的人都唱这句话，所有的小提琴都在疯狂地演奏这首乐曲，每一支破裂的笛子、每一支呜咽呜奏的箫管、每一架手风琴都在演绎着这个旋律，那些用功和好静的人如果想要寻求宁静就只能在绝望中堵住耳朵，或者飞奔到几里外的田野或树林里。这次音乐的大流行大概持续了十二个月，到最后的时候，提起樱桃两个字就足以使人发疯。人们的兴致终于衰退了，他们狂涌向新的方向。时过境迁，到现在人们已无法说清它是一首歌，还是又一个短语了。

让人发狂的戏剧和音乐

但是，可以确定的是，人们又为新的事物发狂了，这次的对象是一个与戏剧有关的主题。在这次流行风潮中，除了"汤米和杰里"，再也没有其他的声音了。在经历了使人们兴奋足够长时间的文字游戏后，人们对娱乐的反应更加现实了。这个戏剧主题使镇上每个年轻人都产生了一种强烈的渴望，他们希望使自己显得与众不同，而采取的手段就是使用一些过激行为。他们中有的在街头斗殴，以致在看守所里呆了整夜；有的去吉尔斯街那些低矮肮脏的小屋里与放荡的女人调情，和那些痞子争吵。模仿能力强的男孩子为了相同的目的和比他们大的男孩竞争……最后这种没有任何价值的狂热与其他俏皮话一起结束了它光辉的时代。

城市又有了另一种令人欣喜的时尚——将大拇指放在鼻尖上，转动手指，人们把这个动作当作能解决所有问题的万能钥匙。如果你想激怒别人，只要当面做这个神秘的手势就足够了。在街道的任何一个角落，如果有怀着好奇心的人细心观察的话，两分钟之内就会看到做这个手势的人。它可以表示怀疑、奇怪、拒绝或者揶揄等意思。直到今天，仍然能看到这个荒谬的习惯的残余，但即便是粗俗的人，也被认为这个动作很下流。

大约十六年前，伦敦又一次成为音乐天堂。大众因为高歌"大海，大海"而哑了喉咙。假设一个兼有哲学家身份的外地人来到伦敦，正好赶上了这个音乐盛会，他可能会建立一套很好的理论，这套理论的主要内容是英国人热衷于服海军役和英国人在海洋上那种众所周知、无可匹敌的优越性。"一点也不奇怪"，他会说。这个民族在海洋上作战勇猛，他们对海洋的热爱已经融进了日常生活中，甚至在市场上他们都歌颂它。不管是上等人、下等人、年轻人、老年人，男人、女人，都屈从于海洋的魅力，所以流浪街头的艺人们用它来吸引周围人的善心。这个好战的民族性格坚毅，他们日思夜想的只是"大海，大海！"和征服它的方法。他们的歌曲里没有歌颂爱情，酒神巴克斯[①]也不是他们的上帝。

如果这位哲学家只靠他所听到的事情来搜集证据的话，他很可能会得出这样的结论。哎呀！对于那些懂得欣赏音乐的耳朵来说，那些日子简直是一种折磨呀。那些一点都不在调上的嗓子，不停息地重复着这个调子，他们都没有躲藏的地方。之所以这么说，是因为萨维的流浪艺人掌握了这个旋律，他们沿着林荫路放声大唱，即使是在街道最深处那些舒适的公寓里也能听到他们的歌声。整整过了6个月，人们才被强迫接受这种喧闹。他们非常疲劳，无处躲藏，在干燥的陆地上得了"恐海症"。

后来，又有几首歌跟着流行起来，但都没有得到人们的特殊青睐，只有一首名为《在我的帽子周围》的歌是个例外。这种情况一直延续到一位美国歌手引进了一首名叫《乌鸦吉姆》的令人极端厌恶的歌。这位歌手在表演时总会穿着一件与他的

---

① 巴克斯在罗马神话中是植物神，葡萄种植业和酿酒的保护神。——译者注

歌曲相配的黑色演出服，而且在演唱的同时还做一些稀奇古怪的动作，并且在每个小节结束时，身体总会做一个急转弯的动作。这首歌马上得到了人们的关注，使那些规矩人的耳朵也长出了老茧——

> 扭身、旋转
>
> 就是这样——
>
> 扭身、旋转
>
> 跳吧，乌鸦吉姆！

那些街头艺人为了淋漓尽致地表现这首歌曲，在表演时涂黑了自己的脸。那些为了谋生的孤儿不得不在偷窃和唱歌中做出抉择。他们选择了后者，这样可能更好一些，当然，他们以此谋生的前提是公众对此保持兴趣。夜幕降临，在几乎所有大道边的夜市上，我们会看到更多的这首歌伴着粗俗舞蹈的表演。偶尔，尖锐刺耳的歌词也会盖过拥挤人群的喧闹和轰鸣。

有一首曾红极一时的打油诗是这样的：

> 坐在大路旁边，
>
> 厚厚的夏日灰尘落在身上，
>
> 注视着来去匆匆的人流。
>
> 就如同夕阳余晖中飞舞的小昆虫。

如果在那个时代有一位冷静的观察家，他可能会使用雪莱式的语言宣称："百万民众曾为这些狂歌滥舞而疯狂。"如果我们以前假设中的那位在英国人的性格问题上自以为是的哲学家，曾认为英国人无比热爱大海之歌，又一次来到伦敦，他会建立另外一套理论，这套理论的基础是为废除奴隶交易所而做的从不间断的努力。"仁慈的民族"，他可能会说，"你们的慈悲之心是如此广大无际！对你们来说，那些让人怜悯的非洲兄弟（他们和你们仅仅是肤色有别）是那么可贵，为了保护他们，你们慷慨地买下了他们的两千万人。你们希望有一个能不断引起回忆的标志出现在你们眼前。乌鸦吉姆正代表了那个备受欺凌的种族。正因为这个原因，你们才把它当作大众偶像！看吧，他们是怎样为他高唱赞歌！他们是如何热衷于模仿他的特征；在娱乐和闲暇的时候，他们是如何热衷于重复他的名字。他们甚至把他的塑像装饰到他们的壁炉上。这样他们就永远不会被忘记非洲兄弟的苦难和事业！哦！慈悲的英格兰，哦！文明世界的先驱。"

这些是伦敦群众具有的几个特点。在他们平静的生活秩序中，在没有暴乱、极刑、谋杀、通货膨胀的扰乱时，为了减轻一点压在肩头上的生活重负，他们就不自觉地使用了一些稀奇古怪的念头和无伤大雅的俏皮话。他们中的那些智者，尽管往往对此付之一笑，但他们也绝不会吝惜他们的同情心，并且会告诉人们，"只要他们愿意，就可以享受到俚语和歌曲带来的乐趣，即使这不能让他们感到幸福，至少也会感到快乐。"英国人和法国人是相同的，他们都能从一首歌、一句话那样的小事中得到快乐和安慰。

因此，我们同意法国诗人白朗杰的看法：

给人们快乐的东西，

是一些平庸的故事。

哦！

平庸的故事。

第十章

十字军东征

Extraordinary Popular Delusions

and the Madness of Crowds

疯狂的朝圣者

闻知这个消息，它们跳起，张开不能尽数的翅膀，邪恶笼罩埃及。
当阿兰之子在海岸上挥舞魔杖，蝗虫便如黑云般聚集，虽东风劲吹，仍
飞到了渎神的法老的国家，像黑夜降临在整个尼罗河流域，它们数量巨
大，不可尽数。透过昏暗，一瞬间。只见万千旗帜冲上云霄，夺目的光
彩舞动空中。在一望无际的利箭丛林之中，还有林立之长矛、云集之头
盔、密排之盾牌。

——弥尔顿（Milton）[①]《失乐园》

每个时代都有其羞于示人的蠢事，如某项计划，某个工程，或是其全身心投入
其间的离奇幻想。人们陷入其中或是因为爱财，或是因为激动，抑或只是爱模仿的
本性，其中最为愚蠢的要算每个时代都有的某种疯狂情绪，政治方面的、宗教方面
的，或者涵盖多方面的。这些因素都影响了十字军东征，它们共同使这次战争成为
历史上引发最广泛热情的、非比寻常的一次。

历史用庄重的语气在书本中向我们诉说，那些十字军中的骑士们，只不过是些
无知的野蛮人。他们的行为仅仅源于一些令人难以理解的、固执的冲动，并且这支
军队在他们所经之地写成了一部血泪史。但历史不同的是，吟游诗人的罗曼史却用
充满热情的笔触对十字军骑士的虔诚之心和英雄气概大加描绘，用华美的词句形容
他们的优良品质和崇高行为，歌颂他们为自己赢得的名垂青史的光荣和为基督教作
出的卓越贡献。

在接下来的篇幅里我们将对历史和罗曼史里所记述的内容进行详细的探究，以
找出那种激励了如此多的背景各异的人拿起武器为十字架而战斗的精神。我们将以
历史事实为主要依据，同时借助当年的诗歌和罗曼史，以便准确把握当年人们的心
理、动机和看法。

我们有必要追溯到圣战发起之前的年份，对8、9、10世纪的朝圣者作一下了

---

① 弥尔顿（1608—1674年），英国诗人，政论家。他的神话史诗作品《失乐园》以磅礴的气势揭
露了人的原罪与堕落。——译者注

解，以清楚地知道隐士彼得发起这场圣战时欧洲公众的真实想法和他们讲述的曾经历过的危险和亲眼目睹的奇观。

除了皈依基督教的犹太人，到圣地朝圣的还有心中充满奇妙幻想的基督徒。他们对能亲身到达他们思想中最有趣的地方，有一种天生的好奇心。他们都涌向耶路撒冷，且不管内心是否虔诚。虔诚者朝圣的目的仅仅是为了看一看这一片他们的主生活和受难过的神圣之地，或是为了洗去他们全身的罪孽，他们认为无论这罪孽有多么深重都可以洗去。这种看法为大家所接受。但在朝圣者中间也有人数众多的不虔诚者，他们只是因为闲来无事到处游历罢了。他们到巴勒斯坦朝圣就像现代人去意大利或瑞士一样，纯粹是为了追逐时尚，以便自己可以在以后的人生中大肆吹嘘自己的所见所闻，满足那么一点虚荣心。但总的来说，朝圣者中还是以虔诚的信徒居多，并且与日俱增，后来人数太多了所以人们把它称做"主的军队"。他们用热情战胜了一路上的困难和危险，在所有的那些曾被福音传教士提到过的地方逗留欣赏，心中充满了神圣的喜悦。他们觉得，能够喝到约旦河清澈的河水，哪怕只是一小口也满足了，能站在当年约翰为基督施洗的溪水中受洗礼则更是一种巨大无比，不能言喻的幸福。怀着敬畏和喜悦的心情，他们终日游走在圣殿的四周，攀登庄严的加尔瓦略山，或者伫立在令人敬畏的凯尔瓦里——那个基督为世人的罪恶而流下鲜血的受难之地。对这些朝圣者来说，这里的一切都是难得的珍宝，他们怀着迫切的渴望寻找所有的遗迹。于是，他们将从约旦汲取的一壶壶河水，从受难山上得来的一篮篮泥土，虔诚地运回欧洲，然后以惊人的高价卖给教堂和修道院。当然还有许多让人不能相信的遗物，像耶稣受难的十字架上的木片、圣母玛丽亚的眼泪以及她长袍的折边、耶稣使徒们的脚趾甲和头发，甚至保罗当年建起的帐篷。奸商在巴勒斯坦公开展览出售所有这些东西，购买者花费了大量的钱财和心血才把它们带回欧洲。但事实上，市场上出售的当年那个十字架上的木片加起来比一百棵橡树所能提供的木头还要多。而圣母的泪水，如果全部收集起来，也可以装满一个水池。

在过去两百年内，朝圣者们在巴勒斯坦没有遇到过一点麻烦。睿智的国王哈仑·阿尔·理奇德和他的几位继承人都支持人们朝圣的行为，徒步前来的人也得到了最高的礼遇，因为他们的到来会让叙利亚的财富不断增加。而现在的哈里发①们虽然在其他方面可能与前者没有什么不同，但他们对于财富的渴求更加强烈了，为

---

① 哈里发是伊斯兰教职称谓，原意为"代理人"或"继位者"。——译者注

钱财而朝思暮想，并且为了达到目的使用了各种手段。他们的贪婪程度甚至超过了以往的阿拔斯王朝。他们向每个进入圣城的人收取税款，金额为一个金币。这对那些历尽艰辛，依靠乞讨才来到这里的穷人来说简直是难如登天，尽管他们内心怀着那样崇高的愿望。于是，抗议之声不绝于耳，但这并没有影响税款的征收。那些穷困的朝圣者只能望城兴叹，直到某个坐着马车的富裕的信徒替他们交了钱，他们才被允许进城。诺曼底的罗伯特——征服者威廉的父亲，就如其他身份显赫的绅士一样前来圣城朝拜。在到达城门时，他看到了成百的朝圣者都用眼神乞求他为他们付入城税。他当然答应了这种请求。

从这个角度来说，巴勒斯坦的穆斯林统治者将朝圣者看作他们财富的源泉，他们继续向越来越多的朝圣者征收入城税。在10世纪末和11世纪之初，一个奇异的说法在人群中流行：世界末日即将来临，按照启示录上的指引，千年的俗世生活已经到了尽头，耶稣基督将在耶路撒冷出现，裁判天下苍生的是非罪过。于是，整个基督教世界都陷入了混乱之中，恐怖抓住了那些软弱的、轻信的和罪恶的人的心，而这些人的总数占据了当时人口的百分之九十五。他们离开家乡，举家向耶路撒冷前进，他们想要通过艰苦的朝圣来减轻自己的罪恶，并在圣城迎接主的降临。人们看到了一颗颗的星星从天上坠落，地震摧毁了城市，强烈的飓风卷走了森林，所有这一切自然现象都增添了恐怖气氛。特别是在夜空中划过的流星，人们都把它看作即将到来的最后审判日的预兆。每一次流星落下，都会加剧某个地区人们的恐慌，并驱赶着成百上千的人加入朝圣的队伍。这些人携带着各种物品，边走边祈祷，以减轻他们的罪恶。一群群的男女老少向圣城跋涉。

他们中的每个人都想见证在某一天上帝之门轰然打开，神的儿子在万丈光芒中降临人间。这样的一个神奇的幻想，使朝圣的人越来越多，路途也更为艰难。于是，从欧洲西部到君士坦丁堡的大道上，遍布成群的乞讨者，这使得那些在往日里最慷慨的施舍者如果不是十分节俭的话，往往也会饥肠辘辘地回到家中。那些信徒们只有靠自己想办法生存下去。成百上千的人只能靠路旁成熟的浆果来维持生存，而在从前，他们大都会到修道院里享受面包和美味佳肴。

但是，还有更大的困难摆在人们面前。这一点是在他们进入圣城后才发现的，耶路撒冷被一个苛刻的民族控制着。塞琉克剽悍的土耳其人继承了巴格达的哈里发之职，他们非常鄙夷和反感朝圣者。这些处在11世纪的土耳其人比10世纪的撒拉逊①人更加凶残和肆无忌惮。他们十分厌烦日益增多的、满山遍野的朝圣者，尤其是当发现朝圣者竟无去意时，更加剧了他们的这一想法。朝圣者一直都在等待着最后审判日的来临。而土耳其人却担心他们会被这些不断到达的人们赶出城去，于是，他们在通往圣城的路上设下重重关卡。他们为朝圣者准备了各种迫害，如抢劫、殴打、圣城门外待上数月、强迫缴纳一块金币的入城税等。

当人们对于最后审判日的恐慌不再那么强烈时，朝圣者中有一些人壮着胆子回到了欧洲，他们在耶路撒冷所遭受的欺凌使他们充满了愤怒，每到一地，他们都对满怀怜悯之心的听众历数那些人对基督徒的罪行。但出人意料的是，这些细致的叙述引发了又一轮的朝圣狂热。在另外的人看来，苦难可以增加他们的荣耀，艰险的路途则可以更好地救赎他们犯下的沉重的罪孽。因此，又有一群群的人从各城镇乡村出发，他们希望到达圣地一睹天堂的风采。这种情况在整个11世纪一直持续着。

圣战的始作俑者彼得

一辆可怕的马车已准备就绪，现在需要的只是一个用双手燃起火炬的人。最终，那个人出现了。隐士彼得如同所有曾经达到过如此伟大目标的人一样，正好符合了那个时代的需要，既不落后，也不超前，但却有着足够锐利的目光在别人发现之前找到了这个世纪的秘密。充满热情、有骑士风度、偏执、顽固，如果不说他已经疯掉的话，也差不多是狂热到了极点。这些品质，都使他具备了成为那个时代的典型人物的各种条件。真正的热情会使人在做事时变得不屈不挠且能言善辩。在这个不同寻常的牧师身上，这两种品质达到了和谐统一。他曾当过兵，现在是法国北部阿缅城的一个修士。人们把彼得描绘成一个容貌丑陋，身材矮小的人，但他的眼睛里却总是透着一种超乎寻常的明亮和智慧。受到当时狂热情绪的影响，他到了耶路撒冷，为那些满怀虔诚的信徒遭受到的重重压迫感到义愤填膺，热血沸腾，他决定返回。他返回之后，讲述了那个震颤了整个世界的关于世人邪恶的感人故事。

我们首先要大致了解当时欧洲人的整个心理状态，这样有利于我们了解他的布道为什么会产生惊人的后果，也会让我们更好地理解他为什么会成功。首先要注意的是，当时的教士阶层对社会发展有着最显著的影响，人们通常会关注他们的看法。宗

① 广义上指中世纪所有的阿拉伯人，原意指从今天的叙利亚到沙特阿拉伯之间的沙漠牧民。——译者注

教统治着人们的思想，是唯一能够让大批的如野兽般野蛮的信徒驯服的力量。教会就是全部。并且它驱使教众们明白，除了在宗教事务上教众处于奴隶般的从属地位之外，他们有权反抗其他一切压迫。各级教士中汇集了所有真正虔诚、有学识和智慧的人，同时他们手中也很自然地握有一大部分权力。这是受智慧激励的结果。

当时的人民大众对王公贵族的重要事务一无所知，只知道自己所受到的苦难。国王为了贵族的利益而统治人民，更准确地说，国王统治着贵族。贵族们存在的唯一作用就是将他们的专制铁蹄践踏在微乎其微的民主的脖颈上，为了维护国王的权力而冒一切风险。而贵族们只有一个朋友，那就是教会。尽管教会一直向大众输送包括自己在内的各种迷信思想，但是它还是给了人们些许的安慰：在天堂里所有的人都是平等的。当封建统治者宣布，今世他们没有任何权利时，教士们却告诉他们在来世他们会拥有一切。于是他们的脑中，根本就没有政治观点的位置，完全是这样的宗教观点。在这样的情况下，一旦教会为了其他目的而发出号召倡导十字军东征时，人们就狂热地投身其中。巴勒斯坦这个名词已经深深植根于所有人的脑海里。连续两个世纪的朝圣以及朝圣过程中的故事，激起了每个人的幻想。当他们的朋友、向导、老师们受自己的偏见和思想状况的影响开始祈祷发起一场战争时，人们的热情达到了极度狂热的状态。

在人们的热情被宗教燃起后，另一个因素也使贵族们心甘情愿投入这场战争。这就是他们生性凶残暴虐，无法无天。在平日里，他们无恶不作，但只有一点可以称得上是好品质：勇敢。弱肉强食是他们唯一的信仰。在这一点和他们过度的暴虐共同作用下驱使他们前往圣地。而他们中大部分都犯有严重的罪过，因此必须到圣地去赎救。他们目空一切，在他们看来，唯一的法律就是自己的冲动。在世俗社会中他们的权利可以与宗教对抗，但是，当听到教士们关于来世的警告时，他们害怕了，而打仗只是他们的本分和消遣。教士们告诉他们，如果他们从事他们本分的话，他们的一切罪恶都可得到赦免，而且这对他们来说是再容易不过的，就这样他们开始热衷于东征的事情。像绝大多数的人们一样加入了热忱地为上帝服务的行列，但教众们却纯粹是出于宗教的动机。

宗教的狂热和贵族的好战情绪把所有人推向了战争，对此，欧洲的国王、王公们也是各怀鬼胎。他们乐于见到这么多到处惹事，经常聚集闹事，嗜血成性的人离国东征，这对统治秩序的稳定大有好处，而且这种好处会越来越明显，因为那些态度傲慢的贵族们早就不甘心居于国王为他们划定的小小封邑之中。这样看来，每一个动机都推动着东征的实现，社会中的各个阶层都被煽动起来，参与或鼓动这场战争。国王和教会出于政治的考量，贵族们则怀着对领土的渴望，大众则是为了发泄长达两个世纪的狂热和宗教热忱……这一切都被他们的唯一引导者尽收眼中。

在巴勒斯坦时，隐士彼得就想到了这个不同寻常的主意：号召基督教世界的力量，来拯救处于穆斯林奴役下的东方基督徒，从那些野蛮的异教徒手中把耶稣的圣墓夺回来。这个想法始终在他的心间出现。每到深夜，他都为此难以成眠。一次梦境给他带来的印象使他更加坚定了这一想法：救世主出现在他眼前，并向他保证如果他从事这场战争时，会恩赐给他帮助和护佑。如果说他的信念在此之前还有过犹豫的话，那么这一次梦境真的使他从此坚信了这个想法，不再退缩。

彼得在耶路撒冷完成了自己的修行之后，就向希腊教会的主教赛弥翁提出了见面的请求，后者当时也在那里。尽管彼得认为赛弥翁是个异教徒，但毕竟他还是个基督徒，并且赛弥翁也敏锐地发现了土耳其人对基督的追随者所作的种种恶行。于是他接见了彼得并接受他的请求给教皇——基督教世界最有影响的人物写了信，诉说信徒们的痛苦，号召他们拿起武器，保护自己的兄弟姐妹。彼得在迅速地与这位主教亲切地告别后，匆匆赶往意大利。

当时的教皇是乌尔班（Urban）二世，他在这个位子如坐针毡。他的前任格列高历把与德国国王亨利四世的争吵留给了他，而他自己也因为狂热地反对法国国王菲利普一世的一桩非法婚姻而惹上了麻烦。由于危机四伏，他甚至觉得梵蒂冈也不能算是其安全的住所了。于是，他在著名的罗伯特·吉斯卡特（Robert Jisikate）的护送下，来到了意大利东南部的阿普利亚避难。从事实来看，彼得应当在那里拜谒过他，尽管无论是古代的编年史，还是现代的历史，都没有指出准确的会面地点。彼得受到了教皇乌尔班二世的热情接待。彼得将赛弥翁主教的信交给了乌尔班二世，并向他讲述了亲身经历的动人故事。乌尔班二世满含热泪地阅读了来信，倾听了这位隐士的故事，他对基督教会的苦难表示出了深切同情。激情是会传染的，看来教皇已经受到了这位隐士激情的感染。他赐予了彼得足够的权力，并委派他到基督教世界的各个国家，号召发起一场圣战。

彼得四处传教，在所有他到达的地方都有不计其数的人响应他的号召。法国、德国和意大利的人们已经有所行动，只待基督教的正式意见下达。一位名叫吉伯特·德·诺让的早期历史学家对十字军东征有过记述，他本人也目击了这一事件。他描写了隐士彼得出现时的场景。

　　他说，无论彼得说什么或是做什么，似乎都带有一种神圣的色彩。人们将他奉若神明，以至于从彼得骑的骡子上拔下的鬃毛也被作为纪念品长久保留。他穿着羊毛短袖束腰长袍，外罩一件直垂到脚跟的黑色斗篷向教众们布道。他从不吃肉和面包，主要的食品就是鱼和葡萄酒，他经常赤裸着双臂、双足。吉伯特·德·诺让说："我不知道，他从哪里出发，但我看到，他穿过乡镇和村庄，四处布道，他被人们围在中央，教众们送食物礼品给他，称赞他的神圣。我从来没见过受到如此尊重的人。"于是，彼得不知疲倦地向前走，他坚信自己的目标，似乎要为他献出生命。他将自己身上疯狂的种子传播到所有听众的身上，慢慢地整个欧洲的每个角落都变得不安起来。

教皇的火上浇油

　　当隐士彼得向教众布道的成效日益显著的时候，教皇用同样的手段感染着那些日后在远征中起主要作用的头面人物。他的第一个行动是1095年秋季在普拉桑蒂亚召集一次会议。在这个教会的聚会上，教皇讲述了土耳其人已计划征服欧洲，公布了东方的君主已从君士坦丁堡向欧洲派来间谍，与此同时宣布了他伟大的计划。在会议中，到会的所有人一致同意支持十字军东进。散会后，每个成员都获得了对自己的教民鼓吹战争的权力。但他们不指望意大利人会提供所有的帮助。

　　穿过阿尔卑斯山，教皇来到高卢鼓动那些凶残而有权力的贵族和谨小慎微的人民大众。他斗志高昂地走进法国，将自己置于他的敌人——法国国王菲利普的管辖范围之内。这也是他的行动中最令人吃惊的地方。有人说他是受到冷酷政策的驱使，也有人说他是受热忱驱使，是像隐士彼得一样炽烈的、盲目的热忱触动了他。看来后一种说法更加可靠。

　　整个社会都没有去估计目前的行动会带来什么样的后果，所有的人都仅凭意气行事。同样，教皇和成千上万的响应者一样，其置身于法国腹地的行为靠的也是冲动。最终，人们在奥佛涅的克列芒召开了一个拥护教皇的会议。在会上，人们分析了教会的现状，提出了改革弊端的想法，但会议最重要的议题是——为战争做准备。

　　那是一个寒彻骨髓的冬日，地面上有一层厚厚的积雪。会议进行了7天，期间会议房门始终紧闭着。小镇上到处是从法国各地蜂拥而来的人群，他们盼望有幸可以目睹教皇亲自布道的风采。各种各样的人们将方圆几十里的乡镇村庄挤得满满当当，露天空地里也塞满了付不起房费的人们，树下、路旁都是他们支起的一顶顶大大小小的帐篷，四邻的地方成了一个十分宽阔的营地。

经过7天的深入讨论，会议通过了一个决议：将国王菲利普开除教籍。理由是他犯有两大罪状：与安戎伯爵夫人蒙特福德·贝尔特拉德的通奸和不服从上帝使徒的绝对权威。人们因这一大胆的举动更加尊敬这个如此严厉的教会，因为它在行使权利时，坚持了人人平等的原则。敬畏之心与日俱增的人们更加渴望聆听这么一个正义凛然、百折不挠的教皇的训诫。随着教皇开讲时间的临近，克列芒大教堂前的那个巨大的方形广场越来越拥挤，不断有大批人涌入这里。

教皇亲自布道的时间到了。他身着全套法衣走出了大教堂，穿着罗马教廷光彩照人的礼服的红衣主教和主教环绕在他周围。他站立在一座专门为他搭起的高台上，上面铺有紫红色的布。围在教皇周围的那群壮观的红衣主教和主教中，就有隐士彼得，他穿着一件简朴的礼服站在其间。虽然他的职位比其他人低，但在世人眼里他的作用非常重要。

关于彼得是否当众讲了话，历史学家们一直在争论，但他们一致肯定当时彼得在场。他讲话看起来似乎是一件顺理成章的事，但教皇的演说却更为重要。当教皇轻轻举起手臂时，现场鸦雀无声。他首先讲述身处圣地的兄弟姐妹们受到的苦难；又描述了残暴的野蛮人是如何将巴勒斯坦平原变成了不毛之地，他们如何使用剑和火给基督徒们带来悲痛，焚毁房屋，抢夺财产。异教徒如何出于肉欲玷污基督徒的妻子和女孩，如何亵渎上帝的祭坛，如何粗暴地践踏圣者的遗物。

"你们，"娴于辞令的教皇继续说（乌尔班二世是当时最擅长辩论的人之一），"听我说话的人，真正信仰上帝的人，上帝赐予权利、力量和伟大灵魂的人，基督教世界栋梁之材的子孙，曾抗击异教徒进犯的国王的子民，我需要你们！扫除弥漫在尘世的污垢，拯救你们身处苦难深渊的教友们！那些野蛮人占领了基督的圣墓，圣地因他们的卑鄙无耻而蒙羞。啊，无敌的骑士们，虔诚的教众们！攻无不克的祖先的后裔们！你们要珍惜祖先显赫的声誉，不要让儿女私情缠住了你们的腿脚，你们要谨记救世主的圣谕：对父母之爱胜过我的人不能得到我的保佑。那些为了信仰我的教义，抛弃土地、双亲、兄弟、姐妹、妻小的人会得到百倍的报偿，会得以永生。"

每个人都感受到了教皇的热情。他的演讲得到了许多次发自心底的欢呼声，因而也多次被打断。接着，他陈述拿起武器为主服务的人将会得到的精神上和物质上的回报。他说，巴勒斯坦是美丽富饶的地方，那里为上帝所珍爱，也发生过许多拯救人类的不同寻常的事情。他保证，战争胜利后所有人将分享那块土地的所有权。

还有，如果为他们的冒犯而辩护的话可以找到足够的借口，无论冒犯的是上帝还是人们。"那么，行动吧，"他接着说，"为了弥补你们的罪过，行动吧！你们要相信，假若你们离开了这个世界，在来世你会享有无上的荣光！"

人们的激情如洪水般爆发了，嘹亮的呼喊声打断了说话人，他们像一个人在大喊那样欢呼，"上帝万岁！上帝万岁！"欢呼声刚刚停下，乌尔班二世就机智地继续他的讲话，"亲爱的信徒们，上帝在福音书里说过的话在此时此刻应验了：'当两三个人为了忠贞的信仰聚集在一起时，我会与他们在一起并保佑他们。'如果不是主驻留在你们的灵魂之中，你们怎么会众口一词地说出同一句话呢！或者可以说你们的嘴唇讲了上帝放在你们心中的话！所有人对圣战的欢呼是上帝的旨意！让我主的大军杀向敌军时，喊着相同的口号吧，'上帝万岁！上帝万岁！'那些想要投身于这场神圣战争的人们请庄严地投入吧，你们要把主的十字架放在胸前、额头，直到出发。准备出征的人们要将神圣的标志戴在肩膀上，不要忘记主的箴言，那些不跟从我，不拿起十字架的人，不会得到我的保佑！"

不可思议的是，在极短时间内这个大会的消息传遍了欧洲，哪怕是最遥远偏僻的角落也没有遗漏。当最神速的信使骑马到达时，才发现边远省份的人都知道这件事了，仿佛有超自然的力量发挥了作用。很早人们就讨论这件事，都企盼着会议的结果。那些情绪激昂的人坚信会议会有他们希望的结果，果然，传来的消息肯定了他们的预言。然而，在那个时代，所有人都觉得这件事无法想象。

在克列芒会议结束几个月后，法国、德国出现了一个奇观。诚实的、疯狂的、穷困的、放荡的、男女老少、身体残疾的人……成千上万的人争抢着报名参加十字军。在每个村落中，燃起人们的激情是教会的唯一的工作，他们向那些为十字军服务的人们承诺给予永远的报偿，同时警告那些拒绝参加甚至有点犹豫的人们会有可怕的事情发生。按照罗马教皇的命令，所有入伍的人债务都被解除了，犯有不同罪名的人也与诚实的人享有了相同的地位。所有的人入伍后财产会受到教会的保护，并且，有传言说圣保罗和圣彼得将从天国降临凡间，保护朝圣者的家产。

在空中，人们看到了各种相同的预示和先兆，这使十字军的狂热大大增加了。这一年还出现了十分壮观的北极光，数以万计的十字军战士冲出家门，趴倒在地，仰望天空，虔诚地拜谒神灵。人们相信，这是上天即将干预人事的迹象，它预示着上帝的军队将把异教徒消灭干净。关于奇观的说法广为流传。一个修士曾看到天空中有两个巨大的骑马武士在战斗，他们分别代表基督徒和土耳其人。两个武士各执烈焰之剑互相砍杀，最后自然是异教徒战败了。有人说，天空中坠落了无数的星辰，预示着土耳其人的败退，分崩瓦解。甚至人们都相信法兰克王查理曼将会死而复生，并带领十字军打败异教徒。

普遍狂热的一个典型代表是充满激情的妇女们。她们每一个人都动员自己的情人、丈夫放弃一切加入圣战。许多妇女把滚烫的十字架放在胸前、臂上灼烧皮肤，然后在伤口上涂抹红颜料以此作为她对于上帝忠诚的永久纪念。另外一些妇女则更加疯狂，她们竟然将十字的形状烙在自己的幼子、婴儿柔弱的四肢上。

当时有一位名叫吉伯特·德·诺让的历史学家，他讲到一个修士的故事。这个修士用刀在自己的前额上割了一个十字的形状，然后涂上了醒目的颜料，他却对人们说这个伤痕是在他熟睡时一个天使干的。不得不说他并不是一个傻瓜而更像一个无赖，因为他试图依靠自己的神圣色彩享受比同伴更高档的美食。他经过的地方，十字军战士都送上金钱和食物，虽然一路辛苦，生活艰难，但他还是以大腹便便的形象出现在耶路撒冷。如果他很早就承认伤口是自己弄伤的，他就不会受到与众不同的待遇，这多亏了他编造的那个天使的故事。

集市聚集了拥有各种形式财产的人，他们都打算将财产换成硬通货。土地、房产的售价只有平时的四分之一，而战争中使用的武器装备的价格则成倍增长。由于天气干旱，已经有一年左右在市场上极难见到的谷物也突然变得异常充足，各种货物的价格大幅下滑，甚至7头绵羊只值5个丹尼尔。贵族们将自己的家产抵押给了犹太人和不信基督教的人，只为了获得很少的一点钱，或者干脆和自己领地中的乡镇、社团签订契约免除了义务。而在平时，他们是不可能做这些事情的。农夫卖掉了犁，工匠卖掉了工具，他们只想得到一把刀剑去参加前往圣城的军队。女人们也舍弃了她们的首饰、饰物，当然，她们的目的和男人们相同。

一群狂热的乌合之众

在这一年（1096年）的春天和夏天，到处都是十字军战士，他们行色匆匆赶往本地区约定的集合地点。他们中有的骑马、坐牛车，有的撑着船，他们以各种方式扶老携幼，盼望着早点到达耶路撒冷。然而，他们中几乎没有人知道耶城在哪儿。有人说在5万英里外，也有人说只要走一个月就会到达。但每次看到一个城镇或城堡，就有孩子们大声欢呼，"是耶路撒冷吗？到了吗？"大路上也有一伙伙的骑士和贵族一路向东，他们边走边以鹰猎鸟来消除旅途的劳累。

吉伯特的描述是亲眼所见而非道听途说的。他说："激情是最富有感染力的，因为无论哪一个人，只要听到教皇的命令，就会马上动员他的左邻右舍、亲戚朋友与他一起'为上帝服务'。就这样，这场远征开始了。"

有王权的伯爵有着强烈的远征欲望，下级骑士也受到了同样热忱的煽动，甚至贫苦的人也异常高兴地接受了这种疯狂，他们中没有人考虑一下自己是否应当这样做，或者说考虑一下，要不要放弃自家的农庄和葡萄园。每个人都变得不在意金钱的多寡，他们都准备卖掉自己的家产，无论价钱怎样，就好像他们非常需要钱为自己解脱牢狱之苦一样。

有一些还没有决定参与远征的人讥笑那些亏本出售财产的人，他们当众预言后者的旅程一定会万分痛苦，并且惨淡收场。但是他们第一天还在这么说，第二天就被同一种狂热感染了。用最响亮的声音嘲笑别人的人同样为了几个金币而卖掉了所有的财产，与那些曾经被他刻薄地嘲弄过的人一同踏上了征程。此时，他们变成了新的嘲笑对象，由于别人知道他们以前犹豫过，所以他们更狂热的邻居会通过赠送一根织毛衣针或纺线杆的方式表达他们的轻蔑。由于担心成为大家攻击的对象，又有许多人匆忙加入了主的军队。

十字军东征的另一个效果是使得宗教命令得到了普遍的服从，这种服从表现为所有人都接受了"上帝休战日"。在11世纪初，法国的教会感到了人民深处苦难之中，但他们又无法抑制封建领主的贪婪和放纵，于是教会想要通过宣布著名的"上帝之和平"来唤起大众的良心。所有遵从这个禁令的人都要发誓：不使用致命的武器，不为所受的任何伤害而报复，不享受掠夺而来的财富。作为回报，主将赦免他们所有的罪恶。但无论教会怀着多么善良的本意，他们的这个举动只带来了伪善和像以前那样的无法掌控的暴力。

1041年，教会打算再次努力缓和领主们野兽般的贪欲，教会庄严地宣布了"上帝休战日"。"休战日"的时间定在每周三晚上至第二周的周一上午，在这段时间内禁止以任何借口付诸暴力，或者进行报复行为。但是指望野蛮人受这些措施的教化是不可能的。几乎没有人能在如此漫长的五天里保持克制，或者即使做到了，他们也会在余下的两天里变本加厉地进行烧杀劫掠。后来"休战日"被迫改为周六下午至周一上午，但是暴力流血事件并未减少。在克列芒会议上，乌尔班二世再次庄重地宣布了休战日禁令，强烈的宗教感情使这个法令得到了立即执行。

宗教感情产生的巨大冲动，使所有的人抛弃了解自己的微不足道的激情。封建领主不再压迫平民，强盗洗手不干，下层人民也不再抱怨。所有人的心中只有圣战，别的想法已无处容身。

参加圣战的人们的露营方式反映了一个很奇怪的现象。那些跟随在自己主人旗帜下的人，都将帐篷搭在了主人城堡的周边。而自愿参加圣战的人，则在城镇、乡村的边上建造起木棚小屋，时刻准备着在某个著名的领导人的带领下远征。法国各地的城堡周边和草地上布满了帐篷。由于参战分子们认为只要到达巴勒斯坦就可以解脱所有的罪恶，这让他们更加沉迷于无限度的放纵之中。妓女脖子上挂着十字架，但却无所顾忌地向参与圣战的人出卖自己的肉体，那些战士也无所顾忌地接受。偏爱美食的人，开始酗酒，暴饮暴食，淫乱蜂拥而至。他们用服务上帝的热忱去掩盖了他们身上的缺点、蠢行，他们认为自己将和那些严格修行的隐士一样得到上帝的拯救。这个逻辑使无知者更加迷失了方向，以至于时常可以听到一座帐篷里既有淫荡作乐的欢笑声也有虔诚祈祷的诵经声。

现在应当说说这次远征的领袖人物了。许多人都觉得应当听从隐士彼得的命令，因为彼得是圣战的发起者，所以他们认为他是战争领导人的最佳人选。另一些人聚集在了一个颇有勇气的探险家的麾下。这个探险家曾有过的经历为他的名字蒙上了一层光彩，人们把他称做穷困潦倒的高蒂埃或是极其贫穷的瓦尔特，但他却拥有贵族家庭的出身，并且很有战争天赋。第三拨是围绕在一个名叫哥茨乔克的修士周围，从德国出发的人们。史书上并没有关于哥茨乔克的记载，我们只能说他是受宗教狂热浸染最深的人之一。所有的这些人总数据说有30万。他们是欧洲最卑鄙的家伙们会聚成的乌合之众。没有纪律约束，也没有真正的勇气，他们像瘟疫一样通过一个个国家，给所到之处带来恐慌和杀戮。

以圣战为名的侵略

1096年早春，在克列芒会议几个月后，由瓦尔特率领的第一队人马出发了。没有任何的纪律约束这群人的行为，并且，就像他们的境况与领袖的名字一样，个个非常贫困，所以都希望能在途中吃到饱饭。他们如潮水般漫过德国，涌进了匈牙利。

刚进入匈牙利的时候，匈牙利人还对他们表示了友好。虽然前者对于参加十字军并没有那么狂热，但很愿意帮助这些战士们推进这项事业。但令人遗憾的是，这种支持在不久后就结束了。这也与十字军战士的行为有很大关系，他们对匈牙利人给予的食品极不满意，他们认为自己应当享受奢侈的生活。于是他们开始攻击乡村人民的住所，用手里的刀剑抢劫财物。匈牙利人被他们的行为激怒了，当军队将要到达桑林时，聚集起来的愤怒的匈牙利人攻击了十字军队伍的尾部，杀死了一些掉队的人，并把夺得的十字架和武器当作战利品悬挂在城头。面对决心与他们为敌的匈牙利人，瓦尔特显然有些力不从心，因为自己的军队像一群蝗虫一样到处抢掠。于是，十字军队伍的尾部不断受到攻击，直到离开匈牙利。

在保加利亚等待瓦尔特的是更加糟糕的霉运。所有的城镇拒绝让他们通行，乡村也不提供任何食宿方面的方便。而且城镇市民还联合乡村居民，杀了数百名十字军战士。这支军队慌乱前进，倒有点像在撤退。最后到达君士坦丁堡时，瓦尔特率领的军队由于饥饿和杀戮等原因，只剩下了出发时的三分之一。

激情澎湃的隐士彼得率领了人数更多的军队。他们带着很多行李和妇女儿童，人数众多到都可以组成另一支新的军队了。如果世界上还有一支军队比穷困潦倒的瓦尔特的军队更残暴的话，那肯定就是隐士彼得的大军。由于他们的食宿有较好的保障，所以在通过匈牙利时，并没有发生抢劫之类的事情。如果不走那条通过桑林的路线，也许他们会安安静静地走过这个国家，但不幸的是，他们恰好选择了那条路线。

走到城下时，他们看到了先行者的许多武器和十字架被作为战利品挂在城头。这让他们无比愤怒，他们仗着人数众多和匹夫之勇凶猛地攻打这座城市。破城之后，他们制造了骇人听闻的恐怖暴行、淫乱等。存在于每个人心中的邪恶冲动变成了猥亵、报复、色欲和贪婪，而居住在桑林中的百姓成为种种暴行的受害者。每个疯子都会到处放火，而明智的人不得不用心去扑灭它。隐士彼得具有燃起人们愤怒之焰的能力，却没办法让它冷却下来。他的下属无休止地实施暴行，直到感觉到对方报复的可怕才停手。

匈牙利国王知道了桑林的惨剧后，他认为有必要给这位隐士彼得一点教训，因而他亲率大军前来。闻知这一消息后，彼得迅速退往莫拉洼。这条宽阔湍急的溪流，在贝尔格莱德以东几英里处汇入第聂伯河。而彼得并不知道，在这条溪流边，一群愤怒的保加利亚人正在等待他们进入陷阱。当十字军到达时，他们忽然冲出来，许多昏头昏脑的十字军士兵葬身鱼腹，还有许多死在保加利亚人的刀剑之下。古代的编年史作者没有记录彼得大军有多少人在这里丧生，只说很多。

在尼萨，保加利亚大公加强了防备以应对可能发生的进攻。根据经验，彼得觉得最好不要发生冲突。于是，他命令士兵在城墙下驻扎了3天。这时，公爵认为过度的不友好可能招致祸端，因此他允许人们向这群凶狠残暴、贪得无厌的豺狼们提供饮食。第二天早上，彼得率军和平地离开了。但有几个留在队后的德国流浪汉因为前一天晚上与主人发生了争执，竟放火烧掉了两三座房屋和磨坊。这让尼萨人觉得完全轻信了这群恶棍，他们冒死冲出来武装报复，将这几个肇事者杀死后，继续追杀大队人马，直到俘获了队尾的全部妇女、儿童和大部分辎重才收兵。

在这种情形下，彼得只得回到尼萨要求面见大公进行解释。大公告诉了他事情的经过，这位隐士无法平息如此强烈的愤怒。于是，他们二人进行了谈判并得到了令人满意的结果。保加利亚人同意释放所有的妇女和儿童。但就在这时，一队胆大包天的士兵却要自为是地准备攻打和占领该市。彼得制止这场越来越大的骚乱的努力落空了。孤注一掷的十字军士兵们战斗片刻后也四散而逃。这一队人马被彻底打败后，一场屠杀开始了。这一次死去的不只是成百上千，而是成千上万的人。

据说，隐士彼得发现大事不妙，就抛开了他的军队逃到了一个尼萨附近的人迹罕至的森林里。至此，人们都很好奇，经过这样严重的挫折，是否"锋利的箭穿透了，他那痛苦的胸膛。"或者，他的激情能否再次点燃民众的激情到达事业成功的彼岸。很难想象刚才还手握十万军队的领袖，现在要躲藏在森林里，还要时刻防备着被搜索他的保加利亚人发现而中断自己的这次东征。这时，幸运女神降临了。军队中几个最勇敢的骑士收拢了500个打散的士兵，仍旧尊他为领袖，士兵们兴高采烈地欢迎隐士彼得。简单讨论之后，他们决定重聚那些分散的士兵。为此，他们燃起了篝火，派出了探子，不停地吹响号角，让那些四散奔逃的士兵知道，朋友就在附近。傍晚时分，彼得已经有7千人的队伍了。几天后，又收拢了一支2万人的队伍。沿原定路线，彼得带着这些残兵败将向君士坦丁堡开去。而那些殒命在保加利亚森林里的士兵们则永远在那里安息了。

可怜的劫掠者

到达君士坦丁堡的彼得见到了先于他来到的瓦尔特。国王阿历克塞为他们大摆宴席。事实上，一路上发生的挫折应当让这些人学会小心谨慎。但他们很难控制自己凶残、掠夺的本性。尽管有朋友为他们提供了享用不尽的食品，他们还是难以克制。彼得的警告也没有任何作用。在约束士兵的冲动方面，彼得与最卑贱的士兵一样没有任何办法。

这群士兵就为了搞个恶作剧便放火烧掉了几座公共建筑。他们还把教堂屋顶上的铅条抽下，当作废旧金属卖到城郊。这可能是他们让阿历克塞感到厌恶的开始。后来他的所有举动都表现了他的厌恶，这种情绪甚至延续到后来对待谨慎、正直的军队上。他清楚地认识到，即使是土耳其人也不像他们这群欧洲来的渣滓这样难以对付。因此，他很快找到了个借口，催促他们赶往小亚细亚。

彼得和瓦尔特一同穿过了博斯普鲁斯海峡，但放纵的部属让他几乎绝望了，他以补充给养的借口回到君士坦丁堡。不久，十字军的内部出现了裂隙，他们忘记了自己正处在敌国境内，应该团结一致。瓦尔特统率的隆巴人和诺曼人与彼得统率的弗兰克人和德国人之间发生了矛盾。后者宣布脱离集体，并推举了一位叫雷纳德或雷霍志的人作领袖，很快他们占领了雷克瑞哥根城堡。这引起了手握重兵的苏丹索利曼的警觉。他首先命令士兵突袭了一群离开了城堡、驻在不远处当伏兵的十字军士兵，接着将城堡包围。被围困8天后，十字军士兵们饱受缺水之苦。没有人知道所谓的援军到来的希望或绝望的力量能使他们坚持多久。这时，更可怕的事情发生了，他们狡诈的领袖背信弃义，将城堡拱手让给了苏丹。雷纳德带着两三个军官溜出了城堡，剩下的人因不愿成为穆斯林，都被残忍地杀死。这样由隐士彼得带领下浩浩荡荡穿过欧洲的人马全军覆没了。

瓦尔特军队的下场也没有什么差别。雷克瑞哥根城堡的惨剧传来后，士兵们要求马上与土耳其人开战。瓦尔特认为，只有好的士兵才能成就好的将军。此时，他头脑冷静，完全知道进攻面临的危险，在敌方力量占绝对优势的地方他的军队不能采取任何行动，因为一旦打败了，连退路也没有。他告诉部属除非援军来临，否则不能冒险进攻。但他的手下并不那么冷静。他们声称，如果瓦尔特不同意的话，他们就独自向土耳其人进攻。面对这种情况，瓦尔特只好带领士兵们向死亡冲去。在前往尼西亚，也就是现在的伊斯尼克的途中，他们遭遇了苏丹军队的挡截，残酷的战斗就此开始。土耳其人进行了一场大屠杀，在2.5万人基督徒中，有2.2万人被杀，瓦尔特身受七处重伤而死。幸未遇难的3000人退往西维多，凭壕沟坚守。

尽管彼得非常厌恶这群自己带出的欧洲人的放纵，但当听到他们的厄运时，他依然悲痛万分。这让他恢复了以前所有的热忱。他热泪盈眶地请求阿历克塞发兵解救困在西维多的幸存者。于是，国王派出了一支军队，去拯救那些倒霉鬼。这时，土耳其人已经开始围攻这个城市，十字军士兵濒临绝境。阿历克塞与土耳其人进行了谈判，最后成功解救了这3000人。鉴于前事，阿历克塞命令他们放下武器，然后给他们发放路费，将其送回了欧洲。

与此同时，在德国的田野森林里集中的新一队人马整装出发，目标直指耶路撒冷。这支军队的首领是一个叫哥茨乔克的狂热牧师。他们与瓦尔特和彼得一样，选择了途经匈牙利的路线。但这支10万人大军的命运比起在他们前面的两支更加悲惨。他们依仗人数，随意烧杀抢掠，不堪忍受的匈牙利人奋起反抗。国王卡洛曼下决心要除掉这帮人，因为不除掉这帮人，很难平息匈牙利人达到顶点的愤怒。哥茨乔克可能还不知道，他不仅要为他的手下人同时也要为以前途经此地的十字军士兵所做的坏事付出代价。匈牙利人用计策使他们放下了武器，然后对手无寸铁的十字军士兵大加杀戮。我们不知道多少人逃过了这场浩劫，但我们知道，这些人中没有一个到达巴勒斯坦。

还有从德国和法国出发的队伍，他们由一些无名的首领领导。他们的兽性远远超过以往的十字军队伍。他们的疯狂远远超过了隐士彼得手下最癫狂的疯子。这些人数从1000到5000不等的家伙们成群结伙地自寻路径，他们穿过一个个国家，一路烧杀抢掠。虽然他们的肩头上也佩戴着十字架，但他们还是猛烈地指责前行者没有毁灭土耳其人的蠢行；他们认为犹太人是基督徒不共戴天的仇敌，先行者不该留下如此多的犹太人。就这样，他们开始凶狠地报复这个不幸的民族，出现在他们面前的犹太人不是被杀死就是被残酷地折磨。根据阿尔伯特·阿昆西斯的证词：这群野兽恶行昭彰，不顾廉耻，他们的邪恶程度与他们愚昧无知的程度一样。他们还借助山羊和鹅寻找犹太人，因为他们觉得这些动物是神圣的，他们拥有神灵赐予的灵性，可以发现不信上帝的人的踪迹。他们完全不顾教会的劝阻，仅在德国，就有一千多犹太人被屠杀。他们折磨人的方式骇人听闻，以至于许多犹太人为躲避他们的魔掌而自杀。

又到了匈牙利人为欧洲除害的时候了。到犹太人几乎绝迹时，十字军士兵们又聚集起来走上了通向匈牙利的老路，这条路上洒满了30万十字军先行者的血迹，而他们踏上这条路也走上了几乎相同的命运。

我们不知道这群人到底有多少，当时的作家们也没有进行准确的叙述。但据传闻，当时的尸体堆积如山，就连第聂伯河的水都被染红了。在第聂伯河边的梅尔斯堡，曾有一场最残酷的屠杀。匈牙利人曾试图阻挠他们过河，但他们凭着自己盲目、疯狂的勇气，强行渡河，并且在城墙上打开了一个缺口。但就在将要取得胜利的时候，一种莫名的恐怖突然袭来。所有的人都扔下武器拼命地逃跑，没有人知道原因，也没有人知道逃往何方，手执利刃的匈牙利人毫不留情地冲上去砍杀。据说，无人埋葬的尸体堵塞了第聂伯河的河道。

十字军的新生

至此，欧洲的疯狂已宣泄殆尽，紧接着登上历史舞台的是它的骑士风度。

在这股横跨欧亚大陆的巨大洪流中，产生了一批头脑冷静、思虑成熟和百折不挠的坚强领导者。而罗曼史大加描绘的正是这些人，罗曼史在这些人物身上灌注了大量形容美好品质的词汇，而把那些满是邪恶和兽性的先行者留给历史去批评。在这些人当中，以洛林公爵葛德布雷·德·布林和杜鲁斯伯爵雷纳德（Reinard）最为有名。他们都是具有欧洲皇室血统的领导人。这些人都在不知不觉中受到了这个时代狂热的影响，但他们投身其中却并不仅因宗教动机而已。他们与瓦尔特的鲁莽从事、彼得的冲动而盲目、哥茨乔克的凶残野蛮完全不同，虽然在他们身上也或多或少地有这些品质，但表现的形式却要温和得多。他们的宗教激情和野蛮的兽性受到了世俗的观念和骑士精神的控制。他们清楚地知道是什么主导了大众的意志，也同样清楚如果不愿去阻止它的话，可以投身其中，这样可以使自己更加安全。

在这些贵族周围聚集了许多不那么有名的首领，他们中大部分都是意大利和法国贵族的后裔，只有很少的人来自西班牙、英国和德国。如此庞大的军队如果沿着同一条路线前进，给养必然不足。所以，这些英明的首领们决定兵分三路。葛德布雷·德·布林公爵经匈牙利和保加利亚，杜鲁斯伯爵则经隆巴迪和达尔马提亚，其他人则经阿普利亚进军君士坦丁堡，那也是事先商定的各路人马汇合的地方。

关于这些首领所率军队的数目，历来说法不一。安娜·高妮娜公主用海边的沙粒或者银河中的星辰形容其数量之巨。查特福彻的说法则比较客观，更为可信。他说，在比提尼亚①的尼斯城前布满兵马时，人们看到超过十万骑兵、六十万步兵，那些传教士、妇女和儿童并不计算在内。吉本主张这个数字有夸张成分，但实际数目应当相差无几。安娜公主则说，葛德布雷自己手下就有八万骑兵和步兵，据她推测其他首领手下也不会少于这个数目，所以她估算总数将近五十万。现在看来，这个数目比实际数目要多，因为在出发时葛德布雷的军队实际上是最多的，而他在途中的损失也小于其他各路军队。

① 小亚细亚西北部一个古老的王国。——译者注

沃曼杜瓦公爵第一个率军到达希腊境内。在达拉斯，他受到了国王代表们的热烈欢迎。他的部队也得到了充足的给养。然而，在没有任何原因的情况下，阿历克塞国王突然命令逮捕公爵并将其押往君士坦丁堡。人们异口同声地谴责他公然破坏慷慨和公平的传统。但对于这位国王会有如此卑鄙而又野蛮行动的原因，不同的史书有不同的观点。诺让·吉伯特提出了最可能的原因。他说，阿历克塞担心十字军夺取他的王位，所以才会有这个极端行为。他认为，如此有名的王公，并且是法王兄弟宣誓效忠于他，那么后来其他的首领都会争相效仿的。所以此后，他以公爵发誓效忠于他，作为其脱身图圄的代价。

然而结果却令他大失所望。但是，这种策略符合心胸狭窄的国王的口味。他一直非常担心那些强壮而又野心勃勃的西方武士们会危及他日渐削弱的统治，因此，他想要用这种方式来逐渐消灭他无力对抗的力量。其实，如果他担心招致他统治下的众首领的反对，他可以将这种能量引向整个欧洲都公然反对的目标，即征服耶路撒冷，这样他自己将处在这次欧洲人运动的首领地位，他所担心的矛盾也能轻而易举地化解。但是，他没有做他应当作的事情，即成为他曾派使节向教皇表示全力支持的十字军的主人和领袖，而是沦落成为痛恨鄙视十字军的人的奴隶。毫无疑问，高蒂埃和彼得率领的军队的兽行确实令人对整个十字军产生了厌恶之情。但那仅仅是一个小人的厌恶罢了，而他竟然用这种厌恶来为他自己的优柔寡断和贪图安逸进行掩饰或辩护。

葛德布雷率军非常安静而有秩序地在匈牙利的土地上行进。在他经过梅尔斯堡时，他看到了遍布乡间的血肉模糊的尸首，这些尸体正是那些曾残酷杀害犹太人的十字军士兵。葛德布雷并不了解这些人的暴行，于是，他质问匈牙利国王，要求他解释这些尸体为何横陈在此。国王耐心细致地向他讲述了这些人曾经犯下的滔天大罪，并说匈牙利人这样做完全是为了自卫。这位极有修养的十字军将领对国王的话表示满意。他带领士兵们顺顺利利地穿过了匈牙利，既未骚扰别人，也未被骚扰。在抵达菲力普波利后，葛德布雷得到沃曼杜瓦公爵被囚的消息，他马上派遣信使，要求阿历克塞皇帝释放公爵，并威胁阿历克塞说，如果拒绝释放公爵，他将发动战争将整个王国夷为平地。

等了一天后，他命令部队向阿德里安堡进发。途中他收到了皇帝拒绝十字军要求的报告。葛德布雷，这位十分勇敢，意志坚强的十字军领袖是个言出必行的人。于是，阿历克塞的国土又遭到一次劫难，整个国家陷入了一场浩劫。有了这次可怕的经历，阿历克塞认识到，十字军是言而有信的，他立刻同意答应释放公爵。

阿历克塞开始是使用卑鄙的手段，后来又因恐惧而屈服。他的做法给他的敌人们一个经验：他们不能指望阿历克塞何时再发慈悲，只有让他害怕恐惧，才能让他乖乖听话。葛德布雷在君士坦丁堡郊区停留了几个星期，这让阿历克塞非常担心。他还通过恐吓的方法使葛德布雷像沃曼杜瓦公爵那样对他宣誓效忠。因此，他有时候要和十字军作战；有时候拒绝提供给养，命令关闭与十字军贸易的市场；在另外的时候，他又会带着最大的诚意，宣布自己是如何爱好和平，同时派人给葛德布雷送上昂贵的礼物。诚实正直的葛德布雷非常反感他的虚情假意，反复无常。因此他异常愤怒，所以就放纵自己的士兵在城郊抢劫，抢劫中燃起的大火整整持续了六天。阿历克塞吓得魂不附体，而这正是葛德布雷想要看到的，草木皆兵的拜占庭皇帝阿历克塞担心君士坦丁堡会成为十字军攻击的目标，他急忙派遣使臣邀请葛德布雷进行会谈。为了表达自己的诚意，他主动提出以自己的儿子当人质。这个建议得到了葛德布雷的首肯，同时，不知是为了早点结束这场徒劳无益的争斗，还是有其他难以描述的原因，他竟向阿历克塞宣誓效忠，将阿历克塞奉为自己的君王。

葛德布雷接受了国王给予的各种荣誉。按照当时的常规，他作为君王之子，参加了"接受荣誉"的仪式。虽然葛德布雷与他的兄弟保杜安·德·布龙都非常尊重阿历克塞，但他们的手下人可不是这样想的。士兵们认为阿历克塞是一个虚情假意的君王，不应当听命于他。有一位名叫罗伯特、来自巴黎的公爵，是有名的野蛮头领，一次他竟然大胆地坐在了阿历克塞的宝座上。阿历克塞对这种不懂礼数的行为表示了轻蔑，这也增加了他对不断增加的大队人马的不信任感。

这位虚伪的国王，还是十分值得同情的，因为在很长一段时间里，他始终处在十字军士兵的傲慢无礼和实实在在的恐惧之中。任何不快都会增长这些无法无天的士兵占领整个帝国的野心。安娜·康妮娜，阿历克塞的女儿，很为父亲的生活状况感到悲哀。一位学识渊博的名叫威尔根的德国人在新近出版的一本书中，模仿公主的语气说道：为了避免可能的对十字军士兵们的冒犯，阿历克塞满足了他们所有的哪怕有些稀奇古怪的要求，甚至为此还牺牲了自己的健康——当时他的麻风病正在发作，也是这场病使他离开了人世。他不得不随时接见每一位想见他的士兵。在他的面前，士兵们无休止地高谈阔论，而他只能静静地听着，不能表现出哪怕是一丁点儿的不耐烦。

阿历克塞的官员们对那些飞扬跋扈的士兵们很不满，有时他们试图劝阻这些士兵，维护国王的尊严，但却被国王斥责。阿历克塞非常痛苦地忍受这一切，他明白，如果他不委曲求全，这些士兵就会变成一群恶魔。头领们经常带领一大队士兵出现在阿历克塞面前，一点都不顾及他国王的尊严。但国王却平静地倾听他们的谈话，即使已经到了深夜他也会继续下去。

有时，他甚至连吃东西、喝水的时间都没有，晚上也无法休息，因此他常常在王座上以手托头打一会儿盹。而后来，就连打盹的工夫也没有了，总是会被新来的粗鲁的骑士们喋喋不休的话语打断。后来，在场的朝臣们有些体力不支了，他们疲倦地倒在长椅上、地板上，而阿历克塞依然打起精神与那些拉丁人谈话，避免他们找到说出不满的借口。

"长时间处在这样的惊慌和恐惧中，阿历克塞哪还能顾得上国王的尊严和意识到自己是个君王呢？"

虽然阿历克塞受尽了百般屈辱，但还是受到指责。由于他不够真诚，十字军一点都不信任他。最后十字军中形成这样的一致看法，西方的基督不共戴天的仇敌并不是土耳其人和撒拉逊人，而是阿历克塞国王和希腊人。在这里，我们不再赘述他们使用的各种各样的恫吓、贿赂、诱骗和敌对的手段了。后来，陆续到达的领袖们都向阿历克塞宣誓效忠。然后，在他允许后前往小亚细亚。但有一个人例外，这个人便是雷蒙德·德·圣古尔斯——杜鲁斯公爵——他严词拒绝了这个要求。

在君士坦丁堡的停留没有给这支高举十字架的军队带来任何好处。意见不一和贪污腐化几乎摧毁了他们前进的动力，浇灭了他们如火一般的热情。在某些时候，杜鲁斯公爵甚至打算解散军队，如果不是十字军的领袖劝他穿过博斯普鲁斯海峡的话，这恐怕会成为现实。

进攻尼西亚①

一到亚洲，十字军的将领和战士们都恢复了出发时的精神。危险和困难的出现使他们不敢掉以轻心。他们迎来的首战是围困尼西亚城，最终的目的是占领这座城市。

葛德布雷和沃曼杜瓦公爵先后率军来到城下。在这次战役中，涌现出了许多著名人物，除了之前我们提到过的那些著名领导者之外，还有勇敢刚毅的坦可里德，《解放耶路撒冷》一书有关于他的事迹的详细记载；还有英勇的普伊主教鲍德温（Baldwin），他就是后来的耶路撒冷之王；隐士彼得，由于失去了先前的权力和影

---

① 尼西亚是1204年第四次十字军东征后成立的拜占庭希腊人国家。——译者注

响，现在他几乎成了一名普通的士兵；吉里·阿斯劳恩，一名罗马尼亚的苏丹，他是塞尔鲁克土耳其人的首领，在罗曼史中他的事迹被记述者蒙上了一层虚假的光环。如果你去读塔索（Tasso）[①]的诗就会知道，在诗中，他被称为索里曼。在战斗开始前，他赶来保卫尼西亚，但他所做出的几次置之死地而后生的努力全部失败了。

广大的基督徒们在这场战争中表现出来的英雄气概让吉里惊讶不已。在战斗刚开始时，他还希望自己遇上的是一支毫无纪律的野蛮部队，就像隐士彼得率领的那支军队，领导者根本约束不了士兵。但事实恰恰相反，他发现自己的对手是那个时代经验最丰富的领导人。他们手下的士兵因为内心的狂热而异常勇猛但却不至于失控。在数次战斗中，双方都有成千上万的人倒在血泊中，场面异常惨烈。十字军的士兵们将倒地的穆斯林的头砍下当作战利品，运往君士坦丁堡。

在吉里暂时溃退之后，尼西亚之战变得惨不忍睹。土耳其人更加疯狂地投入战斗。他们将如雨般的毒箭射向十字军士兵们，一旦哪个走霉运的士兵被射中倒地，他们就从城上用铁钩将尸体钩上去，剥光衣服后砍断四肢，再次丢向攻城的人群。

这场战斗持续了36天，由于十字军士兵们给养充足，战争的激烈程度丝毫没有减弱的迹象，双方都竭尽全力在战场上拼杀。

有许多故事讲述这些基督徒领袖们超乎常人英雄气概——一个人打败一千个敌人；虔诚的射手百发百中等。有一个关于葛德布雷的逸事值得在这里简述一下。这个故事来自艾克斯的阿尔伯特，故事不但表现了葛德弗雷的英武过人，也从一个侧面说明当军队将领们轻信的习惯已经传染到整支部队了，这往往会将他们引向失败的边缘。

一个身材魁梧，手持巨弓的土耳其人每天都出现在尼西亚之战的阵地上。他箭无虚发，每支都夺人性命，给十字军造成了极大的损失。十字军的箭手们都把箭瞄准他的胸口，尽管他没有身披铠甲，但却始终毫发无损，射来的箭也都落在了他的脚下，看起来他似乎是刀枪不入。

这个流言迅速在军中传开，许多人说这个土耳其人不是凡人，他是伊斯兰教中的战神弗安德下凡，凡间的人根本伤不了他。葛德布雷对此不以为然，他从不相信那些穆斯林说出的神魔鬼怪。于是，他决定想办法控制这种使士兵们丧失战斗力的恐慌。他拿起一张巨大的弓，站在两军阵前，稳稳地瞄准了那个被士兵视为天神的射手：他的利箭正中对方的胸膛，穿透了心脏，那位土耳其人随即倒地而亡。被围在城中的穆斯林为丧失屏障而悲伤，而攻城的基督徒则欢呼雀跃，"这是上帝的旨

---

① 塔索（1544—1595年），意大利诗人。——译者注

意！这是上帝的旨意！"

这时，几乎所有十字军将士们都认为，他们马上就会赢得战争的胜利，然后占领这座城市。突然，他们在战场上空看到了阿历克塞皇帝的旗帜，这令他们万分惊讶。

原来，阿历克塞派遣了一名叫法蒂修斯①的使者，他带领一支希腊人组成的军队，从战场中的一处没有十字军驻守的缺口处冲进战场，并说服土耳其人向他投降，不要向十字军投降。识破这个诡计后，十字军士兵们感到无比的愤怒。但葛德布雷还是费尽心机劝说手下，避免了一场与希腊人之间的战斗。

十字军的队伍继续前进，但不知为何分成了两部分。有的历史学家认为这是一种偶然，但另外一些人则认为这是双方商量好的，为的是在征途中获取充分的给养。其中一支由勃埃蒙德、坦可里德和诺曼底伯爵率领，另外右翼一支则由葛德布雷和其他几个首领指挥。两支军队并行推进，相隔一定的距离。

穆斯林的反击

现在应当再说一下那个罗马尼亚的苏丹，在尼西亚城失利之后，他并没有灰心。他一直在暗地里积聚力量，企图一举打败十字军。在短时间内，他将众多的部落和散兵游勇网罗旗下。据保守的估计，他的士兵人数约有二十万，以骑兵为主。凭借着手中的军队，他在多雷洛姆山谷为十字军先头部队设下了埋伏。

1097年7月1日清晨，如洪水般的土耳其骑兵突然杀出，仿佛从天而降。勃埃蒙德几乎没有时间让自己冷静下来，他变得非常慌乱。这种柔寡断和恐慌的情绪传染了手下的士兵，所以当那些东方人铺天盖地冲向他们时，他们几乎忘记了还击。

这支主要由步兵组成的基督徒军队四散奔逃，死在土耳其人战马的铁蹄和暴雨般的毒箭之下的十字军士兵不计其数。主力被歼灭后，余下的十字军士兵撤退到辎重的旁边。这时，一场可怕的大屠杀开始了，男女老少、老弱病残无一幸免。正在这支部队将要全军覆没之时，葛德弗雷和杜鲁斯公爵出现在了战场上，形势这才扭转了。

面对基督徒的反攻，土耳其人进行英勇的抵抗，最后他们抛下了给养充足的营地逃走了。事后，十字军清点阵亡的士兵人数：4000人，其中还有几位著名的首领，包括巴黎的罗伯特公爵和坦可里德的兄弟威廉。

土耳其人的损失要小得多，这次的教训让十字军的领袖们学会了在战争中如何

---

① 另一说法称之为泰坦。——译者注

运用策略——罗马尼亚的苏丹也保留着较强的实力。这位苏丹率领他的士兵将十字军行军路线所经之地抢掠一空。而十字军并不知道他们正在坠入敌人的圈套。在发现了土耳其人的营地里有充足的物资后，他们开始大吃大喝，没有一点长远眼光，几天之后所有物资消耗得精光。

很快他们就为自己短浅的目光付出了惨重代价。在他们向安条克①进军的途中，他们发现途中费尔及亚的乡村已成为一片废墟，他们粮草无从补充。而苏丹用火把想要达到的正是这个目的。

天空中的烈日几乎能将土地烤干晒透。士兵们口干欲裂，但更为严重的问题是开拔后的第二天水就喝完了。每天都会有大约500人死在路旁。骑兵的战马也一批批死去。他们把马驮的辎重放在了狗、羊、猪的背上，有的直接丢掉了。

在这次苦难中，人们完全忘记了财富带来的纷争。早就被遗忘了的宗教热情，在灾难降临之时神奇地回到了人们的心中。上帝所作出的死后永远幸福的承诺或多或少地给那些将死的人带来了一丝慰藉。

历经艰辛的十字军最终到达了安条克，他们再一次拥有了充足的水源和丰美的牧场，十字军士兵又陷入了疯狂的兴奋之中。他们支起帐篷，享受美食，又过上了无忧无虑的生活。没多久，士兵们都忘记了饥荒之苦，又开始了奢侈浪费。

鏖战安条克

1097年10月18日，十字军驻军安条克城下。安城之围以及它引发的一连串其他事件，是这次东征中最具有影响力的事件。

安条克城占尽地利，是座易守难攻的坚城。它建在高地之上，城边有一条名叫奥伦提斯的河流。土耳其驻军的给养足以支持他们坚守一段时间。在给养方面，基督徒本来没有输给土耳其人，但后来形势急转直下，因为他们的行为太不明智。十字军共有30万士兵。根据雷蒙德·达吉利斯的讲述，他们的物资太多了，以至于他们可以做到只吃被杀死的动物最鲜美的部分，而将其他部分的肉丢掉。他们奢靡浪费甚至有些病态。大约过了10天，饥饿的威胁再次光临。就在这时，他们进行了一场试图夺城的突袭，但徒劳无功。之后，他们想用围城的办法困饿城中的敌人，当然自己同时也要挨饿。

---

① 土耳其南部城市，安条克公国存在于1098—1268年。——译者注

随着饥饿的到来，人们逐渐从宗教的狂热中清醒过来。首领们开始对这场远征有了厌倦情绪。鲍德温先前已经开小差前往埃德萨，密谋夺取那个小公国的控制权。其他十字军将领的热情和活力也消失殆尽，查特的斯提番和沃曼杜瓦的休对于因为他们的愚蠢和浪费造成的极度困难感到无法忍受，信心也慢慢犹豫动摇了。甚至就连隐士彼得也从内心里厌恶他们先前制造的罪孽，形势不断恶化，人们饥不择食，甚至出现了人吃人的惨状。为获得给养，鲍埃蒙德和弗兰德斯的罗伯特率部到附近征讨，但他们仅获得了小规模的胜利。由于收获有限，仅过了两天，他们再次陷入困境。

法蒂修斯，这位阿历克塞的代表、希腊军队的统帅以寻找给养为借口率部逃走。十字军中的许多部队相继离开。继续坚守的部队面临着难以克服的苦难，他们时常从天象中寻求安慰以减轻痛苦。他们不知疲倦地用双眼注视着天空。每当星相中有胜利的预兆时，他们个个勇气倍增；当星相中出现倒转的十字架时，他们的意志就变得异常消沉。有一次狂风大作，地面上的大树倒了很多，十字军将领的帐篷也被大风卷走。另一次十字军的营地发生了一场大地震。之后，传言四起，许多人都说这是基督徒将会有大劫难的预兆。但在不久之后，在天空中出现的一颗彗星又将他们的心情从低谷中拉了回来，他们凭借自己丰富的想象力认为这颗彗星就是天空中燃烧的十字架，它会指引他们获得胜利。

然而他们所遭受的磨难绝不仅仅是饥饿。从附近的沼泽地吹来的有毒空气，在十字军中引发了瘟疫，因此而死的士兵远远超过死在土耳其人毒箭之下的人。每天都有上千人死去，以至于埋葬死者成了让他们头疼的大问题。更不幸的事情接着发生了，各支军队开始互相猜疑。他们怀疑有很多土耳其人的间谍潜伏在营地中，这些间谍将他们的一举一动都通报给了城中的土耳其人。

由一种绝望情绪中滋生的残暴支配了鲍埃蒙德，他命令士兵将在侦察后捉捕到的两名间谍在安条克城下活活烤熟。但即使这样，间谍的人数还是有增无减，基督徒的一言一行仍然逃不过土耳其人的双眼。

就在几乎绝望的时候，一个令人振奋的消息传来了，欧洲来了援军，并且还携带了充足的物资。这个消息唤醒了十字军将士们的信心。几天后，援军在安条克城外六英里的圣赛门港登陆。

为了确保给养可以安全运送，鲍埃蒙德和杜鲁斯公爵率领着那些面黄肌瘦的士兵前去迎接，还专门派遣了几支由家臣、奴仆们组成的精悍小队护送。但城中的穆斯林军队事先得到了对方援军到达的消息，他们决定破坏给养的运输。于是急忙派遣一队弓弩手埋伏到山中，截击运送给养的部队。当鲍埃蒙德带着大批辎重返回时，在一个岩石林立的关隘遭遇了土耳其人。运送给养的部队大部分在箭下丧生，只有他逃过一劫回到了营地。

听到战败消息后，葛德布雷、诺曼底公爵以及其他十字军的领导者立即决定派兵救援。这一半是出于激情，一半因为饥饿的驱使。士兵们迅速整队待发，准备赶在那些得胜班师的土耳其人回城之前将战利品从他们手中夺回。一场惨烈的战斗开始了，从中午一直持续到太阳落山。在战斗中，每个基督徒们都表现得十分英勇，仿佛战争的胜负都系于自己一身，他们取得并保持了明显的优势。不计其数的土耳其人被杀死在奥隆提斯河中，两千多土耳其人横尸荒野。十字军士兵们夺回了所有的物资，他们一边高唱着胜利之歌一边高喊着"上帝显灵啦"，凯旋回营。

不受饥饿之苦的日子只持续了几天。如果不是肆意挥霍的话，还可以多维持一段时间。但这时十字军内部已经混乱不堪，首领们丧失了对粮草分配的控制权。很快，饥荒再次来临。由于对前景失去信心，布鲁瓦公爵斯蒂芬带领四千人离开营地到亚历山大里亚驻守。

他的这一举动在留下的士兵心中造成了很坏的影响。性格急躁、野心勃勃的首领鲍埃蒙德发现了不好的苗头。他预见到如果不马上遏制这种心态的话，整个东征都会失败。现在，他们必须果断地采取行动，因为土耳其人正在积聚力量，打算一举歼灭十字军，而围困安条克的军队却有着各自的打算。

在目前的形势下，十字军还可以再坚持几个月，但如果再迟疑的话，所有的努力都会前功尽弃。安条克城的统帅是一位名叫巴哈西汗的土耳其亲王，他手下有一名叫费罗兹的亚美尼亚人[①]，负责守卫一个建在一段城墙上的瞭望塔。在这座瞭望塔上，土耳其人可以看到山道中的关隘情况。

鲍埃蒙德买通了费罗兹身边的一个人。在他的劝说下，这名奸细皈依了基督教。在受洗礼时，鲍埃蒙德将自己的名字赐予了他，并承诺如果费罗兹能够献出城池，会得到惊人的报酬。

这名奸细每天都绞尽脑汁地劝说费罗兹。最后，费罗兹倒戈，不知是哪一方提出的计划，但这已无关大局。最终，双方达成共识，约定在某日晚上行动。勃埃蒙德事先将计划告诉了葛德弗雷和杜鲁斯公爵，并提出一个约定：如果占领安条克，他作为军队统帅，应享有安条克亲王的荣誉和地位。由于野心和嫉妒作祟，葛德布

---

① 这里指西亚的一个古国而不是现在的亚美尼亚。——译者注

雷和杜鲁斯公爵打算拒绝出兵相助，但理智告诉他们，他们应当默认这一契约。首领们挑选出七百名最勇敢的骑士来执行这个计划。由于担心奸细侦探，他们严格地保守着秘密。直到一切就绪时，他们才宣布：这七百名骑士将前去伏击一支正在向这边靠近的苏丹军队。

那位亚美尼亚人仿佛得到了老天的帮助。他在瞭望塔上看到了十字军正在向安条克城靠近。当天晚上，夜空漆黑得看不到一颗星星，风肆无忌惮地狂吼，仿佛要压过所有的声音，倾盆大雨不停地下着。塔上的哨兵和费罗兹都察觉到了骑士们的马蹄声，然而，他们却看不到一点的痕迹。当他们走到箭手的射程范围时，勃埃蒙德让一名翻译去和亚美尼亚人交接。亚美尼亚人告诉他们举着火把的巡逻队每半小时巡视一遍，催促他们赶快利用这段间隙通过防线。

十字军的首领们迅速赶到了城墙脚下。费罗兹放下一条绳子，鲍埃蒙德将绳拴到一架他们携带的梯子上，随着费罗兹将绳子慢慢拉起，梯子紧靠城墙而立。费罗兹示意骑士们往上攀登。这时，这些冒险者有些犹豫了，他们感到了心中涌起的一丝恐惧。在费罗兹的催促和鼓励下，鲍埃蒙德第一个爬上了梯子，接着葛得布雷、佛兰得斯的罗伯特公爵和其他几名骑士相继爬上了城墙。在他们攀登时，城下的人都帮忙扶着梯子。但是由于重量远远超出了梯子负荷，梯子断裂开来，上面的十二名骑士全部摔倒在地上，盔甲因为互相撞击而发出叮叮当当的声音。他们担心这声音被城上的士兵发现，但山谷中的风声，奥伦提斯河暴涨后的哗哗流水声掩盖了一切，城上的哨兵什么也没发现。很快他们修好了梯子，骑士们每次有两人登城，不一会儿就全部到达了城墙之上。

当登上60人时，一个拿着火把的巡逻兵来到了城墙拐角处。骑士们立即躲到了扶壁后面，不发出一点声响。这位巡逻兵刚到武器的攻击范围之时，骑士们就一拥而上抓住了他，还没等他喊出声响，就有人结束了他的性命。然后，骑士们迅速地从塔中的螺旋形梯子下到地面，打开城门将他们的伙伴放进城内。作为整个计划总指挥的雷蒙德，带领大队人马留在后面，当他听到已经成功入城的号角时，就下令城内城外一齐进攻。

当晚，安条克城内的恐怖景象是人们无法想象的。带着由狂热和痛苦而激起的盲目、仇恨的十字军士兵们展开了一场大屠杀，所有男人、女人、儿童都没放过，街道上血流成河。

由于黑夜中难辨容貌，他们错把同伴当成了敌人。当天拂晓时，十字军士兵们发现很多战友倒在街头，胸口插着的是自己人的剑，而土耳其人的统帅却逃走了。开始，他躲进了城堡，当城堡快要被攻破时，他又逃到了山中，但他并没逃脱被杀的噩运。士兵们砍下了他灰色的头颅，并作为战利品运回了安条克城。天亮后，屠杀停止了，但抢劫又开始了。十字军士兵们找到了很多金银珠宝、丝绸及大量天鹅绒。但他们最需要的粮食却很少，城中的粮食数量几乎与十字军中的情况相差无几。

大战之后的十字军还没来得及采取必要措施来获取给养、布置安条克城的防御，土耳其人就把它包围了。波斯的苏丹已派出了一支由派默苏尔族的首领克保迦统率的大军，以驱逐这块土地上的十字军蝗虫。克保迦率军与吉里·阿斯劳恩两路大军会师之后，将安条克围得如同铁筒一般。

此刻基督徒彻底心灰意懒了，因为他们成了瓮中之鳖。为了不冒这种最后丢掉性命的风险，一些人逃走，去投奔驻守在亚历山大城的斯蒂芬伯爵。这些人对伯爵大谈他们经历的苦难和堪忧的战争前景。听到这些，斯蒂芬立即拔营退往君士坦丁堡。途中，他遇到了阿历克塞，他正率领一支大军抢占十字军在亚洲攻占的城市。听到战况后，他决定与斯蒂芬一起返回君士坦丁堡，让十字军士兵们自生自灭。

种种不利的消息传来，安条克城中的士兵们更加绝望了，城中的形势也一天不如一天。所有无用的战马都被吃掉了。狗、猫甚至老鼠肉的价格都在飞涨，就连臭虫、跳蚤也成了稀罕物。城中的饥荒日趋严重，而此时又爆发了瘟疫。没过多久，攻城时的30万人就减少到6万。残酷的现实使军队的战斗力不断减弱，但却将领袖们更加紧密地团结在一起。鲍埃蒙德、葛德布雷和坦可里德发誓，只要还有生命，他们就会继续东征的事业。但士兵们却没有了斗志，无论领导者怎样鼓动，他们都无心再战。心力交瘁的士兵们对所有的承诺和惩罚都无动于衷。甚至有一些人将自己关在房子里不出来。鲍埃蒙德采用了极端的方法——放火——想让他们出来，但没有奏效。许多人甘愿葬身火海，而另一些人则冷漠地袖手旁观。

圣天使的鼓励

虽然鲍埃蒙德有着一腔热血，但却没有摸准十字军的脉搏，也不明白那时驱使着基督徒从欧洲潮水般涌向亚洲的宗教狂热是什么。一位对此有着透彻了解的牧师提出了一个完美的计划。这个计划不但重燃了他们的信心，鼓起了他们的勇气，而且还使得这些瘦弱憔悴、饥饿难耐的狂热基督徒将6倍于他们的、精力充沛的波斯人打得落花流水。

这位牧师出生在法国东南部的普罗旺斯，名叫彼得·巴塞莱梅。他到底是个骗子还是个宗教狂，或者二者兼而有之；是独立自主抑或是受人差遣，我们都不得而知。但可以确定的是，他解了安城之围，给这支信奉上帝的军队带来了最终的胜利。当十字军将士的战斗力在痛苦的煎熬之下已完全丧失，每个人都感到绝望时，彼得前去拜见杜鲁斯的雷蒙德公爵，商讨一件重要的事情。公爵立即请他进去。

他讲述了这样的故事：几星期前，那时十字军还在攻城，他独自一人在帐篷中歇息。这时，他忽然间感到大地在震动，附近所有的人也都感觉到了。他惊慌失措，于是大喊："上帝救我！"当转过身时，他看到面前站着两个头上都有光环的人，他瞬间就认定这是天上的神灵显圣。其中一个看起来年纪大点，红红的头发，颌下飘着灰色的胡须，脸上有一对灰黑闪亮的眼睛。另外一位比较年轻，身材高大，潇洒飘逸，看起来凛然不可侵犯。他们中的长者声称自己是上帝身边的福音使者圣安德鲁，希望他向普伊主教、雷蒙德公爵和阿尔塔普多的雷蒙德询问他们主教为何不劝诫众生，给众生戴上十字架。当时，他只穿了件衬衫，那位使者带他飞入空中，在云端走到安条克城中心降到地面。

使者带他进入了已经被撒拉逊人改为清真寺的圣彼得大教堂。使者带着他来到了祭坛台阶旁的一根柱子下，然后登上了祭坛。祭坛上挂着比正中午的太阳还要明亮几分的两盏灯。那位年轻点的神就站在远处靠近祭坛台阶的地方。然后，年长的使者进入地下室，拿了一根长矛出来。他告诉牧师这就是当年拯救世界的长矛，并把长矛交到牧师手中。彼得双眼含泪，恳求使者把长矛赐予他，他保证会把长矛献给雷蒙德公爵。

使者没有立即答应他，而是把长矛埋进了土里。他告诉牧师，当安条克城逃脱异教徒的魔掌之时，可以挑选12个人到此地挖出长矛。然后，使者又将他从空中送回，化做一阵清风而去。他说，他没有禀报这件事情，是因为他担心像公爵这样身居高位的人不会相信这种荒诞离奇的故事。

几天之后，在他准备走出营地找食物时，两名神灵再次现身。这一次，他从那位年轻的使者眼中看到了责备的目光。他恳求使者再选一位更合适的人来完成这个使命，但遭到了拒绝。使者通过法术使他的眼睛不适以示惩罚，但他依然坚持自己的想法，没有执行使者的命令。

后来，福音使者第三次出现。当时，他正与主人威廉待在圣赛门港的一座帐篷中。这一次圣安德鲁让他传口信给公爵，永远不要在约旦河中洗浴，而应乘船通过。他应当身着喷洒有圣河之水的亚麻衬衫和裤子去挖掘长矛。当时威廉没有看到圣徒，但他却听到了清清楚楚的声音，牧师这次还是没有执行这一命令。于是，在他将要乘船前往塞浦路斯时，圣安德鲁又一次出现了。他威胁说，如果牧师再不按他的话做，牧师死后会被打入地狱。这时，他才下决心向雷蒙德禀报。

杜鲁斯公爵在心中反复掂量这个牧师的故事，听到这个故事，他有点震惊。他立即请来了普伊主教和阿尔塔普多的雷蒙德。主教立即表示他不相信整个故事，拒绝采取任何行动。与普伊主教相反，杜鲁斯公爵认为这个故事是可信的，即使不真信也可以假装相信。最终，他向主教说出了相信这个故事可能带来的好处——可以重燃基督徒的激情。主教很随意地答应搜寻那件神圣的武器。仪式的时间被定在第三天，而彼得也被任命为公爵的私人牧师，这样可以避免世俗之人出于好奇而追根究底。

12个虔诚的基督徒被挑选出来参加这次行动，其中就有杜鲁斯公爵和他的私人牧师。从日出开始，他们不知疲倦地挖掘，直到太阳落山还是一无所获。正当他们有些灰心认为可能会无功而返时，彼得跃入坑中，他祈求上帝将长矛送至人间来增加人们的力量，让他们获得胜利。那些藏矛的人对此事当然心知肚明，彼得也知道在哪里可以找到长矛，因为他亲眼见到了长矛埋入洞中。突然，彼得和雷蒙德看到了露出来的长矛尖，雷蒙德拉出长矛后热泪长流，他高兴地亲吻着它。在场的人看到了整个过程，这支被用紫红色的布包裹好的长矛在虔诚的信徒之中传看。顿时，整个寺院欢声雷动。

当晚，彼得又一次目睹了圣容。第二天，他讲述梦中的经历：福音使者安德鲁和那位"凛然不可侵犯的年轻人"又一次显身，并且告诉他，杜鲁斯公爵可以携带这支圣矛统帅全军，这是上帝对他的虔诚所给予的回报，发现圣矛的日子应被作为整个基督教世界庄严的节日。圣安德鲁还让牧师看了同伴手上和脚上的洞眼，他才恍然大悟，原来那年轻人就是救世主耶稣。从那天起，在整个军队中人们都称他为"了不起的做梦者"。

受到彼得做梦之事的影响，军队之中做梦之风开始盛行。在他住处附近的其他修士们也在梦中看到了圣像，圣灵告诉他们，如果士兵们全部英勇战斗的话，他们会赢得战争的最后胜利，那些献出生命的士兵将被赐予永远的福祉。有两个士兵因为受不了战斗带来的疲累和饥饿逃离了营地，但几天后突然返回，他们主动找到勃埃蒙德，说他们在路上遇上了两名幽灵，这两名幽灵愤怒地命令他们返回。其中一个逃兵说，他认出了这两名幽灵中有一个是他几个月前在一次战斗中被杀死的兄弟，他的头上还围绕着一个光环。

另一个说得更是信誓旦旦，说与他讲话的那个幽灵就是救世主。救世主说，如果他返回军队，他将获得永远的幸福。而如果他拒绝这样做，就会被打入地狱。大多数人都相信了这两个人的话，士气马上就恢复了。失望变成了希望，每个士兵的身上又充满了力量，饥饿变得不那么可怕了。那种曾驱使他们离开欧洲的激情又重新回到了他们身上。他们大声呼喊，上阵杀敌。

这样的结果让领导者们异常高兴。尽管葛德弗雷和坦可里德都对找到圣矛一事心存疑虑，但他们明智地感觉到，他们不应该破坏这种蒙骗行为，因为胜利之门因它而开启了。

先前，隐士彼得被派往克保迦的营帐中传信。他提议说，两种宗教的纠纷可以通过从两军中挑选出最勇敢的士兵决斗来解决。对他的提议，克保迦不屑一顾，说他向来不对可怜的乞丐和强盗的建议感兴趣。带着这个无礼的回答，彼得回到了安条克城。于是，基督徒们准备立即开始攻击。十字军对敌人的一举一动都了如指掌。因为安条克城堡依然掌握在他们手中，从城头俯瞰，下面要塞的任何行动都看得清清楚楚。

1098年6月28日清晨，十字军的首领们在安条克城内最高的塔顶升起了一面黑旗，明确地告诉围城的军队，基督徒们要杀出重围了。

穆斯林的领导人很清楚城中的情况，饥荒和疾病使得十字军的数量骤减，现在的十字军最多有二百名骑士还有战马可用。其余的步兵更是不堪一击，一个个不是疾病缠身，就是饿得只剩骨头了。但是，他们忽略了一点，那就是宗教的狂热已经在他们敌人心中注入了令人难以置信的力量。

对于圣矛的故事，穆斯林并没有给予多少重视。并且，他们认为不费吹灰之力就可以打败敌人，因此无需做任何准备应对敌人的进攻。据说，当时克保迦正在下一盘棋，当他听说城堡上空树起了示意进攻的黑旗时，也许是因为东方人特有的冷静，他坚持下完那盘棋后再去对付那些不值一提的敌人。直到他的两千名先遣骑兵被击败的消息传来时，他才有点认真起来。

初战告捷的十字军士兵们欢快地向山上进军，这是他们制订的作战计划，目的是将土耳其骑兵引到他们无法发挥优势的地方。队伍分成3部分，先遣部队由诺曼底公爵、佛兰德斯的罗伯特伯爵和佛芒杜瓦的休等带领。葛德弗雷和普伊主教带领士兵紧跟其后。他们身披铁甲，手举圣矛以便全军都能看到。勃埃蒙德和坦可里德率军断后。

这时，克保迦才弄清楚敌人不像想象中那么卑微，他开始进行新的军事部署以弥补他的过错。他命令罗马尼亚的索里曼苏丹进攻敌军的尾部，自己则要亲自率军参加与基督徒的战斗。为了避免被敌军发现踪迹，他派人点着了地面上干燥的杂草。在浓烟的掩护下，索里曼绕了一大圈来到预定地点，占据了进攻敌军尾部的有利地形。两军刚一开战，战斗就进行到了白热化的程度。土耳其人的弩箭铺天盖地而来，一支训练有素的百人骑兵队在十字军士兵中间左冲右突，如入无人之境。但是，战争胜负还未可知，基督徒们的步兵仍然具有优势，并且很快占了上风。这时，索里曼的大军也向十字军的队尾发起攻击。葛德弗雷和坦可里德率部立即赶去支援勃埃蒙德。与克保迦率领的骑兵团激战的只有普伊主教率领的那一帮法国兵。但是，圣矛的出现使十字军中最怯懦的士兵也变成了雄狮。然而，敌兵人多势众，四面受敌的基督徒最终开始后退，胜利的天平偏向了土耳其人。

就在紧要关头，基督徒中有人大叫圣灵们正在与他们并肩作战。原来，战场上杂草燃烧产生的浓烟，在远山的顶端结成奇形怪状的云朵。几个富有想象力的宗教狂热分子，透过飞扬的尘土好像隐隐约约地看到什么，就向同伴大叫，天空中出现了圣灵的军队，那些圣灵将士们身穿白衣，骑白马，正从山顶上倾泻而下来援助他们。所有人的眼睛都转向远方的尘烟，每个人都在心中虔诚地祈祷，战场上响起了古老的战斗口号："上帝显灵了！上帝显灵了！"

基督徒的胜利

所有的士兵都相信上帝与他们同在，派遣了神兵来援救他们，都如战神附体般英勇地战斗。恐慌紧紧地攫住了土耳其人和波斯人的心，他们四散奔逃，狼狈得像狩猎中被凶猛的猎狗追得拼命奔逃的野鹿。克保迦想聚拢败兵再战，但没有成功，恐惧比热情传播得更快。所有的士兵都向山上跑去，两个领导者意识到彻底失败了，就带着残兵败将仓皇逃走。这支大军在巴勒斯坦一败涂地，7万多人的躯体长眠于此。

十字军占领了富丽堂皇的敌军营地。营地里应有尽有，充足的粮食、成群的牛羊、成堆的金银珠宝全部被十字军士兵们瓜分了。在山上追击那些亡命之徒的坦可里德同样收获颇丰，缴获的战利品跟在营地的一样多。败退的土耳其人沿途抛下了很多有价值的东西。每个基督徒骑士都在战后如愿以偿地得到了一匹骏马，但十字军在这次战斗中也付出了沉重的代价，损失了1万名士兵。

十字军兴高采烈地回到了安条克城，城堡里的敌人自知不敌缴械投降。他们中的很多土耳其人都皈依了基督教，其余的也狼狈出逃。战后，为了感谢上帝的恩赐和援救，普伊主教发起了一场庄严肃穆的全军感恩活动，每个士兵都前往拜谒圣矛。

一连几天人们都沉浸在胜利的喜悦之中，士气高昂的士兵们强烈要求进军耶路撒冷，实现他们出发时怀有的伟大目标，但所有的首领都不急于这样做——葛德布雷和坦可里德出于谨慎权衡利害后做出了这样的决定，而野心勃勃的杜鲁斯公爵和勃埃蒙德则是为了自己的利益不愿马上进军，首领中发生了严重的利益纷争。战斗开始前，杜鲁斯的雷蒙德被派守卫安条克城，他招降了无力反抗的敌人，并将自己的旗帜挂在城墙上。得胜归来的其他首领发现后，认为雷蒙德的行为极大地冒犯了鲍埃蒙德，因为据以前订下的契约，鲍埃蒙德在战斗胜利后对整个城市拥有至高无上的权力，坦可里德和葛德布雷也支持他。因此，经过一番争论，雷蒙德的旗帜被从塔上降下来，鲍埃蒙德的旗子被升了上去，高高地在天空飘扬，从此他获得了安条克大公的称号。然而在此后的几个月中，雷蒙德仍旧坚持占据一个城门和附近的几座塔。这件事让鲍埃蒙德很头疼，也让整个军队感到不悦。雷蒙德公爵的名声因此受到很大影响，尽管他的野心与鲍埃蒙德和鲍德温并没有什么区别。后者占领了埃德萨，在那个小小的弹丸之地当起了皇帝。

彼得·巴斯莱的故事也值得记述。圣矛事件过去后，人们对他的尊敬与日俱增，不断有新的荣誉被加在他的头上。他感到继续给他带来要职的梦境很重要。但是，骗子们总是有许多相似之处，比如他们的记忆力都不怎么好，他的梦境经常出现前后矛盾，而且十分明显。比如，一天晚上圣约翰出现在他面前，告诉他一个故事，而一周之后，圣保罗讲述了一个完全不同的故事，在这个故事中，就连圣保罗给予的希望也与几天前他的使徒兄弟讲得完全不同。

那是容易轻信的时代。但是，当那些开始时相信神矛故事的人拒绝再一次相信彼得口中讲述的奇迹时，彼得的臆语就变得有些荒唐和令人愤怒了。终于，鲍埃蒙德为了达到使杜鲁斯公爵尴尬不堪的目的，故意向可怜的彼得提出挑战，他提议用神火来判断圣矛故事的真假。由于当时火灼判法十分流行，所以彼得无法拒绝。另外，杜鲁斯公爵和他的私人牧师雷蒙德也鼓励他这样做。火烧仪式预定在第二天早上举行。

根据惯例，彼得在仪式进行的前夜进行了祷告和斋戒。第二天清晨，他来到了仪式现场，手擎长矛昂首挺胸走向火堆。焦躁不安的全军士兵围拢在周围等待着结局，他们都相信彼得是神的信使，长矛是神的恩赐。由雷蒙德·达吉尔颂过祷词后，彼得在众多信徒的注视下走进大火之中。在他即将穿过烈火时，突然变得有些神志不清，也许是火焰的高温干扰了他的视觉，他竟然转过身来向回走，熊熊烈火烧伤了他的身体。这次火判让他受了很重的伤，后来他一直没有能从痛苦中苏醒过来，几天之后便气绝身亡离开了人世。

经过屡次大战的十字军士兵大都伤痕累累，疾病缠身，憔悴不堪。看到这些问题后，葛德布雷，这位被公认为最有谋略的首领，提出了在安条克城休养的主张。他认为大军应该在安条克城内度过炎热的8、9两个月，等到10月份，待大家的精力恢复了，再与欧洲派来的援军共同向圣城发起攻击。尽管军中有许多人指责这是在贻误战机，但大家最终还是同意了这个建议。同时，大军还派遣沃曼杜瓦公爵作为使者到君士坦丁堡与阿历克塞会面，他的使命是当面斥责阿历克塞背信弃义的无耻行径，并督促他立即派出他曾承诺的援军。公爵很好地完成了自己的使命，事实上，阿历克塞对于他的指责一点儿都不在意，之后在君士坦丁堡逗留了几天，直到使命所赋予他的激情完全消退。他感到十字军并不是那么讨人喜欢，所以他决定了返回法国，永远划清与十字军的界限。

尽管十字军首领对停留在安条克城休养生息已经达成了共识，但这样平静的岁月多少还是有点令他们难以接受。如果不是因为巴勒斯坦还有土耳其人这样的敌人可以寄托他们狂热的激情，那么他们很可能会互相厮杀。不甘寂寞的葛德布雷去了埃德萨帮助他的兄弟鲍德温与撒拉逊人作战，其他首领认为他们有不可告人的目的因而怀有敌意。最后，首领们终于按捺不住进攻耶路撒冷的激情。于是，雷蒙德、坦可里德、诺曼底的罗伯特带着自己的部分士兵包围了规模虽小却坚固无比的马拉城。

平常大手大脚惯了的十字军，在这次战斗中也不例外，他们携带的物资只能支持一个星期左右，但他们还是奢靡如前，不久就开始挨饿了。要不是后来鲍埃蒙德率军前来帮助他们，一举扫平了这座城市，不知道会是什么结局。关于这次围城，圣矛事件中的那位私人牧师雷蒙德，他同时也是一位叙事诗作者，讲述了一个他深信不疑的传奇故事。他以这个故事为内容写下了非常优美的诗歌，因为这个故事反映了那个时代的精神，也显示了处在艰难处境中的十字军将士们超凡的勇气，所以值得在此叙述一下。"有一天，"雷蒙德说，"年轻的恩格尔海姆走入了安塞尔姆·德·里波蒙的帐篷。"恩格尔海姆是圣保罗公爵的儿子，在马拉城之役中殒命。"你怎么会来到这里？"安塞尔姆说，"我明明看到你已经战死，是怎么活过来的？""你肯定知道，"恩格尔海姆说，"所有为耶稣基督而战的人都会永生。"安塞尔姆又问，"你身体周围为什么会有些奇怪的光亮？"听到这个问题，恩格尔海姆用手指了指天空，安塞尔姆顺着手指的方向看到了一座闪着钻石般光彩的宫殿。他说，"在那里，上帝赐予了我荣耀。我将长居在那里，那儿还有一座更好的宫殿，是属于你的，我们很快就会在那里见面。再见了！明天你就会见到我的。"说完，恩格尔海姆就离开了。这一幕让安塞尔姆目瞪口呆。第二天早上，他派人找来了牧师，将他接到神谕的事告诉了牧师。尽管他的身体非常健康，他还是和朋友一一道别，告诉他们他将要去另一个世界了。几小时后，敌人开始了新的反攻，手持利剑的安塞尔姆冲出去与之作战，战斗中他被土耳其抛石机击中前额，不幸丧命。就这样，他离开了尘世，去了那座早已为他准备好的宫殿。

安条克大公与杜鲁斯公爵之间因为马拉城的归属问题发生了争议。虽然矛盾激烈，但在各位首领的斡旋下还是平息了下来。后来类似的情况又在阿治斯城出现了。士兵们非常愤怒，他们希望有一个新首领可以带领他们直捣圣城耶路撒冷。在这种情况下，葛德布雷烧毁了自己在阿治斯的营地，以示决心。很快杜鲁斯公爵手下的法国兵，成群地加入了他的队伍。于是，葛德布雷率领着这支队伍浩浩荡荡开往圣地——耶路撒冷。

围困耶路撒冷

大军在伊姆瓦斯遇上了从伯利恒（Bethlehem）[①]赶来求援的基督徒代表团，他们请求十字军在反抗异教徒压迫的问题上给予直接帮助。伯利恒，是救世主出生的地方，闻名遐迩！想到他们将要去往这样一个神圣而令人崇敬的地方，十字军中的许多士兵流下了激动和幸福的眼泪。艾斯的阿尔伯特这样描述，激动的情绪主宰了十字军的心，夜晚全军将士没有一丝睡意，以至于他们不愿待在帐篷里等待天亮后再行军。午夜过后，带着那种罕有的希望和激情，他们就踏上了征途。

异常兴奋的士兵们在暗夜中行进了四个小时后竟然秩序井然，太阳从远处的

---

① 传说为耶稣诞生地，建有耶稣诞生教堂。——译者注

大地上升起，朝霞覆盖了整个天空，十分壮观。士兵们看到了远处耶城内的高塔和在阳光中熠熠生辉的阁顶。这番景象触动人们天性中的柔情，洗尽了所有兽性的疯狂，让他们变成了一队谦卑温顺的朝圣者。他们跪倒在地，双眼中满含泪水，口中念着"耶路撒冷！"、"耶路撒冷！"。有的人亲吻神圣的土地，有的人平躺在大地上，尽情地去感受和吸取圣地的灵气，有的人则大声地祷告，经历了一路风险的妇女和儿童们此刻也与士兵们共享到达圣地的喜悦。他们情不自禁地祷告、哭泣、欢笑，直到有人意识到这一点并感到有点羞愧。

等到他们的喜悦情绪稍稍有点平息之后，大军一拥而上包围了耶路撒冷，进攻几乎同时就展开了。这种简单的进攻使他们遭到惨痛的损失，一些勇敢的骑士在战斗中身亡，直到这时十字军的首领们才慢慢冷静下来，开始组织正规的围攻。他们使用了几乎所有的攻城机械：抛石机，可移动的塔，撞击器等。此外，十字军还制作了一种叫做母猪的机械。这种机械外面罩着一层生兽皮，隐伏在下面的矿工可以在墙下挖地道。

为了使十字军战士重新鼓起作战的勇气，重新树立将领的威信，一直为利益而争吵的将领们言归于好，为了让士兵们知道这一切，坦可里德和杜鲁斯公爵当着全军将士的面紧紧拥抱在一起。教士们也有自己独有的方式帮助十字军恢复士气。他们饱含激情地向士兵们进行演说，宣扬全体将士无论官衔的高低都应团结和友爱的观念。他们还组织了一个庄重的游行，全军将士们都排成一列，在每一个福音书中描绘过的神圣之地祈祷神的帮助。

站在城墙上的撒拉逊人，泰然目睹了这些表演。他们非常鄙视基督徒的这些行为。为了表示他们的轻蔑，他们将几个粗糙的十字架固定在城墙上，用吐痰、撒土、扔石头等行为侮辱基督教的圣物。这种行为激起了十字军将士的愤怒，也让他们的勇敢变成了残暴，热情变成了疯狂。当准备全部就绪时，一场新的战斗开始了。每个基督徒士兵都奋勇杀敌，用鲜血去洗清圣物所受的侮辱。

携带着足够装备，愤怒的十字军士兵展开了最凌厉的攻击。尽管撒拉逊人的箭和火球又密又快，但如潮水般的士兵们还是不断地用撞击器攻打着城墙。每层移动塔上都站满了结束土耳其人性命的弓箭手。葛德布雷、雷蒙德、坦可里德、诺曼底的罗伯特都站在自己的移动塔上，指挥战士们战斗。

虽然土耳其人击退了一次又一次的进攻，但他们也不敢再小觑敌人了，他们不断变换战术英勇地守卫着耶路撒冷城。直到天黑，战斗才告一段落。基督徒在营帐中只睡了很短的一段时间。牧师们全神贯注为十字军的战士们进行祷告，祈求上帝的军队一举攻下圣城打败土耳其人。拂晓时分，每个人都全身心地投入战斗中，妇女、小孩也不顾生命危险为干渴的战士们送去茶水。包括妇女儿童在内的所有人都坚信上帝一直在保佑着他们，于是，他们都英勇地在阵地上冲杀。试想，如果没有信仰力量的支撑，他们遭遇的困难足以使一支3倍于他们的队伍溃不成军。

最终，杜鲁斯的雷蒙德爬上云梯冲进了城内，同时坦可里德和诺曼底的罗伯特也攻破了一道城门，土耳其人纷纷冲上来想要夺回丢失的阵地。葛德布雷敏锐地意识到战斗到了最关键的时刻，他命令立即放下塔车吊桥，全体战士向城中猛冲。没过多久，耶路撒冷四边的城墙都被十字军占领了。城外的十字军将士们呐喊着涌进了城内。进城后，双方进行了几个小时短兵相接的巷战。异教徒们对圣物十字架的肆意侮辱使基督徒们怒火中烧，他们疯狂地烧杀屠戮，男女老少、老弱病残无一幸免。十字军的领导者们没有一个阻止这样的暴行，他们比任何人都清楚在这时候没有人会遵从命令。撒拉逊人成群结队地逃进索里曼清真寺，他们刚刚进入寺庙，还没来得及构筑工事，基督徒们就赶到了。据说，仅在这座建筑物里就有1万多土耳其人被屠杀。

基督文明与伊斯兰文明的对决

在入城的那天，被人们淡忘、忽略了许久的隐士彼得，得到了城内基督徒兄弟的热烈欢迎，那些他祈祷圣战的热情和一路遭受的痛苦在此刻得到了回报。战事一停止，隐藏在耶路撒冷城中的基督徒们纷纷跑出来迎接将自己救出苦海的军队。他们一看到彼得，就想起了这就是曾在多年以前向他们滔滔不绝地历数他们受到的侮辱和虐待，向他们发誓要在欧洲所有的国王和人民面前为他们请命的牧师。他们跪在彼得的长袍边，心中的感激无以言表。他们当着彼得的面发誓说以后每天都要为彼得祈祷。许多人禁不住放声大哭，激动的泪水打湿了彼得的肩头。他们将圣城解放的功劳完全归于彼得英勇的气概、坚忍的精神。后来，彼得到耶路撒冷的教会中任职，但史上没有记载他的具体职务和最终命运。有人说他返回法国创建了一个修道院，但没有足够的证据证明这一点。

至此，那个千千万万的人为之背井离乡、舍妻弃子的伟大目标终于实现了，十字军东征圆满结束。胜利者将圣城中的清真寺改做教堂，再也没有异教徒胆敢玷污基督殉难山及圣墓，公众的热情也达到了巅峰。但按照大自然的规律，高潮过后人们必然会平静下来。欧洲的朝圣者听到圣城解放的消息后，成群结队地前来朝拜。斯蒂芬和休这两位在东征途中临阵脱逃的人也前来朝拜以赎罪，但是以前那种充满激情、扶老携幼前来朝拜的景象再也没有了。

第一次东征到此结束了。但为了更好地认识第二次十字军东征，很有必要了解一下两次东征间发生的事情。因此，在这里我们对欧洲君主统治耶路撒冷的那段历史作一简要回顾，在第一次东征结束后，欧洲人与不认输的土耳其人之间进行的长期但毫无意义的战争，这些因为宗教的热情而挑起的战争恣意挥霍着人们的生命，并造成了贫困和痛苦的后果。

攻陷耶路撒冷城之后，十字军将士们很快感到要为这座圣城寻找一位深孚众望的主人。在十字军的众多将领中，不像鲍埃蒙德或雷蒙德那么野心勃勃的葛德布雷受到了大家的青睐，平静地掌握了这个其他首领垂涎欲滴的权力。他受命之时撒拉逊人正在准备向圣城进攻，他凭借自己的英勇和敏锐的判断力击溃了敌人。在敌人还未形成合围之势时他果断率军出击，在亚斯卡隆他以巨大的代价重创敌军，得胜而归。但是他并没有享受多久战争带来的荣耀，掌权9个月后，一场致命的疾病就夺走了他的性命。

他死后，他的兄弟，埃德萨的鲍德温接替执掌权柄。这位继任者虽然做了很多努力扩大地盘和改变耶路撒冷所处的危险境况，但收效甚微。几乎所有的历史学者都对他执政之后50年内的历史非常有兴趣。在这段时间里，十字军一直处于强敌土耳其人的包围之中，双方持续进行着不同规模的战争。领地几番易主，国力渐渐衰退，军队内部出现分歧，但撒拉逊人却在这个过程中日渐团结和壮大。他们共同对抗十字军，企图将耶路撒冷的基督徒赶尽杀绝。这段时期内出现了许多英勇的骑士和英雄事迹，这在历史上是没有过的。但在同样处于战争连年的叙利亚穆斯林中却罕有这样的例子。在与土耳其人作战期间，基督徒们了解了撒拉逊人的英勇无畏、完善的社会行为规范和先进的文明成果，并因而对他们产生了真心的尊敬和敬佩，他们认为在这些方面，当时粗野蛮横的欧洲人不及撒拉逊人。

信仰上的分歧没有成为十字军中的基督徒们娶东方的黑眼睛少女为妻的障碍。先开此例的是鲍德温国王。此后，部下纷纷效仿，慢慢地众人习以为常。那些曾经发誓为圣城奉献生命的骑士们也都娶了当地少女为妻。但这些东方女郎在结婚前都必须先受洗礼，这些女人及其后代当然不会像当年攻城的基督徒们一样痛恨撒拉逊人。这与当年的狂热分子认为宽恕一个异教徒就是对上帝犯下的罪恶的看法已大不相同。由此我们也可得出这样的结论，在以后的历史中最惨烈的战斗往往是刚从欧洲来的人们进行的。早期的定居者已为理智所控制，他们期望的只是和平安定的生活。但那些新来的人怀着死后升入天国的梦想来朝圣，在激情的驱使下，他们一点都不在意先前定居的基督徒与撒拉逊人之间达成的停战协议，最终导致了撒拉逊人的报复。

这种糟糕的状况到公元1145年末结束了。在这一年，基督徒地盘外围坚固的堡垒埃德萨城被攻陷。率领这支土耳其军队的首领名叫札希，他是一个强大而有进取心的人。他死后，儿子诺海丹继承了父职。他的性格与父亲相差无几。诺海丹率大军打败了试图夺回城堡的埃德萨公爵，接着，土耳其人冲进城内开始了大屠杀，并捣毁了城中所有的设施，耶路撒冷失去了埃德萨这个有力的屏障。由于通往首都的门户已被打开，基督徒们感到非常惊恐。此时，诺海丹只需选择一个合适的时机就可以占领耶路撒冷。这时的十字军内外交困，已经不能进行有效的抵抗。为了解圣城之围，满怀悲痛和惊恐的牧师们反复给教皇和欧洲的君主们写信，请求组织一支新的十字军远征。圣城内的牧师大部分是法国人，所以他们对自己的祖国寄予了厚望。接二连三的信使将告急文书呈递给法王路易七世。拿起武器保卫基督诞生的圣地开始成为法国骑士们的话题。没有参加第一次东征的欧洲国家的国王们开始酝酿这次行动。此时，一个像当年的彼得那样雄辩的人出现了，这个人的名字是圣贝尔纳（St.Bernard）。

第二次东征兴起

第二次东征前，人们的热情已比不上第一次，这一点我们可以清楚地看到。实际上，人们狂热的顶峰出现在彼得时代，从那时起已经开始慢慢消退。第三次东征时又比不上第二次，第四次又比不上第三次，等等，直到最后公众的心已经完全冷静下来。而那时，即使耶路撒冷重回故主怀抱也不会引发基督教世界的一丝骚动了。

当然，导致这一结果还有其他原因，其中一个是：欧洲人厌倦了无休止的战争，不愿再"插手亚洲事务"。但基尔佐特在他关于欧洲文明的演说中却认为这种说法不科学，同时给出了更能令人满意的见解。他在第八篇演说中说，"有人一再强调十字军东征的止息源于那时欧洲人厌倦了侵略战争。依我看，这种说法是错误的。人们不可能对自己未做完的事感到厌倦，他们祖先的痛苦也不可能使他们感到劳累，疲倦的感觉是不会遗传的。也就是说，13世纪的人不会对12世纪的十字军东征感到厌倦。他们的改变是受另外一种因素的影响，那就是：在观念、情感和社会条件方面的变化，使他们不再具有与祖先们相同的欲望，因而他们也不会相信那些说服他们祖先的理由。"

实际上，这正是变化产生的原因。它的正确性也得到越来越多的证明。当我们纵观十字军的整个历史，比较一下当葛德弗雷、路易七世和理查德一世做首领时公众在不同时期的不同反应就会明白了。十字军可以看作是改变人民观念和推动欧洲文明进步的重要力量。在葛德弗雷时代，贵族们都掌握着大权，气焰熏天。国王和平民对他们都深恶痛绝。他们离开欧洲就相当于对最愚昧和最迷信的势力的削弱。国王和人民摆脱了贵族专政，在壮大自身力量的同时，还接受了先进文明的熏陶。这时，十字军东征时宗教激情旋涡的中心——法国，其王室慢慢取得了实质上而非理论上的权威，人民也开始渴望秩序和安定。当牧师们发起第二次东征时，人们对自己的田产已经有些不舍。曾经到过耶路撒冷的朝圣者们接触了比自己文明的民族，这让他们的心灵更加自由、开阔了。他们看到了大千世界，丢掉了一些无知带来的偏见和固执。传统的骑士精神发挥了它的影响，使人们的性情更加温和，封建秩序更富有理性。

这时，在西班牙、意大利、法国和德国等出现了许多吟游诗人。他们四处传播那些社会各阶层都喜欢听的以爱情和战争为内容的歌谣。这些歌谣起到了根除十字军首次东征时大众心目中的愚昧和迷信的积极作用。人们不再像以前那么甘愿受牧师的奴役，并且也不像以前那样信任他们。

十字军在英国引起的影响远远比不上在欧洲大陆。倒不是英国人缺乏宗教热忱，而是因为当时他们正忙于其他感兴趣的事情。英国当时在进行反侵略的战争，根本顾不上同情远在巴勒斯坦的基督徒。详观历史，我们会发现英国人没有参加第一次东征，第二次也只有少数人参加。即使这些为数不多的人也主要是诺曼骑士和他们的仆从，而不是土生土长的萨克逊土地主和平民。当时，这些平民正处于水深火热之中，受到痛苦煎熬的他们认为——如同许多智者所说——施善应从身边开始。

在这场事业中，德国出现了大批狂热之徒，这些未经开化的子民们在二次东征时仍然高举十字军的旗帜向东方进发，数量并不少于第一次，而此时别的国家已不再这样狂热了。德国人的文明程度比其他任何国家的人都低。因此，很久以后他们才从偏见中走出来。事实上，第二次东征的士兵大部分是德国人，远征军在这里征召来的士兵并不少于第一次。

接到叙利亚基督徒多次的紧急求援信后，尤金纽斯教皇大为感动，他就派圣贝尔纳发起一场新的征战。圣贝尔纳完全有资格来做这件事，他那雄辩的口才在当时无人能敌。而且当时欧洲的思想状况也给了他机会。只要他愿意，他就可以让所有的听众们或泪流满面，或开怀大笑，或满腔怒火。在生活中，他严于律己，什么样的诽谤和中伤都不能损害到他一丁点儿的名誉。由于已经辞去了教会中的高位，他当时正十分惬意地在克莱尔沃克斯的小教堂里安度晚年。他只想拥有他梦寐以求的闲暇，以便针对那些中伤进行驳斥。他义正词严地谴责任何邪恶。在他面前，没有人会认为自己是完美的，而且，无论身份贵贱，所有人都能心安理得享受他的慈悲。他就像彼得适合以前的时代一样适合这个时代。但是，他的前任隐士彼得倾向于冲动，他更倾向于理智。彼得纠集的是一群乌合之众，而他召集的是一支军队。两者都有热忱和坚忍，但彼得是出于宗教的冲动，圣贝尔纳则是出于深思熟虑，他只想扩大教会的影响，因为他是教会的栋梁和荣光。

新"隐士"圣贝尔纳

他所劝服的第一对象是他的主人——路易七世。这位国王具有专横和迷信的特点，曾在维特里城主使过一场臭名远扬的大屠杀①。由于受到悔恨之心的触动，他决定到圣城朝拜。所以当圣贝尔纳劝说他时，路易七世已有了想法，于是，圣贝尔纳很快就说服了国王，他的做法影响了许多贵族。由于许多贵族因前辈们变卖家产参加圣战而变得穷困不堪，他们很希望通过征服外族来获取财富。他们竭尽所能，招募士兵。在短短的时间内就组成了一支20多万人的军队。在维兹莱，他们举行了一个盛大典礼。在万众瞩目下，圣贝尔纳登上高台上将一个十字架双手递到了出征的法王手里。有几位贵族、3位主教以及皇后伊利阿诺参加了典礼，并宣布参加圣战。圣贝尔纳将用自己的长袍剪成的许多小十字架让出征的人缝在自己的肩上。在

---

① 由于与教皇作对，维特里的一个教会在未经他的同意下选出了自己的主教，这触怒了路易七世，他率军攻城并在入城后下令焚烧教堂，1000多人丧生。——译者注

典礼上，他还当众高声宣读了教皇的敕书。教皇在敕书中保证那些即将参加十字军的人们将被赦免罪恶；禁止任何人在这次朝圣活动中携带沉重的行李和无用的奢侈品；贵族们不得携带鹰狗，因为第一次东征时，曾有一些贵族因为猎鹰猎狗而误入歧途。

由于性好闲暇，圣贝尔纳理智地拒绝接受全军统帅这个职务。在圣丹尼斯，他组织举行了一个庄严的宗教仪式，授予路易七世统领全军的权力，然后他继续游历全国各地，每到一处他都号召人们参加东征。人们对他的品德给予很高的评价，大家都把他的话当作神的预言，把他看作能创造出惊人奇迹的人。许多妇女因为受到他的口才和美好预言的影响和激励，竟然弃夫离子，女扮男装地参加东征。在他写给教皇的信中，圣贝尔纳曾详细地描述过他的宣传所获得的巨大成功。

他说，在几个城市中已经没有一个可以上战场杀敌的男人了，不论是乡村还是城镇，到处都是女人悲伤的哭泣声，因为她们的丈夫都已加入了东征的队伍。但是，除了感受到人们热情之外，我们很难相信这次拿起武器征战的人数会超过第一次东征时的人山人海。因为，最终军队士兵的总人数不到20万人，如果真的如圣贝尔德描述的那样万民空巷的话，人数会远远超过这个数字。由此看来，他对国家当时状况的描绘并不真实，而是使用了诗化的语言。

路易七世的大臣中有位很有才能的人叫舒格，他竭力劝说路易七世不要亲自犯险，作为国王，他更应当留下来处理政务。但在维里利犯下的残酷罪行使这位国王的良心深感不安，他急于按照当时的宗教条规去朝圣以弥补自己的错误。他也想通过这个行为告诉世人：尽管在教会势力侵犯他君王的特权时他会毫不留情地回击，但他也可以完全遵从宗教神圣的法令，但前提是法令要符合他的利益或与他的看法相符。舒格的劝说没有改变路易七世的想法。在圣丹尼斯接受法旨后，他已经为他的朝拜做好了各方面准备。

与此同时，圣贝尔纳去了德国，在那里他的鼓动同样得到了人们的响应。他的高尚品德在德国早已是尽人皆知，因此他所到之处都受到了人们的热烈欢迎。虽然围观者并不懂他在说什么，但一睹他的风采的愿望还是使他周围聚集了很多人。骑士们争相报名参战，并从他手中接过象征东征的十字标志。但是这次人们的狂热比不上当年的哥茨乔克。当然，也没有二三十万人的规模庞大的队伍如蝗虫般掠过整个国家。但是人们的心情仍然很激动。各种各样的故事在人们当中传播。这些不同寻常的故事中描述了圣贝尔纳所带来的奇迹，这让远近乡村城镇人们的情绪变得激动起来。据说，只要他看一眼，魔鬼马上就会消失；只要他轻轻一触，各种疑难杂症都会被治愈。最终，德国皇帝康拉德（Conrad）由于受到自己子民的热情感染，正式宣布他也要参与圣战。

康拉德发布命令之后，全国各地开始做准备工作。准备工作进展迅速，在不到三个月的时间里，竟然聚集了一支不少于15万人的军队，那些追随丈夫和情人的妇女们不计算在内。妇女们也被分成了几队，其中有一支身披男士的盔甲、跨着战马的女队，她们的首领还穿着带有金色马刺的半筒靴。因此，人们送了一个"金脚女士"的诨号给她们。康拉德先于法国人做好了各种准备。于是，在1147年6月，他已顺顺利利地通过了匈牙利和保加利亚，来到了君士坦丁堡城前。

此时阿历克塞已把希腊王位传给了曼努埃尔·科迈纳斯，后者对十字军的态度并没什么不同。听到十字军到来的消息后，他感到有些不妙，因为这支军队曾经破坏了他的都城，搅扰了他的人民的安宁。他的力量太弱小不敢拒绝十字军通过，但是要做到真心欢迎十字军，他又缺乏对他们的信任。他不明白十字军东征会给他带来哪些好处，也不愿意假装出从来没有过的友好情谊。于是，希腊皇帝从一开始就看不惯十字军。

他的臣民依仗着自己高度发达的文明辱骂德国人是野蛮之徒，但德国人认为即便他们是野蛮的，也至少保留了坦白诚实的优点。他们马上还以颜色，说希腊人是阴险狡诈的骗子和叛徒。双方不断发生争执。一路上军纪严明的康拉德，这时也无法压制部下的怒火了。作为对希腊人冒犯的回应，德国人冲进了迈纽尔富丽堂皇的游乐花园。由于当时的历史学家水平有限，所以这个原因并不为世人所知。花园中布满了各种珍禽异兽，园里还有森林、山洞、树丛和溪流，每样东西都保持着它的天然状态。被赐予"野蛮人"称号的德国人带着愤怒把这个美丽的场所毁坏殆尽，园中的鸟兽不是被杀就是被放。

据说，科迈纳斯从宫殿的窗户里看到了这番对花园的破坏，但是他没有办法，也没勇气去阻止。这件事情让他更加厌恶他的客人，所以他决定效仿前辈阿历克塞的做法，想办法立即把这群欧洲来的野蛮人打发走。

他派人致函康拉德，诚挚地邀请他会面，但康拉德担心在君士坦丁堡城里他的安全会受到威胁。而科迈纳斯也不愿意自降身份出城与德国人会面，而且也不安全。在几天内，双方不断讨价还价，进行了许多次的谈判，最终科迈纳斯同意派向导带领十字军的队伍通过小亚细亚。

阴险的拜占庭皇帝

康拉德率军通过了海利斯邦，前队由他亲自带领，后队由好战的弗雷辛根主教率领。历史学家对于希腊狡诈几乎持相同的评价，他们认为希腊向导一定是事先接到了命令要将十字军引入险境。可以肯定，向导将德国人领到了卡巴多西亚（Cappadocia）的荒野之上，而不是水草丰盛的地区。在那里德国人不仅没有找到水和牧草，而且还遭到了赛琉克土耳其人的突袭。

到这时，向导的诡计暴露无遗。因此，在他们见到土耳其军队的瞬间就开溜了，把可怜的基督徒们留在无遮无拦的荒漠上与强大的敌人进行自我毁灭式的战争。戴着沉重盔甲的十字军士兵们很难组织有效的抵抗，面对那些动作敏捷、忽前忽后、忽左忽右、时而出现、时而消失的土耳其轻骑兵，基督徒们感到晕头转向。密如暴雨的箭射向沼泽地里的十字军士兵，后者拼命抵抗，损失惨重。这种打法把德国人搞得狼狈不堪，他们迷失了方向，节节败退。就这样，缺少给养的德国人成了土耳其人的猎物。这次远征队伍中最勇敢的骑士之一伯恩哈德（Bernhard）公爵率领的分队全部陷入了包围圈，最后没有一个人从土耳其人的箭下逃生。

康拉德身上两处负重伤，差点丢掉了性命。敌人穷追猛打，德国人想要做出一点反抗姿态都做不到。当康拉德最终到达尼西亚城时，他才发现自己原来气势如虹的十万士兵和七万匹战马只剩下了五六万满脸倦容的残兵败将了。

尽管有人曾提醒他要注意提防那位希腊皇帝，但路易七世似乎并没有将此事放在心上。他继续率军经沃尔姆斯和拉提斯本向君士坦丁堡进发。在经过拉提斯本时，一位迈纽尔派来的代表前来拜见他。那位代表呈上了他带来的科迈纳斯写给路易七世的满是阿谀之词的信件。据说，兰格里斯主教念信给路易七世听时，这位法国国王脸色变得通红，十分害羞。这个代表此行主要有两项使命：得到法王的一个承诺——友好、和平地通过希腊领土；放弃对小亚细亚目标的征服。路易七世爽快地答应了第一个要求，但严词拒绝了第二个不合理的要求。路易七世继续前进，通过匈牙利后，他在君士坦丁堡城外驻军。

路易七世刚刚扎营，科迈纳斯就邀请他带一小队人马入城会面。路易七世毫不犹豫地接受了邀请，并在皇宫走廊里与这位希腊皇帝进行了会谈。迈纽尔代表竭尽曲意逢迎之能事，通过各种各样的承诺、各种事实和论据来引诱法王放弃将来征服希腊的计划。路易七世十分坚决地回绝了这个要求，回到了营地。至此他才明白，科迈纳斯满嘴谎言。

后来，谈判又进行了几天，法军对此极为不满。当科迈纳斯和土耳其人谈判的消息传来时，十字军将士们一下子变得异常愤怒。所有士兵将领都纷纷请战，要求攻打君士坦丁堡，并且承诺一定将这座阴险狡诈的城市夷为平地。但是路易七世拒绝了这个建议，他率军绕过君士坦丁堡，进入亚洲。

到了亚洲，路易七世知道了德皇康拉德的悲惨境遇，并且亲眼目睹了尼西亚城下德国人狼狈不堪的样子。经过商议，两军合并，两位国王共同率部沿海岸向以弗所挺进。但康拉德有点忌妒法军兵多将广，而且他也不愿居于人下，所以不久他就带领余部退出联军返回君士坦丁堡。在那里，他得到了满面笑容、彬彬有礼的科迈纳斯的接待。对康拉德遭受的损失他表示深切的同情，并斥责了向导的愚蠢和狡诈，他友善的外表差不多骗过了康拉德。

路易七世继续率军向耶路撒冷进发，在米安德河岸边与敌人遭遇。土耳其人抢先占领了过河的通道，法国人并没有和土耳其人硬拼，他们重金买通了一位当地的农民，并成功找到了下游的一处浅滩。法军不费吹灰之力就过了河，并突然展开对土耳其人猛烈的攻击，来不及布防的土耳其人四处逃窜。但是到底土耳其是假装战败，还是真的不敌法国，确实是疑云重重。但从结果看，后一种说法似乎更加合理。这个计划很可能是这样的，他们假装战败，将侵略者引入更加难以施展本领的地方，然后将他们一网打尽。如果事实是这样的话，那么这个计划最终全部实现了。

在取胜后的第三天，十字军来到了一座陡峭的山下，只有一条狭窄的小路通往山里。这时，土耳其的大队人马已经隐伏在山顶上，他们隐藏得十分巧妙，以至于在山下什么踪迹也发现不了。劳累不堪的法国兵拖着沉重而缓慢的步子向山上攀登，突然一块块带着呼呼风声的巨石从山崖上滚了下来，法国兵惊慌失措，死者无数。藏在暗处的土耳其弓箭手们也开始向十字军射箭，一时间死伤成千上万。但是土耳其人的箭对穿着铠甲的骑士们不起作用，箭碰到身上就弹了回来。于是，土耳其人猛射他们的坐骑，不少骑士与战马一同跌入崖下湍急的流水之中。

正在后军压阵的路易七世从败退的伤兵、逃兵口中得到了前军的战况，但还是不了解具体情形。于是，他就催马前进，想用亲自出战来抑制弥漫全军的恐慌。但是，他的想法落空了，从山顶往下翻滚的一块块巨石使他们根本无法前进。即使有极少几个人攻上了山顶，也被土耳其人抓住头朝下扔了下来。路易七世拼尽全力冲杀，但还是险些被敌人抓住。最后，还是在夜幕的掩护下，他才带着一些残兵败将逃到了阿塔里亚城下。

在阿塔里亚，路易七世重整军纪，恢复了麾下溃不成军、无心恋战队伍的士气。他召集各个首领讨论是否继续执行原定计划。考虑到他们军中已经断粮且疾病流行，最终首领们决定向安条克城进军，这个城市是勃埃蒙德的继承者管辖下的一处自由王国，在那里他们可以稍事休整。当时城市的统治权掌握在雷蒙德手中，这个雷蒙德是法国皇后伊莉阿诺的叔叔。雷蒙德凭借自己与皇后的亲戚关系，劝说路易七世不要参加保卫耶路撒冷的战争，留下帮助他扩大在安条克的地盘，增大权力。特里波利大公也有类似的打算。但是，两人的建议都遭到了路易七世的拒绝。短暂停留之后，路易七世继续率军赶往耶路撒冷。康拉德率领的德国远征军已先期到达了那里。当康拉德离开君士坦丁堡时，科迈纳斯许诺要给予他们援助——但援助从来没有到过，或者说很可能科迈纳斯从来没想过要给什么援助。

争名逐利的"联军"

为了商讨未来战争如何进行，十字军召开了一个由巴勒斯坦的基督徒王公、十字军将领参加的大会。他们最终决定，在前往埃德萨城之前，联军首先包围大马士革，占领这个战略要地。如果这个大胆的计划成功的话，对于联军取得最后胜利会有很大的帮助。但令人感到遗憾的是，历史上悲惨的经历并没有让基督徒们懂得联合的重要性和团结是克敌制胜的法宝。尽管他们总体上对这个计划没有异议，但每个人都对具体战斗行动有自己不同的见解。安条克和特里波利的两个大公互相忌妒，此外，他们二人还对耶路撒冷国王有所猜忌。康拉德忌妒法王，而法王则厌恶其他所有人。但法王与他们不同，他来耶路撒冷是为了了却自己的心愿，尽管他的看法有些偏颇，但至少是充满诚意的。因此，他下定决心等待机会来完成他正全心全意投入的这场战争。

按照计划，他迅速包围了大马士革城。由于十字军人数众多，士气高昂，优势马上显现了出来。几个星期后，十字军从城上被打坏的防御设施和日益无力的抵抗得出结论：城中的敌人马上就要完蛋了。就在这时，军队内部的纷争达到了高潮，领导们都有自己的打算，这种状况最终导致了围城的失败，也使整个东征彻底完结。

一本现代的烹调书上介绍了烹调兔子的程序："先抓住兔子，再杀掉它。"——这的确是一句闪耀着智慧之光的至理名言。而此时的基督徒们并不明白这个道理，他们竟然激烈地争夺一座还未征服的城市管理权。安条克城和特里波利城已经各自有了一位大公，现在，20名首领又开始申请成为大马士革的管理者。于是，他们循例召开了一个大会来决定谁应当享有这份荣誉。珍贵的时间就在无谓的争论中过去了，而他们的敌人却在这期间积聚了力量。最后，经过一场异常激烈的争论，考虑到弗兰德的罗伯特公爵曾两次到达圣城，因此授予了他这项权力。其他的首领表示不承认这样的结果，而且要求再安排一次更加公正的讨论，当然他们也拒绝在围城中合作。整个十字军营地弥漫着猜疑之风，关于奸诈和阴谋的恶毒谣言四处传播。最后，那些心怀不满的候选人不顾大局将自己的士兵撤出，转移到了城墙的其他方面。其他军队也纷纷仿效这一做法，这些恶劣的行动造成了不可挽回的后果——经过连续长时间的攻打已变得不堪一击的城墙无人包围了。敌人也从十字军的过失中得到了好处——他们补充了给养，重新加固了城墙，而十字军还没有意识到这一切。当他们察觉时，已经太迟了。穆斯林强悍的艾米尔（土耳其高官的名称）沙甫艾丁已率领一支大军前来救援大马士革了。刚一交战，十字军就立即溃退，他们不得不放弃围城计划，灰溜溜地退回耶路撒冷。就这样，十字军不仅没有削弱敌人的有生力量，反而使自己蒙受了损失。

至此，十字军的宗教狂热已经消失殆尽了，即使最呆板的士兵也表现了他们的厌倦。如康拉德这般在开始时踌躇满志的人，现在也灰心丧气了，带着他的残兵败将返回了欧洲。不愿承认失败的路易七世在此地逗留了几天，但最终还是迫于大臣舒格的劝说回到了法兰西。第二次东征至此结束。我们可以用不断失败来描绘这段历史。耶路撒冷王国的处境比十字军刚从欧洲出发时更加艰难。这次东征带给基督徒的只有羞辱，除此之外他们什么也没有获得，与这次征战有关联的所有人都感到了痛彻心扉的失望。

令人厌烦的十字军东征

由于东征的实际结果与预言大相径庭，圣贝尔纳名誉扫地。就像以前那些预言家一样，人们不再尊重他，也不再相信他的话。更为不幸的是，在任何国家里他都没有了昔日享受的荣耀。但是，还有一些狂热分子站出来为他辩解，妄想恢复他的声誉。弗雷辛根主教就当众表示不是所有预言家们的预言都能实现，十字军的悲惨境遇与预言家们无关，是他们咎由自取。但来自克莱弗克斯的吉奥弗罗瓦的辩解更富有想象力，他坚持认为塞翁失马，焉知非福。他说，圣贝尔纳预言了一个好的结果，但也不能说十字军的结果是不好的，因为有一大批光荣的烈士为上天奉献了生命。吉奥弗罗瓦的语言充满欺骗性，确实有几个狂想分子相信了他的话，但那个年代的平民百姓并不鲁钝，他们依然坚持自己的看法，或者可以用另一种说法，他们更愿意相信事实。

我们现在应当谈谈第三次东征以及为什么必须要组织它了。第一次东征在欧洲造成的狂热到现在可以说是完全丧失殆尽了。欧洲各国的百姓们冷漠地观看他们的王公们为战争作着各种准备，但是在战争中兴起的骑士风度现在非常流行。于是，当普通百姓中的身强力壮者不愿再参加东征时，骑士风度为解救圣地提供了军队。

真正激起第三次东征的不是宗教而是诗歌。但是诗歌的地位和当时餐桌上的鱼子酱差不多，在大众之中鲜有应者，因为大众都有他们认为更值得关心的事。但是，英、德、法、意等国的吟游诗人吟唱的关于战争和爱情的歌谣也有他们的观众，那就是骑士和他们的支持者。他们满怀喜悦地倾听美妙的歌谣，梦想通过在圣战中的英勇表现赢得心爱女郎的芳心。第三次东征可以称得上是十字军历史上的浪漫时代。那时在男子们参与战争的目的中，保卫圣墓和在东方保留一个基督教王国并不是最重要的，他们更想通过战争这个绝佳的机会为自己赢得荣誉。更准确地说，他们是士兵而非宗教狂热之徒，他们是为了荣光而非宗教而战；他们是为了获取情人的欢心而不是被授予殉教的美名。

我们没有必要在这里详述萨拉丁①获得东方帝国最高权力的过程，或者他通过怎样的方式将穆斯林的旗帜牢牢插在耶路撒冷的城墙之上。基督徒骑士们和圣城的其他基督徒们都陷入了邪恶的深渊，其中包括圣约翰骑士团的成员，照料穷人的慈善团的成员，保卫圣墓和保护朝圣香客安全的圣殿骑士团的成员们。他们之间发生的无谓的忌妒和内讧使他们无法抵御机智、强悍的萨拉丁带来的，足以摧毁他们的训练有素的军队。可是，当圣城陷落的消息传来时，欧洲的骑士们还是感到了痛苦，因为那些战死在巴勒斯坦的人都与骑士中最高贵的成员们有着血缘和友谊上的

---

① 萨拉丁（1137—1193年），埃及阿布尤王朝开国君主，在阿拉伯人抗击十字军东征中表现卓越，是埃及历史上的民族英雄。——译者注

种种联系。

　　最先传来的是基督徒在泰白利亚斯战役中惨败后遭到屠杀的消息，接着耶路撒冷、安条克、特里波利和其他城市相继沦陷的消息一个个传来。教士们的心都被忧伤包裹住了。听到噩耗后，教皇乌尔班三世异常伤心，知悉详情后变得更加憔悴。此后，人们几乎没有看到他的笑容，直到他离世为止。他的继任者格列高历八世深陷痛苦之中，但他挺住了。他命令整个基督教立即开始行动，号召全体教众拿起武器光复圣墓。泰尔大主教威廉非常敬仰隐士彼得的神圣行为，他从巴勒斯坦赶到欧洲，向欧洲的国王们痛陈他看到的基督徒所遭受的苦难，请求国王们发兵救援。德国皇帝腓特烈·巴巴罗萨（Friedrich Barbarossa）接受了他的观点，很快召集了军队穿过叙利亚，一路疾行，闪电般地击败了撒拉逊人，占领了伊科尼亚城。但不幸的是，在他的事业如日中天之时，他的生命却因草率地在锡德纳斯河中洗澡而结束了。苏比亚伯爵代替他继续指挥军队。显然，后者的能力与他相差甚远。自从他成为主帅，军队多次受挫，他只得固守安条克城等待援军。

　　法国的菲力普·奥古斯和英国的亨利二世都代表本国的骑士阶层大力支持十字军东征，直到他们本国爆发了战争和内讧使他们的注意力暂时转移为止。1181年1月，两个国王各自带领着英勇的骑士和武士在诺曼底的吉佐会面。在会面时泰尔的威廉用无可辩驳的语言论证了东征的必要性。两位国王的宗教情绪高涨，他们发誓要前往耶路撒冷。同时，做出了向所有不能或不愿亲自参加征战的基督徒征收什一税，即这些人必须将他们田产或财产的十分之一作为税款交给国家，它又被称为"萨拉丁的什一税"。所有的，不管是不是教徒的采邑领主都有义务在自己的领地内代征此税。法令规定，任何拒绝缴纳应缴份额的人将被强行转为奴隶身份，失去所有的人身自由。

　　同时，两位国王给予那些参加十字军的人很大的恩惠：任何人都不得以任何理由阻止他们参加东征，即使他们欠债、抢劫或是谋杀他人。法王还在巴黎召集了一次议会，庄重地通过了这些规定。而亨利二世在胡安向他在法国的领地发布了命令，也在北安普敦郡的盖廷顿向他在英格兰的领地宣布了决定。一位古代的编年史作者曾这样形容他们的做法，"他（亨利二世）召开议会讨论前往圣地的事宜，强制征收的什一税则让整个国家不得安宁。"

　　但是，受到了什一税"骚扰"的并不只有英格兰，法国的人民对此也没什么好感。并且因为这个原因，他们对十字军冷漠的态度也变成了厌恶。尽管那些教士们希望别人拿出一半甚至全部的财产来促进这项他们最喜欢的事业，他们自己却不想出一分钱。在米洛的《法国史素材》中也提到了有几个教士大声疾呼，不愿交税。

这里有一个事例可以证明这一点。当国王向兰斯的地方教会征税时，他们派了一位代表向国王陈述，他们国家做的事情已经很多了，国王应该为获得他们为战争所做的祈祷而感到满足，不应再让他们交税，而且他们也很贫穷，除了诚心祈祷外一无所有。菲力普·奥古斯对他们的心思一目了然，他想借机给他们一点教训。于是，他命令教会附近的三位贵族破坏教会的产业。教会知道后，要求国王进行赔偿。国王却回答："我会以祈祷的方式让上帝帮助你们，请求那几个贵族放过你们。"事实上，他真的这样做了，但这种玩笑的口吻让那三位贵族觉得不应当停下来，于是，他们继续进行破坏。教会又一次致书国王问道："你到底想要什么？"国王给了他们这样的回复："你们为国家祈祷，我也为你们做了你们需要的祈祷。"此时，教会才恍然大悟，即刻上缴了自己该交的份额。

从上面的故事中可以看出东征是多么不得人心。如果连教会都不愿支持东征的话，那人民大众对它的看法就可想而知了。但欧洲的骑士阶层对东征却有着极大的热情。有了什一税作为保障，英格兰、法国、勃艮第、意大利、佛兰得斯和德国迅速召集了军队整装待发。但是，还没等出征，意外的事情就发生了，英法两国之间陷入了战争之中。事情的起因是吉耶那伯爵理查德①，即历史上有名的"狮心王"，侵犯了杜鲁斯公爵的领地。就这样，出征的日期被推迟了，两国之间打起了仗，而且短时间内不会有什么结果，很多急于东征的贵族们离开了两位国王，独自向巴勒斯坦进军。

在敌人的敌意、儿子们的奸诈和忘恩负义之中，亨利二世与世长辞。他的儿子理查德立即与菲力普·奥古斯都达成了同盟的协议，年轻气盛、鲁莽冲动的两位国王准备联合东征。在大批强悍将士的拥护下，他们在诺曼底的诺南科特会师。在全体骑士面前，两位国王表现得亲如兄弟，他们对天盟誓两国之间要成为真正的朋友和盟国，这种状态持续到东征从圣地返回的40天后为止。

为了革除那些对东征不利的军营恶习，他们制定了新的军规。鉴于过去军中赌博盛行并引发了争吵和流血事件的教训，他们在一项法令中明确禁止军中骑士级别以下的任何士兵以任何方式赌钱。骑士和教士可以赌博，但每人每天输赢都不能超过20先令，否则就要处以100先令的罚款。王族中参加圣战的也被允许参与赌博，

① 理查德（Richard），继位英王后称为理查一世，作战英勇，素有"狮心王"的美称，是中世纪最杰出的军事指挥官之一。——译者注

但要遵守上述法令。如果他们中有人违反法令，就要处以裸身鞭笞之刑，然后示众3日。所有东征的士兵都不能伤害自己人，否则要被砍掉双手。对杀害同袍之人，法令规定将其捆绑起来与被害者尸体一起下葬。年轻妇女被禁止随军，这令那些不敢女扮男装隐身军中的许多妇女很伤心。但即便这样也还是有许多品德高尚、富有感情的已婚、未婚妇女手持宝剑或长矛冒险追随她们的丈夫或情人。但那些50岁以上的洗衣妇或其他超过50岁的女人可以光明正大地随军出征。

第三次东征无功而返

　　法令出台后，两位国王一起行军前往里昂，他们约定到梅赛纳汇合后兵分两路。菲力普翻过阿尔卑斯山，在热那亚乘上船，安全到达了汇合地点。理查德则是在马赛乘船抵达梅赛纳的。由于理查德性格莽撞，因此路上事端不断。尽管他手下的随从在打仗时表现得和他一样勇敢，但有时也和他一样愚昧，他们在路上制造了不少麻烦。他们到梅赛纳后，在向西西里人购买生活必需品的过程中，西西里人漫天要价，理查德的士兵在提出抗议无果后，就和西西里人吵了起来，后来还打了架。

　　因为打了架，士兵们最终没从西西里人那里买到东西，于是士兵们就洗劫了西西里人。洗劫让双方的矛盾演变成了冲突，理查德的一名爱将莱布兰还在一次冲突中丢了性命。冲突发生后，附近的农民从四面八方赶来协助城里的西西里人，战争进一步升级。因为痛失爱将，加之有人来报"西西里王坦可里德亲自带领部队向十字军开战"，因此，理查德异常愤怒，手持长剑亲自带领自己最勇敢的士兵加入了战争，并横扫整个战场，击退了西西里人。

　　获胜后的理查德还亲手扯下了西西里旗帜，换上了自己的旗帜。这一行为极大地刺激了法王。在法王看来，理查德东征的目的不仅仅是要到东方重建一个基督教王国，他还想征服别的国家，为自己谋取最大的利益。法王很是愤怒，但他却没表现出来，而是通过自己的影响，努力平息英格兰人和西西里人的争端，然后乘船去阿克尔。这场战争让法王不敢再信任盟友。

　　而理查德方面，在接下来的几周里，他与西西里人之间已不再争吵了，还过起了安逸、奢华的日子。这种按兵不动的做法与理查德的一贯做法大相径庭。在平静和快乐的生活中，理查德似乎忘记了自己东征的目的，也忽略了这种无所事事的安逸生活会给整个军队带来什么样的不良影响，但士兵们后来的迷信行为唤起了理查德的责任感。一位名叫约奇姆的士兵激动地手执长剑，穿过营地，他长长的头发狂野地在肩头乱舞。他整夜整夜地大声号叫着说，如果他们再不立即出发，瘟疫、饥荒和其他灾难将降临到他们头上。其他士兵也说，连续几个晚上都看到一颗彗星在天空划过，流星也一颗颗划破苍穹，他们认为这是上天对他们延误时间所降临的处罚。理查德这才清醒过来，他为自己近期的疏忽大意进行祈祷后，也重新起航，向阿克尔挺进。

　　前进的途中，虽然一场风暴吹散了他的舰队，但理查德最终还是带着他的主力部队安全地抵达了罗德岛。也是到了这里理查德才得知自己的三艘船只在塞浦路斯布满礁石的海滩上搁浅了，这三艘不幸的船只在岛上遭到了抢劫。抢劫行为是岛上的统治者伊萨克·科姆内纽斯放纵自己的人干的，岛上的人还拒绝为他的未婚妻白兰加莉亚提供住处，他的姐姐所乘坐的船只则被风暴吹到了利米索港。怒火满腔的理查德立即召集全部船只返航去利米索。对理查德的冒犯，伊萨克拒绝道歉，而且也不做任何解释。理查德怎么受得了这样的待遇！他登陆后，将伊萨克的军队打得落花流水，并将整个塞浦路斯国全部纳入自己的管辖范围，命令该国所有的人都必须向十字军缴税。

　　耶路撒冷王盖伊早就召集了慈善团、圣殿骑士团等全部勇敢的骑士包围了阿克尔，"狮心王"理查德一到阿克尔就发现欧洲骑士的精锐部队已经在那里等他。由于阿克尔城内驻扎着萨拉丁的军队，数量众多且纪律严明，基督徒们一直找不到攻克的办法。在将近两年的时间里，什么办法都试过了，却始终没有效果，双方也曾在开阔的地方进行过多轮较量，但总是僵持不下。盖伊很后悔自己在没有得到欧洲支援的情况下就选择攻打这个坚固的堡垒，他甚至有些绝望。因此，对于法王菲力普的到来，他非常高兴；理查德率军到达的消息传来时，他更是难以抑制内心的喜悦。他渴望理查德到来之后能够对敌军城池进行一次彻底的最后攻击。因此，当英格兰舰队到达叙利亚海岸时，整个基督徒营地的欢呼声几乎响彻云霄。理查德率军登陆后，欢呼声更是一浪高过一浪，甚至在萨拉丁驻军所在地的南边山岭上也能听得清清楚楚。

欧亚雄狮之战

　　这次东征的特点可以概括为以下几个方面：基督徒和穆斯林都不再将对方看成是不共戴天的敌人，也不再认为对方就是野蛮人。双方互相钦佩对方的英勇善战，宽宏大量，甚至还达成了一项停火协议——停火时相互要以礼相待。穆斯林的武士们对基督徒的骑士们不仅礼貌有加，甚至还为"这些优秀的人才不是穆斯林武士"感到遗憾。基督徒们也慨叹"如此慷慨、英勇的人信仰的为何不是基督教呀"。但冲突一旦开始，双方的士兵又都将这些美好想法抛到九霄云外，全力投入战争的殊死搏斗之中。

梅赛纳事件后，菲力普也对理查德产生了戒心，两位国王都不愿意与对方一起行动。法王不愿意和理查德一起攻打阿克尔，因此就单独行动，没想到却被打了回来。理查德也试了一次，结果也一样。菲力普见这一行动没能胜过理查德，就另外想了一个办法——诱惑英国士兵加入他的队伍。他说，任何一位愿意背弃英国旗帜、投到法王手下的骑士，每人每月可以领到3块金币。理查德不甘示弱，给法国骑士端出了一块更诱人的蛋糕——保证给那些愿为英王效力的法国骑士每人每月4块金币。两位国王把精力浪费在了这种无谓的争执上，直接损害了军队严明的纪律和办事的效率。

不过，联军还是取得了一定成绩：因为这两支大军的出现，让阿克尔城中根本就没法从外界获得给养，城中的人口由于饥荒而锐减。萨拉丁不愿意冒险去营救，他只盼着十字军发生内讧，力量随之削弱，然后再一举挺进，将对方轻松歼灭。要是他能看到阿克尔城中惨不忍睹的情景的话，他或许会改变他的计划。但他的军队和阿克尔城之间的联系却被十字军切断了，他不可能知道城中极度困苦的状况。当他得知城中的困境时，为时已晚。

一段短暂的停火之后，阿克尔城投降了，但由于投降的条件十分苛刻（由于城中的十字架被耶路撒冷的穆斯林拿走，土耳其人应该重建这些十字架；土耳其人应赔偿20万个金币；阿克尔城中囚禁的所有基督徒应被释放；萨拉丁军中的基督徒俘虏也应放还。总数为200名骑士和1000名士兵。萨拉丁这位东方的王公哪里储备有这么多的木头来重修十字架，他也不愿这么做），因此萨拉丁并未批准。萨拉丁很清楚，一旦在城中重新建立十字架，敌人的气焰会更加高涨。因此，萨拉丁不仅拒绝交出木材，而且其他的条件也一律不接受。于是，盛怒之下的理查德残忍地下令，将所有的撒拉逊战俘都处死。

占领这座城后，新的纷争又出现了，十字军的领导们又开始为各自的利益争抢。未和别人商议的奥地利大公擅自在阿克尔城的一座塔上竖起了自己的旗子。理查德发现后，当即亲自给扯了下来踩在脚下。对此，菲力普虽然不同情奥地利大公，但他不满于理查德的处理措施，两个国王之间的裂隙越来越大。与此同时，为了争夺耶路撒冷的王位，盖伊和蒙特弗拉的康拉德也开始了愚蠢的纷争。在这样的环境中，下级骑士很快也沾染上了首领们的忌妒、猜疑、恶意中伤等不良习气。

值得一提的是，在这场利益争夺战中，法王突然宣布想返回他的国家。理查德得知后，非常恼火，他气恼地说："无论出于什么原因，他都不能背弃这项未竟事业，否则他和所有的法国人都该永远感到耻辱！"但菲力普却不予理会，马上就动身离开了。而他选择离开一方面是因为不适应东方的环境，他的身体健康每况愈下，另一方面是他想在东征中起支配作用，但他的势力却不如理查德，因此他宁愿无功而返，也不肯仰人鼻息。菲力普返回法国的时候，几乎带走了全部的士兵，只留下勃艮第地区的一小支部队。菲力普的离开让理查德难过得好像失去了一只有力的臂膀。而在此之前，理查德虽然遇到过很多竞争对手，但他从未予以过重视。

菲力普离开后，理查德在教堂里重建了十字架，重新加固了阿克尔城。在留下一支部队保护阿克尔后，他就顺着海岸向阿斯卡隆进军了。而此时的萨拉丁已经处于警戒状态，他派出轻骑兵追打理查德军队的尾部。由于低估了菲力普离开后十字军的战斗力，两支军队在阿佐图斯附近相遇后，萨拉丁决定与十字军决一死战。一场激烈的交火后，萨拉丁战败，率领自己的部队落荒而逃。对于十字军而言，通向耶路撒冷的大道也至此被彻底打通了。

再次胜利之后，十字军中也再次出现了内讧。其他首领们由于忌妒理查德的勇猛和影响，经常违抗他的命令。整个军队也不再向耶路撒冷甚至阿斯卡隆进军，而是违背了原来的计划，前往雅法，并且疏忽懈怠，直到萨拉丁组织了另一次战斗来打击他们。军中的内讧也直接影响了理查德再创佳绩。

十字军的很多时间都被花在了毫无意义的仇视以及讨价还价之上。理查德想要夺回耶路撒冷，但一身英勇的他在重重困难面前却无计可施。不过，这样的结局也是他自己造成的，因为很多高尚的人本可以满腔热忱地与他合作，但他身上的那种自负实在是让人难以忍受，很多仁人志士都疏远他。最终，大家同意向圣城进军，但大军前进得十分缓慢，很不顺利，士兵们满腹牢骚，首领们也不时打退堂鼓。萨拉丁方面则早就派人沿途填埋了所有的水井和池塘，而十字军中的士兵又没有足够的毅力在困苦中勇往直前。由于天气又干又热，路上还找不到水，因此到了伯利恒时，军心已经完全动摇了，首领们开始讨论是进军还是撤退。最终他们选择了立即撤退。据说，理查德在撤退前被领到一座山上，他在那里能看到耶路撒冷林立的尖塔。理查德在那座山上用盾牌掩面，大声啜泣，他对自己不能解救一座近在眼前的城市倍感遗憾。

撤军中，十字军分成了两支，人数较少的一支退到雅法，人数多的一支则由理查德和勃艮第大公率领返回阿克尔。在理查德准备好即将返回欧洲时，却传来了"雅法被萨拉丁包围"的消息。信使还说，如果不立刻前往救援，整座城会有沦陷的危险。但当时在勃艮第领导下的法国兵已经厌倦了战争，不愿意去援救困在雅法的兄弟部队，为此，理查德十分生气，同时也为他们的懦弱感到羞耻。理查德只有自己召集英国士兵前往救援，及时解救了雅法。据说那些撒拉逊人其实是被"狮心王"吓跑的，因为"狮心王"的威名他们早有耳闻，所以一听说他来了就赶紧逃跑。

当理查德胜利后要求缔结和平条约时，萨拉丁很快答应了，因为他非常钦佩理查德的英勇。双方在和平条约商定停战三年零八个月，这期间，基督徒朝圣者不用缴任何税，可以自由地拜谒耶路撒冷，十字军可以占领雅法和泰尔两座城池。萨拉丁非常热情地邀请基督徒们参观耶路撒冷，很多首领趁机在这块圣地大饱眼福。一些人还在高贵的异教徒萨拉丁自己的宫殿里玩了几天，回来时还对其赞不绝口。

虽然理查德和萨拉丁在很多人心中留下了深刻印象，但他们二人却从未见过面。不过，这并不妨碍两人之间的互相欣赏，他们都很钦佩对方的神勇和高尚。由于互存敬意，双方制订的条约没有一条苛刻条件，非常简单。由于有消息传来"国内有人密谋推翻他的王位"，因此理查德不敢耽搁自己的行程，决定马上回去平息叛乱。但是在返回的途中，路过奥地利时，他却被囚禁了，不过最终被赎回。就这样，十字军的第三次东征结束了。这一次虽然没有像前两次那样草菅人命，但也一样是无功而返。

第四次东征和第五次东征结果截然不同

公众熊熊燃烧的激情好似被泼了冷水，当权者们和教皇们使尽浑身解数也很难再次将它全部点燃。最终，好似即将点完的蜡烛一样，经过一段摇曳不定之后，在最后时刻又明亮地跳跃了一下，而后就永远熄灭了。

第四次东征没有引起人们的注意，好像和公众毫无关系一样。与理查德签订停火协定到期一年后，萨拉丁死了，他统治下的广阔帝国也分崩离析，成为众多小国家。他的兄弟谢夫·艾丁（又被称为萨法丁）统治了叙利亚，他的儿子们对此十分不满，于是不断对萨法丁进行骚扰。消息传到欧洲，教皇谢莱斯丁三世认为东征的好机会来了，不过欧洲的所有国家都反映冷淡，不仅公众毫无热情，就连帝王们也没有表现出半点激情。相反地，他们更愿意把精力花在处理国内的事务上。整个欧洲只有德国皇帝亨利赞成第四次东征。在亨利的支持下，巴伐利亚公爵和萨克逊公爵带领大军赶往巴勒斯坦。

到了之后，他们却发现当地的基督徒并不欢迎他们。因为在萨拉丁温和的统治下，当地人已经开始休养生息，十字军的突然到来让他们感到自己安宁的生活受到了侵扰。这支德国军队被他们当作是爱管闲事的冒失鬼，因此在后来和萨法丁的战役中，他们完全不支持十字军。这次东征不仅激怒了撒拉逊人，而且还使得撒拉逊人仇视朱迪城的基督徒，丢掉了坚固的城池雅法，并使自己出发时人数的十分之九客死他乡。第四次东征的后果比上一次更具有灾难性。

不过，第五次东征的结果就完全不一样了，不仅席卷了君士坦丁堡，而且还将法兰西王朝的势力延伸到了东方帝国。这样的结果是连当初的计划者也没有想到的。十字军东征要达到的目的是"竭尽全力维护罗马教皇的支配地位"，后世的教皇们不管在别的观点上与前任有多么不同，他们都异口同声地同意这一点。欧洲的王公贵族们只要能够被他们说服到叙利亚去冲锋陷阵或者是以身殉教，他们在本国人民心目中的支配地位就能得到进一步巩固。出于这样的目的，他们从不要求十字军打胜仗，也不管时间是否选择正确，不管军饷、士兵是否够用。

要是当初教皇英诺森三世能够说服英法两国那些顽固的贵族大臣们顺从他的意志的话，他一定会感到自豪。但约翰和菲力普以前都冒犯过教会，而且都处于教会的禁令之下，同时二人还都事务缠身，都忙着在国内进行重要的改革。当时的菲力普正在授予子民豁免权，约翰也不得不进行同样的改革。因此，教皇的使者多次劝说均是无功而返。野心勃勃、魄力非凡的高级教士、纽伊利主教福尔克以他雄辩的口才最终说服了贵族阶层，而且还通过他们点燃了更多人的激情。福尔克（Fullkrug）是一位难得的奇才，罗马教廷一发现他，就请他四处去鼓动大家参加东征。

福尔克所到之处几乎没有对东征不感兴趣的人，幸运之神对福尔克也很青睐，他非常轻易地抓到了一次绝佳的机会：当时香巴尼公爵西奥保德要举办一次盛大的马上比武大会，邀请了很多贵族参加。比武时，不仅有2000多名骑士和他们的随从到场，很多观众也会出现在这场盛会上。福尔克认为这是一个非常有利的时机，因此他亲自来到了现场，用非常有感染力的言语发表了演讲，满怀激情地号召大家报名参加新的东征。年轻气盛而又容易冲动的香巴尼公爵听到他的演讲后，双手接过了十字架。香巴尼公爵的行动很快感染了在场的人，布鲁瓦公爵查尔斯也效仿接过了十字架。很快，出场的全部2000多名骑士中，除了150名外都报了名。公众东征的热情再次爆发，弗兰德斯伯爵、巴尔伯爵、勃艮第公爵、蒙特弗拉侯爵等也都带着自己的所有臣仆加入了东征军的队伍。在很短的一段时间里，在人们面前就出现了一支准备进军巴勒斯坦的庞大军队了。

考虑到越境行军十分危险，因此东征军努力同部分意大利城邦订立了和约——用对方的船只过境。威尼斯年迈的总督丹多洛还愿意将自己共和国的大帆船提供给他们使用。但到达威尼斯后，东征军却发现带的钱太少了，连支付对方要价的一半也不够。于是，东征军开始用各种办法挣钱：士兵们将盘子铸成金属块来卖，妇女们献出了自己的饰物。他们还请求欧洲忠实信徒的支援。不过，他们可以卖钱的东西毕竟不多，加上很多人不肯多花钱，因此他们筹乘船费谈何容易。最终，丹多洛以"十字军必须帮助威尼斯收复不久前被匈牙利国王攻占的城市扎拉"为条件，表示国家愿意出钱送他们去巴勒斯坦。尽管教皇对此十分不满，可东征军还是答应了这个条件。

教皇非常愤怒地威胁东征军说，他将开除那些半途而废，放弃去巴勒斯坦的人的教籍。但东征军却未被吓到，他们很快就包围了扎拉城。这座城在经过一段长时间的英勇抵抗后自愿投降了。此时，如果十字军愿意，他们就可以无所顾忌地与撒拉逊人作战了，但一些意外情况却让首领们分心了。

曼努埃尔·科迈纳斯去世后，希腊帝国分裂，他的儿子阿历克塞二世继承了王位。没过多久，他的叔叔安德罗尼克斯为了夺得王位，杀害了阿历克塞二世；安德罗尼克斯也没坐多久王位，就被同族的伊萨克·安格鲁斯杀害；伊萨克·安格鲁斯登基不久，他的兄弟阿历克塞又将他废黜，还挖出了他的双眼，把他关进牢里。这位阿历克塞三世也没能将王位"坐热"。

从君士坦丁堡逃出的伊萨克之子也叫阿历克塞，在听说东征军拿下扎拉的消息后，便即刻找到东征军进行谈判，声称如果东征军能帮助他夺回父亲王位的话，希腊教会就归顺罗马教皇，还将让希腊全国军队帮助东征军征服巴勒斯坦，同时，还向东征军提供20万银马克军费。东征军表示，如果教皇没意见，他们就接受这个条件。毫无悬念的是，教皇对此肯定没意见，因为对于罗马教廷来说，即便是将巴勒斯坦的撒拉逊人彻底歼灭也没有比让希腊教会归顺更让人满意的了。

希腊招来致命一击

东征军在熟练的战术指导下英勇作战，城里的人闻风丧胆，一阵徒劳的抵抗之后，伊萨克弃城而逃。年老眼瞎的伊萨克被手下人从地牢中解救出来扶上了王位。他的儿子阿历克塞四世被定为王位继承人。东征军很快就包围了君士坦丁堡。

战斗胜利后，阿历克塞四世不得不履行自己的诺言，但希腊的高级教士们却拒绝将自己置于罗马教廷的控制之下，因为条约中的条件冒犯了希腊人民。为了巩固自己的地位，阿历克塞四世开始劝说自己的子民归顺罗马教廷，同时还乞求东征军留在君士坦丁堡帮助他。因此，阿历克塞四世很快就在希腊变得声名狼藉。由于没有及时付给东征军曾经承诺的巨额军费，阿历克塞四世也触怒了东征军。这就直接导致了他的人民反对他独裁，他以前的盟友鄙视他虚伪，都向他宣战。

最终，阿历克塞四世的卫兵在他的宫殿里抓住了他，并将他投进了监狱。此时的东征军也正在准备包围君士坦丁堡，希腊人决定马上选举一个勇敢的、精力充沛的、具有坚韧不拔品质的人任新国王，最后他们把信任的目光投向了杜卡斯（Ducass）。杜卡斯以摩苏弗里斯的名字登上了王位，他登上了王位后做的第一件事就是除掉年轻的前任国王，而又老又瞎的伊萨克也已经病死。因此，将阿历克塞四世处死后，他如释重负，终于少了一块绊脚石。

公元1211年早春，东征军和希腊人之间的关系已经发展到剑拔弩张的程度。东征军准备攻打君士坦丁堡。法国人和威尼斯人相信自己绝对能够取胜，从未考虑过有失败的可能，在准备攻打之前就签订了战后如何分享战利品的协议，这种自信也令东征军取得了最终的胜利。而当时的希腊人根本就没有自信应战，不祥的预兆将他们吓得毫无还手之力。

让历史学家们惊讶的是，以英勇闻名的摩苏弗里斯粮草充足，兵强马壮，但竟然没办法击退敌人。东征军的人数只有希腊军队的十分之一，如果说东征军勇往直前是为了进城大肆抢掠的话，希腊人是在保卫自己的家园，保卫自己的祖国，士气应该更旺。不过，他们却只击退东征军组织的一次猛烈的攻击。一天后，在东征军再次发起更为猛烈的一次进攻时，希腊军队就抵抗不住了，东征军将船开到了城墙下，杀死所有负隅顽抗的敌人。最后，东征军以微小的伤亡就攻下了这座城。摩苏弗里斯留下城池任胜利者恣意抢掠，自己则仓皇逃跑。

2000个希腊人倒在了东征军的刀剑之下。要不是东征军被城中的珠宝所吸引，被屠杀的希腊人很可能会多得多。城中不计其数的钱财把东征军给惊呆了，仅仅钱币就足够给每个骑士分得20个银马克，每个仆人10个，每个弓箭手5个。珠宝、天鹅绒、丝绸、豪华服饰、稀有美酒和新鲜果品以及他们从未见过的奇珍异宝，可以说是应有尽有。这些战利品通过威尼斯商人变卖成现钱分给了每一位士兵。

在很多记载血腥战斗的相关历史书籍中，我们发现，对于精美绝伦的艺术珍品，他们流连忘返，赞不绝口，而对于上帝的杰作——人，他们却是像对待野兽一样，肆无忌惮地屠杀。他们能保留一幅画，但却会杀害妇女、儿童；他们不愿碰坏一件精美的雕塑品，但却可以做到将刀刺向疾病缠身的人、孤立无助的人，甚至是头发斑白的老人。而进入君士坦丁堡的这些拉丁人则是既不尊重人，也不尊重艺术品。他们在把自己的兽性发泄在人身上的同时，还用艺术品来满足自己的贪婪。许多漂亮的价值连城的青铜塑像被他们砸碎当成金属卖掉。那些本应受到悉心保护、精雕细刻的大理石雕像也被他们无所顾忌地毁坏。如果有可能，他们还会做得更过分。

大屠杀结束后，战利品分配完毕，东征军从法国人和威尼斯人中各选出6人作为代表来选举这座城的国王。这6名代表事先须向天发誓，他们将选出一位能胜任国王这个位置的领导人。弗兰德斯伯爵鲍得温和蒙特弗拉侯爵勃尼法为此次国王选举的候选人，最终，弗兰德斯伯爵鲍得温当选。他当即就被授予了国王的紫袍，并受命建立新的王朝。可惜，鲍得温登基后还没来得及享受，也没有时间为继承者们巩固权力，就在不久后去世了。他的继承者也没能当好国王，很快就将权力弄丢了。60年后，就像摩苏弗里斯在世时那样，法国人在君士坦丁堡建立的秩序被一次突如其来的灾难性事件画上了句号。这就是历史上的第五次东征。

3万儿童成为东征牺牲品

教皇英诺森（Innocent）三世虽然对东征军的战果很满意，但他也埋怨他们拯救圣城不力。于是，只要一找到机会，他就又开始大力宣讲再次东征的必要性。每年的春夏两季都有一队队的朝圣者陆续出发，前去巴勒斯坦帮助他们的兄弟（这种有周期的迁移被称为三月大转移或者圣约翰节大转移。这些人并不都是携带武器攻打撒拉逊人，其中有很多受诚心驱使的朝圣信徒，他们只是为了前去朝拜圣地，所以除了家人、随从和钱袋之外，没带任何东西），但由于人数太少，因此这样的场合，宣传的效果不是太明显。直到公元1213年，英诺森三世的努力终于对欧洲人产生了较为深刻的影响。

1213年春，在法国和德国又聚起了一支人数庞大的军队。让人痛心的是，这支军队中有许许多多的小男孩、小女孩。这些儿童毫无疑问都聚集在大都市里，他们被人抛弃，四处游荡，是在邪恶、艰难的环境中长大的，他们什么事情都敢干（他们被两个僧侣以送他们到叙利亚为幌子骗到运奴船上，再将他们运到非洲海岸卖为奴隶。许多可怜的小孩在马赛被装上船，但这些船只除了3艘以外都在意大利海岸失事沉没，船上人员无一生还。船上幸存的小孩则安全抵达非洲，被当成奴隶养大以后再卖到非洲腹地；另一队小孩到达了热那亚。在这次可怕的阴谋中，这两个僧侣新的同谋此时已经在马赛等待他们了，而没有在热那亚采取行动，热那亚人劝说这些可怜的小孩返回了自己的家）。据记载，在这两个僧侣的劝诱下，3万个儿童踏上了前往巴勒斯坦的旅程。

"这次东征是在魔鬼的指使下进行的。"福勒（Fowler）在他的著作《圣战》中如是说。他还加了一条当今人看来很好笑的原因——魔鬼厌倦了无谓的屠杀，试图用孩子们的血为自己虚弱的胃做补药。就好像那些注重饮食的人在吃腻了大羊的肉后一样，想换换口味，品尝品尝羊羔！

根据其他一些作者的说法，那两位邪恶僧侣的劝诱非常动听，以至于那些被骗的小孩像中了邪一样，门闩、栅栏都拦不住他们，就连父亲们的恐吓和母亲们的疼爱也不能使他们回心转意，放弃前往耶路撒冷的志向。他们甚至还在国内四处呼喊："啊，耶稣基督！将十字架赐给我们吧！"

对于这次东征细节的描写非常非常少，仅有的一些记载也显得十分混乱。在提到这次东征时，当时的作家们都认为，那两个策划了此次行动的僧侣的名字和因此而遭到的报应不值得他们说出。据说，两个即将从这次拐卖中获取利润的马赛商人因为犯其他的罪被带上法庭判处死刑，但不知道他们是否透露了有关这件事的一些情况。对这次少年东征的真正动因，教皇英诺森三世好像也不太清楚，因为当他得知这些小孩宣誓参加东征军、正在赶往圣地时，他忍不住大声惊呼："我们都在沉睡，只有这些孩子们是清醒的呀！"很明显，他以为全欧洲收复巴勒斯坦的愿望都非常迫切。他在赞扬孩子们热情的同时，还透露出了对"此前自己对此次东征的冷淡态度"的自责。

因此不久后，他给整个基督教世界的教士们写了一封供广泛传阅的信，催促他们为新的东征祈祷，并积极地鼓动再次东征。和以前一样，一些无所事事、热衷冒险的贵族又带着自己的仆人报了名。在征军过程中，英诺森还在拉特朗召开了一次会议，他在会上宣誓，他本人将带领基督的军队去保卫圣墓，他要亲自参加东征军。要是不被死神夺走生命，对东征充满激情的他肯定会实现他的誓言。而他的继任者虽然也鼓励东征，但却不愿意亲自带队前往。

第六次东征虎头蛇尾

教会筹备东征的步伐始终未停止，他们继续在法、英、德三国征集军队并筹备军饷，不过这些国家都没有重要人物愿意来充当首领，只有匈牙利国王安德鲁（Andrew）愿意离开自己的国家来干这件事。与此同时，安德鲁也得到了奥地利和巴伐利亚的支持。奥地利和巴伐利亚的两位大公带领一支德国军队加入了他的队伍。随后，一起赶往斯帕拉特罗，到那儿去乘船到塞浦路斯，再从塞浦路斯辗转到阿克尔。匈牙利国王在整个行动中却表现得十分胆小懦弱且优柔寡断。但到了圣地后，他却发现自己的士兵十分英勇善战，这直接导致了撒拉逊人吃惊得连续几周不敢组织任何抵抗。因此，匈牙利国王带领的部队打败第一支向他们抵抗的军队后，向塔巴山挺进。他打算占领一座撒拉逊人新建的重要城堡。他一路畅通到了山下，本可以轻松拿下山上的城堡，但他突然感到有些害怕，因此在没有采取任何行动的情况下就返回了阿克尔。安德鲁后来很快就彻底放弃东征之事，返回了匈牙利。

因为安德鲁临阵脱逃，奥地利大公便成了这次东征的主要领导人。援军缓缓从欧洲各地抵达，奥地利大公仍然拥有可以给撒拉逊人以沉重打击的足够兵力。他和其他几位首领商量后，决定倾尽全部东征军兵力攻打埃及，因为埃及是撒拉逊人势力的活动中心，与巴勒斯坦联系紧密，土耳其人在埃及可以调兵抵抗东征军。

东征军很快包围了埃及最重要的城市之一，比邻尼罗河的达米埃塔，对其发起了猛烈攻击，直到占领了尼罗河中一个被看作是"开启达米埃塔钥匙"的高塔为止。当东征军欢呼鼓舞，将本来应该用来扩大战果的时间用来庆祝胜利时，他们却接到了苏丹萨法丁的死讯，萨法丁名叫卡迈尔，他和克里丹的两个儿子已将整个帝国一分为二。克里丹掌控了叙利亚和巴勒斯坦，而卡迈尔则占据了埃及。因为卡迈尔在埃及不得人心，遭到了人民的反抗，这便给了东征军"实现征服撒拉逊人理想"千载难逢的好机会。

然而，历次东征军的通病又犯了，他们吵吵闹闹，无法无天。不知道是没发现这个绝佳机会，还是没看到可以从中受益，因此他们在达米埃塔城下将宝贵的时间都花在了"窝里斗"上，而此时卡迈尔却采取了有效措施镇压了叛乱，巩固了自己在埃及的统治，并决定联合他的兄弟克里丹把在达米埃塔的基督徒们赶走。由于当时整个城市已经被东征军团团包围，土耳其人不得不花费3个月的时间与东征军战斗，还有就是向城内投掷装备给养。让他们遗憾的是，这两个措施均没有奏效。达米埃塔城内饥荒十分严重，就连老鼠肉都成了奢侈食品，在市场上卖得相当贵，一只死狗的价格也比平时一头活牛的价格高很多。由于饥饿导致了疾病，这座城里能够保卫城墙和打仗的男子越来越少。

克里丹和卡迈尔虽然深知保住达米埃塔的重要性，但也清楚达米埃塔被攻陷已经在所难免，于是便和东征军的首领商量，提出以"东征军撤离埃及"为条件，将整个巴勒斯坦送给东征军。没想到，经一个无知而又狂热的红衣主教派拉吉斯劝说后，这些东征军的领导轻信了"那些异教徒们从不信守诺言，他们的条件是骗人的，只是为了愚弄东征军"之说，愚蠢地拒绝了对东征军有利的条件。东征军的首领们通过协商，决定向达米埃塔城展开最后一击。在受困者几次无力的、希望渺茫的反抗之后，东征军攻下了这座城。进城后，他们才发现瘟疫和饥荒已经将这座拥有7万居民的热闹城市变成了只有3000人的冷清城市。

在达米埃塔城待了几个月后，不知道是因为气候导致的体格虚弱还是智力下降，东征军丧失了所有斗志，他们成天在那里肆无忌惮地寻欢作乐，制造骚乱。布里安的约翰凭借妻子的关系成了耶路撒冷城名义上的统治者，但他却非常厌恶东征军首领们的骄奢淫逸、优柔寡断和内部纷争，于是便率领自己的士兵彻底退出东征军，返回阿克尔。

之后，越来越多的人都选择了返回欧洲，只留下红衣主教派拉吉斯继续推进这项事业。他为了取悦约翰，便率东征军从达米埃塔出发前去攻打开罗，但却在差几个小时就要到达开罗的时候发现了兵力不足，不得不掉转马头回去。然而，尼罗河在他出发后就已经涨水，水闸已打开，他根本回不去。无奈，派拉吉斯请求与土耳其人缔结那个他一度拒绝过的和约，让他庆幸的是，慷慨的卡迈尔和克里丹兄弟竟然答应了。在拱手让出达米埃塔城后，这位红衣主教回到了欧洲。约翰退回阿克尔，为自己王国的丧失感到十分悲痛，对朋友的虚伪更是感到愤慨，因为他们原本应该帮助他，但却将他的整个王国断送了。第六次东征就此结束。

为第七次东征皇族联姻

　　与前一次东征相比，第七次东征效果更加明显。在温和而开明的君主克里丹的统治下，叙利亚的基督教徒开始休养生息，但布里安的约翰对丢掉的王国很不甘心。而欧洲的教皇们想得最多的却是如何搅乱欧洲各国，以伺机扩大自己的势力。因此，在当时欧洲的君主中，除了德国的皇帝腓特烈二世之外，谁也帮不了约翰。但德国皇帝腓特烈二世虽然经常发誓要率军保卫巴勒斯坦，但却因为其他的事一再将行程延缓。为了激起他的热情，约翰决定将自己年轻的公主，耶路撒冷王国的女继承人芙瓦郎特嫁给腓特烈二世。

　　这位德国皇帝喜出望外，迫不及待地答应了。于是，年轻的公主立即便从阿克尔被请到了罗马，并在那里与腓特烈二世举行了隆重的婚礼。婚礼上，约翰把自己所有的权力都给了他的女婿，耶路撒冷便出现了一位不仅有意愿而且有实力实现自己理想的君王，新一次东征的准备工作也马上开始了。6个月以后，腓特烈二世已成了拥有6万名士兵的军队首领。据作家麦修·帕里斯所言，在英格兰也组成了一支同样数量的军队。在没有想到将女儿嫁给腓特烈二世之前，约翰曾在英格兰请求过英王亨利三世和英国的王公贵族帮助他收复失去的王国，但却没有一个人愿意帮助他。但当欧洲政治舞台上更有影响的人物腓特烈出现时，英国的贵族们却又像"狮心王"理查德在位时那样，非常愿意在东征事业中贡献所有的一切。

　　由于被一场传染病袭击，德皇驻扎在布伦都邑的大军不得不将行程又推迟了几个月。就在这个时候，德国皇后芙瓦郎特却因难产而死。约翰开始懊悔将自己的权力全部交给腓特烈。更让他生气的是德皇经常对他表现出的那种傲慢和鄙视。因此，在看到女儿这一维系他和德皇之间关系的纽带不复存在后，约翰便开始请求罗马教皇宣布自己先前的承诺无效，试图重新夺回已经放弃的王位。

　　教皇格列高历九世是一个自负、固执而且报复心还很重的人，因为腓特烈以前多次挑战过他的权威，因此便对德皇怀恨在心。正是这样，教皇虽然力不从心，但还是很支持约翰。腓特烈对两人的联盟却不屑一顾，在军队摆脱病魔后，便向阿克尔挺进。不过，他们在海上航行了几天后又遭遇了疾病的侵扰，不得不返回最近的港口奥特朗托。这个时候的格列高历已经公开地站到了约翰这边，他以腓特烈二世中途返回为借口，将其教籍开除了。

刚开始的时候，腓特烈二世对教籍被开除一事只是一笑置之，但很快他就觉得这是对他的冒犯，而冒犯他的人要受到相应的惩罚，于是便派出一支军队骚扰和破坏教皇的领地，但事情却被弄得一塌糊涂。格列高历派信使赶去巴勒斯坦，严禁那里的信徒和腓特烈二世领导的东征军交往，否则将给予严惩。因为在这种情况下，东征的事业可能会被毁掉，他不想让撒拉逊人梦寐以求的情况出现。

对于腓特烈二世来说，他不是为基督教世界，也不是为它代表的格列高历教皇而战，而是为了他自己，他现在是耶路撒冷之王，因此他依然满腔热情地继续着自己的事业。当他得知约翰要离开欧洲时，他便立刻起程，快马加鞭赶到了阿克尔城。不过，他却在这个地方首次尝到了教籍被开除造成的后果。耶路撒冷的基督教徒拒绝向他提供任何方式的帮助，非但不信任他，而且讨厌他。在刚开始的时候，圣殿武士和慈善团以及其他的骑士和大家一样，不信任这支军队，但他们也不是盲从的人，尤其是当他们发现东征军的利益和自己的一致时。因此，在腓特烈二世即将率军攻打耶路撒冷的时候，他们全部加入了腓特烈二世的军队。

据说，腓特烈二世在离开欧洲以前曾就关于重夺圣城一事和卡迈尔苏丹有过谈判。因为卡迈尔担心自己兄弟克里丹的雄心勃勃会危及自己，所以便和腓特烈二世商量，如果腓特烈二世帮他巩固在埃及的权力，他就支持东征军夺取圣城。但东征军还没到巴勒斯坦，卡迈尔就听到了兄弟的死讯，于是所有的担忧消除了。由于不愿与东征军争夺那片沾满基督徒和撒拉逊人鲜血的不毛之地，卡迈尔以"穆斯林应被允许在耶路撒冷的清真寺中自由出入"作为唯一的附件条件，议休战三年，但如此有利的条件也没让城里心胸狭窄的基督徒们满足。

城里的基督徒们认为，不应如此宽容撒拉逊人。因此他们大声抱怨，不应给敌人这样的特权。突如其来的好运让城里的基督徒变得粗鲁无礼，对腓特烈二世有无签约的权力也提出了疑问，因为腓特烈二世被开除了教籍，不该再打着基督教的旗帜。腓特烈二世也开始厌恶他的新子民，他愿意前往耶路撒冷行加冕之礼也完全是因为圣殿武士和慈善团的骑士们对他忠心耿耿。但他去了之后却发现，所有教堂都对他关上了门，甚至连一位主持加冕典礼的牧师都没找到。由于早就对教皇的权威感到失望，因此他决定"勇往直前"，无人为自己加冕，他就自己为自己加冕。他无所畏惧、雄心勃勃地走上去，从祭坛上双手捧起王冠，戴在了自己的头上。除了士兵举起林立的刀剑来证明他们将誓死保卫他们的新国王外，这次加冕没有臣民响彻云霄的欢呼声，也没有回荡在耳边的牧师们歌功颂德的祈祷。很难理解腓特烈二世竟会为了巴勒斯坦那块不毛之地和那顶不舒适的王冠而长时间离开自己的国家。

6个月后，由于腓特烈二世再也无法忍受自己的新子民，加之国内有更重要的事需要他返回（约翰明目张胆地与教皇格列高历组成联盟，正准备率领一支教皇军队前去破坏德国的领土），德皇便决定返回欧洲。在返回之前，腓特烈二世惩罚了那些蔑视其权威的人，他要让那些人痛苦地知道，他不是别的什么人，而是那些人的主人。因为惩罚，腓特烈二世在巴勒斯坦人的诅咒声中离开了那里，第七次东征就此结束。此次东征虽然途中遇到了很多挫折，但对圣地作出的贡献却比以前任何一次东征都要大。对于这个成果，英勇无畏的腓特烈二世和慷慨大度的卡迈尔功不可没。

大获全胜的第八次东征

腓特烈二世离开后不久，塞浦路斯皇后艾丽斯（Aeris）便提出要接替耶路撒冷王位。最终由于耶路撒冷城中的许多武士都更支持腓特烈二世，这位皇后不得不选择放弃。欧洲并没有因为东征军取得的极大和平结果而有太大的喜悦。腓特烈二世与撒拉逊人签订的停火协议远没有结束，法国和英格兰的骑士们早就闲不住了，他们已经在为第八次东征做着积极的准备。圣城附近不属于停火协议签约方的很多穆斯林小国不断对耶路撒冷王国的边境城镇进行骚扰。圣殿武士们也一直在与叙利亚的一座古城阿勒颇的土耳其人苦战，直到最后几乎被全部歼灭。巴勒斯坦的很多人感到不满意。

大屠杀不断发生，圣城的教徒们关于悲惨命运的讲述不断在欧洲人耳边回响。因为这座多灾多难的城市关系到很多珍贵的、能唤起崇高情感的纪念品的安危，因此很多高贵的武士拿起武器维护当地的秩序。得知欧洲人准备再次东征之后，卡迈尔认为自己之前已经足够慷慨大度，因此在停火协议期满的当天就率兵前往耶路撒冷，击败了圣城里武士的抵抗，拿下了这座城市。这一消息传到欧洲之前，一支由位于法国西南部与西班牙北部王国的那瓦尔王、勃艮第公爵、布列塔尼伯爵以及其他首领率领下的大军正在行军途中。他们到达后才知道耶路撒冷已经被占领，而卡迈尔已经死去。这个苏丹王国已被王位争夺者们分成了很多小国。

敌人的不和原本是东征军团结一致夺取胜利的好时机，但东征军和以往一样，每个封建领主都打着自己的小算盘，擅自行动，完全不考虑总体计划，首领们率领的各支分队之间不断发生冲突，其结果当然也就一事无成了。由于各分队不能协同作战，因此当一支分队打了胜仗后也无力再扩大战果。同样地，当一支分队吃了败仗后，也没有援军来帮他们脱身。这样的战争一直持续到加沙①之战。在此次战役中，被敌军重创后的那瓦尔王为了避免全军覆没，不得不与敌军的首领卡拉克签署了一份于己十分不利的条约。了解到这样的情况后，一支由康瓦尔伯爵理查德②率领的援军很快从英国赶来。

康瓦尔伯爵理查德的军队强大且富有朝气，士兵们对自己和首领都充满了信心。这支常胜军队的到来让双方的力量对比发生了改变。由于埃及的新苏丹正在和大马士革的苏丹交战，因此他不愿意也没有精力对抗这两个强劲的敌人。他便派使者去与这位英国伯爵交涉，提出愿意通过交换俘虏和割让圣城来换和平。对己方如此有利的条件，不是为打仗而打仗的理查德当然乐于接受。于是，理查德不费吹灰之力便成了耶路撒冷的解放者。

埃及的苏丹把自己所有的兵力投入了与穆斯林人的战斗中，康瓦尔伯爵也回到了欧洲。于是，最成功的第八次东征就此结束。基督教徒们再也找不到向东方派遣军队的理由了。种种迹象表明，圣战好像已经走到了尽头：耶路撒冷、特里波利、安条克、埃德萨、阿克尔、雅法和朱迪的大部分已经全部被基督教徒占领。如果不发生内讧，基督教徒们完全能够轻松克服邻邦的忌妒和敌意。但一个意外的灾难改变了这幅极有可能出现的画面，并再次点燃了东征军的满腔热情和怒火。

路易带领的最后一次东征

成吉思汗和他的后继者像一股热带风暴一样席卷了整个亚洲。所到之处，攻无不克，不论是北方还是东方，一个个王国都在铁蹄踏过之后成了他们的天下。在他征服的国家中，有一个王国叫克拉斯敏王国。克拉斯敏人被从自己的家园赶出来后，就在亚洲南部四处烧杀抢掠，寻找安身之地。在持续不断地四处征战的行程

① 巴勒斯坦西南部的海港。——译者注
② 这个名字是根据狮心王的名字取的，他是狮心王勇猛精神的继承者。——译者注

中，这个凶悍而未开化的种族将矛头指向了埃及。由于阻挡不住这群早已对肥沃的尼罗河谷垂涎三尺的野蛮人，埃及的苏丹便派使者去邀请他们到巴勒斯坦安家。

这支部落欣然接受了邀请，在基督徒完全不知道他们即将到来的情况下，他们就像一股夹带黄沙的热风般掠进了巴勒斯坦，情况之突然甚至让当地居民还没来得及打量他们。而对于当地居民来说，又是如此具有灾难性。他们在当地肆意烧杀抢掠，就连妇女儿童也不放过，他们将妇女、儿童以及牧师屠杀在祭坛上，而且还故意践踏那些已经逝去了几个世纪的圣者的坟墓。他们将所有能体现基督教信仰的遗迹都破坏掉，造成的惨状在战争史上前所未有。大约有7000多居民为了保住性命撤出了耶路撒冷，但在他们逃离得还不太远，回头还能看见圣城时，这些野蛮人却在城墙上升起基督教十字架旗帜，故意引诱他们回来。结果他们的诡计得逞了，可怜的逃亡者们误认为是从另一个方向来了援军，为了重新夺回家园，就赶紧掉头返回。等待他们的却是惨死在刀剑下的结局，而且无一幸免，街道上血流成河。

大敌当前，圣殿骑士、慈善团骑士和条顿骑士们虽然积怨已久，但他们还是决定联合起来肩并肩作战，扫除这群恶魔般的敌人。他们召集了巴勒斯坦所有幸存的骑士，坚守在雅法城，还努力去联合埃米萨和大马士革的苏丹来协助他们共同抵抗敌人。很快，苏丹派来的援军到了。尽管刚开始的时候，援军只有4000人，但雅法城的首脑瓦尔特还是迫不及待地选择了与克拉斯敏人开战。发起此次冲突的一方发誓要拼个你死我活，但哪扛得住凶猛残暴的克拉斯敏人。两天的战斗中，虽然形势也有过好转的时候，但最后还是寡不敌众，埃米萨苏丹逃回了自己的城堡，瓦尔特则落入了敌军之手。这位勇敢的骑士被捆绑在一个雅法城的守军可以看到的十字架上，吊在城头。克拉斯敏人的首领放言说，如果雅法城不投降，瓦尔特将永远被吊在那里。瓦尔特用微弱的声音向他的士兵们发出了坚定的命令：一定要坚持到最后，绝不能投降！但他的勇敢已经无力回天。在之后的大屠杀中，他的骑士们只有16名慈善团骑士、33名圣殿骑士和3名条顿骑士幸存。这些骑士和其他残兵不得不逃回阿克尔，克拉斯敏人完全占领了巴勒斯坦。

叙利亚的苏丹人也非常厌恶这个凶残的部族，他们更愿意基督徒做自己的邻居。即便是埃及的苏丹也开始后悔自己当初帮助如此野蛮的敌人，于是开始联合艾米萨和大马士革苏丹的力量来赶走这块土地上的敌人。三方联合起来，孤注一掷的大军发起攻击后，总数只有两万的克拉斯敏人开始招架不住了，苏丹连连获胜，农民也纷纷从四面八方赶来，向敌人报复。渐渐地，克拉斯敏人越来越少。没有人同情他们，他们的首领巴巴干也被打死。在苦苦挣扎5年之后，克拉斯敏人终于全部被奸灭，巴勒斯坦再次成了穆斯林人的领地。

在此次毁灭性的灾难发生前，在巴黎生病的路易九世在高烧昏迷后做了个梦。他在梦中看到基督教徒和穆斯林人在耶路撒冷城前交火，战败的基督徒惨遭屠杀。这个梦境给迷信的他留下了很深的印象。他慎重地发誓说，只要他恢复健康，他将前往圣地朝圣。巴勒斯坦遭遇的不幸以及耶路撒冷和雅法大屠杀的消息传到欧洲时，圣路易想起了这个梦。于是他比以前的任何时候都坚信，这是天意。他决定率军东征，解救圣墓。

圣路易从那时起就脱去了紫色王袍，换上了朴素衣服，变成了一位朝圣者。尽管他的王国离不开他，他还是做好了各种准备离开这个国家，他一心一意要实现自己的想法。他的热忱让教皇英诺森四世赞赏有加，于是给了他很多帮助。英诺森四世写信给英格兰的亨利三世，要他在英格兰推进东征事业，并号召全欧洲的教士和平民为东征贡献自己的力量。其后，英国著名的索尔兹伯里伯爵威廉·郎索德率领很多勇敢的骑士以及士兵参加了东征军。但无论是在法国还是在英国，人民的热情始终没有被唤起。因此，此次东征虽召集了大批军队，但却没得到公众的支持，因此而增加的赋税更像是一盆凉水向人民泼来。

在这样的背景下看，即便是对于一个骑士来说，不参加十字军也不是什么可耻的事。当时（1250年）有名的法国吟游诗人卢特勃夫杜撰了一个东征军骑士和一个没有参加东征的人的对话。对话中，东征军骑士找出很多理由来说服没有参加东征的人舍弃所有财产，拿起武器投身神圣的事业。而从这段对话中可以看出，作者喜欢的是不参战的人。他是这么写的——在他的东征军骑士朋友的恳请下，不参战的人回答："我明白你的意思，你是说我该马上离开这里，赶快去那个地方，用鲜血去夺回它，之后带不回一抔土壤。而我被抛弃的可怜妻子和孩子却在家里哭泣，我的好房子被肆意破坏，因为只有小狗在看护它，可是，我的朋友，我记得一句很有哲理的古老格言——保护你拥有的东西。我愿意按照它去办事情。"

由于东征不是民心所向，因此路易九世整整忙活了3年，才组建起他的军队，做好东征的必要准备。一切都准备好后，他带着皇后、两个兄弟以及安戎和阿杜瓦两地的两位伯爵，率着一长队法国最杰出的骑士扬帆起航，前往塞浦路斯。他的第三个兄弟普瓦蒂埃伯爵则留在法国征召另外一支军队，几个月后也赶往塞浦路斯和他会师。此时，除了威廉·郎索德率领的英国军队，他们的军队人数也达到了5万人。不幸的是，一场传染病让他们牺牲了几百名士兵，他们便决定在塞浦路斯驻扎到第二年春天。路易带领所有人马乘船前往埃及，但一场可怕的风暴却把他的舰队给吹散了。

当他抵达达米埃塔的时候，身边只剩几千人。尽管如此，他们依然满怀信心，气势逼人。因此，虽然岸上有埃及苏丹梅立克·沙带领的一支数量上占绝对优势的军队严阵以待，但他们还是未等后续部队抵达就强行登陆。路易身先士卒，快速从船上跳下，涉水冲向海滩；在他大无畏精神的激励下，他的士兵们和他一起喊着"上帝与我们同在"（第一次东征时的战争口号）冲向了敌人。土耳其人被这种气势给镇住了。一队土耳其士兵正欲向东征军靠近的时候，骑士们把自己巨大的盾牌深深插入了沙里，长矛指向天空，形成了威风凛凛的屏障，土耳其人见此吓得掉头就跑。在这个恐慌的时刻，撒拉逊人之间还传开了一个"苏丹已经被杀"的错误消息，整个军队顿时乱了阵脚，四处逃跑，达米埃塔城就这样被放弃了。

当天夜里，胜利的东征大军将他们的总部设在城里。在海上被风暴吹散的士兵也在不久后陆续赶到。此时的路易不仅有力量征服巴勒斯坦，就连埃及也不在话下，但过度的自信成了其军队的致命弱点。在取得这一重大战果后，他们开始放纵自己，随意享乐，他们觉得已经没有什么需要他们做的了。成功不仅没有激励他们勇往直前，反而让他们解除了精神武装。腐败淫乱带来了疾病，病情又由于气候炎热、生活不适应而恶化。当这支军队被路易带着前往开罗的时候，他们先前的那种精神状态已经没有了。在前往开罗的路途中，塔尼西安运河挡住了他们的去路，撒拉逊人在河岸边阻住了运河的通道，路易下令搭桥。军队在两座移动塔的掩护下开始搭桥，但刚搭起的桥梁很快就被撒拉逊人投掷的火把烧毁了。路易不得不考虑采取别的办法来达到自己的目的。在重金的贿赂下，一个当地的农民给他们指出了可以徒步走过的浅滩。随后，由路易率主力抗击撒拉逊人，阿杜瓦伯爵则带领1400人涉水过河。阿杜瓦伯爵安全抵达对岸后，成功击败了抵抗他们登陆的一支敌军。

在胜利的鼓舞下，勇敢的伯爵乘胜追击，完全忘记了自己在人数上所处的劣势，最终把惶恐的敌人赶进了马苏拉城。到了那里他才发现自己已经与兄弟部队失去了联系。此时的穆斯林人也发现了这一情况，于是重新鼓起勇气，和马苏拉城及周围派来的援军一起，掉头向公爵的军队杀来。

基督徒们竭尽全力和敌人殊死搏斗，但敌人越来越多，把他们团团包围了。他们彻底失去了胜利和逃跑的希望。在屠杀中阿杜瓦伯爵首当其冲，当路易赶来援救时，这位勇敢的先锋已经被砍碎了。他带领的1400人也只剩下300人。战争至此达到了白热化，路易和他的军队表现得相当勇猛。在头领赛西丹的带领下，撒拉逊人也充满斗志，好像是要立刻将侵犯他们海岸的欧洲人一举消灭一样。在夜幕降临的时候，基督徒们自负地认为，撒拉逊人是逃跑了，而不是撤退了，以为自己胜利了，已经成了马索拉城的主人。但这块致命的战场却让他们的首领痛苦地发现了自己军队所处的混乱状态，征服对方的希望已经变得十分渺茫。

也正是这样，东征军开始求和，但苏丹坚决要他们马上撤出达米埃塔，而且还要将路易本人作为人质来担保实现上述条件。路易手下的部下当即拒绝了这个要求。谈判破裂后，东征军决定尝试撤退，可动作敏捷的撒拉逊骑兵时而出现在他们的队尾，时而又出现在他们的对前，因此撤退谈何容易。骑兵不断拦截迷路的士兵，成千上万的士兵溺死在尼罗河里，逃脱了各种袭击的人则受到了疾病和饥荒的困扰，丧失了战斗力。路易自己也差点在疾病、疲倦和沮丧的共同打击下倒下。在逃跑的混乱中，路易和他的随从们被冲散了。在埃及的沙漠里，路易成了一个纯粹的陌生人，只有一位名叫杰弗雷的骑士追随着他，并将他带到一个小村庄的一座简陋小屋里面暂且安身。他疲病交加，又举目无亲，只能躺着等死，最终被撒拉逊人发现并俘虏了，但由于他身份高贵，狼狈不堪，所以敌人对他产生了怜悯，对他十分优待。在撒拉逊人的照料下，路易的健康状况很快好转，他们要做的下一件事就是向东征军索取路易的赎金了。

撒拉逊人除了要求赎金外，还向东征军提出了"割让阿克尔、特里波利以及巴勒斯坦的其他城市"的要求。路易非常坚决地拒绝了这些要求，他的英勇和自尊让撒拉逊人非常感慨：这是我们见到过的最高傲的异教徒。一番艰苦卓绝的讨价还价之后，埃及苏丹同意放弃上述条件，签署了内容为"基督徒必须归还达米埃塔，双方停战10年，东征军交付1万个金币作为释放路易和其他俘虏赎金"的条约。然后，路易退回雅法城。在之后的两年里，在巴勒斯坦教徒的支持下，路易将雅法城和另外一个叫赛撒里的城市建成了一道牢固的防线。之后，他返回了自己的祖国。他作为圣人的名声在当时是远近闻名，但英勇的一面却很少有人知晓。

圣地热渐渐冷却

据麦修·帕里斯介绍，1250年，当路易还在埃及的时候，数万英国人都想去参加圣战。如果不是英王下令严守所有港口，不准人们出去的话，数万英国人已经离开英国，追随路易去了。但当东征军遭到重创，路易被俘的消息传回欧洲时，这些英国人的热情都被浇灭了。人们虽然会去提提东征的事迹，但却没有人真正讨论它了。

国王被俘的消息在法国则是出现了另一番景象，全国上下一片恐慌。一个名叫西多的修士向农夫和牧羊人宣讲，说他看到在众多圣者和烈士的陪同下，圣母玛丽亚命令他鼓动所有的农夫和牧羊人及农民拿起武器，保卫基督。受他滔滔不绝演讲的感染，数万人放弃了自己的草场和庄稼，聚集在他周围，准备时刻听候他的调遣。这支由牧羊人组成的军队队伍越来越大，最后超过了5万人（米勒说有10万人）。刚开始的时候，国王不在期间暂时摄政的白朗克皇后也鼓励他们这样做。但很快他们就变得无法无天，他们所到之处，烧杀抢掠，无恶不作。原来支持他们的那些人开始对他们进行抵制。在政府的支持下，善良的百姓联合起来制伏了这群狂徒。在其中已经有3000人被杀死（许多作者认为被杀的人数还要更多）后，这支队伍最终被遣散了。

公元1264年，10年的停火协议到期。圣路易在宗教的狂热和想借此来显示其武功这两个动机的驱使下，想通过发起第二次远征解放巴勒斯坦。全欧洲的豪侠之士开始跃跃欲试，教皇也鼓励他的这个计划。1268年，爱德华作为英国王位的继承人，宣布加入东征军。教皇克莱蒙四世向全欧洲的教士和民众发出"要他们以自己的劝说和金钱来支持这场伟大事业"的倡议。在英国，人们愿意缴纳自己财产的十分之一，而民众则需按照议会的规定，在9月29日的米伽勒节缴纳自己二十分之一的谷物和动产。

路易周围几个头脑清醒的政治家提醒国王，这样做会毁了其富庶的王国，但路易却置之不理，继续全力备战，执意要离开。好战的王公贵族们也乐此不疲。1270年春天，国王带领一支6万人的大军扬帆起航。在海上，恶劣的气候将他赶到了地中海中的萨丁尼亚岛上。这时，路易修改了之前的计划，不再按原计划前往阿克尔，而是决定向非洲海岸的突尼斯挺进，因为突尼斯国王曾表示过对基督徒有好感。

"我要是能成为这个穆斯林国王的教父，那该多好！"路易当时常常发出这样的感慨。在路易看来，如果能够让突尼斯国王皈依基督，并在和埃及苏丹的战斗中获得他的支持，那就胜利在望了。带着这个良好愿望，在迦太基旧址他登上了非洲的陆地。不过到了之后，他却发现是自己过于乐观了。突尼斯国王不但没有放弃自己的信仰，而且也没有任何帮助他们的意思。非但如此，还紧急调集了能调集的所有力量来阻止他们上岸。由于法国兵最先抢占了有利地势，所以穆斯林军队大败。虽然敌人的援军不断增加，但路易的军队依然有优势。但一股瘟疫却在军中迅速蔓延开来，这直接就粉碎了他胜利的美梦。天天都有上百人丧生，而这个时候，敌军的攻击却越来越猛，交火造成的伤亡也丝毫不比瘟疫少。

路易是最先感染瘟疫的人之一，由于饥荒，他的身体变得异常虚弱，甚至承受自己身体的重量都成了问题。士兵们对他们敬爱的国王可能很快就会离开人世感到十分悲痛。又硬撑了几天，56岁的路易在迦太基死去。他的士兵和子民都深感痛惜，他的声名在历史上闪耀着光辉。在宗教作家的眼中，他的缺点也变成了优点，因为即便是缺点也是为了推进他的事业。因此路易对他们而言，是一位模范君主。很多不带倾向的历史学家虽然对路易的宗教狂热颇有微词，但也对他高贵、罕见的品质赞赏有加。他们认为，路易在狂热上落后于时代，但却在优秀的品质上走在了时代的前列。

在听到路易的死讯之前，路易的兄弟查尔斯（Charles）（通过发动叛乱而成了西西里的国王）已率领大批援军从梅赛纳出发前去帮助他。在迦太基附近登陆时，查尔斯伴着威武的鼓号乐音走在队伍的前列，不过，他很快就发现了自己的高兴是如此不合时宜，他当着全军将士的面就忍不住洒下了让人荡气回肠的热泪。而后，查尔斯很快与突尼斯国王签订了和约，法国和西西里的军队也分别返回了自己的祖国。

东征的号召在英国遭到了冷遇，很少有人响应。王位继承人全力倡议后，也只召集了1500人。爱德华王子带着这支小部队从多佛出发，前往布尔多。他希望能在布尔多遇上法国国王，但圣路易早在几星期前就离开了那个地方。之后，爱德华又赶到萨丁尼亚岛，再赶往突尼斯。但法王路易离开人世时，他还没到达非洲。他抵达的时候，法国人已经和突尼斯签了和约。但爱德华却不肯放弃东征计划。他返回西西里，在那儿他度过了冬天并进行了积极的扩军备战。

春天到来后，爱德华又重新扬帆起航，通过巴勒斯坦后安全抵达阿克尔。和以前的东征一样，基督徒军队的忌妒和怨恨这两个通病又犯了，士兵们人心涣散，圣殿骑士和慈善团两支军队相互仇视，各行其是。爱德华军队到达后，基督徒军队尽释前嫌，重新并肩作战。6000名精悍的武士加入了爱德华的军队，准备重新向撒拉逊人开战。

　　借助一场流血叛乱登上王位的埃及苏丹比巴斯（也叫本多克达）正与四周邻国开战没有太多精力对抗东征军。爱德华抓住这个机会，勇敢地扎进纳扎莱斯，并在打败敌人后占领了此地，但他的胜利也到此为止了。炎热的天气使得军中疾病流行，这位远征军的灵魂也被病魔击倒了。

　　病了一段时间后，爱德华的健康状况终于有所好转。此时，一个信使说要亲手交给他几封信笺，向他禀报一些重要的事情。在他阅读信笺时，这位叛变的信使突然从皮带上拔出一把匕首插入了爱德华的胸膛。所幸的是，并未伤到要害，爱德华还有力量对抗。爱德华与暗杀他的人搏斗了一会儿后，用那把匕首杀死了对方。爱德华大声呼救后，手下人冲进来赶紧对血流如注的他进行救治，由于匕首也是有毒的，人们赶紧设法清洁伤口，圣殿武士的首领送来了消毒药，避免了伤口恶化。康登在他的史书中把这件事记录得比较感人、浪漫，他说，伊丽奥诺拉王妃十分敬爱她英勇的丈夫，她冒着生命危险亲口将爱德华伤口中的毒血吸出来。用老福勒的话讲则是，"遗憾的是如此动人的故事竟然是假的。更让人遗憾的是，女人舌头这样的好药与爱情的巨大力量结合在一起，本不应该做出什么好事来的。"

　　爱德华怀疑刺客是埃及苏丹雇来的，他的怀疑也并不是无中生有，但怀疑终归只能是怀疑，刺客死了线索也就断了。谁也无法知道背后主谋到底是谁了。爱德华痊愈后，准备进兵埃及。由于埃及苏丹担心自己的利益受到损害，他便提出与东征军求和。但这样一来，埃及苏丹也暴露了自己力量的弱小，这使得爱德华更加渴望与埃及交火，但他也有需要保护的其他利益。他的父亲亨利三世驾崩的消息传到巴勒斯坦，他必须回英国。于是，他以基督徒在巴勒斯坦的财产应被保护为条件，同意了对方求和的条件，10年之内双方保持和平。之后，爱德华乘船返回了英国，最后一次东征也就此结束。

　　值得一提的还有，圣地巴勒斯坦的基督徒很快便忘记了以前遭受的苦难，也忘记了留心周围邻国的忌妒和垂涎，竟然在玛加特城附近抢劫了一些埃及商人，首先破坏了停火协定。作为对埃及冒犯行为的报复，埃及苏丹立即派兵占领了玛加特。两国间的战争再次打响。由于没有援军从欧洲前来协助，尽管玛加特城组织了勇敢的抵抗，最终还是让圣地沦陷了，特里波里以及其他城市都相继落入敌军之手，最终只留下了基督徒们的唯一据点阿克尔城。

　　在塞浦路斯国王提供的时断时续的援助下，圣殿武士的首领召集起数量极少、满腔忠诚的武士们准备为自己的最后据点血战到底。欧洲方面则是对他们的求援呼声充耳不闻，最终，无论他们有多么英勇，都因寡不敌众而在埃及苏丹的包围下全军覆没。圣殿武士的首领身受一百多处重伤，倒在阵前。只有7位圣殿武士和同样数量的慈善团武士逃脱了这次可怕的大屠杀。看到抵抗无用后，塞浦路斯国王逃走了。

基督徒在巴勒斯坦的统治至此永远结束了，胜利的穆斯林放火烧毁了阿克尔城。这一消息让欧洲的教士们非常震惊和悲伤，他们开始重新激发欧洲各国为解放圣地而战的热情，但公众普遍的宗教狂热已消耗殆尽，再也燃烧不起来。尽管偶尔有一两个骑士发誓要拿起武器，偶尔也可以听见一两位国王冷冷地对东征表示赞同，但那也不过是一提起就又马上放到一边的话题，时间久了，愿意再次提及的人更是越来越少。这么多次东征的后果或结果又是什么呢？

欧洲因此失去了200万人的生命，耗费了百万千万计的财富，一些自以为是的骑士占领巴勒斯坦大约100年！即便是基督教占领圣地一直到今天，欧洲人付出的代价也太惨重了。当然，东征军也不是一无是处，尽管他们有极端的狂热，也做过不少蠢事。由于和亚洲更先进的文明接触，封建主们变得更加理性了，人们也因此得到了一部分权力。而且国王们与本国贵族的关系也和谐了许多，至少不再互相仇视，不时还出台一些利于社会进步的法律。

在惨痛的经历中，人们的智慧还是得到了一定增长，开始从罗马教廷的迷信沼泽中清醒过来，并开始准备播种宗教改革的种子。人们还从神圣的自然规律中得到了教训，开始借助东征时的那股热情创造更先进的文明，并为西方国家创造了更加幸福的生活。十字军东征的主题也成了最吸引人的主题之一，如果要将它所有蕴涵的意义全部挖掘出来，那这本书的篇幅肯定远远不够。哲学专业的学生可以通过分析欧洲这场疯狂事件的优点、缺点、成因和结果来锻炼自己的分析能力。

古斯塔夫·勒庞点评

[1] 传统的、旧有的人格因素在特定事件的影响下开始分解，那么，新的人格在这时又是如何塑造的呢？仔细研究后我们会发现，有很多途径可以塑造新的人格，其中最有效的一种方式就是对一种信仰怀着强烈的执著追求，它能够清晰地指明新人格形成的方向，这简直就像磁铁聚拢金属屑一样快速有效。

[2] 在诸如十字军东征、宗教改革、法国大革命这样的重大历史事件或历史时期中，我们能清晰地观察和认识到这种方式如何塑造了新的人格。

第十一章

"女巫""活"在许多国家

Extraordinary Popular Delusions

and the Madness of Crowds

是神降下的什么愤怒？

是泪水中涌出的何种邪气？

让恶魔折磨无罪的人，

还用盲目的爱和无知的情，

将毒害的瘟疫撒向地球，

侵染世人纯洁的内心。

——斯宾塞（Spencer）的"缪斯之泪"

同胞们：鞭打她！杀掉她！绞死她！

正义：正义在何方？快来阻止这无端的暴力吧！

索耶妈妈：一群地痞无赖——

几个满手鲜血的刽子手！开始摧残我！

这到底是为什么？

正义：天哪！你这告密者！你是罪恶之源吗？你竟去虐杀年老的妇人！

告密者：年老的妇人？她是来自阴间的母猫！她是一个女巫！

为了证实她的身份，我们在她的茅草屋上点了把火。但她却发疯般地冲进去。

好像邪灵在用火药驱赶她。

让她进去。

——福德的"艾德蒙顿的女巫"

灵魂可以在脱离躯壳之后继续存留在人世间，这种观念在人们心中由来已久。人们追求永生的神圣希望，曾经是人类理性所拥有的最重要的精神安慰和最大的文明成果。虽然救世主并没有告诉我们，但我们内心仍然会存在着这种永生的信念。今生今世的所有人生体验都会使我们更加坚定地相信并守护着世上存在因果报应的想法。在人类文明的洪荒时代，这一充满神秘色彩的信念成了一系列迷信行为和思想的母体，这些迷信行为和思想又成为新的源泉，流淌出贻害世人的血腥与恐怖。

在欧洲历史上，有大约两个半世纪的时间，一直为这种思想阴霾所笼罩。人们相信，不仅离开躯体的灵魂穿梭于人间，参与世人之事，而且人们在残害同族时也能够请求妖魔鬼怪的帮助。

把无法解释的东西妖魔化

一场罕有的瘟疫席卷了整个欧洲，人们恐惧极了，都认为自己难逃厄运。他们感到再也无法确保自身以及财产的安全，并把这一切归结为无法逃脱的魔王及其徒众的阴谋。在这样的时代，所有的天灾人祸都被认为是女巫作祟。如果狂风暴雨破坏了粮仓，人们会觉得是女巫在施展巫术。如果有牲畜因疫病而死，如果某人的四肢染上了疾病，如果死神意外带走了一位亲人，所有这些都被人们看作是附近某个相貌奇丑的老巫婆的妖法所致，而绝不会被看作是上帝对世人的惩罚。无知愚昧的人看到了癫狂和不幸的她，便指认她就是女巫。从此，人们经常说起"女巫"一词，以至于这个词流传极广。在法国、意大利、德国、英格兰、苏格兰及遥远的北部地区，人们不但热衷于谈论这个话题，甚至对它有些狂热。

在之后连续许多年里，出现在各国法庭上的案子几乎都与巫术相关，而其他种类的犯罪几乎被人们忽略了。这种残忍、荒唐而没有任何根据的巫术妄想症夺走了无数不幸人的生命。在德国的许多城市平均每年有600人因为这个幻想中的罪名而被杀害，如果周日（因为人们相信巫术在周日无法施展）不算在内的话，那么每天都会有两人因为这个罪名丢掉性命。关于这一点，在下面会有更为详细的叙述。

摩西戒律①中有这么一句非常有名的经文："你接受不了一个女巫活在这个世界。"很多有良知的人因为对这句经文的误读而误入歧途，而且还在不断升级，如果说他们的迷信之前还只是处在一个比较温和的阶段的话，那么现在他们正试图用孤独而又略带凄凉的怒火来加热催化他们的迷信，还想将之熊熊燃烧。自古以来，人们都在想尽办法试图与超自然的神对话，希望通过它们研究未来，试图解开未来之谜。在摩西时代，出现了这样的事情，江湖骗子抓住人们轻信于他的弱点，谎称有神灵赋予力量，进而侮辱了真正的上帝所特有的崇高尊严。因此，摩西根据神的旨意出台法律来惩治这样的罪犯。但他颁布的法律和中世纪那些迷信偏执狂所认为的不一样。

---

① 摩西戒律为犹太教设立，是犹太人法律的一部分。——译者注

　　按照权威人士的解释，这个希伯来①词汇后来被译为"venefica"和"witch"，意思大概是投毒者及女预言家、占卜家或符咒涉猎者。然后，现代意义上的女巫却扮演着不同的角色，不过也标榜自己能够预测那些可以给人们的生命财产带来不幸的未来事件。这种能力必须亲自和魔王本人通过白纸黑字达成明确的协议，而且还要在协议上面用血来签字后才能获取。按照协议，女巫、男巫均须放弃洗礼，将自身不朽的灵魂出卖给魔王，值得一提的是，这个协议中是找不到可以赎回灵魂的附加条款的。

　　大自然中有很多很多难以理解的奇怪现象，直到今天，科学以及哲学也没能解释清楚。在人们对自然规律不甚了解的前提下，就将会难以解释，无法理解的现象归结于超自然的力量。而今，那些涉世不深的人也能够理解以前智慧超群的奇才想不通的事情，小学生也知道为什么站在高山上仰望天空有时能看到三四个太阳同时现身，为何一个旅者的身影能够被复制成一个很大很大的倒置重叠身影，形成一个看似"佛光"的影子。

　　大家都知道在自己生病时脑海里曾经出现过的一些好玩的奇怪游戏；大家也都知晓忧郁症患者会看见一些幽灵或者是幻影一样的东西。有的时候可能还会出现这样的情形——感觉自己就是一个茶壶。是科学掀开了这层神秘的面纱，赶走了那些笼罩在我们先辈脑海里的稀奇古怪的想法。而今将自己当作狼的人不再被活活烧死，而是被送去医院接受治疗。但在捉拿女巫非常盛行的年代，将自己当作狼的人往往会被架在火刑柱上活活烧死。大地、空气和海洋的形成一度被当作是妖魔鬼怪频频出没使然，现在大家都知道了这简直就是无稽之谈。

　　在更加深入地追溯有关巫术的历史之前，我们可以先猜猜僧人们是怎么荒唐地将魔鬼的教义进行拟人化的。我们先了解一下事件是怎么发生的，再搞清楚是谁赋予了女巫摧残折磨自己同胞的力量，还骗走了她们的灵魂。人们对魔鬼往往是这样一个认知：身体庞大、畸形，是一个长着犄角、一条尾巴、两只蹄子和有着一对龙的翅膀的幽灵。在早期，僧人们常常通过"奇迹剧"以及"神秘的宗教仪式"将这个奇形怪状的魔王搬上舞台。在这种舞台表现形式中，魔王是一个可以和现代哑剧中的小丑相提并论的重要人物。大家不仅可以看见魔王被圣人棍棒痛打，而且还能够听见他凄惨大叫着一瘸一拐地离开，之后还会看到他被一个力大无穷的隐士袭击致残……人们在这一过程中能找到乐趣。圣敦斯坦处置魔王的常规手段是将一把钳

---

① 犹太民族的语言，世界上最古老的语言之一。——译者注

子烧得火红后夹它的鼻子，让它的惨叫声在山谷里回荡。这一不同寻常的处置方法使得圣敦斯坦声名远扬。

有的圣人当着恶魔的面就唾弃，让恶魔气恼万分；有的圣人是将它的尾巴一段段地剁掉，不过剁掉的尾巴还会再次长出来。由于大家都记得魔王捉弄过他们以及他们祖先的那些诡计，因此这些圣人"以其人之道，还治其人之身"的做法大快人心。人们认为魔王处心积虑地用他那隐形的尾巴来阻挡人们的去路，当路人抬腿试图迈过去时，可恶的魔鬼还会猛摆尾巴，故意将路人绊倒在地。

在人们的脑海中，魔王不仅酗酒成性，而且贪杯之后还会呼风唤雨，大兴其害，搞得人们不得安宁，破坏人们的果园、虔诚教徒的谷仓以及宅基地。更让人气愤的还有，魔王还不停地诅咒人们。人们还认为，魔王在漫长的冬天向人们吐着人们肉眼看不见的唾沫，而且还乐在其中。玩够之后，魔王自己去酒店，叫上酒店里最好的饭菜大吃大喝。更可气的是，恶魔付给酒店的钱第二天清晨还会全部变成石头。有的时候，他还会伪装成巨型公鸭躲在芦苇丛中，用那种可怕的怪叫声将累得四肢乏力的路人吓得魂飞魄散。读者可能还记得彭斯为"魔王"而写的诗句，这首诗记载了魔王的恶行：

> 在那个寒风萧萧的夜晚，
>
> 苍穹上一片星光。
>
> 湖泊上你陡然出现，
>
> 吓得我魂飞魄散。
>
> 你如同一片杂草丛生的树林闯进我的视线，
>
> 刮起猖獗的寒风呼啸而过。
>
> 我挥舞着手里的棍棒，
>
> 一根根头发木桩似的直立着。
>
> 在肆虐的狂风中，
>
> 你"嘎嘎"地叫着，
>
> 展翅而飞，
>
> 仿佛是一只绿头鸭。

在广为流传的民间故事里，人们总是把魔王描绘成一个丑陋无比、无耻之极、荼毒生灵的怪物，经常用各种荒诞的把戏来捉弄无计可施的人类。弥尔顿（Milton）大概是首位较好地刻画过魔王的人，但是他描写的魔王荒诞至极。在他的笔下，魔王有着超群绝世、傲然不凡的威武之态，这样的特征描述在弥尔顿时代之前是绝无仅有的。其他作家描写的魔王形象都是怪异无比，到了弥尔顿的笔下，魔王不只是荒诞怪异，而且还多了让人畏惧的特征。关于这一点，僧侣们把自己伪装成浪漫主义者，因为把魔王塑造得尽可能恐怖正是他们所希望的。但他们刻画出来的魔王撒旦却毫无威武之态，恰恰相反，这个撒旦仅仅是一个丑陋而又矮小的魔鬼。他诡计多端，却轻而易举就被识破。不过，有一位现代作家却说，这种素材也有其严肃的一面。

作为一个印度人供奉的神灵，当它被从宝座上搬下来，放置于博物馆中，在光天化日之下供人参观时，它就不再被当作神。人们只会觉得它长得可怕，神情滑稽，荒诞可笑。但当它又被放回到原来阴暗的神庙中去时，我们又会随之进入对历史的追忆中去。无数人在这个祭坛上流血牺牲，无数人倒在其战车之下。那种让我们觉得可笑的感觉瞬间消失，取而代之的是一种让我们感到憎恶和恐惧的感觉。因此，如果以为从前的迷信只是一种疯狂的推测，那么就会惊诧于现实中有的病人那种语无伦次的胡说八道。当我们知道了巫术信仰是万恶之源的时候，当我们明白了这些惊世骇俗的误解之后，这些误解就应该僵死了，可我们却发现它依然在这个社会当中对人产生作用。它甚至会使一些非常聪明和温顺的人犯谋杀罪以及那些与谋杀的罪名类似的罪行。它还会使知识渊博的绅士和漂亮动人的淑女受到牵连而葬身于火刑柱上或者是绞刑架上，无论是男女老少都有过这样的劫难。这时，所有其他的感觉都瞬间消失了，只会对如此荒谬的事情也能发生感到惊讶，只会为这样的谎言也能够如此广为流传而感到滑稽可笑和羞愧。

公众刺巫人借机行骗

在战争时期国内长时间争端不止，谬论丛生，还四处弥漫。猎巫者马修·霍普金斯（Matthew Hopkins）在当时非常出名。这个可恶的家伙于1644年住在艾塞克斯①的曼宁特里镇，由于在几个不幸的女巫身上找到魔王的记号，马修·霍普金斯从此名声大振。他在这个案子中表现出的非凡能力为自己赢得了好名声。他也因此而备受鼓舞，于是开始考虑尝试一些新方法。在当时不长的一段时期内，只要有人谈到艾塞克斯的什么地方有女巫，马修·霍普金斯一定会亲自到现场，凭借他所掌

---

① 英格兰东南部的郡。——译者注

握的和"此类牲畜"（他这样称呼女巫）有关的知识来帮助法官。名气增加之后，他还被尊称为"捉巫将军"。他在诺福克、艾塞克斯、汉汀顿和索塞克斯等地到处寻找女巫。在短短一年的时间里，让60个不幸的人被绑在了火刑柱上。而他用来证明女巫身份的办法竟然是"投水"。更可怕的是，詹姆斯国王对这种方法还推崇备至。这在他的《论对魔鬼的信仰》一文中有记载。验证时，将嫌疑人的手脚交叉捆绑着，具体来说，是将"嫌疑人右手的大拇指和左脚的脚趾捆绑在一起，左手的大拇指和右脚的脚趾捆绑在一起"之后，用一条大床单或者是一条毯子将她们裹起来，然后把她们仰面朝天地放在河流或者池塘上。如果她们沉下去了，说明她们是无辜的，她们的亲朋好友将得到安抚；如果她们漂浮在水面上，说明她们犯有巫术罪，她们将被活活烧死。事实上，将包裹好的人轻轻地放到水面上，通常是不会下沉的。

还有一种证明身份的方法是让她们背诵主祷文和上帝的教义。其结果是，她们都没办法一字不差地进行背诵。如果出现了漏字或者是背得不流畅，背得不够连贯，都会被认为有罪，而当时是没有多少人能够准确无误地背诵主祷文和上帝的教义的，背诵时漏字或者不连贯那是很容易出现的情况，因此人们惶惶不可终日。还有人认为，女巫很少哭，即便哭也不会超过3次，而且女巫哭时右眼不会流眼泪，眼泪只会从左眼中流出来。很多人为了证明自己的清白，只能强忍折磨和摧残。有的地方证明一个嫌疑人是不是女巫的办法是称她的体重，然后将之和《圣经》的重量进行比较，如果嫌疑人的重量比《圣经》的重量重，她就能被无罪释放。此种方法对职业猎巫者来说，要人道多了。而霍普金斯始终认为，针刺和投水才是最好的验身方法。

霍普金斯以前经常在两名助手的陪同下像一个要员一样行走在各地，住的总是当地一流的客栈，花的也总是公款。到每一个城镇，他都会先收20先令的费用，用做他的差旅费及伙食费，而且不管是不是找到了女巫，他收的这个钱都是不退的。如果是找到了女巫，他还在女巫被送往刑场的时候，加收20先令。他经营这一臭名远扬的行当大概有3年之久。这一经历也让他变得自以为是，狂妄自大，而且还贪婪无比。也正是这样，他的敌人也越来越多。汉汀顿郡豪顿有一名叫高尔的牧师就写了一本小册子，指控他是社会的公害，骂他矫揉造作、傲慢无礼。霍普金斯为此气急败坏地给豪顿的官员回信介绍了想去拜访这个镇的目的，而且想了解豪顿镇还有多少人像高尔先生那样在巫术这一问题上固执己见，以及豪顿镇还愿不愿意像以前那样热情地款待他。他最后甚至还用威胁的口气说，如果不给他满意的答复，他会彻底放弃这个地方，把自己全部的精力都投入那些不受别人控制而且还能得到别人感激以及回报的地方去，努力经营好自己寻找女巫、惩处女巫的事业。然而霍普金斯那些要将豪顿镇彻底放弃的威胁言论并没有让豪顿的官员惊慌失措，相反地，他们选择了对霍普金斯以及他的信件都置之不理的态度。

高尔先生在他的那本小册子中介绍了霍普金斯使用的一种可以让他大大增收的验明正身的办法。此种办法与投水验身的方法相比，要残忍很多。他在小册子中说，"猎巫将军"以前常常将嫌疑女巫带到一个房间里，命她双腿交叉坐在房间中间的凳子或桌子上；或者是命她摆出其他某种极度不舒服的姿势。如果女巫不按霍普金斯的要求办，霍普金斯就用结实的绳子把她绑起来，并派人24小时监视，而且还不让嫌疑女巫吃饭、喝水。有人认为，在这个时间段里，可能会有鬼娃娃变成黄蜂、飞蛾、苍蝇或者是其他的昆虫来找她并吸吮她的血，因此会故意在门窗上开洞，以便黄蜂、飞蛾、苍蝇等虫子能进来。监视人员获悉后会高度警惕，密切监视，而且还要竭尽全力将进到房间的昆虫打死。如果有任何昆虫没有被打死而逃跑了的话，逃走的昆虫就会被认定为嫌疑女巫的鬼娃。嫌疑女巫也会被判有罪，被烧死。而后，20先令再次进入霍普金斯的口袋。他正是用这种方法迫使一位屋里出现四只苍蝇的老妇人承认自己受到了"黑马儿""派伊·外凯特""王冠上的啄痕"和"格利泽尔·格里迪古特"4个鬼娃的侍奉。

让人欣慰的是，这个江湖骗子最终自食其果，落入了自设的圈套之中，结束了其罪恶的生命。高尔先生的揭露以及他本人的巧取豪夺让他在各地的影响力日益锐减。老百姓逐渐意识到，在霍普金斯的迫害下，那些道德至上、纯洁无瑕的人也没了安全感，于是公开地表达了对他的憎恨。后来，在沙福克的一个小村庄，他遭到了村民围攻。村民骂霍普金斯就是一个男巫，指控他利用巫术在撒旦那里骗得了一个记录了英格兰所有女巫名字的备忘录就开始招摇撞骗。村民怒不可遏地揭露说，他查出了女巫是得到了撒旦的帮助，而不是得到了上帝的帮助。由于他不承认村民的指控，村民便以其人之道，还治其人之身，快速地剥光他的衣服，还仿照他的做法，将他的大拇指和脚趾也绑在一起，同样也用一条毯子裹起来后扔到了池塘中……有人说他没有沉下去，因此将他捞到岸上进行审讯后，在没有其他犯罪证据的情况下将他处死了。有人说，他是溺水而亡，这种说法可信度要大一些。由于没有司法部门的审判记录以及处决过程，后来人们推断，他极有可能是被村民整死

的。在《哈迪布拉斯》一书中，巴特勒（Butler）用了下面这样一首打油诗把这个
恶魔记在了史册中：

> 可不是现在的这个议会，
>
> 给这个魔鬼派去两名奴仆，
>
> 让他查清全部谋反的女巫，
>
> 还授予他至上的权力吗？
>
> 可不是他在1年的时间里，
>
> 在一个郡里就绞死60名女巫吗？
>
> 有的人只是因没有被水淹没，
>
> 还有一些也仅仅因为成天被迫，
>
> 衣衫褴褛坐在台上示众，
>
> 觉得痛苦便被送上绞刑架？
>
> 他还推断说有人施展巫术，
>
> 让猪、小鹅、小鸡都暴病而亡，
>
> 结果是他本人也被验证成一名巫师，
>
> 搬石头砸人最终却砸了自己。

当时，在苏格兰查找女巫成了一种职业，人们将查找女巫的人叫做"公众刺巫
人。"公众刺巫人和霍普金斯一样，查出一个女巫就可以得到一份报酬。1646年，
对珍尼特·彼斯顿进行审判时，特拉奈恩特一个叫金凯德的公众刺巫人就被达尔开
斯的地方官员叫去，让他用他的方法来证明珍尼特·彼斯顿是不是女巫。金凯德在
珍尼特·彼斯顿的身上找到了魔王留下的两个记号。为什么说这两个地方是魔王留
下的记号呢？因为大头针刺进这两个地方的时候，珍尼特·彼斯顿没有感觉，而且
在大头针拔出来的时候也没有血流出来。当问珍尼特·彼斯顿针是刺在什么地方时，
珍尼特·彼斯顿手指的地方也离实际针刺的地方相去甚远。当时，用于针刺的大头针
足足有3英寸长。随着公众刺巫人数量的剧增，这些公众刺巫人也被看成了社会的公
害。后来法官也不再采纳他们提供的证据。1678年，一名诚实的妇女被一个刺巫人卑
鄙陷害后，苏格兰的枢密院听取了她的申诉，最终认定公众刺巫人是公众骗子。

不过，是在很多无辜的人成为牺牲品后，高层机构才开始认为公众刺巫人是公
众骗子。可以说，英格兰和苏格兰议会是狂想症产生和发展的始作俑者。他们为了
让地方官员和牧师接受他们提供的证据，就授予这些刺巫人权力。一位可怜的老绅

士就是霍普金斯刺巫验身的牺牲品，他的遭遇很有史料价值。路易斯先生原本是一名非常受人敬仰的牧师，年过70，在沙福克的福拉明汉姆当了半个世纪的教区长。后来，有人猜测说，他是一名男巫。由于他是一名激进的保皇党人，因此很难得到他人的同情，甚至是他忠心服务了长达半个世纪的教区居民在听说他遭到了指控后，也都背叛了他。于是他就落到了容易让倔强的人低头的霍普金斯的手里。由于年事已高，他的智商已经有些减退，因此竟然承认了自己就是一个男巫，还说自己有两个鬼娃，经常迫使他去干坏事。有一天，他在海边，有一个鬼娃唆使他祷告前面一艘隐约可见的船沉到海底去。他同意了，而且还眼睁睁地看着这艘船在自己的面前下沉。听他交代完之后，法官进行了审讯。审讯中，他又恢复了理智，重新燃起了智者的光芒。他机智老练，义正词严地与霍普金斯在法庭上对质。不过，最终他还是被判处了死刑，他祈求教会在葬礼上为他诵读祷辞的要求也被拒绝了。在被押赴绞刑场的路上，他凭记忆为自己的葬礼默诵了祷辞。

还有苏格兰妇人在证据更加不充分的情况下也被判了死刑。原因是一个名叫约翰·贝思的公众刺巫人坚持说，在他经过她的门前时，听见她在和魔王说话。她为自己申辩说，自己平时就有自言自语的习惯，几位邻居也都帮她证明了这一点。但约翰·贝思却说，不是女巫的人怎么会自言自语呢？其后，这个刺巫人还在她身上找到了魔鬼的记号，于是她被扣上了"罪犯和畜生"的帽子。

从1652年到1682年，类似的审判案件渐渐减少，被判无罪释放的数量也有所增加。被认为有巫术的人也未必会引来杀身之祸。在农村的司法部门虽然还有因为一些荒谬的理由把人处死的事，但法官告诫陪审团后，他们会采纳更加善意、更加圣明的观点。一小部分受过高等教育的人虽然没有大胆到完全否认巫术存在，但他们却开始公开地表达自己对巫术的怀疑。后来，他们还与信奉旧教义的人进行了激烈争辩。凡对旧教义持怀疑态度的人都被称做撒都该人[①]。为了让人们了解撒都该人，博学的约瑟夫·格兰威尔牧师还撰写名作《撒都该人的胜利》和《联系综论》。

两位老妇因为别人患癫痫被处死

人们的认识虽然有一定的进步，但这种进步却十分缓慢。1664年，名叫阿米·杜尼和罗斯·库伦德的妇女在圣·爱德蒙德斯布雷被受人拥戴的马修·黑尔爵

---

① 是古时犹太教一个以祭司长为中心的教派。——译者注

士处以火刑，证据十分荒谬可笑。由于这两位老太婆面容狰狞，很容易给人以女巫的印象。这样的形象让人们对她们有偏见。有一天她们到商店买鲱鱼遭到拒绝之后，愤怒之余，谩骂了几句。之后不久，卖鲱鱼的商人女儿患了癫痫病，有人便认为这小姑娘是中了这两位老太婆的魔法。为了查明阿米·杜尼和罗斯·库伦德的罪行，有人用围巾紧紧捂住小姑娘的眼睛，然后责令两位"女巫"来触摸她。两位"女巫"照办了，结果小姑娘的癫痫病立马发作。根据这一证据，这两位可怜的老太婆被抓进监牢。后来又有一个毫不相干的人摸了小姑娘一下，小姑娘瘫倒在地，癫痫病和以前一样剧烈发作。因此又被认为是女巫所为，但这件事并没有被作为有利于两个老太婆的证据。

审判报告中这段文字记载了法官判决的证据：

来斯托福的塞缪尔·帕西性情有些忧郁，但却是一个好人。他指控说，去年10月10日星期二，他9岁左右的女儿戴博拉的脚突然瘸了，站不起来。这样的状况一直持续了7天。17日，小女孩请求大人带她去她家东面的海边看大海。她在海边坐着的时候，阿米·杜尼到证人家来买鲱鱼遭到了拒绝，之后她又来了两次都被拒绝了。她很不高兴地离开了，边走还边说着牢骚话。就在这个时候，小女孩突然像狼崽子一样号叫，还说自己的肚子疼，就像是有人用大头针扎她，是可怕的癫痫病发作了。这种情况一直持续到那个月的30日。小女孩的父亲说，阿米·杜尼女巫的名声由来已久，还说小女孩在犯癫痫时，会不断地嚷着阿米总是出现在她面前吓唬她，是阿米让她生的病。这位作证的父亲说他自己也怀疑阿米就是女巫，还以阿米导致他孩子生病为由控告了她，让她戴上了足枷。两天之后，他的另一个女儿伊丽莎白也患上了严重的癫痫病，发作时必须用开瓶器才能撬开她的嘴。由于与小女儿的病情相似，这位父亲给伊丽莎白服用了同样的药。两个孩子一边呻吟着，一边痛苦地抱怨说，阿米·杜尼和另一位老妇人确实出现在她们面前，折磨她们。有时候两个孩子还会喊着："阿米·杜尼就站在那儿！罗斯·库伦德就站在那儿！"同时还把她们两人的外貌特征和习惯都描述出来。罗斯·库伦德是另一位折磨她们的妇女。她们的癫痫病症状并不完全一样。有时是左腿跛，有时右腿瘸，而且还疼痛难忍，触摸不得。当然，有的时候她们除了耳朵听不见外，其他方面都是健康的。她们有时会看不见东西，她们有时会失语一两天，有一次竟然长达8天之久。癫痫发作时，她们就昏倒在地，待到能讲话时却咳嗽不止，吐出的痰里还有别针，有一次居然吐出了40多枚别针和一个价值两便士的大钉子。这是证人亲眼看见的。证人还在法庭上出示了别针和钉子。这种情况持续了两个月。期间，证人常常让孩子们朗读《新约全书》。证人发现，当她们朗读到"上帝耶稣""基督"这几个字眼的时候，她们的癫痫病就会发作。而朗读到"撒旦"以及"魔王"这些字词时，她们就会指着说："看到这个字我不舒服，但却能让我流利地说话。"看见孩子们被病魔折磨着，还没有康复的希望，证人决定将孩子送到雅茅斯的妹妹玛格丽特·阿诺德的家里，想通过换换空气来帮助她们康复。

第二个出庭作证的人是玛格丽特·阿诺德。她在证词中说，大概是11月30日，她哥哥带着两个女儿来到她家。哥哥向她介绍了之前发生的事，还告诉她伊丽莎白和戴博拉·帕西中了邪。当时她认为这是小孩搞的恶作剧，是孩子自己将别针塞进嘴里而已，因此她并未把这件事放在心上。她取下了孩子们衣服上的所有别针，但让她意外的是，孩子们有时依然当着她的面吐出来别针，至少是30枚。癫痫病依然还在发作，而且在发病的时候，孩子们还喊着阿米·杜尼和罗斯·库仑德，说她们看见了这两个老妇人，而且还和之前一样吓唬她们，她们还说屋里有像老鼠一样的东西在乱窜。姐妹俩中一个还做出抓住一只扔到火里的动作，扔的东西随后发出老鼠的声音。还有一次，小女儿在外面玩耍时突然尖叫着跑回家，说有东西使劲儿往她嘴里钻，像蜜蜂一样。证人还没来得及问清楚是什么状况，她吐出一枚价值两便士的大头钉子，癫痫病又犯了。后来，证人问她钉子是从哪里搞来的，她回答说："是蜜蜂衔来强行塞进我嘴里的。"姐姐也告诉过证人，是苍蝇诱发了她的癫痫病，呕吐出别针是苍蝇衔来的。这孩子有一次还说自己看到了老鼠，于是爬到桌子底下去抓，而后说抓住了，并跑到火炉前，扔到了火炉里，证人虽然没有看见孩子手里有东西，但孩子扔过之后火炉上便出现了像是枪药着火后发出的光。还有一次是，这个孩子突然间不能讲话了，但其他方面全都是正常的，她在屋里"嘘、嘘……"地喊着，并跑来跑去。证人虽然什么也没有看见，但孩子给她的感觉是看到了家禽。最后，小孩子似乎是抓住了件什么东西扔到火里。小孩子恢复语言能力时，证人问她到底是看见了什么？她告诉证人是看到了鸭子。还有一次，妹妹的癫痫病发作后，她说阿米·杜尼同她在一起，想要淹死她，或者是把她的喉咙割断，或者是采取别的方法整死她。还有一次，她们边哭边喊："阿米·杜尼、罗斯·库仑德，你们怎么不自己来？你们为何要派鬼娃娃来摧残我们！"

本案审讯过程中，《世俗的谬误》一书的作者，著名的托马斯·布朗（Thomas Brown）爵士作为证人也被询问。他旗帜鲜明地说，她们都是中了邪，他说丹麦近期发现了女巫，她们用曲别针、针和钉子塞进人的体内，折磨人。他认为，在类似的案例中，魔王通过激发起她们非常丰富的奇怪幻想，采取惯用的伎俩对人体施以魔力。更让人吃惊的是，有时甚至在疾病自然发作的情况下，故意通过施展魔法或者是在女巫的恶意协助下，加重她们的病情。

马修·黑尔爵士在证据提供完毕后发表了讲话。他对陪审团说，为了避免出现错误，他不再做重复证据内容，他希望陪审员调查两件事：首先是这些孩子为什么会中邪；第二，她们是不是真的是被这两位妇女迷惑了。他说他之所以相信女巫的存在，第一是因为《圣经》就证明了这一点，第二是所有国家都出台了反对巫术的法律，尤其是我们本国，这就说明大家都相信巫术的确存在。他说，无论是将无辜者判处死刑，还是让罪犯逍遥法外，都是上帝所不容的。因此，他要求陪审团严格审查证据，要请求上帝在陪审团做出重大决定时能指导他们的思想。

其后，陪审团在退了下去大约半小时后又回到了法庭，被告因为十三条起诉内容被判有罪。第二天早上，在父亲的带领下，姐妹俩来到了马修·黑尔爵士的住宿，身体也康复了。当爵士了解她们的健康状况是什么时候有所好转时，帕西先生说，被告被判刑半小时后，她们的身体就很好了。

法庭采用过很多方法，试图诱使这两位不幸的老妇人承认自己的罪行，但都是徒劳无功。这两位不幸的女人最终还是被绞死了。在大法官霍尔特就职前的11次审判中，虽然证词都大同小异，但最终使所有的人都得到了无罪释放，这是因为霍尔特在每件案子中都非常成功地唤醒了陪审团的常识。当时整个国家意识到了因为这些荒诞的指控而逝去的人已经够多了。虽然在某些偏远的地方还会时不时有这样的迫害，但人们不但不再轻视这些事件，而且还十分关注。如果找不到其他的确凿证据，这或许就是类似的迫害事件变得越来越少的原因吧。

因为像猫而被判死刑

1711年，法官大人鲍威尔（Powell）曾审理过一桩与巫术有关的案子，被告名叫珍尼·温汗姆，但她以"沃克那的女巫"之名为更多人所知；声称自己受到她的巫术迫害的是两个年轻女子，分别叫桑恩和斯基特。一个名叫阿瑟·乔西的证人在证词中说，他曾目睹安·桑恩好几次病情发作，还亲眼看见过她呕吐别针，而当时她衣服上和手能触及的地方都没有别针。他还说，自己还收藏了几枚别针，随时可以在法庭上出示。不过法官却没有让他出示就认定了确有其事。证人还说，如果她念了祷文或珍尼·温汗姆上她那儿去了之后病情总能得到好转。还说他给被告的胳膊上扎了好几针，都没见一滴血。最终，在这场官司中，被告还是被一致认为有罪，尽管和以前的案件一样，证词还是那么的荒诞和漏洞百出；而且为了让陪审团成员做出正确的决断，开明的法官还使尽了浑身解数。

还有一名叫弗朗西斯·布拉吉的证人说，他非常想看看那些从安·桑恩的枕头中取出来的，由施了巫术的羽毛做成的"怪饼"。他曾去过一个有这样羽毛的屋里拿过两块饼来比较。这些饼比五先令硬币稍微大一些，都是圆形的。让他感到奇怪的是，这些小羽毛排列得非常有规律：这些羽毛围绕中心呈放射状，毛根却在中心汇合，羽毛间的相隔距离还是相同的。他数了一下饼上的羽毛，发现每个饼上的羽毛都是32根。他试图拔下两三根，但发现一种粘性物质将这些羽毛粘得很紧，拉长七八倍这种粘性物质才会断。当他取下几根羽毛，抹开黏性物质后，看到了黏性物质下面的中间有一些灰黑相间短毛发粘在一起，他断定那是猫毛。他还说，珍尼·温汗姆向他承认过自己行巫术已有16个年头，之前确实对那个枕头施了巫术。

此时，法官打断他的话说，想要见见那些被施过巫术的羽毛。弗朗西斯·布拉吉却说这些奇怪的饼他一块也没有保留。法官大人有些迷惑地问证人为什么一块饼也不留时，弗朗西斯·布拉吉却说，由于没有其他更好的办法来给她治病，又想将她从痛苦中拯救出来，只有将那些饼都烧了。

一位名叫托马斯·爱尔兰的证人说，他多次听到他家附近有猫叫声，他出去赶这些猫的时候，这些猫都朝珍尼·温汗姆家跑去。他还指控说，他看见珍尼·温汗姆和一只猫的脸很相像。还有一名叫巴维尔的人也陈述了类似的证词——他常常看到一只长得十分像珍尼·温汗姆的猫。有一天，他在安·桑恩家里，突然有几只猫闯了进来，有一只就是长得像珍尼·温汗姆的那只。这个人原本想向法庭提供更多证词，但却被打断了。法官说，这样的证词已经听够了。

被告在为自己辩护时，只是坚持说自己是清白的，但却也找不到什么理由来为自己辩护。法官对案情和证词进行总结之后，让陪审团根据自己听到的证词来做出判决。没想到，经过很长一段时间的讨论后，陪审员团居然认定被告有罪。当被法官问及是不是因为"被告被指控变成猫的样子和鬼魂交流"而定她有罪时，陪审团里那个自以为聪明的发言人还极其严肃地回答说："我们确实是因为这个判她的罪。"于是法官不得不判被告死刑。所幸的是，在法官的不懈努力下，这个可怜的老妇最终被赦免了。

一度猖獗之后信"巫"一度沉寂

1716年，一位妇女和她年仅9岁的女儿被吊死在亨廷顿，判处她们死刑的理由竟是她们向魔鬼出售灵魂，而且还通过脱长筒袜和抹肥皂泡呼风唤雨。这大概就是英格兰最后一宗处决女巫的案件。从那时起一直到1736年，虽然民间依然还会叫嚣着要惩处女巫，而且还不只一次地出现过贫困的妇女因为被怀疑是女巫，而被拖到池塘里弄得半死不活，不过那些早晚要为穷人道德以及观点制定标准的哲学却总是能静静地找出应对邪魔的方法。对于女巫的害怕不再是普遍性的，只有极少数极端偏见的人才不时会产生这种恐惧感。1736年，该国进步的知识界多了一丝光明，詹姆士一世制定的这条刑法终于在法令书中被删去。那些自称精通巫术的人、算命者、念咒者和他们的追随者都将被判坐牢或处以枷刑，和流氓以及骗子受到的处罚一样。

在苏格兰，这种荒诞的认识同样是在文明曙光的照耀下才渐渐褪去的。英格兰也不例外，文明的发展进程也十分缓慢。直到1665年，这种荒谬的认识也完全没有一点褪去的迹象。1643年，公民大会建议枢密院成立一个由知书达理的绅士或者是地方官组成的长期委员会来审理近年来被指数量大增的女巫。1649年，通过一项肯定玛丽女王最初定的法律的法案，还解释了其中有疑问的地方。不仅对巫婆本人制定了严厉的惩罚措施，而且那些和她们站在一起或者是想要通过她们来探索未来秘密的人，以及那些对她们邻居的生活、土地或者是身体造成任何危害的人都逃不过法律的严惩。

在之后的10年，大众对此的狂热达到前所未有的程度。期间有4000多人因为这个罪受到严惩。对于这种结果，通过那项法案的行政官从未想过是自己造成的。因此还抱怨说，如果他们在哪一天烧死了两个巫婆，次日将会有10个巫婆等着被烧死。1659年，在格拉斯哥、艾亚和斯德林等地的一次巡回审判中，就有17个不幸的人被烧死，原因是被指控成了与撒旦做交易的人。1661年11月7日，枢密院在每个省任命了14个以上的审判委员会。第二年，遭迫害的情况有所减少。

1662—1668年，尽管上述这种所谓"知书达理的绅士及地方长官"依然在审判和定罪，但是最高法院却只受理了一个类似的案件，而且最终还判被告无罪，并释放了他。有一个名叫詹姆士·威尔士的普通扎针者，甚至还因为诬告一名妇女是女巫而被在爱丁堡游街，同时还被当众施以鞭刑。这个案子足可以证明高级法院对待类似案子中的证词远比以前严肃、认真。乔治·麦肯基爵士[1]尽了非常大的努力才把"巫婆本人的供词不足为凭，更不能相信针刺者及其他利益相关者的证词"纳入法庭。这种做法事实上只是恢复了以前的做法，但却让很多无辜的生命得以保住了。

虽然乔治·麦肯基爵士自己对那些古老的包括现代的巫术都深信不疑，但他却无法放任那些打着公正旗号行野蛮之事的人。1678年，他在一本论述苏格兰刑法的著作中就曾这样说过："我从此种让人发指的罪行中总结出一条这样的结论，那就是要判处这种罪名必须有最直接的证据，这些证据必须具有相当的说服力。除了那些女巫，我认为那些残忍的、激进的、用这个罪名来烧死成千上万女巫的法官也一样有罪。"同年，约翰·克勒克爵士毅然决然地离开了某审判巫婆委员会，不再做它的成员。其理由是他自己本身就不是一个够格的魔法师。苏格兰的最高民事法庭法官极为赞赏乔治·麦肯基的这些观点，因此还在1680年选择他为代表，将正关在监狱里等候审判的贫穷妇女的案子向最高民事法庭汇报；乔治·麦肯基爵士在汇报中说，被告的口供是在严刑拷打下逼出来的，因此如果找不到其他不利于她们的证据，她们就是无罪的。因为这些口供不仅荒唐，而且还前后矛盾。最终这些女人被当即释放了。

一名癫痫患者再掀波澜

之后的16年里，在有关记载中，苏格兰最高民事法庭未再接到过与巫术相关的案子，一件也没有。但在1697年，却接到了一起比詹姆士国王统治时期更为黑暗、更为荒诞的案子。巴干兰的约翰·肖有一个11岁的名叫克里斯蒂娜·肖的女儿患有癫痫。她脾气古怪，由于女佣经常和她争执，她就指控女佣对她施了巫术。让人难以置信的是，人们竟然相信了她的鬼话，还怂恿她介绍女佣是怎么摧残她的。在人们的唆使下，这个女孩儿最后捏造了一个涉及21人的完全不存在的故事。

更为可怕的是，尽管除了这个孩子编造出来的谎言和刑讯逼供得到的供词外，根本就没有其他的证据证明这些人就是女巫。但枢密院特别任命的受理此案的布兰泰尔勋爵及其他委员会成员竟然据此就处死了至少5名妇女，这些人在佩斯利的格

---

① 被尊称为苏格兰的尊贵圣贤。——译者注

林被烧死，其中一个名叫约翰·里德的魔术师在监狱里自缢，当时佩斯利的人都认为，魔鬼害怕他在最后关头透露更多与巫术有关的罪恶秘密，就将他勒死了。当时这个案子引起了苏格兰人的反感，一个作家兼牧师贝尔先生说，在这样的案件里，那些比诬告者品行更高尚和更善良许多的人却因为巫术败坏了名声名誉；应该受到谴责的是那些过于激进和轻浮的大臣们及那些住在格拉斯哥及其附近的自以为是的教授。

该案发生后，7年之内那个地方都很平静，后来皮腾温一帮地痞的残暴行径再次引发了公众对这个问题的关注。这事发生在1704年，一名患有癫痫（又或者是为了引起他人同情而假装说自己患有晕厥病）的流浪汉，控告两个女人对她施了巫术。这两个女人被抓往监狱，受到严刑拷打，直到招供。其中一名叫珍尼特·康芙特的妇女想办法逃了出来，但次日又被一队士兵押回皮腾温。在回皮腾温的路上，她还不幸撞见了一群发了疯的地痞。这些人主要是渔民和他们的老婆，他们试图淹死她，强行把她扭到海边，还用绳子绑着她，把绳子的一端系在附近一艘渔船的桅杆上，而后多次将她投入水中。在这名妇女就快被折磨死了的时候，一名水手过去将绳子割断，那群地痞才将她拖上海滩。她昏迷不醒地躺在海滩上，一个长得非常结实的暴徒将他家不远处的房门卸了下来，压在她的背上。暴徒们还将从海滩上抬来的大石头压在门板上，直到将这个不幸的妇人活活压死。更为让人愤怒的是，在暴徒实施这一残暴行径的过程中，竟然没有官员出来阻止。士兵们不但只是袖手旁观，而且还一副幸灾乐祸的架势。此事发生后，公众强烈呼吁惩处这种玩忽职守的可恶行径，但法院却压根就没派人调查。

苏格兰对巫术的最后一次判决

还有一个案件发生在1708年，以安斯屈瑟勋爵为首的审判团在顿姆弗莱斯的一次巡回审判中判艾尔斯佩丝·露尔触犯了巫术罪。对她的处罚是用烧红的烙铁在脸上刻下烙印，并将她永远驱逐出苏格兰。其后的很长一段时间里，都没再发生过类似的案子。1718年，在别的地方早已根除对巫术的错误认识之时，这种错误认识却在一座名叫开斯尼斯的偏僻小县城表现得尤为活跃。一个名叫威廉姆·蒙哥马利的笨蛋木匠，因为猫经常将他家后院作为谈情说爱的地方，就非常讨厌猫。

他常常感到困惑：为何这些猫偏偏要打扰他，而不是去骚扰他的邻居？最终他得出了这么一个荒谬的结论，折磨他的是女巫，而不是猫。他的女佣完全赞同他的这一结论，还对他说，她就听见过这些猫互相说着人话。后来这几只母猫又在他家后院聚集时，这个愚蠢的木匠拿着一把斧子和一把短剑，腰里还插了一把大刀，冲母猫砍去。他的砍杀让一只猫的背部受了伤，还有一只猫的屁股被砍了一刀，另外一只猫的腿部也被砍了一斧子，但一只也没抓到。

数日之后，该教区的两个老太太死了。据传，两个老太太的尸体被抬出来时，人们发现其中一位的背部有新伤，另一位的臀部也有新的伤疤。木匠和女佣便认定这两个老太太就是那3只母猫中的两只。这个谣言很快就传遍了全国，大家都在非常敏感地搜寻可靠的证据。没过多久，就有人发现了一个令人惊诧的证据——一个名叫南希·吉尔伯特的70多岁的老太太，因为腿断了不得不卧床。由于她长相狰狞，看起来像传说中的女巫，人们便认为她就是木匠砍杀的三只母猫之一。当人们将这一信息传递给木匠时，木匠便说自己还十分清晰地记得确实用大刀砍伤一只猫的腿，而且还十分肯定地说将它的腿给砍断了。不幸的南希也因为木匠的这番话而被从床上拖了起来，送入监牢。

在受刑之前，南希十分明确而淡定地讲述她的腿是如何被弄断的，但她的辩解并未能帮她翻案。反倒是行刑者用他高超的说服力让这位可怜的老太太改口承认自己就是女巫，自己的腿也是木匠蒙哥马利给砍伤的，在她之前死去的两个老太太也是女巫。最后她还供出了其他20个女巫。这不幸的老太太被从家里拖出来后受到了过多的折磨，加上施刑者又对她上刑，次日便死在了监牢里。让人略感欣慰的是，当时国王的总律师，阿米斯顿区的汤达斯，写信给代理行政长官罗斯上尉，提醒他不要把事态扩大，"事情太复杂了，超出了所有地方法庭的受理权限"。汤达斯本人也认真考虑过事情将如何演变，他最终认为这个时间确实很荒诞，于是控制了事态进一步发展。

但让人失望的是这位卡斯尼斯区的代理行政长官，在4年后的另一起巫术案件审理中又变得十分激进。尽管有人警告他说，这样的案件要留到以后去高级法院审理，但他完全置之不顾，以蛊惑邻居的牛和猪的罪名将一名住在多诺的老太太判处了死刑。这位不幸的老太太疯了，竟然在见到即将吞噬她的焰火时，拍着手仰天大笑。她有一个手脚都残废了的女儿，人们指控老太太的理由之一就是她女儿的残废。人们在指控时说，是她在参加恶魔聚会的路上，将自己的女儿当驴来骑，由于恶魔们将她女儿的手脚都钉上了马蹄铁，所以她女儿才残废的。

这也成了苏格兰对巫术的最后一次判决。1736年，严厉的刑罚处罚法规被废除，与英格兰差不多，苏格兰政府也规定，今后对用魔术或者巫术行骗的人的惩罚是：鞭笞、绞刑、坐牢。

"女巫"案件在欧洲不胜枚举

很多年后，在英格兰和苏格兰各地还残存着这些迷信，直到今天，有的地方仍然有不少类似的迷信活动。在这里，我们姑且不探讨这种严刑被废除的事情，而是去论说它的起源。首先，让我们回顾一下从17世纪初一直到18世纪中叶，女巫在欧洲大陆所引发的那场瘟疫吧！其中，法国、德国以及瑞士是遭受侵袭最严重的国家。在16世纪中，这些国家的受害者数量前面已经介绍过，而在17世纪初的欧洲，特别是在德国，受害者更是数都数不过来。

要不是有官方的判案记录，人们可能会难以相信人类曾经竟然变得那么疯癫和不明事理！用坚韧不拔而又博学的霍斯特的话来说，就是"整个世界好像就是一个大疯人院，疯人院里全是女巫和魔鬼在表演各自的游戏。"撒旦无所不能，能让旋风骤起，能让电闪雷鸣，能摧毁人们的庄稼，能损害人类的健康，让人四肢麻痹。大多数的牧师都坚信这一点，而牧师们的这一信仰对造物主的威严以及仁慈是一种极大的侮辱。那些每天早晚都在祈祷中承认上帝才是唯一圣人的人，都因此成功地能保佑他们顺利地耕耘和收获而赞美他，他们同时也认为人性的弱点极有可能让他们和阴间的魔鬼签约，让这些魔鬼来搅乱人们的做人标准，同时挫伤人们所有的善良以及仁慈。英诺森八世以后，教皇宣扬和鼓吹一个让人倒退和堕落的信条很快被传播开来，这个信条就是社会被划分为蛊惑人的和被蛊惑的两大宗派。

一位因为写了魔鬼研究一书《砸碎女巫的铁锤》而臭名昭著的作者杰可布·斯伯瑞哲和一位博学的律师，斯特拉斯堡的主教亨利·因斯提特被教皇英诺森八世当作特派员，派到德国去查处巫术审判。他们主要去了巴姆伯格、科隆、特拉维斯、帕德伯恩和乌兹伯格。据不完全统计，他们在这几个地方处死了3000多人。由于搞巫术的人迅速增多，因此新特派员源源不断地被派往德国、法国和瑞士。在西班牙和葡萄牙，宗教裁判所对这类案件是进行单独审判。我们在这里不可能将那时的愚昧和无知完完全全呈现出来。所幸的是，当今宗教审判已经不复存在了。不过，追溯当时，有那么多的民众因此而被害，还是让我们不寒而栗。

　　有的国家与其他国家相比，其审判模式更容易让人明白。斯布仁格在德国，伯迪纳斯和德尔若在法国打着宗教以及正义的幌子犯下了滔天大罪。17世纪极具争议权力又很大的伯迪纳斯说："对这种罪行的审判不能和其他所有的违法行为一样。谁要用一般的法律程序来审判，谁就歪曲了法律神圣而又具有人性的一面。一个人一旦被控告进行了巫术活动，就不能被无罪释放，除非是起诉人对他的私愤十分明显，因为很难找到这种神秘罪行的充分证据。如果根据一般的刑事法审判，那么100万个女巫中也不会有一个人会被证明有罪！"

　　一个名叫亨利·伯格特的猎巫人自称是"圣克劳德区神明的巫术审判官"，他颁布了一项共有70条的法规来约束所有与巫术审判有关的人。这些法规和伯迪纳斯所制定的法规一样冷酷无情。在该法规中，亨利·伯格特明确地规定：只要一个人被怀疑是女巫，当局就可以马上拘捕这个被怀疑的对象，而且还可以对她施以刑罚。在受到刑罚时，如果这个被怀疑对象低着头小声地嘀咕，但却不流一滴眼泪，那么就可以证明她就是女巫。在每个与巫术有关的案子中，孩子说的话也有可能被当作是对父母的控告。那些名声不好的人如果在与人争吵中说了一句什么咒语，我们可以不相信他们，但如果他们坚称是有人对他们实施了巫术，那我们就必须相信。如果这些惨绝人寰的法规都能够为平民以及牧师们所普遍接受，那怎么还会有人"对成千上万的遭遇不幸的人到底该不该走向火刑柱"产生怀疑？怎么还会有人对"科隆多年来每年烧死300个女巫"感到不可思议？还有，巴姆伯格地区每年烧死400人，那郎伯格、日内瓦、巴黎、吐鲁斯、里昂，还有其他城市每年有200人被烧死，所有这一切都不会变得难以置信。

　　按照在欧洲大陆不同地区发生的先后顺序列举几个审判案例。1595年，一位居住在康斯坦斯附近村庄的老太太对村民"为庆祝节日而举办的体育活动没有邀请她"感到愤慨，小声地嘀咕了几句，岂料被人听见了。其后，有人还看见她穿过田地，朝一座小山走去后，就消失得无影无踪。两个小时之后，村庄大雨倾盆，跳舞的村民被淋成了落汤鸡，田里的庄稼也被损坏了。有人便指控说，是这位老太太实施巫术造成的，说她通过将葡萄酒倒在一个洞里，然后用棍搅拌唤来那场暴雨，她因此而被拘禁。在被实施酷刑之后，她不得不承认自己确实干了这样的事。因此，在次日傍晚，她被活活烧死了。

　　几乎就在同一天，吐鲁斯两个被指控实施了巫术的人也被捕了。他们被控告的原因是，有人看见他们半夜拖着一个十字架在街上走，不时地停下来啐它、踩它，还念咒语招引恶魔，次日就下了冰雹摧毁了庄稼。镇上有一个鞋匠的女儿也证实说，自己在前一天晚上确实听见过魔术师念咒语。和其他的案件一样，他们在饱受摧残和折磨之后不得不承认自己确实施行了巫术，自己的确能呼风唤雨，与此同时，他们供出了几个所谓会施巫术的人。被供出的7人和他们一样，在被绞死之后又被搬到集市上焚烧。

1599年，德国两位知名的魔术师郝坡和斯达德琳被处死，受到他们牵连的有二三十位女巫。他们被指控的罪名是到处游走，不仅让妇女流产，而且还能唤来雷电。更可怕的是，几个女孩还发誓说，他们让自己生出了蟾蜍。最终，斯达德琳交代说，自己确实杀死过一个妇女还未出生的7个月的婴儿。

伯迪那斯对法国一位名叫尼德的猎巫者的"发现"曾表示过惊讶。因为尼德"发现"的女巫数量之多就连他自己也数不清楚。她"发现"的女巫据说有的可以让人死亡，有的可以让妇女怀孕3年，而不是10个月。有的女巫还可以通过祈祷和其他的一些仪式，让仇人的脸上、下颠倒，或是180度扭转后，脸朝背后去。虽然没有任何人看见谁的脸被他们施巫后变成了上述模样，但这些女巫承认了自己的确具备这样的功能。因此，在没有其他证据的情况下，她们就被处以火刑了。

在阿姆斯特丹，有一位发疯的女孩被绞死，尸体被烧成灰烬，原因是她承认只要自己念"吐里亚斯，舒里亚斯和因吐里亚斯"这样的咒语，就能让牛绝种，猪和家禽也能被她蛊惑。不久之后，就在这个城市的另一位名叫科那利斯·凡·坡玛安的妇女也被绞死后焚化了。原因也是她被人指控，说曾亲眼看见她在自己的屋子里坐在火堆前与魔鬼交流。目击证人还信誓旦旦地说，听见了魔鬼回答坡玛安的问题，因此坡玛安绝对是在和魔鬼对话。随后，还有12只黑猫从地板下蹿出来，围着坡玛安用后腿站立，跳了大约半个小时的舞后，在一种让人恐惧的声音后不见了，留下奇怪而难闻的味道。

从1610年至1640年，巴伐利亚班伯格地区每年大约会处死100个人。一位妇女在夸奖一个小孩之后不久，这个小孩病死了，于是这位妇女便被关进监狱，因为有人怀疑她就是女巫。在严刑拷打之后，她不得不承认自己就是女巫，说魔鬼给过她魔力。她还声称只要她夸张地赞美说"他多么结实啊""她是个多么可爱的女人啊""多可爱的小孩啊"，魔鬼就会明白她的意思，并立即使他们遭受疾病的折磨。她承认说，她是通过赞美别人来将巫术用在讨厌的人身上。她的下场当然是可想而知了。

在此期间，还有许多妇女被控告"向她们憎恶的人身体里塞东西"而获刑。她们朝别人身里塞的东西不仅有木头、钉子、头发、鸡蛋壳、玻璃碴、布片、碎石等，而且还有烧热的煤渣以及刀子。她们塞的东西会一直留在他人身体里，直到这些女巫招供或者是被处死，才会从嘴、鼻子、耳朵和别的器官排出。当时不少医生都碰到过这样的情况：一个女孩吞下一根针，后来这根针从胳膊、腿或者是身体的其他部位出来了。由于无法对这种现象进行科学解释，大家便认为这是魔鬼的魔力使然。一个女佣吞下一根针就会导致一位老太太被判死罪。如果因此受到牵连的不止一人，人们便认为这是一件十分幸运的事。因此，抓到一个牺牲品后，捉巫特派员们基本上是不会善罢甘休的。也正是这样，在许多案件中，在严刑拷打之后，往往会有10多人受牵连。

为了佐证这个成功时代创造了不少奇迹，有许多巫术审判的记载。其中，最让人胆战心惊的应该是1627年到1629年间发生在乌尔兹堡的那件事了。豪伯尔在他的一本著作《圣经的奇迹》中记录了一份名单。他在最后的脚注中写到，这份名单很不完整，由于数量太多还有很多火刑无法都记录下来。这份记录不是关于整个乌尔兹堡省的，而只是和该座城市有关的一部分。其中，记录了两年的29次火刑中有157个人被烧死，平均每次烧死5～6人。该份记载中，有3位话剧演员、4位酒店老板、3位乌尔兹堡的下院议员、14位牧师、市长夫人、药剂师的妻女、大教堂唱诗班的两名男童歌手、这个城市最漂亮的女孩哥拜尔·巴贝林，以及斯都尔泽伯格议员的妻子、两个小儿子和女儿。无论是贫穷还是富贵，无论是老人还是孩子，都有着差不多的遭遇。

该书记录的第七次火刑中，受害的是4个睡在集市上的陌生男女和一个12岁的流浪儿。这份名单中有男有女，其中32人是流浪者。而他们被指控犯有与巫术有关的罪行仅仅是因为不能对其行为做出让审判官满意的解释。该名单中孩子的数量让人触目惊心。第13次以及第14次被处以火刑的4人中就有一个年仅9岁的女孩，以及她更小的妹妹，另外两位是她们的妈妈和24岁的姨妈。两名12岁的男孩和一名15岁的女孩则在第18次火刑中被烧死。罗登汉这一高贵家族年仅9岁的继承人以及一个10岁的男孩，一个12岁的男孩也在第19次火刑被吞噬。乌尔兹堡最肥胖的市民波纳赫和最富有的市民斯坦纳舍尔也出现在了这份名单中。

很多人患自疑病症和其他疾病是让这种不幸在这个城市乃至整个欧洲得以生存的原因之一。这些人最终都承认了自己懂巫术。上面的名单中几个受难者也是承认了自己谙习巫术才被处死的。还有很多人装作会巫术，而且还出售毒药，抑或是试图通过咒符和魔法来兴风作浪，其中就包括前面提到的药剂师的妻女。而在此期间，法官的幻想症也同罪犯一样严重。那时，一些自甘堕落者则渴望自己会巫术，他们有时希望自己能够得到凌驾于同胞之上的魔力，有时还希望能够得到撒旦的庇护而免受处罚，第一次火刑中就有一个娼妓希望她的头号敌人变成山羊而不停地吟诵咒语。

在德国，那些懒惰的蠢小男孩也会念那些乱七八糟的咒语，在打闹时也有反复念咒语的时候，其结果是许多不幸的小淘气付出了生命的代价，乌尔兹堡就有3个10~15岁的小男孩只是因为玩耍时念这个而被烧死。在乌尔兹堡，小男孩们都非常相信咒语的魔力，有个小男孩就说，只要他一生中每天都能吃上好饭，有匹小马骑，他就愿意把自己卖给魔鬼。最终，这个想要安逸生活的小家伙非但没骑上马，反而被绞死后焚烧了。

烧死女巫的数目之大比乌尔兹堡更令人发指的可能要数林德海姆这个小地方了。在这个拥有一千人的教区里，每年平均被处以极刑的就有5人。1633年，一个名叫波姆普·安娜的女巫和其他3位同伴一并被处死，理由是她被指"只要她的敌人被她看一眼就会生病"。1660—1664年，共有30个人被处以火刑。如果整个德国都按照这样的比例判刑的话，那任何一个家庭估计都不可避免地会失去一位亲人。

1627年，《女巫公报》这首民谣在德国十分流行，它是经谱曲后用多欧西娅的曲调演唱的，歌词细致地描写了发生在弗兰克尼亚、班姆堡和乌尔兹堡的那些有影响力的案件，记录了那些"因为某种野心或贪图享受而将自己出卖给魔鬼"的人最后得到了怎样的报应，还详尽地描写女巫们在火刑柱上所受到的痛苦。而诗人在写到她们"因为疼痛而扭曲的狰狞面容以及被活活烧死时发出的痛苦大叫"时，却采用了诙谐的表达方式。

下面的打油诗中记录了一个用来让"女巫"招供的好办法：由于她拒不承认和魔鬼有瓜葛，审判官就让刽子手戴上犄角，披上熊皮，拖着尾巴或其他的一些东西，去女巫的监牢。"女巫"因为本身迷信，身在黑暗的牢房中难免会感到非常害怕，于是在看到乔装后的刽子手时，会误以为自己真的进入了地狱，魔王就在眼前。当这个"魔王"告诉她要始终保持勇气才能被解救时，她就会跪下来发誓，来世会把自己的身体和灵魂贡献出来为这个所谓的"魔王"效力。由于幻想症盛行，这些可恶的诗句在德国还为人们所钟爱，幸好欧洲的其他国家却不是这样。

　　　　他们派刽子手进到监牢，

　　　　刽子手身上穿着熊皮。

　　　　女巫看见怪异的他时，

　　　　误认为是魔鬼出现了。

　　　　于是马上跪在他脚下哭泣：

　　　　你为什么要抛弃我呀，

　　　　赶快把我救出这个监牢吧。

　　　　只要能够离开这黑牢，

　　　　我今后永远都只是你的人，

　　　　亲爱的，救救我吧。

　　这首诗接下来是说，当女巫向刽子手祈求之时，不曾想到自己马上就要遭受火刑之苦。之后，诗人还插了这么一句话"真是滑稽！"，并用括号括了起来。诗人在诗中表现出来的轻松让人叹为观止，不过，这也表现出了当时的人心向背。

　　1617年，玛雷莎勒·当克尔在巴黎被处死，读过历史的人估计都知道这个案子。她的马车夫作证说，她曾于一天午夜向一个教堂进献了一只公鸡。还有人说看到她诡秘地走进了一个名叫伊莎贝拉的有名的巫婆家中。当被问及如何控制皇太后的思想时，她自负地说她并无力量控制皇太后，只不过她的思想比较坚定，后者的思想比较软弱罢了。因此，虽然别人最先指控她的只是巫术，但让她被处死的真正原因却是她控制了皇太后的思想，通过皇太后间接地影响了国王路易十三。

　　两年后，拉布尔特出现了一个比以往所有事件都更加惊世骇俗的案子。波尔多议会委派有名的议员皮埃尔·德·朗克尔和议长艾斯派涅尔到拉布尔特及其周边地方查处女巫，还授予这两个人全权惩罚违法者的权力，因为他听说这些地方有很多女巫。这两个人是在1619年5月到达拉布尔特的。德·郎克尔写了一本书详细记录了这段他与邪恶斗争的战果。书中那些"他们审理的案件数量以及如何迫使那些可怜的嫌疑犯招供，承认自己犯了莫须有的罪行"的记录还是比较可信的，尽管书里不少内容十分荒诞，不足为信。

　　皮埃尔·德·朗克尔和议长艾斯派涅尔安顿之后，每天审讯的人达40个，其中被释放的人不到百分之五。所有的女巫都承认在女巫狂欢日里，魔鬼一般是坐在一张宽大、镀金的王位上，有时变成一只小山羊，有时又变成一名绅士，全身黑衣，脚穿靴子，还佩带着马刺和宝剑。魔鬼经常像是一团无形无状、变幻无穷的东西，像被闪电炸开的树干，在暗夜中飘忽不定。女巫们通常骑着烤肉用的叉子、叉干草的长柄叉或是扫帚。她们一到目的地，就与魔鬼妖怪们纵情地做出各种淫乱、放荡之事。女巫们有一次还公然把庆祝节日的地点选在了波尔多市的中心。魔鬼之王的椅子被放在伽利埃内广场的正中间，整个空间里都挤满了从四面八方赶来的男巫、女巫，有些居然来自遥远的苏格兰。德·朗克尔在谈到拉布尔特为何会有那么多的女巫时，竟然说是这个地方重峦叠嶂，土地贫瘠使然！更可笑的是，他还说，他发现"女巫"都喜欢吸烟。值得一提的是，他的这个发现与詹姆斯国王的看法一致，烟草就是"魔鬼之草"。

200名无辜者被判绞刑并焚烧后，嫌犯人数竟然还是有增无减。她们在被严刑拷打之后，在拉肢刑架上被问及"撒旦看见法官正在摧残自己的下属会说什么"时，女巫的回答往往是——他无动于衷。其中还有一些人声称自己责备过撒旦，怎么忍心眼睁睁地看着他的朋友被处死。她们说自己是这样问撒旦的："你这个可怕的魔鬼，你保证过不会让她们死的！她们现在为什么会被烧成一堆灰烬？你为什么要食言！"而撒旦却没有觉得她们冒犯了自己，还变幻出一堆不会伤人的火焰，证明法官们燃起的火堆也一样毫无伤人的效力，鼓励她们走进去，说这场灾难会结束。这些人还说问过撒旦：既然这些被处死的人都没有受苦，那她们都做什么去了。满嘴胡言的撒旦坚定地告诉他们说，那些死去的人可以看到听到这里发生的所有事情，如果她们呼唤想见的这些人的名字，他们可以听到这些人的回答。被烧死的这些人都幸福地生活在一个遥远的地方。她们说，撒旦善于模仿这些被处死的女巫的声音，回答了所有的问题后，还和女巫们恣意狂欢，直到公鸡啼叫为止。她们还说，欺骗在世的女巫，对于撒旦来说，是件轻而易举的事。

德·朗克尔在审判几个"狼妖"时，也表现得极为热心。在此案中，几个被逮捕的嫌疑犯还未被用刑就承认自己是"狼妖"，还招供说，每天晚上，自己都会冲到牛羊群中饱餐。贝桑松的一位年轻人也自觉地向宗教裁判员艾斯派涅尔承认他是一个被称为"森林之主"的魔鬼的仆人，尽管知道招供后将不得好死。他说，魔鬼对他施魔法，把他变成一只狼的样子后，自己也变成一只狼，但比他显得更强壮、更勇猛。他们在半夜一起到草地上游荡，吃了很多绵羊，被他们咬死的羊则比他们吃掉的多，他们还咬死牧羊犬。他说自己在做这些事时，他能够感受到一种前所未有的快感，于是会大叫着将还带着余温的绵羊身体撕碎。其他很多人也自愿承认自己是"狼妖"，而更多的人是在刑讯逼供下才承认自己是同样的妖怪的。

这些罪犯通常被活活烧死，骨灰撒到野外在狂风中被吹散。因为宗教裁判员们认为将这些罪犯绞死后焚烧的处罚太仁慈了，毕竟他们的罪孽太深重了。格雷夫和其他神学界的饱学之士只是凭借圣经上一些相关记载就认为被魔鬼点化不是不可能的事情。他们说，既然尼布加尼撒①曾经就是一头公牛，那么，魔鬼为什么就不能把人变成狼呢？他们还说，只要嫌疑犯亲口承认了，即便是没有其他的证据，也可以定罪。戴尔里奥曾介绍说，有一位绅士被指控为狼妖，在被折磨了20多次后依然不认罪，是在审判员给他灌了一口烈酒后，才在不清醒的状态下承认自己是狼妖。审判员这样做的目的是彰显宗教裁判员在审判类似案件时绝对公平，他们是在罪犯认罪后才判处刑罚的。审判中，如果一轮折磨达不到效果，他们就进行第二轮、第三轮的折磨，直到审讯对象再也不能支撑。这种折磨有时竟达二十余轮！"无论是狮子，还是老虎，都不比宗教的信徒更残忍。"当这种暴行被冠以宗教的名义实施时，我们完全可以这么说。

乌尔班·格朗迪埃尔，这位可怜的来自卢丹地方的助理牧师，被控告在乌尔苏黎尼修道院对许多女孩施以巫术，被非常残酷地烧死。这个有名的案子不仅在当地，而且在整个法国长达几个月的时间都引起了骚动不安，因为它的本质在当时也难以掩饰，他的死不是人们为之不寒而栗的巫术使然，而是那些发誓要他丢掉性命的卑鄙的阴谋家的杰作。这些阴谋家利用了巫术指控，在1634年是不会被驳倒的。就像博迪那斯所说的那样，虽然被告可以将原告的恶意栽赃都揭出来进行反驳，但无论他说得有多么清楚、多么实在，也会被"一群幻想自己被实施了巫术的疯女人的证词"击败。那些疯女人的供词越是荒唐可笑，越是前后矛盾，就越是给了他的敌人可乘之机。他们会说，这些疯女人正是被实施了巫术才变成这样的。

1639年，发生在里尔城的一件怪事表明当时的人们对巫术有一种看待传染病般的恐惧。一位虔诚而有些糊涂的女士在城里办了一所慈善学校，这位女士叫安杜瓦特·布里格农。有一天，在她走进教室的时候，她产生了一种幻觉——孩子们的头顶有很多小黑精灵飞来飞去。大惊之后，她告诉学生们，有小鬼在他们周围盘旋飘荡，让他们谨防魔鬼作乱。在之后的日子里，这位女士神经质般重复着告诉孩子们这件事，直到魔鬼以及魔鬼的魔力成为学校学生之间，甚至是师生之间交流的核心话题。之后的一天，一个女孩跑出学校后，很快被找了回来，而后受到了责问。女孩回答说，不是她自己要跑出去的，而是魔鬼将她带出了校外。还说自己就是

---

① 古代巴比伦的国王。——译者注

女巫，而且是从7岁开始就是女巫了。学校里另外几个被这件事吓晕了头脑的小女孩，在恢复之后，也承认了自己就是女巫。最终，共有50名学生因为受不了巨大的精神压力而产生了幻觉，承认自己是女巫，还称自己参加了女巫狂欢日，见到了魔鬼；还说自己能够骑着扫帚在空中飞行、能够爬过小小的钥匙孔，还吃婴儿的肉。

这件事让里尔的市民非常愤慨，教士们匆忙调查。有的人说这只是一个骗局，很多人却强烈地坚持说，有必要杀鸡儆猴，将这些孩子全部当女巫处死，她们的供词是有效的。父母们坚持说孩子不是能施巫术的女巫，而是被巫术所害，这种观点被全城人普遍认可。可怜的父母非常担心自己孩子的处境，他们噙着泪水祈求审判人救救他们的孩子。安杜瓦特·布里格农因为将自己的幻想灌输给学生而被控告实施了巫术。由于整个事件变得对她很不利，她在第一次被审讯后，就乔装打扮逃跑了。要是再晚逃4小时，她就会被当作女巫或是异教徒烧死了。但无论她逃到哪里，都可能被认出是那个蛊惑小孩的女人，谁还敢把孩子交给她来管呢。

审判员审判嫌疑犯使用的残酷刑罚让布兰斯威克公爵和梅那兹的选帝侯非常吃惊。在他们看来，一个正直的法官不应将刑讯逼供得来的供词作为断案的依据，进而对被告进行处决。据传，布兰斯威克曾经还邀请过"两名因为坚信有女巫作乱而出了名"的耶稣会会员到家里，试图让他们知道刑讯逼供是件多么荒唐和残酷的事情。有一个妇女被控犯了巫术罪，被关在本城的牢里，公爵还事先与审判员打好招呼后，带着这两位耶稣会会员去听她招供。

这个妇女在别人精心设计的问题的误导下，大脑进入了极度混乱状态。她交代说，自己常常在布罗根参加"女巫狂欢日"活动，在那里她看到过两个声名狼藉的耶稣会会员。她还说，自己曾看见他们变成过山羊、狼和其他动物的样子。很多有名的女巫还与这两个人淫乱，而且淫乱之后还会生下六七个脑袋像蟾蜍、腿像蜘蛛的怪物。当审判员问她，这两个会员离她有多远时，她竟然说就在隔壁房间。听到这个话，布兰斯威克公爵把吓坏了的这两位朋友领到一边，表达了他的观点——这件事非常有力地证明成千上万人遭受的折磨都是不公平的。由于这两位会员清楚自己是无辜的，因此他们为这样的证词不寒而栗，因为如果不是朋友，而是仇人将他们带到此，那他们就完了。他们中有一位叫弗莱德里克·斯佩，是《审判须知》的作者。这部出版于1631年的作品描写了审判女巫时的可怕场景。这在德国发挥了良好的反响，在斯康布兰恩、梅恩兹的大主教和选帝侯在自己的管辖范围内废除了刑讯逼供后，布兰斯威克公爵和其他的当权者也仿效了他的做法。被控告成女巫的人数自此以后大大减少了，捕巫热也逐渐降温。1654年，布兰登堡的选帝侯就对艾莱尔布洛克的安娜涉嫌女巫案发过一个禁令——禁止使用酷刑，还明确表态说，将女巫嫌犯投入水中的做法是残酷的，是不公正，也是荒唐的。

这也成了漫漫长夜之后新的曙光。裁判所里每年不再有成百上千的女巫被处决。以火刑烧死罪犯而著称的乌尔兹堡当年也只有1人被火刑处死。而在40年前每年要烧死60人。1660—1670年，德国各地的议院也在将当地裁判所判处的死刑犯不断地减刑为终身监禁，活着的减为在脸上烙个标记。学者们也渐渐将自己从荒唐的迷信中解脱出来，而且不管是世俗的还是教会的，当局开始扫除他们以往提倡的荒谬之见，一种更加理性的哲学正在渐渐矫正大家的思维习惯。1670年，诺曼底议会以"骑着扫帚参加女巫狂欢活动"的罪名判处一批妇女死刑，路易十四就将这个判决减为终身流放了。议会为此还给路易十四呈递了一封有名的请愿书，内容如下：

　　鲁昂地方议会呈递给国王的请愿书，1670年。

　　陛下：

　　　承蒙国王陛下赋予诺曼底省议会权力，我们才得以审判并处罚各类违法活动。其中，我们对巫术罪特别重视。这类罪犯毁损宗教，破坏国家，真的是罪大恶极。在陛下管辖范围内的议会在此斗胆冒犯您，将近期发生的这类案件的详情禀报如下，恳请我主三思后，改变您的裁决。我们不太同意您下令让我们的检察长官将那些因为巫术被判死刑的人减刑，以及要求他暂停其他几个类似案件的审理，我们认为这是考虑不周而做出的决定。还有国务卿以您的名义来信要求将对这类罪犯的处罚减为终身流放。根据总检察长和巴黎议会中罪犯学士关于巫术案件的见解，鲁昂地方议会的裁定会被巴黎议会和王国各地议会争相效仿。虽然按照先王的规定，各地议会不能对盖有国玺的信件提出异议，但依我们的愚见和陛下子民的公见，陛下对大家的福禄关怀备至，我们对陛下的所有命令都会立刻执行，不敢懈怠，所以议会已经中止了对这件案件的审理。恳请陛下再次斟酌巫术罪的严重性，再权衡一下如果对其宽大处理将带来怎样的严重后果，重新允许我们继续对巫术罪审判，并允许我们处罚被认定为有罪的人。自从接到国务卿的信以来，议会对您的决心已有知晓。您是要将那些因巫术罪而被判死刑的人减刑为永远驱逐出敝省，这是要让她们重获新生。我们认为，我们有责任让您了解敝省民众对巫术罪普遍而且不变的观点——巫术让上帝的荣光受到了玷污，让您的子民饱受折磨。您的子民在巫术罪犯的威胁和桎梏下在痛苦地呻吟，精神和肉体都受到了摧残，财产也蒙受了巨大损失。

陛下深知巫师们毁坏宗教赖以存在的基础，违抗上帝的训诫是犯了最严重的罪，民众对此也恨得咬牙切齿。也正是这样，圣经才规定对此类犯罪者处以死刑。罗马教廷和基督教经典的作家们也对施巫者进行了严词谴责，他们也认为，应该采取最严厉的手段来根除这种恶行。法国的国家教会在先王们的激励下，也对施巫者极端厌恶，虽然终身监禁作为教会权限之内的最高处罚已经非常严厉了，但教会还会将这类罪犯交给世俗政权，企图让他们受到更严厉的处罚。

这是一个司法团体为了支持"猎巫狂的弥天大错"而做的最后一次努力。这份请愿书的主题以及引用的案例有一定的说服力，但路易十四并没有为之所动，这也为他在后人眼中的形象增添了不少光彩。

像这种类型的罪犯应该被处以死刑，这样观点被各国民众普遍认同，同样，过去各个时代的民众也主张应该如此。对于这种处罚，作为罗马法律主体的十二铜表法①也做出了同样的规定。在这一点上，所有的法律学者都保持一致看法，而且所有的帝王也都持相同的观点来制定他们的法律，这些人中尤其以君士坦丁大帝②和西奥多修斯③最为突出。在福音书的启发下，他们不仅恢复了同样的惩罚措施，而且还剥夺了所有的上诉权，并且宣布任何王公贵族都不能对那些被认定为犯有巫术罪的人有任何的怜悯之心。同样地，在同一种心情的感召下，查理八世也颁布了那项辞藻华丽、措施严厉的法令，命令要求法官们必须根据案子的具体情况对巫婆们处以各种惩罚，否则法官将会被判处罚金、监禁或解除职务。同时，法令还规定了任何不愿告发巫婆的人将按同犯处理。相反地，任何人只要提供证据证明别的人犯有这种罪，都可以因此获得报酬。

考虑这些方面后，敕议会在执行这项如此神圣的法令过程中，按律办案，并且迄今为止从来没有发现自己的判决和其他的法庭有什么不同。因为所有关于对这

---

① 十二铜表法（公元前451—前450年），罗马初期制定的法典，主要由罗马贵族编制并为贵族利益服务。——译者注

② 君士坦丁大帝（280—337年），罗马皇帝，是世界历史上第一位信仰基督教的皇帝。——译者注

③ 西奥多修斯（346—395年），罗马将军，后成为罗马皇帝，他于公元379—395年在位。——译者注

种案件的判决的法律书籍中记载了不可计数的法令，都同意对施巫术者应该施以火刑、车磔之刑（即车裂之刑）或其他刑罚。

下面只举几个例子来证明：安白尔特曾在他的《法庭实践》一书中提到过，在希勒派里克时代①，巴黎议会根据本王国历代法律裁定通过的所有法律由蒙斯特尔莱在1459年引用过的阿尔杜瓦地方女巫案；巴黎议会在1573年10月13日做出的关于索米尔本地土著玛丽·洛·费艾夫案的决定；巴黎议会在1569年10月21日做出的关于德·勃蒙案的决定，案件中这个人为自己辩解，说求助于魔鬼的力量只是为了驱除那些被施巫术的人所遭受到的巫术和用于治疗疾病；巴黎议会在1606年7月4日做出的关于弗朗西斯·都·勃斯案的决定；巴黎议会在1582年7月20日做出的关于克伦米尔当地人阿贝尔·杜·拉·儒一案的决定；巴黎议会在1593年10月2日做出的关于卢梭及其女儿案的决定；巴黎议会在1608年做出的关于另一位叫卢梭的人和一位叫派莱的人的案件决定，在这两个人的招认中提到，他们能施巫术并且经常狂欢，崇拜魔鬼，并且能变成公山羊；巴黎议会在1615年2月4日做出的关于利克莱尔案的决定，案件中的这个人是由奥尔良议会来上诉的，他被控参加巫师狂欢晚会，并且和他的两位死于狱中的同伙一致供认——他曾崇拜撒旦，亵渎圣礼及上帝，跳女巫的舞蹈，并供奉不洁的东西；巴黎议会在1616年5月6日做出的关于一位名叫莱格的另一案件的决定，这个人的罪名与前面那个案子相同；在以供出同犯为条件的查理九世对特鲁瓦·埃塞莱斯的赦免中，由于后者使用巫术，赦免没有生效；莫尔那克在1595年引证过的巴黎议会的规定：根据亨利四世的指示，法庭做出的关于波尔多议会议员德·朗克尔案的判决；巴黎议会在1619年3月20日做出的关于埃蒂安娜·奥迪贝尔特案的决定；内拉克议会在1620年6月26日通过的关于几名女巫的决定；图卢兹议会在1577年通过的，曾被格列高历·多洛萨努引证过的，关于400名被控犯由于身上都有魔鬼留下的印记被判有巫术罪的人的案件决定。除了上述这些案件之外，我们还能向陛下提供普罗旺斯议会所做出的各类决定，特别是1611年关于高弗雷迪案的决定；第戎议会和雷恩斯议会依照已经在1441年被火刑处决的马尔沙勒·德·雷依斯巫术罪判决所做出的类似决定；布里坦公爵曾出席这一巫术案的审判。——陛下，所有的这些例子都证明本王国内各地对施巫术的人都判处死刑，并且一直是这样。

这就是您在诺曼底议会上为什么会将近来被认定为犯了这种罪的人判为死刑的动机。如果在某些特定情况下，包括诺曼底议会在内的这些议会曾经将犯了这

① 可参阅吐尔的格列高历著《法国史》。——译者注

种罪的人判了较轻的刑罚，那是因为他们犯的这种罪还不是特别深重。陛下和各位先王都曾经授权我们几个人全权处理各种案件以及对已经铁证如山的罪行给予相应处置。

在上文中，我们引用了各种世俗的以及教会颁发的法令和对案件做出的处理，引用这些的目的就是谦卑地恳请陛下能够对这种罪犯所做的恶行带来的严重后果进行深思。陛下应该考虑到在我们的王国中还有一些人会不明不白地死去，通常情况下，这就是巫师干的。不仅如此，还有人们财物和牲畜的丢失；被告人身上留有魔鬼留下的显而易见无法掩饰的印痕；人的身体会被突然地从一个地方转移到另一个地方；人献上不洁的牺牲品和参加女巫狂欢晚会以及其他一些已经被古代、现代的作家们描述过的，被许多犯了巫术罪的同谋犯和那些正直的人亲眼见证过的，并被罪犯亲自供出来的事实证实的案例。这些不同的案例竟然有着如此多的一致和相同之处，就是最无知的被告也讲出了相类似的内容，他们讲的甚至和那些最著名的作家们所描写过的情况没什么不同。以上的所有事实都可以在陛下执掌下的各地方议会审判记录中得到证实。

这些都反映了基督教的各种原则都紧密联系并保持一致的事实。即使有些人为了反驳上述事实而引用那个所谓的在安卡尔会议上制定的法规和圣奥古斯丁（AureliusAugustinus）[①]在《精神和灵魂》一书中的某篇文章中所谈到的一段话作为论据，也是站不住脚的，同样也无法说服别人。我们都可以轻易地证明上述的两个论据都缺乏权威的认定。除了安卡尔会议提出的那项法令以及教会后来的会议所制定的各个法令都有矛盾之处外，巴洛纽斯主教和所有其他的博学评论者们都一致认为从这项法令中找不出任何古代的版本。事实上，所有记载这个法令的版本都是用别的语言写成的，并且和同一会议制定的第23项法令完全不一样，后者同所有以前的法令一样，都对巫术严加谴责。就算假定这项法令真的是安卡尔会议颁布的，我们也必须意识到这项法令发布的日期是在2世纪，那时的教会正在集中注意力重点打击异教偶像崇拜。因此，这项法令谴责那些声称自己能够徒手在空中飞行并且能够飞过广袤的地区，以及能够与戴安娜（Diana）和希罗底[②]（Herodius）这两位

[①] 圣·奥古斯丁（AureliusAugustinus，也作希坡的奥古斯丁，天主教译"圣思定""圣奥斯定""圣奥古斯丁"，354—430年），古罗马帝国时期基督教思想家，欧洲中世纪基督教神学、教父哲学的重要代表人物。——译者注

[②] 戴安娜：罗马神话中的处女守护神、狩猎女神以及月亮女神；希罗底（herodius），圣经中的一位女人，施洗约翰被杀是由于受到了她的唆使（见马可福音6章第17~23节）。——译者注

女神为伍的妇女们，法令要求所有的牧师要向教民宣扬上所述妇女所声称的本领内容是错误的，从而让人们不再崇拜这些异教的神祇，但是这项法令却承认魔鬼有力量来影响人们的身体。其实对于这些，耶稣基督本人已经在圣福音书中证实了。至于伪托圣奥古斯丁的话，其实人们都知道那不是他写的，因为作者在书中提到了一个叫博埃提斯的人，他比圣奥古斯丁晚死了80年。此外，对于这位神圣的教父在自己所有的文章中都证实了巫术的存在这件事，还有更具说服力的论据来证明它，特别是在他的《上帝之城》①第一卷第二十五个问题中，他讲到巫术是人类和魔鬼之间的交流，因此所有正直的基督徒都应该将它看作洪水猛兽一般的东西。

　　总之，在您掌控下的诺曼底议会全体议员都期盼您能够明察，这是我们用陛下您赐予的权力所做的卑微恳请，为了尽职尽责，不愧对良心，我们必须禀明陛下，诺曼底议会上通过的所有对巫术案、女巫的判决都是来自全体法官们深思熟虑的结果，没有一点儿不合乎全王国范围内各地的司法实践。同时由于人民之中没有一位敢说自己完全没有受到这类罪犯的敌视，所以这也是为陛下子民的福祉所考虑。因此，我们请求陛下批准我们通过的判决，同时接着审判那些犯了这种罪的人。只有这样，陛下万世的英明以及对宗教无比虔诚的声誉才不会受到那些与神圣宗教的原则相违背的看法影响。"

　　就像我们提到过的那样，路易并没有对这封请愿书加以理睬。那些老妇人的性命保住了，而对巫术的指控在整个法国也销声匿迹了。在1680年，法国通过了一项法案，其中指出对女巫不做惩罚，而只是对冒充实施巫术者、算命先生、女预言家以及投毒者予以惩处。

　　与此同时，这样的一丝曙光也出现在德国、法国、英格兰和苏格兰，而且这丝光线渐渐地越来越亮，直到18世纪中期，巫术除了还在被那些最粗鄙的人所固守外，已经成了没人愿意相信的东西。然而，这种疯狂的信仰行为在中途又爆发了两次，其荒谬程度并不逊色于第一次。这后来的两次，第一次发生在1669年的瑞典，第二次发生在1749年的德国。这两次都值得我们注意。这其中第一次是有史以来最不寻常的一次，因为它在残暴和荒唐的程度上无以复加。

　　曾经有人向瑞典国王报告说德拉卡里亚省中一个叫莫拉的村子受到了巫婆的严重骚扰，于是瑞典国王就指派了一个由教士和俗人组成的调查团前去调查，并且

---

① 《上帝之城》（拉丁语：De Civitate Dei），也作"天主之城"，为希坡的奥古斯丁所著。当时罗马城已被蛮族攻破。人们把罗马帝国的衰退归咎于基督徒之离弃传统多神宗教。——译者注

赐予他们全权惩罚罪犯的权力。1669年8月12日，调查团到达了这个中了巫术的村庄，村民们由于轻信了他们的话，对他们表示了热烈的欢迎。第二天，全村的3000名居民全部到教堂集合。牧师开始布道，"宣布了那些受魔鬼引诱的人会受到严厉的惩罚"。他们还说上帝将会除掉村民中祸患的根源。

然后，全体村民又转移到了教区长的家里，他们挤满了房前的整条街道。这时，调查团当众宣读了国王的旨意，要求每个知道巫术线索的人都要走出来检举揭发。听了国王的旨意后，泪水从所有激动的村民眼中涌出，这之中有男人、女人、小孩，他们开始痛哭流涕，并且保证他们会说出自己所知道或听说过的任何与这相关的事情。在经历这样一个热情洋溢的场面后，所有人被要求返回自己家中。过了一天，他们又被召集起来，此时，调查团已经接受了几名村民的公开指控。结果有70人，其中包括15名孩子，都被投进了监狱，同时邻近的埃尔夫达尔地区也被抓走了许多人。后来，在严刑拷问下，被捕的人都供认了自己的罪行。这些人在供认时提到他们过去常常会到一个离乡村集市不远的碎石坑里集会，在那里他们都用长袍蒙住头，一圈又一圈地跳舞。然后，他们再到那个不远处的集市去呼唤魔鬼三次。第一次声音低沉轻柔，第二次稍稍大点声，第三次就会变成大声呼喊。他们每次都会说，"先行者快来吧，把我们带到布洛秋拉！"他们认为这个咒语屡试不爽，魔鬼也会应声出现。据他们所说，魔鬼大体上看起来就像一个矮个儿的老头儿，身上穿着灰色的外套，脚上穿着红蓝相间的袜子，袜子上还有两根特别长的袜带，还戴着一顶非常高的帽子，上面垂着许多彩色的亚麻布带子，脖子下面长长的红胡须一直拖到腰间。

魔鬼问他们的第一个问题就是，他们是否愿意为他献出自己的灵魂和肉体？魔鬼听到他们肯定的回答后，就会告诉他们做好前往布洛秋拉的准备。这时他们得先到祭坛上去刮下一点碎屑，同时还要收集教堂钟上锉下的金属粉末。然后，这位先行者就会给他们一只装着药膏的牛角，让他们用药膏涂满全身。这些都准备好后，他就给这些人带来各种动物供他们骑乘，有马、驴、山羊和猴子，并发给他们每人一个鞍子、一个铁锤和一个钉子。然后，他就开始念咒语，这些人就上路了，并且一路上畅通无阻。他们飞过教堂、高墙、岩石和高山，最后会来到一片碧绿的草地，而布洛秋拉就坐落在这里。为了能够到达这个地方，他们必须带上自己所能带来的所有小孩。这里如果有谁没有带来小孩，魔鬼就会折磨、鞭打他们，让他们不得安宁。

　　听到这些后，许多父母为这些供词提供了一部分证据，因为他们说自己的小孩常常告诉他们自己曾经在夜里被人带到布洛秋拉，并且在那里他们会被打得浑身青紫。他们早上也曾经看到过伤痕，但是这些伤痕很快就消失了。其中，有一个小女孩在被询问时信誓旦旦地说她曾经被那些女巫们带着在空中飞行，但是飞到高空时，因为她叫了一声耶稣的圣名，就被摔到了地上，而且左肋被摔了一个大洞。后来魔鬼又把她拉起来，治好了她的伤，又将她带往布洛秋拉。她还补充说（她的母亲证实了她的话），到现在她还觉得"左肋钻心地疼痛"。也正是因为这个至关重要的证据，更坚定了法官们捉拿罪犯的决心。

　　他们所提到的那个叫布洛秋拉的地方是一所大房子，上面有一扇通向房内的门。房子的四周是一片一眼望不到边的柔软草地。在房子里面有一张很长的桌子，女巫们都分别坐在桌子的两旁，在其他房间里排列着供她们睡觉的非常精致可爱的床。

　　她们先是举行了几个仪式，以此来表示她们将会全身心地为先行者服务。然后她们会坐下来举行宴会，大口地喝着用油菜和豌豆煮成的清汤，吃着燕麦片、黄油面包、牛奶和奶酪。在她们吃饭的时候，魔鬼会经常坐在一把椅子上，有时也会演奏竖琴和小提琴来为她们的宴会助兴。吃过晚饭后，她们就开始围起来跳舞，有时赤身裸体，有时穿着衣服。有几个妇女还在供词中补充了一些非常恐怖和极其淫秽的细节，实在令人不忍重复。

　　有一次，魔鬼为了试探一下她们对他是否忠诚，就假装死去用以试探她们会不会感到悲伤。这些人见到魔鬼死去马上开始号啕大哭，每个人都哭出了3滴眼泪。看到这些后，魔鬼高兴极了，于是就跳到人群中把那些哭得最响的人搂在怀里。

　　上述这些就是孩子们所说的一些主要情节，并得到了成年女巫供词的证实。在法庭上还从来没有见过如此荒谬的事：许多被告显然前后的说法并不一致，可是调查团对此却置若罔闻。调查团中的一位成员是当地教区的牧师，他在参与审讯的过程中说，有一天晚上，钻心的头痛把他折磨得难以入睡，而且他也找不出病因，只能认为自己中了邪。事实上，他认为这一定是有十多个女巫在他头顶上跳舞。这番话使得在场的那些虔诚的妇女们觉得十分恐怖，她们惊讶地大声说魔鬼怎么会来伤害一名如此正直的牧师！对此，一位可怜的将要沦入死神魔爪中的女巫说她知道这位牧师头痛的原因。她说魔鬼曾经派她手拿一柄大槌把一枚长钉砸进了这位牧师的头骨里。她砸了很久，但是由于这个人的头骨特别的"厚"，她竟然没有在他头上留下任何的伤痕。听了这位女巫的话，所有在场的人都吃惊得睁大了眼睛，纷纷举起了手，而这位虔诚的牧师听了这原因之后也开始感谢上帝赐予了他这样坚固的头颅。从此，他就以"头骨厚"而著称。这个女巫所说的是不是只是个笑话，对此没有人去追究，但是她却因此而被看作是一个十恶不赦的罪犯。法官们在这场大规模的审讯中根据像这样既可怕又荒唐可笑的供词就将70人判处死刑。其中有23人在莫拉村一起被烧死，几千名围观的人将四周围满了，显得十分高兴。第二天又有被用同种办法处死了的15名小孩做了迷信之神的祭品。剩下的32人也被押到邻近的法卢那镇处决。除了那些被判死刑的人之外，还有被认定犯了轻微巫术罪的56名小孩分别被判处不同的刑罚，如夹击之刑[①]、监禁和一年之中每周当众鞭打一次等。

后来，这件事被人们长期认定为是巫术泛滥的一个有力证据。难以想象，当人们想要创造或支持一个说法时，竟然会通过歪曲事实来实现他们的想法！仅仅是几个在他们愚蠢的父母鼓动下有些病态的小孩说出了几句荒唐可笑的谎话，一旦被周围迷信的邻居传播开来，就能够令一个国家陷入疯狂的烈火中。假使当时的调查团成员和人民的头脑没有被深深的迷信所禁锢，假使其中有个人能够坚定地站出来澄清事实，结果就不会是这样了！那样的话，这些可怜的孩子也许会被及时地送到医院，而不是被活活地烧死，而剩下的那些孩子也就只会受些鞭刑罢了。那些轻信传言的父母也会被人嘲笑，那70个生命也会幸存下来。虽然在瑞典，人们对巫术的信仰直到今天也一直保留着，但是令人感到庆幸的是，再也没有像当年那种精神错乱所造成的可悲案例出现在这个国家的历史中。

几乎就在同时，新英格兰殖民地的居民也被类似的关于魔鬼的故事吓得心惊胆战。忽然间，一种恐惧的感觉充斥在每个人心中。每天都有所谓的犯了此罪的犯人被逮捕，人数多到监狱都装不下了。古德温（Goodwin）是一个泥瓦匠的女儿，她患有忧郁症，经常会昏厥。她认为在幻觉中有一位叫葛洛弗（Glover）的爱尔兰老太太在她身上施加了巫术。她的两个兄弟也有相同的毛病，也常常会昏厥，并且大声叫喊说魔鬼和葛洛弗老太婆在折磨他们。有时，他们的关节会僵硬得不能动弹，但是在别的时候，他们的骨头又软得像一摊泥。后来，所谓的"女巫"被逮捕了，只是因为她不能一字不差地将主祷词重复下来，她就被判处死刑并被立即处决了。

但是，到处捉拿女巫的热潮并没有因此而消退下来。人们认为这样一个牺牲品

---

① 夹击之刑：在两排人中间跑过去，受每个人的鞭打。——译者注

还不够，仍然在睁大双眼等待着还会有新的事件被揭发出来。另外还有一件事，有一户人家有两个女孩，她们都患有歇斯底里症①，最近却突然每天都要昏厥几次。其实，喉咙中有窒息的感觉本来就是歇斯底里病的正常症状，但是由于这种巫术的说法在殖民地中的广泛传播，这时候在女孩身上发生这种事就自然而然地被说成是由魔鬼引起的。她们描述说魔鬼把几个小球放入了她们的气管，想要噎死她们。这时，她们会感到全身每个部分都一直被刺扎着，其中甚至还有一个女孩呕吐出了几根针。这两个女孩分别是帕维斯（Pavis）先生的女儿和侄女，而帕维斯先生就是加尔文教派②教堂的牧师，这样，她们的情况就引起了人们极大的关注，使得后来殖民地中所有体弱的妇女们都开始怀疑自己也像她们那样中了邪。她们越想越害怕，而越是担心害怕，她们就越对巫术的说法深信不疑。她们这种精神病就像鼠疫一样迅速传播开来。以至于后来有妇女昏倒过去，醒来后都坚持说她们看到了女巫们的幽灵，这类事件层出不穷。如果在一个家庭中有三四个女孩，她们将这种病态的幻想相互影响，每天都会昏倒5~6次。对于这件事，有人说，撒旦③亲自在她们面前出现，手里拿着一个羊皮纸卷，告诉她们如果她们签订这个出让自己灵魂的合约，他就马上解除她们精神和肉体上正在遭受的痛苦。还有人说，女孩们只看到了许多女巫，而女巫们也做出了同样的承诺，并且还威胁说她们将永远被痛苦折磨，直到她们愿意成为魔鬼的使徒为止。但是，如果她们拒绝的话，女巫们就掐她们，打她们，或者用长针刺她们。由于受到这些害人的幻想狂指控，有二百多人被抓进监狱，各个年龄段的人都有，还有许多品德高尚的人也涉及其中。殖民地居民在头脑找回理性之前，就已经有19人被处死了。对于这段可悲的历史，最恐怖的是其中一名只有5岁的幼童竟然也被处死！那些指证他的妇女还发誓说她们常常看到这个幼童和魔鬼在一起，并且如果她们拒绝和魔鬼签约，这个幼童就经常会用他那些细细的牙咬她们。这还不算，如果我们听到下面的这件事，就不会再觉得还有别的事更加令人恶心和讨厌了，因为这个社会竟然疯狂到以相同的罪名审判并处死了一条狗！

---

① 又称癔症，一种精神疾病，典型症状是患者自己认为失去身体某部分功能。——译者注

② 加尔文教派（Calvinists）：是基督教新教主要宗派之一，以加尔文神学思想为依据的各教会团体的总称。——译者注

③ 撒旦（Satan），主要指《圣经》中的堕天使（或称堕天使撒旦），他是反叛上帝耶稣的堕天使（Fallen Angels），曾经是上帝座前的六翼天使，负责在人间投掷诱惑，后来他堕落成为魔鬼，被看作与光明力量相对的邪恶、黑暗之源。——译者注

　　后来，有一个叫高利（Golay）的男子勇敢地反抗了人们对他荒谬的指控。但是，这是徒劳的，就像之前发生的那么多类似事件一样，等待他的只有死路一条。听说，他是被挤压致死的，而且死的时候痛苦异常，甚至舌头都伸到了门外。但是当时监督行刑的新英格兰司法长官竟然拿起一根棍子硬生生地把这可怜人的舌头塞回了嘴里。要是世界上真的存在披着人皮的恶魔，那么这个司法长官就是一个！他竟然还以自己对上帝的虔诚为荣，认为这是在为上帝做好事。他

> **希望将尘世变成一座地狱**
>
> **来使自己的灵魂升入天堂。**

　　虽然还有人固执地认为仍有人在施巫术，但是那些即将丧失亲属的人忽然发现这种广为蔓延的指控就要把他们最亲爱的亲友们从自己身边夺走了。这时，他们开始怀疑会不会是整个的审判过程也受到了魔鬼的控制？会不会是魔鬼把错误的证词放到了证人的口中？会不会是证人也中了巫术的邪？那些即将失去自己妻子、女儿或姐妹的人们都像久旱遇上甘霖一样热切地同意这个看法。于是，这种忽然转变了的思想就像最早捉拿巫女时的热潮一样被迅速传播开来。一夜之间，殖民地的居民们都发现原来是自己错了。由于那些已经供认不讳的人一旦获得自由就会翻供，而且这其中许多人甚至已经想不起来自己在严刑拷打之下都说了些什么，所以法官们也不再起诉那些人了，被判死罪的那8个人也被释放了。渐渐地，那些女孩子们也不再昏厥了，不会再谈起魔鬼对她们的折磨。那个曾经处决了第一个罪犯的法官也为自己所办的蠢事感到后悔，心灵受到了悲伤和自责的沉重打击，为了赎罪，他从此就把每年的那一天作为自己忏悔和斋戒的日子。即使是这样，他也仍然坚持认为有人在用巫术毒害别人。对于这种想法，他在思想上并没有多大转变，但是，令人庆幸的是，持这种想法的人在整个社会中越来越少了。对于整个巫术事件的反思，全体殖民地人民达成了一致意见，为此，各个审判中的陪审员们也在教堂中公开表达他们的忏悔之心。那些受苦的人得到了平反，他们被当作是错误思想的牺牲品，而不是撒旦的同谋犯。

　　据说，新英格兰的印第安人部落对于英国人醉心于捉拿女巫这件事感到十分不理解。他们认为这些英国人不是比附近的那些法国殖民者更愚蠢，就是比他们还要罪孽深重，他们认为"圣灵从不让女巫存在"。

　　接下来，让我们再回到欧洲大陆，我们会发现，自从1680年以后，人们在对待巫术这件事上变得更加理智了。之后的20年里，虽然在平民百姓中仍然有人坚持原

来的看法，但是政府已经不会再通过处决"女巫"来鼓励这种信仰了。尤其是路易十四的法令沉重地打击了这种迷信思想。从此，这种迷信思想就一蹶不振，再也没有恢复到当年的那种盛况了。只是在1652年，瑞士信仰新教的各个州中发生了最后一次这种类型的判决。那时德国的各位当权者虽没有阻止住这类审判，但是只要被告仅仅是被指控犯有巫术罪，而不牵连别的罪行，他们就努力地将死刑改成监禁。就在1701年，为了给那些正在走下坡路的流行的荒谬观念一次沉重打击，德国哈雷大学（Hallam University）的著名教授托马修斯（Thomasius）发表了一篇名为"关于巫术罪"的演说。但是，由于巫术的观念已经在人们头脑中扎下了根，想要一夜之间将它根除是不现实的。因为那些学问渊博者的雄辩言辞是很难传到那些住在偏远山村和简陋小屋里的人的耳中，但是就算是这样，社会状况还是发生了巨大的变化，因为在他们的感召下，人们对巫术的信仰成了一种起不到什么作用的想法，而且还阻止了这种信仰继续制造更多的惨剧。

就这样，幻想就像受了重伤已经垂死的野兽一样，又一次破灭了。但是，这种荒谬的思想却在积攒残余下的全部力量来做最后的垂死挣扎，以此来显示它的力量曾经是多么可怕。由于这种臆想最早是在德国孕育出来的，所以这里也就成了它的弥留之所。乌尔茨堡是在这种借口下曾经杀死过许多人的地方，似乎它也注定要成为它最后的舞台。而且，由于这一次和之前一样惨无人道，所以这个地方的恶名依然不会消减。这个案件与莫拉和新英格兰的巫婆案相比，除了受害者的人数不同之外，有很多相似之处。只是由于这个案子是发生在1749年，欧洲其他国家的人民认为在这个时代却仍然发生这种事情，让人感到震惊和厌恶。

事情的起因其实是这样的：住在乌尔茨堡修道院的5个年轻妇女由于感到喉咙中有窒息的感觉，就像所有的歇斯底里症患者那样，一再失去知觉，她们就无端地认为有人对她们施了巫术。更过分的是，其中有一个妇女曾经吞下了许多根针，而这些针后来又从长在身体各部分的脓疮中显露出来。于是，她们就大声呼喊说她们中了别人的巫术。一位名叫玛丽亚（Maria）的年轻女人因此被逮捕，罪名就是她与魔鬼串通迫害那5名年轻女士。证人甚至在法庭上发誓说她们曾经看到发生在玛丽亚身上的怪事，就是玛丽亚会经常变成一头猪爬过院墙，等到了酒窖后，她总是用最好的酒把自己灌得酩酊大醉，然后就突然恢复原形。还有别的女孩子们说玛丽亚就像猫一样在屋顶徘徊，还经常会钻进她们的房间，发出凄厉的叫声来恐吓她们。她们还说玛丽亚曾经变成一只兔子，把修道院草地上母牛的奶挤得干干净净。

还有人说，她过去常常在伦敦的朱丽路戏院演出，每次演出完的当天晚上，她就会骑着一把扫帚柄飞回乌尔兹堡，然后施巫术让那些年轻的小姐们感到四肢疼痛难忍，使她们饱受折磨。这些证词最终使得玛利亚被判处死刑，人们把她押到乌尔茨堡的一个刑场上活活烧死了。

这场由谋杀和迷信构成的可怕灾难终于结束了。从那天开始，这种对巫术的信仰除了只能从那些文明的脚步很难走到的，既蛮荒又条件恶劣的偏远村落、地区找到立足之地外，已经从大部分人的心中消失了。但是，那些粗笨的渔夫和无知的农民仍然认为产生那些他们不能解释的自然现象是由于魔鬼和巫婆在作怪。比如，愚蠢的长舌妇常常会把像突然昏厥这一类奇怪的病看作是撒旦在作怪。忧郁症患者由于对这种病症在自然科学方面的解释一无所知，所以他们仍然虔诚地相信自己的幻觉。也许现在的读者们很难理解当时英格兰人对于这种事的心态。还有，在那时，由于人们认为老妇衰老后面容很难看，就说她们对别人都怀有恶意，精神都不正常，她们的面部会让人联想起往日的巫婆，所以许多老妇经常会遭到无情邻居们的辱骂，过着非常悲惨的生活。而那些无情邻居们还经常叫嚣着用手指对老妇们轻蔑地指指点点，就是在大城市周围也不例外。在没有人受害的前提下，法律起到的全部作用就是防止那些像17世纪时的恐怖案件再次发生。对于这一点，最好的说明就是，即使像臭名昭著的麦修·霍普金斯所证实的那样荒谬绝伦的事，也会有成千上万人发誓为它作证。

人们在1760年的《年鉴》中记载了一个有关巫术信仰的例子，这个事例告诉我们迷信有时也会杀一个回马枪。这件事发生在莱斯特（Leicester）郡的一个叫格兰的小村里，有两个老妇激烈地争吵起来，并且互相指责对方犯有巫术罪。她们争吵得越来越激烈，最后双方就达成协议：用水淹裁决法来判断谁对谁错。根据裁决的惯例，她们两个人要先把各自的衣服脱下来，只剩下内衣，用这样的方法来表示二人完全平等。然后，她们请几个男子帮助她们把双手的大拇指和双脚的大拇指分别捆紧，然后分别在每个人的腰间捆上两根牛车上用的绳子。等到这些准备工作都做完以后，她们就被扔进池水中。这时，其中一位老妇立刻就沉下去了，而另一位则在水面上挣扎了一段时间。围观的人们马上就认为那个挣扎了一段时间的老妇一定有罪，然后就把她拉上来，并且要她立即供出和她一起实施巫术的同犯。于是，这个老妇就供认说，在一个不远处的叫伯顿的村子里，也有几个"像她那样有巫术"的老女人。只凭借着说了这样一句糊涂的话竟然蒙混过了关，对这个老妇来说，她还是比较幸运的。听了老妇的供词后，人们又在一名专攻占星术的学生带领下，来到伯顿村搜寻老妇供认出的所有同伙。他们到了那里后，只问了几句这里的情况，就向其中一位最可疑的老妇家走去。这个可怜的老太婆知道这件事后，吓得把大门锁住，只敢从楼上的窗户中探出头来问他们要干什么。众人说她已经被指控犯有巫术罪，他们今天来这里的目的就是要把她扔到水里以辨真伪，而且她必须接受这种裁决。如果她是无辜的，那么这里所有的人都会为她作证。但是这位老太婆坚决不肯下来，他们就破门而入，强行把她带到一个贮满了水的碎石坑边上。然后，他们捆住了她的手指和脚趾，把她扔进水里，过了几分钟，又用捆在她腰间的绳子把她拉上来。就这样重复了几次之后，人们还是没办法判断这个老太婆到底是不是巫婆，最后，他们就让她走了。事实上，更确切地说，他们是把她扔在岸边，等到她醒过来后自己走了回去。第二天，他们又用同样的办法审问了另一个老妇，然后又审问了第三个。但是，比较庆幸的是，以上的几位受害者都没有在这些人的暴行中丧生。一个星期以后，倡导这次行动的许多首领都被逮捕了，并且被押到法庭上接受审判。其中有两个人被判处站在绞刑架上示众并入狱一个月，而剩下的20人因为捆绑和伤害平民被判处缴纳一定数额的罚款，并且警告他们不得在1年内再次扰乱治安。

直到1785年，阿诺特（Arnault）在他编写的《苏格兰罪案审判纪实》一书中讲到，教派有每年在讲坛上忏悔所犯罪恶的习俗，其中有教派会有在全国范围内的忏悔和个人忏悔。在全教派的忏悔内容里有这样被特别提出的一条，即"由议会撤销有关对女巫处罚的规定，因为它与上帝的法规相悖"。

现如今，人们还能在英格兰许多房子的门槛上看到钉着这样一个马蹄铁①。如果有哪位哲学家自作聪明地想要试着帮人们将它们去掉，那么等待他的不是对他的感谢，而是被打断骨头的命运。任何人都可以走进位于交叉街的海顿花园，然后从那里走入流血心大院。人们在那里可以听到一些经常被人谈起的、曾经发生在这里而又令人深信不疑的故事。人们听到这些故事，常常会惊愕地问自己这样的事居然会发生在19世纪。著名的克里斯托弗（Christopher）大人的妻子海顿（Haydn）女士因在伊丽莎白时期跳的舞蹈十分优雅而闻名，她也被指控犯有巫术罪。据说这桩案子也十分闻名，被认为是一桩铁案。在这里，我们还能看到当年的那个房间，就在这个房间里，魔鬼在与海顿女士签订的合约期满后，将她抓住，运到托菲特

---

① 据说这样的做法可以防止中女巫的巫术。——译者注

坑①。当年海顿女士被魔鬼甩出时所撞上的那个抽水机还依然存在着，魔鬼用铁爪挖出她的心脏被发现的地点现在被叫做流血心大院，我们还可以站在这里回忆这一切。所有这些痕迹都增加了这个故事的可信性。我们不清楚这幢闹鬼房子的大门上是不是还挂着辟邪的马蹄铁。但是，一个之前住在这幢房子的居民说，"大约在20年前，有几个老太婆一再要求保留那块马蹄铁。有一天，一个明显精神不正常的老太婆衣衫褴褛地来到门前，用力地敲了两下门，发出很大的声音，然后她像一个骄傲的步兵一样，顺着路直接走到马蹄铁前。令这位居民感到诧异的是，这个妇女只是向马蹄铁吐了几口，以此来表明她很悲伤，因为有这块马蹄铁在，她伤害不了任何人。吐过以后，她又朝它踢了几脚，然后，她冷冷地转身离开了房子，一句话也没说。也许这个可怜的人是在开玩笑，可是很有可能她是在幻想自己是一个女巫。她居住的那个地方叫索福隆山，我想她这种性格的形成，是缘于她周围的邻居每天都用恐惧和厌恶对待她。"

直到1830年，在黑斯廷斯四周的郊区，还不只一次出现了对巫术普遍信仰的事例。一个老妇住在本城的制绳所，她长得十分丑陋，让人一看就感到厌恶。那些认识她的愚昧的人都一致指控她是个巫婆。因为人们说她的腰几乎弯到了地上，尽管她年纪已经很大了，但她的眼睛里却闪露着逼人的凶光。她经常身披红袍，手拿拐杖。从外表看，她就是个不折不扣的典型女巫。大家都对自己的看法深信不疑，而且这个老妇实际上也在助长公众的迷信，因为她从不刻意使人们消除对她的坏印象，反而看起来还有这种想法：虽然她很老，生活也很艰苦，但是她却能让那么多生活得幸福、健康的同类们时刻对她满怀敬畏之心。因为那些胆小的女孩子们一见到她就会被吓得缩成一团，许多人为了避开她，宁愿多绕1英里路。她就像古代的巫婆一样，对于那些冒犯她的人，动不动就破口大骂。与她家相隔一家的邻居中有一个妇女，孩子是个残废，这个母亲经常说她的孩子一定是受到了老太婆巫术的迫害，而且所有邻居都相信她的这个说法，后来又有人说老太婆可以变成一只猫。因此，大人小孩们就开始成群地去捕捉那些无辜的猫，那些猫一旦被捉住，几乎就会被折磨死，因为人们认为这种动物会在他们面前突然站起来，变成那个老巫婆。

还有一个渔夫也住在同一个镇上，有人说他已经把灵魂和肉体出卖给了魔鬼，他因此常常遭到虐待。有人说他能从钥匙孔里爬到房内，还说他想获得更大的法力来控制邻居，于是他就把自己的女儿也变成了一个女巫。据说，他能坐在针尖上

---

① 《旧约》中记载以火焚人祭火神的地方。——译者注

却感觉不到疼痛。而其他的渔夫们知道他有这种本领后一有机会就用这种办法来试探他。他们往渔夫经常去的酒馆中的椅垫上摆上让人一坐下就会被刺到的长针。结果显示，他坐上摆满针的椅子时竟然连眉毛也不眨一下，这种结果让那些人更加相信他有超自然的力量了。以上这些就是几年前黑斯廷斯镇上人们思想状况的真实呈现，也许现在还是这样。

在英格兰北部，迷信思想曾经又一次兴盛起来并达到了令人惊讶的程度。事情是这样的：据说，在兰开郡出现了许多巫医。这些人就是一伙庸医，但是却装成能治好魔鬼造成的疾病的样子。关于这个情况，我们可以从1838年6月23日《赫特福德改革者报》上所报道的例子中清楚地看到这些骗子的所作所为。他们主要在林肯郡和诺丁汉郡各县范围内活动。根据《改革者报》上作者的叙述，有一个人患脓疮已经有两年了，感到十分痛苦，报上没有记载他的名字，只说之前已经有好几位医生给他看过了，但是一点儿也没有好转。他的几个朋友——既有本村的，也有外村的——说他肯定是中了邪，都建议他去找巫医。他听后点头答应了，就让妻子去找住在林肯郡新圣斯维新斯的一位巫医。这位巫医根本就是个不学无术的骗子，他告诉那人的妻子，她丈夫是受了魔鬼的骚扰才得了病，并信誓旦旦地说是她的邻居们在诅咒他，她丈夫才会这样。那个巫医告诉她说，那些人在整个过程中所用的符咒与所有像菲安（Fiam）博士和杰利·邓肯（Jerry Duncan）那样使国王詹姆士非常苦恼的符咒完全一样。他还说，在一个女巫的煽动下，她的邻居们在火前按她丈夫的模样制成一个十分逼真的蜂蜡塑像，然后他们一边用针刺那个蜡像全身，一边在口中倒背主祷词，向魔鬼祈求就像他们扎蜡像一样用刺扎到蜡像代表的人身上。然后，这位巫医开了一种可以消除这种恶毒咒语的药，这种药就是他写的一个符咒，让她把这符咒戴在她丈夫生病的主要部位上，而且他还要求病人每天都背诵第109和第119首赞美诗，否则治疗就无效。最后他收取了1个金币作为治疗费。由于病人对巫医能有效地治好任何疾病这件事深信不疑，他的病情在三周的疗程之后大为好转了。后来，他打开了那个骗子送给他的符咒，它就是一张写满了古怪文字并且还画有星象图的皮纸。

后来，他的病情渐渐好转了，而他隔壁的邻居们听说这件事后却感到很恐慌，因为他们害怕这位病人会恳求巫医采取措施来惩罚他们。为了避免这种情况的发生，邻居们又从诺丁汉郡找来另一位巫医，他告诉了他们一个能够抵御敌人任何类似恶意的符咒。在他的文章快结束时，作者说，"那位巫医在被咨询后不久就写信说，他已发现他的病人并不是被撒旦所影响，而是被上帝影响，他的病将不会完全康复，直到死去。"

就在1830年前后，在坦布里奇韦尔斯附近也有一个骗子干着这种类似的生意。他做这种事已经很多年了，而且用这种方法从病人手中赚取了大量的诊疗费。这个家伙谎称自己是一个排行第七的人所生的第七个儿子，正是因为这样，他身上具有某种神奇的力量，可以治愈各种疑难杂症，特别是那种由巫术造成的疾病。人们听说后，纷纷找他来看病，其中不仅有穷人，就连贵妇人也乘着马车来请他看病。经常会有人从六七十英里外的地方赶来请他去看病，而且对方不仅付给他往返的盘缠，还会送上丰厚的报酬。这个人大约有80岁，正是他的那副令人肃然起敬的外表使得他的骗术屡屡得逞。这个人名叫欧凯或欧克莱（Oakleigh）。

现在迷信的思想在法国比在英格兰更有市场。加利奈在著作里引用了发生在1805年和1818年间的20多件事例来写有关这个国家的魔术和巫术的历史。而且在这里，那些令人们感到羞耻的案子仅仅在1818年就至少有3个法庭在审理。下面我们只说其中的一个案子：53岁的朱丽安·得斯布尔德（Julianne，Boolean DE）是一位泥瓦匠，他就住在波尔多附近的蒂鲁兹村。在1818年1月，他突然患病。由于无法解释病因，他最后就开始怀疑是不是有人对自己施加了巫术。他把这种想法告诉了女婿布里迪尔，他们就一起去请教一名巫医——一个叫布都安的蠢货。这个人告诉他们得斯布尔德肯定是中了别人的巫术，并主动要求陪他们一起去一个名叫雷那德（Renauld）的老人家中，他说这个老人就是真正的罪犯。1月23日晚上，3个人溜进雷那德的家，并指控说是他在借助魔鬼的力量诅咒别人患病。得斯布尔德在老人面前双膝跪倒，真诚地恳求老人去解除魔鬼的咒语让他恢复健康，然后他就不再追究此事了。这位老人坚决不肯承认自己是一个巫师，他拒绝斯布尔德继续强求他解除咒语，他说他根本不知道什么咒语，也不会解除什么咒语。这个时候，那个叫布都安的骗子又出面说，要想减轻得斯布尔德的病痛，只有要求雷那德坦白自己的罪恶。为了强迫老人招认，他们就把带来的几根硫黄棒点燃，放在老人的鼻子下面，不一会儿，老人就因窒息而晕倒在地上。他们见状都很吃惊，认为自己杀了人，就把那老人抬起来扔到旁边的一个池塘中，让人们误以为老人是失足落水的，但是冰凉的池水使老人恢复了知觉，而且池塘也不深，他就睁开眼坐了起来。可这时得斯布尔德和他那女婿二人还待在岸边，他们看到老人醒过来后更加惊愕了，害怕他恢复过来会向法庭告发他们。他们就跑到池塘里，抓住那个可怜老人的头发，把他痛打了一顿，然后按住他直到把他淹死。

　　过了几天后，3个人以谋杀罪被逮捕归案。得斯布尔德和布里迪尔被判严重过失杀人罪，也只是在背上烙印以示惩罚，并被送到军舰上的厨房里做终身苦役，而那位叫布都安的巫医竟然被法院当成疯子释放了。

　　在加利奈先生写作这本书时（1818年），他还告诉我们，那时的法国到处可以见到一种以驱鬼捉巫为职业的人。他说，无论何时，只要在农村里有一位愚蠢的人认为有人对自己施加了咒语，当地的教区牧师就会积极地驱邪伏魔，正是他们的这种做法使得教民们更加沉溺在迷信思想之中不能自拔。为此，加利奈先生在书中还推荐了一种补救措施，就是把所有这些驱邪的大仙们押到军舰的厨房里做苦役。这样，女巫的数目就会立刻减少。

　　至今迷信思想还依然纠缠人类，我们仍然可以在法国和英国找到这样的事例。事实上，其他的欧洲国家也是这样的情况。有些错误的思想已经在人们心中深深地扎下了根，即使岁月变迁也无法把它消除。不屈不挠的圣贤先哲们可以砍倒覆盖在大地上的毒树，太阳也可以直射到那些曾安全地蜷曲在阴影里的丑恶东西，但是，交错缠绕的树根还依然留在地面下盘根错节，一旦有人挖掘，还能发现它的踪迹。要是再出现一个像詹姆士一世那样的君王，就会使它们再度发芽。令人更加恐怖的是，如果再有一个像英诺森八世①那样的教皇出现，那么这些正在腐烂的根又会再次抽枝长叶，变得郁郁葱葱。让人感到欣慰的是，那个曾经对迷信极度痴迷的社会已经一去不返了，从当初的极度疯狂减弱变成了现在的轻度愚昧。虽然在过去的岁月里，迷信思想拥有着几百万忠实的信徒，也使得数万人因它而受害，但现在崇拜迷信思想的人已经寥寥无几了。

古斯塔夫·勒庞点评

　　如果想知道理性在与感情对抗时有多么不堪一击，根本不用降低到这么原始的水平，你只需想一下这个事实：在几百年前，甚至连最简单的逻辑都没有的宗教迷信生命力有多顽强，在漫长的岁月里，就连最清醒的天才也不得不对它们俯首听命。即使到了现代，也无人敢大规模地挑战它们的真实性。中世纪和文艺复兴时代开明之士众多，但根本没人通过理性思考，认识到自己的迷信中非常幼稚的一面，或是对烧死巫师、魔鬼的罪行等表示质疑。

---

① 英诺森八世（1432—1492年），原名Giovanni Battista Cibo，意大利人，罗马天主教教皇。在位时间：1484—1492年。——译者注

慢性投毒者

白斯卡拉：同样的人从未看见。

斯台发诺：据我所知，

所有人都会听到，将要出现，

一个最荒诞的无稽之谈。

白斯卡拉：真的，我将告诉你，

他们已陷入这场疯狂之中。

——米兰（意大利语：Milano）公爵

在整个历史中，慢性投毒这种残忍的害人方法都会被人普遍采用。因为人们普遍认为，采用这种方法可以使被害人看起来就像自然衰竭一样慢慢地死去而不露痕迹。如果对此感到好奇，人们可以查询贝克曼（Beckman）的《发明史》中有关"秘密毒药"的部分。在这本书里他收集了从希腊①和罗马的作家那里得来的有关这种事的几个例子。早在16世纪初，慢性投毒这种行为的犯罪率就在逐渐升高了，到了17世纪，它就像瘟疫一样席卷了整个欧洲。这种犯罪通常是由所谓的女巫和男巫来施行的，并最后成为那些宣称拥有巫术和超自然技能的人必学的一种技艺。在亨利八世②统治时期的第21年，通过了一项法令将此种行为定为重罪。根据规定，凡是触犯该法令的罪犯都会被烹煮而死。

要说发生时间最早、行为最为凶残的就要属在1613年发生的那起投毒谋杀托马斯·奥威巴里爵士的案子了，这件案子使得詹姆斯一世王朝一度蒙羞。对于这件事的描述可以作为整个投毒狂历史最恰当的开场白了。50年后，这种犯罪也在法国和意大利盛行起来。

有一个叫做罗伯特·科尔（Robert Cole）的苏格兰年轻人，凭借着自己那当世

---

① 希腊（The Hellenic Republic），位于欧洲东南部巴尔干半岛南端。陆地上北面与保加利亚、马其顿以及阿尔巴尼亚接壤，东部则与土耳其接壤，濒临爱琴海，西南临爱奥尼亚海及地中海。希腊被誉为是西方文明的发源地，拥有悠久的历史，并对三大洲的历史发展有过重大影响。——译者注

② 亨利八世（Henry VIII，1491—1547年），是英国都铎王朝的第二位国王，亨利七世的次子。他自1509年4月22日开始在位，这时英国已经逐渐从一个欧洲偏远蛮荒的小国发展成为有影响的大国。——译者注

所罕见的英俊外表，刚一结识詹姆斯一世①就被授予了很高的荣誉。甚至是在詹姆斯一世的统治时期，人们就已经怀疑这位君主对一切卑鄙的罪过有着特殊的嗜好。而现在，我们越研究他的历史，这种怀疑就越加深重。无论事实究竟如何，我们发现英俊的科尔仅凭他在公共场合任由他的君主亲吻他那光洁面颊这件事而迅速地发迹了。在1613年他又被任命为苏格兰财政大臣，并被册封为罗切斯特子爵而跻身于英国贵族之列。然而，令人意想不到的是，还有更多的荣誉在等待着他。

在科尔仕途发达的过程中，有个朋友一直在暗中帮助他，这个人就是国王的秘书圣·托马斯·奥威巴里（St.Thomas Mr Wei Barry）爵士。他一直帮助国王制造了许多罪恶，并在暗中参与了国王许多危险的秘密活动。他正是利用了自己的势力来促使科尔在仕途上不断提升。毫无疑问，他从科尔那里也得到了相应的回报。奥威巴里从不会吝啬他的友情——如果说在他们两人之间确实存在过友谊的话——并把这种友谊的付出当作一种很好的享受，在罗切斯特与弗兰西丝·霍华德（FrancesHoward）夫人，即艾赛克斯伯爵②夫人通奸时为他们提供便利。霍华德夫人是个情欲旺盛、不知羞耻的女人。她为了摆脱丈夫而提起了离婚诉讼，理由是她这个朴实无华、感情纯真细腻的女人宁死也不愿意承认这样的婚姻。最终，她赢得了这桩可耻的诉讼案的胜利，而且判决一公布她就忙着筹备她与罗切斯特子爵的盛大婚礼了。

曾经托马斯·奥威巴里爵士心甘情愿地支持科尔与艾赛克斯伯爵夫人偷情幽会，但是现在看来他似乎已经猜想到与如此无耻的妇人成婚将会妨碍到科尔的仕途。因此，他极力劝诫科尔不要与这个女人结婚。但科尔对伯爵夫人却是一往情深，并产生了和她一样强烈的爱与激情。有一次，有人看到奥威巴里与科尔在白厅的游廊漫步，无意中听到了奥威巴里对科尔说，"唉，我的大人，如果你真的与那个下贱的女人结婚，那将会毁掉你的一切。依我看，你最好接受我的忠告不要做这种傻事，但如果你一意孤行的话，你也切记不要过于沉湎于她的美色之中。"科尔听了这些后愤然离去，并扬言说："你要为你今天所说过的话负责！"这句话应该就预示着奥威巴里的不幸即将到来。因为他暗示科尔将会在国王面前失宠，并且他在竭力抑制鲁莽、无情、放荡的科尔正在不断迸发的激情，而这些都严重地损伤了

---

① 詹姆斯一世（苏格兰）〔James Ⅰ of Scotland，1394—1437年〕，苏格兰斯图亚特王朝第一任真正意义上的君主、诗人，罗伯特三世之子，1406年至1437年在位。——译者注
② 伯爵：在欧洲大陆古代称"Count"，其土地为"County"，现代译"郡"或"县"；伯爵后来也用做英国贵族称号Earl的翻译。——译者注

科尔的自尊。

　　后来，奥威巴里的话传到了伯爵夫人耳朵里，她听后就发誓声称要报这个仇。不过，科尔夫妇十分善于伪装，他们的意图丝毫没有流露出来。而国王在科尔的恳请之下，将奥威巴里任命为驻俄大使，表面上这看起来是对奥威巴里的恩惠，实际上这只是他们恶毒阴谋的开始。这时，科尔又假装说为了奥威巴里的利益考虑，建议他拒绝接受这项任命，解释说这是国王要疏远他的计谋，并保证如果奥威巴里一旦因为拒绝接受这项任命而产生什么恶果，他将会竭尽全力帮助奥威巴里。结果，奥威巴里果然中了圈套，国王由于奥威巴里的拒绝而震怒，立即下令将他关进伦敦塔内。

　　奥威巴里的仇敌科尔在他一被监禁起来时，就开始了对他复仇的行动。首先，科尔利用职权解除了伦敦塔内原先代理狱长的职务，而让自己的手下吉为斯·艾维斯来填补这一空缺。还有另外一个不可缺少的人就是之前经营杂货后来又经营药品的零售商理查德·威斯顿（Richard Weston）。科尔把他安插在看守室里。科尔的阴谋计划也得到了他同谋们的鼎力支持，这样，他就实现了对奥威巴里的直接控制。

　　同时，阴险的罗切斯特子爵在给奥威巴里的信中用最友好的语言说，希望他能平静地对待不幸，并保证他将不会被监禁太久，因为他的朋友们正在设法平息国王的怒火。他装作对奥威巴里十分同情的样子，还不时地给他写信，并给他送去一些伦敦塔内根本没有的糕点等精美食物。事实上，这些食品都已经被下过毒了。有时候，吉为斯·艾维斯也会收到一些相似的礼物，他知道只要这些食品没有和信件同时送过来，就意味着是无毒的。当然，奥威巴里是无法吃到这些无毒食品的。后来，又有一位名叫特纳（Turner）的女人参与到这场阴谋中来。这个女人曾经不止一次地将自己的房子租给罗切斯特子爵与艾赛克斯夫人来幽会，现在他就要她来负责采办毒药，这些毒药是由兰姆伯思区的一个所谓未卜先知者佛曼（Ferman）医生和他的助手药剂师弗兰克林（Franklin）共同调制的。这两个人十分清楚在什么样的场合应该用什么样的毒药。他们把毒药混在糕点和其他食物之中，通过不断地投放小剂量的毒药来将奥威巴里的体力逐渐耗尽。特纳夫人会定期地把这些有毒食物通过看守转交给奥威巴里，在这些食物中不管是吃的还是喝的都被掺进了毒药。他们通常会将砒霜掺进食盐里，而将斑蝥①混入胡椒粉内。很明显地，奥威巴里的健康状况变得越来越差，他的身体在一天天衰弱下去，这时，他开始对甜食和糊状食品产生了一种病态的偏爱。在这种情况下，科尔一直"慰问"奥威巴里，并坚持给

---

①　一种昆虫，古时曾用做催情药物，含有剧毒。——译者注

奥威巴里送来一些精美的糕点、鲜嫩的猪肉，有时还有松鸡等野味，他希望他的关心能够满足奥威巴里的需要。特纳夫人在这些野味的调料汁中掺入了斑蝥，同时又在猪肉里浸入了硝酸银。等到奥威巴里要被审判的时候，他所吞食的各种毒药加起来足以毒死20个人。但是，他的体质却依然很好，生命还在维持着。后来，药剂师弗兰克林在供词中说，他为佛曼医生配制了7种不同的毒药，里面都有：硝酸、砒霜、汞、衲脊蛇毒粉（产于北美）、硝酸银、巨蜘蛛毒以及斑蝥。但是，看到奥威巴里依然健在，科尔已经失去了耐心。他在给艾赛克斯夫人的信中说，他不能理解为什么他们都这样做了却还是不能迅速地了结这件事。于是艾赛克斯夫人命令看守立即结束奥威巴里的性命。表面上看，虽然奥威巴里并没有想到自己会被毒杀，但其实他已经对科尔的背信弃义产生了怀疑，不过，对于结果，他也只是猜想自己可能会被终身囚禁，或者让国王更加怨恨他而已。于是，他在给科尔的一封信中威胁说，如果科尔不能让他尽快恢复自由，那么他的恶行将会被公之于众。他写道："在不久的将来，你和我都将面临死亡的审判，别欺人太甚，否则我会讲出让你和我都后悔的事情来。不管我是生还是死，你都将遗臭万年，而你所做过的令人羞耻的事会让人们知道你是一个最最可憎的卑鄙小人！我非常惊奇你会忽视一个与你共有许多秘密的人。"共同的秘密，不就是共同的危险吗？

奥威巴里为了迫使科尔来救助自己，就利用他所知道的秘密向粗鲁的罗切斯特勋爵进行警告和暗示。但是，他没想到罗切斯特子爵却认为：与其救他倒不如牺牲他。之所以他会产生这样的想法是因为他信奉一条杀人犯所遵循的逻辑，那就是"死人是不会告密的"。科尔在收到奥威巴里的这些信后，他就向他的情妇抱怨说这件事拖延得太久了。为了加快完成这项计划，威斯顿受命去促成这件事。其实，这时候的奥威巴里也正在死亡的边缘上挣扎着。在1613年10月，奥威巴里在被迫吞下一剂腐蚀性的升汞后，立即丧命，也结束了6个月来被他们玩弄于股掌之间所忍受的痛苦。在死去的当天，却没有人为他举行葬礼，只是被人用床单草草地裹上埋在了伦敦塔附近的一处深坑里。

在《詹姆斯一世的性格特征及其宫廷生活》一书中，安东尼·韦尔登（Anthony Weldon）爵士对这件惨案的最后情景作了不同的描述。他写道："弗兰克林和威斯顿走进奥威巴里的牢房时发现，他正在被极端的痛苦折磨着。他们知道，这时在他的体内，他的自然机能正在与毒药的药力进行较量，而且身体的本能似乎已经占了上风。他们担心医生们会发现他身上出脓的疖子、小脓疱、水泡从而有所怀疑，于是他们决定用床单把奥威巴里捂死，就这样将奥威巴里悲惨的生命结束了。但是他们俩却向同谋们保证说奥威巴里是被毒死的。对这两个杀人犯所供认的内容也没有人会有其他的想法。"

当人们知道奥威巴里突然死亡，而他的葬礼也被匆匆结束，以及验尸报告迟迟没有做出这些事情后，都加深了对这件事的猜疑。后来，人们不再只是偷偷地议论这件事，而是开始大声谈论。死者的亲属也公开表明说，奥威巴里是被人谋害致死的。但是，由于科尔依然权倾朝野，所以也没人敢公开声明怀疑他。很快，他就和艾赛克斯伯爵夫人举行了规模宏大的婚礼，国王也亲自出席了他们的结婚典礼。

看来，比起罗切斯特子爵，奥威巴里更加了解詹姆斯国王的性格。他曾经预言，罗切斯特子爵一旦和那个女人结婚就意味着将在国王面前失宠，只凭这句话，他就可以算是个真正的预言家。在他作出这个预言的时候，罗切斯特子爵正蒙国王的恩宠，极为得势。但是好景不长，不久，他果然被奥威巴里言中了。有关他的谣言一直没有停止，而他本人也一直怀有一种犯罪感，最终成了可悲的人。他脸上失去了往日的光彩，面色黯淡，喜怒无常，粗心大意，而且意志消沉。因而，国王不再欣赏他了，又开始寻找新的意中人。白金汉公爵乔治·维勒尔斯（George Villers）是个机智聪慧的人，英俊潇洒而且胆大妄为，这些正合国王的心意。尤其是后两点，使得国王更加喜欢他。就在罗切斯特子爵无所作为的时候，白金汉公爵正值得宠之时。人一失势朋友也就没了，有关罗切斯特子爵的流言蜚语比以往更有声势，也更加厉害了。新受宠的人一般也会想尽办法来加速失宠者的失势。由于白金汉公爵急着想让罗切斯特子爵在国王面前彻底失宠，就开始鼓动奥威巴里的亲属们去为他们亲人的离奇死亡提出质疑。

詹姆斯国王在未涉及自身犯罪的处罚上是极其严厉的。除此之外，他还吹嘘说自己有解决这种疑案的神奇本领，而托马斯·奥威巴里爵士一案则让他有了英雄用武之地。首先，他下令逮捕了吉为斯·艾维斯。他在做这件事时，似乎并没有发觉罗切斯特子爵和这件事有着极大的牵连。由于他十分嫌恶慢性投毒这种残忍的害人方式，他召集了所有的法官来商讨这件事。据安东尼·韦尔登爵士所说，詹姆斯坐在他们中间说："尊敬的法官们，最近我听说你们正在调查一起投毒案。天啊！如果我们的餐桌变成了如此的陷阱，那么人人都将觉得生命不保，意大利人的风俗就会在我们中间蔓延。如果真是这样的话，那么我们国家（这个世界上唯一的以殷勤好客而闻名的民族）将会处于一种怎样悲惨的境地啊！因此，大法官们，我命令你们，在那个伟大而又可怕的审判之日，你们的调查一定要公正严格，不应因自己的喜好、感情和偏爱而有所偏倚。如果你们宽恕了任何一个投毒犯，你和你的子孙后代将会受到上帝的惩罚！如果我也这样做了，我与我的子孙后代同样也将受到上帝的惩罚！"

这个诅咒后来果然应验了，确切地说是应验在了倒霉的斯图尔特王朝头上。詹姆斯国王真的违背了他的誓约，他与他的后代们也真的因此受到了上帝的惩罚。

在吉为斯·艾维斯之后被逮捕的是看守人威斯顿，然后是弗兰克林和特纳夫人，最后是萨默赛特伯爵和夫人。罗切斯特子爵在奥威巴里死后正是凭借这些身份显要、身处高位的后援而不断得到高升的。

到了审判那天，威斯顿最先被带进法庭。公众都对此案怀有极大的好奇心，他们不再讨论其他的话题。法庭里人头攒动，十分拥挤，里面的空气简直令人窒息。根据《英国审判》的报道，首席大法官科克向陪审团揭露了这些试图暗中破坏人体自身良好的保护和防御机能的卑鄙怯懦的投毒犯。在英国，如此可恶的投毒事件真是闻所未闻，令人发指。但是，可恶的魔鬼已经教会了一些人精通这种方法，因此他们能够灵活地掌握投毒的时间和空间，如其所愿，可以在一个月、两个月、三个月或者四个月内将人的体能耗尽。通常他们会采用与其结交、投其所好、美酒佳肴、暗加毒药这4步来施行。

当起诉书宣读完毕后，人们只听到威斯顿一直在不停地重复着一句话"上帝可怜我，上帝可怜可怜我！"等他被问到将接受怎样的审判时，他就宣称拒绝依靠陪审团，而是来接受神的审判。他有一段时间一直坚持这种说法，但是由于害怕因蓄意藐视法庭而受到严厉惩罚，他最终在恳请宣布自己"无罪"之后按照法律程序接受审判。

最终，所有对威斯顿不利的情况都被证实，他因此被判有罪并在伦敦死刑场内被处决。而特纳夫人、弗兰克林、吉为斯·艾维斯这些人也被判有罪，并在1615年10月19日至12月24日这段时间内被处决。但是，直到第二年（即1616年）5月才开始对萨默赛特伯爵及其夫人进行庄严的审判。

在审判吉为斯·艾维斯的时候，人们根据所透露的情况发现，原来北安普敦伯爵家族的部分成员，如萨默赛特夫人的叔叔以及本案的重要涉案者托马斯·蒙桑（Thomas Monsain）都掌握着投毒犯罪方面的知识。由于萨默赛特夫人的叔叔已经死了，于是就逮捕了托马斯·蒙桑并对他进行了审讯。然而，由于他所知道的詹姆斯一世的丑事太多了，审判者害怕他在临刑前陈述时会泄露一些损害国王名誉的事情，这样一来将他送上断头台就十分具有危险性，因而只好作罢。人们为了隐匿原有的罪恶只好再犯下新的罪恶。那么这样做的结果就是：对托马斯·蒙桑的审讯被突然中止，他又重新获得了自由。

这样一来，詹姆斯就违背了他的誓约，现在，他对自己当初太过轻率地发誓要对投毒犯绳之以法感到恐惧。毫无疑问，萨默赛特伯爵将会被宣布有罪，而且国王也明白萨默赛特伯爵正盼望着自己会下令特赦他和免除他的惩罚。萨默赛特伯爵还被关在伦敦塔里时就很自信地断言国王不敢审判他。然而他失算了，国王这时正处在苦恼之中，虽然他们两人之间的秘密永远不会被外人知道，但是人们肯定会对这件事产生猜疑。有的人在猜想这些秘密应该是关系到国王那些见不得人的嗜好，还有另一些人却声明这个秘密肯定和亨利王子的死有关。亨利王子是个很有德行的年轻人，他在世的时候十分厌萨默赛特伯爵这个人。但是他的父亲（詹姆斯一世）对于他的英年早逝却没有感到一点惋惜和悲痛。那时候人们私下里都认为他是被萨默赛特伯爵毒死的。也许有一些犯罪或其他什么事情正在国王的头脑中纠缠着，使得萨默赛特伯爵——国王的帮凶不能被公开处决。因此，当国王发现他所宠信的这个人和谋杀奥威巴里的杀人犯有着如此紧密的关联时，他就陷入了可怕的痛苦折磨之中。正处在苦恼中的国王采取各种办法来让萨默赛特伯爵保持冷静，还派人暗中去建议萨默赛特伯爵承认有罪，并要他相信国王会对他宽厚仁慈。同样地，伯爵夫人也得到了这种建议。国王指示贝肯拟定了一份所有有关"仁慈与偏爱"观点的文件给萨默赛特伯爵——这是有可能成为证据的，并且再次劝告萨默赛特伯爵承认有罪，并保证他这样做不会有事。

伯爵夫人首先走上被告席。当宣读起诉书的时候，她听得浑身发抖，脸上布满泪水，用微弱的声音表示服罪。当她被问到为什么认为自己的死刑判决不会通过时，她就温顺地回答说："这样做我可能会被深深惹恼，但是却不能减轻我的罪过。我渴望仁慈，并且希望上议院的全体议员替我向国王说情。"结果出乎她的预料，她的死刑判决被通过了。

第二天是审判伯爵的日子。他似乎根本就不相信詹姆斯国王对他的承诺，所以他表示不服罪。也许是仗着对国王性格的了解，他表现得很自信，十分镇定，而且很严厉地反诘证人，并顽固地为自己进行辩护。尽管是这样，经过了11个小时的审判后，法庭认定他有罪，并以重罪判处他死刑。

暂且撇开国王和这个罪犯之间所谓的秘密不谈，虽然国王也曾发过重誓，但他还是不敢在死刑判决书上签字，因为他认为这个判决书也许本该就是他自己的。因此，伯爵与夫人在伦敦塔内被关了将近5年。最后他们夫妇俩都收到了皇家特赦令，只是限定他们俩不得出现在皇宫附近，这样的结果出乎公众的意料，引起了公愤，这也使得国王蒙羞。伯爵在被判重罪的同时，也被剥夺了财产权，但是詹姆斯国王却批准他们免去每年4000英镑的所得税，这样做简直是无耻至极！

对于这些罪犯以后的生活情况，我们也不太清楚。但是，我们了解到的唯一一点情况就是：最初在他们之间燃烧的爱情火焰已经被相互嫌恶所代替，最后甚至到了生活在同一屋檐下也好几天不说一句话的程度。

虽然这些罪犯残暴的行径被揭露了，但即使是这样也没能阻止投毒行为的蔓延发展。相反，就像我们现在所看到的，它形成了人类性格中奇怪的特色——愚蠢的模仿。据猜测，詹姆斯国王本人很有可能就是这种模仿行为的牺牲品。对于这件事，哈里斯（Harris）在他所著的《詹姆斯一世生平与写作》一书的注解里做了大量的说明。尽管还不能完全确定白金汉公爵的犯罪事实，但是根据很多情况的猜测就足以使和这件事相关的数百人被送上绞刑架。据说他的犯罪动机有3点，其一是出于报复欲望，因为国王在位的最后几年里，对白金汉公爵非常冷漠，实际上这时候国王已经开始注意他了；其二是出于恐惧心理，他担心国王会降低他的职位；其三是出于一种希望，那就是等到詹姆斯国王死后，他可以影响新国王并使他开始新的统治生涯。

在《哈里安杂记》的第二卷中有一篇题为《复仇的先驱》的短论，作者是医学博士乔治·艾格雷莎姆，他同时是詹姆斯国王的一名御医。哈里斯在引述这篇短论时说整篇文章都充满了怨恨之情和偏见，显然，他这样说是夸大其词的。不过，这篇文章却形成了一连串证据中的一环。艾格雷莎姆写道"国王染上了疟疾①，公爵开始利用这一有利时机。当国王的所有御医午餐之时，公爵给了国王一点白色粉状物让其服下，长期以来国王一直拒服此药，但是经不住公爵的软磨硬泡，国王还是饮酒服下了此药。他的健康状况立即变糟，晕厥数次，疼痛难忍，并伴随着剧烈的腹泻。在受了如此折磨之后，国王陛下大声抱怨这种白色药粉，并喊道：'即使去见上帝我也不会再吃这种药了！'后来公爵告诉我们白金汉伯爵夫人（公爵的母亲）在国王的胸部涂上了膏药，国王之后就变得虚弱不堪，呼吸短促，处于痛苦挣扎之中。医生们声称国王中了毒，白金汉公爵随即命令医生们退出国王寝室，然后

---

① 疟疾（malaria），感染疟原虫引起的，以往来寒热、休作有时、反复发作、日久胁下有肿块为主要表现的疾病。——译者注

将其中一名医生作为嫌疑犯提交给议会,将另外一名驱逐出宫廷。国王死后,人们发现国王的身体和头颅比平常肿胀了许多,他的头发连同头皮都粘在了枕头上,而且手指甲与脚趾甲都开始松散脱落。"

克拉伦敦(Clarendon)是白金汉公爵的党羽之一,他却对詹姆斯国王的死有着完全不同的描述。他说:"在58岁的年龄,肥胖笨拙的身体内有着许多古怪念头的国王(经过痛风这样短暂的小病后)在第四或第五次疟疾发作引起的痉挛中死去。国王死后,各种毫无根据的毁谤、中伤之语四起。不久后,在一段放纵而混乱的时期里,没有人害怕会冒犯国王陛下,而且当对皇室的责难与谩骂值得称赞之时,似乎看起来最严格、最有恶意的检查也可以实施。"虽然这些声明听起来是那么言之凿凿,可人们还是很难相信到处散布的谣言完全是杜撰的。而对这件事的审查也并不像他说的那样严格,事实上,白金汉公爵那些握有实权的心腹都在通过做一些违宪的行为来干预这件事。对此,我们发现下面这些事:布里斯托尔伯爵在起草对白金汉公爵的起诉书时,只把詹姆斯国王的中毒一事列在末尾;而在历史书中有关这件事的章节通常都是一笔带过,甚至有一段时间还被取消了。

据说有一个名叫兰姆的医生,是一个能变戏法的庸医,而白金汉公爵就是从他那儿找来的毒药。他除了经营毒药以外,还假装成一个算命的。人们把对白金汉公爵产生的愤怒情绪全都转移到了他的身上,导致他都不敢公开在伦敦街道上露面。但是,他的命运同样是不幸的。有一天,他正走在切普赛德街上,自以为伪装得很好,结果一些街头流浪儿却将他认出,开始对他怪叫起哄,朝他身上扔石头,并大声喊叫着:"投毒犯!投毒犯!打倒这个男巫!打倒他!"很快就聚来了一大群人。兰姆设法溜出人群,为了保全性命,撒腿就跑,可人群仍然紧追不舍,终于在伍德街把他抓住了。人们从那儿开始抓住他的头发沿街示众直到圣·保罗十字路口。与此同时,人们还用棍棒和石块不断地打他,一边打一边高声喊:"杀死男巫!杀死投毒犯!"

当听说了这场骚乱后,查理一世立即快马加鞭地从白厅赶到出事地点去平息骚乱。但是,他来得太晚了,等他到了这里,兰姆医生已经死去多时了,身上的骨头都被打碎了。对此,查理一世感到非常愤怒,还因为没能交出肇事的头目而罚全体市民600英镑的罚金。

与英国不同,在意大利投毒却是件非常普通的事情。在那里,从很久以前开始,投毒就被看作是除去仇敌十分正当的手段。在16世纪和17世纪,意大利人认为毒死对手就像现在的英国人对伤害自己的人提起诉讼一样正常，几乎不会受良心谴责。我们也可以从当时的一些作品中发现，当拉·斯帕拉和拉·托普安尼亚进行罪恶的交易时，夫人小姐们就明目张胆地将毒药瓶摆在梳妆台上。人们看待对别人进行微量投毒这种行为就像是现代妇女给自己身上喷洒古龙香水或熏衣草香水一样自然和正常。社会风气的影响力是这样巨大，以至于杀人犯在人们眼里也被认为只不过犯了点小错罢了。

在1648年，盖兹公爵曾做了一次堂吉诃德式的尝试，妄图袭击那不勒斯市政府。在他的回忆录中，我们发现一些令人费解的详情与公众对待投毒的态度有关。一个名叫詹尼热·安尼斯的人曾经在马赛尼鲁度过一段短暂而离奇的渔民生活，而且他还是民间自治组织的首领。为此，盖兹公爵十分憎恶他，公爵的亲信们决定杀死安尼斯。公爵本人冷静地告诉我们，他派卫队长去执行这项任务。有人向他建议最好用匕首，但是卫队长听了之后却双眼朝天显得对这个建议很是不屑。他还说，用匕首杀死对方是不光彩的，而且有失卫队军官的体面！最后，他决定采用投毒方式，并做好了准备，一接到命令就毒死詹尼热·安尼斯。国王最信赖的事务律师奥古斯汀·莫拉给公爵带来了一瓶液体，以下是公爵本人的陈述：

> 晚上，奥古斯汀来见我，并告诉我"我给你带来一些东西，它能使你摆脱詹尼热带来的烦恼"。既然他罪该万死，那么他以何种方式得到惩处就无关紧要了。请您瞧一瞧这个小玻璃瓶，它里面装满了清澈美丽的液体。不出4天，这种液体就会惩罚詹尼热的不忠行为。卫队长已经对詹尼热下毒了，因为它无色无味，詹尼热对此不会产生任何怀疑。

在这之后，公爵更进一步命令我们一定要适时适量下药，但是詹尼热却很侥幸，那天晚上他除了一点油煎卷心菜之外没有吃任何别的东西，而恰好卷心菜就是解毒药，它使詹尼热把所有的东西都吐了出来，这救了他的命。在这之后的5天里，他一直卧病在床，但是他怎么也没想到自己差点会被毒死。

随着时间的推移，经营毒药已经变成一种利润丰厚的行当了。又过了11年，这种交易在罗马忽然兴盛起来，使得政府不得不一改沉默态度开始对它进行干涉。对此，贝克曼[①]的《发明史》及伯莱特（Perrelet）的《联邦教堂历史杂志》[②]这两

---

① 贝克曼（Johann Beckmann，1739—1811年），德国人，著有《发明史》一书（这是一本介绍工具和机械发展史的著作）。——译者注
② 《联邦教堂历史杂志》：是一种关于基督教教会历史介绍的杂志。——译者注

本书都对此进行了揭露。在1659年，有人禀告罗马教皇亚历山大七世说，有许多年轻妇女在对神忏悔时承认曾用慢性毒药杀过自己的丈夫。通常情况下，严格保守忏悔者的忏悔内容是天主教牧师的一项神圣的职责，但是当他们面对如此惊人猖獗的犯罪时还是会感到震惊和恐慌。他们在尽量避免泄露忏悔者姓名的情况下，还是负责任地将这些正在实施的犯罪暴行告知教堂主事。而在当时的罗马，年轻寡妇的队伍正日益庞大这一事实是人们经常谈论的话题。而且也有人说，只要夫妻生活不幸福，那个丈夫不久后就会患病或者死亡。罗马教皇当局刚一开始调查就了解到，一个由年轻妻子们组成的社团每晚都在一个老年妇女家里举行出于不可告人目的的聚会，这个相貌凶恶的老妇人是个颇有名气的巫婆和未卜先知者，并成了这批泼妇的头领。后来查明，在这些人中还有几人竟然是罗马王室成员。

政府为了获取关于这些妇女秘密聚会内容的绝对证据，就派了一名妇女打入她们之中。她把自己打扮成一个十分时髦而且富有的贵妇人。当对这些人说明了自己的情况后，她几乎不费吹灰之力就被批准成为这个组织的成员。她假装很苦恼地告诉这些人，说她丈夫对她不忠而且还虐待她。她知道拉·斯帕拉那里有一种罗马妇女们极力称颂的能让那些残忍冷酷的丈夫们"长眠不醒"的灵丹妙药，并央求给她一点。拉·斯帕拉果然中计，她出了一个买主的财力所能承受的价格卖给了她一点所谓的"灵丹妙药"。

这种溶剂刚一得到，就被送去进行化验分析，结果和盖兹公爵所说的一样，这是一种透明而且无色无味的慢性毒药。警察刚一掌握这些证据，就将那所房子包围了，随即拉·斯帕拉和她的同伙就被逮捕了。当局对拉·斯帕拉这个被说成是丑陋的老妇人进行了拷问，但是她却相当顽固，坚决不承认自己的罪行。然而另一个名叫格拉特奥萨的女人却没她那么强硬，很快就坚持不住，把这个穷凶极恶的妇女组织的秘密全部交代了。虽然她是在受不了酷刑的折磨下被迫招供的，但是我们仍有足够的证据向后代证明她们的犯罪事实是毫无疑问的。她们被判有罪并根据犯罪情节和轻重程度分别被处以相应的刑罚。拉·斯帕拉、格拉特奥萨和另外3个毒死丈夫的妇女在罗马一起被绞死。有30多名妇女被沿街鞭打示众，还有几个身份高贵的妇女，虽然免受了这种屈辱的惩罚，却被罚以重金并流放国外。在之后的几个月里，至少有9名妇女因投毒而被绞死。还有一群包括许多年轻貌美的姑娘在内的妇女，半裸着身躯沿罗马的街道被鞭打示众。

尽管当局对这种行为的惩罚很严厉，却仍然没能阻止住这种犯罪的继续实施。

那些忌妒心重的妇女和贪得无厌的男人为了快些得到她们的父亲、叔伯或者兄弟的遗产而纷纷对这些亲人们使用毒药。由于这种毒药具有透明、无色无味的特点，因而使用它一般不会引起人们的怀疑。善于制造这种毒药的摊贩又将它按不同浓度进行配制，只要买主说出他们想要药力在一个星期、一个月或者六个月内发作，这些摊贩就能卖给他们相应的毒药。而这些摊贩主要是妇女，其中最有名的就是一个名叫托普安尼亚（Top Ann Virginia）的女巫。她通过这种方式间接地杀死了600多人。她从少女时代起就开始经销毒药，从巴勒莫①一直到那不勒斯。一个有趣的游客被人称做莱伯特（Leibert）神父，我们可以从他在意大利时写的信里了解到有关托普安尼亚的详情。在1719年，他还在维其阿市②时，那不勒斯总督发现在他的辖区内毒药买卖十分猖獗。这种毒药被人们称做阿奎他或微化水。总督在经过进一步的调查后查明，正是托普安尼亚（她当时已近70高龄，在拉·斯帕拉被处决后不久就开始了她罪恶的交易）把一种用小玻璃瓶装的署名"圣·尼古拉斯·巴里甘露"的毒药大量销往意大利的各处。

圣·尼古拉斯·巴里（Saint Nicholas Barry）的坟墓在整个意大利都很有名。据说，这个坟墓上常常会冒出一种神奇的油，这种油可以治愈几乎所有身体上患有的遗传病，患者大可放心使用。为了逃避海关官员的检查，拉·托普安尼亚很巧妙地给她的毒药起了这个名字。因为这些官员和其他普通公民一样，对圣·尼古拉斯·巴里和那奇特的油都怀着一种极其虔诚的敬重之情。

其实，这种毒药和拉·斯帕拉所制造的毒药很像。顺势疗法学说之父海曼医生③写过关于这种毒药的文章。他说，这种毒药是由富含砷的中性药和盐一起配制而成的，服用它的反应是食用者会逐渐失去胃口，变得苍白、虚弱、乏力，并在胃部开始出现咬啮般的痛苦以及肺痨等症状。盖格利亚德神父说："如果几滴这种毒药被滴进茶、巧克力或者汤里，药效是很慢的，几乎感觉不到。"凯瑞里（Charily）是奥地利皇帝的内科医生，他在给霍夫曼写的信中介绍说，这是一种晶粒状的砒霜，把它和一种名叫辛巴拉里阿的香草一起放在煮沸的热水里（有一种难以解释的效果），差不多能完全溶解。它被那不勒斯人称做阿奎他·托夫尼那；在

---

① 　巴勒莫（Palermo），意大利西西里首府，位于西西里岛西北部。——译者注

② 　维其阿市：意大利的城市。——译者注

③ 　海曼医生：又译哈尼曼，德国医生，顺势疗法创始人。在1789年，海曼首先将顺势医学理论从古代刊物中发掘出来，在临床上进行了长期探索与应用实践，正式确立该学术理论——顺势医学。后被世人称为顺势疗法学说之父。——译者注

整个欧洲，它因为阿奎他·托普安尼亚的名字而臭名远扬。

尽管这个女人在很广泛的范围内都经营这种有名的买卖，但是要想见到她本人却很不容易。当然她也因此一直生活在担惊受怕之中，为了不被发现，她常常会更换自己的姓名和住所，而且假装成一个特别虔诚的教徒，在修道院中一住就是几个月。当她感到自己要被发现的时候，就会寻求基督教会的保护。没过多久，有人就告诉她那不勒斯总督正在派人搜寻她，于是和以往一样，她又躲进了一家修道院。由于当局对她的搜捕行动并不十分严密，再加上她的应变措施也很有效，所以这几年里她都能够十分巧妙地逃脱。更加特别的是，她像在展示自己作品的结果一样继续进行交易并且和往常一样大量而广泛。莱伯特告诉我们，她很同情那些十分憎恨自己丈夫并想除掉他们的可怜妻子们。如果她们买不起神奇的阿奎他，她就会把药免费赠送给她们。

然而，当局是不会允许她一直这样干下去的。终于，他们在一个女修道院发现了她，并截断了她的退路。总督曾经几次向修道院院长提议，要求把她交出来，但是没有成功。因为那个女修道院院长得到了这一主教管区大主教的支持，所以坚持拒绝把她交出来。结果，这个意外的重要情况被传开，这激发了公众对罪犯强烈的好奇心，为了一睹她的尊容，竟然有成千上万的人开始涌向那座修道院。

看来，这件事的拖延使得总督的忍耐已经达到了极限。这位总督不仅是一个有理智的人而且是一名并不热心的天主教徒，在这种情况下，他坚决认为即使是教会也不能包庇一个如此凶残的罪犯。总督无视教会的特权，最终派了一队士兵破墙而入将她抓走。这一举动深深地激怒了培格奈特利红衣大主教，他威胁说将剥夺教友特权并将停止全市的宗教活动。这一声明将所有普通教士都鼓动起来并开始行动，他们发动那些信奉迷信的虔诚信徒，准备集体冲进总督府去营救托普安尼亚。

形势十分严峻，但是总督并没有被恐吓吓倒。实际上，他面对这一切的做法更能表现出他已经集机敏、冷静与精力于一身。为了避免剥夺教友特权的这条威胁在公众之中可能引发的可怕后果，他在主教府四周安置了一队士兵，这样做是为了判断主教是不是真的愚蠢到去实施那条，会使包括主教本人在内的全城人陷入饥荒的诅咒。因为，如果被逐出教门这条戒令一直有效，那么商人们就不敢把食品带进城里进行交易，这样一来，会给他和他的信徒们带来很大的不便。正如总督所预料的那样，仁慈的红衣大主教并没有去实施这一威胁。

然而，政府还要面临这些闹事的百姓们。为了平息动乱，防止濒临的暴动发生，政府巧妙地派出一些人混入人群之中，到处散布消息说托普安尼亚已经在全市所有的水井和泉水中投放了毒药。这样做就足够了，民众立即对她产生了反感，那些刚刚还把她看成圣人的人们现在却骂她是个恶魔，而人们现在希望她将受到制裁的热切心情就像之前一直希望她会逃脱一样急切。这之后，当局对托普安尼亚进行了审讯，她不仅在审问中供出了一长串受害者的名单，还供出了那些曾经雇请过她的人。不久之后她就被绞死了，而她的尸体也被从墙外扔进了那个女修道院院内，因为她正是从这里被抓走的。当局允许教士们为这个曾在他们辖地内请求避难的人举行葬礼，这样一来至少可以赢得这些教士的好感从而安抚他们。

在托普安尼亚死后，投毒狂似乎是减少了，但是在较早时期的法国，我们依然可以看到投毒行为发生的线索。在1670—1680年这段时间里，法国的投毒行为是如此根深蒂固，以至于德·赛维根（De Savagen）夫人[①]曾在她的一封信里表达了她对这种情况的忧虑之情，她担心有一天法国人将会成为投毒犯的同义词。

同意大利一样，关于这种盛行的犯罪，最初的情况政府是从传教士那里得到的。教士们说一些上层、中层甚至下层的妇女们在忏悔时对他们承认她们曾毒杀过自己的丈夫。这些情况被曝光后，艾克赛力和格拉斯这两个意大利人由于被指控为那些谋杀犯制造和贩卖毒药而被逮捕并被投进了巴士底监狱[②]。后来，格拉斯死于狱中，而艾克赛力则在狱中待了7个月，一直没有受到审判。不久以后，他就在巴士底监狱又结识了另一位名叫森特·克罗克斯的犯人，尽管有他们的反面例子，但是这种犯罪在法国人中间却被更广泛地传播开了。

从森特·克罗克斯那儿学到的这种方法中，最为有名的罪犯是德·布瑞威利尔夫人，她的出身和婚姻都使得她与法国最高贵显赫的家族联系在一起。从很小时候起，她看起来就很冷酷和堕落。如果她的供词可信的话，（我们可以了解到）她在十几岁进入少年时代以前就已经坠入了邪恶之中。然而她却端庄贤淑，才华出众。而且在世人的眼中，她还是个温柔善良和值得效仿的典范。古约特·德·佩特维在《轰动一时的讼案》一书中介绍说，连德·赛维根夫人都在信里声称她温柔典雅，待人亲和，而且在她的面目中根本看不出她邪恶灵魂的一点痕迹。在1615年，她嫁

---

① 德·赛维根夫人（De Savagen），德赛维涅侯爵夫人，1644年与德赛维涅侯爵结婚，婚后生活十分痛苦，因此，她专给女儿写信，一共写了1000多封信，这些信不但反映了路易十四时期的政治内幕，而且文情并茂，即虔诚又风趣。——译者注

② 巴士底监狱（Bastille），是一座曾经位于法国巴黎市中心的坚固监狱，它建造于12世纪，高30米，围墙很厚，共有8个塔楼，上面放有大炮，监狱内设一军火库。后来到了18世纪，监狱专门关押政治犯，被当时的民众视为法国王权专制独裁的象征之一。——译者注

给了德·布瑞威利尔（De bree osbourne willy's）侯爵，和他一起过了多年并不幸福的生活。而且侯爵是个荒淫放荡的人，也正是他把森特·克罗克斯这个人介绍给了自己的妻子。这个人摧残了她的生活并将她拖向一次又一次的犯罪，直到她的罪孽深重到连她都为自己充满了罪恶的灵魂感到毛骨悚然。为了博取森特的兴致，她产生了犯罪激情，而为了满足他，她立刻陷入了罪恶的深渊。在她得到报应之前，她那可怕的罪恶达到了极端。

然而，她在世人面前仍然表现出一副正派的形象，而且她发现和她那个一直毫不掩饰自己恶行的丈夫实现合法分居并不困难。不过她的做法却触怒了她的家族。之后，她将面纱完全撕开了，开始公开与情人森特·克罗克斯的私情。她的父亲德·奥布瑞（De osbourne）侯爵对她的行为感到十分愤怒，便弄到了一张秘密逮捕令把森特抓进巴士底监狱关了12个月。

森特·克罗克斯以前居住在意大利，是个毒药业余爱好者。他知道了一些拉·斯帕拉的秘密，而在艾克赛力的指导下，这些秘密使他提高得很快。就这样他与艾克赛力很快建立起了一种友谊关系，后者不仅教给他如何配制那种在意大利盛行的液体毒药，而且还有后来在法国非常流行的粉末状系列毒药。森特像他的情妇一样，在公众面前表现得温和、诙谐、聪明，而且那两个正在腐蚀着他内心的强烈欲望——报复和贪婪，一点也没显露出来。而这两种欲望都是针对不幸的德·奥布瑞一家的。他的报复，是因为他们曾使他入狱，而他的贪婪，则是觊觎他们的财产。由于他对钱财的漫不经心和奢侈浪费，使得他总是缺钱。只有德·布瑞威利尔夫人不停地接济他，而她分到的那些财产远不能满足他的需要。那个隔在他与财富之间的障碍使他感到很苦恼，于是一个可怕的念头在他头脑中产生，那就是毒死布瑞威利尔夫人的父亲德·奥布瑞侯爵还有她的两个兄弟，这样，她就可以继承财产了。而对他这样一个坏蛋来说这三桩谋杀根本不算什么。他将自己的计划告诉了德·布瑞威利尔夫人，她竟然没有感到一丝良心上的谴责并且还愿意帮助他：由他着手去配制毒药，而她负责下毒。无法想象她竟积极热情地开始了工作。而且森特·克罗克斯发现她是一个悟性很高的学生。不久之后，她在制造毒药方面几乎和他一样熟练。她常常找来狗、兔子、鸽子做实验，来测试第一剂毒药的药力。后来，由于（在她研制的毒药中）没有一种毒药是用来立即置人于死地的，她为了更准确地把握药力就去访问医院，顺便以慈善的名义带给那些可怜的病人放了毒药的汤。这样一来她可以把它们用在某一个病人身上而不用担心背上谋杀的罪名。在她父亲的餐桌上，她又在她父亲的客人们身上应用这一残忍的实验，她在客人们的鸽肉馅饼里下了毒。为了进一步确保药力，紧接着她又开始拿自己做实验！在这种不顾死活的尝试后，只要她确定了一服药的药效，她就能从森特·克罗克斯那里得到一服解毒剂。排除了所有疑虑后，她开始对自己的白发老父下手。她亲手将第一剂毒药放在父亲的巧克力中，而且毒药药效很好。老人果然"病"了，而她的女儿看起来充满了关切焦虑之情地在他的床前守候。第二天，她给他送了一些说是很滋补的肉汤，她又在汤里下了毒。她通过这种方式使父亲的体力慢慢耗尽，并在10天内就一命归天了！表面看来，他的死似乎完全是疾病造成的，甚至没有引起任何怀疑。

为了对父亲尽最后的孝心，她的两个兄弟从乡下赶来，他们看到了自己的姐姐表面上表现得就像人们期望中的爱子那样悲伤，哪里会想到厄运即将降临到他们身上。因为他们正阻隔在森特·克罗克斯与他那已经快要到手的财富之间，所以他们已经在劫难逃了。为了尽快达到目的，森特·克罗克斯雇了一个名叫拉·朝赛的人对布瑞威利尔夫人的两个兄弟投毒，而且在不到6个星期的时间里，这两兄弟就都被毒死了。

尽管这一次引起了人们的怀疑，但是由于他们在行动中相当小心谨慎，因此没有人把这件事和毒药联系起来。由于亲人们的死亡，侯爵夫人的妹妹继承了一半家产，尽管不是全部财产，仍然引起了森特·克罗克斯的不满。他决定让她以和她的父亲与兄弟一样的方式死去。然而侯爵夫人的妹妹疑心很重，继承财产后很快就离开了巴黎，这使得她躲避开了正在逼近她的死亡。

侯爵夫人所做的这些谋杀都是为了讨得情夫的欢心。现在，她为了自己的利益正在急于实施另一项犯罪。尽管她正在和丈夫分居，但是他们仍然没有离婚，不过她却希望能和森特·克罗克斯结婚。她认为法庭很有可能会驳回她的离婚申请，而直接将丈夫毒死会比向法院申请离婚要容易得多。但是事实上，森特·克罗克斯已经不再爱她这个"犯罪的工具"了，因为坏人也不喜欢和自己一样坏的人。尽管自己也是个坏人，可他根本不想与侯爵夫人结婚，也不希望侯爵死去。然而，似乎他也参与了这一阴谋，因为他一边向她提供毒杀她丈夫的毒药，一边他又小心翼翼地去解救侯爵。德·布瑞威利尔夫人头天给自己丈夫下了毒，第二天森特·克罗克斯就会给他一粒解毒药。他们两个这样一个下毒一个解毒使得侯爵深受折磨，但他最终得以逃脱一死。然而他的体质已经被彻底摧毁了，心脏也遭到了破坏。

森特·克罗克斯和他的侯爵情妇的报应也在不久之后到来了，一场可怕的灾难暴露了杀人者。由于配制的毒药药性很烈，在实验室工作时，森特·克罗克斯不得不戴上面具以防窒息。有一天，面具突然脱落，导致他猝死。第二天早晨，人们在被他改装成实验室的昏暗住所内发现了他的尸体。由于在人们的印象中他既没有亲戚也没有朋友，所以警察代管了他所有的物品。警察在清理物品时，发现了一个小盒子，盒上贴着一张说明：

> 如果这个盒子落到了您的手上，我诚挚地恳求您能帮我一个忙，将它交给住在圣·保罗第九大街的德·布瑞威利尔侯爵夫人。这个盒子里所有的东西与她相关并且仅属于她一人所有。而且，盒内的东西对其他任何人都不会有用，仅仅对她才有价值。如果她在我之前死去，我希望您将这个盒子烧毁。为了有人以不知道情况为借口，我对崇敬的上帝发誓，对一世圣明发誓，我所说的都是真的，绝不会有假。如果我的合理打算遭到任何人的阻挠，不管是今生还是来世，你都将备受良心的责备。我声明这是我最后的遗愿。书于巴黎，1672年5月25日。
>
> （签名）森特·克罗克斯

人们并没有像他所希望的那样尊重他这种急切的恳请，恰恰相反，这一举动却激发了人们的好奇心。有人将这个盒子打开，发现里面放着一些纸和几个玻璃瓶、粉末。这些粉末被送到一个化学家那里进行化验分析，那些纸张则被警察保存起来。在这些文件中警察发现了一张写给森特·克罗克斯的总额3万法郎的期票，上面有德·布瑞威利尔侯爵夫人的签名。还有一些更加重要的文件，这些文件可以证明德·布瑞威利尔侯爵夫人与她的仆人拉·朝赛和最近的谋杀案有关。当侯爵夫人听到森特·克罗克斯的死讯时，她就尝试要回那些文件和盒子，但她的请求遭到了拒绝。她看准时机，立刻启程离开了本国。等到第二天早晨，当警察去逮捕她时，她已经成功地逃往英国。可是拉·朝赛就没有这么幸运了，他完全不知道发生了那场使他恶行暴露的灾难，所以就连做梦也没想到危险已经逼近了。在他被捕后当局对他进行了审讯。一顿拷问过后，他供出并承认曾给德·奥布瑞先生下过毒药，在他完成任务之后，森特·克罗克斯和德·布瑞威利尔夫人给了他100个皮斯托尔[①]，并且承诺给他终身年金。他被判处车磔刑，侯爵夫人在缺席的情况下被判斩首之刑。1673年3月，拉·朝赛在巴黎被行刑。

在英国，德·布瑞威利尔夫人整整住了3年。就在1676年年初，她觉得对她的

---

① 西班牙古金币。——译者注

严密追踪风头已经过去了，决定冒险回到欧洲大陆。于是，她悄悄地来到比利时的列日市①。即便她很小心地行动，她返回的消息还是很快就被法国当局得知。对此，列日市政府立即做出安排，并表示法国警察代表可以在对她的裁判权范围内逮捕她。随后，一位来自马里诸塞的名叫戴斯格瑞斯（Dace Grece）的警官接受这项命令动身从巴黎前往列日市。等到他了列日后，才发现她已经在一个女修道院内找到了庇护所。按当时的法律，法律是不能在这里制裁她的。虽然很棘手，但是戴斯格瑞斯并没有退却。他考虑到既然强力无法办到，那么采用计谋可能更容易成功。他把自己假扮成牧师，并获得了允许可以进入这个女修道院，进而得到了拜访德·布瑞威利尔夫人的机会。他在拜访时对她说，自己正路过列日这个地方并且听说这里有个美貌惊人而又遭遇不幸的夫人，对于他来说同为法国人很难不来拜访一下。他的这一番恭维话极大地满足了布瑞威利尔夫人的虚荣心。戴斯格瑞斯觉得，简单来说，就是"他已经抓住了她的弱点"。于是，他就继续巧妙地表达对她的爱慕之心，直到最后侯爵夫人完全放下戒备。由于她觉得在修道院外幽会比在修道院内方便得多，所以很轻易地就答应了与他相会的提议。出于对她心目中新情人的信任，她果然前来赴约了，结果发现并没有投入情郎的怀抱，而是遭到了一个警察的逮捕。

对她的审判如期进行，关于她犯罪的证据也是确凿充分。而且拉·朝赛在死之前的供认已经足以证明她的罪恶。除此之外，还有森特·克罗克斯盒子上可疑的说明以及她无端逃离巴黎的举动这些证据。然而所有证据中最有力、最确凿地证明她有罪的是在森特·克罗克斯的遗物之中发现的她亲笔写的一张纸。她在这张纸上向森特·克罗克斯详细地讲述了她一生所做的罪行，也讲到了她曾谋杀了她的父亲和两个兄弟，这已经足够证明她的犯罪事实。在她的审判期间，整个巴黎都轰动了，德·布瑞威利尔夫人成为人们茶余饭后所谈论的唯一话题。有关她的犯罪细节被全部公开后，人们对这些很感兴趣。秘密投毒的意识第一次进入许许多多人的头脑中，而且有些人后来也开始实施这种犯罪。

在1676年7月16日，巴黎高级刑事法院宣布了布瑞威利尔夫人犯有谋杀自己父亲和两个兄弟以及谋杀自己妹妹未遂罪这样的判决。宣判结束后，她光着脚被拖进一辆囚车里，脖子上拴着一根绳子，手里举着一个燃烧的火把被押送到巴黎圣母院

---

① 列日市（Liège），比利时的一个城市，位于伦敦-布鲁塞尔-柏林TGV道路上的7条公路支线网的正中心，距荷兰仅30千米，距德国仅45千米。它是欧洲第三大河港、会议中心、国际活动的东道主以及瓦龙人（Walloon）居住地区的经济中心。——译者注

大教堂的门口。她将在那里当着全体人民的面正式认罪。然后她又被押往德·格瑞威广场斩首示众，她的尸体被火化，而她的骨灰被抛到空中，随风飘散。

在她被判刑后，对自己所犯下的罪行供认不讳。看起来她似乎并不怕死，但是支撑她的并不是勇气而是她那不顾一切的态度。在她被押往刑场的路上，德·赛维根夫人说，她在囚车里恳求听她忏悔的牧师能把刽子手支开并离她近些，好让他用身体把那个"使她身陷囹圄的卑鄙之人戴斯格瑞斯"挡在她视线之外。她还问那些正靠在窗边看热闹的女士们，正在看什么？还说，"你们所看到的是多么美妙的呀，千真万确！"就连在断头台上，她也在不停地大笑，她的死也像她活着时做的那样，执迷不悟，冷血无情。第二天早上，人们成群结队地来收集她的骨灰并把它当成圣物一样保存起来。由于她被看作是殉道的圣人，人们把她的骨灰当成是上天恩赐的能治百病的神药。人们常常会产生一些愚蠢的念头，在那些自诩负有神圣使命而内容又含糊暧昧的人死后把他们尊奉为圣徒。然而在这件事上，公众那种让人恶心的想法简直是史无前例。

她在死之前，还有人对德·潘奥提埃尔提起了诉讼，这个人当时身兼法国南部省的财务主管和牧师最高收税官的双重身份。控告他的人是一位名叫圣·劳伦特（St.Laurent）的夫人，她的丈夫是前任最高收税官，她指控他为了取代她丈夫的职位而毒死了他。关于这件案子的详细情况从来没有被公开过，而且最高当局还施加压力阻止这件案子的审判。人们只知道他与森特·克罗克斯和德·布瑞威利尔夫人关系密切，并根据猜测了解到他的毒药是从那两个人手里弄来的。然而，他拒绝讲出任何会牵连他的事情。最终，潘奥提埃尔在巴士底狱被关了几个月以后，对他的调查就不了了之。

当时有传言指控德·邦兹（De Barry）红衣大主教曾经是潘奥提埃尔帮凶的一个好朋友。红衣主教由于要支付几项数额颇高的年金以至于他的资产有点不堪重负。然而，就在投毒之风盛行的时候，那些来领取年金的人也都一个接一个地死去了。后来，每当谈论起这些领取年金的人时，红衣主教常说："我真幸运呀！我比他们都长寿。"有一个圣贤看见他和潘奥提埃尔坐在同一辆马车里时，大叫道，"瞧！这不是德·邦兹红衣主教和他的'运气'吗！"

当时，狂热的投毒想法已经在人们的头脑中根深蒂固了。一直到1682年，法国监狱里的犯人大都是因为投毒而被判入狱的。同时，让人感到奇怪的是，其他类型的犯罪相应都减少了。之前在意大利，我们也已经看到了这种来势汹汹的犯罪，换句话说，这种情况比法国有过之而无不及。在那些心肠狠毒的人眼里，这些无色无味的毒药极具诱惑力，在它们的帮助下这些人可以悠闲自在地静等谋杀结果的如期实现。就连妒忌、报复、贪婪甚至微不足道的怨恨都会驱使他们去投毒。虽然使用手枪、匕首或者烈性毒药这些都能使对方立即毙命，但这样一来事情会因此败露，所以有些人就转而有恃无恐地使用慢性毒药。尽管当时的政府腐败到可以纵容一个像潘奥提埃尔一样富有而又有权势的朝臣实施如此暴行，但却对这种犯罪在民间的泛滥感到极为震惊。因此在欧洲人的眼里，耻辱这个词实际上已经成为法国人的代名词。路易十四[①]为了杜绝此种犯罪继续横行，立即创立了紧急议会，并大力审判和制裁这种类型的罪犯。

这个时期，有两名极为臭名昭著的妇人，她们对数百人的死负有一定责任。这两个人一个叫拉渥森，另一个叫拉维格瑞克丝，都居住在巴黎。她们效仿斯帕拉和托普安尼亚，主要将毒药卖给那些想要摆脱丈夫的妇女，而且在个别时候，也会卖给那些想要摆脱妻子的丈夫们。她俩的公开身份是接生婆，而且还假装成未卜先知的人，她们所接待的顾客来自社会各个阶层。穷人、富人都纷纷涌向这里，就像是能从她们那曼萨德式的房屋里获取未来的秘密似的。她们主要会做一些有关死亡问题的预言，对于那些妇女们，会预测说她们的丈夫正临近死亡。对贫穷的继承人，她们就会预言说他们那些富有的亲戚将面临死亡。正像拜伦[②]所表达的那样，这些继承人"已经等得太久，太久了"。通常，她们为了完成预言会提供一些器具。她们经常会告诉那些可怜的顾客一些正在迫近死亡的预兆会出现在他们的房内，例如，玻璃杯或瓷器碎裂的声音。为了证实她们的预言，她们事先会给佣人一定的小费安排她们在约定的场合制造出破裂声，表现得就好像是极偶然发生的。而且她们在做接生婆时，窥探到了许多家庭的隐私，这些隐私在之后对她们又有着极可怕的利用价值。

我们不知道她们在被发现之前已经从事了这种可怕的生意多长时间。就在1679年年底她们的罪行终于败露了，两人都受到了审判，并被宣告有罪，于1680年2月22日在德·格瑞威广场被烧死。人们用烧红的烙铁将她们的手烧出洞来，然后又砍

---

① 路易十四：路易·迪厄多内·波旁（Louis-Dieudonné，1638年—1715年），自号太阳王（法语：le Roi Soleil，英语：the Sun King），是法国波旁王朝著名的国王，纳瓦拉国王，巴塞罗那伯爵。——译者注

② 乔治·戈登·拜伦（1788—1824年），是英国19世纪初期伟大的浪漫主义诗人。他的代表作品有《恰尔德·哈罗德游记》、《唐璜》等。他后来参加了希腊民族解放运动，并成为领导人之一。——译者注

下来。随后，在巴黎和外省，她们的党羽也被揭发并被审判。就像某些作家所说的，在各省城，有将近30~50人被绞死，这些人主要是妇女。由于在拉渥森处保留了一份从她这里购买过毒药的人的名单，随着她的被捕，这份名单也就落到了警方手上，很多法官开始对它进行研究。他们发现，德·罗克斯姆伯格（De LuoKeSi bloomberg's）陆军元帅、德·索桑伯爵夫人以及德·保隆（De paolong）公爵夫人的名字都在这份名单上。陆军元帅看起来似乎只和一名妇女有点风流韵事，可当时的公众却认为他的罪责并不仅仅是风流放荡这么简单。《乌德勒支①和平以来欧洲大事记》的作者写道："那些经营毒药、进行预言的一帮人宣称，他（陆军元帅）早已将自己出卖给了魔鬼。一位名叫杜平的女子就是被他毒死的。在其他许多故事中，说他与魔鬼签了合同，是为了使他的儿子能与劳渥斯侯爵的女儿成婚。当对他进行第一次指控时，陆军元帅自己就走进了巴士底狱。面对这些拙劣荒唐的指控，他以骄傲和清白交杂的感情做了回答：'当我的祖先，马提埃·德·蒙特摩西与路易·拉·格罗斯（Louis pull grouse）寡妇结婚时，为了使年幼的国王获得蒙特蒙赛议会的支持，他并没有依靠魔鬼，而是依靠了国会。'这个勇敢的人被投进了6.5英尺长的牢房内，对他的审讯持续了14个月之久，其间有几个星期的中断，然而并没有对他做出判决。"

索桑伯爵夫人宁愿逃到布鲁塞尔也不愿陷入受审的危险之中。她永远也没能洗刷掉对于自己企图用粉末式毒药毒杀西班牙王后的嫌疑指控。随后保隆公爵夫人也被逮捕，紧急议会对她进行了审问，然而她看起来似乎只是竭尽全力地探寻有关未来的机密，而且仅仅是为了满足看见魔鬼的好奇心，并没有使用慢性毒药。议院议长是一个名叫拉·瑞耐的又矮又丑陋的老者，他非常严肃地问她是不是真的看见了魔鬼，这位夫人盯着他的脸说："啊，是的，我现在看见他了，他是个又矮又丑陋的老头，性情极坏，并且穿着国王顾问的长袍。"面对这样一位尖酸刻薄、伶牙俐齿的夫人，拉·瑞耐很小心地避免问她别的问题。由于并没有找到她犯罪的证据，公爵夫人仅仅在巴士底狱被关了几个月，就在她那些有权势的朋友说情之下被无罪释放了。也许对这种犯罪的严厉制裁会降低民众的模仿热度，然而上述这些人的免受惩罚却起了反作用。尤其是潘奥提埃尔和他的雇主——富有的德·邦兹红衣主教的逃脱造成了极坏的影响。几乎在两年的时间里，这种犯罪一直都很猖獗，直到后来重新启用火刑和绞刑，并用这些刑罚处死了一百多人以后，这种犯罪才最终被压制下去。

---

① 乌德勒支：1713年和1715年，荷兰人和西班牙人在这里签订了《乌德勒支和平协定》，从而结束了西班牙人的海上霸权，确立了荷兰人海外殖民的主导地位。——译者注

第十三章

鬼屋魔影

Extraordinary Popular Delusions

and the Madness of Crowds

传来清晰的敲门声……咚！

咚咚！咚！

……是谁在敲，是那

比尔泽巴布吗？……

是谁在敲，难道是幽灵？咚！

咚咚！咚咚！——

怎么总没个停？

　　　　　　　　　　——莎士比亚《麦克白①》

　　有谁既没见过也不曾听说过这样的宅子——这里终年门窗紧闭，没人居住，一天比一天破败，屋里到处都是灰尘，看上去阴森恐怖。尤其是在午夜里，经常会从房里传出奇怪的声音——有的像似有似无的敲门声，有的像哗啦啦地拽动链条的声音，有的又像是烦躁的鬼魂呻吟声——人们认为晚上在这房子旁经过也是危险的。这样的房子一年到头也没人居住，即使倒贴钱，也没有人敢在这儿住下。现如今不仅在英国有上百所这种鬼屋，在法国、德国，几乎欧洲所有的国家都有上百间。在无形中这些宅子被打上了恐怖的印记——它们被认为是魔鬼和邪恶的幽灵们的藏身之处。胆小的人们会远远地避开它，而虔敬的信徒们经过这鬼屋时就会一边祝福自己，一边寻求上帝的保护。在伦敦，像这种宅子就有很多。如果有人自负地认为人类不断增长的智力已经足以对付这些迷信，那么只要他愿意花时间去找一找这些鬼屋，并数一数它们，他就会明白要想根除这古老的迷信，人类的智慧还有待大大地提高。

　　这种相信有鬼屋存在的思想，是巫术时代留下的残余。鬼屋会受到人们的特别关注，是因为它相对来说对人是没有害处的，也没到那种能使大众都变得荒唐起来的疯狂程度。我们在上文中早就已经用很长的篇幅详细地讲述过那些发源于巫术崇拜的其他观念了，然而它并不像那些观念，因为玩弄这种把戏的人并没有像以往那样被烧死或是绞死，只有少数的几个人蹲了监狱。

---

① 《麦克白》（Macbeth），是莎士比亚最短的悲剧，也是他最受欢迎的作品。这部作品经常在世界各地的专业和社区剧院上演。——译者注

很多房子仅仅是因为它自身有一些很难被人察觉的特点而被人误以为是在闹鬼，而由于胆小之人轻信了这种说话，于是便远远地躲开它，其实只要有个头脑聪慧的人去揭开疑团就可以打消人们的恐惧心理了。在爱克斯·拉·查普就有这么一间大宅子，不管白天黑夜，里面总会传出一些神秘的敲击声，所以一直有5年的时间没人敢在里面住，那里看上去很荒凉。没人能解释那声音是从哪里来的，因此旁边的邻居感到越来越害怕，最后竟然相继放弃了自己的房子，把家搬到城里其他地方去了，他们觉得那样就可以不再受到魔鬼的影响。这所宅子由于很久都没人看管，慢慢地变得破败不堪，里面光线昏暗，一片狼藉，整幢房子看上去简直惨不忍睹，这让它看上去更像个鬼宅了。太阳下山后几乎没人敢从这儿经过。人们说他们听见那敲门声是从楼上的某间屋子里传出来的，声音不是很大，可是经常响起。街坊里流传常听见地窖里有人的呻吟声，还有人说曾在午夜钟声刚过后看见灯火在住户的窗外飘过来荡过去，有人还说有身穿白衣的幽灵们在窗外咯咯地笑着，互相嘀咕着，闹个不停，但这些说法都经不起推敲。可是不管怎样，那奇怪的敲击声却依然不停地出现，房主曾经几次下决心要查出事情的真相，可是都没有成功。他们请来牧师给所有房间撒上圣水，用适当的方式命令魔鬼离开这宅子搬到红海去，但是不管牧师怎么做法事，敲击的声音还是天天都响着。最后，由于人们在无意中发现了敲击声的起因，邻里间才终于恢复了昔日的平静。事情其实是这样的：由于宅子原有的主人再也受不了那可恶的声音，只好以极低的价钱卖掉了它，赔了一大笔钱。有一天，房子的新主人站在二楼的房间里，突然听见房门撞击门槛发出了相当大的声音，然后门也被打开了大约两英尺。他静静地站在那，盯着那看。又过了1分钟，这种情况又发生了两次。于是，他仔细地检查了一下房门，就明白了一切。由于门闩坏了，所以门关不紧，就只能绕着门底下的折叶转动。正对着门有一扇窗户，正巧窗上边的一块玻璃坏了。当风从某个角度吹进来时，强大的气流就会把门关上，而因为没有门闩，所以门又被弹开了。如果再有一阵气流吹进来，门就又会被关上而后又被弹开。新房主发现这个情况后赶忙找了个玻璃工将那块玻璃安上了。从此以后，那神秘的声音就永远地停止了。经过一番重新涂泥和刷漆后，老房子又恢复了原来的好声名。然而，由于两三年前人们就知道这间房子"闹鬼"，就算是真相大白了，许多人如果有别的路可走，还是会远远躲开这所房子。

沃特·斯科特（Walter Scott）爵士曾在他的《关于魔法和巫术的信笺》这篇文章中讲述过与这件案子相似的故事。男主人公是个世家子弟，口碑很好，而且在政界相当有名气。就在他刚刚继承了爵位和财产后，他发现公邸里的仆人中流传说晚上总是会听到一些奇怪的声音。这位绅士就下决心亲自找出事情的真相，并和一个老家人一起来寻找声音的来源，而这老家人也和其他人一样说过关于老主人死后就开始了奇怪的敲打声之类的话。他们两人监视着整个宅邸，终于听到了响动，最后一直随着声音找到了一个存放着全家各种食品的小贮藏室。老家人恰好有这个贮藏室的钥匙，可是当他们打开门进了贮藏室后发现那个带他们进来的声音消失了。过了很长一段时间后，他们才再次听到了那声音，可是它听上去却又比在外边远处听时小得多，这种状况不由得使他们开始浮想联翩。后来，两人竟毫不费力地发现了问题的关键所在：原来这奇怪的声音是一只被关在一个旧式鼠笼里的耗子企图逃脱鼠笼造成的，它能在笼子里挣扎着把关它的笼门举到一定的高度，然后在毫无办法时只好又放下来。就是这个鼠笼的门"啪"的合上的声音在宅院里造成了回响，才引起了人们神秘的流言。要不是主人的这一番调查，这些流言肯定会给这幢房子带来不好的名声，从而再没有人敢在这里继续居住下去。后来，这位绅士又亲口将这件事告诉了沃特·斯科特爵士。

但总的来说，由这种意外的缘故而不幸得到恶名的房屋要少得多，但是大多数的"鬼屋"之所以得到如此"优雅"的称号都应该"感激"那些活人的流氓诈骗行径。国王路易曾经就被6个修士狡猾地愚弄过。路易这个人很虔敬，正因为这样他在本国的历史上留下了"圣人"的美名。洛斯王听说他的神父十分热情地称誉圣布鲁诺修道院的修士们善良博学的品行，就想到原来在巴黎附近有这么一群好修士。修道院主教贝纳德·德·拉·特尔将6个弟兄送到了国王身边，国王把他们安排在常特立村的一所美观的房子里。这里有一座法佛特古行宫，它是罗伯特王建造的一处皇家宅邸，已经很多年无人居住了。巧的是，它刚好就在教士们房子的附近，他们可以从窗里看见这所漂亮的宫殿。可敬的修士们认为这宫殿正好适合他们来住，但他们认为自己是谦谦之士，若是直截了当地向国王索要就显得太难为情了。修士们为了达到这个目的，发挥了他们的聪明才智，终于想出了个好办法。以前从来没人责难过法佛特宫的名声，可不知怎么的，自从这6位修士搬到这里后它就马上变得臭名昭著起来。在晚上，人们常常会听到宫里发出一些恐怖的尖叫声，而且还能从窗外突然瞥见红、绿、蓝各种颜色的微弱闪光，但马上又突然消失了。人们不仅会听见链条锒铛的响声而且还伴着饱含极大痛苦之人的哀号声，这些古怪的现象一直持续了好几个月，把附近村庄的人们都吓坏了。所有的这些现象经过道听途说者的添油加醋，这些流言蜚语一直传到了巴黎，可把那虔诚的国王路易吓了一跳。甚至到后来宫里竟然出现了一个垂着长长的白胡子，有着蛇一样尾巴，全身青绿的幽灵，它总会在午夜时从宫里的主窗后现身，不但可怕地号叫着，还向附近的人们张牙舞爪。这时，常特立村的修士们也适时地听说了这些流言，并愤慨地说：这幽灵竟然如此胆大包天，胆敢在他们的眼皮底下作乱！6人向国王派来负责调查此事的官员暗示说，只要让他们住在这座宫殿里，里面的幽灵很快就能被赶走。国王也被他们的虔诚深深地打动了，很感激他们竟然那样无私。这6名修士很厉害，立即开始驱魔，很快就成功了，而且他们的功绩还被载入皇家大事记，而法佛特宫就变成了圣布鲁诺修道院这些教士们的财产。这件事情发生在1259年，从此以后这宫殿里所有的古怪骚扰马上就停止了，那些古怪的亮光也消失了。修士们是这样说的，那个绿色的魔头已经被他们永远地镇在红海滚滚的波涛之下了。

就在1580年，一个叫吉尔斯·布莱克（Giles black）的人在佗思城的城郊租了间房子，可是他后来觉得房东彼得·皮开特订的房租太高，他又后悔了，所以就下决心劝房东来解除租约。但彼得对他的房客和租约都很满意，根本不想做出任何让步。这件事过去后不久，关于吉尔斯·布莱克的房子闹鬼的流言就在佗思城里传遍了。吉尔斯自己也说他能肯定法国所有的女巫和魔鬼都聚集在了他的房子里，那简直成了它们的大本营。由于这些恶魔时常会弄出一些令人毛骨悚然的声音，使得他难以入睡。它们一边敲墙，一边在烟囱里奇怪地号叫着，还将窗玻璃打碎，将厨房里的瓶瓶罐罐摔碎弄得到处都是，还使他的桌子椅子一晚上不停地跳舞。后来在他这所房子周围聚集了成群的人，都是来听这些不可思议的声音的。就在这时，墙上的砖头突然自己掉下来，砸到街上那些早上出来前没有念主祷文之人的脑袋上。很长一段时间这样的怪事都在上演着，而吉尔斯·布莱克只好向佗思本地法庭抱怨这所房子的怪异。于是，彼得·皮开特被法庭传唤，法官质问他为什么还不解除租约。可怜的彼得又能说什么呢？法庭一致通过，认为在这种情况下租约是不能成立的，就这样解除了吉尔斯的租约，还宣判倒霉的房东来付一切诉讼费。可是彼得不服，就向巴黎的议会上诉。就这样，议会经过很长时间的调查，最终确定租约成立。"佗思法庭并不是因为缺乏充分而令人信服的理由来证明房子被恶魔扰乱，"议会法官说，"而是因为其在审判此案中以非正式的理由判定此案，所以此判决无效。"

1595年的波尔多议会也审理过和这类似的一桩案子，也是关于该市一间严重闹鬼的屋子的。为了调查情况是否属实，议会指派了一批牧师去那里，而他们竟然报告议会说这房子肯定闹鬼。就因为这些，议会下令解除了这房子的租约，而且也因此免除了房客的一切房租和赋税。

在这些闹鬼房屋的故事中，最奇特的一个算是发生在伍德斯托克（Woodstock palace）宫里。事情发生在1649年，一批长期议会的革命者从伦敦被派遣去占领伍德斯托克宫，还把那个宫里所有带皇家标志的东西都破坏了。但他们也遇到了麻烦，有个保皇党人装神弄鬼地搞恶作剧，使得宫里大乱，那些委员们的胆子都被吓破了，将他们扰得不得安生，就这样彻底把他们驱逐出了伍德斯托克宫。这些革命者们原本就什么都不怕，自从1649年10月13号这座已故国王的别墅被他们占领以来，便开始为所欲为。他们把美丽的卧室和更衣室改成了做饭和洗碗的地方，议事厅也被改成了酿造间，将柴火堆满了餐厅，除此之外，他们还将宫中的皇家象征大肆破坏，他们使出浑身解数把所有能让人想起与查理·斯图亚特①这个名字或其王权相关的东西污辱一番。有一个叫吉尔斯·夏普的教士是和他们一起来的，他满怀热情地和他们一起大搞破坏。他还协助那些革命者将一棵高大的老树连根拔除了，就是因为它叫"国王的橡树"。不仅如此，他还把拔树产生的碎木扔给委员们做饭生火，因此赢得了这些人的喜欢和信赖。最开始的两天，他们听到宫里有些奇怪的响动但并没在意。然而就在第3天，他们觉得有什么东西在捣鬼，因为他们隐隐约约听到床底下有只奇异的狗在咬他们的睡衣。又过了一天，屋里的桌子、椅子都好像自己跳起了舞。第5天上午，卧室里好像有什么东西在上蹿下跳，还"啪"的一声从衣帽间跑进来一只长柄暖床炭炉，声音很大，革命党们觉得耳朵里像有5个教堂的钟在鸣响一样。第6天，餐厅里的盘子碟子满天飞，也不知道是谁在扔。再过了一天，又有一股神秘的力量将几根圆木扔进了卧房，砸在了委员们柔软舒适的枕头上。然而第8天，第9天，连着两个晚上，突然所有的混乱和骚动都停了下来。可是好景不长，等到第10天晚上，烟囱上的砖头纷纷飞到了地板上，有的在地上转圈打旋，有的围着革命党们的头跳舞，整整折腾了一晚上。而第11天，他们的

---

① 查理·斯图亚特：，全名为查理·爱德华·路易斯·约翰·卡西米尔·西尔维斯特·马里亚·斯图亚特（Charles Edward Louis John Casimir Silvester Maria Stuart），又称小王子查理（Bonnie Prince Charlie）或小王位觊觎者（The Young Pretender，1720—1788年），老王位觊觎者詹姆斯的长子，英格兰国王詹姆斯二世之孙。又理解为斯图亚特王朝（英语：The House of Stuart；盖尔语:Siol Na Stiubhartaich），初名为斯迪瓦特王朝（House of Stewart），是1371年至1714年间统治苏格兰和1603年至1714年间统治英格兰和爱尔兰的王朝。——译者注

裤子被魔鬼抓跑了，第12天他们的床里又被塞满了白蜡盘子，也没法上床睡觉了。第13天晚上，整个宫里的玻璃莫名其妙"哗啦哗啦"都碎了，遍地都是玻璃碎渣。第14天，忽然"轰"的一声响，就像40门炮一齐开火一样，从头上落下一阵卵石"雨"，这些委员们被砸得哇哇乱叫，他们极度恐慌，每个人都哭叫着要别人帮他一把。

　　开始时，他们打算祈祷神的力量来驱除魔鬼，但是毫无效果。于是他们转念一想是不是该离开这儿把这鬼地方留给妖怪们去折腾。然而，他们最后还是决定再试着住一段时间。他们向诸神忏悔过后就勉强上床睡了。当天晚上倒是睡得挺踏实，但这其实只是耍弄他们的人为了给他们制造一个"安全"的错觉所玩的把戏罢了。第2天晚上，依然没什么异样。这些人就开始吹嘘说妖怪已经被赶跑了，便开始准备在这里过冬。在经历了后面的情况后，他们才明白原来这些征兆正预示着魔鬼在酝酿着新一轮的骚动。就在11月1日，他们又听见更衣室传来沉重而庄严的脚步声，像是有人在来回走动。后来不知怎么的，突然一阵砖头、石块、泥灰、玻璃碴朝他们的脑袋上砸来。第2天，更衣室里又传出了脚步声，听起来就像一只巨大的狗熊在踏着步子。过了一刻钟，脚步声停了；却突然有只暖床炭炉被扔在了桌子上，紧接着一把石子和一副马下颌骨又被撒了进来。有几个胆大的人抓起佩剑和手枪，勇敢地冲进更衣室，却发现里面什么也没有。他们吓得晚上都不敢睡觉，把所有房间都生起了火，还点了许多蜡烛和油灯。他们认为：魔鬼喜欢黑暗，所以才点了这么多灯，它应该不会再来骚扰了。可他们想错了，烟囱里倒了几桶水将火堆浇灭了，而蜡烛也被一阵风吹灭了，他们完全不知所措了。当一些仆人正在想方设法地让自己入睡时，突然不知谁泼了他们一身又脏又臭的泔水，把他们吓得从床上跳起来，还不住地在嘴里小声祈祷着"上帝保佑"。仆人们跑去将他们的遭遇告诉了委员们，还给他们看了那沾满了绿色脏东西的亚麻布床单和当时不知是被谁敲得又红又肿的手指关节。正当他们在惊慌地讨论这些的时候，突然一阵极其猛烈的雷声把他们都给镇住了，那声音听起来就像是整个兵火库的炮一齐开火一样。他们都赶紧跪倒在地，祈求万能上帝的保护。在场所有人都趴在了地上，忽然一个委员强作镇定地站了起来，以上帝的名义问，是谁在折腾他们，他们究竟做错了什么，会得到这样的惩罚。他们等待着，却没有听到回答，但是那些折磨人的声音都停下来了。最后委员们只好抱怨说："妖怪又回到了宫里，而且还带来了7个比它自己还要坏的伙伴。"他们摸着黑又点了支蜡烛放在两个卧室中间的走廊里，以便两间房都能被照到。但蜡烛很快又被吹灭了，他们中有个人声称"看见一个马蹄般的东西把蜡烛连同烛架一块踢到他睡的房子里，然后打3个喷嚏吹灭了烛火"。正说着，他就想去拔佩剑。可还没等他从剑鞘里拔出剑，就被一只看不见的手抓住了。他和那股不知从何而来的莫名力量僵持了一会儿，结果非但剑被夺走了，自己还被剑柄狠狠地顶了一下，差点没痛晕过去。这时候，那些魔鬼们活动的声音又传了过来，委员们听见了都不约而同地退回卧室，又是祈祷，又是唱圣歌，终于将这难耐的一夜熬过去了。

委员们终于意识到魔鬼这是决定要霸占伍德斯托克宫了，就凭他们的力量是斗不过魔鬼的。而魔鬼于星期六、星期日又一连折腾了两晚上，他们再也承受不了了，便决定立刻离开这个鬼地方，赶回伦敦去。在星期二早上一起来，他们就将行李收拾妥当，拍拍屁股逃走了，把伍德斯托克宫和那里所有的东西都留给了那可怕的魔鬼。

事情过去了好几年才真相大白。等到查理二世复辟以后，人们终于知道这一切原来都是当年和委员们在一起的那个"可靠的"教士一手策划的。这个人真名叫瑟夫·柯林斯（Cerf Collins），是个秘密的保皇党人。恰好他就是在伍德斯托克宫长大的，因此他对里面的地形十分熟悉，对他来说，不管是那些犄角旮旯，还是宫里那些数不清的暗藏着的陷阱、暗道，都了如指掌。当年革命党们原本以为他是个彻底的革命者，一分信任他，从没想过要去怀疑他。当然，他和同他一起装神弄鬼的保皇派们知道这些后都乐得要死。

这种精心安排的把戏在1661年台德沃斯县毛皮逊先生家里也有人用过。约瑟夫·格兰威尔（Joseph grand will）牧师在他写的名为《台德沃斯魔怪》的书中详细地介绍了这件事，这本书被他收在有关巫术的故事集《撒都该信仰的胜利》里。1661年的4月中旬，毛皮逊先生从伦敦旅行回来刚刚到家，他的妻子就告诉他，在他出去的这段时间里她在家中常常听到一种奇怪的声响，快把她烦死了。就在回来的第3天晚上，他自己也听见了这种声音，听起来就像是"有人在门上、墙外急剧地敲打着"。于是，他马上爬起来，披上衣服，随手拿起一把手枪，无谓地朝着那个声音慢慢摸索过去，原以为这样就能抓到捣鬼的人，因为他认为那是个强盗在搞怪。可是，好像他走到哪，那声音就跟到哪，忽前忽后。他走到门口，本以为那声音是从这个地方发出的，却没有发现什么异常的地方，但还是能听见一种"奇怪的空洞声音"。他苦苦思考了很久，找遍了房里的每个角落，却什么也没有发现，只好回去接着睡。他刚脱掉衣服舒舒服服地在床上躺下，就听见那声音又响了起来，而且这次更加强烈了，就像是有人在房顶上不停地敲打，不久后声音在空中逐渐消失了。

在毛皮逊先生的宅子里就这样接连闹了几晚的鬼后，他突然想起在此之前有一个流浪的鼓手，由于他拿着一面大鼓敲遍了全国，扰乱了人们安静的生活，并且还以这种方式来乞求施舍，因此当局下令将他逮捕并把他关进了监狱，而毛皮逊还曾经将他的大鼓扣押了。毛皮逊先生因此认为那个人也许是个巫师，他为了报复自己就将魔鬼召唤过来在他的房子里捣乱。他越来越肯定这种想法，尤其是他觉得有的时候那奇怪的声音特别像敲鼓，听起来就像哨兵换岗时的敲鼓。为此，毛皮逊夫人被吓得病倒在床，妖精或者说那鼓手，倒是很"善解人意"，发生了这种事情后一切扰乱就都停止了。但是只要毛皮逊太太一恢复健康，马上就会开始比以往更粗鲁的骚乱，噪声追逐着、骚扰着孩子们，粗暴地拍打他们的床架，人们都担心床架要被拍碎了。正如令人敬佩的毛皮逊先生向莫名其妙的邻居们不断抱怨的那样，这魔鬼般的鼓手总会敲奏像《圆头党人和乌龟》《归营曲》这样的战地小调，拍子拿捏得和大兵们一样准，而且可以一连敲1个小时。过了一段时间，魔鬼变换战术，开始改用他的铁爪在孩子们床底下刮磨。就在11月5日那天，约瑟夫·格兰威尔牧师记叙道："人们听见了特别大的噪声，有一个仆人看见孩子们的房里好像有两块木板活动了，就想要那神秘的力量递给他一块木板，那木板听到此话（他并没看见有什么人在活动），就挪到了离他仅有一码①的地方。仆人又说：'不，把它拿给我！'木板就被那妖精、魔鬼或是鼓手什么的推近了些，直到他能摸到木板。""这件事，"格兰威尔接着写道，"发生在大白天，而且整整一屋子的人都亲眼目睹了。那天早上，魔鬼身上散发着一股十分令人恶心的硫黄气味。晚上，村里的克拉格（Crag）牧师和几位邻居来拜访毛皮逊先生，他们一起跪在闹鬼最凶的地方——孩子们的床前做祷告。但就在人们祈祷的时候，妖精都退到了阁楼上去。可是祈祷刚一做完，在众目睽睽之下，屋里的椅子自己就开始满屋跑起来，孩子们的鞋子被扔到了他们头上，而且屋里所有能移动的东西都满屋跑起来。就在这时，只见一根床杆飞过来砸到了牧师的腿上，但妖怪却手下留情，那床杆下落得甚至比

---

① "码"本是长度单位，主要使用于英国、其前殖民地和英联邦国家。美国等国家也使用它。作为长度单位的1码等于三英尺，即0.9144米。——译者注

一绺棉花还要轻柔。"还有一件事，村里有个叫约翰的铁匠和马夫，他从不相信什么妖魔鬼怪，可就在一天夜晚，他睡在房里，也听见了那奇怪的骚动声，突然一阵像钉马掌的声音传过来，就在这时不知道怎么回事，好像有只夹子一样的东西出现了，铁匠的鼻子被又是钳，又是拧地拉扯着，可怜的铁匠被折磨了大半个晚上，从此之后他再也不敢说世界上不存在鬼了。第二天，这个魔鬼又开始发出像狗喘粗气的声音，有个女人把一个床杆拿起来想朝声音传来的地方扔过去，可突然床杆却从她手里被夺开扔掉了。人们都好奇地拥过来，就在这时，突然一股恶臭的气味在房里弥漫开，暖烘烘的扑鼻而来。这件事正发生在寒风刺骨的冬天，屋里也没有生火。魔鬼就趴在床底下，还不断地喘息着，剐蹭着床板，持续了一个半小时，然后钻进了另一间屋子，又在那里敲打了一会儿，好像又开始发出哗啦啦的甩动链子的声响。

不久，由这些奇怪的事情而引发的流言在全国都传遍了，人们无论远近都跑来看台德沃斯的鬼屋，他们根据个人的推断，有的对此持相信的态度有的就表示怀疑，大家对这件事都满怀极大的好奇心。后来，流言也传到了皇宫里，几位绅士受了国王陛下的派遣来调查这件事，国王还命令他们草拟一份关于他们见闻的调查报告。不知是由于派来调查这件事的专员们比毛皮逊先生的邻居们更明智，需要更加确凿的证据来证实此事，还是因为他们拥有惩罚任何可能进行欺诈的人的权力，结果把那个捣鬼的人吓倒了。格兰威尔本人虽然不情愿但还是不得不承认所有奇怪的噪声随着专员的到来都消失了。而且人们发现也没有再发生什么异常的情况。"但是，"他写道，"对于为什么朝臣们在场时宅子里会变得安静下来，这也许只是出于偶然，也许是魔鬼对于以前所发生过的事情并不打算这么公开地证实，他宁愿让那些不相信自己存在的人继续不相信下去，而这样做很可能会使他们动摇的。"

等那些皇家专员们刚一撤离，邪恶的鼓手又开始捣乱了。每天都有数百人来听他演出闹剧，并且对这件事感到很惊奇。然而，毛皮逊先生的仆人却很走运，那时正好妖怪就站在他床脚，他不仅听见了，而且还亲眼看见了那个固执的妖怪。"虽然他看不清楚它的身材大小，到底长得什么样，但他看见了妖怪硕大的身躯和它那两只发出耀眼红光的眼睛，它一直盯着他看了很长时间，而后就消失了。"魔鬼玩的这种把戏不胜枚举。它有时候不但像猫那样发出咕噜声，还把孩子们的腿上弄得青一块紫一块的；它把一根长钉藏在毛皮逊先生的床上，又把刀子放在他母亲的床上；它把灰火扔到粥碗里；把一本《圣经》藏在壁炉架下面；又把人们口袋里的钞票涂黑。一天晚上，毛皮逊先生在写给格兰威尔先生的一封信中讲道："宅子里出现了七八个变化成人样子的魔鬼，可等他一开枪它们就拖着脚走进凉亭里去了。"要不是因为当时毛皮逊先生正闭着眼睛还不如盲人看得多的话，没准根据这种情形他可能相信那些折磨他的家伙也会有一死。

就在这时，那个人们确信操纵了所有这些恶性事件的鼓手因被判为恶棍流氓罪正在格鲁斯特（Gloucestershire）蹲监狱。有一天，一些住在台德沃斯附近的人去探望他，他就问起最近在威尔特郡（Wiltshire）都发生过什么事情，还问那里的人是不是都在谈论一位绅士宅里传出的击鼓声。探监者回答说除了这件事再也没听过别的什么事了。鼓手于是义正词严地告诉他们："那就是我敲的鼓，我就是要这样来骚扰他，除非他对抢走我的鼓这件事做出让我满意的补偿，否则他就永远别妄想安生！"毋庸置疑，这个天生的吉普赛人说的可是千真万确，而且毛皮逊先生宅里的各种噪音是怎么来的他那一帮人也比其他人更清楚。但就是因为他说过这种话，他就被冠以使用巫术的罪名送上了撒利斯伯里法庭，并被判有罪而被放逐。然而就在那个时候，像这样的罪名，无论罪行是否确定属实，一般都是要被处以火刑或绞刑的，像这样的宽大处理倒是激发了人们的极大兴趣。格兰威尔写道："鼓手刚一被放逐海外，所有噪声都停止了。但不知怎么的，鼓手在流放途中又逃了回来——听说是他掀起海上风暴，将船员们都吓倒了。"——在这之后，所有的扰乱又立刻恢复如常了，而且就这样断断续续地闹腾了好几年。确实，如果这个流浪的吉卜赛人和他的同伙真这么固执地将虚弱可怜的毛皮逊先生折磨了那么多年，那他们的顽固劲可真算是人的复仇心理达到极端的典型案例。那时，很多人认为毛皮逊先生为了使他自己的名声大振，在幕后指挥了这一切，而且还放任、鼓动别人在他的房子里捣鬼。表面看来那些吉普赛人才是真正的罪犯，而且毛皮逊先生也表现得和他那些轻信的邻居们一样担惊受怕，惶恐不安。其实，像这种类型的故事很大一部分都是人们的想象力臆造出来的，"它们像滚雪球那样滚来滚去，变得大到清晰可见。"

格兰威尔和他同时代的作家们收集了许多发生在17世纪的和以上所述相似的有关鬼屋的故事，但在一些细节上他们并没有充分证实。在本章中一个离我们所处的这个时代非常近的，最为著名的和鬼屋有关的例子尤其值得我们关注，和它相关的场面是相当严肃的，而且它也作为一个十分适当的史例来向我们证明即使是见多识广的睿智之人也会轻易地上当受骗。这个名叫"雄鸡巷幽灵"的鬼使得伦敦很长一段时间都处于动乱之中，它也成为从王子到农夫所有社会阶层雅俗共侃的话题。

就在1760年年初，西史密斯弗尔德（Smith's west Florida's）附近的雄鸡巷，有一位叫肯特的股票经纪人住在圣塞帕彻（Holy plug palmer che）教区牧师帕松斯（Parsons）的家里。在一年前他的妻子因为难产而去世了。他妻子的妹妹是法尼女士，听说这事之后就从诺福克郡赶来为他操持家务。他们不久就偷偷地喜欢上了对方，还相互许下誓言。于是，这两个人在帕松斯家住了几个月，然而帕松斯家里很穷，就从肯特先生那里借了些钱。在这之后，房东和房客之间就出现了矛盾，于是肯特先生就从这里搬走了而且还想办法采取法律措施索回他借给教区牧师的钱。

然而，这件事正被搁置着还没解决的时候，法尼小姐突然染上了天花，所有的医疗和照料都不起作用了，所以她很快就去世了，被葬在了克拉克威尔（Clarkewell）教堂的地下墓室里。这时候帕松斯就责难说可怜的法尼小姐死得蹊跷，是由于肯特先生正急着享有法尼女士遗赠给他的那份财产，就将她谋害了。虽然之后的两年里没有什么纷争出现，但是帕松斯先生却是个斤斤计较的家伙，他一刻也没忘记过他和肯特先生之间的摩擦，对于肯特因为钱的事将他告上法庭害得他失了体面这件事，他不但没有忘记更不会原谅。在那十分强烈的自尊心和贪婪的本性驱使下，帕松斯两年里默默地研究着一个又一个复仇计划。他那些不够实用的计划都被一一放弃了，直到最后，一个绝妙的计谋终于亮相了。在1762年年初，据说法尼的幽灵常出没于帕松斯家里，而帕松斯12岁的女儿见过幽灵好几次还和它谈过话，整个雄鸡巷街区的人知道这件事后都陷入了一片恐惧之中。甚至幽灵还跟帕松斯的女儿说，它是被肯特先生毒死的，而不是像人们想的那样是死于天花。帕松斯不仅散布了这些谣言，还想尽办法促进谣言的流传。当越来越多的人来询问他时，他就告诉他们说，事实上，自从法尼死后，他家每天晚上都一直被门上、墙上特别响的敲击声困扰两年了。那些无知而容易轻信的邻居们不仅相信了甚至还把他的故事进行了大肆夸张，自此之后，一位高贵的绅士也被他请来见证这些诡异的现象。绅士来到帕松斯家里之后，据传言幽灵只让柏松斯的女儿一个人看见，而且也只回答她一个人的提问，所以他来到这里后就发现那孩子躺在床上剧烈地颤抖，还说刚看见了幽灵，幽灵又说它自己是死于中毒。这时，无论房间里的哪个角落都能听到一阵剧烈的敲击声。这位客人原本就不太明白，现在就更加迷惑了，以至于临走前他虽然不敢怀疑此事，却也羞于相信这种怪事，不过他还是承诺第二天要请教区牧师和一些绅士们来分析这种神秘的现象。

等到第二天晚上，他带了3位教士和大概20人过来，里面还有两个黑人。他们在和帕松斯协商之后，下决心要熬夜等待幽灵出现。于是帕松斯就解释说，尽管那幽灵不愿意让除他女儿之外的人看见它，但它可以回答现场任何人提出的问题。它在回答时，会用敲击声来表示，一下就表示认同，两下就是否认。它要是不高兴了，就会发出一种刮擦的声音。这孩子和她姐姐一起睡在床上，教士们将她们的床铺和睡衣检查了一遍，把所有藏在睡衣里的东西都敲打一遍，满意地发现并没有人在耍把戏，人们还发现那床像昨天晚上一样在剧烈地晃动着。

人们一直等着，那耐心简直可以做世人的模范了。又过了几个小时，那神秘的敲击声忽然从墙上传来，这时那孩子说看见可怜的法尼的鬼魂了。由于听说玛莉和死者生前关系很密切，所以以下问题是由牧师在帕松斯的仆人玛莉·伏兰泽（Mary Flazne）的转达下向幽灵庄重地提问的。还是和往常一样是通过一次或连续敲击来回答问题的。

"你是因为肯特先生伤害了你所以才来这里制造这么多混乱的吗？"——"是的。"

"你这么早地死去是中毒导致的吗？"——"是的。"

"毒被放在哪里了，是在啤酒中还是在苦艾酒里？"——"是在苦艾酒里。"

"那杯酒是在你死之前多久喝的？"——"大约3个小时前。"

"卡萝兹（Kahloz），那个你以前的仆人，她知道关于毒药的事吗？"——"知道。"

"你是肯特夫人的妹妹吗？"——"是的。"

"你在你姐姐死后嫁给了肯特吗？"——"没有。"

"除了肯特，还有别人参与谋害过你吗？"——"没有了。"

"要是你喜欢的话，能不能让所有人都看见你？"——"可以。"

"你愿意这样做吗？"——"愿意。"

"你能从这个宅子走出来吗？"——"能。"

"你想要一直跟着这个孩子吗？"——"是的。"

"你乐意回答这些问题吗？"——"乐意。"

"这样做你那痛苦的灵魂能够有所放松吗？"——"是的。"

这时人们听见一种神秘的声响，在这些人中有一个人自作聪明地说那像是翅膀拍击的声音。

"在你死之前，你是什么时候告诉你的仆人卡萝兹你中毒的？一个小时之前吗？"——"是的。"

而这时正好卡萝兹在场，但是她肯定地说当时并不是这样的，因为事实上死者临死前的1小时已经几乎不能说话了。这回答开始动摇了一些人的信心，但还是要继续提问。

"卡萝兹伺候了你多长时间？"——"三四天吧。"卡萝兹说这话是真的。

"要是肯特先生由于谋杀你而被逮捕的话，他会认罪吗？"——"他会的。"

"要是他就此被吊死，你的魂灵就能安息吗？"——"会的。"

"他会因为这件事而被吊死吗？"——"是。"

"你和肯特认识多久了？"——"3年了。""有几位教士在这间屋里？"——"3个。"

"几个黑人？"——"两个。"

"这是只白色的表（就在一位教士手里）吗？"——"不。"

"是黄色的吗？"——"不。"

"是蓝色的吗？"——"不是。"

"是黑色的吗？"——"是的。"

表就在一只黑皮套里装着。

"你将在今天早上什么时候离开？"

这个问题问完后，在场所有人都清楚地听到了4声敲击。鬼魂就像在暗示这些人，它4点钟果然准时离开了，钻进了附近的"麦捆"客栈，跑到老板床上面的天花板上敲敲打打，店主和夫人被吓得惊慌失措，简直都要精神错乱了。

很快，这种流言就在整个伦敦传遍了，每天都有一群人在牧师房前聚集着，就为了看见幽灵或是听到那神秘的敲击声，人们提出应该禁止雄鸡巷通行并获得批准。人们整天嚷嚷着想要得到准许进入幽灵出没的地区，最终大家决定可以满足那些愿意为此出钱之人的要求。对贪婪爱钱的帕松斯先生来说这安排真是占了大便宜。实际上，现在这种情形让他十分满意，他不但报复了别人，而且还因此发了笔财。这种行为导致每天晚上鬼魂都会来显灵，不仅让数百人从中得到乐趣，也使得更多人感到困惑。

然而，最让帕松斯和牧师泄气的是，有人引诱幽灵，使它做了会极大打击其名声的许诺。在回答自克勒肯威尔（Clerkenwell）①的阿尔坠先生时，它承诺不仅一直跟着小帕松斯小姐，如果她或者其他先生要去那被毒害的女人下葬的圣约翰教堂地下室它也愿意陪同，为了表示它的存在它将会在棺材上发出清晰的敲击声。在去那里之前，已经有一大批人聚集到教堂旁阿尔坠先生的家里了，这些女士们、先生们有的知识渊博，有的地位显赫，有的相当富有，而在这之前小姑娘已经作为预备，被送到了那儿。在2月1日夜里，大概10点钟时，人们用马车把小姑娘从雄鸡巷接了过来，他们把小姑娘的睡衣严格地检查过了，表示里面什么也没有藏，然后她就被几位女士安置好睡在阿尔坠先生的床上。正当旁边屋里的男人们在商量着要不要一起去地下室时，突然听到女士们在叫他们去卧室。她们惶恐地说幽灵来了，而就在这时，敲击的声音和刮擦声也传到了他们耳中。男人们赶紧冲进卧室，决心要查出这里面是不是有什么蒙骗的把戏。人们询问小姑娘是否看到了幽灵，她回答说："没看见，但是我觉得它就像只老鼠一样趴在我的背上。"她被人们要求将手伸出来，她的双手被几位女士握住，而后人们按习惯的方式来呼唤幽灵，问它是否在屋里。人们郑重地提问了好几次，但并没有像以往那样作为回答在墙上发出敲击声，刮擦声也没有了。鬼魂被人们要求现出原形，但它并没有听从。人们没有办法就只好要求它发出一些声响，哪怕是碰一碰屋里任何人的手或脸也好，只有通过这种方式才能证明它的存在。但即使是这样，幽灵也没有回应。

就在人们等了很长时间之后，一位教士上楼去质问正在等候实验结果的小姑娘的父亲。他坚持自己没有说谎，而且还夸大其词，甚至说有一次他本人也见过那可怕的幽灵，还跟它交谈过。人们听说这件事后，就一致同意再试一次幽灵。牧师大声呼唤他们想象的幽灵，说它已经向阿尔坠先生承诺过在地下室里现出原形，它应该兑现了。于是，人们在午夜过后的一个小时赶到教堂，阿尔坠先生在另一位先生的陪同下进入地下室，就站在法尼女士的棺材旁。阿尔坠先生开始呼唤幽灵要求它现身回应，但它没有这么做。又要求它发出敲击声，它也没有敲。再叫它弄出刮擦声，还是没有反应。于是，从地下室出来后，两个人都坚信整个事件就是帕松斯父女一起制造的骗局。但是还是有一些人认为仅仅因为这些就急于下定论很不妥，并

① 克勒肯威尔：位于伦敦东北部，原本是伦敦烧毁财富仓库的一片不毛之地，现在发展成为最新兴的创意园区。这里具有程度一流的音乐、剧院、展览馆、影院与博物馆，还有各类酒吧，这里有许许多多的剧院、展览馆、博物馆，而且很多都是免费的，这里每年还会进行克勒肯威尔建筑美术展（London Architecture Biennalein Clerkenwell），吸引众多的美术爱好者前去参加。——译者注

提出对待这超自然的生物大家可能太轻率了，也许是人们的贸然推测冒犯了它，所以它不愿意回应他们。经过审慎的商议，人们一致认为既然任何人的提问幽灵都愿意回答，那它应该也会回答肯特先生这个所谓的谋杀犯了，所以他在人们的要求下去了地下室。他在几个人陪同下要求那鬼魂回答他，她是不是真的被他杀害的。为了打消心中的疑团，阿尔坠先生就恳求它，它要是真是鬼魂就应该拿出现实存在的证据来证明，并指出到底谁是凶手。可是依然没有回应，人们在这之后的半小时里也没有听到任何回答。这些呆子们在这段时间里一直坚持等着，表现出了令人称赞的毅力。这段时间过去后，人们又回到阿尔坠先生的家里，命令那小姑娘穿好衣服起床。她身上被人们严格地检查过了，可她却坚决称自己没有骗人，她真的见过幽灵。

很多人都公开表示相信这次"访鬼"的结果，对于帕松斯一家人长期的行骗行为这一说法他们表示认同，正是因为实验的结果将许多人都说服了。即使事实胜于雄辩，也不是所有人就这样相信它了。借此机会，还有人散发谣言说，是肯特先生事先叫人将棺材搬走才导致了幽灵没有在地下室现身。于是，面临艰难处境的肯特先生在众目睽睽之下进入地下室，打开了法尼的棺材，并因此颠覆了以前对他不利的证据。很快这场实验的结果被印刷出来，在全国发行，肯特先生将帕松斯和他的夫人、女儿、女仆玛莉·伏兰泽告上法庭，他还控告牧师摩尔先生和那个商人犯有同谋罪，因为正是他们俩作为同伙大张旗鼓地策动了这场谎言。在7月10日，王国法庭曼斯菲尔德首席大法官[①]亲自主持了这场审判，在长达12个小时的调查过后，所有被告的罪名都被判成立。大法官在法庭上严厉谴责了摩尔先生和他的同伙们，并建议他们为恶意中伤受害人人格的行为在经济上对肯特先生做出一定的赔偿；判决帕松斯在耻辱柱上站3次，以及监禁2年；他的妻子被判了1年，仆人则判了6个月，他们都要在布莱德威尔（Bradwell）服刑。他们雇来印刷分红表的印刷工也被罚了50法郎，而且还遭到驱逐。

关于行骗的具体经过，从来没有人详细地解释过。好像是由帕松斯的妻子来制造出墙上的敲击声，而他的女儿则负责发出刮擦声。所有人竟然都被如此拙劣的骗术蒙骗了，我们不得不注意这个事实，但是确实如此。某件荒谬的事只要至少有两

---

① 曼斯菲尔德（Mansfield，1705—1793年）首席大法官，曼斯菲尔德勋爵（Lord Mansfield），本名威廉·默里，生于苏格兰佩思郡，1730年成为一名律师，1742年和1754年分别担任皇家副总检察长和总检察长，1756年至1788年担任王座法庭首席大法官。他在英国的法律史上是里程碑式的人物，被称为英国"商法之父"。——译者注

三个人带头做，那么无论这是件多么不可思议的事，也会有很多人去跟着去模仿。这种情况就类似当羊群要窜入田里时，只要栅门被一头羊撞开，剩下的羊肯定会一块儿跟着跑。

　　然而，就在10年后，伦敦再次因为鬼屋的故事而陷入惶恐。福克斯豪尔（Vauxhall）①附近的斯托克威尔（Stockwell）这个地方在人类迷信史上几乎和雄鸡巷一样有名，因为新一代魔鬼常常在这个地方作怪。高尔登夫人（Gord）是一位老太太，她和女仆安妮·罗宾逊（Anne Robinson）住在一起。然而就在1772年1月6日主显节②的晚上，她可被吓了一大跳，因为她说她的陶器都在诡异地晃动着，杯子、碟子"呼呼"地从炉灶上掉落下来，锅碗瓢盆"咣咣"响着旋转着不是从楼梯上滑下来，就是飞出窗外；火腿、奶酪、面包块就像是有什么鬼在驱使它们一样，在地板上不停地移动着。不管事实怎样，至少高尔登夫人是这么认为的。因为她实在是太害怕了，不得不请几位邻居来陪她一起住，帮助她对付那魔鬼。但是，即使有邻居们的陪伴，那些暴乱的瓷器也没有因此而安静下来。不久之后，宅子的每间房里都被撒满了碎瓷片。后来，事态看起来开始变得十分严重和无法解释了，到最后，就连桌子、椅子也被卷进了这场暴动之中。邻居们开始担心，不知何时会突然降临一股扰动使得整幢房子轰然倒在他们头上。于是，人们都一个个地离开了，留下可怜的高尔登夫人一人来对付这场骚乱。人们庄重地谴责这个魔鬼，催促它赶紧离开，但是魔鬼仍然一如既往地毁坏着房间里的东西。最终，高尔登太太只好决定从这幢屋子搬出去。她带着安妮·罗宾逊到一个邻居家去住，来躲避灾难。但是，等到她搬到邻居家后，主人的玻璃以及陶器之类的东西也都遭遇了相同的厄运。在迫不得已之下，主人只好不情愿地暗示她搬走。这样一来，老太太也没有办法了，只好又回到自己家。她再次受了几天的折磨后，就开始怀疑安妮·罗宾逊是这件事的祸根，于是就将她解雇了。令她吃惊的是，从此之后那诡异的骚动就停止了，而

---

①　福克斯豪尔（Vauxhall），英国某地区，后因出产汽车而闻名。1903年，福克斯豪尔汽车公司开始制造汽车，1925年被美国通用汽车公司收购，为通用的子公司。现在它是英国产量较大的轿车生产厂商。——译者注

②　主显节（希腊文：επιφάνεια，英文：Epiphany，有出现或显示之意；东正教俗称为洗礼节），原本是东方教会庆祝耶稣诞生的节日。是一个天主教及基督教的重要节日，以纪念及庆祝耶稣在降生为人后首次让外邦人（指东方三贤士）看到；主显节是在每年的1月6日，但因不同的宗教而有不同的日子庆祝。"主显"（Epiphaneia）一词在古希腊文的原意是：人的肉眼可以看见一位神的出现；或者是一位皇帝被当作神崇拜，当他到他王国的某一城市时，当地的居民都看见他。——译者注

且再也没有发生过。这就足以说明到底是谁在捣乱。过了很久之后，安妮·罗宾逊向牧师布雷菲尔德先生（Brayfield）讲出了这件事情的全部经过。从他那里了解到这一切之后，这段神秘故事被霍恩先生印制成册，向民众公布出来。当时，安妮希望能找到一处安静的房子和她的情夫私通，于是就想到了"扮鬼"的把戏。她把那些碗恰好保持平衡地搁进壁橱，保证只要有一些轻微的晃动就会掉下来。为了不被任何人发现，她还把那些物件上拴上了马尾，然后她在旁边的屋子里将它们猛然拉倒。她在干这种活方面十分灵巧，相当在行，估计就连很多的职业魔术师也不是她的对手。关于这件事，读者可以在《每日手册》上找到对它的详尽描述。

在1838年冬天12月5日发生的一起鬼屋故事使得舆论为之哗然。就在阿尔伯丁厄郡（Aberdeen's urban county）班克雷（Bunkley）地区布达罗撒的一间农夫家里，一家人惊恐地看见他们家院子里、房顶上掉落着许许多多的棍子、卵石、土块，人们开始都怀疑可能是有人这所苏格兰的宅子搞恶作剧。可是找了半天，他们也没发现是谁在捉弄他们。断断续续一直下了5天的"石子雨"，人们最后只好猜想这是魔鬼和它的精灵们干的。整个地区都传遍了这种流言，有数百人为了看布达罗撒魔鬼耍的把戏从不同地方赶来。过了5天之后，屋子外面停止了下土块、石块雨，但是屋子里面又开始下"雨"了，勺子、刀子、盘子、芥末瓶、擀面杖、熨斗这些东西好像都突然有了生命，在屋子里打着旋儿地转来转去，又从烟囱里叮叮当当地落下来，没人知道这到底是怎么回事。人们惊愕地发现，一个芥末瓶盖被一个女仆当面放进了一个小橱里，可没过几分钟，它就从烟囱里蹦出来了。人们还听见门外、屋顶发出了极大的敲击声，玻璃也被一根根棍子、一块块石头砸碎了。因此，整个街坊都陷入了恐慌。方圆20英里①之内，不只是庸人，就连受过教育、受人尊敬的绅士都相信这事情是由超自然力量造成的，而且还虔诚地祈祷以防魔鬼来侵袭自己家。就像所有怪诞的事都能勾起人们的好奇心那样，这个可怕的消息刚一传出去，就有人赶来参观，人们都争先恐后地前来亲眼看看这离奇的事件。就在一周之内，不光是班克雷（Bunkley）、特南（Putnam）、诸毛克（The MaoKe）、多累斯、金卡登—奥涅尔教区，还有魔恩斯、阿尔伯丁郡（Aberdeenshire）附近地区的人普遍都相信有人见过魔鬼在布达罗撒那幢房子顶上敲击。还有位老人十分肯定地说，有一天晚上，当他看了刀具和芥末瓶盖"跳完舞"后，碰到了一个身材高大的黑人

---

① 英里（Mile），又称哩，是英国、前英国殖民地和英联邦国家使用的长度单位。1英里＝5280英尺＝63360英寸＝1609.344米＝1760码＝1.609344千米＝1.609344公里。——译者注

魔鬼，这个恶魔围着他的脑袋转圈儿，还在他耳边刮起嗖嗖的大风，几乎都要把他的帽子吹掉了。就这样，魔鬼缠着他走了3英里。而且，人们还观察到，所有的马、狗一旦靠近这片着了魔的土地都会立刻有反应。有一天，一位不信教的先生在出门时忽然看见一只黄油罐跳到了屋里，从此以后，他就加入了虔诚的教徒行列。人们还传言说房顶被魔鬼掀掉了，几堆玉米地里的干草伴随着从山顶上传来的风笛声跳起了方阵舞。女人们到处散播着那一家人被鬼缠住后的遭遇，人们的好奇心随着她们诡异的故事迅速流传而不断增加。房子的女主人对仆人说，她们不管在何时上床睡觉，都会从地毯下钻出一阵石头飞弹雨袭击她们，然后又轻轻地落在她们的脚趾上。有一天晚上，突然有一只鞋从上面的阁楼里飞出来，在飞过几个长工旁时，有个人想要去抓鞋子，却立刻感觉到鞋子又烫又重，简直没法捉住。有只很重的击熊器（是一种用于捣碎大麦的臼），要几个人才能搬得动它，忽然从粮仓里飞出来，从屋顶上飘过，最终击中一个女仆，但是一点也没伤着她，甚至都没吓着她。因为她明白，像这种被魔鬼扔出的东西都会失重，就是落在头上也不会受伤。

听了这件事之后，包括财产继承人、牧师和科克（Cork）地区所有老人在内的很多人，都赶到了布达罗撒，在他们的监督下，很快开展了一项调查。就在进行秘密调查的几天中，谣言都传遍了整个苏格兰高地，而且传得越远就越离奇。据说是女主人正在火上煮土豆罐子时，当她一掀开盖子，一个个土豆变得就像沸腾的水那样从锅里浮出来，朝着她恐怖地呲着牙笑。还有人传言说，不光是桌子、椅子，就连胡萝卜也神奇地在地板上欢快地跳舞；在没有任何人拨动下，鞋子、靴子们能一直跳过高地。还有人说一块挂在食品室钩子上的肉忽然自己脱下来落在火堆旁，在它完全烤熟之前，整间屋子里没人能把它弄走，然后随着"嘭"一声巨响，烤肉飞到了烟囱上。事实上，布达罗撒的魔鬼并没有闹得这么凶，但主人坚持肯定这只能是大魔鬼干的。于是，他花了一大笔钱从40英里外请来一位叫威利·福曼（Willy furman）的老魔术师，来帮他驱除魔鬼。当然，也有些头脑清醒，有知识的人在去掉那些夸大之辞后，对那些传闻进行了仔细分析，发现这件事有两种可能：一种可能是有些藏在附近的吉普赛人或游乞者，知道人们容易轻信，就通过愚弄他们来找乐子；另一种可能是不知是何缘由，住在布达罗撒的这家人，自己在搞鬼。但是，由于这家人平日里很受尊敬，所以很少有人愿意相信后一种说法。曾经有很多人公开宣称，他宁愿相信这是由超自然力量造成的，也不愿意承认自己被愚弄了，因为要是那样的话，他们也太蠢了。

又持续了两星期的嘈杂后，谜底终于揭开了。经过严格调查后，秘密调查团发现正是这两个女仆捣的鬼，于是两个人被逮捕进了监狱。由于邻居们和附近的村民，特别是两个女仆的主人遇到这件怪事时变得极度惶恐和盲从，她们只是使了个惯用的小手段，就轻而易举地实现了她们的谋划。她们捏造出那一例例让人们越发恐惧的怪事，就是为避免别人怀疑自己。她们将烟囱上的砖块弄得松动了，还在放盘子时摆成很容易从架子上掉下来的样子。简而言之，她们和斯托克威尔的姑娘一样是为了满足儿女私情的目的，而且耍的是同样的把戏，当然也达到了相同的效果。所有的喧嚣随着她们被投进监狱都消失了，由"人"闹的"鬼"这一事实大多数人也都相信了。但是还有少数十分迷信的人依然坚持原来的看法，根本听不进去解释。

上述这些鬼屋的故事，特别是最后在本世纪发生的那个，虽然我们会因为故事本身感到难堪而脸红，但它们反映了现在的社会已经大为进步这个令人满意的事实。如果帕松斯夫妇和其他参与制造雄鸡巷事件的人们生活在200年前，他们就会发现居然有这么多人甘心做傻瓜，与此相反，他们就不会只被当作流氓关起来，而是会被当作巫师处以绞刑。即使是聪明的安妮·罗宾逊和布达罗撒那两个狡猾的女佣也逃脱不了相同的厄运。所以我们会很高兴地发现，尽管世上依然存在着愚蠢和轻信，但是社会却随着时间的推移变得更加开明、更加仁慈了。前辈们在成文法典上制定的不合理且血腥的法令被立法者抹去了，因而对人民的教化又前进了一大步。在不久的将来，希望统治者为了防止这样的骗局再次发生会通过更直接的方法来教育人民，如尽最大限度地保证每个孩子都能受到与人类文明同步的教育。假如还有许多人相信鬼神、巫术的存在，主要责任并非是无知人民的过错，而应由他们的法律和政府承担责任，因为他们忽视了对人民的教育。

古斯塔夫·勒庞点评

群众对事物有着极为强烈的敏感性，他们的情绪总是特别夸张、特别极端，无论这件事情是好的还是坏的。这种特性张在革命期间表现得非常明显，一点微弱的刺激就能引起他们采取最狂暴的行动。他们轻信的特点在正常情况下已经很严重了，更不用说是在革命时期，随便什么说法都不会让他们生疑。法国大革命期间发生过这样一件事，一位诗人游历于克莱蒙附近的水泉，半路上，一群人拦住了他的向导，原因是他们认为他是受王后的指使来这里炸毁小镇的。那个时候，关于王室的恐怖谣言四处流传，最后王室甚至被夸张为盗尸者和吸血鬼的聚集区。

第十四章

炼金术士

Extraordinary Popular Delusions

and the Madness of Crowds

汞（开始讲话）：那些所谓的想在艺术上创造奇迹的人像贾比尔（Jabir）[1]、阿诺尔德（Arnold）、卢利（Lully）或喜欢吹嘘的霍思海姆，他们除了将木炭耗尽，把威士忌都喝光了之外，没有发现任何秘密，他们唯一在做的就是背叛自然！看那样子就好像能从熔炉里炼出一个荣耀的哲学家头衔似的。我一会儿被称为是他们的粗制品，一会儿又成了净化品；我一会儿被称为是男的，一会儿又成了女的，有时候甚至还被称为是双性的。一个端庄的妇人被他们放在火里烧，等她被烧成灰烬时，就会从中走出来一个像凤凰一样新艳的少女；他们会像熏肠、熏鱼那样把一个老臣放到炭上烧烤，烤到一定火候，再拿鼓风机吹，这样灵魂就会进入他的体内。瞧，他们又聚到一块儿了！他们要向我施威了！天才们啊，快来救救我吧！

——本·约翰逊（Ben Johnson）的《假面剧》中炼金术士手下汞的申诉

永不满足现状是全人类共有的特性，人类正是在这种动机的驱使下得以摆脱野兽的生存条件并开始自身进化的。虽然这种不满足于现状的心态在某种程度上促进了人类进步，然而，同样是这种不满曾经使人类走向过愚蠢和荒谬，写作本文的目的就是对后者的追忆和反思。为了使读者能够轻松地理解，同时不乏教育性和娱乐性，我们从大量的事例中精挑细选了一部分来介绍。

人类的不满是由三个原因激起的。

它们分别是死亡、劳累和对未来的无知——即命运注定每个人都是要死的（由于人们都热爱生命因而憎恶死亡），对富有的渴望和对未来强烈的好奇心。很多人在第一个原因的驱使下试图找到长生不老的办法，即使做不到，也想要不能只活几十年，至少也要活上几十个世纪。人类就是在这种想法的驱使下开始寻找长生不老药的，而且从此之后许许多多的人宣称自己找到了它，相

---

[1] 贾比尔（721—815年），阿布·穆萨·贾比尔·伊本·哈扬，阿拉伯炼金术士、药剂师、哲学家、天文学家、占星家和物理学家，被称为"现代化学之父"。他在炼金学说中提出金属都是由硫、汞两元素按不同比例而组成的；是一位具有熟练技巧的实验家；曾最早引用碱、锑等化学术语；并且记载过硝酸、王水、硝酸银、氯化铵、升汞的制法，金属的冶炼方法以及染色方法等。——译者注

信它存在的人也越来越多。而人们又在第二个原因的驱使下开始寻找点金石，幻想着各种金属都能被自己变成金子。又是由于第三个原因才产生了星相学和神学，他们通过利用一些自成体系的符号和咒语创造了招魂术、手足相学和占卜术等。

我们用野心勃勃的骗子来形容那些不仅误导还骗取人们信任的哲学家更为合适。为了简明地开展这项研究，我们将他们分成了3类：第一类是那些为了寻找点金石和长生不老药耗尽一生心血的炼金家；第二类包括所有妄图预知未来的相学家、巫师、术士等；最后一类包括念咒语的、画护身符的、卖春药和万能药的、驱邪的、顺势疗法专家、动物磁性说专家，还有乱七八糟的江湖骗子等。

我们在介绍这些人的职业时，实际上很容易发现他们会同时从事上述的几个或全部职业。例如，炼金术士同时是一个算命的或巫师——自称利用触摸或魔力能够治好很多疾病，而且能化解各种灾难等。在欧洲黑暗的早期时代，经常会出现这种情况。这些职业甚至到了近代的时期也很难区分，很少会有炼金术士把自己仅仅局限在他们对外宣称的"科学"事业中，就连巫师、术士、江湖郎中等也是这样。现在，我们先从炼金术开始讲起，开始时难免会有些混乱，但越往后就越清晰。

当我在介绍前人所犯的错误时，请各位不要因为有了更高级的知识而嘲笑和轻视他们。对于前人在追求真理时所犯错误的研究我们有很多可以借鉴的地方。这就像一个人在回忆他的青少年时代，他肯定会为那个时候只是因为一个奇怪的想法，一个错误的选择而做了不该做的事觉得不可思议。我们对社会的历史进行反思也是这个样子。只有"浅薄的思想家"才会只因为某件事是荒谬的就轻蔑地拒绝听一下，聪明人会从曾经的错误思想和行动中吸取教训。同样的道理，社会只有不断地反思之前走过的弯路才能进步。我们所做的这项研究不单单起到教育作用，它不仅会让那些只想图个消遣而随便翻翻这本书的人发现人类思想史上更多的趣事，而且它还展现给大家一个虚幻的领域——在这里有着各种形式的原始的、怪诞的、神奇的"不存在、也不可能存在却被人想象成是存在"的东西。

在一千多年的时间里，很多杰出的人物沉迷于炼金术，也有更多的人相信它存在，但人们并不知道它是从何而来。一些为它献身的人宣称它是和人类同时代产生的，其他一些人认为不会比诺亚方舟时代晚。文森特·德·博韦（Vincent de

Bove）称在大洪水之前所有人都知道炼金术方面的知识，特别是还有人提出诺亚肯定对长生不老药很熟悉，否则他不会活那么长，甚至到500岁了还能生儿育女。朗格莱·杜·弗雷奈在他的《炼金哲学史》一书中说道："大多数的炼金术士认为诺亚的儿子Shem或Chem是炼金术的专家，并认为化学和炼金术这个名词都是来自于他的名字。"另外，有人认为炼金术这门技术是由赫耳墨斯·特利斯墨吉斯忒斯创立的，源自于埃及。而摩西（Mose）则被称做是一流的炼金术士。他就是从埃及人那里学来的这些知识，但他一直保守这个秘密。虽然他喜欢引用"金椟的故事"[1]来证明制定法典的人是个炼金专家，因为他可以把金子随意地变出来再变回去，然而他从来不向希伯来儿童传授这些。据记载，摩西在希伯来人中是一个很值得崇拜的偶像，"他先在火里烧他们已经做好的牛椟，再将它磨成粉末，放到水里，然后让希伯来儿童喝掉。"炼金术士们在看待这件事时说，如果用一般的方法是不可能让金粉漂在水面上的，摩西要是没有点金石是绝对不可能做到的。即便真的发生过这么一回事，我们也必须摆脱这个惑人的问题而来看一下距今更近的历史。在《中国史》中，耶稣会教士马蒂尼（Martin）神父写道："中国在公元前两千五百多年时就有了这门技术。"但他的论断由于查无实据而毫无用处。而在公元1世纪时的罗马，就有人宣称可以炼出金、银，但是一旦被发现，这些人就会被当成骗子而受到惩罚。公元4世纪，在君士坦丁堡，人们已经普遍接受了金属间可以相互转化这一说法，甚至有很多的希腊传教士为此大做文章。这些人的一些论文在朗格莱·杜·西富奈的《炼金哲学史》第三册中被不指名地提到了。在他们看来，所有的金属都由两种物质构成：一种叫做金属泥，而另一种是被他们称为硫黄的红色易燃物。金是由这两种纯物质构成的，而其他金属则是被各种其他杂质污染了的。点金石的作用就是为了把铅、铁、铜等金属变成金子，而将所有这些杂质溶解和中和。许多博学而聪明的人耗尽了他们的心血只为了这个徒劳的追求。但是，人们在几个世纪之中都没有意识到这一点。从此之后，这门虚幻的技艺就好像是从历史中消失了似的，直到公元8世纪才在阿拉伯人那里又出现了。在这之后，人们可以轻而易举地找到关于它的历史记载。与此同时，一位伟人出现在了这个时期。他长期以来被称做"科学之父"，但他的名字和炼金术紧密地连在了一起。

---

① 出自《旧约·出埃及记》第32章。——译者注

贾比尔

　　我们对于这位哲学家除了知道其一生都与炼金术有关之外，别的都不了解。据推测，他生活在公元730年前后，真名叫阿布·穆萨·贾比尔（ABU musab jaber），人们经常会在他的名字前加上"AL Sofi"，意思是"智者①"。他在美索布达米亚平原②的胡兰出生。人们对于他的身份众说纷纭，有的说他是希腊人，有的说他是西班牙人，还有的说他是印度斯坦的王子。在这里，施普伦格《医学史》的法文译者所做的推论是这些错误推断中最可笑的。他从贾比尔名字的发音推断说他是一个德国人，甚至还把他的名字翻译成Donateur或Giver。我们完全不清楚他的生活细节，只是听说他在点金石和长生不老药方面写了500多本著作。他在对待这个技艺时十分狂热。他认为那些不相信这个技艺的人就像是关在一个封闭小屋里的孩子，只因为看不见，就认为这个世界不存在。他认为，从人到低等动植物，它们身上的所有疾病都可以用金制成的药剂治好。他还想象当躯体里含有各种金属时就会生病，而只有用金这种金属才会十分健康。他声称，那些古人和当代智者不只一次地发现点金石的秘密，由于他们认为普通人不相信也不配知道这个秘密，所以不肯把它传授给这些人。虽然贾比尔为了追求这些毫无意义的虚幻东西而穷尽一生，但也不是没有一点价值的。许多他本不想要的东西被他无意中发现了，如他在科学史上对氯化汞③、汞的红色氧化物、硝酸④、银硝化等做了首次描述。

---

① 智者：公元前5至前4世纪希腊的一批收徒取酬的职业教师的统称。公元前5世纪前，智者泛指聪明并具有某种知识技能的人，后来自然科学家、诗人、音乐家乃至政治家，也被称为智者。——译者注

② 美索布达米亚平原：在中东两河流域，是一片位于底格里斯河及幼发拉底河之间的冲积平原，在现今的伊拉克境内，那里是古代四大文明的发源地之一古巴比伦所在，有高度发达的文明。——译者注

③ 氯化汞（Mercuric chloride），俗称升汞。化学式$HgCl2$。白色晶体、颗粒或粉末；熔点276℃，沸点302℃，密度5.44克/厘米3（25℃）；有剧毒；溶于水、醇、醚和醋酸。——译者注

④ 硝酸（nitric acid），分子式$HNO3$，是一种有强氧化性、强腐蚀性的无机酸，酸酐为五氧化二氮。——译者注

阿尔法拉比

　　在公元10世纪初，人们称阿尔法拉比为那个时代最有学识的人，那个时候也是他的辉煌时期。他为了便于搜集不同的哲学家关注自然之谜的观点，一生都在周游世界。他为了实现自己一生最大的目标，即发现一种能造出大量金子，并能一直流传下去的技艺，无论是危险还是劳累都被他克服了，就连旅途中很多国王要留他在宫廷里，都被他拒绝了。因此，他的一生都在过着这种游荡的生活。他曾经为了哲学去过圣地麦加①，而不是因为宗教信仰。在回来的路上，经过叙利亚时，他停在了被誉为"知识庇护神"的苏丹——塞义夫·杜拉的宫廷里。他仍然穿着旅行时的服装就出现在了这位君主和他的朝臣面前。他在没有接到邀请的情况下，就冷冷地坐在了这位国王身旁的沙发上。朝臣们被激怒了，而且苏丹从没见过这位不知来历的人，因此他们打算按这里的规矩来处置这个人。他命令一位官员把这个胆大妄为的外来者逐出宫廷。但阿尔法拉比却摆出一副"谅你们也不敢把我怎么样"的姿势动都不动，然后镇定地转头对国王说，国王还不了解他，应该对他以礼相待而不应该用使用暴力。这位苏丹很钦佩这个外来人的镇定，也没有像别的统治者那样表现得更加恼怒。于是苏丹授意他坐近点儿，又跟他聊了很久的科学和神学，就是这么个陌生人将却将宫廷里的所有人都镇住了。他将讨论的所有问题都解决了，从而展现出了他那渊博的学识。最后，敢和他辩论的人都折服了。当在场的人听到他滔滔不绝地谈起炼金术时，立即认为他是仅次于伟大的贾比尔的人。在场的一位御医问他："既然你懂得那么多科学，是不是也懂点音乐呢？"阿尔法拉比没有直接回答他，而是让人取来一把鲁特琴②，随手就弹了一曲婉转凄美的乐曲，将宫廷里的所有人都感动得热泪盈眶。然后，他又换了一首旋律活泼的曲子，就连苏丹和那些儒雅的哲学家们都伴着这旋律欢快地跳起舞来。然后他又演奏了一首悲伤的曲子令他们开始伤心地

---

① 麦加：全称是麦加·穆卡拉玛，意为"荣誉的麦加"。麦加是伊斯兰教最神圣的城市，拥有克尔白和禁寺。麦加是伊斯兰教的圣地，部分宗教圣地非穆斯林不得进入。——译者注

② 鲁特琴，也称琉特琴，是一种曲颈拨弦乐器。一般这个词主要指中世纪到巴洛克时期在欧洲使用的一类古乐器的总称。——译者注

抽泣和叹息，以此来让这些人镇定下来。苏丹非常赏识他的能力，恳求他能留下来，这位炼金家仍坚决地拒绝了所有诱惑他的金钱、权力、地位等。他说，只要他一天没找到点金石，他就一天都不会停下来休息。当天夜里他就从这出发了，但是，他最终被一群强盗杀死在叙利亚的沙漠里。这件事发生在公元954年。给他写传记的作者们只提到了一些他写过的重要的技术论文，但这些论文在很久以前就失传了。

阿维森纳

埃本·西纳是阿维森纳的真名，他出生在公元980年的布哈拉①，是一个有名的炼金术士。由于他早就作为一名医生和训练有素的科学工作者而远近闻名，所以他决定要试试自己在统治国家方面的能力。于是，苏丹马吉德·杜拉任命他为首相，并赐予他一些特权去管理这个国家。但实践管理这门科学并没有他想象的那般容易，在这方面他是彻底地失败了。他无法控制自己的感情，过着终日饮酒作乐这样可耻且放荡的生活。然而，他竟然能够在追求商业、享乐等乱七八糟的生活中抽出时间写出7篇有关点金石的论文，并且还被业内人士大力称赞。很少有像阿维森纳这样有名的医生终日沉溺于感官享乐的。几年后，他已经完全沉迷在这种生活方式之中，却从那个显赫的位置上突然被赶了下来。由于他之前的放荡生活使得他过早地衰老，同时还引发了几种疾病，所以没过多久，在1036年他就去世了。自从他的那个时代过去以后，阿拉伯世界的记载中就很少还有热衷于研究炼金术的哲学家了。然而，不久后炼金术却又在欧洲吸引了很多人。一些法国、英国、西班牙、意大利等国的著名学者曾经都声称他们相信存在这样一门科学，甚至还有许多人为此而献身。特别是在12、13世纪，人们开始大张旗鼓地研究这门技术。而炼金术就和那个时代最响亮的名字联系在一起。阿尔贝图斯·马格努斯（Albertus Magnus）和托马斯·阿奎奈（Thomas Aquinas）是他们之中最杰出的人物。

① 布哈拉（bukhara），是乌兹别克斯坦第三大城市，约25万人口，位于泽拉夫尚河三角洲畔，沙赫库德运河从城中穿过，有2500多年历史，是中亚最古老城市之一。——译者注

阿尔贝图斯·马格努斯①和托马斯·阿奎奈②

在1193年，第一位哲学家诞生在多瑙河③畔诺伊贝格公园的一个贵族家庭中。他在30岁以前表现得非常迟钝和愚蠢，人们都对他不报以任何希望。他在小的时候加入了一个圣多明尼克（Dominican）教派的修道院，但是学习不好，甚至有好几次都要放弃。但是，由于他天生有着令人震惊的坚强毅力，在中年以后，学习成绩大为提高，并且任何他想学的东西都能以惊人的能力学成。在当时的人们看来，这种巨大的转变只能被理解为奇迹。传说圣母马利亚知道了他立下雄心壮志要有所成就，又因为他的能力差而可怜他，于是就在他绝望地坐在修道院回廊里时出现在他面前，问他打算在哲学上还是神学上成名。圣母很不高兴他选择了哲学，她用哀婉的语气对他说这个选择不是很好，但是她依然答应了他的要求，把他变成当时最优秀的哲学家。然而不幸的是，他却在成功之后又回到了原来蠢笨的样子。阿尔贝图斯无视这些流言，仍坚持认真从事他的研究工作。他的名声很快便传遍了欧洲，著名的托马斯·阿奎奈在公元1244年拜他为师。关于这对师徒有很多离奇的传说。他们不仅花费适当精力在科学的其他分支上，而且还一直孜孜不倦地坚持研究点金石和长生不老药。虽然他们没发现任何东西，人们还是相信生命的部分秘密已经被阿尔贝特掌握了，甚至认为他可以在特定的星相条件下变活铜塑像。他在这项研究上花费了很多时间，最终这一工作被他和托马斯·阿奎奈合作完成了。他们使这个铜

---

① 阿尔贝图斯·马格努斯（Albertus Magnus，约1200—1280年），艾尔伯图斯·麦格努斯，即大阿尔伯特，是一位中世纪欧洲重要的哲学家和神学，被称为大阿尔伯特，他是多明我会的神父，由于他因博学而著称，他提倡神学与科学和平并存。他被称做是中世纪时期德国最伟大的哲学家和神学家。他也是第一位将亚里士多德的学说与基督教哲学综合到一起的中世纪学者。罗马天主教将他列入33位教会圣师之一。——译者注

② 托马斯·阿奎奈：托马斯·阿奎纳（Thomas Aquinas，约1225—1274年），是中世纪经院哲学的哲学家和神学家，他将理性引入神学，用"自然法则"来论证"君权神圣"说。他是最早提倡自然神学的人之一，也是托马斯哲学学派的创立者，成为天主教长期以来研究哲学的重要根据。死后也被封为天使博士（天使圣师）或全能博士。《神学大全》（Summa Theologica）是他所撰写的最知名的著作。他被天主教教会称做是历史上最伟大的神学家，并被评为33位教会圣师之一。——译者注

③ 多瑙河（the Danube），它是欧洲第二长河，仅次于伏尔加河。它流经9个国家，是世界上干流流经国家最多的河流。它发源于德国西南部，自西向东流经奥地利、斯洛伐克、匈牙利、克罗地亚、塞尔维亚、保加利亚、罗马尼亚、乌克兰，在乌克兰中南部注入黑海。全长2850千米（1770哩），流域面积81.7万平方千米，河口年平均流量6430立方米/秒，多年平均径流量2030亿立方米。——译者注

人可以说话，还让它做一些仆人做的事。虽然它的这种功能很实用，但美中不足的是，它整天唠叨着，将两位哲学家吵得无法忍受。对于这种唠叨病，他们绞尽脑汁来治疗，却没见到任何作用。终于有一天，正在进行数学计算的托马斯·阿奎奈被它激怒了，随即抄起一个重铁锤将它砸了个粉碎。托马斯在做过这事之后又开始后悔了，他的老师也责备他说哲学家不应该这样发脾气。但是，即使是这样，他们也不想再把这个塑像重新变活。

　　时代精神都是通过这样一些故事反映出来的。人们把所有致力于研究自然奥秘的伟人都看作是有魔力的人。由此，我们可以想象，当公众在听了哲学家宣称发现了长生不老药或可以创造许许多多财富的红石头时，这种言论就会被进一步夸大其词，甚至说他们掌握了更神奇的力量。当时很多人传言说阿尔贝图斯·马格努斯能变换季节，他们觉得相对于发现最重要的长生不老药来说，这要容易得多。阿尔贝图斯打算建一座修道院，他选中了科伦附近的一块土地。荷兰的威廉公爵和罗马国王是这块地的主人，他们由于某种原因坚持不卖这块地。据说，阿尔贝图斯是用了一种奇特的办法得到这块地的。他专门准备一个宴会来邀请正路过科伦的国王和他所有的大臣们参加。国王和众多达官贵人一起来到了这位哲人的住处。那时正赶上严寒的冬天，莱茵河全部都被冻住了。这么冷的天，骑士们为了避免脚趾被冻掉，只得纷纷跳下马来。等到了阿尔贝图斯的家，他们惊讶地发现宴席被摆在了有几寸厚积雪的花园里。国王很生气，要离开，但是最终还是被阿尔贝图斯劝服入了席。就在这时，天空中乌云翻滚着不见了，大地被温暖的阳光照耀着，刺骨的北风也突然消失了，轻柔的南风取代了它，积雪和小溪都融化了，嫩绿的叶子从树枝上长出来，还结出了果实，花儿也从花骨朵中钻了出来，所有会唱歌的鸟儿，像百灵鸟、夜莺、乌鸦、布谷鸟、画眉等都在树枝上唧唧喳喳地叫起来。国王和他的随从们都惊呆了。就这样，他们在晚餐过后，为了回报阿尔贝图斯，将那块土地卖给了他，让他成功地在上面修了座女修道院。不过，此时的阿尔贝图斯还没有完全将他的法力展示给他们。他在宴会结束时，又念了几句咒语，太阳又重新被乌云遮住，鹅毛大雪又飘落下来，正欢快鸣叫着的小鸟全都被冻死了，树叶也纷纷落下，又刮起了刺骨的寒风，客人们赶紧裹紧衣服躲进阿尔贝图斯的厨房里烤火。

　　和老师一样，托马斯·阿奎奈也会施展魔法。传说他曾经在科伦的某条大街上住，那条街上整天都有一队马夫在遛马，他被不停的马蹄声搅得烦躁急了。于是他去恳求马夫换个地方遛马，不要再打扰他了，可马夫根本不听。实在迫于无奈，他不得不使用魔法了。于是，半夜里，他将一个刻有一些神秘字符的小铜马埋在马路中央，等到了第二天，这队马队依然像平时那样沿这条路走来，当走到埋神马的地方时，那些马突然惊慌起来，不是仰天嘶鸣，就是猛烈地向后踢着——由于惊恐，大张着鼻孔，鬃毛也竖了起来，汗流浃背。马夫们想尽办法都无济于事，那些牲口就是不愿走过那里，此后一天还是这样。最后这些马夫也没办法了，只得换一个地方遛马了，托马斯·阿奎奈也过上了安宁的生活。

在1259年，阿尔贝图斯·马格努斯成为雷根斯堡①的主教。因为他不想把大部分时间花在事务性工作上而是打算研究哲学，所以这份工作他只干了4年就辞职了。1280年，他以87岁的高龄在科伦去世了，圣多明尼克教派的作家们认为他从没有研究过点金石，但他写的一些有关矿物的论文可以充分证明他这样做过。

阿里塔弗斯

根据炼金术历史的记载我们可以知道，阿里塔弗斯是在12世纪早期出生的。他写过两篇很著名的论文：一篇是有关点金石的，另一篇是有关怎样延长人类寿命的。他在后一篇文章中吹牛说他那时已经1025岁了，因此自认为最有资格指导别人如何延长寿命。有许多他的弟子都相信他真的有这么长的寿命，而且为了证明他就是蒂亚纳的阿波罗尼，他想尽了办法。这个人是在耶稣降临不久后出生的，菲洛斯特格特斯曾经详细地描述过他的生活和事迹。这个说法使阿里塔弗斯在他同行中的地位大大提高，所以他为了使自己避免露出马脚而绞尽脑汁。只要一有机会，他就会大肆吹嘘一把。因为他有着非凡的记忆力、丰富的想象力以及充足的历史知识，所以当人们在问有关各位古代伟人的外表、做事方式、性格等方面的问题时，他从来没有被问倒过。他对外声称点金石已经被他找到了，还说在找它的时候，他曾下过地狱，还看到了坐在金制御椅上被众多魔鬼簇拥着的撒旦。有关他炼金术方面的著作曾经被翻译成法文，于1609年或1610年在巴黎出版。

---

① 雷根斯堡（Regensburg），是德国巴伐利亚州的直辖市，是上普法尔茨行政区和雷根斯堡县的首府，天主教雷根斯堡教区主教的驻地。在2006年，雷根斯堡老城入选联合国教科文卫组织世界文化遗产。这旦是德国最古老的天主教教区之一，739年起隶属于罗马主教，即使在1542年成为帝国自由城市开始信仰新教时，这里也依旧保持天主教主教驻地的身份。——译者注

阿兰·德·利勒

住在佛兰德的阿兰·德·利勒和阿尔贝图斯·马格努斯是同一个时代的人，他因为有着渊博的知识而被人们誉为"神医"。人们认为他不仅将所有的科学知识都融会贯通，而且还跟阿里塔弗斯一样也发现了长生不老药。后来，他在斯德克斯修道院成了一名修道士，于1298年去世，享年110岁。有传言说，他在50岁时就应该死去了，令人庆幸的是他后来发现了长生不老药，于是他又多活了60年。他还曾经为《梅林①预言》作过注。

阿诺尔德·德·维尔诺

这是位曾经留下了很高声誉的哲学家。他于1245年出生，曾经在巴黎大学研究过医药学并在这方面树业颇多。之后的20年时间里，他一直在意大利和德国旅行，还在那里结识了彼得罗·德·阿波恩，这两个人在性格和追求上很相似。他在那个时代被人们称为是最高明的医生。他也和其他同时代的哲人一样，在星相学和炼金术方面有所研究，据说他曾经用铅和铜造出了许多金子。就在彼得罗·德·阿波恩在意大利被逮捕并以耍弄邪术的罪名被审判时，阿诺尔德也受到相同的起诉。幸好他想办法及时逃离了那个国家，从而躲过了他朋友那样的厄运。他曾经因为预言世界末日导致全天下人都不信任他了，但是后来他的信誉又恢复了。虽然人们不知道他具体是哪天去世的，但能肯定是在1311年之前。因为教皇克莱门特五世②曾经在那一年写了一封公开信给在他管理下的欧洲神父们，请他们尽最大的努力寻找阿诺尔德著名的论文《医药学实践》，因为作者曾经在活着的时候承诺将这篇著作赠送给罗马教廷，但一直到死都没有这么做。

有一部非常特别的著作是由蒙舍尔·隆威尔·阿尔古写的，题目是《长寿并且能够返老还童之人的历史》。这里面就有一条是引用阿诺尔德·德·维尔诺的方法，人们用它至少可再活几百年。阿诺尔德和蒙舍尔·阿尔古最先解释说：

---

① 梅林（merllin）：他存在于亚瑟王朝的传说中，是以一位谋士和预言家的身份出现在人们面前的。Merlin英文中的意思"隼"。——译者注

② 教皇克莱门特五世（Pope Clement V）：他是一个夏斯坎尼人，在教会里一直代表着法兰西派，在他当教皇的任期中他从没有去过意大利。他在里昂接受加冕礼，并在公元1309年在阿维农定居，在这之后教皇继续在这里住了约70年之久。——译者注

要是想长寿必须先学会自我按摩，每周加肉桂汁或者骨髓按摩两到三次。有一种由东方的藏红花、红玫瑰叶、檀香木、芦荟和琥珀等成分溶于玫瑰花油和上乘的白蜡特制而成的药膏，每天晚上睡觉前都要贴在左胸前，到第二天早晨时必须揭下来，放在一个铅盒中密封好，到了第二天晚上再将它贴上。除此之外，还要在一个水和空气都很清新的院子里养些鸡。要是乐观的人，就养16只；要是冷漠无情的人，就养25只；要是个抑郁寡欢的人，就需要养30只。这些鸡是专门用来吃的，每天吃一只，但是必须先用特殊的方法将这些鸡喂肥，这样才能有助于食用者的长寿。先将这些鸡饿一段时间，然后再用一种特制的汤来喂养那些被饿得半死的鸡，这种汤由蛇和醋做成，再加入小麦和糠让它变得黏稠。而且，在做这个汤之前还需要很多复杂的仪式，如果有人对此感到好奇可以查阅蒙舍尔·阿尔古写的书。这些鸡要这样被养上两个月才可以宰杀，然后再用上等的白酒和葡萄酒冲洗。这种办法需要7年重复一次，按这种办法去做，所有人都可以活玛士撒拉[1]那么久！事实上，M.阿尔古把这个配方归功于阿诺尔德·德·维尔诺并没有可靠的证据。因为这个配方在这位哲学家的文集中并没有被提到。而在16世纪初，一位叫普瓦里亚的先生首次公开声称这个配方毫无疑问被证实确实是在阿诺尔德的手稿里。

彼得罗·德·阿波恩是一位很不幸的哲人，他于1250年在帕多瓦附近的阿波恩出生，他和他的朋友阿诺尔德·德·维尔诺一样，一方面是位著名的医生，另一方面又研究星相学和炼金术。他在巴黎做了很多年的医生，而且他通过给别人做手术、治疗和算命大赚了一笔。后来，他作为一名著名的巫师，在一个对他来说很可怕的日子回到了自己的家乡。人们都认为他在7个水晶花瓶里藏了7个从地狱里捉来的鬼魂。他会在有需要时把它们放出来。这些鬼魂中，第1个擅长哲学，第2个擅长炼金术，第3个擅长星相学，第4个擅长物理学，第5个擅长诗歌，第6个擅长音乐，第7个擅长绘画。在相关的这些艺术上，彼得罗一有需要就会把相应的鬼魂放出来。而鬼魂会马上把那方面的秘密完全展示给他看。要是他愿意，在诗歌上他可以超越荷马[2]，在绘画上他可以超越阿佩利斯，在哲学上他可以超越毕达哥拉

---

① 玛士撒拉（Methuselah），《圣经·创世纪》中的人物，他是以诺之子，在《创世记》中他是亚当与夏娃归隐之后所生的赛特的后裔。他活了969岁，是世界上有记录以来最长寿的人。筑方舟保存了地球各类动物的诺亚就是他的孙子。（参见圣经旧约创世纪第五章21—32）。——译者注

② 荷马，古希腊盲诗人。公元前873年生。相传记述公元前12—前11世纪特洛伊战争及有关海上冒险故事的古希腊长篇叙事代表作史诗《伊利亚特》和《奥德赛》，即是他根据民间流传的短歌综合编写而成。代表作《荷马史诗》。——译者注

斯（Pythagoras）[①]。传言说，他虽然可以把铜变成金，但却很少这样做，而是使用别的不正当方法来得到金钱。而且，他会在用完金子时念一个只有他自己才明白的咒语，于是第二天早晨他就再次拥有了金子。和他进行交易的商人箱子不管锁多坚固，或者派重兵看守，一旦金子听了咒语就会飞回到它上一任主人那里去。金子就是被埋到地里或是扔进大海，也还是会在第二天清早回到彼得罗的口袋里。因此，很少有人喜欢和他交往，尤其是有关金子的事。另外有一些胆大的人觉得他可能无法对银子施展这样的魔法，但尝试过后，发现银子也同样锁不住，它会突然从你手中不见了，迅速地从空中穿梭回到这位巫师的钱包里。因此，他难免会养成一些坏习惯。这时他还发表了一些有违宗教正统的言论，并因此被当作异教徒和玩弄邪术者而传讯到宗教法庭上。即使是受了非人的折磨之后，他依然在答问台上高呼他是无辜的。所以，他还没等到正式宣判，就死在了狱中。后来，他被证实有罪，当局命令掘出他的尸骨当众焚烧。同样地，他的画像也在帕多瓦的街道上遭受着同等对待。

雷蒙德·卢利

就在阿诺尔德·德·维尔诺和彼得罗·德·阿波恩分别在法国和意大利声名大噪时，一位比他们更有名气的行家在西班牙出现了，这就是雷蒙德·卢利，一个一流的炼金术士。与其他炼金术士前辈们不同，他不研究星相学或巫术。他从不利用咒语、咒符等所有愚蠢的仪式，而是效仿贾比尔，只做涉及金属的本质和合成方面的研究。然而，他很晚才开始研究这项技术，所过的一生都相当浪漫。他于1235年诞生于马略尔卡岛上一个著名的家庭里。他出生的这个岛是阿拉贡国王詹姆斯一世在1230年从撒拉逊人[②]手中夺回的，于是，雷蒙德的父亲就从加泰罗尼亚搬到了这里定居，而且他和王室交往很密切。雷蒙德很早就结婚了。他为贪图享乐，带着新娘从这个孤岛上离开了，乘船到了西班牙，还做了詹姆斯国王的宫廷大管家，逍遥自在了几年。他对妻子不忠，总是喜新厌旧，十分好色，这种状态一直持续到安布罗西亚·德·卡斯洛的出现并完全占据了他的心，她是一个很可爱但对他并不友好的女人。和崇拜他的人一样，这位女人也是已婚的。但这位女人和他不一样，她

① 毕达哥拉斯（Pythagoras，公元前572—前497年），古希腊数学家、哲学家。——译者注
② 撒拉逊人（从613年开始），撒拉逊的原来意义，指从今天的叙利亚到沙特阿拉伯之间的沙漠牧民，广义上则指中古时代所有的阿拉伯人。——译者注

恪守婚誓，并且十分蔑视他的追求。雷蒙德非常爱慕她，她的拒绝反而点燃了他的热情。他会在她的窗下整夜地徘徊，为了赞美她还写过许多满怀激情的诗，为了做这些，他甚至耽误了本职工作，成为宫廷里的笑柄。有一天，就在她的窗下，他正朝上面张望着，忽然那女人的围巾被一阵风吹开，她的胸部被他看到了。于是，他突发灵感，马上坐下来就着这幕情景写了一段充满柔情的诗送给这位美女。漂亮的安布罗西亚之前从来没有屈尊回过他的信，但这次回复了他。她在信中说对于他的追求，她无论如何都不会答应的，还说他这样的聪明人应该把心思放在上帝身上，同时恳求他不要浪费精力在没有意义的激情上，而应该献身于宗教生活。虽然是这样，要是他很渴望她那"美"胸，她还是会答应的。看完信后，雷蒙德很高兴，误以为虽然她给了他很多建议，但最终还是可怜他，愿意满足他的心愿。于是他寸步不离地跟着安布罗西亚，恳求她履行诺言。可她依然是那么冷漠，还哭求他不要再纠缠了，哪怕是她明天就离婚了，她不可能，也不愿意和他在一起。"那你给我写的信是什么意思？"这位求爱者绝望地问道。"给你看！"说着，安布罗西亚露出了她的胸部。看着那扩散到她双乳上的大肿瘤，她的崇拜者满脸惊恐。见他被震住了，安布罗西亚就过去拥抱了他，又一次恳求他皈依宗教，把他的心从万物身上转移到万物之主上。他回到家后就像变了一个人似的，第二天一早，他便到宫廷里将那份待遇优厚的工作辞掉了。他给妻子和儿女们留了一半的财产，然后将剩下的一半财产分发给了穷人。做完这些之后他投到了耶稣脚下，献身于上帝。他发誓要在剩下的人生教化穆斯林[1]为了赎罪皈依基督。他曾三次梦见耶稣对他讲："雷蒙德！雷蒙德！跟我来吧！"他确信这是上天的旨意。等他把所有的事情安排好后，就动身到孔波斯特拉的圣詹姆斯教堂去朝圣了，之后的10年他又来到了阿兰达山中隐居。为了完成转化穆斯林的使命，他在那里学会了阿拉伯语。一些东方哲人的著作中所介绍的不同类别的科学，他都有所涉猎。贾比尔的著作是他最早研究的，这也对他后来的生活有着很大影响。

　　他40岁时结束了这段见习期，从此结束了隐居生活，开始参加到更积极的社会生活中来。由于他积累的财富在他离开时仍有剩余，于是他在教堂的支持下创建了一所教阿拉伯语的学院，他的热情和虔诚受到了教皇的赞扬和奖赏。幸运的是，他还得以躲过了他那年轻的阿拉伯仆人在这期间对他的暗杀。在他对宗教异常狂热的

---

① 穆斯林，指顺服伊斯兰教的神阿拉的人。一般提到的穆斯林都是泛指伊斯兰教徒。此外，穆斯林也可以指穆斯林世界，可以指现今的伊斯兰国家或中世纪的阿拉伯帝国。——译者注

那段时间里，他曾在对上帝祷告时说，他愿意为神圣的目的而殉道。然而，他的祷告被他的仆人偷听到了，这位奴仆和他的主人一样狂热。为了满足他主人的心愿，同时，也为了惩罚他的主人总是不断地咒骂穆罕默德①和他的追随者们，他决心暗杀自己的主人。有一天，趁主人坐在桌边时，这位奴仆突然对他暗下杀手。但由于雷蒙德自我保护的本能比殉道的愿望更强烈，很快就将他的仆人抓住并把他摔倒在地，尽管他咒骂着要亲手把这个仆人杀掉，但后来还是将他送交官府。最终，这位仆人死在狱中。

雷蒙德在经历了这次危险之后，就到了巴黎旅行，他在那里停留时认识了阿诺尔德·德·维尔诺，还在他的鼓舞下开始寻找点金石。从此以后，他就开始研究炼金术因而很少关注宗教上的事了。然而，教化穆斯林是他一生追求的目标，他从来没有忘记过，于是，他又到罗马和教皇约翰二十一世②探讨如何达到那个目标的最佳方案。尽管教皇在口头上对他进行了鼓励，可是并没有指派具体的人帮助他完成这个他苦苦追求的事业。因此，雷蒙德孤身一人到了突尼斯。在了解到他是炼金术方面的行家后，阿拉伯的很多哲学家盛情款待了他。当时，如果他就在这儿踏踏实实地研究炼金术，那么以后的事就都不会发生了。可是他竟然在这里公开咒骂穆罕默德并因此惹了很大麻烦。有一次，由于他在突尼斯最繁华的地区宣讲基督教义被逮捕入狱，没过多久就被判死罪。他那些在哲学上志同道合的朋友都想尽办法为他求情。最终，他得以逃脱死罪，但前提是马上从非洲离开，再也不许回来。要是他还在那里出现，不管什么理由，不管待多久，都要处死他。虽然他在安全时十分热切地渴望殉道，但他还是会在生死关头选择活下来。他很乐于接受这些条件，于是打算离开突尼斯去罗马。后来计划又改变了，到米兰③停留了一段时间，专门研究炼金术，也有人说是研究星相学，而且很成功。

大多数相信炼金术的作家在写雷蒙德·卢利时会提到：他在米兰时，英王爱德华曾经给他写信邀请他到英格兰定居，而且还说其愉快地接受了邀请。英王在伦敦塔附近提供了一套专供他使用的房子，他在那儿一边精炼了许多金子，一边又监督

---

① 穆罕默德：是伊斯兰教的创建者，也是伊斯兰教徒（穆斯林）公认的伊斯兰教先知。按传统的穆斯林传记他约于570年出生于麦加，632年逝世于麦地那。——译者注

② 教宗若望二十一世，又译约翰二十一世（1215—1277年），原名Pedro Julião，在位时期：1276—1277年）。他是历届教宗中唯一的葡萄牙人。——译者注

③ 米兰（Milano），城市名，位于南欧，意大利的西北方大城，米兰省的省会和伦巴第大区的首府。它是欧洲南方的重要交通要点，历史悠久，以旅游观光、时尚、建筑闻名。——译者注

制造玫瑰金币。他曾经利用铁、汞、铅和铂①来炼金将近600万。在著作世界名人传记方面相当权威的作家们认为雷蒙德不曾到英格兰居住过，并认为所有关于他是一个全能炼金术士的这些传说是被另一个叫雷蒙德的塔拉戈纳犹太人搞混了。在诺代（Nodet）写的《辩护》中，作者简要地说："爱德华国王确实从雷蒙德那得到600万来用于和土耳其人等异教徒的战争，"但他之所以弄到这么多钱，是因为他建议爱德华国王对羊毛收税，而不是真的把那么多金属变成了金子。但是他写的一部名叫《金属的转化》的著作经常被他的追随者们用来证明他确实到过英格兰。他明确地在这部书中提到是英王劝说他才来到了英格兰，但是具体是爱德华一世②还是爱德华二世③邀请他的，那些写炼金术的人并不确定。但是看他旅行的日期是1312年，那时候应该是爱德华二世。埃德蒙·迪肯森（Edmund dickinson）在著作《哲人精英》中提到雷蒙德曾在威斯敏斯特修道院④（Westerminster Abbey）工作过。发现在他离开那里很久以后有大量的金渣在他的密室中，因此那里的建筑师们在这里得到了很多好处。威斯敏斯特修道院院长是约翰·克里默（John LiMo），朗格莱在写有关他的传记中讲到，是这位院长帮助雷蒙德来到英格兰的。克里默本人已经研究30年试金石了，但什么也没得到。后来在意大利他偶然间遇到了雷蒙德，于是他想尽办法诱导雷蒙德将这个伟大的秘密告诉他。但是雷蒙德却跟他说，先辈们都是自己去寻求的，因此他也必须自己去发掘。回到英格兰后，克里默就在爱德华国王面前大力夸赞雷蒙德在这方面很有成就，于是雷蒙德很快就收到一封邀请函。在1515年出版的由罗伯特·康斯坦丁（Robert Constantine）所写的《送学经典术语》一书中讲到，大量研究表明雷蒙德·卢利的确在伦敦住过一段时间，还在伦敦塔中利用点金石炼金。他铸造的金币作者本人也亲眼见过，它在现在的英国仍被叫做雷蒙德金币或玫瑰金币。他自己也吹牛说他曾经炼过金。在那篇著名的《遗嘱》中他

① 铂：是一种化学元素，俗称白金。它的化学符号是Pt，它的原子序数是78。在自然界中常以自然矿状态存在，极为分散。由西班牙人乌罗阿（Ulloa）和武德（Wood）分别于1935年和1941年发现。——译者注

② 爱德华一世（Edward I），生于1239年，他于1272年大概三十多岁时即位为英王。——译者注

③ 爱德华二世（Edward II，1284—1327年），英格兰国王（1307—1327年在位），金雀花王朝成员。他的一生都被宠信的臣子和叛乱的贵族主宰，最后也因此悲惨地死去。被葬在格洛斯特大教堂。——译者注

④ 威斯敏斯特修道院（Westerminster Abbey），位于伦敦泰晤士河北岸，原是一座本笃会隐修院，始建于公元960年，1045年进行了扩建，1065年建成，1220年至1517年进行了重建。威斯敏斯特修道院在1540年英国国教与罗马教廷决裂前，一直是天主教本笃会即天主教的隐修院修会之一的教堂，1540年之后，一直是伦敦的国家级圣公会教堂。——译者注

说，至少有5万磅①重的汞、铅、铂等曾经被他变做纯金。看来事实很可能是，英王相信他是一个具有超人能力的炼金家，于是就把他邀请到英格兰来亲眼看看。因此，国王就将他雇来指导精炼黄金和铸币。卡姆登（Camden）虽然一点也不信那些关于炼金的传说，但对于有关铸币的说法他表示认同。他认为一个掌握了很多金属学知识的人被雇来铸币是很平常的事，并不稀奇。这时已经77岁高龄的雷蒙德，到了人生的迟暮之年，他巴望着人们能够相信这个伟大的秘密已经被他发现了。因此，他不仅没有揭穿谣言，相反地还助长了它的声势。为了回到罗马去进行那个比炼金术更让他挂念的工作，他没有在英国多做停留。他曾经向历代的教皇提议了几个计划，都没被采纳。他的第一个计划是将东方语言引入欧洲所有的修道院。第二个是为了更有效地抗击撒拉逊人，要将所有的军事教团缩编成一个，统一领导。最后一个计划是由于阿威罗伊斯（Ibn Rushd Averroes）②的书在穆斯林中比在基督教徒中更受欢迎，因此教皇应该下令禁止在学校中学习此书。但是对于他的计划教皇根本没兴趣，因此他只在罗马待了两年，就在什么保护都没有的情况下又一个人去非洲传播基督的福音书。在1314年，他到达博纳（Beaune）。由于穆斯林的先知在他的攻击下被惹怒了，拿石头对他一顿毒打后，又将他扔到海边自生自灭。在几小时后，一队路过那里的热那亚（Genoa）③商人发现了他，将他带到了船上，开往马略尔卡岛（Mallorca）④。这位不幸的人虽然还活着但是已经不能说话了。他就这样活了几天，当船开到能看到他家乡海岸线时，他已经停止了呼吸。人们将他的尸体送到了帕尔马⑤的圣欧拉利亚教堂（Saint Holy euler leah church），还在那为他隆重地举行了葬礼。后来，据说他的墓中经常闹鬼。

雷蒙德·卢利是他所在的那个时代最杰出的人物之一，虽然他曾在晚年时吹牛说炼过那600万的金子，但他在所有炼金术士中依然是最诚实的人。他的一生中著

① 磅（pound），英美制重量单位，1磅＝0.45359237公斤。是英国和美国使用的英制质量单位。——译者注

② 阿威罗伊斯（Ibn Rushd Averroes，1126—1198年），西班牙的穆斯林。为亚里士多德注释，更像一个亚里士多德主义者，尽管其注释主要依据希腊作者，其中一些不过是借题发挥，阐述新柏拉图主义。——译者注

③ 热那亚（Genoa），是个海港城市，意大利最大的商港，也是地中海沿岸仅次于马赛的第二大港，位于意大利北部。——译者注

④ 马略尔卡岛（Mallorca），位于地中海，马略尔卡岛上到处是砂质的海滩、陡峭的悬崖、种植着橄榄或是杏树的田野等自然风光。——译者注

⑤ 帕尔马：意大利北部城市。建于公元前183年，位于波河平原南缘，紧挨着帕尔马河，东南距博洛尼亚89公里。19世纪初为奥地利控制下的公国。——译者注

述相当多，有涉及语法、修辞学、伦理学、神学、民法、教规、物理学、玄学、星相学、医学和化学方面的著作将近500卷。

罗杰·培根[①]

　　一个比雷蒙德·卢利更伟大的人也曾对炼金术十分着迷，这个人就是罗杰·培根。他坚信存在点金石并用了很长时间来发掘它。在他的模范带头作用下，他那个时代的学者更加相信存在炼金术了，因此对寻找点金石更加积极。罗杰·培根于1214年出生在萨默塞特郡[②]的伊尔彻斯特。他曾经有一段时间在牛津大学学习，后来又到了巴黎大学，还获得了那里的神学博士学位。他1240年回到英格兰，做了圣弗朗西斯修道院的修士。在那个时代他被称为是最有学问的人，同时代的人都对他的才学感到诧异，认为他只能是从魔鬼那里学来的知识。

　　虽然有一层迷信的外壳包裹在他那聪明的大脑外，但是他天才的光芒并没有因此被遮挡。在那个时代所有喜欢钻研的人中，有关凹镜和凸镜的性质只有他一个人懂，还有一种"幻灯"也是他发明的，到现在已经成为玩具。这个小玩意儿一方面让他赢得了声誉，另一方面又将痛苦带进了他的生活。虽然炼金术在他眼里比不上别的追求，但这位伟人的名字也不应该被炼金术的历史忽略。由于各种知识他都喜欢，所以如果他或者社会没有对某个学科发现任何错误，他是不会放弃任何一个学科的。而他耗费在炼金术上的时间，也被他的物理学知识和对天文学的精通弥补回来。他因为发明了望远镜、阳燧和枪药等而闻名于世并被世代流传，但是与此同时，也由于人们过于关注他的成就而忽视了他在炼金术上的愚蠢——这是他那个时代社会的普遍问题。1557年，他所著的《在点金石生成中艺术和自然的伟大力量》这篇论文被翻译成法文在里昂出版。同年，他的《炼金术的反思》这篇论文也在法国出版，又于1612年在巴黎出版了与雷蒙德·卢利著作参照后的增补本。

① 罗杰·培根：英国方济各会修士、哲学家、炼金术士。他学识渊博，著作涉及当时所知的各门类知识，并十分熟悉阿拉伯世界的科学进展。提倡经验主义，主张通过实验获得知识。——译者注
② 萨默塞特郡（Somerset），英国英格兰西南部的郡，北临布里斯托尔湾。萨默塞特是34个非都市郡之一，实际管辖5个非都市区，占地3451平方千米。——译者注

教皇约翰二十二世①

据说，这位教皇在阿诺尔德·德·维尔诺这位朋友兼老师的指导下，炼金术的所有秘密都被他掌握了。根据传统的说法，他炼了许许多多的金子，临死前他已经跟大富翁克里萨斯（Croesus）一样富有了。他于1244年在吉讷（JiNe）省的卡奥尔②降生。作为一个布道者，他十分雄辩，因此在教堂中很快就升到了高高在上的位置。他曾经写过一本关于金属间相互转化的书，还在阿维尼翁③有一个著名的实验室。就因为有众多的炼金术士从基督教世界中涌现出来，于是他发出了两个谕令来反对这个技艺，由此可以看出他当时并没有被这种幻想迷惑住。但是，他却被炼金术士们誉为这方面最成功的专家，甚至认为他的谕令是为了对付那些滥竽充数的人，而不是针对真正的行家。他们解释说：那些贫穷的炼金术士就是冒牌的，很明显谕令是针对他们的。1344年他与世长辞，在下葬时他的棺材里被放进了1800万弗罗林④。人们都认为他的财富都是自己造的而不是积攒的。因此以此为证据，炼金术士们骄傲地认为这些就足以证明点金石并不是幻想。他们我行我素地认为那笔钱真的被约翰教皇留下了，还说他用别的办法哪能得到这么多钱啊？而后他们就得意地回答："他从阿诺尔德·德·维尔诺和雷蒙德·卢利那里学到了炼金术这件事，从他的著作中就可以找到答案。但他和所有其他的炼金术士一样小心谨慎，由于教皇已经想尽办法保密，所以任何人都没办法从那里探知到这个秘密。"不幸的是，为了对他们自己的话负责，所有的炼金术士都陷入了同样的窘境：这个伟大的秘密已经被他们发现，为了不让它失去价值又不能告诉别人，只能自己一个人研究。到后来，他们很可能会认为人们都去变金子了，结果这项技术都不值钱了，结果人们又不约而同地去变铜和铁。要是他们真的这样想，那么他们的自制力将会得到全社会的感激。

---

① 教皇约翰二十二世（拉丁语：Ioannes XXII，约1249—1334年），1316年至1334年在位。约翰二十二世在法国亚维农与神圣罗马帝国皇帝路易四世互相冲突、对立，约翰把路易四世革出教门。——译者注

② 卡奥尔（法语：Cahors），是法国南部比利牛斯大区洛特省的一个镇。——译者注

③ 阿维尼翁（法语：Avignon），是法国东南部城市，沃克吕兹省首府。在罗讷河畔，南距迪朗斯河和罗讷河汇合处4千米。市内有宫殿、教堂等，还有建于12世纪的阿维尼翁桥。——译者注

④ 弗罗林（florin），这是一种名为弗罗林的金币，热那亚和佛罗伦萨于1252年开始铸造，这种金币重3.5克左右，足金。弗罗林币通过南欧日益重要的贸易线路进入西欧和北欧，成为后来大多数欧洲金币的原型。——译者注

让·德·默尼格

那时候，探索这项技艺的人遍布各个阶层。我们在上面介绍的是一位教皇，接下来要讲的这个人是一位诗人。让·德·默尼格在1279年或1280年出生，以诗歌《玫瑰传奇》而著称，在路易十世、腓力五世、查理四世和腓力六世等人的朝中都曾任职过。那时流行的各种事物，尤其是他坚信炼金术这个技艺存在的态度，在他那首著名的诗中都谈论到了。除此之外，两首分别题为《大自然对炼金术士的规谏》和《炼金术士给大自然的答复》的短诗也是他写的。他最喜欢诗歌和炼金术，然而他最讨厌的是修士和女人。这里有一个有意思的故事，是有关他和查理四世宫中女人的。他曾写过一首诽谤妇女的诗：

> 每个人都曾经或将要，
>
> 被那些自愿的妓女打扰；
>
> 我们都在寻找她们，
>
> 她们也在把我们寻找。

这显然将她们触怒了。有一天，一些等待觐见的妇女在王宫前堂看见了他，她们打算教训他一顿。这群妇女大概有10或12人，每个人手里都拿着棍棒，将这个不幸的诗人团团围住。为了报复他，她们恳请在场的绅士们将他的衣服剥光，然后一边拿鞭子抽他一边游街。其中一些贵族觉得很有趣，表示乐意惩罚他。但这种场面并没有把让·德·默尼格吓住，他镇定地站在人群中，请求在场的人听他解释，要是他解释完了他们还不满意，他就任其惩罚。等局面平静下来，他就开始站在一个椅子上为自己辩护。他说他是写了那首不讨人喜欢的诗，但他解释说那并不是针对全体人的。他只不过是针对那些邪恶的、堕落的女人，根本不是在讲他周围这些如此善良、可爱、端庄堪称典范的淑女们。要是在场的女士们哪位觉得受到了侵犯，他愿意被剥光衣服，让她抽打他，直到她打累为止。他正是用此举躲过了一顿鞭打，而那些女人们也很快就消了气。在场的绅士们却都认为，因为这首诗，要是在场的所有妇女都发了脾气真的把他打一顿，那他肯定会被打死。在他的一生中，他最讨厌修士。他在那篇著名的诗中大篇幅地描写修士贪婪、凶残和卑鄙的品行。由于生前他过多地辱骂过那些修士，为了表示与他们和解，他将一个相当重的大箱子赠给他们了。人们都认为这个箱子里一定装满了金银，因为大家都知道他曾施展过炼金术。这些修士们还以为发了一笔财，开始相互祝贺。然而，当他们打开箱子后，却大吃一惊，发现里面只放着一些刻着象形文字和神秘符号的大石板。他们很生气，决定以他是一个巫师为托词，不肯按基督教的仪式给他举行葬礼。但是，最终他还是在巴黎被厚葬了，而且全体宫廷人员都出席了他的葬礼。

尼古拉斯·弗拉姆

　　传说中有关这位炼金术士的故事相当离奇，这一故事也被珍藏在朗格莱·杜·弗雷奈（Lange du Nigeria's Fred）的书中。13世纪末14世纪初，他出生在蓬图瓦兹①的家庭里——一个贫穷但受人尊敬的家庭。因为祖上没有给他留下什么家业，于是他很早就到巴黎谋生了，在那里做了一个公共抄写员。由于他有着很好的教育背景，对学术术语十分精通，而且书法也很好，所以他很快就得到了一个代人写信和誊写的职位。他常常在吕·德·马里韦克斯（Lu DE Mali wei cox）的一个角落里工作着，但是日子过得很拮据。为了使收入多些，他试图写诗，但这个职业更加糟糕。他给别人抄些东西，还可以买到面包和奶酪，可他写的诗连个面包皮都买不起。于是，他又尝试画画，依然没有效果。后来，又去给人算命和寻找点金石。这个办法很不错，很快他就赚了许多钱，他可以用这些钱很舒服地生活了。不久之后，他和彼德罗尼耶（Peter Ronnie）结婚了。婚后他开始攒钱了，但他依然穿得跟原来那样寒酸。在这几年中，他脑子里只有点金石、长生不老药和万能溶剂这些东西，其他的什么都不顾，完全地沉浸在炼金术的研究中。就在1257年一个偶然的机会，他花了两弗罗林买了一本旧书，紧接着他就投入了专注的研究。那本书是用一种钢器在树皮上划出来的，总共21页，或用他的话说就是共3乘以7片。书中是很漂亮的拉丁文字，每7片里就有一片是没有文字的图。第一幅图上画着一条蛇在吞一个柱子；第二幅画的是一条蛇被钉在一个十字架上；第三幅画的是在一个荒原中央的喷泉，在它旁边爬着一条蛇。写这本书的人号称身份不低于"亚伯拉罕

---

①　蓬图瓦兹（法语：Pontoise），是位于法国北部法兰西岛大区瓦勒德瓦兹省的一个市镇，瓦勒德瓦兹省的首府。——译者注

（Abraham）①、主教、犹太教②徒、国王、哲学家、牧师、莱维特和星相学家"。
所有那些既非殉道者又非抄写员的人看了都会咒骂它的。尼古拉斯·弗拉姆竟然认
为亚伯拉罕懂拉丁文这件事一点也不稀奇，并且坚信他书上的那些字符就是这位大
主教亲笔刻出来的。当他知道书里有咒语时，他都不敢看了。后来，当他想起虽然
他不是一个殉道者但曾经是一名抄写员时，就不再害怕了。他在读这本书时是满怀
着敬意的，而且他发现这是一篇研究金属间相互转化相当不错的论文。像容器、蒸
馏器、混合物以及实验的最佳时间和季节等这些过程中的细节，书中都清楚地讲述
了。但是它有一个不可逾越的困难，就是已经假定点金石或这个过程的原始材料已
经存在，这就变得棘手了。这就像告诉一个饥饿的人烤牛排的方法却不给他钱去买
生牛排一样。但尼古拉斯并没有因此而放弃，而是针对书中大量的甲骨文和有寓意
的图画开始着手研究。他很快推断出这是一部耶路撒冷清真寺遭破坏后被台塔斯拿
走的犹太人的圣书，但是有关这个结论的推理过程他并没有提到。

　　他在研究论文时推断出点金石的秘密就隐含在书的第四页和第五页上的图画
中。这篇优美的拉丁文没了它一点儿用都没有。为了研究这些图画，巴黎所有的炼
金术士和学者都被他邀请过来，但这些人一无所获，从尼古拉斯的图画里没有人能
发现什么。甚至有人说他那宝贝书本来就什么价值都没有，他听后觉得有点不可忍
受。因此，尼古拉斯决定不再用那些哲学家们了，由自己来亲自发掘这个秘密。他
发现在第四页的正面画着一个正在打莫丘利③的老年人，他看上去就像时间老人或
农神④。那老人头戴沙漏，手拿大镰刀，正瞄准了砍向莫丘利的脚。这一页的背面
画着一朵长在山顶上的花，正在风中剧烈地摇动着，它的茎秆是蓝色的，花朵是红
白色的，叶子是金黄色的。有许多龙和狮身鹰头兽围绕在它周围。在第五页的正

---

① 亚伯拉罕（希伯来文：אַבְרָהָם，阿拉伯文：ابراهيم，英文：Abraham）或亚巴辣罕、易卜拉欣
（Ibrahim）（多国之父的意思），原名亚伯兰（希伯来文：אַבְרָם ）或亚巴郎（Abram）（意为崇高之
父），是犹太教、基督教和伊斯兰教的先知，是耶稣从地上众生中所挑选出来并给予祝福的人。同时
也是传说中希伯来民族和阿拉伯民族的共同祖先。——译者注

② 犹太教（希伯来语：יהדות Yehudah），中文曾俗称挑筋教，是在公元前2000年西亚地区的游牧民
族希伯来人中产生的。犹太教的成年礼在12岁（女）与13岁（男）。犹太教崇拜单一的主神（一神信
仰）（YHWH 希伯来语："יהדות"），是希伯来人民族宗教。——译者注

③ 莫丘利（Mercurius），是罗马神话中朱庇特与女神迈亚（Maia）生的儿子，担任诸神的使者和传
译，又是司畜牧、商业、交通旅游和体育运动的神，还是小偷们所崇拜的神。他也是医药、旅行者、
商人和小偷的保护神，西方药店经常用他的缠绕两条蛇的手杖作为标志。——译者注

④ 农神：萨图努斯（saturnus）是宙斯的父亲，希腊神话中的农业之神。土星（saturn）也以他的
名字命名。——译者注

面画着一个漂亮的花园，花园中央有一根巨大的橡树干支撑着一棵盛开的玫瑰树，有奶酪状的泉水从它的脚下滴出，泉水汇成一条小溪，从花园中流过，然后又在沙地中消失。在这一页的背面是一个手持利剑的国王，完全不顾一群母亲的哀求和恐惧，正在命令一队士兵去杀害一群儿童。同时还有另外一队士兵正在仔细地收集着这些儿童的血，并将它集中在一个大桶里，象征太阳和月亮的两个人在桶中洗澡。

可怜的尼古拉斯整整21年都在不知疲倦地研究着这些图，但是一无所获。最后他在妻子彼德罗尼耶的劝说下去找一位博学的老师，但是整个巴黎没有一个人博学到能够做他的老师。尼古拉斯·弗拉姆了解到法国人不欢迎犹太人，因而大部分的犹太人都住在西班牙，所以他决定去西班牙找他们。他担心书会在路上被人劫走，于是就把它留在了巴黎，他还告诉邻居他要去孔波斯特拉①的圣房姆斯大教堂朝圣。随后，他为了寻找一位老师，就步行着长途跋涉到马德里去了。他住在这个国家的两年里，和那些在卡佩王朝统治时被逐出法国的犹太人后裔混得很熟，下面这一段奇遇就是那些相信点金石的人讲述的。他在里昂认识了一位名叫柯希斯的改教犹太人，是一位很出色的医生。他将那本书的题目和内容告诉了这位医生，这位医生听后马上激动起来，决定即刻和尼古拉斯一起动身回巴黎，亲眼目睹一番。于是，这两个人一同起程。在路上这位医生充满热情地对他的同伴讲述那本书的历史。若真的如他所想，那确实是亚伯拉罕的真迹，而且一直以来拥有它的都是像摩西②、约书亚③、所罗门④、埃斯德拉斯这样杰出的人物。由于炼金术和其他科学的一切秘密都囊括在它之中，因此它被称为有史以来世界上最有用的书。这位医生也很擅长炼金术。在他们身穿朝圣者的衣服回巴黎的路上，尼古拉斯从医生那里学到了很多知识，并坚信他们能够将巴黎城里所有破旧的铁锹都变成纯金。很不幸的是，这位医生到达奥尔良时忽然染了重病，尼古拉斯既做大夫又做护士地在他床前

---

① 孔波斯特拉：又译为圣地亚哥-德孔波斯特拉，是西班牙加利西亚自治区的首府。是天主教朝圣胜地之一。相传耶稣十二门徒之一的雅各安葬于此。圣地亚哥-德孔波斯特拉古城于1985年被列为世界文化遗产。西班牙境内和法国境内的"通往圣地亚哥-德孔波斯特拉之路"分别于1993年和1998年被列为两项单独的世界文化遗产。——译者注

② 摩西：是在旧约圣经的出埃及记等书中所记载的公元前13世纪时犹太人的民族领袖。他在犹太教、基督教、伊斯兰教和巴哈伊信仰等宗教里都被认为是极为重要的先知。按照以色列人的传承，摩西五经就是他写的。——译者注

③ 约书亚：圣经中的人物，是继摩西后，以色列人的首领。他的主要事迹记载在旧约《申命记》、《约书亚记》等章节中。——译者注

④ 所罗门：古代以色列王国第三任国王，是大卫王朝的第二任国王、大卫王朝创始人大卫王的爱子，《圣经·旧约全书》中《箴言》《传道书》《雅歌》的作者。——译者注

伺候着，但是在几天后这位医生还是死去了，死之前他还在为没能见到那本珍贵的书而感到心痛惋惜。伴着心中巨大的悲痛，尼古拉斯把他很体面地埋葬了，然后一贫如洗地回家见他的妻子。回家后，他马上再次投入对那些图的研究之中。两年过去了，依然什么也没发现。第三年，一个偶然的机会，突然有个灵感闪现在他脑海中，他回忆着他那位朋友的话，发现之前所有实验的前提都是错的。于是，他又重新开始，继续研究。功夫不负有心人，就在1382年1月13日，他成功地把水银变成了上等的白银，随即又在4月25日把大量的水银变成了纯金。就这样，这个伟大的秘密终于被他发现了。

虽然这时候尼古拉斯已经80岁的高龄了，但仍精神健旺，身体硬朗。他的朋友说，他就在这个时候还发现了长生不老药，所以他又多活了25年。他在1415年去世，享年116岁。那时候，虽然他造出了很多的纯金，但他从表面上看起来仍然是穷困的样子。在他刚开始变富有时，他和所有可敬的人一样，同他上了年纪的妻子商量这些财富该如何合理利用。彼德罗尼耶说，很不幸的是，他们没有后代，所以最应该拿这些钱来办医院和捐赠给教会。尼古拉斯很认同，尤其是他发现即使有了长生不老药他也依然会死，而且死神正在渐渐逼近。于是，他捐建了很多钱给他一直生活的马里韦克斯（Mali wei cox）大街附近的圣雅克·德·拉·布谢教堂①。除此之外，他捐建了7个位于这个国家不同地方的教堂。同时，有14所医院和3个自由教堂也是他创建的。

他因富有和慷慨的善行而闻名全国。当时著名的医生让·热尔松、让·德·库特屈斯和皮埃尔·德·艾利都去拜访过他。他们在拜访时发现他衣衫褴褛，住的房子也很破旧，就连喝麦片粥用的饭盆都是土做的。当问他那个秘密时，他和之前所有炼金的先辈们一样绝口不提。不久，国王查理六世也听说了他，于是就派雷克尔兹主教德·克拉穆瓦西先生去打听点金石是不是真的被尼古拉斯找到了。德·克拉穆瓦西先生绞尽脑汁想从尼古拉斯那里盘问出秘密，结果什么也没打听出来，只得像泄了气的皮球似的回去复命。就在公元1414年，他妻子去世后不久，他也随他妻子而去。为了感谢他的善举，圣雅克·德·拉·布谢的教士们为他举行了隆重的葬礼。

法国一些教堂和医院的记录都可证明尼古拉斯的确相当富有。而且从他留下的

---

① 圣雅克·德·拉·布谢教堂（Saint Jacques de LABS church shelter），也称圣·雅克·德·拉布舍里教堂，位于法国巴黎的尚帕涅·阿登地区。——译者注

大量相关著作来看，他也确实研究过炼金术。那些很了解他却不相信点金石的人，为了圆他们的观点就对他的富有做了一个自认为合理的解释。他们解释说，一直以来他都是个守财奴并且还放高利贷。对于那次他去西班牙的目的的解释也和炼金术士们的说法很不一样，说他是为了从那里的犹太人手中讨回他们的兄弟在巴黎欠下的债才去的那里。他甚至还索要了百分之百的佣金来弥补收钱的困难和路途的艰险。等他富有了之后，他只需待在家里享受就行了。他放债给那些无所事事的年轻人以获取高额利润，成了法国最大的债主。

《玫瑰传奇》第三卷的附录是由尼古拉斯·弗拉姆写的一篇名叫《哲学纪要》的诗，它出自于他写的有关炼金术的1753年重印版的著作中。他还写了三篇关于自然哲学的论文以及一篇有关炼金术的名叫《向往的愿望》的寓言。他的手稿样本以及亚伯拉罕那本书上的图画在萨尔蒙的《哲学家传记》中都可以查阅到。《世界名人传记》中讲述弗拉姆这篇文章的作者说："虽然弗拉姆已经去世100多年了，但是仍有许多炼金术士相信他还活着，而且还能活到600岁。常常会有相信他的人在参观马里韦克斯角落的故居时，搜遍了那里的每个角落，试图找出金子来。在1816年以前，巴黎有一篇报道讲到一些房客在屋顶发现了一些盛满了黑色重物的罐子。有个人对所有关于尼古拉斯的神奇的故事都深信不疑，并在传闻的诱惑下，将这座房子买下了。在他尝试着从墙壁和护壁板中找出藏着的金子时，差点把房子弄塌了，也没发现任何东西。后来，为了将这个破烂房子恢复原貌，他欠下了很多的债。"

乔治·里普利

就在欧洲大陆的人们火热地追求炼金术之时，也深深地影响到了不列颠群岛。从罗杰·培根时代开始，就有很多热情的英国人对炼金术很感兴趣。但是，在1404年通过了一项法案，指出会将那些制造金、银的人判重罪。因为那时候人们都害怕会有某位成功的炼金术士使用他的财富来帮助某位野心家来奴役国人，那样会将这个国家毁掉。很快，人们就不再担心了。1455年，在议会的建议下，国王亨利六世①为了寻找点金石和长生不老药连续四次授权给一些爵士、伦敦市民、化学家、修

---

① 亨利六世（Henry Ⅵ，1421—1471年），兰开斯特王朝的最后一位英格兰国王（1422—1461年；1470—1471年）。因为他很软弱，使得在亨利五世时代英格兰取得的丰硕战果都逐渐丧失了，最终陷入血腥的玫瑰战争之中。——译者注

士、牧师还有一些其他人专利。专利证上写着"一方面是为了国家的利益"，"另一方面还能用真正的金银来帮助国王偿还王室的债务"。普林在为他的一本书中的一段话作注时说，国王之所以将这项工作授权给牧师来做是这样打算的，"既然他们在领圣餐时都能把面包和酒变成基督的身体和血，那怎么就不能把金属从不值钱变成值钱呢？"当然，这些人也没有炼出金来。1456年，国王开始怀疑这是否可行了，为了判断和验证是否真的可以转化金属，他又挑选了10位学者和名人组建一个委员会来调查。很显然，对于这个问题该委员会没有研究出任何结果。

然而，就在接下来的一个王朝里，有一个人声称他已经发现了这个秘密。他就是约克郡布里德林顿的牧师乔治·里普利。他曾经在意大利的大学里学习了20年，教皇英诺森八世十分宠爱他，还任命他做教皇的家庭牧师，在教皇家中主持一些仪式。1477年，他回到英国，将他的名著《复合炼金术——合成点金石的十二个窍门》献给国王爱德华四世[①]，在这本书中分别讲解了煅烧、熔解、分离、连接、腐烂、冷凝、摄食、提纯、发酵、精炼、增殖和喷射这些方法。然而还有一个最重要的过程就是自寻烦恼。人们确信他能把铁变成金是因为他相当富有。在《英国名人传记》中富勒（Fuller）讲到，据一位可靠的英国绅士报道，他去国外旅行到了马耳他岛时，发现那里记载了这样一件事，说每年里普利都会资助该岛和罗德岛上的骑士们10万英镑去打土耳其人。等到里普利老了后，他就隐居到了波士顿附近，还写了25卷关于炼金术的著作。在他去世之前，他好像认识到了他研究的这些都没有意义，并请求人们都不要相信他的书，看到就将它烧毁。因为那些书中描述的都是他个人的想法，而且没有依据，人们后来也在实验中证实那些方法是错误的和徒劳的。

希拉西尔·瓦伦丁

在15世纪的德国也涌现出了许多有名的炼金术士，其中主要有希拉西尔·瓦伦丁、特雷沃的贝尔纳德（Bernard）及修道院长特里特姆斯。希拉西尔·瓦伦丁出生在美因茨，大概在1414年被选做埃尔富特[②]的圣彼得修道院院长。很显然，他曾经孜孜

---

① 爱德华四世（Edward IV，1442—1483年），英格兰国王，于1461年3月4日至1483年4月9日在位。是约克公爵理查之子。——译者注

② 埃尔富特市（Erfurt），是图林根州的首府，人口21万。位于图林根盆地的南部。市内有医学科学院。1970年3月19日东西德政府首脑的首次接触会谈在此市举行。——译者注

不倦地寻求点金石，还就金属转化过程这一问题写了许多相关著作，多少年来都被误以为失传了。但就在他去世后，人们很快就在修道院的一个石柱里发现了这21本书。这件事被朗格莱记载在《炼金哲学史》中。炼金术士们说这些奇书被奉献给世人是天意。因为据说是一道霹雳将那个石柱给劈开的，等取走手稿后，石柱自己又合上了。

特雷沃的贝尔纳德

这位哲学家就是典型的将天才和耐性集为一体的错误化身。他对幻想的追求是任何东西都无法阻挡的，同时，他的希望也不会被连续的挫折打击磨灭。从14岁到85岁，一直以来，他都在实验室里与药剂和熔炉打交道。对长寿的希望使他将自己的生命耗费，而对富有的渴望却使他穷困潦倒。

1406年他在特雷沃或帕多瓦出生。有人说他父亲是帕多瓦的医生，还有人说是特雷沃马尔谢斯的伯爵，是国内最富有的贵族之一。总之，不管他父亲是医生还是伯爵，都是个大富豪，留了大量的家产给他的儿子。贝尔纳德在14岁的时候开始钟情于炼金术，还为此找来原版的阿拉伯著作开始阅读。对于自己的工作和旅行，他做了很有意思的记录。我们主要从他的记录中摘出了如下的内容。他读的阿拉伯哲学家里兹写的那本书是他的读的第一本书，读完后他认为自己发现了一种方法可以将一块金增加一百倍。因此，他拿着里兹的书连续4年都在实验室里工作。后来，他发现自己除了火和烟之外一无所获，还为了做那些实验花掉了不少于800克朗。后来，他对里兹失望了，又转而研究贾比尔的书。为了研究贾比尔的著作，他又用了大约两年的时间。由于他这个人既年轻、富有又很容易相信别人，因此所有城里的炼金术士整天围着他，好心地帮他花钱。当2000克朗——在那时候已经是很大一笔钱了——都被他花光之后，他对贾比尔也失望了，同时也开始厌烦那些饥饿的助手了。

围绕在他身边的这些人中，和他一样专注且无私的只有一位。这个人是一名修士，来自圣弗朗西斯修道院。他和这个人形影不离，成为很要好的朋友。后来，一些鲁佩西塞和萨克罗博斯卡写的晦涩难懂的文章被他俩发现了。他们发现酒精在高度提纯之后将可以溶解任何东西，这将会在很大程度上有助于转化工作。酒精被他们提纯了30回，最后甚至把装它的容器都炸裂了。就这样，他们持续做了3年，光是买酒钱就花费了300克朗，最终才意识到他们的方向错了。于是，他们又用明矾和绿矾做实验，依然没有破解这个秘密。后来他们又觉得所有的粪便都有奇效，特别是人的粪便，随后他们竟然真的花了两年的时间用粪便和水银、盐、熔铅等做实验。后来在他身边聚集了许多来自各地的炼金"高手"，他们给他一些建议，他都友好地接受了，还大方地将他的财产赠与那些人。因此，他被这些人称做"特雷沃的大善人"。炼金术方面的相关书籍中这个称呼常常被提到。在这12年中，他每天都在白天时拿新物质来做实验，而到了夜里和早上就向上帝祷告助他早些将转化的秘密破解。

在这段时间里，他的修士朋友离他而去。然而与此同时，特雷沃城中又有一名和他一样钟情于这项研究的官吏加入了他这一行。他的这位新同伴觉得既然海洋是金的母亲，那么可以用海盐将铅或铁转化成贵重的金属。贝尔纳德听说后，下决心尝试一下。因此，他将他的实验室转移到了波罗的海①海滨。这一年多的时间，他们一直用盐做实验。他们把盐熔化、蒸馏、再结晶，有时候出于一些别的实验需要，他甚至还喝一些。但是在他们的努力下依旧一无所获。这位奇怪的工作狂仍然没有放弃，一次实验的失败只能激发他做下一次实验的决心。

这时，他已经快50岁了，也没去过外面开开眼界。于是，他决定去旅行，到德国、意大利、法国和西班牙这些国家走走。每到一个地方，他都会询问一下这里有没有炼金术士，每次他都会有所发现。要是遇上贫穷的，他就帮帮忙，要是富裕的，就鼓励一下。他在斯德克斯时，结交了一位当地的修士，名叫若弗雷·卢维耶。他听这位修士说蛋壳中的元素很有利用价值，便尽他所能地做了实验。多亏佛兰德公园贝赫姆的一位律师的观点扭转了他的错误，他才没有为此而浪费一两年的时间。那个律师说，秘密的关键在于醋和绿矾。然而，他按律师的意思去做，差点把自己毒死，这时，他才发觉这是个多么荒谬的想法。在法国，他住了将近5年。一次偶然的机会，他听说点金石已经被一位给国王腓特烈三世做忏悔的亨利大主教发现了，他马上启程去德国拜访这个人。这时，依然有一群食客围在他身旁，还有几个要跟他一起去，他不忍心拒绝，于是就带了其中的5人到了维也纳。贝尔纳德很绅士地邀请了这位神父，热情地款待了他以及维也纳当地所有的炼金术士。亨利大主教坦率地讲自己根本没有发现点金石，但他把全部心血都放在了寻找它上，

---

① 波罗的海（Baltic Sea），是世界上盐度最低的海。它因芬兰湾沿岸从什切青到的雷维尔的波罗的山脉而得名，波罗的海被西欧各国（如英国、丹麦、德国、荷兰等）称为东海，而被东欧的爱沙尼亚称为西海。——译者注

日复一日，年复一年，要么死，要么找到它。这两个志同道合的人成了一生的朋友。而且在他们吃饭时，为了凑足42马克，要求在场的所有炼金术士都奉献出一些马克①金币来。亨利大主教信心满满地说，他的熔炉在5天之内就能制造出5倍的金来。首先，作为这里最富裕的人，贝尔纳德出了10马克的金币，占了总数的很大一部分，然后亨利大主教拿出了5马克，别人各两马克。而跟随贝尔纳德来的那些人为了交他们的那部分，只能从他们的资助人那里借钱。人们立刻着手实验，他们将金马克和一些盐、绿矾、浓硝酸、鸡蛋皮、水银、铅和粪便一同放入一个坩埚。炼金术士们满怀希望地看着这宝贵的杂烩，盼望着看到它们锻造成一大块纯金。三个星期之后，由于坩埚不够坚硬，还有就是少了一些必要的元素，他们不得不放弃了这个实验。据说他们根本没有放进42马克，因为实验结束后那里还剩下16马克的金币，也不知道是不是有小偷拿走了坩埚里的钱。

在维也纳，贝尔纳德不仅没能造出一点金子，而且还花掉了许多钱。由于这次损失，他又开始心疼钱了，下决心再也不去想该死的点金石。虽然他为这个明智的决定坚持了两个月，但他自己却感觉异常郁闷。他就像个赌徒似的，在诱惑的驱使下，哪怕还剩一分钱，也会带着挽回损失的念头继续尝试，致使最终绝望到无法生存也在所不惜。于是他又下定决心，重整旗鼓，带着"去寻找一个发现了这个伟大秘密并且和他有共同语言的哲学家"这样的目的继续他的旅行。他从维也纳动身，先后到过罗马、马德里，又从直布罗陀②坐船去了摩西拿③，此后他还先后到过塞浦路斯④、希腊、君士坦丁堡、埃及、巴基斯坦和波斯⑤。这样，他在外漂荡了8年之后，又从波斯回到摩西拿，然后又去了法国，再漂过英吉利海峡到了英国，这又耗费了两年的时间，他始终没有放弃那伟大的幻想。这时候他已经62岁了，为了生存，他不得已将大部分祖业都卖掉了，又穷又老。去波斯旅行那次，他就花掉了1.3万克朗，其中有一半被耗费在炼金炉里，而另一半则是被他大方地送给所到之

① 马克：古代欧洲的货币计量单位，最早时相当于8金衡盎司（249克）纯银，后来演变为半磅。马克作为古代货币单位名称，曾通用于古代的欧洲西部地区，包括英格兰。——译者注
② 直布罗陀（Gibraltar），欧洲伊比利亚半岛南端的城市和港口。在直布罗陀海峡西端的北岸，是大西洋同地中海的交通要道。——译者注
③ 摩西拿（Messina），意大利西西里岛的港口城市。——译者注
④ 塞浦路斯（the Republic of Cyprus），在地理上是个亚洲岛国，隶属欧洲，位于地中海东部，如今是地中海地区最热门的旅游地之一。——译者注
⑤ 波斯（Persia），伊朗古名。历史上在这一西南亚地区曾建立过多个帝国，全盛时期领土东至巴基斯坦，西北至土耳其、欧洲的马其顿、色雷斯，西南至埃及。——译者注

处费力找出来的那些类似小人的趋炎附势的炼金术士了。

等到他返回特雷沃后，他伤心地发现自己沦落到跟个乞丐差不多了。他被亲戚们看成是一个疯子，甚至都没有人愿意见他。他不肯求助于任何人，依然坚信未来的某一天他会变得很富有。为了不让人看到他这落魄的样子，他决定隐居到罗德岛去。很不幸，他又遇到一个像他一样疯狂研究炼金术的修士。虽然他们都没钱买做实验的材料，但他们依然毫不气馁地认真钻研炼金哲学问题，并阅读相关名著。

在罗德岛居住了一年以后，贝尔纳德得到了曾与他家交往过的商人资助他的共8000弗罗林，并用他们家以前大庄园仅存的最后一部分地产作为担保。在别人的资助下，他如同个年轻人般热情高涨地重操旧业。他把自己关在实验室里，甚至都没时间洗手、刮胡子，他就在这样高强度的工作下过了3年。令人惋惜的是，像这样惊人的毅力竟浪费在这种徒劳的追求中，像这样充沛的精力竟没有发挥到有价值的领域中去。甚至在他老年时，就连最后一个金币也被他熔完、连温饱都不能解决时，他也依然坚信他终有一天会成功。虽然他已经是白发苍苍的80岁老者了，却还在读有关炼金术的书，从贾比尔时期一直读到他生活的那个时代。他认为，这样一来就算是某些过程被他误解了，他也还有机会重新开始。炼金术士们说，他终于在82岁时成功地发现了这一伟大的秘密，还说他人生的最后3年生活得很富裕。当然，他在将近83岁时确实有一个比金子和宝石更有价值的发现。用他自己的话说就是一个哲学上最大的发现，即知足常乐。他要是早一点发现这个秘密，就不会这么老了还像乞丐一样到处流浪。

1490年，他在罗德岛去世，欧洲所有的炼金术士都不约而同地为他唱起挽歌，将他称做"特雷沃的大善人"。针对他那个幻想，他还写了几篇论文，主要有《化学之本》和一个小品文《自然之卵》。

特里特海姆斯

虽然他在炼金术上做得很少，但这位杰出的人物在炼金术史上名气很大，这个有争议的荣誉还是被他得到了。1462年，他出生在特雷沃领地一个叫特里特海姆的村庄，约翰·海登博格是他的父亲，从事葡萄种植工作。他父亲在他7岁时去世，把他交给母亲照顾。很快，母亲就改嫁了，而且对他不管不顾。他在15岁时依然不会写自己的名字，还总是挨饿，动不动就会遭到继父的虐待。虽然他的童年生活如此不幸，可他心中却十分热爱知识。在邻居家的房子里，他学会了读书。他白天在继父的看管下在葡萄园里干活，但他可以自由支配晚上的时间。等全家都睡熟了，他经常偷跑到地里趁着微弱的月光学习。他的初级拉丁语和希腊语就是这样学会的。后来，他决心离开这个家，一方面是由于他在家中总是被奴役，另一方面是出于对学习的热爱。于是，他拿着生父留给他的遗产到了特雷沃城，就连他的名字特里特海姆斯也是根据那里的村名起的。在那里住了几个月后，他接受了一些名师的指导，打算考大学。不过到了20岁时，他忽然打算去看望他的母亲。于是，他离开了那所远离家乡的大学，徒步返回。在一个冬天的夜晚，天气阴冷，就在他接近斯班海姆时，飘起了大雪。由于他无法到达那个小镇了，为了躲避风雪，就住进了附近的一个修道院。但在连续几天的暴风雪之后，道路都被堵住了，而这里的修士们也十分好客，不愿让他离开。因为他也很喜欢这些修士以及他们的生活方式，所以他决定要永远留在那里。而修士们也都喜欢他，很乐意把他认做弟弟。两年后，虽然他依然很年轻，但是大家都一致同意选他做院长。那时候财务没人管理，这里建筑的墙也开始倒塌，局面混乱不堪。在特里特海姆斯精明的管理和规范下，每一项花销都有了很大改进。在他的努力下，修道院被重新修缮，财政每年不仅不再亏空反而有盈余，这一切充分证明他的劳累没有白费。他发现修士们总是很闲，除了祷告便是下棋娱乐，他不愿意看到他们这样虚度年华，就给他们每人分一些名著来抄。就这样，在他们的勤奋工作下，几年时间里原本只有四十几册藏书的图书馆逐渐拥有了包括以前一些神父的手稿，和当时一些知名历史学家和哲学家的著作，以及一些经典的拉丁语著作在内的几百本有价值的手稿。在这个院长的职位上，他一干就是21年，最终，由于修士们实在无法忍受他那严格的戒律就开始反对他，并选出了另一个院长取而代之。离开这里之后，他没过多久就被任命为维尔茨堡[①]的圣詹姆斯修道院（St. James' Abbey）院长，并于1516年在那里去世。在斯班海姆时，他在闲暇之余还写了几部关于神秘科学的著作。里面主要包括这样的几篇论文：一篇是关于泥土占卜术的，即在地上画一些线和圈来占卜。第二篇是关于巫术的，第三篇是关于炼金术的，第四篇是关于天使对世界的统治的。

持转化说的人认为，斯班海姆修道院的财产是从点金石上得来的而不是来自于精善的管理。和其他所有的炼金术士一样，特里特海姆斯也曾被以搞

---

① 维尔茨堡（Wurzburg），德国中南部城市。滨临美因河。维尔茨堡大学就建在此地，德国物理学家伦琴1895年在此发现X射线。——译者注

邪术的罪名而起诉过。有个故事说得很神奇，说他接受了国王马克西米利安（Maximilian）①的请求，从墓中将国王死去的妻子玛丽·布贡蒂的人形变了出来。由于他在有关神秘文字的著作中宣扬魔法和邪术，有人去帕拉蒂诺伯爵弗雷德里卡二世那里将他告发了。他得知后索性从书架中抽出那本书烧了。对于魔鬼和福斯图斯博士的故事，特里特海姆斯都持相信的态度，而且他在所有的作者中是第一个将这个故事写进书中的。他曾经还宣扬过一些奇怪荒诞的思想，讲的是一个总是折磨他的名叫于德金的神。

德·雷斯元帅

吉拉·德·拉瓦尔（Gilardino de Rawalpindi）是雷斯伯爵和法国元帅，是最大限度地推动了15世纪炼金术的人之一。对于他的名字和事迹很少有人知道，但是他的罪行和错误则是史无前例的。在小说中，他干过的事是最残忍、最可怕的。要不是有确凿的法律文件来证实这些细节的话，那些浪漫的人肯定不会认为这些是历史上的真实故事，而是轻易地把它当作是那些富于幻想的人编造出来的。

1420年，他出生在一个位于布列塔尼最显赫的家族中，吉拉的父亲在他20岁时就去世了，留给他很大一笔财产。法国的统治者们都因此而忌妒他。他与蒙莫朗西②、龙斯、克拉翁（Craon）等是近亲，拥有15个领地，每年有将近30万里弗③的收入。除此之外，他还长相英俊、学问渊博、十分勇敢。他因在查理七世④注领导的战斗中表现突出，被封为法国元帅。由于他在年轻时习惯了任何欲望和要求都要满足，所以他生活奢侈，而且开始不断堕落，不断犯罪，最终成为人类历史上最臭名昭著的人。

---

① 马克西米利安一世（Maximilian I，1459—1519年），神圣罗马帝国皇帝，奥地利大公（1493—1519年），神圣罗马皇帝腓特烈三世之子。——译者注

② 蒙莫朗西公爵（法语：Duc de Montmorency），是法国的一个贵族称号。它最早是蒙莫朗西家族的专属头衔，于1551年被授予法国陆军总司令安尼·德·蒙莫朗西。1632年，由于蒙莫朗西家族卷入叛乱事件，爵位被剥夺。1633年，该爵位再次被颁发，接受者是蒙莫朗西家族的女婿亨利二世·德·波旁（第三代孔代亲王）。此爵位于1689年改称为昂基安公爵（Duc d'Enghien），从此成为孔代家族的世袭称号。——译者注

③ 里弗：也被称做里弗尔。它是法国古代货币单位之一。——译者注

④ 查理七世（法语：Charles VII le Victorieux，又称忠于职守的查理，1403—1461年），法国瓦卢瓦王朝国王，于1422年至1461年在位。他最后打赢百年战争，为法国在接下来几个世纪的强盛奠定了基础，被称为胜利者。——译者

　　在尚托塞的城堡中，他过着一种像东方的君主那样的生活。在他身旁有一支由200人组成的骑兵队时刻保护着他。因此，每次他外出狩猎的场面就成了当地一个奇观。甚至连仆人和马匹的装束都相当华丽。他的城堡一年四季都全天开放来招呼所有来访的人。他规定，就算是最贫穷的乞丐，也要用美酒来热情招待。每天，他的厨房里不仅有羊、猪、家禽等，还要烤一头牛，这些东西足够500人吃的了。他也投了很大一笔资金在宗教信仰上。他在尚托塞建了个全法国最漂亮的小教堂，像巴黎的圣母林苑、亚眠、博韦和卢昂的这些有丰厚捐资的教堂也远远比不上它，他甚至将金衣和贵重的天鹅绒挂在教堂里。纯金上镶嵌着白银制成了全部的枝形吊灯，祭坛上放着银制的十字架，还有纯金打造的圣餐杯和香炉。除此之外，他还有一架很好的风琴，他每次换住所时，都会找六个人抬着它跟着他一起搬走。他还拥有一个唱诗班，在当时最好的音乐师指导下由25个童男童女组成。有主教、主持牧师、副主教、牧师等这些职位设置在他的教堂中，都是待遇很丰厚的职位。主教年薪4万克朗[①]，其他的人按比例发放。

　　他找来舞女和民谣歌手各10名，还有跳莫里斯舞的、变魔术的以及各种各样的江湖人士组建了一个戏班。还建了个豪华的戏院，每天晚上他携带自己的家眷和来这里享受奢侈款待的陌生人一起看神话剧、莫里斯舞等。

　　他在23岁时和图阿斯家族的女继承人卡特林（Catlin）结为夫妻，还花了10万克朗重新为她装修了城堡。结婚后，他却更加奢侈浪费了。新生活开始后，他比以前更疯狂了。为了供他和妻子娱乐，他请来国外著名的歌手和舞伎，每周都在他的大院子里举行马上比武大会，布列塔尼[②]的骑士和贵族都会参加。就连布列塔尼领地的公爵都比不上德·雷斯元帅的一半奢侈。众所周知，他纵情挥霍。他以3倍的价格买来各种东西，他把钱随意地赏给晃荡在城堡里的贪婪食客和说客。后来，他往常那种追求感官的行为突然都中止了。人们看到他开始控制食欲，也不再像往常那样关注漂亮的舞女了。他变得常常惆怅和少言寡语。在他的眼中会发现一种异常的野性闪耀，类似精神错乱初期的表象，但他还是跟以往一样讲话很有逻辑性，彬彬有礼地招待那些来自各处的客人们。和他交谈过的那些有学识的牧师都认为他是

①　克朗：一个货币单位，名称的意思是"王冠"，同英语的"crown"，在以下地区作为货币使用：丹麦、挪威、瑞典、冰岛、捷克、斯洛伐克。——译者注

②　布列塔尼：法国的一个大区，位于法国西北部的布列塔尼半岛，英吉利海峡和比斯开湾之间。首府是雷恩。——译者注

法国最博学的贵族。但是，在这个国家里逐渐散播出一种恐怖的谣言。在这个谣言中他被怀疑是凶手，如果谣言是真的，那么他甚至比凶手更凶残。据说突然失踪了很多童男童女，而且再无音讯。曾经有人看到其中的一两个进了尚托塞的城堡后就没再出来。但是，像德·雷斯元帅那样有权势的人，没人敢控告他。每当人们当着他的面提到有关孩子失踪的事时，他总会表现得很惊讶，还对那些绑架小孩的人表示十分气愤。但他这样做也没能瞒天过海，孩子们认为他的名字就像神话故事中吃人的妖魔一样可怕，孩子们经常被大人们告诫，即便是绕远多走几里路，也不能经过他的塔楼。

这位元帅骄奢淫逸地生活了几年后，很快就花光了所有的钱，不得不将家产变卖。他那昂贵的安格朗德庄园在他与布列塔尼公爵签订契约后就被卖掉了。但是，国王查理七世却被吉拉的继承人请来干预这次拍卖。于是，查理马上发出诏书，在布列塔尼省议会批准后，他转让祖业的行为被禁止。没办法，吉拉只得屈从。这样一来他的元帅津贴成了供他挥霍的唯一来源。但这些钱连他花费的十分之一都不够。以他的性格和习惯，不可能节俭地生活，于是他的骑兵、弄臣、莫里斯舞表演者、唱诗班、食客等被迫遣散了，而且只有那些他真正需要的人才会被款待。虽然他失去了很多，但是他仍然不知悔改，还想着回到曾经那样的生活中。在这个欲望的驱使下，他打算成为一个能把铁变成金的炼金家，这样一来，他在布列塔尼最富有、最辉煌的贵族地位就可以一直保持下去了。

为了实现他的计划，他派人将巴黎、意大利、德国、西班牙等地炼金术方面的专家邀请到尚托塞。吉拉·德西尔和罗歇·德·布里凯威尔是他的两个最贫穷、无耻的仆从，他将他们俩派去完成这个任务。其中后者最会投其所好，元帅还把自己5岁的没了母亲的女儿交给这个人抚养，还同意这个人必要时可以把她许配给他看中的人或他自己。这次，这个人又积极地参与了他主子的新计划，还给他主子带回了一个叫普雷拉蒂的医生，这是一名同普瓦图一样狂热的帕多瓦炼金术士。

这位元帅大人建了一个豪华的实验室供他们使用，这三人就开始研究点金石。后来一个名叫安东尼·帕莱尔莫的哲学家又参与其中，在这为他们工作了一年。有了元帅的钱供他们奢侈花费，他们每天都告诉元帅就要成功了。他的城堡中总是源源不断地有来自欧洲最遥远地方的新的参与者，导致过了几个月后，替他工作的炼金术士已经有将近20多个。他妄图将铜变成金，却在药水中不断地浪费着自己的金币。

那些炼金术士为了更长久地过这样舒适的生活，每天都慢吞吞地工作。如果可能，他们会耗上好几年。但是对他们这种消极怠工雷斯伯爵已经没有耐心了，突然有一天，除了意大利的普雷拉蒂和普瓦图的医生，剩下的人都被辞退了。为了帮助他用更多更大胆的方法来发现点金石的秘密，这两个人被留了下来。这位普瓦图人说有一个魔鬼掌握了所有的秘密，他可以让这个魔鬼在吉拉面前出现，然后吉拉就可以和魔鬼达成协议。吉拉告诉他说除了灵魂他什么都可以给这个魔鬼，而且不管让他做什么事他都愿意做。于是，半夜里，这位医生陪着他到了附近森林里一个很恐怖的地方。这个医生在他们四周的草地上画了个圈，然后口中念着咒语祈求魔鬼出现将炼金术的秘密告诉他们。吉拉饶有兴趣地看着，随时都幻想着看到大地裂开，出现那个魔鬼。施法到最后，这个医生的眼神显得十分呆滞，头发也立了起来，似乎在和魔鬼交谈。但是，除了同伴外，元帅没有看到任何东西。然而，这位医生竟然倒在了草地上没知觉了。

看着这个结局，元帅尽量让自己保持着镇定，过了几分钟，医生站起来了，问他看没看到这个魔鬼有多愤怒。吉拉回答说没看到任何东西。他的同伴又告诉他说，魔鬼没说一句话，只是变成一头野豹的样子冲他咆哮，还说之所以元帅没有看到是因为他犹豫着不能全身心地投入。元帅承认他是这样想过，还问究竟怎样做这个魔鬼才能说出秘密。这位医生回答，要派人到西班牙和非洲去采集一些这两个国家独有的草药，而且只要元帅提供必要的资助，他愿意前往，元帅马上就同意了。第二天这个医生就带着骗来的钱离开了，从此元帅再也没见过他。

这位元帅仍然坚持不懈，但是没有别的办法了，只能借助超自然的力量，因为对于他的享乐来说金子实在是太重要了。就在那位医生离开走了还不到60英里时，为了让这个魔鬼说出炼金术的秘密，元帅打算再试一次。但他的祈祷根本没用，这位魔鬼在元帅眼中看来实在是太固执了，一直都不出现。后来，他又求那位来自意大利的炼金术士普雷拉蒂来帮助他征服这个魔鬼。后者同意了，前提是元帅不要打扰他的祷告，还要替他准备好必要的咒符和护身符。然后，他还要用元帅胳膊上的血来写一个"我愿为魔鬼做任何事情"的契约，不仅如此，还要用小孩的心、肺、手、眼和血来祭祀。这些恶心的条件很快就被这位贪婪的偏执狂答应了。第二天晚上，普雷拉蒂一个人出去了三四个小时，然后回来告诉正在焦急等待的元帅说，他看见这个魔鬼已经变成了一个20多岁的英俊少年，而且魔鬼要他们在以后祷告时称它为巴伦，还让他看了在附近森林里一棵大橡树下埋藏的金锭，比元帅希望得到的多得多。如果德·雷斯元帅能够坚定地遵守契约，这些金锭就可以得到。然后，普雷拉蒂又拿给他一盒黑色颗粒来看，说能够用它把铁变成金，就是太麻烦了，他建议说要想满足最奢侈的生活他们只需找出橡树下的金锭，但前提是他们不得不等上七七四十九个星期才能去找，不然只能找到一堆石块、石板等。元帅十分恼火和失望，马上表示他等不了那么久。他还告诉普雷拉蒂转告那个魔鬼，他也不是好惹的，要是它再不快点，他就不再理它了。最终，普雷拉蒂还是劝服了他等了七七四十九个星期。等到那天半夜里，他们来到大橡树下，用镐和锹开始挖掘，除了大量刻着神秘符号的大石板外没有任何东西。这回，轮到普雷拉蒂发怒了，他大吵大叫地咒骂那个魔鬼，说它是个纯粹的骗子，这位元帅也很认同。显而易见，这个狡猾的意大利人又轻易地将他说服了，决定再试一次。与此同时，这个意大利人还保证说第二天晚上就去查出为什么魔鬼不守信用。第二天晚上，他又一个人去了，回来时他告诉主子说他看到了巴伦，由于他们没等到合适的时间就去挖金锭，令它十分愤怒。同时，巴伦还说，要是德·雷斯元帅不到圣地去朝拜，并忏悔他所犯的罪行，他就不能从它那得到任何东西。很显然，这是那个意大利人根据元帅不小心说漏的话编造的。因为德·雷斯曾坦率地说过，等他对这个世界厌倦了的时候，他就会为上帝献身。

在这几个月中，那个意大利人用这种办法不停地诱惑这个以为自己真的有罪的元帅，而且从他那赚来了不少的财物，就等着找机会拿着这些东西逃走呢。但是他们的报应很快就来了。在此期间，依然会有小孩子离奇地失踪，那些有关尚托塞的主人是幕后黑手的传言变得更加强烈和明白了，最后到了教会不得不干预此事的地步。瑙特的主教警告布列塔尼公爵说，要是再不审理对德·雷斯元帅的起诉，这就会变成一桩丑闻。于是，当局在德·雷斯元帅的城堡中将他和他的帮凶普雷拉蒂抓获，并将他们投入瑙特的地牢等待审判。

法庭请来了瑙特的大主教、布列塔尼的大法官、法国宗教裁判所的主教和著名的布列塔尼省议会主席皮埃尔·I.黑普陶作为专门负责审理这桩案例的法官。吉拉因使用邪术、鸡奸和杀人的罪名被控告。在审判的第一天，吉拉摆出一副傲慢的姿态，他狂妄地指责法官席上的各位法官们是买卖圣职而且不纯洁，还说他就算不经审判而被像狗一样吊死，也不愿乞求这些可耻的无赖们宽恕。但是他的自信随着审判的进行逐渐消失殆尽了。证据确凿，对他的每一个指控都成立。有证据表明，他为了满足他那变态的欲望，把那些孩子杀害后，看着他们的肉体在颤抖，然后看着他们的眼睛逐渐没有了光泽最终死去。在供词中这些可怕的事情由普雷拉蒂首先提出来，而在吉拉死前他自己也证明了此事。在这3年之中，靠近他的尚托塞和马什库恩两座城堡周围的村庄里失踪了将近100名儿童。为了满足他的贪欲，这些孩子绝大多数都被这个凶残的人杀害，成为他的祭品。他幻想着这样一来就可以与那个恶魔交朋友，点金石的秘密就会作为对他的回报。

吉拉和普雷拉蒂在审判过后被定为火刑。他们在刑场上表现出虔诚忏悔的样子，吉拉温柔地拥抱着普雷拉蒂并对他说："再见了，我的朋友弗朗西斯，在这个世界里我们再也看不见彼此了。让我们一同祈祷愿上帝能让我们在天堂里重逢！"看在他的职位和王室的关系上，对元帅的惩罚得到了从轻发落——人们没有像对普雷拉蒂那样将他活活烧死，而是先将他绞死然后再扔到火中焚烧，等他的身体被烧得只剩下一半时，就被他的亲戚领回去埋葬了。而那个意大利人就没那么幸运了，活活地被烧成灰又随风消散了。

雅克·克尔

这位杰出的炼金术士和前面那位是一个时代的人。他在查理七世朝中是个很重要的大臣，对那个朝代的各项重大事件都影响很大。他这个人出身卑微，后来才一步步地走到了这个国家举足轻重的位置上，他的那些大量财富都是通过挪用、盗窃等手段从这个国家聚敛的。为了他的这些巨额财产，他夸大其词地说之所以他有如此多的财产是因为他发现了把低等金属变为金、银的方法。他父亲是的尔格斯城的一个金匠，上了年纪后生活很穷苦，甚至连让他儿子进入行会的钱都没有。在1428年，年轻的雅克进了鲍尔格斯（Bauer gus）皇家造币厂。由于他扎实的金属学知识使他在工作上表现十分突出，很快就在那里得到了提升。他又有幸认识了美丽的阿盖斯·索雷（Argyus Sorel），并得到了她的赏识和资助。能力、毅力和王后的支持这三个有利条件，雅克都拥有了。很多人只拥有其中一条就可以成功了，而雅克·克尔集这么多有利条件于一身，必然会成名。在他年纪还不大的时候就成了造币厂的厂长，当然这只是中间的过渡阶段，很快，掌管皇家金库的职位就被他得到了。

他的金融知识相当丰富，这个有利条件在他受人之托管理巨额的基金时就被充分地利用上了，他开始在生活必需品上做投机买卖。他公开地将谷物、蜜、酒等生活用品买断，然后等到这些物资紧缺时，再高价卖出，从中获取高额利润。由于有了王室的支持，他在用先发制人和垄断等手段欺压穷人时更加无所顾忌。有句话说得好，疏远的朋友是最大的敌人。一个从穷人中出来的暴发户在对待穷人时却比一个暴君更加凶残。他对下面的人傲慢无理，导致城里人都愤恨他，而对待上层人物的唯命是从形象只能被那些贵族更加鄙视。但雅克对于这些人的反应都毫不在意，继续做自己的事，到最后终于成为法兰西的首富。国王非常看重他，甚至连法兰西重建一个企业都要跟他商量。他在1446年时被任命为驻热那亚的大使，此后他又到了尼古拉教皇五世①那里。由于派他执行的两项任务表现得都很突出，国王看了相当满意，因此除了他已经拥有的那些差事之外又得到了很多好差事。

1449年，由于诺曼底的大将军贝弗德公爵不在了，那里的英国人撕毁了同法国国王签署的停战协议，然后将布端特尼公爵属下的一个小镇占领了。这个信号预示着战争又要打响了。②后来，在雅克·克尔的资助下，整个省几乎都被法国收回了。罗恩投降法国后，查理胜利进驻这座城池，都诺还有他手下的几位名声显赫的大将军随行，而雅克就是他随行人员中最光耀的一颗明星。他的车马装饰和国王一样豪华，他的对手说他曾宣称英国人是被他自己赶出去的。另外，要不是他拿金子资助，军队再英勇好战也没有用。

好像都诺也同意这种看法。他一方面没有轻视军队的英勇好战，另一方面他也同意正是有了这位能干的金融家的资助，才能安稳军心，犒劳士兵，从而强有力地保护人们。

等事态刚一平静，雅克即刻又着手商业活动，用几只组装大木船和热那亚③人进行交易。他还将法兰西各地包括圣·发吉欧男爵、蒙那顿男爵、莎乐纳男爵、毛勃兰澳男爵、米奥尼男爵、圣·格兰特·德·冯克斯以及圣奥·德·波思男爵这些地主们的土地，还有拉·巴利塞伯爵领地、尚皮涅勒郡、博蒙伯爵领地以及拉·格讷村、塔奈侯爵领地在内的大量地皮收购为己有。他那已经从教的儿子让·克尔在父亲的活动下也谋得了一个几乎和布尔热大主教位置差不多的职位。

① 尼古拉五世（1447—1455年在位），俗名托马索·巴伦图切利。文艺复兴时期第一位教皇，梵蒂冈图书馆、格拉斯哥大学等一批文化场所的建设者。——译者注
② 公元1337—1453年为英法百年战争的诺曼底战争。——译者注
③ 热那亚，位于意大利的亚平宁半岛（Appennino）西北海岸顶端，滨临利古里亚海（Ligurian）北侧，是世界知名探险家哥伦布的出生生长的地方。——译者注

人们说什么的都有，都觉得他这些钱是不义之财。不管是穷人还是富人都巴望着挫挫他的锐气，在穷人眼里他就是压迫者，而在富人们看来他就是个暴发户。在这些有关他的各种传言中，有人指出他曾经出了一份公文，是用伪造的国王玉玺盖的章，导致国家货币贬值，他趁机从国家捞了很大一笔财富，听到这些传言雅克感到有一点惊慌，他便请了几个国外的炼金术士来他家，还散播谣言说点金石的秘密已经被他发现了，以此来平息这些传言。为了更加逼真，他还在他老家盖了一幢门口雕有炼金术象征标志的华丽楼房。不久后，在蒙彼利埃他又盖了一幢相似的也有同样标志的楼房。为了进一步让人们相信他已经发现了变金的秘方，他还亲自写了一篇有关这门神秘玄学的论文。

尽管他绞尽脑汁地掩盖挪用公款的行为，但最终还是没能逃过法律的制裁。在1452年，他因有人向法庭指控他曾经试图将他的保护人——阿格尼·梭尔（Agni spindle's）毒死而被拘禁，等候审判。虽然这个没有成立的指控是那些恶意中伤他的对手为了毁掉他而编造的，但是他却因其他指控而在罚款40万克朗后被驱逐出境，因为他曾经伪造国王的玉玺这件事被证实了。在他担任布尔热造币厂厂长期间，国家的金币、银币曾经被他贬了许多值。他还大胆地向土耳其人提供金钱和武器，让他们发动战争，他从这一件事上就获取了暴利。对于他的供认查理七世感到十分痛心，甚至到最后也不相信雅克会这么做。正是由于这些，对雅克·克尔的罚款数额削减到了他能承受的程度。雅克只在监狱里待了一段时间就被释放了，他还拿了一笔巨款离开了法兰西，据说，其中有一些是查理偷偷从他被没收的资产中拿给他的。他到塞浦路斯岛去隐居了，直到1460年在那里去世，他一直都是岛上最富有和最光耀的名人。

雅克·克尔被那些写炼金术的作家们一致归为他们协会的会员。甚至那些审判的诉讼词也被他们怀疑是伪造的，对他财富来源的合理解释都是诬陷。在皮埃尔·波瑞尔写的《粗俗的古董》一书中，将雅克描绘成一个诚实的人，并说他的金子都是靠点金石从铅和铜里变出来的。虽然炼金术士们的观点都一致相同，但雅克那个时代的人却很难认可，到后来相信的人更少了。

14、15世纪的3流炼金术士

在14、15世纪的欧洲各国中，总会有很多人公开声称自己发现了点金石的秘密。由于廉价的金属能变成黄金这种观点被人们普遍认可，导致几乎所有的化学师都是炼金术士。后来，大量卑贱的炼金术士出现在德国、荷兰、意大利、西班牙、波兰、法国和英国这些国家。他们在追求点金术的幻想时，依赖占星术、占卜这些更赚钱的手段来谋生。在欧洲，就连各国的君主也跟他们的臣民们一样相信能发现点金石。其中，英国国王亨利六世和爱德华四世①都支持发展炼金业。由于德国帝王马克西·米利安②、鲁道夫③及弗雷德里克二世④都十分重视炼金术，在他们管辖下的各个小君主也都一个个地开始效仿他们。炼金术士通常会被德国的贵族和小君主们邀请去他们那里住，以此来把他囚禁在地牢里，直到他们能炼出足够的黄金将自己赎出去。不幸的是很多可怜的炼金术士被终身监禁。雷蒙德·路利（Raymond luli）也经历过类似的事。爱德华二世借口让他为自己炼金把他囚禁在伦敦塔里，幸亏他在厄运没有到来前就识破诡计并想办法逃跑了。有些为他作传记的作家认为，他是先跳进了泰晤士河，然后游到早就为他准备好的小船里逃生的。这种体制直到16世纪都还存在，在四海漂泊的塞顿的经历中可以充分证实这一点。

以下要介绍的是有关炼金术方面的一系列主要作家。在这段时期内他们相当活跃，但他们的经历却很少有人知道，或者人们认为不值得研究。在1315年，有一个名叫约翰·道森（John Dawson）的英国人发表了两篇有关点金石的专题文章。在1330年，一个名叫理查德（还有人称他罗伯特）的英国人写出了《炼金术校正》，这本书一直流传到帕拉切尔苏斯（Palaqie' ersusi）时期，依然被推崇。伦巴第的彼得的《炼金术全论》也在这一年发表，后来这部书的简写本是由卡拉布里

---

① 爱德华四世（Edward IV，1442—1483年），英格兰国王，于1461年3月4日到1483年4月9日在位。约克公爵理查·金雀花的儿子。——译者注

② 马克西·米利安二世（Maximilian II，1527—1576年），是哈布斯堡王朝的神圣罗马帝国皇帝（1564—1576年在位）。——译者注

③ 鲁道夫二世（Rudolf II，1552—1612年），是哈布斯堡王朝的神圣罗马帝国皇帝（1576—1612年在位）。——译者注

④ 弗雷德里克二世（1534—1588年），奥尔登堡王朝的丹麦和挪威国王（1559—1588年在位）。——译者注

亚①（Calabria）的一位名叫莱锡尼（Lai，tin）的修道士出版的。在1330年，奥德玛是巴黎最有名的一位炼金术士，他写的《巫术习法》曾经在一段时期被同行当作指南。在1357年，法国圣弗朗西斯修道会活跃着一个名叫约翰·鲁珀希萨（John LuPo and gaza）的修道士，他声称自己既是一名预言家又是炼金术士。教皇英诺森六世对他某些预言很反感，为了防止他将这些预言散播出去，就把他投入梵蒂冈②的地牢里。虽然没有证据，但人们普遍认为他死在了牢里。《光明三书》《五要素》《炼金术土的天堂》还有他的巨著《珠宝制作》都是他的主要作品，但他在许许多多的炼金术士中并不出众。还有一个叫奥萨雷涅（Mr SaLei nie）的炼金术士，人们除了知道他曾经在尼古拉斯·弗莱梅（Nicholas Bremen）时代之前在巴黎练过占星术、占卜术之外，对他一无所知。他就是于1358年在那里创作出有关炼金活动的著作的。据说，有关这一时期的情况荷兰的艾萨克（Isaac）曾经描写过。后来，他的儿子也投身到炼金术之中，至于他们的生活却不值一提。他们作品中的很多文章都曾经得到了布尔海夫的高度赞扬。1608年在伯尔尼印刷的《珠宝制作三规则》以及1600年在密得堡印刷的《贱矿炼金术》是帕拉切尔苏斯最推崇的两部书。除此之外，他们在这方面还写过另外8部书。大概在1488年，有一个叫考夫斯基（kowski）的波兰人写过一篇关于炼金术的专题论文——《矿之精毛》。在这些作家中，有个人我们不能忘记，他是一位皇室人员，即法国国王查尔斯六世（Charles VI），他也是最容易被欺骗的王储之一。在他的宫廷里随处可见各种各样的炼金术士、巫师、占星家、江湖骗子。他曾经还有几次亲自去尝试着发现点金石。后来，他自认为很精通这方面的东西，为了启迪众生就写了一篇名叫《法国国王查尔斯六世之著作——炼金术宝库》的论文。据说，尼古拉斯·弗莱梅的观点就是受了这篇文章的影响。然而，兰力特·杜·弗莱斯奥却觉得它里面包含很深的意蕴，很难理解。若读者想要详细了解14、15世纪炼金术士的情况，可以参考我们已引录过的《兰力特历史》的第三卷。

---

① 卡拉布里亚（Calabria），从前称为Brutium，是意大利南部的一个大区，包含了那不勒斯以南像"足尖"的意大利半岛。——译者注

② 梵蒂冈（Stato della Città del Vaticano），天主教教皇驻地，目前是世界上最小的主权国家，也是世界上人口最少的国家。位于意大利首都罗马城西北角的梵蒂冈高地上，四面都与意大利接壤，是一个"国中国"。领土包括圣彼得广场、圣彼得大教堂、梵蒂冈宫和梵蒂冈博物馆等。——译者注

16、17世纪痴迷炼金术的热情高涨——炼金术的现状

在16、17世纪，仍然有数不胜数的容易盲从的人们继续狂热地追求点金石。但是，这个时期却发生了一个巨大的转变。那些一直专注于研究炼金术的著名人物忽然改变主意，转而开始了对奇珍异石和炼金药的占有行动。这一方面可以把低值矿物炼成贵重金属，另一方面还可以顺便将其他科学的所有难题解决了。他们宣称：这种办法更加密切了人类和造物主的联系，可以消除这个世界上的疾病、悲伤，可以使生活在地球上的数百万人们无法看到的精神实体现身，变成人类的朋友、伙伴和导师。尤其是在17世纪，这些理想化的、荒诞的教条被从德国由罗森克莱特兹（Rosenclaitz）最早传播传到法国、英国，从而引起了欧洲的关注。而且所到之处都会得到那些聪明却狂热地寻求真理的人们的好评。这一新神话不仅吸引了帕拉切尔苏斯·迪，还吸引了其他不太著名的人物，而且后来也影响了欧洲文学。在16世纪，虽然大部分的炼金术都不知道是哪一个教派的玫瑰十字会①，却和它们一样在某种程度上带有那种空想信条的色彩。但是在详细介绍这些理想化的空想家之前，我们必须继续回忆炼金术那段荒谬的历史，发现炼金术士追求梦想的一丝丝变化。我们接下来就会发现，随着时间的变化，人们对炼金术的痴迷不减反增了。

奥古莱奥

那些在15世纪出生，而在16世纪出名的炼金术士中，约翰·奥莱里奥·奥古莱奥最为突出。1441年，他出生在里米尼②（Rimini），后来成为威尼斯、特里维萨纯文学专家。很早的时候他就十分相信炼金术，而且经常向上帝祈祷，希望他能有幸发现点金石。他把全部家当都用在买药品和金属上了，而且常常将自己埋身在化学设备之中。他也自诩是知名诗人。他在《克莱索比亚》中介绍了炼金术，然后，这本书又被他献给教皇利奥十世。他原以为教皇看了这些赞美的话后会大大奖赏他，但是教皇对他的献辞一点也不满意，一方面由于教皇本人也很精通诗歌鉴赏，

---

① 玫瑰十字会：是一个根植于西方神秘传统的秘传教团，以玫瑰和十字作为它的象征。由伟大的法师们组成，目的是协助人类的灵性发展。玫瑰十字会的问候语是"愿玫瑰在你的十字上绽放"。——译者注

② 里米尼（Rimini）：古时候被称为"阿里米努姆"。意大利北部城市，位于圣马力诺东北的马雷基亚河口，滨亚得里亚海。——译者注

很讨厌他这些低劣的诗，而且教皇也是个不错的炼金术士，无法接受他灌输的这一套怪论。据说，当时教皇在应对奥古莱奥请求奖赏时表现得很自然、友好，还热情地将一个从口袋里掏出的空钱包送给这位炼金术士，并告诉他说既然他会炼金，那么一个能装金子的钱包送给他作为礼物是最合适不过了。这位可怜的炼金术士、诗人得到的报酬就是这样一个侮辱性的奖赏，最后在83岁时，他在贫困潦倒中死去。

科尼利厄斯·阿格里帕

　　这位炼金术士名气很大。有关他的那些神奇能力和离奇故事人们纷纷传颂而且深信不疑。他能说句话就将铁变成黄金；他可以调遣上天的神仙和地下的恶魔，它们都顺从他；如果有哪些好奇的、大胆的观众敢看，他就能在死人身上唤起过去伟人的形体，还让他们穿着那时候的衣服出现。

　　1486年，他在科隆出生，学习化学、炼金术是在他很小的时候就开始了。他超人的造诣以某种无法明说的方式令人们信服和钦佩。他成为一位声名显赫的炼金术士时只有20岁。在巴黎，那时候很有名的炼金术士们都写信邀请他从科隆搬到法国去居住，这样他们就可以借助他的经验来发现点金石。各种荣誉都纷至沓来，他被当时所有的博学者极端推崇。梅兰希顿（Melanchthon）每每谈到他时都会十分尊重和赞赏。伊拉兹马斯也提出了有利于他的证明。那时候他被人们普遍赞扬为出色的文学人物，还光耀了炼金术。有些人带着极端自私的目的，想方设法令那时的人们相信他们确实是伟大人物。他们大肆地向人们夸耀他们的造诣，还一直自我吹嘘，令全世界都崇拜他们。阿格里帕好像就是这样的人，他自命为一位伟大的神学家、出色的法理学家、造诣高深的医师、著名的哲学家、专业的炼金术士。人们觉得如此自大的一个人肯定会有些过人的才能，最终相信了他的话，不过他的确是有些本事。他成了国王迈克米兰的秘书，还得到了爵士的称号，被任命为一个团的名誉团长。后来，他又成为法国多尔大学希伯来语纯文学教授。但是，后来因神学的一些棘手问题和高侪名会的修士们发生了争执，他不得不从这个城镇离开。他逃到英国后，大概一年的时间都在那里教希伯来语或者为人占卜、算命。他之后又从伦敦转站去了巴维，在那里举办了关于赫耳墨斯·特利斯墨吉斯忒斯作品方面的讲座。原本他可以平静、体面地在那里生活，可是他和那里的牧师吵架后，他们就开始设法陷害他，使得人们越来越不欢迎他。后来他又在梅斯①地方行政官的邀请下，成了那里的政府官员和辩护长。但是，在那里他好与人辩驳，因此四处树敌。有个自诩知晓一切的神学士宣称圣·安有三个丈夫，当时的人们都认可这一观点。其实，阿格里帕和这个观点或他所谓的偏见发生冲突是不必要的，就因为这样他的影响也大打折扣。不久后，他又因为一个更能体现他个性的争论而使得梅斯市民开始彻底地唾弃他。一位被指控为使用巫术的年轻少女得到了敌对他的人们的同情，他们揣测说阿格里帕就是个巫师，在人们的猛烈攻击下，他不得不离开了这座城市。再后来，他又被任命为国王弗朗西斯一世（Francis I）的母亲露易莎·德·萨奥（Louisa de Gaza）的医生。这位母后对未来很好奇，于是就命她的医生给她算命，但阿格里帕回复说他不能支持如此无聊的好奇。结果就是她不再信任他了，而且马上辞退了他。要是他因为觉得占星术没有价值而这样说，也许我们会佩服他如此诚实和独立。但是，据说他那时候一直都在占卜、算命，他给波旁统帅算命说未来他在所有事业上都会取得伟大的成功。所以，对于他只因为自己的任性、执拗就放弃一位权势滔天人物的支持而感到很奇怪。

大概就在这个时候，他被英国国王亨利八世和奥地利国家女总督玛格丽特（Margaret）同时邀请去他们的国家定居。他选择去了奥地利，并依靠她的权势成为国王查尔斯五世的宫廷史官。但是，很不幸，阿格里帕没耐心一直在一个职位上，而且他的庇护人也被他的多变和傲慢触怒了。玛格丽特去世后，人们以施行巫术的罪名将他囚禁在布鲁塞尔。他在一年后被释放，从这个国家离开后，他又经历了很多人间的沧桑。1534年，那时他只有48岁，就因为极端贫困而死去了。

他在效力于奥地利玛格丽特的那段时间里，主要在罗威居住，并在这里完成了他的《人类知识的虚荣与虚无》这部著作。他又写了一篇名叫《女性的优越性》献给女主人，以此来取悦她，来感激她的恩宠。他在这些省中留了很多对他十分有利的名声。许多有关他的离奇故事都是在他生命中的这段时间发生的。据说，他将一些特别亮的金子付给做生意的商人，但它们在一天之内就都变为石块。人们认为他携带的这些大量的伪金是在魔鬼的帮助下制造的。由此我们可以发现，他对炼金术只是略知皮毛，马莱克尔·德·雷斯对他的称誉实在是言过其实了。有关阿格里帕的一件神奇的故事被耶稣会会士戴尔里奥在他的一本有关魔术、巫术的书中介绍出

---

① 梅斯（Metz），法国东北部城市。近卢森堡边界，在洛林高原摩泽尔河和塞耶河的交汇口。是洛林大区中心城市，摩泽尔省的省会，位于罗马至兰斯的大道上，自古以来就是交通要道。——译者注

来。有一天，住在罗威的阿格里帕打算离开家出去一段时间，就把他书房的钥匙交给妻子保管，还三令五申地说在他出去的这段时间不许让任何人进去。奇怪的是，他的妻子对丈夫的秘密并不好奇，也从没想过进这间屋子。但是，一个在他家阁楼居住的年轻学生却起了好奇心，特别想进这间书房一探究竟，也可能是打算偷一些对他的炼金术有帮助的书或器具。这个年轻人长相俊俏而且口才很好，极力夸赞女主人，很容易地就拿到了钥匙，但女主人却警告他一定不能动任何东西。这个学生在保证之后就进了阿格里帕的书房。在炼金术士书桌上的一本打开的巨大符咒书最先吸引了他。他马上坐下开始阅读。他刚念出一个字，就听到了好像是敲门声。他仔细一听，周围什么声音也没有，他想了想感觉可能是幻觉，于是继续往下读。但突然一通响亮的敲门声把他吓得赶紧站了起来，他想说"请进"，但舌头却不受控制了，一句话也讲不出来。他死死地盯着门，门逐渐地开了，一个严厉的陌生人出现在他面前，带着满脸的愤怒厉声问他为什么要召唤他。"我根本没有叫你。"这个学生颤音回答道。"你叫了！"这个陌生人说着，气势汹汹地走过来，"绝对不能白叫魔鬼出现。"这个学生被吓傻了。魔鬼十分愤怒，一个不懂行的人竟如此怠慢，将他召唤出来。于是，他掐住他的脖子，把他掐死了。过了几天后，阿格里帕回来时，发现魔鬼都将他家占领了。一些在空中晃荡着腿坐在烟囱管帽上，一些在挡墙旁边蹦蹦跳跳。他的书房里充满了魔鬼，以至于他都没办法走近他的书桌。当他从群魔中挤到书桌前时，发现他的书被打开了，学生已经死了，正躺在地板上，他马上找出了这一切的祸端。他将这一群小魔鬼遣散，然后问魔王他为何如此莽撞地将这个年轻人杀死。魔王回答说，这个年轻人很无礼，无缘无故地就把他召唤出来，像这样冒犯他的人只能被杀死。阿格里帕严厉地责备了他，还命令他马上唤醒死去的年轻人，并带他在集市上走一下午。魔王按他的意思办了，年轻学生就这样醒来了，和那阴间凶手挎着胳膊，神气活现地从人们面前走过。太阳下山后，他就躺在地上，和之前一样浑身冰凉，没了气息。他被人们送到了医院，后来人们普遍认为他是死于中风。与此同时，他的同伴也马上不见了。人们在验尸时发现，他的脖子上有被掐住的痕迹，在别的部位还有魔鬼的长爪子留下的印迹。人们通过这些迹象和很快传播开的他的同伴在一片烟火中消逝的传说，了解了事情的真相。罗威的地方长官马上对此展开调查，结果，阿格里帕不得不离开了这个城镇。

　　和这个故事相似的有关这位炼金术士的传说，不仅戴尔里奥，别的作家也介绍过。从前，人们经常相信魔术、巫术故事。就像阿格里帕的事，这位被控告的魔术师如此吹嘘炫耀他创造的奇迹，而他的自大能够被当时的人们容忍也就不奇怪了。炫耀在当时是非常危险的，有时甚至会被判处死刑，因此人们觉得肯定不是凭空炫耀。保罗斯·米维斯（Paul smicer Daniel alves）提到，在阿格里帕身旁的那只大黑狗是魔鬼扮的。在托马斯·那什（Thomas Nash）的《杰克·威尔顿历险记》中也讲到：阿格里帕接受了萨里勋爵（Surrey Lord）、伊拉斯谟[1]（Erasmus）和其他学者的请求，从坟墓中召唤出了许多过去伟大的哲学家。在那些人中，他让塔利·西塞罗将有关罗西乌斯的著名演讲重新发表了。曾经他为自己美丽的德国女主人杰拉尔丁（Geraldine）在她的杯子里展现萨里勋爵栩栩如生的身形。传说中，杰拉尔丁由于情人不在身边而躺在长椅上哭泣，萨里勋爵说了这个幻象被他看到的具体时间，然后他也确定那时候情妇确实是那样子的。阿格里帕还把在温莎公园狩猎的英王亨利八世和宫廷高官们的活动场景展现给托马斯·克伦威尔[2]勋爵看。从坟墓中召唤出国王大卫和所罗门来讨好国王查尔斯五世。

　　在《为那些伟大的被误疑为魔术师的人而辩》这本书中，瑙德想尽办法替阿格里帕平反，除去了戴尔里奥、保罗斯·米维斯还有另外一些无知、偏见得站不住脚的文人对他的栽赃诬陷。这种故事在瑙德那时候会遭到反驳，但现在却由于它的荒谬而被忽略了。可是，人们在听到这些故事时会回忆起一个人，他自称能指挥铁变成黄金，并自创一本以他命名的魔术著作，这毫不奇怪。

帕拉切尔苏斯[3]

　　这位炼金家于1493年出生在靠近苏黎世的爱因斯戴恩，瑙德称他为"炼金术士之巅，如日中天"。霍恩海姆是他的本名，他自称还要在这前面加上奥雷奥拉斯·帕拉切尔苏斯这个教名。在他儿时，他从这一长串名字中挑出最后一个当作他日常用的名字，而且在他死后，他也将这个名字的前缀一起光耀史册。由于有一个

① 伊拉斯谟（Desiderius Erasmus，约1466—1536年），荷兰哲学家，16世纪初欧洲人文主义运动主要代表人物。1524年写了《论自由意志》。——译者注
② 托马斯·克伦威尔（1485—1540年），英国近代社会转型时期杰出的政治家，英王亨利八世的首席国务大臣。他历任财政大臣、掌玺大臣、首席国务大臣，获封艾萨克斯伯爵，成为亨利八世身边第一权臣。1540年他被亨利八世判处斩首的死刑。——译者注
③ 帕拉切尔苏斯（1493—1541年），瑞士的医学家，原名特奥弗拉斯特斯·博姆巴斯特·冯·荷恩海姆，1493年5月1日生于瑞士，父亲是移居瑞士的德国医生，因此荷恩海姆从小学到了许多医学和化学知识。——译者注

做名医的父亲，于是他也被教育着朝这个方向发展。他不仅是一位聪慧的学者，而且发展卓越。他于一次偶然的机会了解到了艾萨克·霍兰杜斯的著作，从此就迷上了点金石。因此，他将全部思维都投入到炼金术的研究中。他旅行到瑞典时，考察了该国的矿产，就连深埋在地下的矿藏也被他检查了一遍。他还去西班海姆修道院拜访居住在那里的特里斯塞姆斯，请教有关炼金术方面的经验。他继续旅行，穿过普鲁士、奥地利来到了土耳其、埃及、鞑靼这些地方，然后掉头回康斯坦丁堡，自称已经掌握了炼金术，并发现了炼金药。后来，他成为家乡瑞士苏黎世的一名医师，开始撰写一些有关炼金术和医药方面的书籍，而且很快就被整个欧洲所关注。他的声誉并没有因为作品的晦涩难懂而受到影响，甚至那些魔鬼学家、狂热分子和寻找点金石的人认为越是读不懂一位作家就越欣赏他。由于他用被同行们无礼谴责的水银和鸦片这些药品将一些病人成功地治好了，他的医师声望和他作为炼金术士一样显赫。他在1526年成为巴塞尔大学[①]物理学、自然哲学教授。许许多多的学生都被他的讲座吸引了。他认为前辈医生的著作是误人子弟的，就将它们都抛弃了，他将盖仑·阿维森那称为庸医和江湖骗子，还将他的作品公开焚毁了。他还当着在场的狂热崇拜者的面声称那些庸医的作品还没有他的鞋蕴藏的知识丰富。然后，他又用相同的语气宣称无知的骗子充斥在世界上所有的大学里，可是他，帕拉切尔苏斯，却无所不知。"我的新体系都将被你们采用，"说着，还带着愤怒的手势，"阿维森那（Avicenna）、盖仑（Galen）、拉在斯、蒙特奇那那、梅梅这些人将都会追随我。不管是巴黎、蒙彼利埃[②]、德国、科隆、维也纳的教授们，还是莱茵河、多瑙河畔的人们，海中所有岛屿上的居民们，还有意大利人、达尔马提亚人、雅典人、阿拉伯人、犹太人，这些人都将会遵从我的教义，因为我是医学之王！"

　　但是，巴塞尔人们并没有尊崇他多长时间。据说，他总是肆无忌惮地喝酒，人们总能看到他醉倒在街头。这对一名医生十分不利，他的声誉很快下降。然而他的坏名声，尤其是在他以巫师的姿态出现后，便开始直线上升。他吹嘘说，很多的神仙都要听从他的命令，而且其中有一位专门被他封在他的剑柄里。怀特拉斯侍候他27个月，他说经常听到这名医生拿召唤出群魔来吓唬他，向他炫耀自己驾驭群魔的本领。他想方设法地让人们相信长生不老药就在被他关在剑柄里的神灵手里保管

① 巴塞尔大学：位于瑞士德语区，成立于1460年4月4日，是一所历史悠久的公立大学。该校主要授课语言为德语。——译者注

② 蒙彼利埃（Montpellier），位于法国南部，地中海沿岸，经莱兹河与海相通，是朗格多克-鲁西永大区（Languedoc Rossillon）的首府和埃罗省（Hérault）省会，是法国第六大城市。——译者注

着，任何一个人吃了它都可以像大洪水以前的人活得那样久。他还炫耀说有一个名叫"万应灵丹"的神灵被他囚禁在珠宝里控制着。他出现在过去的画像中时，手中总会持着一颗刻有"万应灵丹"字样的珠宝。

要是一位理智的预言家在自己的国家都声誉全无，那么当这个预言家成了醉鬼，情况自然就更糟糕了。最终，帕拉切尔苏斯适时地离开了巴塞尔，定居在斯特拉斯堡①。在这里有一个濒死的病人，全镇的医生都认为他必死无疑了，他最后来到帕拉切尔苏斯这里，并承诺要是帕拉切尔苏斯能把他的病治好，就会得到一笔丰厚的酬金。病人只吃了帕拉切尔苏斯给的两粒小药丸就马上好了。等他康复后，帕拉切尔苏斯去索取酬金，虽然这两粒药救了这位市民的性命，但他认为这见效很快的两粒药不值比一次诊断还高的价格，拒绝支付。为此，帕拉切尔苏斯控告他，但没有成功。他愤怒地从斯特拉斯堡离开了，又开始了流浪的生活。他一边利用各色人等的盲从和迷恋维持着生计，一边又游历了德国、匈牙利。他不仅给人占卜，算命，帮助那些为寻找点金石耗尽家财的人们，还给牛、猪等牲畜看病，帮人寻找丢失的物品。他先后居住在纽伦堡、奥格斯堡、维也纳、门德尔海姆这些地方，最后，在1541年他来到索尔特兹堡隐居，穷困潦倒地在当地的一家医院里死去。

要是这位古怪的庸医在活着的时候就知道他有上百的崇拜者，而在他死后竟然会发展到成千上万，不知他会作何感想。帕拉切尔苏斯学派在法国、德国兴起，把所有由他们创立的学科，尤其是关于炼金术的那些偏激的教义永远地流传下去。博登斯坦（Bodenstein）和多纽斯是这个学派的主要领导人。下面是一个对他的以假设点金石存在为基础的教义的总结。防止荒谬的看法存在市场，而且在哲学史上这是以前从没发生过的。首先，他认为，人们完全可以通过平心静气地默默祷告赞美上帝来得到智慧和知识；所有疾病理论都是以《圣经》为核心的；要想了解魔药的重要性就必须查阅《启示录》。可以治好所有疾病，或这可以将生命随意增加几个世纪的点金石在那些完全遵从上帝意志的人手里；亚当和大洪水之前的祖先们的生命都是以这种方式延长的。心脏被太阳统治着，大脑被月亮统治着，肝脏被木星统治着，胆被土星统治着，肺被水星统治着，胆汁被火星统治着，腰被金星统治着，整个生命就是星体的辐射物。有一个魔鬼或智慧，或者某种意义上就是个炼金术士存在于每个人的胃里。他在熔炉里将各种疾病按照一定的比例混合，然后送到胃这

① 斯特拉斯堡：位于法国国土的东端，与德国隔莱茵河相望，是法国阿尔萨斯大区和下莱茵省的首府。——译者注

个巨大的实验室里。他为拥有魔术师的称号感到骄傲，还吹嘘说他经常和地狱里的盖仑联系。他常常会把阿维森那召唤出来，和他探讨流传的关于炼金术尤其是可饮用金和长生不老药方面的错误概念。他幻想着黄金可以将心脏硬化治好。在他看来，要是用点金石从低劣金属冶炼出黄金再将它用在某些相合的行星上，就可以治好所有疾病。光是这些胡思乱想（他称之为教义）的作品名单，他就足足写了几页纸那么长。

乔治·阿格里科拉

这位炼金术士于1494年在密斯尼亚省①诞生。他的本名是保尔，即"农夫"的意思。但为了赶潮流，他将名字翻译成拉丁语，就叫做"阿格里科拉"。他从小时候起就沉迷于炼金术的幻想之中。在还不到16岁时，他就盼望着找到可以让他活700岁的长生不老药，还有一块能使他富有、尽情享受的点金石。他于1531年在科隆发表了一篇这种题材的论文，因此得到了从萨克森（Saxon）到著名的毛瑞斯公爵（MaoRuiSi duke）的恩宠。他在波西米亚②的约阿希姆斯特尔做了几年医生后，他被毛瑞斯雇去做开姆尼斯（Chemnitz）银矿的总监。他在矿工中间过得很快乐，利用深埋在地下的矿石做了各种实验。他学到了许多有关金属的知识，慢慢地就将点金石的狂想放弃了。那些完全不信炼金术的矿工们以他们的思维方式从方方面面影响了他。在听了他们讲的传说后，他确信善良和邪恶的神灵住在地球里面，而沼气和别的爆炸只是他们爱淘气的习性制造的。1555年，他去世了，死后将聪明、能干的美名留在世间。

丹尼斯·扎卡依尔

读一个自以为聪明的傻瓜写的自传不仅可以启发自己，也是件十分有趣的事。生活在16世纪的炼金术士丹尼斯·扎卡依尔就做过这样的事，他将他追求点金石时的愚蠢行为和痴迷心理都记录在一部自传中，值得后人仔细研读。1510年，他出生在吉耶纳的一个古老的家族中。很小的时候家人就把他送到波尔瓦大

---

① 密斯尼亚省（Virginia Smith province），今德国萨克森州境内。——译者注
② 波西米亚：捷克西部地区旧称。原是日耳曼语对于捷克区的称呼。——译者注

学，专门有一位导师负责指导他的学业。但糟糕的是，他的导师醉心于追求长生不老药，不久也把他的学生引进来了。在下面对丹尼斯·扎卡依尔的叙述中，我们将用他自己的语气来表达。他说："我从家里拿了200克朗作为我们的费用，但还没到年底，随着炼丹炉飘散的烟，我们所有的钱也一并耗尽了。就在这时，我的导师也死于实验室的酷热引起的高烧，这个炼丹炉他虽然很少，甚至从来没动过，但它的热度不次于威尼斯军火库的高温。不幸的是，随着他的去世，我父亲借机把我的津贴减少了，只给我足够的生活费，而我要继续做炼金实验的那笔钱则没再给我。"

"为了解决这个问题，摆脱对父母的依赖，我在25岁时回到家乡，抵押了我的一部分财产，拿到了400克朗进行一次实验。我从图卢兹的一个意大利人那得知一个炼金实验，据说他已经成功了，这笔钱正好可以用来做这个实验。我雇了他，这样我们可以一起查看实验的结果。我尝试着利用高温蒸馏的办法来提炼金子和银子，但没能成功。我从熔炉得到的金子比刚放进去时轻了一半，于是，我的400克朗很快就变成了230克朗。我给那个意大利人拿了20克朗，要求他赶紧去米兰，找那个住在那儿的写处方的作者问一些我们觉得很难懂的篇章。我在图卢兹等了他一个冬天，盼望着他能回来，但是直到今天我也没有等到他再次出现。"

"之后的那个夏天，城镇发生了一场大瘟疫，我不得不离开了那里。但是，我并没有放弃我的工作。后来我在卡奥斯（Kaos）住了6个月，还认识了一位老人。他被村民们称为'哲学家'，在乡村，人们用这个称呼来指那些比邻居们知道得多一些的人们。我将收集的炼金处方拿给他看，还征求他的意见，他从里面挑出了10个或12个他认为不错的。等瘟疫过去了，我又回到图卢兹，继续做点金石的实验。我这样操劳的结果却是我的400克朗只剩下170克朗了。"

"为了我的工作能继续稳妥进行，就在1537年，我又认识了一位住在附近的神父。他和我一样醉心于炼金术。他跟我说，他的一个朋友跟随红衣主教德阿马尼亚克（Armagnac）去了罗马，还从那座城市给他带来一个能把铁和铜炼成金子的新处方，但要200克朗才能得到。于是，我和这位神父各拿了一半钱，开始合作。我买来一桶上好的盖莱克酒，从中提取出酒精，又仔细地蒸馏了好几次后，用做我们实验的酒精。然后，我们将提炼出来的大量酒精放进已锻烧了一个月的4刻度银和1刻度金里。接着，我们巧妙地把这混合物倒进一个角状器皿，把另一个当作蒸馏瓶，又将所有的仪器都放到熔炉上以便产生凝结物。这个实验连续做了1年，但在空闲时我们还做了很多别的小实验来自娱。这些小实验跟我们的大工程相似，让我们从中受益匪浅。"

"一整年过去了，也没有任何变化。事实上，我们就是等到酒精凝结也不会有什么变化。我们放一点金石粉在熔化的金属上，再把它们放进已经加热的水银中，但是这根本没有用。看看我们沮丧的样子就知道了，尤其是那个神父，他曾经还当着修道院所有修士的面吹嘘说，要是他们能把立在修道院回廊角落的水泵搬过来，他能将它变成金子！我们并没有就此放弃，我又把父亲的土地当了400克朗，发誓不惜牺牲所有财产也要再次探索出这一秘密，那位神父也出了同样一笔钱。我得知巴黎拥有世界上最多的炼金术士后，就带着800克朗去了那里。我发誓就是花掉所有的钱也要找到点金石，否则我决不从这座城市离开。在我所有的亲戚和朋友心中，我应该做一名卓越的律师，所以我的这次出行大大地触怒了他们。他们只是焦急地盼望着我能在法律界站稳脚跟。为了能偷偷地做实验，最后我谎称那就是我的目标。"

"15天的旅行过后，在1539年1月9日这天我到达了巴黎。在第一个月，我几乎什么也没做。但是当我开始和那些炼金爱好者交往以及参观熔炉制造者的实验室时，就结交了100多个有经验的炼金术士。他们每个人的理论和工作方式都各有不同，其中有些人钟情于黏接处理，另一些人却寻找万能溶剂，一些人还大肆夸耀刚玉精粉的极大功效。有些人尝试着在别的金属中提取出水银，然后再将它凝固。为了使大家互相了解彼此的进程，我们约好每天晚上在某个地方聚集在一起，报告各自的进展。至于见面的地点，有时我们选在某个人的家里，有时就在另一个人家的阁楼里。我们的会面时间不仅在工作日，还有星期日以及教堂重大节日的时候。'啊，'有人说，'如果我有钱重新开始这个实验，我一定会成功的！''是的，'另一个人就会说，'要是我的熔炉没有破裂的话，我早就成功了。'然后第三个人又叹息说：'要是我有一个足够坚固的圆铜器皿，我就能把水银与银子化合。'他们很多人都为自己的失败找到了借口，但是我根本不想听这些，我也不想在他们身上花掉我身上所有的钱，因为我已经被这种承诺骗过无数次了。"

"最后，有一个希腊人毛遂自荐，我接受了他，和他一起研究了很久用朱砂做成的钉子，但一无所获。我又认识了一位刚到巴黎的外国绅士，而且经常陪他去金匠店卖他所谓的实验造出的金块、银块。很长一段时间内，我都跟他形影不离，巴望着能从他那得知这个秘密。他一直都不肯告诉我，但最后他看在我如此诚恳地请求的面子上告诉了我，但我发现那就是个巧妙的诡计罢了。我在给留在图卢兹的那个神父朋友写信时告诉了他我在这里的全部经历，还告诉他那位绅士自称能将铅炼成黄金的诡计。神父仍然幻想着我最后能成功，就建议我既然已经在这里有了一个良好的开始，那就在巴黎再继续停留1年。我在巴黎一直停留了3年，但是就算尽了最大努力也和别处一样没有任何收获。"

"当所有的钱都要被我花掉的时候，神父给我写信说要我马上放下一切事情返回图卢兹见他。然后我就回去了。回去后才知道，原来是纳瓦拉国王（亨利四世的祖父）给他写了一封信。这位国王对炼金术也很感兴趣，而且有很大的好奇心。他给神父写信说，要我去波城拜访他，要是我把从那位外国绅士那里得来的秘密告诉他，他就给我们4000克朗。神父被这4000克朗诱惑住了，在我安全地踏上了去波城的行程之前，这件事一直让使我寝食难安。在1542年5月，我终于到了那里。我拿着手里的处方尽力地工作着，最终成功了。国王对我的工作非常满意，我也得到了预期的奖赏。当初，很多宫廷官员都热切地希望我能来，但是现在尽管国王还希望我继续干下去，可他们却想尽办法地阻挠这件事。他便满口感谢地把我打发走了，还说要是他的王国中有一些我看上的东西——像没收的产品或跟这相似的东西——他会很高兴的。我想，就是我在这等很久也不会得到这些，与其这样，还不如回到我的神父朋友那里。"

"我得知有一位精通自然、哲学各方面的修士居住在波城和图卢兹之间的路上。因此，我就在回去后拜访了他。他叹息地对我说，那些都是诡辩，是虚假的，还热情地建议我说不要在这种实验上浪费时间了。他建议我去读一些古代哲学家的好书，我不仅可以从中发现炼金术的实质，而且还能知道确切的操作程序。我采纳了这个明智的建议，但在这么做之前，我要回到图卢兹神父那里，将我们共有的一张800克朗的账单给了他。同时，还把纳瓦拉国王给我的奖赏跟他平分了。然而，我所讲述的、我们首次分开之后我所经历的事情他听后显得不太满意，那么当我决心放弃寻找点金石时，他就更为困惑了。他坚持认为我应该是个炼金术大师。我们的800克朗很快就花得只剩下176克朗了。我离开神父，回到家里，决心将所有古代哲学家的书籍都读完后再去巴黎。"

"就在1546年，我在诸圣日的第二天到了巴黎，又花费了一年的时间来研究著名作家的作品，这里面有特雷森（Tresson）的《哲学》、珍·德·米扬（Jane de m Yang）的《自然对游历炼金术士的启示》，还有一些其他著作。但是，因为没有正确的指导原则，我不知该怎么开始。"

"最后，我从寂静的书斋中走出来，不是去找以前的熟人、炼金术士还有江湖骗子，而是去拜访那些真正的哲学家。但是，从他们那我看到了各种各样的操作，这让我更加困惑了。即使如此，我也带着某种狂热的冲动或灵感的启示开始埋头于雷蒙德·路利（Raymond RuiLi）和阿诺德·德·维尔纳夫（Arnold de Villeneuve）的著作。又花了一年的时间阅读和思考这些书籍，之后我终于决定要做什么了。但是，我要做的这些事情不得不让我抵押了大部分继承的遗产，直到1549年的大斋节这一切才算完事，随后我开始着手我的工作。我准备好了一切必需品，打算在复活节后开始行动。但是，我的朋友们一直对我存有疑虑和反对。有人问我，'你在这些蠢事上已经浪费了这么多钱，你还想干什么？'另一个人就说：'要是你耗费的钱仅仅是这么多木炭，那么你应该早点打消自己是个铸造假币大师的怀疑。'还有一个人建议：'既然你已经是一名法学博士了，那么就该在地方行政长官管辖区买一处房子。'我被亲戚们的话深深地激怒了，但他们不为所动，还威胁说要是我顽固不化，继续出丑的话，他们就让警察把我家里的装置、熔炉都摔成碎片。虽然我被这些连续的骚扰折磨得要死，但是我始终全神贯注，每天都勇敢地坚持着我的实验，我从工作和实验的过程中找到了慰藉。就在这时，一场可怕的瘟疫在巴黎爆发了，人们因此暂时断绝了交往，我也终于可以清静地工作了。很快，3种颜色的相继出现使我感到很满意，那些哲学家的论述中提到过，这预示着我的工作即将圆满成功。我发现这3种颜色非常明显、一个接一个地出现。于是，就在第二天，那是1550年的复活节星期日，我进行了一次重大的实验。我将一些普通的水银小熔炉里加热，结果不到1小时它们就变成了纯金。你可以想象那时我有多兴奋，但是我小心地没有张扬出去。我感谢上帝能给我这样的恩赐，还祈祷说作为回报我要增进他赐予的荣耀，希望只有我能操作这一切。"

"因为我们约定好要互相交流彼此的发现，于是我在第二天就启程去图卢兹找神父。在返回的途中，我去拜访那位给我明智建议的修士，却难过地发现他们两个都已经去世了。在这之后我并没有回家，又去了另外一个地方，去等一位帮我看管地产的亲戚。为了偿还过去的债务，我让他将我所有搬得动的和搬不动的财产都卖掉，然后将剩下的所有东西都给我的亲戚们分了，这些东西他们可能有需要，这样他们也可以分享我的好运气。邻居们在有关我突然归隐的事情上众说纷纭，一个最聪明的人认为，我因为疯狂迷恋炼金术使得自己破产、沦落，我最后只能将仅剩的一点财产卖掉，然后去很远的国家遮羞度日。"

"我的亲戚告诉我，他把我交给他的事处理完之后，会在7月1日来同我会合。他会我一起走，去寻找一块自由的地方。我们先是到了瑞士洛桑①。在那里度过了一段时间后，我们决定剩下的人生将要在德国一些著名的城市平淡地度过。"

讲到这，对于丹尼斯·扎卡依尔的自传就结束了。但是，他自传的结尾没有开头那么清晰明了，这就让世人开始怀疑他自称发现点金石的真正动机。可能他归隐的真正原因就像那位最聪明的人所说的：事实上很可能他已经一无所有，为了遮羞跑到国外过日子去了。其他有关他生平的故事我们就不清楚了，而且他的真实姓名人们一直都不知道。他写了一本叫《真正的金属自然哲学》的书，是有关炼金术方面的。

约翰·迪博士和爱德华·凯利

约翰·迪（JohnDay）和爱德华·凯利应该放在一起来介绍，因为很长一段时间内他们都在为共同的追求而相互合作，而且二人在一起经历了很多人世的沉浮、荣辱。大体上看，迪很出色，以他这样的能力，要是他生活在一个愚蠢与迷信不太盛行的时代，那么他死后的声誉会流芳百世。1527年，他出生在伦敦，很小的时候就十分热爱学习。他在15岁时就被送进剑桥②。他特别爱读书，一天中有18个小时都在看书。剩下的6个小时，他用4个小时来睡觉，两个小时吃饭。他的健康并没有因为这样高强度的学习而损害，而且他因此成为当时首屈一指的学者。但是很不幸，由于他开始醉心于没有好处的神秘学幻想，导致他放弃了数学和真正哲学的研究。剑桥领导在得知他学习炼金术、占星术、魔术后感到不悦。当时有关他从事巫术的谣言很多，因此他要是继续停留在英国就会很危险，为了逃避迫害，他最后不得不退到卢威大学。他在那里找到了很多志趣相投的人。因为科尼利厄斯·阿格里帕曾经同他们一起生活过，所以他们都认识他。而迪对这位炼金神秘学大师的离奇经历有着很大兴趣。在同他们交谈时，他从他们那里受到很大的鼓励，要继续追寻点金石。因此，他的全部思维很快就被这些占据了。

---

① 洛桑（Lausanne），瑞士西南部城市，也是瑞士沃州（Vaud）的首府，是瑞士第二大讲法语的城市。——译者注
② 剑桥大学（University of Cambridge），位于英格兰的剑桥镇，是英国也是全世界最顶尖的大学之一。英国许多著名的科学家、作家、政治家都来自于这所大学。——译者注

他并没有在欧洲大陆待多久，就在1551年，也就是他24岁的时候，他又回到了英国。在他的朋友约翰·切克（John Cheke）爵士的帮助下，他受到了国王爱德华六世的盛情款待，还得到了100克朗年金的赏赐（至于原因很难查询）。在接下来的几年里，他每天为人占卜、算命（指出凶吉的日子），在伦敦过着占卜术士的生活。但他却在玛丽女王①统治时期遇到了麻烦：人们怀疑他传播歪门邪说，还指控他施展魔法谋害玛丽女王的性命。因为第二条指控他被审判，但最终无罪释放。可是，他却由于第一条指控被投进监狱，只能任凭仁慈的保纳主教处置。在史密斯菲尔德的火刑场上他得以逃生，后来他又将那些盲从宗教的人们说服了，并使得他们相信他的做法是正统而且无可指责的，并在1555年获得了自由。

伊丽莎白女王②继位后，他的境遇出现好转。他在伍德斯托克（Woodstock）休假时，他的仆人问他玛丽女王去世的时间，很显然这就是他第一次出庭受审的严重指控。这时候，他们公然向他询问他的女主人的命运。女王自己还派著名的莱斯特伯爵——罗伯特·达德利（Robert Dudley），来他这问她加冕的吉日。他就这样被恩宠，以至过了几年，伊丽莎白亲自来毛特莱克他的住处拜访他，参观他的古玩馆，甚至在他生病的时候派御医给他治病。

他以占星术维生，所以总是在孜孜不倦地练习，但他的心思却在炼金术上。他的全部头脑几乎日日夜夜被点金石和长生不老药占据着。曾经他将《塔木德经》③的秘密进行了深入研究，他坚信自己从那古籍中得到启示，可以和精灵、天使对话，还可以从他们那里得知宇宙的所有秘密。在德国旅行的时候，他可能是遇到了一些玫瑰十字会会员，而且他们的观点不谋而合。在他看来，他可以用点金石任意控制这些神灵。他的思维因为持续思考这个问题变得越来越不正常了，最后他被自己说服，相信一位天使现身在他眼前，并向他承诺成为他的终生朋友和伴侣。他说，就在1582年11月的一天，正当他狂热地祈祷时，突然有一团耀眼的光芒从他博

① 玛丽女王：英国伊丽莎白一世女王的姐姐，亨利八世的长女，人称"血腥玛丽"。1553—1558年在位。——译者注
② 伊丽莎白女王一世：被普遍认为是英国历史上最杰出的帝王之一。在她当政的45年期间，英国的经济繁荣昌盛，文学璀璨辉煌，军事上一跃成为世界首屈一指的海军强国。——译者注
③ 《塔木德经》：公元1世纪到公元2世纪，罗马帝国将犹太人恢复独立的愿望粉碎。于是，犹太人的目光就转向了传统律法的研究和编纂之上。犹太人的生活受到《圣经》，特别是《摩西五经》的严格约束。对于《圣经》不能直接给予解答的问题，历代拉比就会按照《圣经》的精神进行处理和裁断。公元2世纪初编纂的律法集《密什那》，如果它解决不了的问题，就由拉比们进行讨论。拉比们则会将一些判例、见解和言行记录在《密上帝那》上面，最后就形成了《塔木德经》。——译者注

物馆向西的窗户里涌现出来，那位踌躇满志的天使长乌列在这团光耀之间矗立着。他因敬畏和震惊而说不出话来，但天使却仁慈地对他笑着，还将一个凸面水晶球送给了他，说无论什么时候，如果他想同其他天体上的生物对话，他只要全神贯注地盯着水晶球，他们就会在水晶球里出现，来告诉他全部有关未来的秘密。天使说完就不见了。迪在使用水晶球的过程中发现：一个人必须将全部器官集中注意到水晶球上，不然那些神灵肯定不会出现。他还发现他和天使们的对话再也无法回想起来了，这让他打算把这个秘密告诉另一个人。这样一来，当这个人和精灵对话时，迪就可以隐蔽在一旁将他们的启示记录下来。

当时，有个叫爱德华·凯利的人成为他的助手来帮助他。凯利也跟他一样，十分痴迷点金石。但有一点两个人却不同：事实上，迪不像个江湖骗子，更像是个空想家，而凯利却不是空想家，而是个纯粹的江湖骗子。他在早年当秘书时因伪造罪不幸被割掉了双耳。这对于一个人来说是相当具有侮辱性的伤害，更不要说是一位哲学家了，那简直是毁灭性的灾难。从此之后，凯利为了使舆论最低限度地影响他的声誉，就将一顶黑色的无檐便帽戴在头上。他的头被帽子紧紧地包住，他的双颊也被遮住了，这不只掩饰了他的伤残，而且他的仪容也因此显得严肃、睿智。他如此谨慎地掩饰，就连和他一起生活了多年的迪也从来没发现过。他这个品质说明了为了自己的私利，凯利可以不择手段地欺诈，或者为了同一追求而助长他主人的妄想。迪刚告诉他伟大的乌利来过了，他就马上狂热地表示相信，这使得迪非常高兴。从此，他开始从事水晶球研究。就在1581年12月2日，神灵终于现身了，还同凯利进行了一次不同寻常的交谈，迪做了记录。读者若是对那些胡言乱语感到好奇的话，可以去查看保存在大英博物馆①的由哈利父子搜集的文稿和图书。在1659年麦力克·卡佐邦博士将后来的咨询谈话以对开卷本的形式出版，名为《真实揭露约翰·迪博士和一些神灵的谈话内容，如获成功，世上大部分国家的命运将会彻底改变》。

这些神奇的对话很快就传遍了英国，甚至传到了欧洲大陆。就在这时，迪声称他已经掌握了长生不老药的秘诀。他说，他是在萨默塞特郡格拉斯顿修道院的废墟中发现它的。那些不太出名的占卜术士就从各处来到毛特莱克找他算命，人们都喜欢拜访他，他们希望能看到一位自称永不会死去的人。大体上看，他的生意很兴

---

① 大英博物馆（British Museum），又叫不列颠博物馆，位于英国伦敦新牛津大街北面的大罗素广场，成立于1753年，1759年1月15日起正式对公众开放，是世界上历史最悠久、规模最宏伟的综合性博物馆，也是世界上规模最大、最著名的博物馆之一。——译者注

旺，利润也很多，但是由于他将大量金钱用在了买药品和金属上，打算用某种特殊的过程炼出金子，所以他从来没富有过。

大概就在这时候，西拉第兹的巴拉第伯爵艾尔伯特·拉斯基（Albert Laski），这位富有的波兰贵族来到英国。他说自己此行来英国的主要目的就是参观伊丽莎白女皇的宫廷——他远在波兰时听说过它宏伟、豪华的威名。伊丽莎白盛情招待了这位谄媚的陌生人，还派她的宠臣莱斯特带他参观英国所有的名胜。他将伦敦和威斯敏斯特（Westminster）所有的古玩店都参观了一遍，然后从那里去牛津、剑桥和那些因他们的著作而光耀了自己出生地的伟大学者们谈话。但是，他因为没有在这群人中找到迪博士而感到非常失望。他对莱斯特伯爵说，要是他早知道迪不在牛津，他肯定不会去那儿的。后来，伯爵向他保证等回到伦敦后，就会把他介绍给这位伟大的炼金术士，这位波兰人才满意。过了几天后，迪博士与伯爵和拉斯基在宫廷前厅一起等待女皇殿下的接见，并被引见给那个波兰人。在进行了一场有意思的交谈后，这位陌生人请求去毛特莱克炼金术士家里进餐。迪要是以适合他们身份的宴席来款待拉斯基伯爵和他的随从们，他就不得不将他的镀金餐具典当了，才能凑上足够的钱，所以他有些为难地答应带着他们回家。事后考虑再三，他派人将一封急件送去莱斯特伯爵那，坦陈了他的窘迫境遇，还请求他将这件事禀告给女皇殿下。伊丽莎白听说了这件事，马上派人送去20英镑作为礼物。

到了预定的那天，在许多侍从的陪同下，拉斯基伯爵来到这里，热情、坦诚地表现出十分仰慕主人精湛造诣的样子。于是，迪开始思考究竟怎样才能稳妥地和这位打算和他结交的人相处，以便使他给自己带来好处。由于长期和凯利交往，他也深深地受到了他的欺骗性格影响，因此，他决定要让那位波兰人用昂贵的代价为他这一餐埋单。很多天以前他就发现，在波兰拉斯基有很多地产而且势力强大，但他现在这种窘况只是暂时的，是他那奢华的禀性所致。而且他还知道拉斯基这个人也在追逐点金石和生命之水。因此，作为一位冒险家，正好可以利用拉斯基这样的人，凯利也很认同。就这样，两人合起伙来，这个富有、盲目的陌生人还不知道自己已经被阴谋所笼罩。他们谨慎地展开了计划，先是暗示他点金石和长生不老药的一些复杂难懂的信息，最后又隐约地讲到神灵。他们可以在这些神灵的帮助下，阅读未来之书，发现书里讲到的神奇秘密。拉斯基急切地要求能参与一次他们与乌列的众天使之间的神秘交谈，但这两个人已经将人的本性摸透了，并没有马上答应他。他们仅仅暗示由于陌生人可能只是想满足自己虚荣的好奇心，所以在一个陌生人面前召唤神灵是很难，也是很不合适的。他们这样推脱只不过想将他的胃口吊起来。但是，要是他真的就此就放弃的话，他们可能会很后悔。如果读者参阅卡佐邦博士所著的他们与神灵的第一次会谈的介绍，就可以了解这时迪和凯利是怎样想方设法地将他们的目标套住的具体情况。1583年5月25日，迪在记录中写道：就在神灵现身的时候，"我（约翰·迪）和爱德华·凯利坐在一起，讲着高贵的波兰伯爵艾尔伯特·拉斯基来拜访他们的事，还有他和众生都大致一样。"显然，他们正在讨论怎样才能最大限度地将这位波兰贵族利用起来，还有讨论后来他们编造出的一些故事，以此勾起他的好奇心，让他跟他们紧密联系在一起。"突然，"迪说那时候他们正在讨论着，"一位圣灵从祈祷室走出来，看起来像一个七八岁的美丽小姑娘。她的头发从前面卷起垂到后面，头上戴着华丽的饰物，身披一件有拖裾的红、绿相间的丝制长袍。她就好像在书后面上下地玩着，出来进去，而且书会自己翻开，给她让路，让她任意出入。"

　　日复一日，他以相似的故事诱惑着这个波兰人，最终劝服他来见证他们的秘密。到底是不是他们用视觉幻象来欺骗他，或者他是不是运用自己丰富的想象力欺骗了自己，这些我们都不清楚，但可以确定的是他已完全变成了他们手里的工具，而且他们让他做什么他就愿意做什么。在所有的谈话中，凯利都和那神奇的水晶石保持一定距离，然后聚精会神地凝视着它，此时迪就坐在角落里，以便随时将神灵们的预言记录下来。他们用这种方法对那位波兰人预言：他将有幸拥有点金石，他能活几个世纪，还会当选为波兰国王；他的王国会在他的领导下无数次打败撒拉森人，他的名字会举世闻名。但是，为了实现这些，前提是拉斯基必须将他们，还有他们的妻子、家人带离英国，他必须让他们过上豪华的生活，享用不尽的财富。拉斯基爽快地答应了，然后，他们很快动身去了波兰。

　　他们往北走了4个月才到了伯爵在克拉科夫①附近的庄园。他们在这里享受着舒适的生活，大手大脚地花钱。等在伯爵宫殿里安顿下来后，他们就开始着手将铁炼成黄金的巨大工程。所有必需品拉斯基都为他们提供了，甚至亲自运用炼金术知识帮助他们。但是，不知道为什么总是在实验就要成功的时候功亏一篑，他们不得不用更大的规模重新开始。但是，拉斯基并没有因此而轻易地放弃希望。由于他早就把自己幻想成拥有了无数财富，因此不会因为现在花费的拮据而感到沮丧。就

---

① 克拉科夫（Krakow），位于波兰南部离华沙约300千米的维斯瓦河畔，是波兰最大的文化、科学、工业与旅游中心，曾是波兰的首都。——译者注

这样日复一日，年复一年，为了供养贪婪的迪和凯利还有他们同样贪婪的妻子、家人，他一直坚持着，直到最后被迫将一部分早就典当的庄园卖掉。直到他即将面临破产的时候，他才从痴迷的幻境中清醒过来。那个时候，他甚至为自己还没完全沦为乞丐而感到庆幸。等清醒过来后，他最先考虑的是怎样将这些奢侈的客人们打发走。他不想跟他们争吵，所以就建议他们带着给国王鲁道夫的推荐信去布拉格①。我们的炼金术士也清楚地发现几乎一贫如洗的拉斯基伯爵一点利用价值也没有了。所以，他们爽快地接受了他的建议，前往王室所在地。他们到了布拉格之后，很容易就受到了皇帝的召见。他们发现，国王这个人也很愿意相信像点金石这种事物的存在。他们还自认为国王对他们的印象很好，但是，不知怎么回事——可能是凯利表现出的狡猾和骗子神情——国王并不认可他们的能力。不过他还是同意他们在布拉格待几个月，这一举动让他们幻想着国王可能会雇用他们。然而事实相反，国王对他们越来越反感。后来，当罗马教皇的使节告诉他，他接见这些炼金魔术师是不合适的时候，他就下令让他们在24小时之内从他的国土上消失。他们应该为只有这么少的时间感到庆幸，因为使节已接到命令，要是他们再多待6个小时的话，就要把他们终身监禁在地牢里，或者将他们处死。

由于不知该去哪里，想到在克拉科夫还有许多朋友，他们就决定返回那里。此时他们已经将从拉斯基身上弄来的钱几乎都花光了，很多天都被迫空腹行进。为了防止外界知道，他们十分艰难地掩饰着他们的困窘状况。由于他们知道一旦真相暴露，将会对他们的诺言产生不好影响，因此他们想方设法一点也不抱怨地忍受着贫困。要是一旦有人怀疑他们都不能维持生计的话，那么再也不会有人相信他们发现了点金石。他们还能依靠算命赚点钱，使他们可以填饱肚子。就在这个时候，一位富有的、正合他们意愿的皇室成员陷入了他们的阴谋之中。有人将他们引见给了波兰国王斯蒂芬（Stephen），他们对他预言：很快鲁道夫皇帝就会被暗杀，日耳曼人会在波兰来找他们的继任者。由于这个预言不是很精确，很难让这位国王满意，他们只好用上了水晶球。施法后出现了一个神灵，向他们预言波兰的斯蒂芬将会是德国的新任国王，斯蒂芬这次终于相信了他们。有一次，斯蒂芬还亲眼看到凯利和水晶球里的影像秘密交谈。他也提供给他们金钱，让他们做炼金实验。但是，他们连续违背诺言，不断地跟他要钱。最后他厌烦了，甚至差点不顾面子将他们逐走。

① 布拉格（Prague，来自德语，意为"门槛"），是捷克共和国的首都和最大的城市，位于该国的波西米亚州、伏尔塔瓦河流域。——译者注．

这时，他们又遇到了一个对炼金术感兴趣的人，所以他们高兴地改变了服务对象。这就是一位在波西米亚特来博纳拥有许多庄园的贵族——卢森堡（Luxembourg）伯爵。在将近4年的时间里，他们舒适地生活在这位慷慨大方的保护人的宫殿里，享受奢华，几乎没限制地花钱。要说这位伯爵很贪婪，还不如说他有野心。他很有钱，关心点金石并不是因为了得到金钱，而是因为它能延长他的寿命。而迪和凯利编造的预言正合他的胃口。他们预言他将会成为波兰国王，而且确保他能活到500岁，尽情享受！当然，前提是他必须一直给他们充足的金钱来做实验。

但是，当他们运气十足并沉浸在由罪恶行径的成功而带来的奖赏的兴奋中时，报应以出乎他们预料的形式到来。由于这两个同谋总是因为相互忌妒和不信任而经常激烈地争吵，迪因此总担心事情会败露。凯利也许是以欺诈的无耻标准来衡量双方，认为他比迪更强，所以对迪在到处都享受那么多的荣誉和重视感到十分不满。他总威胁着要离开迪，另谋他法。而迪早就已经沦为这位亲密伙伴的一个工具，因此对自己被抛弃后的前景感到担心。他的立场并不坚定，竟然会相信凯利的胡言乱语多半是来自于他和天使们的谈话。他不知道该从哪里再找一位这样深奥、明智的人来顶替凯利的位置。因为他们每天争吵的次数与日俱增，迪给伊丽莎白女王写信说要是他被凯利抛弃了，他就去英国，希望他能在英国受到热情款待。他还送了一块圆银给她，说那个是他从热锅里剪下的一块黄铜炼成的。后来，为了令她相信那块圆银与黄铜上剪下的圆洞十分吻合，他把热锅也送给她了。他已经做好了最坏的打算，他只是希望能和卢森堡伯爵一同住在波西米亚，因为伯爵对他很好，而且十分信任他。凯利对于继续住下去也不反对，但他胸中却正汹涌着一股新的激情。他谋划很深，打算用这种方式来满足自己。他自己的妻子也很恶毒，一点也不惹人喜爱。而迪的妻子却很漂亮，招人喜欢。他希望他们互换妻子而不至于惹恼迪，或冲击迪的伦理道德。这件事很难，但对于一个像凯利这样一点也不正直，缺少良知却阴险狡诈、诡计多端的人来说，克服这个困难并不是不可能的。他仔细地将迪的性格和他的弱点研究了之后，就开始采取相应的措施来实现他的阴谋。就在他们接下来的一次和神灵谈话时，凯利说他被他们的话强烈地震动了，而且不肯将他们谈话的内容告诉迪。在迪的一再恳求下，凯利告诉他：从今往后他们将共用一个妻子！迪吃惊地问神灵的意思是不是不想他们友好地相处了，凯利只好装作十分不情愿地再次去问神灵后，说神灵依然这样坚持。就这样，鬼迷心窍的迪屈服了，但凯利却假装推脱了一会儿。他声称那是一群邪恶而且不善良的神灵，他从此以后再也不跟他们交谈了。然后，他就走了，声明再也不回来。

这样一来，迪一个人整天烦恼担心，他不知道应该要谁来替代凯利和神灵对话。最后，他决定让他8岁的儿子亚瑟来做。他将这一神职庄严地交给他，还要他牢牢记住：他是被召唤去履行神圣、虔诚的职责的。但这个可怜的孩子一方面没有想象力和信心，另一方面也不像凯利那样虚伪和狡诈。他根据指示，凝视着水晶球，但既看不见任何东西，也听不见任何东西。最后，当他感到自己的眼睛都要麻木时，他说他看见了一个看不清的影子，除了这个，没有其他的了，迪绝望了。他被骗了那么久，导致只有在他幻想和神灵交谈时，才是他最高兴的时候，因此他把离间了他和他的亲爱朋友凯利的那一天诅咒了。然而，这正是凯利的目的。因此，在他觉得迪正因为他的离开而感到伤心绝望时，又出乎意料地回来了，回到了那个小亚瑟在徒劳地观察水晶球的房间。迪将这一情形记录在他的日记中，他觉得凯利的突然回来是"命运的奇迹""上天的安排。"还接着写道：凯利马上就看到了小亚瑟看不到的神灵。其中的一位神灵再次提到了之前的预示——他们将共有妻子。凯利低下头，表示屈从，迪也不得不屈辱地将这一安排接受了。

就这样，这个邪恶的人作恶到了极点。他们以这种方式生活了三四个月，然后又爆发了新的争吵，也因此再一次分手了，从此之后他们再也没有见过面。凯利拿着他从格莱斯顿教堂发现的长生不老药去了布拉格，早就将他曾经被赶出这座城市的险恶形势忘在脑后。似乎他前脚刚一进城，马上就被鲁道夫皇帝下令逮捕，投入监狱。他被关了几个月后就被释放出来，在德国流浪了5年，他在一个地方替人算命，又在另一个地方谎称自己能炼黄金。后来，他再次因异端邪说、实施巫术而被抓进监狱。在此之后他打定主意，一旦被放出来，就回英国。但他很快就发现连这个希望也变得十分奢侈了——他也许会被终身监禁。1595年2月的一个暴风雨的夜里，他将床单拧成一根绳子顺着高塔顶端的牢房窗户爬了下来。但是意外发生了，他从空中摔了下来，结果两根肋骨和双腿都摔断了，再加上别的伤害，他在几天后就死了。

迪在这个时候却前程似锦——他送给伊丽莎白女王的热锅有了效果。凯利走后，他马上就接到了回英国的邀请。他曾经一直被极度压制的自傲再次恢复到原来的样子。他带领一队以大使身份跟随他的人声势浩大地从波西米亚动身了。至于他是怎样弄到的钱就不得而知了，但不难想象不是由慷慨大方的卢森堡伯爵给的，就是他骗来的。3辆马车由他和家人乘坐，3辆货车用来拉行李。每辆马车都被4匹马拉着，整列队伍还有24名士兵保护着。也许人们会怀疑这样的陈述，但这是迪亲口说的。他是在伊丽莎白派官员询问他的境况时，这样发下的誓言。传说到了英国后，女王盛情款待了他，还下令任何人不得打扰他进行化学和炼金术的研究。伊丽莎白觉得一个自称能把低贱金属炼成黄金的人不可能缺钱，所以只是接见和保护他，并没批给他充足的金钱。

迪没有想到在这里只能靠自己，于是开始焦急地寻找点金石。他不间断地在熔炉、蒸馏间工作，差点被有害的烟气毒死。他去问水晶球，但神灵们并不现身。他为了弥补凯利的位置找来一个叫巴塞洛缪（Bartholomew）的人，但这个人既没有德行，又没有想象力，神灵根本不愿意和他交谈。后来，迪又雇了一个叫做海克曼（Hackman）的炼金术士，但结果一样。自从那位伟大的神父离开后，水晶石也失去了它的威力。于是，通过这种方式，迪无法得到有关点金石或长生不老药的信息，然而他采取其他办法寻找的努力不仅没用，而且代价很高。于是，他很快就陷入贫困中。他可怜巴巴地写信给女王，希望得到帮助。他讲到，他同拉斯基伯爵一起从英国离开后，暴民们借口指控他为巫师，将他在毛特莱克的住处洗劫了，把他所有的家具都砸坏了，也将他那藏有4000多卷奇书的图书馆烧毁了，全部的炼金器具和博物馆的古玩都被捣碎了，他针对这一破坏举动来申请赔偿。然后，他又讲到，既然是女王要他来英国的，她就应该报销路费。伊丽莎白接受了他的申述，会时常给他一小笔钱来接济他。但迪还总是不断地抱怨，女王就派一个官员来调查他的情况。最后，他被任命成圣保罗大教堂的一个小教士，到了1595年他又改为曼彻斯特学院①的院长，在这个职位上他一直做到1602年或1603年。由于体力、智力开始不行了，他不得不辞职，回到老家毛特莱克，几乎一贫如洗。他以算命为生，总是为了换得一顿饭而不得不卖掉或典当书籍。他经常对詹姆士一世吹嘘，但国王却不肯帮他做任何事情。换句话说，国王并不信任他，他觉得他唯一能给一个又老又穷还精力充沛的术士的奖赏就是准许他乞讨，但没人会因他不照顾一个像约翰·迪一样的江湖骗子而怪罪他。迪在1608年去世了，享年81岁，被葬在毛特莱克。

世界公民

曾经人们在关于这位以这个为名写了许多著作的炼金术士的真实姓名上有过许

---

① 曼彻斯特大学（University of Manchester），英国规模最大的单一校址大学，位于英格兰北部大城曼彻斯特。——译者注

多争论。人们一般都认为他是一个名叫塞顿（Seton）的苏格兰人。跟那些吹嘘炼金能力的炼金术士们的命运相同，德国一位君主将他关进地牢，逼迫他炼出百万黄金来赎他自己，而他却不幸死在了地牢里，有些人将他跟一个曾经在17世纪初的欧洲名噪一时的叫迈克尔·森迪夫克（MickelsonCardiffg's）的波兰炼金术专家混淆了。莱思格力特·杜·菲雷斯诺衣对炼金术士相当了解，因此他觉得这些人物非同一般，还将下面这位世界公民的详细情况从乔治·摩霍夫（George Hoff）著的《莱思格力特书信集》和其他作家的著作中摘录出来。

　　大概是在1600年，在苏格兰海岸有一个叫雅各布·豪森（Jacob Hausen）的荷兰引水员沉船了。他被一个叫亚历山大·塞顿（Alexander Seton）的绅士解救上来，等回到岸上，在绅士的家中他又被热情款待了好几个星期。豪森发现塞顿醉心于炼金术，但那时他们从来没有讨论过这个话题。大概过了一年半，在荷兰恩克胡森的家中，豪森招待了自己救命恩人的拜访，他决定回报他曾受到的恩惠。他们建立了深厚的友谊，在离开之前塞顿主动将点金石的秘密告诉了他，还在他面前将大量的低贱金属炼成纯金，然后为了表示对他的尊重就送给了他。之后，塞顿离开了他的朋友，旅行到德国。在德莱斯顿，他并没有将他的魔力掩饰起来，据说他当着那里大批学者的面成功地表演了炼金术。当这些传到了萨克森伯爵的耳中后，他就下令将他逮捕，把他困在一座高塔里，为了防止他逃走，专门派40个人看守他。一切陌生人都不能来见他。伯爵也亲自拜访了这位可怜的塞顿几次，绞尽脑汁地劝他讲出秘密，塞顿却很顽固不肯讲出秘密，也不替这位暴君炼金。因此，他被绑在肢形架上，受尽牵拉酷刑。但他并没有因为折磨而屈服，他的意志也没有因为威逼利诱而动摇。连着几个月，在监狱里他轮番受到镇静剂和酷刑的折磨，身体遭到了极大摧残。他的健康每况愈下，几乎变成一架骷髅。

　　那时，一位叫迈克尔·森迪夫克的波兰学者住在德莱斯顿，他将大量时间和金钱浪费在了没有好处的炼金术上。对于塞顿的悲惨命运他感到十分同情，也相当佩服他的顽强不屈，决定尽最大努力助他逃脱。他恳请伯爵同意他来看望这位炼金家，费了好大的劲才被允许。他发现塞顿的处境极其悲惨，在暗无天日杂乱无章的地牢里关着，吃、住跟死刑犯一样。对于他帮助自己逃跑的建议，塞顿按捺不住心中的惊喜，还对这位大方的波兰人承诺，说要是他能帮自己获得自由，那么他会让他比东部君主还要富有。森迪夫克马上开始实施他的计划。他先将自己在克拉科夫附近的一些财产卖掉，再拿那些钱到德莱斯顿去寻欢作乐。他举办最丰盛的晚餐，常常将那些狱官邀请过来，尤其是那些看守炼金术士的人。最终，他得到了他们的信任，借口说他能说服炼金术士，让他讲出秘密，因此可以随意出入地牢。时机成熟后，他们定好了逃跑的时间，森迪夫克还准备好一辆邮车，可以用最快的速度把他运到波兰。等到这一天，他给狱卒送来一些酒，使得他们醉得不省人事，他和塞顿很容易地就爬上墙，成功地逃离了那里。塞顿的妻子早已等候在车中，将一小包黑色粉末稳妥地保存好，事实上，那个就是所谓的点金石，或者可以说是把铜、铁炼成黄金的东西。他们所有人都平安到达了科拉夫克。但是，因肢刑、饥饿以及精神上的折磨，塞顿此时已经病入膏肓。不久之后，就于1603年或1604年在科拉夫克去世了，他被葬在当地的教堂。上面就是以"世界公民"为名而写的炼金术士的故事。详情请参阅《炼金术史》第三卷。

森迪夫克

　　塞顿去世后，森迪夫克与他的妻子结婚了，渴望能在她那里得到她前夫关于炼金术的奥秘。那些黑色粉末让他官运亨通，因为炼金的术士说，他可以用它将大量的水银改变成纯金。并且，听说他还没离开布拉格，成功地当着皇帝鲁道夫二世[①]的面将这一实验演示出来。为了纪念这一事件，皇帝将一块大理石牌匾镶嵌在他表演的那间房的墙上。M.戴森奥依斯是波兰女王、冈扎阁公主玛丽的秘书，她于1651年在华沙写道，那块匾牌她亲眼看见过。那时候，很多人都怀着好奇心去参观过。

　　森迪夫克的管家布罗道夫斯基将他后来的经历以拉丁语记录在他的回忆录中，皮埃尔·保丽尔将它编进他的《高卢古运之宝藏》。根据这个权威记录，鲁道夫皇帝十分满意他的成功，他被任命做了政府顾问，并且他还被邀请在王室任职，并且在宫殿里居住。可是森迪夫克向往自由，拒绝担任宫廷官员，他更加钟情于住在哥拉瓦那祖传的地产上。他好似王储一样热情好客，给他管家的人说，他的炼金粉不是黑色的，而是红色的，当他把炼金粉放进一个用来装金子的小盒时，仅仅用其中一粒，便能够炼出1000枚银币。一般他把炼金粉放到水银里。每当在他去旅行的时候，便把盒子交给管家，把用金链子吊住的盒子挂在管家的脖子上。可是大部分炼

---

① 鲁道夫二世（Rudolf II，1552—1612年），是哈布斯堡王朝的神圣罗马帝国皇帝（1576—1612年在位）。——译者注

金粉通常被藏在马车梯子上一个隐秘地方。在他的理解之中，不管什么时候强盗袭击他时，他们都会忽略掉那种地方。当有危险情况被他预感到时，他就换上他仆人的衣服，坐到车夫的位子上，而让仆人坐在他那里。他之所以采取这些措施提高警惕，是因为他有点金石的事情几乎家喻户晓，许多不法之徒都想方设法抢劫他。德国的一位王子（布罗道夫斯基认为记下他的名字不合适）向他玩弄了一个卑鄙的手段，从而以后让他保持高度警惕。这位王子跪在地上，拜倒在森迪夫克的面前，迫切地请求他将一些水银当面变成黄金，来使他的好奇心得到满足。森迪夫克被他纠缠得疲倦了，要求他保证绝不泄密，之后就同意了他的要求。他走了以后，这位王子叫过来一个住在他家里的名叫默兰菲尔斯的炼金术士，把发生的一切事情告诉了他。默兰菲尔斯请求让他带领12名骑兵去追他，或者抢回炼金粉，或者迫使他讲出秘密。王子同意了，默普菲尔斯随即带领12名携带武装的骑兵急速地向森迪夫克追赶去。不久，他们在路旁的一个小酒店撵上了他，当时他正坐在那儿用餐。起初，默普菲尔斯先劝他讲出秘密，发现无济于事后，他就命令跟随他的人脱去森迪夫克的衣服，把他脱光了绑在屋里的一根柱子上。随之在他身上搜出一个金盒子，里面装着少量的炼金粉，一本写着点金石内容的手稿，一枚带着链子的金质奖章，这些东西的是鲁道夫皇帝送给他的，还有一顶价值10万银币的帽子，上面镶嵌着钻石。这班人带着这些战利品离开了，而森迪夫克还光着身子着紧紧地在柱子上捆着，他的仆人们也是同样的待遇。直到这帮强盗走得看不见后，他们才被酒店里的人们松了绑。

　　森迪夫克来到布拉格，来找皇帝申诉。皇帝马上派人到王子那，命令他将默兰菲尔斯和所有抢劫品交出来。王子恐怕皇帝发怒，就派人架了3个绞架，将默兰菲尔斯绞死在了最高的那个绞架上，剩下的两名强盗也在其他两个上面绞死了。他这样不仅将皇帝的怒火平息下来，而且还把一个对他不利的罪恶见证人除掉了。与此同时，他把从森迪夫克那里抢来的镶嵌着珠宝的帽子、带链的奖章以及关于点金石的手稿如数奉还，但是对于炼金粉，他说他从来没有见过，根本不知道。

　　森迪夫克在经历了这次危险后变得更加小心了，不管怎么建议他，他都不会当着任何陌生人的面展示他的炼金术。而且他还把自己伪装成很穷的样子，有时在床上一躺就是几星期，让人们觉得他正患重病，由此来推断他肯定不可能拥有点金石。他时不时地也会铸造一些假币，冒充成金币。就算人们把他当成骗子，他也不希望将他当作成功的炼金术士。

有关他的许多其他故事，他的管家布罗道夫斯基也讲述过，但不值得再次提起。在1636年，他以年近八十的高龄安然辞世，被葬在格拉瓦那的教堂。他在世时还出版了几本有关炼金术的著作。

罗森克鲁兹教派[①]

罗森克鲁兹教派与上文最后一位作者同一时代，但那时就已经在欧洲轰动一时，虽然短暂，但他们却在欧洲历史上留下了无法泯灭的痕迹。此前，人们认为炼金术只是一种任何人都会鄙视的谎言，而罗森克鲁兹教派却巧妙地将它神化和精炼。他们将炼金术的范围扩大了，还尝试着令人们相信点金石不仅仅可以带来财富，还可以带来健康和幸福。人们能够将它作为操控神灵来服侍自己的工具，可以随意操控暴风雨和天气变化，可以冲破时空限制，得到一切关于宇宙的终极秘密。尽管他们的这些想法很疯狂也很虚幻，却也不是一点好处都没有，它在某种程度上冲击了黑暗的欧洲的各种迷信陋习，还有中世纪各种宗教思想，而且找到了一个温和、优雅、善良的东西来取代它。

传说他们的名称来自于基督教徒罗森克鲁兹，也就是"玫瑰十字"——这是一位14世纪末到处游访圣地的德国哲学家。有一回，他在一个叫丹姆卡的地方患了重病，就在那时几个很有学问的阿拉伯人来到他面前，他们叫他师弟，他们不仅了解他的过去，还知道他的未来，包括他怎样思考，怎样想或怎样做。他们拿点金石将他的病治好后，又将所有的秘密都传授给他。1401年他正好年满23岁，这时他回到欧洲，他对几个朋友讲述了这门学科，并要他们发誓将这个秘密保守100年。听说此后他又活了83年，在1484年去世。

很多人认为根本不存在罗森克鲁兹这样一个人，他们觉得这个教派产生得还要晚些。他们说，这个教派始建于普拉修斯的理论和迪博士的梦想。他们原本无意这样做，虽然没有被认可，但事实上他们才是真正创造罗森克鲁兹哲学的人。现在

---

① 德国朝圣者"C.R.C"，传说这个朝圣者在中东跟随神秘学大师们学习，返回德国后创立了玫瑰十字会，目的是带来"人类全面的改革"。在他的有生之年，据说教团中只有不超过八名成员。在罗森克鲁兹死后，即15世纪，教团就消失了，直至17世纪初期才"重生"（就在诸宣言发表的年代）。传说在罗森克鲁兹死后120年，他的坟墓被人发现和开启，在那里找到一些珍贵文献，教团因此重新兴起。——译者注

很难确定，到底是迪和普拉修斯从那时隐晦无名的罗森克鲁兹教派那里借鉴的想法，还是罗森克鲁兹只不过跟着他们发展的或者在这个基础上做了些改进和提高。但可以确定的是，这个教派在德国直到1605年才开始被人关注起来。他们的教义被传播开后没多久，所有的梦想家们、普拉修斯的信徒们、炼金术士们都纷纷投到他们门下，吹捧罗森克鲁兹才是造物主。那时候有一个叫迈克尔·梅瓦（Michael Merwa）的著名医生，耗尽了全部家财以及健康来找点金石，他于1615年在科隆出版了一份他写的有关这个教友会的教义和规则的报告。他宣称，首先，"创立者的思想在有人存在以来可以想象的万物之上，就算是神灵的启示也不及它；他们的目标是在世界末日到来之前实现人类的新生，以及全世界和平；他们相当聪明，极其虔诚；一切都是他们的，他们可以随意地布施给人类；他们绝不会受到饥饿、焦渴、疾病、衰老的折磨，更不会有一些其他自然方面的困惑；他们仅靠着感觉一眼就可以发现适合进入他们圈子的人；要是他们在世界之始就存在的话，他们在那时的知识就已经极为渊博，而实际上他们还在不停地学习，他们总会读整卷的书，这样他们就可以知道曾经发生过的或者世界末日到来之前要记录进书中的事；他们可以把最厉害的神灵和魔鬼召唤出来并留下来依附在他们身旁；他们用歌声将位于深海和地壳中心的珍珠、宝石召唤过来；由于上帝为了避免他们受到仇敌的恶意伤害，就将一层很厚的云团覆盖在他身上，所以他们可以隐身；"玫瑰十字"教派的前8个人可以治很多疾病；他们可以利用友会将教皇的三重皇冠变成粉末；只有两件圣事他们会承认，那就是他们改进过的原始教堂仪式；他们将第四代君王认做他们的首领，而所有基督徒的领袖则是罗马皇帝；他们能给他提供的黄金比西班牙国王从东西方黄金产地抢夺来的还要多，因为他们拥有的宝物无穷无尽。这就是他们的信条。他们一共有6条行动规则，如下所示：

第一，在游历时帮人免费治病。

第二，着装和所驻国的时尚保持一致。

第三，每年要在友会指定处举行一次聚会，要是无法出席要给出书面理由。

第四，要是哪个成员有谢世的想法，要选出一位合适的继承人。

第五，他们将"玫瑰十字"这几个字作为相互识别的标志。

第六，保守友会的秘密120年。

他们说这些条文镌刻在罗森克鲁兹墓地里的一本金书上，从罗森克鲁兹去世那天算起，到1604年已经整整120年了。所以，这才将他们召集起来宣传造福人类。①

　　就在这8年中，在德国这些宗教狂使一些人皈依了他们，可是在欧洲别的地方作用不大，几乎没有人过问。最后，他们在巴黎粉墨登场，竟然在那些轻信的博学之人和痴迷于奇迹的人中间引起一片骚动。1623年3月初的一个早晨，巴黎的市民们惊奇地看到他们贴满墙面的一些诡异宣言：

　　　　"这个城市中有形或无形的住所，都已经被我们'玫瑰十字'友会主要教团的代理人驻扎上了。承蒙我主的恩赐，来皈依真正的灵魂，不需要书和符号我们就可以示范传授给你；我们会用当地的语言来讲解传授，目的就是为了拯救我们的同胞们——人类，从而避免错误和死亡。"

　　这块怪异的告示一度成为街头巷尾议论的中心话题。很多人都是付之一笑，只有很少的人对此好奇。然而就在几周的时间里，这个神秘团体却通过两本发行的书使人们开始恐慌，因为没有人知道他们住在哪，也没人见过他们成员的踪影。这两本书的其中一本是史书，写的是有关魔鬼与自称隐形人之间达成的可怕协议，这些令人诅咒的隐形人教义，还有隐形人的门徒们可怕的毁灭以及悲惨的结局。另一本叫做《关于一个新的不为人所知的玫瑰十字友会神秘教法的考察》，书中讲到这个友会最近已经到了巴黎，还提到了他们的生活方式、历史，他们创造的奇迹以及一些别的细节。

　　这些书十分畅销。每个人都急着了解这个神秘恐怖友会的一些情况。巴黎市警察更加惊恐，他们夜以继日地监视着来往的每一个人，好像每个人都是那个撒旦似的。这些书讲到罗森克鲁兹友会共有36个成员。他们把基督教的"洗礼说"和"来世说"抛开了。他们声称不是天使创造的奇迹，而是靠自己的奋斗，魔鬼将力

---

①　下面是有关罗森克鲁兹陵墓的传说，是恩斯泰斯·布吉尔发表在第379期《观察家》上的一段文字："某人有一次挖地，碰巧挖到埋葬这位先哲的地方。他先是挖出了一个小门，门两侧各有一堵墙。出于好奇，加上想找到藏宝之地的梦想，他把门撬开了。突然，闪过一道光芒，他惊奇地发现这是一个挖得很巧妙的地窖，地窖顶头是一个全身盔甲的人像，左手支在桌边坐着，右手举起一根大棒，前面亮着一盏灯。这个人刚把脚踏进地窖，人像马上由原来的斜坐姿势挺挺地站立起来。这个人又走了一步，人像右手里的大棒举了起来。此人又斗胆走了一步，人像愤怒之极，把灯打成了碎片，这个不速之客一下子陷入黑暗之中。当地村民们听说了这次历险记后，都拿着火把来到墓里，发现那个铅做的雕像只是一件类似时钟结构的装置；地窖的地板都松垮了，下面是弹簧，人一踏上去自然会发生以上的情形。"

　　罗森克鲁兹的门徒说，他是想借助此法来向世人说明，尽管他决定不让任何人借他的发现索取利润，是他重新发明了古墓中不熄灭的神灯。——译者注

量赋予了他们，像闪电一样把他们从世界的一边瞬间带到另一边。他们会说很多种语言，无论他们花多少钱，他们的腰包总是鼓鼓的。他们还能够隐身，无论人们插着多少门闩，他们都能从容地走进屋中，他们不但可以讲述过去而且能预知未来。这36个兄弟分成了几个团队，派到巴黎6个，意大利6个，西班牙6个，德国6个，瑞典4个，瑞士两个，弗兰德尔两个，洛林两个，弗朗什孔泰地区两个，绝大多数人认为那几个到法国的人都住在都·马莱庙里的某个地方。很快，这个地方就恶名远扬，人们再也不敢在那儿过夜，生怕玫瑰十字的6个隐形人会附上他们的身体。在人们之中甚至有很多受过教育的人也相信有几个模样诡秘的人去过巴黎的饭店和旅馆，他们吃最好的菜肴，喝高级白酒，但是当店主要他们付账时，他们却突然变成了一团空气消失了。另外还有传说讲到，年轻貌美的少女们上床睡觉时还一个人，夜里醒来时却发现有个形体健美胜过希腊的阿波罗①的男人躺在自己床上，而这名美男子被惊醒后就消失了，还有谣言说许多人发现忽然家里出现不明来历的成堆的金子。整个巴黎都陷入慌乱之中，男人为自己的财产担心，少女为自己的童贞担心，妻子为自己的贞洁担心，而这时罗森克鲁兹人还没有出现。就在这骚乱的时候，又有一张布告贴了出来，大意如下：

"要是有人只是因为好奇而想看到'玫瑰十字'会员的面目，他将永远也没办法和我们交流。但如果他真心愿意将自己的名字镌刻在我们友会的花名册上，我们必然明察秋毫令其真心归顺。因此，我们不愿让公众知道我们的居所，思想本身与真诚愿望的统一足够让我们相识。"

虽然像玫瑰十字这样一个友会是不是真的存在本身还是一个问题，但很明显有人在专门做这些布告的宣传和张贴工作，因为布告几乎贴满了巴黎的每一面墙。警察尝试着找到肇事者，然而他们没有成功，这使得公众更加困惑了。关于这个问题教会很快开始插手进来。为此，高尔特（Galt）作为一位天主教耶稣会神父，写了一本反映这些人轻视教皇的书，说他们肯定是路德派来传播异教邪说的异教徒。他还补充说，他们的名字正好能表明他们就是异教徒。因为异教徒首领路德的纹章图案就正是一个十字架上面加一朵玫瑰。还有一个叫格拉斯的人说，他们就是一帮酒鬼，一伙骗子。他们的名字来自于一种标志——"一丛玫瑰加上一个十字架"。

---

① 阿波罗（希腊文 Απολλων；拉丁文Apollo），古希腊神话中最著名的神之一，希腊神话中十二主神之一，是主神宙斯与暗夜女神勒托所生之子，阿尔忒弥斯的孪生哥哥，全名为福玻斯·阿波罗（Phoebus Apollo），意思是"光明"或"光辉灿烂"。——译者注

这种标志常常作为隐秘的象征被悬挂在德国小旅馆的桌子上。有一句俗语是"在玫瑰花下面",就是说一个人对另一个人透露秘密。还有其他一些人把F、R、C这三个字母的意思理解为蒸露友会(Fratres Roris Cocti)而不是玫瑰十字友会。对此,他们给出的解释是,声称他们收集了许多的晨露,并将其蒸煮后提炼出了一种有很高价值的制造点金石和生命水的成分。遭到各种各样抨击的友会想尽办法来自卫,他们不承认使用过任何一种魔力或者他们曾经和魔鬼商量过,他们说他们都有幸活了一个多世纪,而且可能会再活几个世纪。他们之所以能够精湛娴熟地掌握大自然,是因为上帝看到他们的虔诚和忠心才传授给他们这些有能力的。那些觉得他们的名字是来自于玫瑰十字架的人,以及说他们是醉鬼的人都是错的。他们反复重申说他们的名字是来自于基督教徒罗森克鲁兹——他们的创立者,以此来向世人证明这一点。为了对后一种责难进行解释,他们反复说他们不知道所谓"渴"的概念,说他们有比口感更高级的快乐。虽然他们不承认教皇最高的权力而且还将他称做暴君,但是他们并没有打算参与到政治或宗教中。他们说,这些有关他们的诽谤之中最不公平的就是人们总觉得他们沉迷于肉欲,认为他们在隐形外衣的帮助下会偷偷溜进美丽少女的卧室。正相反,他们加入这个友会的第一个誓言就是贞洁。无论是谁违反这项誓言,其所有特权都会被剥夺,而且会像普通人一样遭受饥饿、痛苦、疾病、死亡等折磨。他们是那样重视贞洁,甚至单纯到认为亚当的堕落是因为他缺少这种美德。除此之外,他们进一步宣扬他们的信仰,声称像巫术、妖术以及和鬼交流这种陈旧的故事他们根本就不相信,并且他们声称像人们说的男唾魔、女唾魔之类令人恶心恐怖的东西根本就没有,像人们多年来一直坚信的无数奇形怪状的小精灵也没有。围绕在人类四周的并不是这样的敌人,而是充满无数美丽善良、十分热切地想要帮人类做事的精灵。气精拥挤在空气中,水神或仙女在水中,守护神或土地爷在地壳里,火怪潜在火里,所有这些都是人类的朋友。人类只要洁净自身之后,就能够看到他们而且可以和他们交谈。有巨大的能量蕴涵在他们之中,这种能量不受空间限制和物质阻碍。然而在某一方面人类又更胜一筹:人类拥有一颗不朽的灵魂——这是他们所没有的。但是他们可以通过激发起人类对他们的热爱来和人类一起分享这种永恒。这样可以解释那些女精灵为获取男人爱慕,还有男地精、气精、火怪、水神为了得到女人爱慕的各种不懈的努力。被爱的对象在报答他们的爱时就会传送一部分天火——灵魂过来,这样一来,那个被爱的就会和他所爱的平等了。于是,双方在这种规则下完成发展进程后,就会一起进入幸福的领域。他们讲到，这些精灵在夜以继日地监视着人类。梦境、预兆、显灵等都是他们干的，这是他们在用适当的方法来警告凶险。不过他们是为了自己才会这样善待人类的，他们因为缺少灵魂，有时会反复无常，有时又充满报复。他们会由于一点小事就被触怒，对于那些失去理智、沉迷于吃喝、色情还有其他一些沉浸在肉体欲望中的人，他们会施展一连串的伤害而不是给予恩泽。

过了几个月后，在巴黎友会的布告和教士的攻击所引起的骚动慢慢平息了下去。那些广泛流传的和他们有关的故事就是在那个荒谬的年代也是极其不可靠的，这时人们转而开始嘲笑那些隐形绅士还有他们那些疯狂的教义了。在这个关键时刻，盖博德尔·奈得出版了他的《法国的罗森克鲁兹教派》这本书。他把这个新教派的愚蠢在这本书中成功地揭露出来。虽然写得很牵强，但这本书却来得很及时，很大程度上压制了法国的罗森克鲁兹教派的发展。从此以后人们很少再提起他们了，只是国内偶尔会有骗子为了遮掩他们的恶行还打着这个旗号招摇过市。这些人中经常有人被抓住判处绞刑，因为他们"将别人口袋里的珍珠宝石骗到自己的口袋里"的能力很有一套。除此之外，他们"靠点金石把大块的镀金铜块变成纯金"的本事也很厉害。然而，他们也是凭着这些特长才得到了赦免。

罗森克鲁兹教派的教义并不是只局限在法兰西这一个地方。它在德国繁荣发展、辉煌一时，在英国也有不少人皈依它了。后来德国和英国出现了两位大师：雅科伯·博曼和罗伯特·弗拉德——所谓的哲人。很难判断这两个人哪一个更可笑，哪一个更怪诞。这样看来这个教派是分成了两拨——一拨是玫瑰十字友会，这个友会关注世俗的奇闻逸事；另一拨是北极光十字，他们痴迷于对神灵的默祷研究。弗拉德属于前一拨，博曼属于后一拨。可以说弗拉德就是英国罗森克鲁兹派的鼻祖，也是就这样在愚蠢的世界里得到了一个地位显赫的神龛禅位。

1574年弗拉德出生在肯特郡的米尔盖特，他的父亲托马斯·弗拉德（Thomaseph radmanovic）是伊丽莎白女王的军部司库。开始时他打算从军，然而他性情喜好安静、闲适，学习十分用功并且打算在这方面有所成就。父亲不愿逼迫他选择一条不适合自己的路，由于他小时候喜好医学，于是父亲就鼓励他学医。他在25岁时到了欧洲大陆，开始醉心于这些在他看来极为玄妙神奇甚至无法理解的知识。他成了一个帕拉修斯派的狂热信徒，而且把帕拉修斯当作是医学界和哲学界的创新人物、改革家。他在意大利、法兰西、德国居住了6年，而且大脑中一直充斥着疯狂的幻想，到处寻找狂热者及空想家组织团体。他在1605年刚一回到英格兰就被牛津大学授予医学博士学位，开始在伦敦行医。

　　由于技术精湛，他的名气很快就传播开来。他将他的英文名字——罗伯特·弗拉德改成拉丁文名字——罗伯特斯·阿·弗拉科特博斯，并开始散播一些古怪的教义。他宣称他相信点金石、生命水和万能溶剂都是存在的，并认为世间万物都是由两大要素构成的，即浓缩北方美德和稀释南方美德。他说，人类的身体被很多恶魔操控着，他把它们放在一个菱形中，每种病都对应着一种特别的恶魔，只有在恶魔的帮助下，才能治好这种病。由于他是催眠术的创始人之一，我们还会在本书其他地方深入论述催眠术的一个分支时涉及他的医学概念，这些都曾经轰动一时。

　　也许刚刚提到的宣扬教义还不够狂妄，弗拉德名扬欧洲后就加入了罗森克鲁兹教派。他不仅成功地加入了他们，而且还得到了极大的重视。针对这个友会被几个德国作家（利伯威斯也在其中）猛烈抨击的情况，弗拉德回击了他们。而且他为了捍卫罗森克鲁兹哲学，就针对这一问题在1616年出版了一本叫做《Apologia Compendioria Fraternitatem de Rosea-cruce suspicionis et iafamioe maculis aspersam abluens》的书。他因为这本书而在欧洲大陆迅速走红。从此以后，他被看作是这个教派的高级教士之一。就是因为他是重要人物，所以开普勒·格森迪觉得应该找机会驳斥他。弗拉德写了一本书对他的教义进行了详细介绍。当有人指责迪斯卡蒂曾经加入罗森克鲁兹教派时，他的朋友蒙塞那曾经帮他辩护。他当时攻击了阿·弗拉科特博斯博士（他很喜欢别人这样称呼他），并将玫瑰十字派上至友会团体下至阿·弗拉科特博斯博士本人的各种可笑与荒谬揭露出来。对此，弗拉科特博斯写了一篇很长的回复，他说蒙塞那是一个只会诽谤别人的白痴，又再次说炼金术是一门实用科学，罗森克鲁兹教派应该是全世界的创新者。这本书在法兰克福出版，被命名为《Snmmum Bonum，qwoduest Magioe，CaQbaloe，Alchimioe，Fratrum Rosoe-crucis verorum，et adversas，Mersenium Calumniatorem》。此外，弗拉科特博斯还用关于炼金术的一些其他著述来答复利博维斯，另外，他还有一些医学著作。1637年，他在伦敦去世。

　　在英国，弗拉德的时代过去之后，这个教派就逐渐衰落了。他们只能吸引到一点关注，再也无法成为公众关注的焦点了。他们也会时不时创作一些几乎是晦涩难懂的著作，以此来让人们知道他们的蠢行依然存在。一个匿名的著名炼金术士以尤金尼厄斯·菲拉拉西尔为化名翻译了《玫瑰十字友会的名声与忏悔》，并于1652

年在伦敦将这本书出版了。过了几年，有一个叫约翰·海登的宗教狂热者以这个为题又写了两本书，即《智者的皇冠或玫瑰十字的光轮》和《圣导·玫瑰十字：人文与自然统一的先驱》。两本书都没能引起公众多少关注，第三本书倒是有一些轰动，叫做《罗森克鲁兹教派医术新法》，署名为约翰·海登（Johann Heiden），自称上帝的仆人兼自然的秘书。摘录于这本书中的文字能反映那时英国罗森克鲁兹教派的一些想法。这本书的作者是一名律师，"活着时（引自他本人的原话），在西斯敏斯特大厅一直从事律师职务，在休庭的时候就专心研究炼金术以及对罗森克鲁兹教的冥想和领悟。"在他的前言中（他说自己是为一篇宗教仪式的结束语而写的寓言故事），他用这个教派的真实历史和教派的宗旨来启示公众，说摩西、伊莱亚斯（Elias）、以西结这些人都是罗森克鲁兹派哲学最早的先知。那些只存在于英格兰和欧洲其他地方的罗森克鲁兹教徒就是宇宙大王的耳目，他们观察并倾听着万物。天使曾教导启发过他们，无形的灵魂与永恒的天使的圣友是他们的伙伴，他们能够像海神普洛特斯一样变成各种形状，他们有创造奇迹的神奇力量。就算最心不在焉的友会成员也和最虔诚的友会成员一样都能去除城市瘟疫、平息狂风暴雨、江海怒涛，在天空穿行，挫败巫术及恶魔、治疗各种疾病，并将所有的金属都变成黄金。他知道瓦尔弗德和威廉姆斯是跟他同时代的两个著名的玫瑰十字教派成员。他亲眼看见他们向他展示奇迹，还将许多占星术和地震预言法教给他。"曾经我希望他们中能有人告诉我"，他说，"我的气质脾性可不可以让我和我的保护神交往。""我再看到你时，"他说，（是他高兴时才会来找我，我根本不知道去哪里找他）"你就会知道答案了。"后来我们又相遇了，他说，"你应该祷告上帝，一个术士将他自己——他的灵魂献身给宗教工作，是他能够给上帝提供最高的并可以接受的服务了。"他还说，上帝仁慈的眼睛是保护神，他们穿梭于世界各地，他们满含着热爱和同情，关注着善男信女们天真淳朴的努力，并且时刻准备降福和帮助他们。

海登坚信罗森克鲁兹教派认为吃喝对于人类并非必要的教义，在他的思想中，任何人都可以像那些在恒河之源附近居住的怪人们一样生存。一个和他同名的，也叫做克里斯托夫·海登（Christopher Hayden）的人，在他的游记里曾提到过那些怪人。这些人因为没有嘴巴而不能吃饭，鼻孔是他们呼吸生活的工具，他们只有在长途跋涉时才改为闻花进食。他认为，有一种"上好的异种脂肪"在真正纯净的空气中，阳光全部照射在上面，这些就足可以提供人类营养的需求了。食欲很大的人，并不排斥肉类，因为他们离不开肉，但是他坚信没有必要吃肉。如果他们把一块美味的肉贴在他们的肚皮上，即便那些健壮而贪吃的人也会满足食欲的！因为好似宽宽的大门嘴巴是他们不具备的，所以以这种方法吃饭，他们也就不会染病了。好比是喝水，一个置身于水里的人是永远不会觉得口渴的。他所知道的，靠这种方法品酒是好多罗森克鲁兹教派的人的习惯，他们多年没喝酒了。海登说，"事实上，做到一辈子斋戒对我们来说原本会很轻松，甚至300年不进肉食，这样也就不会得病了。"

"这位圣明的哲人"又告诉那些有疑虑的同代人说，标志"R、C"总是被教派的首领带到聚会地点。该标志是一个乌木十字架，用金色玫瑰装饰点缀着，耶稣为人类罪孽而承受的苦难体现在十字架上，金色的玫瑰是他复活之后的美丽与光荣最好的代表。他先后把这个标记带到麦加、加耳里山、西奈山、哈兰及其他三个地方，这些地方可能都处在半空中，叫做卡索、阿帕米西和沙拉提索·维利沙·考奴赤。那儿便是罗森克鲁兹成员聚会娱乐并策划所有行动的地点。在这里他们纵情欢乐，处理了世上出现了但已经解决了的、正在解决以及待解决的问题，从始至终。"这些人，"他概括说，"就是罗森克鲁兹！"

17世纪末，一些理性的思想渐渐占据了这个教派，但它仍然拥有追随者。令他们心满意足的好像只有点金石。他们放弃了追求纯粹的、不明智的幻想。艾迪森（Addision）在《观察家》（1714年7月30日，星期五，第574卷）中有一段他与一个罗森克鲁兹成员对话的描述。这也推断出这个教授在做事上聪明了一些，尽管他们谈起话来仍然还像原来那样愚蠢。"这桩秘密我曾与一个罗森克鲁兹成员谈到过。"他说，"一个精灵住在一块绿宝石里，它可以竭尽全力地把附近的一切东西变得完美无缺。"他还说，"它能让太阳充满光辉，让钻石充满光泽，所有的金属它都能够让它熠熠生辉，即便是铅块它也会使它带上金子的特性。它可以让烟雾升成火焰，让火焰变成光芒，让光芒变成光轮。"他又补充说，它只要用一道光线就可以将人的痛苦、焦虑、忧郁统统去除。总之，它出现的每一个地方都会变为天堂。接着一通难以理解的说教又出现了，一些自然与道德的思想被他揉了进来，而"满足"才是他的最大秘密。

雅科伯·博曼

接下来要讲一讲雅科伯·博曼这个人了。这个人自称从《圣经》中发现了变金子的秘密，并创制了一套将炼金术和数字于一体的诡异教义，他还在这个基础上创建了曙光十字架派。雅科伯·博曼于1575年出生在北路莎特的戈里兹，30岁以前他一直是鞋匠，在1607年或1608年罗森克鲁兹哲学在德国地区开始传播之前，他一直没什么名气，但是他却集幻想家的特征于一身，而且他有着一颗不安分的心。从此，他关心的不再是皮革，而是钻进玄学的垃圾堆之中，天天捧着普拉修斯的著作研读。他整个人都被这些书还有罗森克鲁兹教派的幻想吸引了，他将他的买卖全部扔掉，也因此从还不错的经济条件沦落到贫困之中，但是他并没有被身体上的不幸及经济上的困乏而吓到。他的脑子关注的是另一个世界的生灵，他在思想上已经成为新的人类传道者。经过4年的钻研，他在1612年出版了他的首本著作，名为《曙光》或《日出》。很多普拉修斯的可笑概念都被编入其中，雅科伯把他的著作弄得更加晦涩难懂了。他还宣称，若对《新约》、《旧约》进行认真的研究，特别是《天启》这一节（全部炼金术的秘密都包括在这一节之中），就能发现点金石。他认为神的恩典是按照相同的规定，遵循同样的法则来给予的，人类去除罪恶和腐败跟金属的提炼净化渣滓是一样的，都是以烈火焚烧的途径实现的。

他不仅能召唤气精、地精、水神、火神，还能招来各种妖魔鬼怪。他说自己会隐形术，还说自己有很高的自制力。他还说，要是他愿意，他能连续几年不吃不喝以及彻底关闭新陈代谢。但是，我们不用去跟他这种痴人说梦多做纠缠，戈里兹地方官斥责他创作这本书妖言惑众，还命令他不要再写了，回去干自己的老本行，如此一来，他的家人也不会再被教区所有的居民指控了。但是他根本就不听，依然我行我素，今天烧矿炼金，明天装神弄鬼，后来他又创作了3本书，哪一本都跟第一本一样荒谬绝伦。可以说，《金属冶炼》是他的著作中最晦涩的一本。另一本名为《永恒的时间镜子》，最后一本是《昭示的神学》，里面到处都是寓言和隐喻。

所有的奇怪与惶惑

没有知觉及普通的理性

1624年博曼去世，死后留下了一大批追随他的门徒。其中有很多人在17世纪时和他们的老师一样鼓吹那些荒唐的理论。这其中吉弗特黑尔、温得哈根、约翰、雅科伯、吉姆曼和亚伯拉罕·弗兰肯伯格这几个人还值得一提。罗马教皇特别痛恨他们的异端邪说，因此，很多人遭到监禁及严刑拷打的折磨。在1684年，有一个名叫库尔曼（Kullman）的人，因涉嫌施行巫术而在莫斯科被活活烧死。后来，一个名叫威廉姆·劳的宗教狂热者将博曼的著作翻译成英文并在多年之后得以出版。

毛摩斯

彼特·毛摩斯（Peter Moss）和博曼是同时代的，也是个颇有臭名的炼金术士。他在1630年致力于将罗森克鲁兹哲学引入荷兰。他申请议会赐给他一批人，便于他传播这个教派的教义，并对他们提出了一项计划，是关于通过点金石和小精灵把荷兰改造成世界上最幸福、最富庶的国家。这件事被议会决议明智地否决了，所以毛摩斯发誓出一套书来羞辱议会。就在这一年，他的《大自然隐秘之书》在莱登出版了。这本书分成了3部分。第一部分讨论"恒动"问题，第二部分讨论"变金"问题，第三部分别讲到"万能药"。此后，到了1617年，他的一些有关罗森克鲁兹哲学的德文著作又在法兰克福出版了。

同时，罗森克鲁兹教派也给这个时代带来了大量优雅的诗歌与浪漫小说作品。英、法、德等文学作品中所描述的爱情故事，大部分是根据他们的白日梦改编的。其中最著名的就要属莎士比亚的"小精灵阿里尔"。在蒲柏（pope）的《卷发遭劫记》中，他也根据同样的题材勾勒出柏琳达化妆室里虚幻的房客。拉·蒙德·富克也用这种方式描绘出极其曼妙多姿、自由变幻、幽雅而讨人喜欢的水中仙女安戴娜，这还引起了人们深深的同情和无限的想象。这些都是对以往时代的超越。沃尔特·司各特（walter Scott）公爵也给白衣女士阿文尼尔（Vin Neil）赋予了许多水神、水精的特征。然而，有关气精、地精、水神、火怪的比喻和暗指也弥漫在德国浪漫主义文学和抒情诗中。法国人也迎风赶上，这些精灵被他们用在小说中来代替希腊罗马大篇幅的神话。吟游诗人更加偏爱气精，人们对它熟悉到甚至将它和仙女混同了。而在人们心目中仙女的地位可以说是年代久远了。由于罗森克鲁兹教派还能给人们带来这些好处，每个热爱文学的人都乐意有这样一个教派存在，无论它的教义是多么荒唐。

伯利

在迈克尔·梅尔正向世人宣称罗森克鲁兹教派这样一个团体的存在时，在意大利出现了一个日后必然会成为这个友会里最辉煌的人物。约瑟夫·弗朗西斯·伯利简直是炼金狂之中最完美、最成功的天才骗子。有些权威人士指出，他在1616年，还有一种说法是在1627年，生于米兰。他的父亲伯兰达·伯利先生是个医生。约瑟夫16岁就被送到罗马耶稣学院学习。在这所学校，他以超凡的记忆力闻名全校。他毫不费力就能掌握任何东西，就算是大篇幅巨著，他也能过目不忘。他可以学会一切深奥的知识。令人惋惜的是，他的放纵、堕落和爱捣乱的恶习毁掉了他的大部分天资。

他连续被各种麻烦纠缠着。不断有校领导、罗马警方来找他，他的坏名声可以遗臭万年了。在朋友的帮助下，他开始在罗马行医，竟然能够在教皇家里谋得一个职位。他忽然开始醉心于炼金术，并打算专心研究点金石。他的这个嗜好外加其他太多糟糕的爱好最终使他一贫如洗。他从事的研究跟享乐一样耗费钱财，它们都能将他的身体和名誉毁掉。他在37岁时终于发现靠行医是无法维持他那奢侈的生活的，于是就开始另寻出路。他在1653年成为罗马法官、因斯布鲁克大公的代理人、米洛哥里侯爵的私人秘书。在这个职位上他又混了两年，他的生活仍然和以前一样放荡，总和赌徒、浪子、荡妇混在一起，而且还纠缠在许多不体面的街头斗殴事件之中，反而和那些想善待他的庇护人渐行渐远了。

然而，似乎是突然之间，他的行为又发生了很大变化。这个放荡的无赖忽然假装成一副哲人的沉静样子。形迹恶劣的他决心要改邪归正，从今以后重新做人，朋友们对于他的变化相当高兴。伯利模糊地讲这是超能力，他装作自己曾经跟善良的神谈话时，神仙们将一些自然和上帝的秘密告诉了他，他还说他已经拥有了点金石。他和之前的雅科伯·博曼一样将哲学术语和宗教问题混淆了，还竭尽全力宣称自己又创立了一个新的教派。这种行为在罗马，特别是在教会的宫殿中是相当危险的。伯利倒是很明智地意识到了这些，他及时从圣安格鲁堡的地牢逃了出来，来到因斯布鲁克住了1年，之后又回到了他的出生地——米兰。

他的名声在那时早已人尽皆知了，很多人愿意将自己的财产放到他的名下，所有打算加入这个教派的人都发誓会和友会同甘共苦，共渡困境，会为了友会的整体利益而舍掉自己的财产。伯利对他们说，大天使迈克尔给了他一把剑柄上刻着7位天神名字的神剑。只要是不肯加入他新教会的人都会被罗马教皇的军队摧毁掉，上帝要他来做领袖。愿意跟随他的人就会将所有快乐赐给他们，他不久就会发现点金石而完美地结束他的化学研究。因此，他们也将拥有无数的黄金，无穷无尽。众天使都会帮助他的，特别是大天使迈克尔。当他像神灵一样走路时，他就能看见夜的幻景，听见天使向他承诺说他将会是一个先知。他见到作为标志的一棵棕榈树，天堂的光芒围绕树的四周。只要一呼唤，天使们就会过来告诉他宇宙的秘密。气精和小精灵们都听命于他，这些小精灵和气精从各处赶来服侍他和他所崇拜的那些神灵们。在伯利不断地重复这种故事的作用下，很快就发现自己已经拥有了大批的追随者。由于他在本书中是以一个炼金术士出现而不是一个宗教背叛者，所以就不必重复他对罗马教皇这些当权者的憎恨了，他们与他的哲学主张一样荒谬透顶。看着自己的追随者数量不断扩大，他好像逐渐产生出一种某天要成为新穆罕默德的念头。他要在他的诞生地米兰创立一个君主政府和宗教教派，他来做他们的国王和先知。在1658年他曾计划将米兰城所有的守卫都抓起来，然后正式宣布自己是米兰的君主。正当他觉得时机成熟要开始实施时，计划被泄露了，有20名他的追随者都被捕了。他本人费了很大力气逃脱罗马教皇的魔掌，来到中立区瑞士。

接下来就是对他的追随者进行审判。所有这些人都被判处监禁，时间都不一样。虽然伯利缺席了，但对他的审判依然进行，而且持续了两年多的时间。他们在1661年以异教徒和巫师的罪名将他判处死刑，就在罗马将他的模拟像烧毁了。

当时，伯利却在瑞士过着自在的日子，在宗教法庭对他诉讼程序的谩骂攻击之中悠然自得地陶醉着。后来他到斯特拉斯堡之后，打算在那里的小镇上居住下来。他作为一个因宗教观点不同而遭迫害的伟大的炼金术士，受到了那里人十分真诚的款待。然而，他觉得这个狭小的镇子无法让他的才能得到施展，于是，就在这一年，他又去十分富庶的阿姆斯特丹城隐居了。他在那里租下了一幢豪华公寓，招募了一群随从，奢侈的程度令当地首富都比不上。他还用上了"阁下"的头衔。他到底从哪里弄到钱过上这种奢侈的生活一直是个谜。对此，炼金术士们提出了各种推测。头脑还算明智的人会认为这些钱是通过某种旁门左道弄来的。有人会想到，他在米兰的那些门徒里有很多富有的人，他们为了符合教义规定，就将他们的世俗钱财送给了他们的创立者。无论如何，钱是在他那里。在荷兰，伯利大手大脚地挥霍钱财，人们都佩服和崇拜他。他还治愈了几个病人，这让他名声大振，被人吹捧为

"奇人"。他接着专心研究他的炼金术，每天都盼望着有一天能把低等金属变成黄闪闪的金子。他一直都没有放弃过这个梦想，即使在最穷困的时候，他依然挥金如土。但是他不可能一辈子都依赖从意大利带回的那些钱过这种日子。虽然点金石能在明天给予他一切需要，可是在今天它却不能带来一点必需品。过几个月后，他被迫缩减开支，不再用大房子、镀金马车、昂贵的好马、穿特制衣服的仆人以及各种奢华享受。然而伴随这一切辉煌的渐渐消去，他的名声也逐渐衰落了。当他走着去帮人看病而不是像从前以"阁下"的名义驾着6匹马拉的马车来到穷人门前时，他的医术也不再神奇了，他从一个"奇人"沦落为一介草民。朋友对他冷眼相待，而那些原本虔诚奉迎他的人们也拿着香烛去其他的神龛烧香了。伯利觉得自己真是应该另谋高就了。就这样他开始到处借钱，并从一个叫德·米尔的商人那里成功地筹集到了20万弗罗林。据他所说，他是要用这些钱来寻找生命水的。他还找到了6颗带斑点的昂贵钻石，而且承诺能将上面的瑕疵去掉而一点儿也不会减少它的重量。他拿着骗来的战利品连夜逃到汉堡。

伯利在别人的引荐下见到了瑞典前女王，著名的克里斯蒂娜[①]。刚到那里，他就专门去找她。他恳请她做他的庇护人，然后他会专心寻找点金石。她给了他很大的鼓励，可是伯利害怕阿姆斯特丹的商人们会和汉堡有关联，一旦他待在汉堡，他们有可能将他的罪行揭发。在惶恐中他又动身赶到了哥本哈根，要求丹麦国王弗雷德里克三世[②]的保护。

弗雷德里克对炼金术的信仰十分坚定。由于缺少金钱，他很快就相信了这个能说会道的投机家的计划，而且对他的操作过程十分感兴趣，还给他提供各种实验工具。弗雷德里克国王盼望着他每月都能得到足以买下秘鲁的钱财。虽然有些失望，他依然耐心接受了伯利的各种借口，而伯利似乎在每次失败之后都能为自己找到托词。他很快讨得了国王的喜欢，而朝廷大臣们由于忌妒对他的各种攻击国王都替他抵挡了。那些大臣们眼睁睁地看着国王中了这个江湖骗子的计，每个都气愤不已。伯利想方设法不辜负国王的好意。幸好他懂点医术，这时候可起了大作用，常常替他挽回面子。就这样，他在弗雷德里克的宫廷里待了6年的时间，可是好景不长，1670年国王去世了，他也从此失去了庇护。

---

① 克里斯蒂娜：瑞典女王（1626—1689年）。——译者注
② 弗雷德里克三世（Frederik Ⅲ，1609—1670年），是丹麦及挪威国王，在丹麦实行君主专制。——译者注

在哥本哈根，伯利的敌人比朋友多得多，再加上对新任国王不敢抱任何希望，于是，他又去寻找其他避难所了。他先是来到萨克森，不仅没有得到一点鼓励，反而遭遇了来自宗教法庭的许多危险。因此，他只在那里停留了个把月。他推断出在全部认可罗马教皇的国家他都会遭到迫害，他便毅然决定去土耳其，去做穆斯林的信徒。就在他刚到匈牙利边界，在前往君士坦丁堡的路上，他被指控涉嫌那达斯迪和弗兰格帕尼伯爵谋杀案被逮捕。他报出自己的真实姓名和职业，然而他无论怎样申辩都无济于事。他被扣押进监狱，皇帝列奥波接到了怎样处理他的信，他开始走霉运了。国王刚拿到信时正好赶上教皇使节和陛下在密室中议事，教皇使节一听到约瑟夫·弗朗西斯·伯利的名字立即就定了他的罪，当然他的罪名自然是按律法执行的。在一队士兵的监禁下，伯利被五花大绑押到了罗马宗教法庭的监狱。他的确是个大骗子。只要能保全性命，他就可以当众宣布不再坚持他的异端邪说，因此对方刚一这样提议，他赶紧就接受了。于是，处罚改成了较轻的终身监禁。伯利终究是逃脱了刽子手的处罚。1672年10月27日，他在罗马当众认罪。他被转移到了圣安格罗城堡监狱，在那里待了23年才去世。据说，他在晚年得到了很多特权：如在狱中有专门的实验室研究点金石来打发寂寞的时光。克里斯蒂娜女皇住在罗马时曾经常常来拜访他，跟他探讨化学和罗森克鲁兹派的教义。她甚至帮他征得特权从监狱带他到她的宫殿小住了一两天，她亲自负责再将他押送回来。她还鼓励他找出那个炼金术士们不断探寻的大秘密，并因此在经济上资助他。能够推断出，这个老朋友给了伯利不少好处，而克里斯蒂娜仅得到了一点经验。就是这一点也不能确定，因为就在克里斯蒂娜临死前也依然坚信能够发现点金石，而且随时准备资助那些疯狂的冒险家们或是声称做这行的无赖们。

在监禁11年后，伯利在科隆出了一本小册子，名为《打开骑士约瑟夫·弗朗西科·伯利箱子的钥匙》。书中包含几封有关化学和其他学科的奇信，由他自己撰写并附上了他的生活回忆录。这本书论述了一整套有关罗森克鲁兹派的哲学，这为德·维拉斯（De villas）神父写作生动有趣的《德·格巴利斯伯爵》这本书提供了素材，并在17世纪末被广为关注。

在圣安格罗监狱，伯利一直苟活到1695年，于80岁时去世。关于他一生的著作，其中《箱子钥匙》这本书是他于1666年在哥本哈根指导弗雷德里克三世时创作的，除此之外，他还出版了一本名为《罗穆拉斯[①]对罗马人的使命》的书，是关于

———————
① 罗穆拉斯是传说中古罗马的建国者。——译者注

炼金术和秘密学科的著作。

17世纪的三流炼金术士们

　　除了上面讲述的点金石妄想者们的生活之外，还有不少作家是被这个世纪和前一个世纪造就的，他们写的有关炼金术的作品充满了那个时代的文献。实际上，当时绝大多数有学问的人都对这个多少有点相信。虽然像冯·海尔蒙特、博雷齐斯、基歇尔·布尔哈弗等这几十个人并不是专业炼金术士，但都偏爱并支持赞助他。海尔维特斯是一位著名哲学家的祖父，他说曾经亲眼见到一个陌生人将低贱金属变成黄金。他说，某天正当他在书房中坐着时，一个陌生人进来了，这个人穿着很体面，像荷兰南部的自由民，长相朴实，说话很谦恭，说他是来解决有关点金石的疑问的。他问海尔维特斯他要是看见那宝石能否判断出是不是点金石。海尔维特斯回答说，肯定不能。说罢，那个自由民立即将一个小象牙盒子从口袋里掏出来，有3块金属在里面，有着硫黄石的颜色，有一定的分量。他对海尔维特斯保证说他能用它变出20多吨黄金。海尔维特斯对我们说，他十分认真地将这3块金属检查了一遍，他发现这些金属有些易碎，于是就借机拿拇指刮下一小块，然后就把他归还给这个陌生人，请求他给自己表演变金过程。陌生人拒绝了他，随后就走了。等这个人离开后，海尔维特斯找来一个锅和一块铅，将铅加热后，就把从点金石上偷来的晶粒放进去了。让他感到很失望的是，晶粒都被蒸发了，而铅块还是那样。

　　过了几个星期后，在他快要将这件事情忘记时，那个陌生人又出现在他面前。他急忙恳求将铅变金的过程给他解释一下，陌生人终于答应了，还对他说只需要一粒点金石就足够了，但是在放进熔化的金属中之前一定要用一个蜡球将它包住，不然由于它本身极易挥发的性质会使它变成蒸汽。他们又试了一回，真的成功了，这让他们相当高兴。海尔维特斯又自己重做了一次，他将六盎司的铅变成了纯金。

　　这件事在整个哈格都传遍了，镇上的知名人士都聚集到海尔维特斯的书房里来一探究竟。海尔维特斯又在奥朗热王面前演示了一次，此后又做了几次，直到陌生人给他的粉末都被他用完了。需要说明的是，这个陌生人之后再也没出现过，也从来不清楚他的名字或其他情况。就在第二年，海尔维特斯出版了《小金牛》这本书，他将以上情节翔实地记载在这部书中。

　　大约同时，著名的基歇尔神父的《地下世界》也出版了。他将炼金术士称作

"流氓""骗子"或是一群"乌合之众"。他们所讲的科学仅仅是一种幻想，一场骗局。他自己曾经专心于这个领域，然而他通过无数次没有价值的实验和仔细思考得出了这个结论。所有的炼金术士马上全副武装打算驳斥这个可怕的对手。一个名为罗门·德·布罗恩斯坦的人率先挺身而出，尝试着凭借回忆最近森迪沃格斯当着弗雷德里克三世和选帝侯梅恩斯的面变金子的事来判定他有故意误传的罪名。这次责难，兹旺尔弗和格劳伯也参加了，他们说基歇尔神父的敌意是在故意忌妒和责难比自己成功的人。

据其他一些人声称，曾经格斯特沃斯·阿道夫斯将一些水银变成了纯金。知识渊博的博里彻斯说他见过用这种金子锻造的硬币，林格里特·都·弗来斯诺也能证明确有此事。在《蒙格恩斯游记》中讲过这样一个故事：有一个卢贝克（Lubeck）商人，没做多大的生意，但他却知道如何将铅变成黄金。他将一个他制造的少说也有100磅的金锭献给瑞典国王，国王下令立即将它铸成金币，因为他相信它的原料就像这个人讲的那样。他在一面刻上自己的手臂，又将象征商神赫尔里斯①和维纳斯神②的图案刻在背面了。蒙格恩斯又继续写道：我正好有几个这样的小金币，然后还有人告诉我说，就在那个从来不显露自己财富的卢贝克商人死后，人们发现在他的棺材里有很大一笔钱，少说也有170万克朗。

像这种连高层人物都坚信的故事导致欧洲各国的人们对炼金术有着持续的痴迷。只需要看看17世纪有关炼金术的著作的丰厚程度就足以令人惊叹了，更不用说为了这个幻想而献身的那些聪明人了。在路易十三统治时期，有一名叫盖博利尔·德·卡斯特格恩的圣弗朗西斯修道士引起了很大关注，国王甚至赐给他王室官吏的职位，去担任总施赈吏。他说他已经发现了长生不老药，要是路易吃了它就会继续执政100年。海尔蒙特还宣称他曾经成功地完成了水银变金子的过程，之后鲁道夫国王二世又将他安置在维也纳宫廷里。因发明盐而闻名的格劳伯（Glauber），17世纪中叶时在阿姆斯特丹行医，而且在这座城市建立了一所公学来研究炼金术，由他亲自授课。斯帕尔的约翰·若阿基姆·贝彻尔曾一度辉煌，他相信采用某种特殊的过程可以把燧石炼成黄金，只是要有点金石这个相当神奇的东西

---

① 赫尔里斯：又译赫密士。他是宙斯与迈亚的儿子，是奥林匹斯十二主神之一。他是边界及穿越边界的旅行者之神，也掌管牧羊人与牧牛人，辩论与灵舌，诗与文字，体育，重量与度量，发明与商业，他也是狡猾的小偷和骗子之神。——译者注

② 维纳斯（拉丁语：Venus），是爱神、美神，同时又是执掌生育与航海的女神，相对应于希腊神话的阿芙罗狄忒（Aphrodite）。——译者注

来辅助。曾经他建议奥地利国王来利奥波资助他做这个实验，但由于成功的希望太小，要消耗相当大的一笔资金，因此没能诱惑得了国王。尽管没提供一分钱，却大方地夸奖了他许多。贝彻尔又试图去荷兰议会那里要求资助，又碰了个大钉子。

在一切有关黄金的把戏中，有一个故事还比较让人满意，这就是老吉奥佛利于1722年4月15日在巴黎皇家科学院工作时宣读的一篇文章。其中讲的主要内容是关于16、17世纪的炼金——骗术成就。以下这段摘录现在放在这里可能不太合适，因为有关成功变金的例子相当多，而且显然都很权威，然而在这里对老吉奥佛利的强烈曝光最能转变公众的错误观念了。一般情况下，他们耍的把戏就是拿一个双底锅，钢或铜在锅的下面一层，涂成类似金属颜色的蜡在上面一层来以假乱真。他们在两层中间放入适当的金粉、银粉，然后又放入铅、水银等其他金属，然后用火来烧这个锅架。自然，等实验结束时，总能在锅底发现一块金子。用别的办法也能达到相同的效果。有人就找来一根在中空部分装满金粉、银粉的魔杖，再拿蜡或黄油将末端堵住，然后一边用魔杖来搅拌锅里熔化的金属，一边又谨慎地施加各种仪式来转移人们的注意力，巧妙地实现他的真正目的。有人还将铅块钻出孔，将熔化的黄金注入其中，然后再谨慎地拿铅将小孔封住。有时他们先用水银把金子洗得看起来像一块次等金属，又用一点硝酸再将它变成一块黄灿灿的黄金，这样一来就可以轻易地骗过外行的眼睛。

还有人拿钉子来行骗。钉子一半是铁一半是银或金，他们解释说这种钉子之所以这样，是因为在一种烈酒里泡过了。老吉奥佛利给科学院带来了几个这样的钉子，而且故意讲到这两部分是怎样完美焊接在一起的。其实钉子金的或银的那一半是涂上了铁一样的颜料，只要将它浸到硝酸溶液里这颜色立刻就掉了。很多年来托斯坎尼（Tuscany）大公手里一直收藏着这么一根铁钉。吉奥弗利又说，英国伊丽莎白女王从一个修道士那里得到的那个刀子就是这样的。刀刃有一半是金的一半是钢的。那时常见的半金半银的硬币，就是炼金术士们为了骗人才造出来的。实际上，在吉奥弗利先生长篇报告结束时说到，完全可以确定那些至今还流传着的有关变金变银的故事（在嬗变粉或炼金粉的作用下）全部是根据以上所描述的几种成功的骗术来做的。毫无例外的，做完一两次实验后，这些假哲人就全都失踪了。一方面是因为他们的能力达不到了或者是万灵药不灵了；另一方面，就是他们再没机会在无人知晓的情况下再做一遍了；还有一个原因就是他们的金粉不够用了。

这些所谓哲人的无私一开始很能蒙骗人，他们大方地将他们得到的一切利益甚至各种荣誉都放弃了，这种例子经常会有。但是这表面上的无私正是他们狡猾骗人的地方。它让人们一直充满希望，好像是能够发现点金石的，而且它可以给未来提供很多方便之处。他们确实急着想要得到比如进入皇室、公费赡养还有从野心很大而且又贪心的君主们那得来的礼物，以及所有他们轻而易举地承诺变出黄金以后想要得到的东西。

现在的任务就是，回忆这些开始于18世纪的妄想的发展史。人们能发现，到最近已经出现了一些理智回归的蛛丝马迹。

吉恩·得利斯勒

在1705年，有个叫得利斯勒的铁匠在法兰西一时间吸引了公众的注意。传说他找到了点金石，而且到全国各处游历演示如何将铅变成金子。这个人出生在普罗旺斯，他的名声就是从那里传播到巴黎的。很少有资料记载他的早年生活，然而朗格莱·都·弗鲁努瓦还是尽力找到了一些他晚年故事的详情，这是些很有趣的故事。得利斯勒没参加过任何教育活动，在青年时期曾经是一个炼金术士的仆人，而且从炼金术士那里学到了许多这个友会的伎俩。到现在，连那个炼金术士的名字都记不清楚了，但据说他得罪了路易十四政府，被迫躲到瑞士去寻求庇护，得利斯勒于是就跟着他来到萨瓦。据说，得利斯勒将他的主人骗到一个偏远寂静的小山路上，抢劫并谋杀了他，之后他就将自己打扮成一个朝拜的香客，返回法兰西。在返回途中，他在一个路边萧条的小旅馆住宿时结识了一个叫阿路易丝的女人，二人一见钟情，阿路易丝愿意放弃一切去和他流浪，同甘共苦。在普罗旺斯，他们共同默默地过了五六年安乐的生活。1706年，有传言说他是拥有点金石的人，于是，从德·拉帕卢平原、悉拉尼兹、靠近巴扎蒙特的地方赶来的人们纷纷云集到他的住处，来看一看他从泵、火铲等废铜烂铁中变出来的财富。下面的内容是1706年11月18日在普罗旺斯的里兹教区夏特诺夫修道院副院长德·塞里斯写给巴黎圣雅克修道院的牧师都·奥巴的一封信，信中讲述的是有关他的操作情况：

> 我亲爱的侄子，我要告诉你一件事，我想你和你的朋友们肯定有兴趣知道。在大多数人心中觉得是痴心妄想的点金石现在终于有人找到了。有一个名叫得利斯勒的人发现了这个伟大的秘密，他在悉拉尼兹教区居住，跟我的一个同僚在同一住宅区。他可以将铅变成黄金，将铁变

成白银，这些金属被烧得滚烫之后，他趁热把他的油、粉浇在上面。这样，要是他有足够的奇特混合物，他一天就能挣到100万。他还将炼成的白金拿到里昂的珠宝商那里来检测。他还把20磅黄金卖给了迪涅一个叫塔克西斯（Taxis）的商人。珠宝商们全都说他们有生以来也没见过这么纯正的黄金。他还能制作一半是铁一半是金还有一些银的钉子。有一天我接到塞内斯（Sirenis）主教的命令来跟他长谈时，他同意送一颗给我，主教亲眼看到了全部过程还对我进行了详细介绍。

德·雷恩瓦尔德伯爵和夫人把一锭金子给我拿出来看，这金子是得利斯勒从锡蜡中当着他们的面变出来的。我的姐夫花费了50年的时间来从事这个伟大的研究，他有一天拿来一根金钉子，这是得利斯勒变出来的，我之前认为姐夫以前所做的实验全部是建立在错误的原则之上的，通过这件事使我更加确信了。前不久这个出色的工匠接到一封来信，是皇室主管人寄来的，我怀着崇敬的心情读了一遍这封信，皇室主管在信中提到通过借助他和部长们的威信来阻止任何人干涉得利斯勒的自由。这样的事件政府官员们也确实曾两次采取过制止措施，听说得利斯勒用某一种特别的油来炼金银，他总是把它放在阳光之下长期曝晒。他告诉我说，准备这一切通常需要用6个月的时间。我向他传达了国王要召见他的信息，他回复说他不是在任何时候都可以献艺，只有在气候和温度合适的情况下才能保证炼金的成功。实际上，在别人看起来这个人并没有什么贪婪的欲望。他除了两匹马、两个男仆外，什么都没有。除此之外，他向往自由，不太注重细枝末节，他的法语说得不是很好，虽然如此，他对事物的判断却很有章法。之前他只不过是一个铁匠，但他善于在工作中学习总结，干得不比别人差。附近的地主和庄园主都渴望能够见他一面，像崇拜圣神一样崇拜他。如果这个人能向国王说出这个秘密（实际上国王早已经收到了皇室大主管进献给他的几锭黄金），为此整个法兰西会欢呼雀跃的。但是这种欢愉显得十分虚幻、可望而不可即，因为我担心这个工匠即便在临死时也不会说出这个秘密。毋庸置疑，全国会因为这个发现而沸沸扬扬，除了我刚才描述过的这个人，这件事因他的名声而受到阻止。不管怎样，他总会为后代子孙所知道的。

另外一封信是在1707年1月27日时写给同样一个人的，德·塞里斯在信中写道：

> 我亲爱的侄子，在上封信中我跟你提到的普罗旺斯那个地方有关于著名的炼金术士得利斯勒的事情大部分没有事实的根据。现在，我可以通过自己的亲身经历来向你讲述了。我自己变出来一根一半是铁一半是银的钉子。那个手艺可谓是崇高而令人尊敬的，他把更大的特权赐给了我——我可以按照他的方法将我自己带的铅用他的油和粉末变成纯金。这位先生让全国都对他倍加瞩目。有人立刻予以反驳，有人抱怀疑的态度。通常谁见到过这件事都会相信这件事是真实的。他被派到宫廷去的通行许可证曾被我拜读过。他被国王命令初春赶到巴黎。他曾经告诉我说他很乐意去，而且选择春天出发是他自己的主意。他广泛地收集材料，这样便可以在见到国王的第一时间为他做一个实验，证明最纯粹优质的黄金是由大块铅变成的。我打心眼里希望他的这个秘密能够以后长久地保留下来，并且能向皇帝陛下传授这个秘诀。上周四，即这个月的20日，我有机会能和他一起吃晚餐。我私下里对他说，要是他愿意，他能够将法兰西所有的敌人打败。对此，他并没有否认，只是笑了笑。这个人果真是个奇才，有时他把油和粉混在一起用，有时只用粉，也只用很少的一点。可是我用金粉来摩擦自己做的金属锭时，却无论如何也变不出金子。

毫无疑问，并不是只有这个容易轻信的教士会在面对这个狡诈骗子的大笔财产时失去理智。还有一个是在格林诺堡教堂唱赞美诗的名为德·莱昂斯（De Lyons）的教士在1707年1月30日写的：

> 蒙铁尔的副牧师蒙斯纳德在给我的信中提到，有一个年纪大概35岁左右名叫得利斯勒的人，他能将铅和铁变成金、银，他变金子的过程很值得相信，他变出来的金银就连金匠们都承认是他们见过的最纯正、最精致的金银。在这5年之中，人们一直将这个人看作疯子、骗子，然而现在，人们又开始敬重他了。现在，他和德·拉·卜鲁（DE la BuLu）同住。卜鲁本人并不富裕，他缺少一笔钱给女儿置办嫁妆，他的女儿都已经年近中年却还未出嫁，然而没有男人会娶一个没有嫁妆的女人。国王召见得利斯勒，在他准备去宫廷以前，他曾经答应他的女儿们要她们成为这里最富有的女儿。临走前，他又将时间延迟了一些来找到充足的

能替国王变出几担黄金的粉末。制造他的神奇粉末的主要物质是药草，主要有大缎花和小缎花，拉·卜鲁的花园里被他种上了许多大缎花，而要是采集小缎花他就不得不跋山涉水地到距蒙铁尔六英里之外的山中。我正在讲述的并不是一个编出来取悦于人的故事，蒙斯纳德先生的事情有很多人可以作证，其中包括塞内斯主教，他曾亲眼看到了让人震惊的整个变金过程。除此之外还包括德·塞里斯先生，大家应该很熟悉这个人。得利斯勒就在这些人面前变出了金子。他拿他的粉来不断地摩擦铅块、铁块，然后将金属放在燃烧的木炭上，不久它们就开始变色了，铅块变为黄色，变成了上等的黄金，铁变为白色，变成了纯正的白银。得利斯勒根本不识字，是个彻底的文盲。德·圣奥本曾尝试教他读书写字，但是他的努力没多大效果。得利斯勒这个人很猖狂而且粗鲁，容易幻想，并且总是意气用事。

看来，得利斯勒是打算去巴黎冒险。他知道在皇宫里自己的伎俩会被严格监控。他找了各种借口将行程推迟了两年之久。德斯马特是路易十四的金融总长，国王考虑到这个"哲人"可能是怕自己会在路上出现一些不测或遭遇暴行，于是曾经给他送了两回盖着国王御玺的通行许可证，但依然被得利斯勒拒绝了。据此，德斯马特给塞纳斯主教写了一封信，来表达他对这些伟大的炼金术的真实看法。下面就是主教的回复：

1709年3月，塞纳斯大主教回函路易十四陛下金融总长M.德斯马特文件副本。

先生，最迟好像是在一年以前，我曾为您晋升总长一事写信表示祝贺。在此我很荣幸地能把我对得利斯勒先生的一些看法写信禀告给您。他一直用来变金子的地方是我所管辖的教区。前两年针对他就有人问过我这件事，我曾在庞德沙特恩伯爵面前多次提起他，不过对您或德·沙米勒特，我没有特意写过信，因为关于此事我没有被您二人要求谈及过。既然现在我知道了您想了解我对这件事的意见，那么，我将如实阐述自己的观点来维护国王的利益及财政部的繁荣。

对于得利斯勒先生这个人，有两件事我认为应该给予公正的看待：一件是关于他变金的秘法，另一件是有关他素来的人品。换句话说，无论他的变金术真实与否，或者他的行为正常与否，一说起点金石的秘密，我曾经长期否认这是可能的。差不多有3年的时间，我比任何人都更怀疑得利斯勒的声名。在这段时间内，我没有给他提供过任何支持，曾经有一个由本地贵族极力推荐给我的人，我都助过他，但也是这个人，告诉我说曾经好多次拿了他从铁和铅中变来的金银到奈斯、艾克斯、阿维根的金匠那儿去，这么做是出于他本人对得利斯勒的愤怒。我起初对得利斯勒的看法有些不好，后来一次偶然的机会在一个朋友家里见到了他。我的朋友让他在我的面前秀一下演技，他似乎是为了向我讨好，答应得很爽快。我把几颗铁钉交给了他，当时有六七个我认为可靠的人做证，在他把这些钉子放到烟囱里后，这些钉子顿时变成了白银。我将信将疑，于是就派我的手下施赈吏把这些银钉子送到艾克斯的珠宝商因姆伯特那儿鉴定一下。经过一番专业的鉴定，他在还给我时说鉴定证明这是上好的白银，可我对此还不是十分满意。德·庞特查坦两年前曾向我暗示过，一旦我通过调查知道了得利斯勒的秘密，那么我就有责任为国王陛下做一件好事，我认为现在是时候开始着手做这件事了。于是我请一位名叫卡斯特拉纳（Castellana）的炼金术士来见我。他应邀赶到了，我特地找了10个警卫来陪同他，在事前曾暗示他们一定要关注他手的一举一动。他当众把两块铅分别变成了黄金和白银，我把变好的黄金和白银送到了德·庞特查坦那里。他不久给我回了一封信，这封信现在就放在我的面前，他说把变好的金子让巴黎市最有经验的金匠鉴定过了，他们口调一致地宣布这是现今遇到的最纯正的黄金和白银了。在这之后，我彻底改变了对得利斯勒以前的看法。尤其是他在塞纳斯当着我的面又变了五六次，我自己又在他根本没有插手的情况下亲自操作了一下，这些结果更加改变了我的看法。先生，有目共睹，我侄子贝尔·巴尔德（Bell balde）在巴黎一家剧院写的信，他自己在卡斯特拉纳试着做了一个实验。我可以证明这件事确实是真实可靠的。塞尔·伯格特（Selma burke），我另外的一个侄子在3周前把这个实验当着我的面又做了一遍，等他到了巴黎以后便会亲口向你原汁原味地讲述所发生的一切，在我的主教管区内，亲眼见到了这些事的有100多人。先生，我不得不承认，经过了所有旁观者及金匠的一致鉴证，这个实验在我亲眼目睹的情况下，成功了无数次之后，我之前所有的疑虑都统统消失了，眼见为实，耳听为虚，我个人之前主观臆断其不可能的想法彻底被我的眼睛给否定了。

现在能做的就是让我来给您讲述一下这个人的其人其事。关于他，有三个地方让我觉得可疑：第一，他在锡斯特兰有犯罪的嫌疑，他把当地的硬币作为伪造的对象。第二，国王曾经两次向他发出'通行许可证'，他却置若罔闻。第三，他一再拖延去宫廷给国王表演变金术的时间。先生，您看，我对任何一个问题都没有隐瞒或回避。关于锡斯特兰一事，得利斯勒一再地向我保证说他从来没有做过任何违反法律的事，他也从没有做过任何对不起国王的事情。六七年前，他确实到过一次锡斯特兰采集过用来制粉的草药。当时他曾在一个叫皮劳斯的人家里寄宿过。起初他还认为皮劳斯是个很老实的人，皮劳斯曾被指控敲诈过路易。得利斯勒因为曾经和他住在一起，所以被怀疑为是皮劳斯的同伙。因为这个无凭无据的怀疑，得利斯勒当时没有出席法庭，他又被判定为故意藐视法庭，法官们向来对缺席的人严加惩办，这个案子对久经法庭的法官们来说简直是稀松平常的一件事情。我在艾克斯任职的时候，就听说过一个通过到处散布谣言来诋毁得利斯勒人格的名叫安德·阿莱纳的人，因为这个人想借这个机会把他欠得利斯勒的一笔约40路易的钱赖掉。不过，先生，请允许我进一步补充一下，即便我们有充分的理由怀疑得利斯勒，对如此一个在社会上有重要地位的特殊人物，我们还是应当以礼相待，对一个国家而言，对如此优秀的秘密人物还是法外施恩为好。至于国王给他的两个通行证，我敢肯定他之所以无视，是因为他自己根本没错。严格地讲，他的1年时间仅有夏天的4个月。要是有任何事阻止他充分利用这几个月，可以说整个1年的时间就被他丢掉了。所以，第一个通行证的浪费是因为1707年萨瓦公爵的入侵。而到1708年年底得到第二个通行证时，正赶上一帮以德·格林格南法庭名义携带凶器的人将得利斯勒侮辱了。他上诉了几次，不是没有回音，就是只同意给他安全保证。我现在讲的这些事只是为了解释第三点疑虑，即为什么得利斯勒不能马上去巴黎向国王实现他两年前的承诺。在连续的干扰下，他已经丧失了两三个夏天。不能收集充足的油、粉，无法将它们提纯到一定程度，他就不能变金子了，所以在您面前许诺给塞尔·德·伯格特的嫁妆也就不能兑现了。在我侄子来之前他就把这些情况告诉我了，要是哪天他拿自己的几克粉把铅变成了黄金，那一定是花光了所有的积蓄了。我敢说，就算他有这一点材料供他表演，稍微动动脑子他也不会去国王面前冒这个险的。因为哪怕在金属里有那么一丁点儿障碍（如只有操作时才发现金属太软或太硬），人们都会把他当成是一个骗子，要是再赶上他第一次用的粉没起作用，而他又没有更多能够再重复实验的东西来解决这个问题的话，那他就麻烦了。

先生，请准许我最后再声明一次，总之，我们不能将这种人才逼上绝路，更不能将他逼到别的国家去避难，事实上，他自己也不想去。他曾对我在提出的这些建议时表示不屑一顾。给他一些时间，你也不会损失什么，而过于逼他只能让你失去更多。毋庸置疑，他变来的金子一定是真的，这已经被艾克斯、里昂、巴黎这么多珠宝商确切评价过了。前两个给他的安全许可证没有用上不是他的错，所以我觉得应该再给他一个，我敢保证这一次会成功的。要是您能相信我还有愿意效劳陛下的忠心，我请求您把这封信转交给国王陛下，或许我也可以不用受到那些看似正当的责难。要是他本人对我给您写的这些情况不太了解的话，总有一天他会对我发火的。如果您答应了，请对国王保证，要是给我发一个安全许可证，我会带上得利斯勒先生和我一起表达他的真诚并以此来表明对国王的责任。以上只是我的一些拙见，特此提呈以求明鉴。

塞内斯主教约翰谨上

致巴黎金融总长，国务大臣

M.德斯马特

从这封信中我们就可以看出，很明显这个得利斯勒非同寻常，相当狡猾和善于辞令。他的诡计把主教大人弄得没了方寸，而疑问一消除，他就开始像得利斯勒希望得那样自欺欺人。这一点主教坚信不疑，他甚至成为他的保护人，无法容忍任何人对得利斯勒有哪怕是一丁点儿的怀疑。显然，路易十四和他的大臣都被他制造的幻象迷惑了。于是，这位炼金术士很快就拿到了第三个安全许可证，国王命令他立刻到凡尔赛宫①在众人面前用他的油、粉做实验，但这却不是得利斯勒的原意。在

---

① 凡尔赛宫（法文：Chateau de Versailles），位于法国巴黎西南郊外伊夫林省省会凡尔赛镇，作为法兰西宫廷长达107年（1682—1789年）。1979年被列入《世界文化遗产名录》。——译者注

他那个地方，他可不是泛泛之辈，无论他走到哪里，他都得意于围绕左右的谄媚恭维，这也就使他更不愿意放弃这里的各种好处而去国王宫殿受人监视。这样一来他开始找各种理由推脱，也全然不顾他的主教朋友再三恳求。主教可是跟大臣保证过的，他拿名誉来担保劝得利斯勒去巴黎，然而他发现他根本没办法消除掉这个人一丝一毫的固执念头。这两年中，他一直苦口婆心地规劝也没有起到任何作用，总是会碰钉子。例如，要么是没有充足的粉了，要么就是阳光曝晒时间不充足了。教士最终无法再忍耐了。他怕时间再拖久了会被皇室怀疑，于是致信给国王要求将得利斯勒放逐。根据这道命令，他们将这位炼金术士送进了拉·卜鲁城堡，而在1711年6月，又将他送去巴士底狱。

宪兵们知道他们押送的犯人是一个拥有点金石的人，就密谋抢劫并杀害了他，这里面有一个人假装十分同情这位哲人的不幸，而且答应提供给他一次逃跑的机会，只要他能转移他同伴们的注意力，得利斯勒赶忙道谢，却没料到这是个陷阱。最终，为了小心行事，他狡猾的朋友和他的同伙商量决定最好让得利斯勒趁剩下几个人在远处时打翻其中一个，然后他们再一边追他一边朝他的心窝开枪。在他的身上找到点金石后再用马车将他的尸体运到巴黎，向德马雷先生汇报说罪犯想要逃跑，幸亏他们从背后开枪，不然就让他跑了。他们找了一个合适的地方进行这个阴谋。"好心"的宪兵发出了事前约定的信号，得利斯勒马上开始逃跑，早已隐藏在四周的宪兵先是给了他大腿一枪，没想到却引来了一些围观的农民，因此他们没能如愿将他杀掉。他被押回了巴黎，关进了巴士底监狱的一间地牢里，但下肢的伤势颇为严重，一直无法止血。他固执地将医生包给他包扎伤口的绷带扯掉，从此再也没能从床上坐起来。

塞内斯大主教曾几次去监狱拜访他，而且答应要是他能当着国王的面将铅块变成金子，就放他自由。这个倒霉的人这时候已经是想骗人也没有办法了，既没有金子，也没有双底锅和魔杖，就算是有，他也不肯承认自己是个骗子，只说他清楚如何制作金属嬗变粉，他只是在一个意大利哲人那里弄到了一点儿，而且，他早在普罗旺斯做实验时就用光了。他在巴士底狱被关押了七八个月，最后死于伤口感染，死时年仅41岁。

阿尔伯特·阿莱

　　这个宣称自己已经拥有点金石的人，是一个女人和她的前夫得利斯勒所生的儿子。得利斯勒年轻时在一个路边的巴莱餐馆里认识了这个女人，然后就和她结婚了。得利斯勒只对他尽了部分父亲的义务，他觉得他能给儿子最好的爱莫过于教给儿子一些行骗方面的技巧了，因为是行骗使他如此成功。年轻的阿莱很有灵性，很快就掌握了炼金术的术语。他能够到处引证，给人们讲述各种有关嬗变、发酵、万灵药、长生不老药、万能溶剂的故事。得利斯勒去世后，人们都传言说他将炼金秘方只传授给了他儿子一个人。他母亲跟他合伙骗人，幻想着以这种方式来吊住那些有钱人的胃口，在他们炼金期间这些人相当顺从。得利斯勒的厄运根本没有妨碍他们在法兰西的活动。普罗旺斯人跟以往一样高度评价了他们的手艺，他们也愿意相信得利斯勒的继承人、这个年轻小伙子炼金的故事。然而，巴士底狱的地牢也已经向他们敞开了大门。阿莱和他母亲轻装上路，几年之间他们在欧洲各处游历，常常用双底锅之类的东西成功地表演变金术，也遇到了很多高人。在1726年，阿莱只身（很明显他母亲在途中去世了）来到了维也纳，他毛遂自荐到了德·利施里奥公爵（当时的法国宫廷大使）那里。这个贵族对他信任有加，很明显他已经好几次成功地把铅变成金，甚至让利施里奥公爵自己将一颗铁钉变成了银钉。公爵从此以后便开始向朗格莱·杜·弗兰斯诺夸耀他这个炼金术士的本领，并对他连炼金用的珍贵粉末的秘密都不能发现表现出很遗憾的样子。

　　不久后，阿莱发现德·利施里奥公爵是个相当小气的人。他不仅不给阿莱一分钱，与此相反，公爵想要他将他的火拨、火铲们都变成银的，将全部铜器具都变成金的，还觉得对他这样一个平民来说能够结识公爵就是很大的恩赐了，而且认为一个拥有这种秘密的人根本就不需要钱。阿莱发现公爵对他的期望自己根本无法达成，就离开了这个贪婪的人。在一个学生的陪伴下去了波西米亚，与此同时还遇上了一个爱上他的维也纳姑娘。一些波西米亚的贵族盛情款待了他，而且曾经有一段时间在家里款待了他们好几个月。跟以往一样，他说自己只有几克粉末，要是他决定在哪里定居，他就给哪家表演，还说他会给东家一块变成的金子当成礼物，而且要是确保在此期间能提供给他去山顶上采集大小缎花的时间并且供他的妻子和学生吃、住及零花钱的话，他会为他变出百万黄金。

　　他的这种方式将几十个人的耐心都消耗完了。他想在法兰西的年轻国王路易十五^①统治之下的国度可能会少一些危险，于是他回到了普罗旺斯。刚一到艾克斯，他就去拜见这个省的省长拉·布莱特，这是一个痴迷于炼金术而且总是幻想自己也能发现点金石的绅士。他没料想到，可能是由于拉·布莱特听到了一些有关他的谣言，接待他时态度很冷淡，而且让他第二天再来见他。阿莱不喜欢这位知识渊博的省长那不屑的神情，怀疑有诈，就连夜逃到了马赛。但是警方早就盯上了他，不出24小时，他就以伪造货币的罪名被投入监狱。由于证据确凿，几乎没有无罪释放的可能，他只能计划越狱。刚好看守人有一个善良漂亮的女儿，阿莱就努力讨好这位少女，竟然成功了。少女爱上了他，但并不知道他早就已经结婚了。女孩为自己的情人想出了逃跑的办法。一年的监禁生活之后，他又重获自由了，只剩下可怜的姑娘黯然神伤，伤心自己将一颗纯真善良的心交给了一个有妇之夫，一个忘恩负义的流浪汉。

　　他从马赛离开时，脚上没穿鞋，身上也没一件衣服，在邻镇居住的妻子给了他一些钱财和衣物。得到资助后他们动身去了布鲁塞尔，凭着他们的无赖又在那里混出名了。他们找了一处公寓住下，还配了一间豪华的实验室，然后对外散播说他们发现了炼金的秘密。他们的谎言被住在布鲁塞尔的波塞尔（Poser）先生（朗格莱的姐夫）揭穿了，然而他却被当众侮辱为一个白痴、骗子。没有人相信波塞尔的话，人们宁愿相信炼金术士的话。这些人将阿莱的家团团围住，想一睹他是如何将铁钉变成金钉、银钉。一个法院书记官给了他一大笔钱，打算能从他那学到点东西，可是却只得到了一些最基本的化学原理。书记官努力学了1年，最后才弄明白他的老师是个大骗子。他想要回自己的钱，阿莱不愿意给他。这件事就闹到了当地的民事法庭。碰巧书记官不知因何突然暴死，传说是他的债务人坚决不肯还债就将他毒死了。这件事一度沸腾，可能阿莱跟这件事没什么关系，但也不敢留下来面对这件事，于是就趁天黑偷偷躲到巴黎去隐居了。到了这里，有关阿莱这个人的线索就断了，他没有再出现在任何记载当中。朗格莱推测说，可能是他由于伪造货币或一些其他的劣迹被人送到了某个无名地牢并死在那儿了。

---

① 路易十五（1710—1774年），法国国王，被称为被喜爱者，1715—1774年期间执政。——译者注

德·圣格美伯爵

这个冒险家要比上一个级别高一些。在路易十五的宫廷里他担任重要职位。这个人说他发现了长生不老药，服下它可以活几百年。他还说服别人相信他已经活了两千多年了。他的很多想法都是罗森克鲁兹教派的观点，还夸耀说他已经找到了点金石，却将大量的时间消耗在操作炼金术上。很多人认为，要是真的存在点金石这么一种东西的话，或者真的能有人制造出点金石的话，那么这个人就是圣格美伯爵。

从来没人知道他的真名叫什么，在哪里出生。有人根据他英俊的脸庞和犹太人的脸型断定他是个"流浪的犹太人"，还有人推断他是阿拉伯王子的后嗣，还有人说他父亲是个火怪，而其他一些比较理智的人就断言他父亲是定居在波迪阿克斯的葡萄牙裔犹太人。圣格美最早在德国行骗，通过卖长生不老药赚了很大一笔钱。德·贝乐·艾尔元帅买了他一剂长生不老药，他被这个江湖骗子的才学和风度迷住了，并坚信他荒谬绝伦的学说，还劝他在自己巴黎的家里定居。有了这位将军的庇护，圣格美首次在巴黎娱乐圈亮相，那个时候他大概70岁左右，但表面看来只有45岁多一点。他的淡定给很多人留下了深刻的印象。他学问渊博，记忆力很强，就连最细小的情节都记得很清楚。自然地，对于他说自己已经活了几百年，人们提了很多困惑的问题。例如他的外表、生活还有和古时候大人物的谈话。每个问题他都应付自如，他的灵巧回答还有他对历史上每一件相关事情的惊人记忆力，使得许多为了存心刁难他才发问的人看到他如此镇定都很惊讶，为了增加他身上的神秘感，圣格美不让任何人知道他的生活方式。他的打扮极其奢侈，昂贵的钻石点缀着他的帽子、手指、鞋带，有时他还将一些贵重礼物送给宫廷夫人们。许多人怀疑他是英国的卧底，这种猜疑没有一丝证据证实。国王对他极为宠爱，经常跟他一连探讨几个小时，而且不允许任何人对他不敬。伏尔泰①总是嘲笑他，伏尔泰在给普鲁士国王的信里将他称做"un comte pour rire"（一个少见的孔德②门徒），而且指出他竟然大胆地吹嘘自己曾经和圣父在特伦特议会一同用过餐。

有一些有关这个人的奇闻逸事记录在《都·霍塞夫人回忆录》这本书中

---

① 伏尔泰：原名弗朗索瓦—马利·阿鲁埃，伏尔泰是他的笔名。法国启蒙思想家、文学家、哲学家。——译者注

② 奥古斯特·孔德（Isidore Marie Auguste François Xavier Comte，1798—1857年），是法国著名的哲学家，社会学、实证主义的创始人。——译者注

（都·霍塞夫人是都·庞帕德夫人的女侍卫）。圣格美伯爵到巴黎之后，很快就开始出入都·庞帕德夫人的化妆间，这可是庞帕德夫人用来奖赏宫廷情人中最有本事的勋爵的。夫人喜欢和他聊天，而圣格美伯爵觉得在她面前他不必太吹嘘自己，但他依然劝服她相信他至少活了两三百年。"有一天，"都·霍塞夫人写道，"我也在场时，夫人问他，弗朗西斯一世是什么长相，我喜欢他这样的国王。""是的，他风度翩翩非常迷人，"圣格美伯爵回答说，他开始针对他的五官和性格进行描述，就好像他曾经认真端详过一样。"遗憾的是，他脾气太暴躁，本来我能给他一些不错的建议，可能那样的话他就不至于那么倒霉了，可是他拒绝了。他如同走厄运的王子们一般，他根本不听如此明智的忠告。""他的宫殿很壮丽吗？"都·庞帕德夫人问道。"相当壮丽，但是他的孙子们比他更厉害，在玛丽·斯图亚特和玛格丽特·瓦卢瓦的朝代，这里成了一个专供各种娱乐的迷人国度。""就好像你都亲眼目睹过似的。"夫人笑着说。"我的记忆力很好，"他说，"我仔细阅读过法兰西历史，有时仅供愉悦自己，不是假想，而是令自己相信自己的确活在古时。"

有一次都·庞帕德夫人说，"可是你不让我们知道你的年龄，你还假装自己很老的样子。你知道德·格吉伯爵夫人吗？我想她可能50年前曾经担任过驻维也纳大使吧，她说她在那里见到你时你就像现在一样。"

"确实是这样，夫人，"圣格美回答，"我很多年前就认识德·格吉伯爵夫人了。"

"但是根据她说的，你应该有100多岁了吧？"

"不是不可能，"他笑道，"但是更可能是这位夫人年老了呢。"

"你将长生不老药给了她，她吃后效果很神奇。因为她说她在很长一段时间里都像84岁时的样子，也就是她吃药时的年龄，你为什么不给国王吃呢？"

"哦，夫人，"他叫起来，"御医们会用车裂刑处死我的，我哪有胆量给陛下用药呢。"

当一个人奇怪的行为被世人开始相信时，那么这种大胆的行为什么时候结束就很难说了。一旦这些人开始信了，就开始比谁信得更多。这段时间的巴黎充满了圣格美伯爵的离奇故事，一群爱恶搞的年轻人为测试它的可信度做了个实验：他们找来一个机灵的喜剧演员，将他装成圣格美伯爵的样子，来演一个为提供种种乐趣而向上流社会挤入的形象。他们让他在儒·都·马瑞斯的几户人家中出入，这个人将伯爵的样子模仿得十分逼真，他看到虽然观众很惊讶却根本不觉得他是在胡编，无论发生什么事，人们都相信，对他们来说没有任何故事是荒谬的。他一提到救世主就如数家珍，还说曾经在卡纳·卡利的婚礼上和他一起吃晚餐，还神奇地将水变成酒。实际上，他说他和耶稣基督是很好的朋友，他总是警告他不要太放荡，不然他会死得很惨。令人奇怪的是，这些无耻的、有辱神灵的言论竟然能被人接受。过了几天，就有人开始说，圣格美伯爵是在大洪灾之后出生的，而且他会永生。

圣格美平时很世故，敢发表一些奇怪的言论。他并没有刻意去否认这些故事，他在不同层次和教育程度不一的人交谈时，总表现得很谦逊，他的看法似乎都是不经意地提出来的，事实上，这样的效果更明显，而他只有在取得对方的完全信任后，才宣扬说自己已经活了300年。他在跟别人提到亨利八世时，就好像两个人很熟似的，还有查理五世，好像国王都很愿意和他交往似的。他会逼真地描绘他们之间的对话，对人物的打扮和外表刻画最为详细，甚至详细地讲到当时的天气和屋里的摆设，而总会有四分之三的人相信他所说的。常常会有一些老富婆来恳求他的长生不老药以便恢复青春美好的面容。好像他以这种方式赚了许多钱，对于那些他乐意称为朋友的人，他说他的膳食和生活方式比一切灵丹妙药都管用，只要吃饭时不喝酒，而在别的时候偶尔喝点，谁都能活得很久。德·格雷申伯爵按着这一套方法，吃了很多番泻叶，原本期望能活到200岁，结果没到73岁就死了。公爵夫人德·乔叟（DE Chaucer）也想这么做，被她的公爵丈夫严厉制止了，禁止她用圣格美伯爵这样一个不明底细的人开出的药方乱来。

都·霍塞夫人说她见过圣格美，还多次跟他谈话。她觉得，他大约50岁，身材中等，五官端正，精神奕奕，着装简朴但却很有品位。他总是戴着昂贵的钻戒，他还将很多宝石装饰在手表和鼻烟盒上。有一天，在都·庞帕德夫人的房里，主要廷臣们都到了，圣格美也来了，他膝上、鞋带上的钻石十分耀眼。夫人看到了大为震惊，叹息着说就连国王也比不上他。在这一群人的极力恳求下，他只好走进接待室，把这些宝石拿下来让夫人仔细看看。当时在场的德·顾坦（De GuTan）说这些宝石至少值20万里弗，或8000多英镑。在男爵德·格里申的《回忆录》中讲到，有一天伯爵向他展示了很多钻石，那时他还以为自己见到了阿拉丁神灯里的财富。他还说他对宝石颇有研究，因此他确信伯爵的那些宝石都是真的。还有一回，圣格美让都·庞帕德夫人看了一个小盒子，里面装着黄玉、绿宝石、钻石等价值50万里弗的物件。他装成很不在乎的样子，而且令人相信他可以像罗森克鲁兹人一样，唱魔歌从地里呼唤出宝石。他还分给宫中女士们大量的珠宝，都·庞帕德夫人被他的大方行为打动了，为了表示她的关心就将一个装饰华丽的鼻烟盒送给他作纪念。有一个惟妙惟肖的苏格拉底[①]或者别的什么希腊哲人刻在盒盖上，她将他比作这些哲人。圣格美不仅对夫人们很慷慨，对仆人也一样。都·霍塞夫人说："伯爵来看望生病了正在沙发上躺着的庞帕德夫人，他给她看的钻石足以装饰国王的金库了。夫人要我去看这些宝石，我神情惊异地看着这一切，我向夫人示意这不是真的宝石。伯爵将一个比眼镜盒大两倍的东西从钱袋里掏出来，最后又将两三个小纸包掏出来，将它打开，拿出一颗高级红宝石。他很不屑地将一个白绿宝石相间的小十字架扔到桌上，我瞥了一眼，说这个倒是可以，然后就戴上了，心里很高兴。伯爵要我收下，我没有接受，他催促我收下，一直到最后他都极为热情地竭力劝我接受。夫人看这个价值不过1000里弗就示意我收下来，于是我就将十字架收下了，对伯爵的礼貌心存感激。"

对于这个冒险家是怎样弄到这么多财富的，一直没人知晓，这么大笔钱不可能全是靠他在德国卖长生不老药得来的，尽管确实有一些是来自于这个。伏尔泰宣称，他是被外国政府买通的。伏尔泰在1758年4月5日写给普鲁士国王的信里，讲到圣格美了解乔叟、康尼兹及匹特等人的所有秘密，至于他对这些大臣中的哪位有什么作用，特别是对乔叟更是迷雾重重。

很明显，他掌握了去除宝石瑕疵的神秘方法，他很可能以很低的价格买了有斑点的宝石，将斑点去掉之后又以百分之百纯利再卖出去，这样赚取暴利。根据这点，都·霍塞夫人讲了下面的一则轶事："国王派人带来一个中等大小的带斑点的钻石，称重后，他对伯爵说，'这块有瑕疵的钻石价值6000里弗，要是没有斑点，少说也值1万里弗，你愿意将这4000里弗让我挣到吗？'圣格美认真检查了一遍说：'可以，下个月我就给你拿来。'到了约好的时间，伯爵真的将一个没有任何瑕疵的钻石带给了国王，还用石麻布包着。他将石麻布打开，国王现场称重，发现几乎没有减轻一点重量。于是，陛下又将它送到珠宝商德·顾坦那里，也没对他说之前发生了什么事。珠宝商给了他9600里弗，但是国王又将钻石要了回来，说是要将它保存为珍奇玩物。国王相当震惊地说，德·圣格美本身就价值几百万，特别是

---

① 苏格拉底（公元前469—前399年），著名的古希腊思想家、哲学家、教育家，他和他的学生柏拉图，以及柏拉图的学生亚里士多德被并称为"古希腊三贤"，更被后人广泛认为是西方哲学的奠基者。——译者注

他有能够将小钻石变成大钻石的本领。伯爵既没说行也没说不行，但是他却肯定地说他知道如何变大珍珠，而且给它加上最好的光泽，变成最上乘的品质。国王十分关注，都·庞帕德夫人也是。都·昆斯诺曾经指责圣格美是个江湖骗子，却遭到了国王的斥责，看来他真是被迷惑住了，一讲到圣格美就好像他是伟大的人物。"

圣格美的仆人是个滑稽可笑的流浪汉，两人总是配合默契，特别是在讲几百年前的奇事时。这个家伙也不是个没用的人，总能和圣格美配合得完美自然，不露任何痕迹。有一次，他的主人在一个宴会上向一位绅士谈到他在巴勒斯坦和英国国王理查一世的一些对话，他说理查一世是一个很特别的朋友，人们脸上马上表现出惊奇和怀疑的表情。看到这些，圣格美相当镇静地扭头询问正站在他椅子后面的仆人他说的是不是真的。"这很难回答，"仆人从容地说道，"先生，您忘了，我仅跟随了您500年！""噢，对了，"主人说，"我竟然忘了，和理查一世对话时你还没有跟随我，时间真是太久了。"

时不时地，也会遇上一些不好愚弄的人，这时，他就会说一些很轻蔑的话，来对他们的怀疑表示不屑。"这帮巴黎蠢驴，"他跟德·格雷申男爵说，"相信我少说也有500岁了，既然他们愿意相信，对他们的想法我就不予驳斥了，但是我确实是比我表面上看起来的岁数大多了。"

还有很多离奇的故事发生在这个奇怪的骗子身上，现在引用的这些就足以说明他的性格和谎言了。看来他是下定决心要找到点金石，但是他从没吹嘘说自己拥有点金石。几年以前，他在德国结识了赫塞—卡塞勒的王子，给他写信催他赶紧离开巴黎去他那里，圣格美最终答应了。之后有关他的事业就杳无音信了，因为在赫塞—卡塞勒的宫廷里没有好事的传记作家们来将他的言行记录下来。在1784年，他在他的王子朋友的"屋檐下"——斯拉斯威格去世。

卡格里奥斯特罗

这个红极一时的江湖骗子是圣格美的朋友兼继承人。他做的事比圣格美还要惊人，他成为当时最大的骗子，而且曾经一度光耀，他是那个时代最后一个说自己拥有点金石和生命水的大骗子，也是当时欧洲最著名的几个名人之一。

他本名叫约瑟夫·巴尔萨摩（Joseph John barr samoyed），于1743年出生在巴勒莫，出身卑微，很小的时候就不幸没了父亲，被母亲的亲戚抚养成人。由于亲戚很穷无法供他读书，在15岁时被送进了一个修道院，他在那里学习化学和医学。由于他脾气暴躁，又非常懒散，这些坏习惯由来已久，所以什么成就也没有。几年后，这个年轻人变得很没教养而且生活放荡，虽然他的资质很好但是天性顽劣。成年后，他沉醉在放荡腐化的生活中，还参加了有名的兄弟会——法国、意大利将他们称为"工业骑士"，在英国被称做"绅士扒手"。但是他不是因为无事可做才被迫参加的，他成名的第一个伎俩就是伪造剧院入场券。之后，他又盯上了他叔叔的财产，还伪造了一份遗嘱。由于这些劣行，他成了巴勒莫监狱的常客。后来不知何故他又变成了一个巫师——这种人不能找到炼金秘术，却将灵魂卖给了魔鬼，来拥有他不能用变金术获得的黄金。巴尔萨摩轻易地就将人们对此事的看法纠正了，使得这些人不再怀疑他而是相信他。最后，他用这种办法从一个叫马拉诺（Marrano）的银匠那里骗到了60盎司的黄金，然后就不得不从巴勒莫离开。事情是这样的，卡格里奥斯特罗劝服这个人，说他能在一个山洞给他指出一个藏宝的地方，但是他要收60盎司黄金作为服务费，而银匠要做的就是挖出这些宝贝。他们在半夜时到达靠近巴勒莫的一个山洞里，巴尔萨摩弄出了一个魔圈来呼唤神灵将宝贝展现给他。就在这时，突然出现了五六个家伙，他们都是巴尔萨摩的同伙，这时都装扮成鬼怪形状，头上长着长角，手上有尖利的爪子，嘴里吐着红、蓝两种颜色的火舌。他们手里拿着草耙，将可怜的马拉诺打昏，然后就将他携带的60盎司黄金和所有贵重物品都抢走，和巴尔萨摩一块儿跑路了。不幸的银匠被抛在那里，是生是死只能听天由命了。上天保佑，天亮后没多长时间，马拉诺就醒了过来，但是这个可怜人因为先是被欺骗后又惨遭毒打，身心俱痛。他想到的第一件事就是去镇上法官那里控告巴尔萨摩，但仔细一考虑又担心整件事被传出去会遭到人们的嘲笑，于是发誓用真正的意大利方式来报复巴尔萨摩：找个适当的时候杀死巴尔萨摩。巴尔萨摩从朋友那里打听到了情况不妙，赶紧收拾贵重物品逃离了欧洲。

　　他去了阿拉伯的麦加，将那里当作他未来的栖身之处，而且在那里认识了一个叫奥托塔斯的希腊人。这个人精通东方各国语言，醉心于炼金术研究，还找到了一些对于他热爱的学科相当有价值的阿拉伯文稿。他一头扎进书中，甚至没有时间去管理他的锅、火炉。这时他正需要助手，而巴尔萨摩就适时地出现了。这个希腊人对巴尔萨摩的第一印象很好，要求他立即开始工作。但是他们的主仆关系没能坚持多长时间，巴尔萨摩很有野心，头脑灵活，不甘心一直做别人的下属，认识之后才过了15天，他们的关系就由主仆变为伙伴朋友。在奥托塔斯钻研炼金术时，倒在无意中找到了一些化学上有价值的发现。改进亚麻原料就是这之中的一件。通过这种原料，可以令用这种亚麻材料制成的东西像丝绸那么光滑柔软。巴尔萨摩提议说暂且先不去找点金石，还是先从亚麻纤维里大赚一笔，奥托塔斯接受了他的建议。他们将一大堆亚麻运到亚历山大进行交易，在那里待了40天，果然挣了很多钱。然后他们又到埃及的其他城市，一路上收获颇丰。此后，他们又去土耳其卖药和护身符。在返回欧洲的路上，为了躲避糟糕的天气，他们不得不去了马耳他，他们在那里受到"骑士祖师"——品托的盛情款待。品托是那时很知名的炼金术士。花了几个月的时间，他们在他的实验室里努力工作，尝试着将一个大白浅盘变成一个银盘。跟同伴不一样，巴尔萨摩其实内心里并不怎么相信炼金术，不久他就对这种工作感到厌烦了。他从主人品托那里弄到许多去罗马和那不勒斯的推荐信，然后他离开了奥托塔斯和品托，自己去寻找点金石。

考虑到巴尔萨摩这个名字会让人产生很多坏联想，他在很长时间之前就不用这个名字了。他在游历的这段时间用了不少于10个别名，还增添了一些头衔。有时他称自己为德·菲希奥骑士、德·谟利萨侯爵、德·贝蒙特男爵、德·派里格里尼男爵、戴安那男爵、德·菲尼克斯男爵、德·哈雷特男爵等，但德·卡格里奥斯特罗伯爵这个名字使用率最高。他带着最后一个头衔去了罗马，之后再也没换过名字。在罗马城，他说他是复兴玫瑰十字哲学的人。他说他能将一切金属变成黄闪闪的金子，还说他会隐身术，能治百病，拥有一种防衰老而且会让人长生不老的药物。他通过祖师品托的信得以住进最好的宅子，很快他就靠卖长生不老药大赚了一笔，而且跟别的江湖庸医们一样，仗着病人对他的信任和依赖成功地治好了很多病，这是大部分无赖庸医都具有的一个优势，然而一个合格的医生却不具备这一点。

正是以这种正当的赚钱手法，他结识了有着高贵出身而年轻漂亮的女士洛伦莎·菲利西安娜，但是她并没有多少财产。卡格里奥斯特罗很快发现她拥有非凡的才华，她不仅十分美貌，而且才思敏捷，风采迷人，有丰富的想象力。而让卡格里奥斯特罗最看重的是，她连罗马少女最起码的节操观念都没有。这正是卡格里奥斯特罗要找的妻子，卡格里奥斯特罗向她求婚，洛伦莎接受了。婚后，他将他这一行中全部的秘密都传授给美丽的洛伦莎——教她怎样用她美丽的嘴唇将天使、鬼怪、气精、火怪、水神召唤过来，要是必要，还包括魔鬼和恶精灵。洛伦莎悟性很高，她很快就掌握了炼金术士们所有的行话以及女巫们唱的咒语。然后，这对夫妇满怀希望地开始了行程，去在那些容易轻信的人们身上收取一些捐献物品。

　　他们先是到斯拉斯威格去拜访了伯爵德·圣格美，这位伟大的骗子先行者以最豪华的方式款待了他们。毫无疑问，在接受了这位德高望重的先生的英明指教后，他们更加坚信了自己的事业，这从他们离开伯爵后不久就开始行动就可以看出来。在这三四年中，他们游历了俄国、波兰、德国，他们到那里变金、算命、呼唤神灵、卖长生不老药，他们到底是什么时候开始的，没有详细记载。1776年，他们在英国第一次亮相后，德·卡格里奥斯特罗伯爵和夫人开始名扬欧洲了。在1776年7月他们刚到伦敦时，大概有3000英镑的财产，大部分都是金银餐具、宝石、硬币。他们在威特康姆大街租了间公寓平静地住了几个月。跟他们一起住的有个叫布拉维瑞（Blawered）的葡萄牙女人，由于手头紧就来给伯爵当翻译。伯爵常常邀请她到他的实验室，这里是他花费大量时间研究点金石的地方。她常常在外面竭尽全力为他做宣传，努力让人们都相信他的非凡能力，以此来回报他的热情好客。由于她只不过是个翻译，并且是一个妇女，她讲述伯爵尊贵和体面的效果没有达到他的初衷。于是伯爵又雇了一个名叫维特林尼的语言教师来做这件事。维特林尼这个人热衷于赌博，他一直绞尽脑汁想办法挽回他曾经赌博时输的钱，其中寻找点金石的办法他也想过。当维特林尼看到伯爵操作的时候，便立刻深信只有他才可以拥有这个伟大的秘术。他认为财富宫殿的金色大门正在敞开着等待他的来临。他投入了布拉维瑞无法比拟的热情，在所有的公共场合和他的熟人说伯爵这个人不是一般的凡夫俗子，他是真正的能人、奇人，他的钱财数不胜数，只要他乐意，他可以把铅、铁、铜中的任意一样变成纯正的黄金。结果，卡格里奥斯特罗的家里每天都被一帮游手好闲、好吃懒做的人群包围着，他们急于想见到"哲人"，一睹他的风采，或者更直接地说是为了想在他变来的大把财富中沾点光。

　　不幸的是，卡格里奥斯特罗落到了坏人的手里。他不仅没有如他所愿地那样骗了英国人，反而却被一伙骗子给利用了。这帮人把他的神力奉若神明，他们的唯一想法就是从他身上捞点油水。维特林尼向他推荐了一个叫做司各特（Scott）的人。这个人和他一样也是个赌徒，而且还输得倾家荡产，司各特乔装成一个赶远路来的苏格兰贵族，声称要亲眼见一见这位声名远播的神人，并想和他谈一谈。卡格里奥斯特罗十分真诚、友好地招待了他。与此同时，司各特勋爵介绍了一位名叫弗莱（Foley）的女人，把她称做"司各特夫人"，是来陪伴德·卡格里奥斯特罗伯爵夫人的。弗莱将不列颠所有的贵族家庭都介绍给她结识。一切发展得都十分顺利，这位勋爵"还没把财产从苏格兰运来"，在伦敦连一个户头都没有，就想从伯爵那里借200英镑。伯爵毫不犹豫，很爽快地借给了他们，他们对卡格里奥斯特罗的关注、尊敬甚至崇拜，还有他们在听他说出每一句话时那种五体投地的表情，把卡格里奥斯特罗搞得飘飘欲仙。

和其他疯狂的赌徒没什么区别，司各特特别迷信。他已经试过了各种魔法和神秘数字，寄希望于摸彩或轮盘赌桌上能发现幸运号码。他自己有一本神书的原稿，各种算术组合数码上面都有记载。他兴致勃勃地向卡格里奥斯特罗展示那本书，原本以为他会从里面挑出一个数字。卡格里奥斯特罗看了一下展示在面前的书，虽然他自己曾跟我们说过，他其实对这一套迷信不怎么感兴趣，但他还是预言说下个11月6日的吉祥数字将会是20。司各特每次从借来的英镑中抽出一小笔钱押在了这个所谓的吉利数上，结果竟然真的赢了一笔。这次的成功使卡格里奥斯特罗深受鼓舞，他又预言下一次抽的吉祥号码将会是25。司各特按照他所预测的又试了一次，这次居然又赚回了100基尼。同样，当月18日所预测的55、57也都应验了。就连卡格里奥斯特罗本人也为之大吃一惊，很是惊喜。于是他就决定自己来预测试试，司各特和夫人曾一再恳求他能够为他们预言更多的吉祥号码，那时他还认为司各特是有身份的勋爵，但即使这样他还是一概回绝了他们的请求。后来他发现了司各特不过是个骗子，而那个假司各特夫人只是住在镇上的妓女，他马上把这帮人拒之门外，不再和他们来往了。

由于迷信伯爵的超自然神力，因此他们一想到要失去他就感到痛心和惋惜。这些人绞尽脑汁来讨好他，软硬兼施，甚至贿赂他，但都没有用。卡格里奥斯特罗不仅不见他们，而且也不回信。他们依然在心中幻想着，继续享受奢侈生活，最终将所有钱都花光了。最后，弗莱小姐去对伯爵说她现在一直忍饥挨饿，这样伯爵夫人才肯见她而且给了她1个基尼。弗莱小姐不依不饶，恳求她帮她在伯爵那里求情，再最后一次帮她指导摸奖券的吉祥号。伯爵夫人同意说她会试试看，在夫人的恳求下卡格里奥斯特罗指点了一个数字8，同时又一次表明要和他们断绝来往的决心。实在是运气太好了，居然8号是头奖，卡格里奥斯特罗十分高兴。弗莱小姐和同伙们这次赚到了1.5万基尼，他们更加坚信卡格里奥斯特罗的神力了，因此决定要赚到大钱才罢休。弗莱小姐从这笔钱中拿出90基尼去当铺买了一串漂亮的项链，然后又去珠宝商那里定制了一个精致的金盒子，里面分为两半，一半放项链，另外一半放着精美的芳香迷人的鼻烟。然后她又去拜访德·卡格里奥斯特罗夫人，而且为了表达她的感激和敬重之情，她恳请她收下这个小盒子，根本就没有提放在里面的贵重项链。卡格里奥斯特罗夫人接受了这个礼物。自打她收下礼物那时起，他们就开始面临这帮人不断的迫害了——布莱维瑞、维特林尼、假勋爵及其夫人，他们吹牛说已经再一次安扎在他的房子里，每天他们都来问吉祥号，有时甚至追到楼上来，不顾仆人的阻拦横冲直撞地闯进伯爵的实验室。卡格里奥斯特罗快被他们气疯了，他威胁说要找来当地官府处理这事，有一天他将弗莱小姐拦住，将她推到大街上。

从此，卡格里奥斯特罗就开始倒霉了。弗莱小姐的情夫教唆她开始展开报复行动。首先她控告卡格里奥斯特罗欠她200英镑的债，借机将他送进监狱。司各特趁卡格里奥斯特罗还在拘留时，找来一个小律师陪伴他闯进了伯爵的实验室，将一个他们觉得是装变金粉的盒子拿走了，同时还带走了一大堆秘密的书稿和有关炼金术的论文，他们发现项链后又再一次指控他。弗莱小姐控告他们两人利用巫术和妖术在魔鬼神力的帮助下预测摸彩的号码。后一种指控是由法官米勒（Miller）先生听审的，而非法侵占项链的案子则是由民事法庭的主审官审判的，法院提议双方提交仲裁人。卡格里奥斯特罗这段时间只得在狱中度过了几个星期，最终交了保释金才重获自由。这件事过后没多久，又有一个叫莱纳德（Leonard）的律师盯上他了，这个人也参与了这个阴谋，而且建议如果卡格里奥斯特罗能答应他们几个条件就可以调整全部指控。司各特跟随莱纳德上门拜访并躲在了门后，在卡格里奥斯特罗开门之后，忽然跳出来拿一支枪对准他的心窝，威胁说要是他拒绝告诉他们预测吉祥号的办法和变金术，就立刻枪毙了他。莱纳德装作很生气的样子，卸下他同伙的枪，请求伯爵告知他们准确的秘密，而且承诺说要是他愿意这样做，他们就不再指控和骚扰他。卡格里奥斯特罗回答说，他们想知道的这些，问他没有任何意义，因为他也不知道这个秘密。他们在他那里抢去的变金粉，只有他才能用，对别人来说都没用。但是他提出，要是他们将指控解除，把手抄稿和粉末还给他，他们从他那里骗走的钱他就不再追究了。但这些条件都被拒绝了，司各特和莱纳德走之前还咒骂着要报复他。卡格里奥斯特罗根本不了解英国的法律形式，也没有朋友告诉他怎样做更合适。就在他告诉夫人他们遭到的各种困苦时，来了一个他的保释人，邀请他坐着一辆老式马车到一个能够替他鸣不平的人家里。卡格里奥斯特罗答应了，结果他被送进了国王本茨监狱。他的那个朋友也走了。过了几个小时他才知道原来自己又被保释人送回了监狱，变成了一个囚犯。

他过了几周之后又重获自由，弗莱小姐的仲裁人做了一个对他不利的决定，被判处将弗莱小姐控告他欠下的200英镑债务全部还清，而且将她送给伯爵夫人的项链和金盒子也一并归还。卡格里奥斯特罗相当生气，他发誓要离开英国。除了这些倒霉的事之外，他的那些欺诈行为也被《欧洲先驱》的主编——一个叫莫兰德（Moland）的法国人无情地曝光了，然后在伦敦出版。更加火上浇油的是，他被西斯敏教堂定为约瑟夫·巴尔萨摩——巴勒莫的大骗子。这一堆的坏名声简直令他难以忍受，他和老婆收拾家当，仅拿着不到50英镑从英格兰离开了，我们都清楚他们是带着3000英镑来的。

他们来到布鲁塞尔，在那里的运气比在英国要强得多。他们卖掉了很多长生不老药，也治愈了很多疾病，很快他们空荡荡的钱袋就鼓了起来。然后，他们从德国去了沙俄，一路上十分顺利。难以计数的金子不断地被他们收入囊中。两人已经逐渐淡忘了在英国时所遭受的所有痛苦，但是在跟人交往时倒是小心多了。

在1780年，他们在斯特拉斯堡第一次亮相。真是未见其人，先闻其声。他们住在一家豪华饭店，并邀请当地全部的知名人士聚餐，看起来他们的财富如同他们的热情好客一样令人艳羡。伯爵和夫人一起给人看病，奉送给镇上所有的穷人和病人钱、药、咨询等。那些没有将想象力的神奇功效充分运用在个别病例中的普通医生们，对他们治愈的一些病例感到震惊。那时只有25岁芳龄的伯爵夫人优雅迷人，声称她有一个帅气的28岁大的儿子，而且已经在荷兰当了多年的船长。这个谎言果然引来许多羡慕的目光，斯特拉斯堡方圆几里之内的丑老女人们全部聚集到伯爵夫人的大厅里来要可以将她们变得跟自己女儿一样年轻漂亮的药水，年轻女人们为了青春永驻也蜂拥而至，即使比尼农·德兰克罗斯老两倍的人也想要变得比她更迷人。而对这些没有兴趣的男人们，就愚蠢地幻想有这样一两滴相同神力的长生不老药可以阻止他们的衰老。事实上，伯爵夫人看着就好像一个年轻美丽的女神，像是永恒的化身。那些一有时间就到这个香气扑鼻的房间里来的老少男人们，应该更多的是迷恋她靓丽、惹人怜爱的双眸和有丰富启发性的教诲，而不是对她神力的迷信。虽然德·卡格里奥斯特罗夫人一直被神龛前的香气环绕着，但她对自己的丈夫忠贞不渝。她给人希望，但她从来不会兑现。她引诱了男人的羡慕，但她总会将它控制在一定限度里。她令男人们成为她的奴隶，但却从来没给一点恩惠让最虚荣的人去夸耀。

他们认识很多这个城市里的知名人士，其中包括红衣主教德·罗罕王子，这个人必定会对他们的命运造成一些不好的影响。红衣主教好像很相信他这个哲人，而且劝服他跟他一起去巴黎。卡格里奥斯特罗只在那里停留了13天，他觉得他还是更愿意待在斯特拉斯堡，回来后就下决心要在离首都很远的地方定居。但他不久就发现人们对他们的兴趣远没有他刚到斯特拉斯堡时那样强烈了。人们开始理智地想问题，并且将羡慕他们当成是耻辱。他曾经大量救助的人们竟然开始责难他是一个反基督教徒，一个流浪的犹太人，一个人形妖怪，一个活了1400年的老怪物，一个被指派来要摧毁他们的人。而那些生活条件比较富裕和学识渊博的人们就说他是外国政府派来的间谍，警察的代表、大骗子、一个作恶多端的人。抗议和责难与日俱增，卡格里奥斯特罗觉得另寻发财之处才是明智的。

　　他先是到了那不勒斯，但这里离巴勒莫太近了，他怕以前的那些朋友把他认出来。没住多久，他又返回了法兰西，将巴尔的摩选为他的新定居处，这竟然激起了很大的震动，就和之前在斯特拉斯堡的情形一样。他公开声明自己创立一个新医药和哲学派别，大肆夸耀自己能治百病，他将病人和穷人都召集到他这里，说他能减轻这个人的痛苦，能治好那个人的病。一整天，他下榻的豪华饭店门前的街道上人流拥挤，瞎子、跛子、抱着生病孩子的女人、身上患有各种疾病的病人都聚集到这个神医的住所来。与其说万能药有效，还不如说他给予的物质帮助有作用。鉴于人数太多，市政官员只好专为他设一个警卫，全天候地驻守在他的门前来维持秩序。卡格里奥斯特罗预想的情景终于实现了，富人们十分赞赏他的大方和仁慈而且坚信他的神功。长生不老药卖得相当红火，想要买长生不老药的有钱傻瓜挤满了他的大厅。保持百年美丽面容对女性的诱惑力无以复加，而健康和力量则是对男人的诱饵。同时美丽诱人的伯爵夫人也通过算命、测胎指出或帮助乐意花大价钱的女士调制气精发了一大笔财。她甚至在巴尔的摩举办十分盛大的宴会来维护丈夫的声誉。

　　但是，就像在斯特拉斯堡一样，公众的疯狂只持续了几个月就不见了。正当卡格里奥斯特罗陶醉在成功之中时，他忽视了骗人一旦超过了一定底线，是会招来危险的这一点。当他装作在坟墓里召唤神灵时，人们就不再信任他了。人们控告他是基督的宗教敌人，是流浪的犹太人。最开始谣言只在几个人之间流传，他一点儿也不在乎。但是后来整个镇上都传遍了，他再也赚不着钱了。人们不再参加他的晚会，在街上熟人碰见他转身就走，此时他意识到自己又到了离开的时候了。

　　这一回他对小地方感到厌烦了，开始转移到首都了。刚到那里，他就说他是埃及共济会的复会人，还开创了一套新哲学。在他的朋友红衣主教德·罗罕的帮助下，他很快就进入了上流社会，变成了一个卓越的魔术师。当时首屈一指的人物接见了他，他大肆夸耀自己能像玫瑰十字会员那样跟小精灵们交谈，能唤醒陵墓中死去的人，能变出黄金，能在神灵赋予他的特庇的辅助下发现一些神秘的东西。比如，他能够像迪博士那样召唤天使们来预知未来，天使们或者在水晶球中出现或是在玻璃钟下，来和他交谈。《当代人传记》中讲道："几乎所有的巴黎淑女都曾在卡格里奥斯特罗的房间里和卢克雷特（Lou krayt）一起用晚餐，几乎所有的军官都和恺撒、汉尼拔①、亚历山大②一起商量过军事，几乎所有的演说家或议员都和西赛罗③的灵魂辩论过法律。"跟死人见面的花费很大。因为卡格里奥斯特罗解释说死人是不会无缘由出现的。为维护丈夫的名声，伯爵夫人一如既往地展示了她的各种才能，尤其受到女士们青睐，她对很多既好奇又激动的听众仔细地讲了卡格里奥斯特罗的神奇力量，还说他会隐身术，能用闪电般的速度周游世界，而且能够一次到多个地方。

到巴黎没过多久，卡格里奥斯特罗就卷入了一度十分著名的皇后项链事件之中。他的红衣主教朋友德·罗罕一直爱慕玛丽·安托瓦妮特，而她总是表现得很不喜欢他而且对他态度很冷淡，这使他很伤心。那时有一个叫拉·莫德的女人是皇后身边的侍女，红衣主教愚蠢地将她当成知己。于是拉·莫德夫人便开始利用红衣主教，她成功了，但事情却做过了头。在她做皇后的侍卫女和女贵宾的时候，有一次皇后陛下在跟巴黎一个有钱的珠宝商波莫尔见面时，拉·莫德也在场。波莫尔打算卖给皇后一串项链，这项链价值160万法郎或6.4万英镑，皇后爱不释手，但又很遗憾地说她无力购买，于是就将珠宝商打发走了。拉·莫德夫人谋划着自己能得到这个昂贵的饰物，她决定把红衣主教利用起来给她充当一次工具。于是她找了个适当的时机去见他，装作对皇后不喜欢他和对他的痛苦状态表示同情，然后对他说她有一个好办法能让他再次受宠。她就提到了项链这件事，以及皇后没钱买下的苦恼，这个富有的傻红衣主教立刻说要将那条项链买下来，作为献给皇后的礼物。拉·莫德夫人说绝对不能这样做，因为这样一来会刺激到皇后陛下的，他最好诱导珠宝商赊给皇后陛下，让他收下她的期票券，将金额、日期写好，留着以后再说。红衣主教很高兴地采纳了这个建议，并告诉珠宝商为皇后起草一份协议，他再令皇后签名。这份协议被红衣主教交到拉·莫德夫人手中，拉·莫德夫人很快就将签好

① 汉尼拔·巴卡（Hannibal Barca，公元前247—前182年），北非古国迦太基名将，军事家。——译者注

② 亚历山大大帝（Alexander the great，公元前356—前323年），古代马其顿国王、亚历山大帝国皇帝。——译者注

③ 西赛罗（Cicero，公元前106—前43年），古罗马的一位重要的历史人物，他是古代罗马共和后期的一个政治家、雄辩家、文学家，同时也是一个有影响的教育家，对于古代罗马的教育有着重要贡献。——译者注

的协议还给他了，在协议的边上写着"好，好——同意——玛丽·安托瓦尼特"。同时拉·莫德夫人对他说他的所作所为使得皇后大悦，并打算安排一次机会和他在凡尔赛花园会面，到时候她会赠给他一束花来表示感谢。红衣主教将假文件给了珠宝商，又从珠宝商那里拿了项链交给拉·莫德夫人，事情到了这里一切进展顺利。她接下来的计划就是要满足主教，他的皇室情妇允诺的约会他已经等得不耐烦了。那时候在巴黎有一个叫德·奥丽弗的年轻女人，因长得特别像皇后而远近闻名。在拉·莫德夫人丰厚报酬的诱惑下，她答应假冒皇后玛丽·安托瓦尼特，趁着夜色蒙眬来跟红衣主教德·罗罕在凡尔赛花园约会。约会开始后，红衣主教被隐约的光线、十分相似的赝品以及自己的期望欺骗了。自从接到德·奥丽弗小姐的花后，他那很多天以来沉重的心终于放松了。

　　没过多久，珠宝商就发现皇后的签名是伪造的，他马上指出，他是和红衣主教德·罗罕和拉·莫德夫人谈判的，于是，二人都被抓进了巴士底狱。拉·莫德夫人被严厉审问，她的供词又涉及卡格里奥斯特罗。很不幸，卡格里奥斯特罗和他的妻子一起被抓进了巴士底狱。一桩涉及多项丑闻的故事必定能勾起人们的好奇心，整个巴黎都沸腾了，街头巷尾的人们都在讨论皇后的项链，猜测哪些人是无辜的，哪些人是有罪的。拉·莫德夫人的丈夫逃难去了英国，很多人猜测是他携项链一块跑路了，而且在那里将项链切成了小块卖给了珠宝商。但是拉·莫德夫人坚持说她将项链交给了卡格里奥斯特罗，还说卡格里奥斯特罗一把抢过项链就把它弄成了碎片以"填充他鼓鼓的钱袋"。她说他是一个庸医、卑鄙的炼金术士、点金石的梦想家、伪先知、亵渎真正崇拜的人、自称卡格里奥斯特罗伯爵的人。甚至说他最早制订了搞垮红衣主教的阴谋，将某种巫术施加在她身上，劝服她来助他实施这个计谋。总而言之，他是一个抢劫犯、骗子兼巫师！

　　在巴士底狱监禁6个多月后，所有的被告就要开始审判了。证人供述完证词后，作为首犯的卡格里奥斯特罗第一个被带上来辩护。人们屏住呼吸仔细聆听他的陈述，他装作无辜的样子开始为自己辩护："我是被人陷害的——我被人控告了！——我被人诬陷了！——我难道注定该这样吗？我摸着良心问自己，我发现了自己的内心深处你们根本给不了的平静！我曾到世界各地游历，欧洲全部、亚洲和非洲大部分地方的人都认识我。我所到之处，都能和当地的人们友好相处。我用我的知识、时间、钱财来缓解人们的痛苦。我习医并且开始行医，但我从来没有将这个高尚、安慰人的技术用做牟利的手段。虽然一直是我在给予别人而自己却从来没得到过什么，但我依然坚持自己，甚至连国王给我的恩赐都被我拒绝了。我将治疗方法和建议大方地告诉了那些富人，而对于穷人们，我不仅给他们治疗，还施舍给他们钱。我从没欠过谁的债，我是清白无辜的。我从来也没接受过别人的贿赂。"

一番这样的自我吹捧之后，他又开始抱怨他和自己美丽可怜的妻子几个月的分离之苦。后来他才了解到原来妻子也被抓了进来，被关在监狱里某个肮脏的土牢里。他坚决不承认自己拿了项链，也从没见过任何项链。为了将指控和传言平息下来，他说他愿意告诉公众他的真实背景来满足他们的好奇心。于是，他编造了一个难以置信的浪漫故事。他说，他对自己的出生地和自己父母的名字都一无所知，但是他记得自己的少年时代是在阿拉伯麦加度过的，那时他叫阿克拉特（Akhrat）。在那个城市的大宫里，只有他的老师奥托塔斯和另外的3个仆人在他周围服侍他。奥托塔斯很喜欢他，并且把其父母都是基督徒、出身贵族世家的事情都告诉了他。他出生3个月后便成了孤儿，他被交给宫里来照看。他说他始终也想不起他们的名字，因为每次向奥托塔斯问起这个问题时，他总含糊其辞，被问急了就告诉他知道这件事对他来说会很危险。即使这样，他也能偶尔从老师谈话的只言片语中推断出他的父母可能来自马耳他这个地方。12岁那年他在周游世界的过程中学会了东方语言，他在麦加一待就是3年，那儿的首领大人对他十分和蔼，谈话时显得非常仁慈。他甚至总有些错觉，认为这个人就是自己的父亲。后来，他与这个大善人挥泪告别，此后他们再也没相见过。但是他坚信不疑，即便是在他进巴士底狱的时候，自己都会随时随地感受到这位首领大人曾经对自己的关心和爱护，因为他还会领受到他被提供的种种利益和好处。无论他走到亚欧大陆的任何一个地方，在那的大银行家或商人那儿都会找到为他开的户头。他可以随便取钱，而他们只是询问一下他的姓名。他只需提出"阿克拉特"这四个字，那些大银行就会满足他的所有要求。因此他更加坚信他应该深深感激的那个朋友就是麦加的首领，以上这些内容就是有关他财产的全部秘密。卡格里奥斯特罗根本没有必要靠行骗来维持生活，他的财富足可以支持他去买比法兰西皇后更奢华的项链，买多少都可以，他根本没有必要偷一根钻石项链。卡格里奥斯特罗对拉·莫德夫人的一些其他指控只作了简短的回答。至于她把他叫做"庸医"这件事，他说自己已经非常熟悉这个词汇了。如果这个词用来形容仅仅懂些医术，给人看病无论穷富分文不取的人，那么他欣然接受这样的称呼，他的确是这样的一个"庸医"。对于她骂他是个卑鄙的炼金术士，他说无论他和炼金术士是否有牵扯，"卑鄙"这个词只对那些卑躬屈膝、摇尾乞怜的人比较适用，而他——卡格里奥斯特罗伯爵——从未卑躬屈膝过。至于说他是一个点金石梦想家，无论他个人对于点金石是怎样的态度，他都一直保持沉默，从未跟任何人聊过自己的梦想是怎样的。至于诽谤他是一个"伪先知"，他认为自己并不是一贯如此，因为他曾经把拉·莫德夫人是一个危险女人这样的话向红衣主教德·罗罕预言过，而最后的结果证明他的预言是对的。他从不承认他亵渎过宗教神灵，也从来不曾蔑视过宗教崇拜。相反，他对每一个人的信仰都十分尊重，并且从来不加以阻挠。他否认自己是玫瑰十字会员的传言，或者传言他曾经假装有300多岁的年纪，并且有一个相伴了150多年的侍者的说法。总之，他否认了拉·莫德夫人对他所有的不实陈述。评价她是一个"mentiris impudentissime"（无耻的撒谎人），他让她的律师来向她翻译，因为用法语说她有些不礼貌。

以上大概讲述了一下卡格里奥斯特罗作了一番气度不凡的回应来解释事件过程。他成功地使人们消除了他是骗子的看法，更不是什么所谓的无耻的人。之后，接踵而至的是红衣主教德·罗罕及拉·莫德夫人雇用律师的辩护词。事情最后水落石出，红衣主教的丑恶嘴脸在这桩罪恶的阴谋中被暴露出来，因为任何不利于卡格里奥斯特罗的证据都没有被发现，他和老婆双双被无罪释放。拉·莫德夫人被判刑，并当众遭到了鞭子的毒打，火热的烙铁还在她后背上烙了一个印记。

卡格里奥斯特罗和妻子从监禁中被释放了出来，他的论文和财产从巴士底狱的官员手里取了回来。他发现有人删掉了他论文的许多内容，于是谴责他们未经同意修改了他的手稿，还把他的变金粉偷走了。还没处理完这件事，他突然接到了命令，命令他在一天一夜内离开巴黎。由于担心再被关进巴士底狱，他很快就离开巴黎去了英国。一到伦敦，他就和著名的乔治·戈登勋爵（George Gordon Lord）认识了，勋爵对他的事业非常关心，还在公众论坛文里公开发表了声明，认为法兰西皇后在项链事件中的所作所为应当受到谴责，并指出真正的罪魁祸首是皇后。戈登勋爵因为这件事遭到了法国大使的迫害，他因为犯有诽谤污蔑罪被判处无期徒刑并处以罚款。

卡格里奥斯特罗和夫人在这之后又去了意大利，在1789年罗马教皇逮捕了他们，并且判了死刑。指控他的原因是，他身兼共济会成员、异教徒、巫师等多重身份。这个判决普遍被认为并不公正，后来又被改为在圣安哥鲁城堡终身监禁。他的妻子为了逃脱酷刑，有幸被恩准隐退到女修道院，卡格里奥斯特罗不久便去世了。丧失了自由使他身心交瘁，接连不断的灾难摧残了他的健康和精神，1790年年初便死了。他应得的命运可能比他最终的实际命运会稍稍好一些，但是我们可以这样说：对一个最终给他判刑的政府来说，给他如此判罪也显得一点都不光彩。

炼金术的现实状况

到这里，我们已经列举完了所有在这个不为谋利的追求中涉及的知名人士，各个阶层的人都有，其中包括：不同背景、性格，追求真理而又屡犯错误的哲人，野心勃勃的王子还有穷困潦倒的贵族，他们都对炼金术坚信不疑。还有心计很多的庸医，他们自己并不信这一套，却编造出各种关于炼金术的谎言来欺骗他们周围的人，靠骗来的钱维持生计。我们从前面的内容里看到这样的一些人，从他们的生命历程中可以看到这些骗人的方法并不是一点用处都没有。人类并不是通过努力就能够得到任何想要的东西，关键是要尊重客观规律，在规律允许的范围内努力争取。如果人们的想法太过于超出实际，那他们只能半途而废，不过在努力的过程中还是会有所收获的。比如，用途广泛的化学有不少发现就来源于旧时代那个旁门左道的巫术——炼金术。在探索那些不解之谜或者若干年后有幸被解开谜团的过程中，人们还是会有许多颇有价值的发现。黑色火药——一种更为不寻常的物质，就是罗杰·培根[①]在研究点金石时发现的。玛·海蒙特同样是在研究点金石时发现了气体的特性。在化学领域做出了同样重要发现的还有盖博。一直幻想着制造出点金石的帕拉修斯发现了水银是治疗一种一直困扰人们的病症的好方法。

现在的欧洲已经很少有人再沉迷于点金石的研究了。尽管有人断言，我们有若干的科学家认为这种探索并不像其他人所认为的那样是无聊可笑的行为，尽管大家认为巫术是荒谬的，它却仍然在人们头脑中有一席之地。不过，几乎没有人再相信长生不老药可以让人活到几百岁了，或者那种可以将铁和白蜡变成黄金的故事。在欧洲几乎已经没有人相信炼金术了，而在东方它却依然有众多的信徒，和过去一样火爆。最近去过东方的游人不断地谈起这件事，尤其是在中国、印度、波斯、鞑靼、埃及以及阿拉伯等地，还依然保留着对炼金术的痴迷。

---

① 罗杰·培根，英国学者与科学家，于1247年当了天主教方济各会的修士。他利用镜子和透镜在炼金术、天文学与光学中进行实验，是第一位讲述如何制造弹药的欧洲人。培根著有三部著作：《大著作》《小著作》《第三部著作》。在著述中，他要求将科学建立在实验与观察的基础上。——译者注

第十五章

占卜术

Extraordinary Popular Delusions

and the Madness of Crowds

人们仍在摸索着窥探

命运之神的神秘宅宠；

乞求巫师来神机妙算

来预测前途是明是暗。

——《哈迪布拉斯》第三部第三章

　　根据既定计划，我们开始思考人们因为急切地想预知未来的结果而自古以来就会犯的愚蠢行为。上帝出于他那明智的目的，已经多次地揭开过那掩盖着无限神秘的面纱。他也是出于同样明智的目的，已向世人暗示出了这样的信息：我们在某些特殊情况以外，始终都是愚昧无知的。从某些方面考虑，人类无法预知第二天将会发生什么其实对自己也是一件好事。可是，由于对这一点的一无所知，在世界历史长河中的各个时期，人们都一直自不量力地妄图去探索未来究竟会发生什么事情，并想预测自身时间的进程。并且，人们已将这种臆断上升到一种研究的高度，在后来的发展中还将其划分为无数的系统学科，做进一步的研究，耗费毕生的精力致力于这一现在人看来是白白浪费时间的事业。这一学科可以比其他任何学科更能轻而易举地欺骗世人。但人们对每一种学科都会多多少少地存在着一些好奇心，而长期的自省和坚定的信念慢慢就能够克服这种自发的好奇心。如果未来的秘密有一天确实能够被我们所知晓，那么它们迟早都会展现在我们的眼前。

　　正是因为人类对于自身在宇宙中的重要性认识得不恰当，才是导致我们在这方面产生困惑甚至是误解的根源。假如一个人认识到在太空轨道上运行着的行星都正在注视着他，并且这些行星都可以通过其自身外观和运动的变化向他预示将来的悲欢离合时，他的尊严该得到多么大的满足啊！尽管人类和整个宇宙相比就好像是夏天树叶上的小昆虫和我们居住的地球相比一样，竟然一相情愿地妄想着这个永恒的世界是为了预测他的命运才缔造出来的。有时候，其实觉得我们自己跟爬行于我们脚边的那些懵懂无知的蠕虫没有什么本质的区别，如果我们得知它也在渴望知晓未来到底会发生什么，想象着假如一颗流星划过天空就是在向它暗示将会有一只山雀在附近盘旋并对它虎视眈眈的时候。它的诞生、成长和衰老会以风暴、地震、国家革命或是强权统治的倾覆等方式来预示。人类炫耀自身狂妄自大的程度一点也不比这些差。被称为伪科学的占星术、占卜、巫术、泥土占卜、手相术以及其他各种占卜术妄自尊大的程度也一点不比这差。

　　我们暂且避开无宗教信仰的古代圣言和一般宗教预言不谈，而将目标仅仅锁定在现代那些把自己摆在可以预知未来这一显赫地位上的人们，我们就会发现16和17世纪对这些骗子们来说算得上是黄金时代了，他们中的许多人都曾经扮演过炼金术士这样的角色。这两种虚伪主张能够联合，一点都不令人感到出乎意料。人们盼望着那些可以让他们多活几个世纪、有着非凡力量的人出现，同时这些人也应当假装能够预言那些作为超越自然瞬间存在标志的事件。世人对他们已经发现的一切奥秘总是表示出毫不怀疑的态度，就如同相信他们仅仅发现了一个奥秘一样。3个世纪之前，欧洲最有名的占星术士都源自于炼金术士。阿古利巴、巴拉塞尔色斯、迪博士、罗森克鲁兹教派以及其他炼金术士均投入相当大的力量来预知未来，就好像他们尽力装成已经拥有了点金石和长生不老药一样。他们那个时代之中，荒诞、魔幻和超自然的幻想比之前的所有时代都盛行。人们一般都会觉得魔王和星宿必然会干预人间的事情，所以就要举行正式的典礼来和它们协商。一般那些忧郁、沉闷性格的人都会专心于巫术的研究，而那些活泼外向且志向远大的人们就会专心研究占星术。在当时，占星术的研究被统治者和政府大力支持。在英格兰，从伊丽莎白时代到威廉姆时代，甚至一直到玛丽时代，占星术都曾经在法庭审判过程中有着很大的影响力。迪、兰姆（Lamb）、福尔曼（Foreman）、利里（Liri）、布克尔（Brinker）、盖德布利、埃文斯等博士和一些遍布城乡之间、难以计数的从事算命的无名骗子们在那时候十分兴盛。他们替人推测命运天宫图、寻找丢失的财物、预测婚姻是否幸福、推算是否适宜出行以及替企业的开业典礼选良辰吉时等品种丰富的事宜小到修鞋铺的开张大到军队的行军出发都需要占卜。拿巴特勒的话来说，人确实是：

> 按照命运之神的秘密授意，
>
> 背叛月亮女神的珍言隽语；
>
> 人们全都或远或近地赶来，
>
> 庄严地环绕他团聚在一起；
>
> 请他寻找家中丢失的铜锅，
>
> 还有路上不慎丢掉的布匹。

利里在他写的《生平传记》（Memirs of His Life and Times）中，大部分都记录了那时许多无名的江湖骗子们的批评言论。他说他十分藐视他们，并不是因为他们是占星术士，而是因为他们以帮人们寻找丢失财产来牟利，将这门高贵的艺术践踏了。我们在看巴特勒写的讽刺诗和他极其详细的注解时发现，在那个盛行魔幻和妖术横行的年代有许许多多的人靠欺骗他人谋生。就算在今天，那些自称弗朗西斯·摩尔的编纂历书的人们，仍然有着极高的声誉！然而，在查理一世和共和政体时期，即便是最有学问、最高贵和地位最重要的人物也会自然而然地以最开放的方式去咨询炼金术士。利里这个人物是巴特勒以赛德罗菲尔的名字所描述的得以流传后世。据他所说，他曾打算写一部名为《占星术导论》的书，这门艺术的真实性将在这本书中向整个王国证实。许多军人都对这一行动表示支持，他说，还有许多独立派团体以及议院中不少德高望重的人物和他本人的许多忠实朋友们也支持他。这些人都可以帮助他反对那些竭尽全力压制他们预言的长老会教友。而后，他开始实施这一计划。就在他的著作出版时，和他一起来到温莎议会部队总部的还有一位名叫布克尔的占星术士，他们在一个名叫费尔法克斯将军花园的地方得到了热情的欢迎和款待。随后，他们又被介绍给将军本人。将军盛情地欢迎他们的到来，并把他们的一些预言间接地提了出来。他希望他们的学术合乎法律和圣经的教义，但他本身却对这些一无所知。然而他并不怀疑这两位占星术士对上帝是敬畏的，因而他们两位所得到的评价还是不错的。利里向他保证说，占星术与圣经的相似度很高。并且以他现在掌握的有关星宿的知识而言，他充满自信地预言，议会部队将会披荆斩棘，所向披靡。这位骗子向我们袒露，奥利弗摄政期间，他可以完全自由地写作。他的身份顿时变成了一名独立派人士，所有的军人都成了他的朋友。他的脚刚刚踏上苏格兰时，看见一名手里举着一本预言书站在队伍前面的士兵朝着面前过去的一队队士兵大喊着："快来呀！你们听利里是怎样说的啊！这个月你们队伍必然会胜利啊！勇敢的孩子们，打败敌人后再来读读这个月的预言吧！"

在那场利里说他曾预言到的伦敦大火灾过去后，下议院委员会委派他去查明这场灾难的起因。在他1651年出版的《君主制，要还是不要》（Monarchy or no Monarchy）这本书中有一幅插图，其中一边画的是有人身披裹尸布正在挖掘坟墓，另一边画的是一座被大火覆盖的城市。等大火结束了，有些委员自作聪明地想到了利里的书，而且还在议院进行了讨论，大家全都觉得应该将这位占星术士召过来。

当罗勃特·布鲁克（Robert brooke）爵士对他说明召见的原因就是要他去公布他知道的一切时，利里马上按照约定的时间去了。这对虚荣傲慢的利里来说绝对是炫耀能力的一个最好的机会。为了他和他的伪科学，他发表了一通长篇演说。他说，在处决了查理一世后，人们急切地希望了解国会及整个国家的命运走向。于是，他就询问星宿并且获得了令人满意的答案。他把预测结果包含在有象征性的标记和插图中，这样就可以把真实意义掩盖，让人们无法察觉，而只让那些绝顶聪明的人知道真相。这种做法仿效的是众多智慧先哲。

一位议员问，"你预料到是哪一年着的火吗？" "没有，"利里回答说，"我并不想知道这个，所以就没仔细地去占卜。"在更深入地交谈之后，议会觉得这位占星大师说的话他们根本没法理解，只好将他恭敬地请回去了。

利里说的一个让他十分得意的预言足以证明他硬塞给众多听众的是怎样荒谬的话。"在1588年，"他说，"他出版了一篇希腊文的预言，完全可以将1641年到1660年间英格兰接连发生的许多灾难解释清楚。"在预言结尾处他是这样写的："走在他身后的是一位恐怖的名存实亡的人，殿下G也和他一起来了，他有着世上最高贵的血统，他将会得到皇冠，将一切异教铲除，带领英格兰走向辉煌的明天。"下面就是对这一段晦涩玄妙的荒唐话的解释：

"在废除修道院八、九十年后，最高统治者的名字依然叫做修道士"，他只是一个傀儡。那个殿下G（G这里是希腊的字母Y，意思和拉丁文中的C相同，即字母表中第三个字母）就是查理二世，由于他的出身原因，听说他有世界上最高贵的血统。

在法国和德国，支持占星术士的人比英格兰要多。在很久之前，查理曼和他的继承者们曾对占星术士们和巫师们展开过强烈攻击。路易十一是一位极其迷信的君主，他将大量的占星术士养在宫中。然而世上最为迷信的女人——加德琳·蒂·麦迪赛丝，很少去向他们询问重要的事情。她先是照顾她的同乡，她在法国统治时期内，各类魔术师、巫师和算命卖卜的人在意大利曾盛极一时。然而要说那时最著名的占星术士，毫无疑问就是她丈夫国王亨利二世（Henry II）的御医——诺斯特拉德马思。他于1503年出生在普鲁文斯的小城圣雷米，他的父亲是那里的一位公证人。他的生活一直平淡无奇，一直到50岁之后，他因他的著名诗集——《世纪预言》而受到世人的关注。这本诗集的语言十分难懂，让人几乎没法理解。1556年，这本诗集就成了人们的中心话题。因此，亨利二世下令指派给他一名专业的仆人服侍他，并将他封为御医。1668年他的《真正的世纪》一书在阿姆斯特丹出版，我们能够发现他常常和他的君主探讨未来的奥秘。为此，他不仅按照惯例拿到了医疗护理的佣金，而且他还得到了很多名贵的礼品作为奖赏。亨利国王逝世后，他回乡养老了。1564年，正在执政的查理九世①国王曾去他的家乡拜访过他。查理国王知道诺斯特拉德马思既能预知法国的未来，还能预言世界上几百年之后将要发生的事情，十分欣赏他的才能，而且对他极为尊重。马上就请他做国事顾问和御医，另外还大方地赏给他皇家的恩赐。"总之，"他接着在传记中写道，"要是把他的一切荣耀都讲出来未免显得太啰唆，一句话，四面八方的达官贵人和学者纷纷赶来，就好像他是传达神谕的先知似的。很多外国人还专门来法国请教他。"

诺斯特拉德马思的预言诗共有一千节，每节分为四行，整篇文章都很难理解，类似古时候的神谕。这些预言在时空上都留有很大空间，几乎在几个世纪内都可以适用到很多地方。就像在利里书中提到的对于那位高僧和可怕的傀儡人物的解释等，这种巧妙话轻易就可以找到能和它牵强附会的别的事件②。

就是到了今天，在法国和比利时的沃龙乡下，他仍然很受欢迎，那里的老农妇们经常是充满希望和虔诚地请教他。

凯瑟琳·蒂·麦迪赛丝并不是她伟大的家族中唯一一个在宫廷里养着占星术士的人。15世纪早期，有一个名叫巴斯勒（Basler）的先生住在佛罗伦萨，他因能洞悉未来而著称于意大利。据说，他曾几次预言过柯斯默·蒂·麦迪赛丝会得到许多财富，而那时这个人只是个普通百姓，之所以这样说是因为他出生时的运星有和

---

① 查理九世（1550—1574年），法国瓦卢瓦王朝国王（1560—1574年在位）。——译者注

② 我们来试一下。在他的书中关于第二个世纪的部分中，预言66是这样讲的："囚犯逃离危难，命运随即巨变。宫廷众人被捕，昭示城市沦陷。""这是什么呢？"一位信徒可能会说，"这不是拿破仑逃离厄尔巴岛——他命运的改变，随即巴黎城被盟军占领的那段历史吗？"我们再来试一下。在他书中第三个世纪的第98条预言中是这样说的："皇家兄弟争战忙，不共戴天难相让。各守堡垒针锋对，干戈一生为称王。"某些利里的追随者对这段预言理解起来不会有任何困难。用一句通俗的话来概括就是"像长矛一样清楚明了"。如果这位占星术士在写这一诗节的时候不是明确地指敦·米盖尔和敦·皮德罗二人的故事，这一诗节如何会比其他节中少了许多闪烁暧昧和模棱两可之辞呢？——译者注

奥古斯特·恺撒、查理五世国王①的运星一样的好兆头。而另一位占星术士将亚历山大·蒂·麦迪丝王子的死准确地预测出来。他无论何时处理任何事都相当谨慎，因此没有人怀疑他在应验自己的预言时耍的伎俩——这是他们这种人为了保全声誉常常会使用的手段。他曾预言这位王子会死在一个他非常熟悉的朋友手里，这个人很瘦，脸盘很小，面色黝黑，并且不爱说话。这个预言果然应验了，亚历山大被他的一个堂兄弟劳仑佐刺死在寝室里了。这跟他讲的完全一样。《赫米普斯的复活》（Hermippus Redivivus）这部书的作者②在讲这个故事时觉得他是清白的，但他认为是亚历山大王子的某个朋友曾雇用过那个占星术士以这样的方式向王子发出危险警告。

　　另一个更有意思的故事讲的是15世纪在罗梅格纳居住的一位占星术士，他叫安提奥克斯·蒂伯特斯③。在那个时候的意大利，几乎一切小统治者们都豢养了一群这种人为他们服务。蒂伯特斯这个来自巴黎的占星术士由于曾经在研究数学方面获得很高成就，而且公布过很多能表现出他机敏和精明的预言，所以他被雷密尼的统治者盘多尔弗·迪·马拉德斯塔请到家中，并且成了他的门客。从此，他声名鹊起，他的书斋里总是挤满了前来拜访的显贵和前来咨询的顾客。就这样，他很快就赚到了一笔不菲的财富。然而不管他曾经多么的辉煌，却落得个十分悲惨的结局，他那大悲大喜的人生最终了却在了断头台上。以下的这个故事流传很广，而且凭着确凿的证据常常被后世的占星术士们成功引用，来证明他们钻研的科学是如此真实。据说，在他去世以前，他曾经提出3个著名的预言——一个是关于他自己的，一个是关于他朋友的，还有一个是关于他的保护人盘多尔弗·迪·马拉德斯塔的。第一则预言是有关他的朋友圭多·迪·勃哥尼的，这个人是那个时代最杰出的船长之一。在看了星相和手相之后，蒂伯特斯沮丧地对圭多说，他将会蒙受不白之冤，被他最亲密的好友猜疑并且会因为这个丧命。然后，圭多就问那个占星术士能不能预测他自己的命运。蒂伯特斯看了看星相，发现他命里必然要死在断头台上。听了这些预言（很明显这一点不能证明真的有这件事）之后，马拉德斯塔也请求占星术士帮他预测命运，并着重说到不管他的命运多么悲惨，也要蒂伯特斯坦白相告。蒂伯特斯服从了，对他的保护人——

①　见《赫米普斯的复活》142页。——译者注
②　见《约韦的悼词》320页。——译者注
③　见《佛罗伦萨轶事集》或《迈迪锡楼秘事》。——译者注

这位当时意大利最辉煌和最有权势的王子之一，说他将会过着贫困潦倒的生活，最终会在波隆那的一家不显眼的医院里像个乞丐似的死去。最终，这三个预言全都应验了。圭多·迪·勃哥尼的岳父迪·本提弗列伯爵控告他曾经有一次密谋叛国，计划将雷密尼城交给教皇部队管辖。然后，又伪善地请他去赴晚宴，在餐桌前将他杀害了，这也是暴君马拉德斯塔的命令。同时，占星术士自己也被朋友一案牵连进了监狱。他曾试图越狱，从牢房的窗户成功地爬了出来躲到了护城河里，但后来不幸被狱卒发现。这件事又汇报给马拉德斯塔，他立即下令在第二天清晨处决蒂伯特斯。

而就在这时候，马拉德斯塔早就忘记了自己的预言，况且他的命运一直以来也没怎么影响他。然而，事情仍然默默地按照既定的轨迹发展，逐渐应验着预言。虽然圭多·迪·勃哥尼是无辜的，但一个谋划将雷密尼城献给教皇的反叛组织依然成立了。虽然他们采取了必要的措施，法兰庭诺斯伯爵还是得到了这个城市。在城市被围困的混乱局面下，马拉德斯塔都没时间伪装自己就逃出了宫廷。在被敌人追捕时，他到处藏藏躲躲，以前的朋友全部离他而去，就连他的子女都不肯认他了。最终，在波隆纳他被传染上了一种令人浑身无力的怪病，没有人愿意给他提供住处，于是人们将他送到医院，他就在那去世了。唯一影响这个故事趣味性的是，事实上他们所说的预言都是在事情发生了之后才被编造出来的。

那一年，早在路易十四出生以前的几个星期，巴萨姆皮尔元帅就带领朝廷的达官贵人们邀请了一位德国占星术士，把他安排在宫里，随时候命，便于及时将法兰西未来君主的算命天宫图描绘出来。王后临产时，又将他带到隔壁的房间里，便于及时知道婴儿出生的准确时刻。他观察的结果只归结为3个字：diu，dure，filiciter；这意味着这位刚刚降生的小王子以后会长期在位，健康长寿，并且勤政，功绩显赫。这位占星术士每天不愁吃喝，又成为这一朝的宠臣，从他口中讲出这类吉祥的预言全都在人们的意料之内。之后，为纪念这件事还专门铸造了一枚纪念章。在纪念章的一面刻有新出生的王子正驾着阿波罗战车的英姿，而且还刻着"ortus solis gallici"——意思是徐徐升起的高卢人的太阳。

替占星术士做出最棒解释的人，就是那位曾经并不情愿地实践过这门学术的天文学家开普勒①。曾经有很多朋友都要请他占卜星运，但总会被他严词拒绝，因为他不担心由于自己的直白而将那些人激怒。然而在别的时候他却常常会迎合这种红极一时的骗术。在他赠与格拉克（Gluck）教授的《星历表》（Ephemerides）这本书中，他说："那仅仅是些胡言乱语的编造，不外如是。"然而他又不得不干这个，不然他早就吃不上饭了。"你们这些极其聪慧的哲人们"，他在他的《第三者的介入》（Tertius Interveniens）这部书中叹息说，"你们真是太过于为难这个为天文学而生的女人了！你们不了解她的美德。她不得不用她诱人的力量来赡养她的母亲。要是人们不迷信于从上天那里祈求知晓未来命运的话，天文学家仅靠一点微不足道的收入是不能养活他们自己的。"

巫术是在占星术之后出现的另一门被那些妄图预知未来的人们常常推崇的伪科学。史上最早有据可考的例子就是安得尔女巫和塞缪尔（Samuel）的魂灵。几乎所有的古代民族都坚信，召回死去的魂灵可以帮人们揭示上帝昭示给幽灵们的秘密。很多暗示这个话题的文章都会马上让人联想到那卷经典读本。然而从没有一个国家公开地推行巫术。一切政府都把它看作是一种罪孽深重的犯罪。和它相反，占星术却被广泛支持，研究这门学科的专家也获得了极高的赞誉。而巫师常常会被判处火刑或者绞刑。罗杰·贝肯、阿尔伯特斯·迈格那斯、威伦那夫和阿诺德还有其他很多人，在之前的几个世纪里都被指控参与过这种亵渎神灵的恶行。即使面临这么多的责难，这门盛行的骗术看起来依然是那么根基稳固，使得人们费了绝无仅有的巨大艰辛和困苦才能将其证伪。即使是这样，它在不同时期和不同国家的野心家那里还是很明显地得到了巨大支持，尽管这么做是相当危险的。

泥土占卜，也可以说是以在地上画线和画圆还有其他数字图形的方式来预测未来。这种办法在亚洲国家流传很广，但是在欧洲却几乎没人知道。

飞鸟占卜，曾经在罗马这种依照鸟类的飞翔或内脏展开占卜的方式一度极其盛行，之后在欧洲许多国家也开始迅速传播。然而在今天，绝大部分精于此术的人都沦落为印度让人讨厌的凶残罪犯。

占卜，有很多种，而且有着持久的令人骄傲的声誉。它自有史料记载的时候开始就控制了人类整个思想，并且还随着时间的推移而继续流传。在犹太人、埃及

① 开普勒（1571—1630年），是德国著名的天体物理学家、数学家、哲学家。他首先把力学的概念引进天文学，他还是现代光学的奠基人，制作了著名的开普勒望远镜。——译者注

人、古巴比伦人、波斯人、希腊人还有罗马人之中，它依然广为流传，甚至现今全世界所有的现代民族都知道它，即便是生活在非洲和美洲荒野中未开化的游牧部落对此也不陌生。现今时代文明的欧洲采用的占卜方法，主要来自于纸牌、茶杯和看手相。只有吉卜赛人把它发展成为一种职业。可是依然会有成千上万的信徒们采取用测茶杯底沉淀物的方法来占卜第二年能否丰足，或者他们的老母猪能不能多产几只猪崽。同样，这些家庭中的少女们也采取相同的办法来预测她们将会在什么时候结婚，未来丈夫的皮肤是黑还是白，经济条件是富裕还是贫困，性格是亲切还是急躁。而现代人更喜欢用纸牌占卜的方法。虽然纸牌还不能为它诞生了400多年而自豪，但是它的这种功效更加卓著。看手相占卜历史就很久远了，在古代欧洲曾经有一半以上的乡村少女都痴迷于这个。从原始父系氏族社会时代开始，埃及人就知晓它了。茶杯占卜也是这样，就像我们从《创世纪》（Genesis）中读到的那样，曾经被圣约瑟夫[①]使用过。埃及人也曾使用过树枝占卜的方法。在距今相对比较近一点的时代，有人说可以通过这种办法找到埋藏的宝藏。现在我们知道，在欧洲这种骗术已经被揭穿了。姓名占卜，也可以说就是依据姓名的字母来占卜人的命运，除此之外，它还演变为其他各种变体，就是一种更加现代的占卜方法，然而信的人就可以忽略不计了。

以下列出的是高乐（Golla）在他的《占卜神物》（Magastromancer）这部书中给出的之前曾被应用过的各种占卜方法，而且曾经在《霍思年鉴》（Hone's Year—Book）这部书的第1517页被引用过。[②]

实体占卜，也可以叫做利用构成世界的要素占卜。

天气占卜，也可以叫做利用大气占卜。

火卜，即利用火来占卜。

水卜，即利用水来占卜。

土卜，利用泥土占卜。

神卜，假借自己接到了圣经和神灵的启示、上帝的旨意进行占卜。

---

① 　圣约瑟夫（St Joseph），《圣经》中圣母马利亚的丈夫。——译者注

② 　有两本书在英格兰非常受欢迎，若干年间仅在伦敦一个地方就有50万的销量，并且曼彻斯特、爱丁堡、格拉斯哥和都柏林等地都出现了重新印刷发行的情况。两本书分别叫做《布里吉特骁的解梦书和命运的先知》和《诺伍德吉卜赛人》。据一位十分热衷于此的人讲，这类书有一定的市场需求，深受一些女佣和未受过良好教育人的喜爱，全国每年读者可达10.1万人；而且在过去的30年中每年售出的书的数量都不比这个少。这个时期共计售出总数将近33万册书。——译者注

鬼卜，利用凶神和恶魔进行占卜。

幻卜，利用偶像人物进行占卜。

心卜，利用人的灵魂、情感和性格气质进行占卜。

人卜，利用人的内脏进行占卜。

兽卜，借助野兽占卜。

禽卜，借助禽类占卜。

鱼卜，借助鱼类占卜。

植卜，利用草本植物占卜。

石卜，利用岩石占卜。

木卜，利用木棒占卜。

梦卜，分析梦境占卜。

名卜，根据姓名字母占卜。

数卜，根据数字占卜。

对数占卜，借助对数运算进行占卜。

胸骨占卜，利用躯干上胸部到腹部的标记来占卜。

胃卜，根据腹部发出的声音或者腹部上面的标记进行占卜。

脐卜，利用肚脐占卜。

手相术，看手相占卜。

脚相术，看脚相占卜。

指甲术，看指甲占卜。

驴头卜，利用驴子的头进行占卜。

灰卜，利用灰烬占卜。

烟卜，利用烟雾占卜。

香卜，借助焚香占卜。

蜡卜，借助熔蜡占卜。

盆卜，利用水盆占卜。

镜卜，利用镜子占卜。

情卜，通过在纸上写字或者情人卡进行占卜。

刀卜，利用刀剑占卜。

水晶卜，利用水晶石占卜。

指卜，利用戒指占卜。

筛卜，利用筛子占卜。

锯卜，利用锯来占卜。

铜卜，利用铜管或其他金属占卜。

肤骨卜，根据皮肤和骨骼等占卜。

星卜，根据星宿占卜。

影卜，根据阴影占卜。

骰卜，利用骰子占卜。

酒卜，根据葡萄酒的残渣占卜。

果卜，借助无花果占卜。

酪卜，利用干酪占卜。

粉卜，利用粗粉、面粉或糠占卜。

谷卜，利用玉米或谷物占卜。

鸡卜，借助公鸡进行占卜。

环卜，借助画圆圈占卜。

灯卜，利用烛火和灯火占卜。

　　解梦术是一种用来分析梦境的技术，是古时候遗留下来的一份"遗产"。在人类精神和肉体发生重大变革的整个过程它都存在。五千年的史料可以充分证实一种在宇宙里被广泛传播的信念，也就是技术超群的法师可以利用帮人解梦预测未来的命运。至于有关这种技艺的规则，要是古代曾经存在过的话，现在也没人知道了。然而现在一条简单的法则就将这个奥秘全部揭示出来。这正像基督教世界中一切自命不凡的人们做的那样，认为梦是反的。意思就是说，要是你梦见肮脏的东西，你就将拥有宝贵的东西；要是你梦见死的东西，那么你就将接收到生的信息；要是梦见金银，你就有可能失去财宝；要是梦见朋友很多，你身边就会有很多敌人。然而，这条法则并不是什么时候都灵验。要是你梦见小猪肯定很幸运，但是如果你梦见一头大公牛就可能要倒霉了；要是梦见你的一颗牙掉了，那么近期你必然会失去一位朋友；要是你梦见自己的房子着火了，你就会接到远方的音信；要是你梦见害虫，这就意味着你的家人要生病；要是你梦见了蛇，你最终会发现你身边的某些朋友竟然是最可怕的敌人；然而，要是你梦见自己正在到脖子那么深的泥沼中挣扎不断下沉就是最幸运的梦了；梦见清澈的水表示要悲伤；要是你梦见你在众人面前赤身裸体地站在大街上，也找不到衣服遮蔽，这意味着你将陷入巨大的灾难、痛苦和困惑之中。

在英国很多地方和欧洲、美洲大陆上都能发现一些专业解梦的上年纪的乡下女人。对于她们的释言人们深信不疑，就好像她们说的全部是神的意旨。在远离城市的偏僻之处一点儿也不奇怪还有这样一些家庭：他们每天早晨按照惯例坐在餐桌前讲自己昨夜梦见了什么，并且按照梦境来推测今天是好还是坏。在这些人看来，哪怕是梦里一朵盛开的花朵或者是一颗成熟的果实都能预示吉凶。要是人们梦到田野上或者是森林里的一棵树，都会将它赋予这样的、可以掌控人命运的神奇力量。梦见灰烬意味着要长途旅行；梦见一棵栎树，就意味着着长寿和兴盛。当一位少女梦见自己将一棵树的皮剥掉了，这就意味着她的名誉将会被污损，而要是一位已婚的妇女梦见了这个就意味着她即将失去一位亲人，要是一个男人梦见了这个就意味着他很快会继承一笔遗产。梦见一棵没有叶子枝干光秃秃的树，就意味着巨大的伤痛；梦见一根连树权都没有的树干就预示着绝望和自杀；梦见比较老的树就要吉祥一些；要是梦见一棵火树就更好了，它象征着安逸和财富。菩提树预示着出海远航；紫杉和赤杨就是两个不吉利的东西，要是年轻人梦见了就预示着要染上疾病，而老年人梦见了就预示着死亡。以下所列举的是被赋予了象征未来意味的花卉和水果品种中最主要的几种，它们都被证明了是有效果的，依照字母顺序来排列：

芦笋，扎成一束，象征着眼泪；要是你梦见它正在生长，那么这象征着好运。

芦荟，没有花，象征着长寿；有花，象征着遗产。

朝鲜蓟，这种蔬菜预示着你可能在不久的将来会获得贵人帮助。

龙芽草，这种药草向你传递着家人将要患病的信息。

银莲花，这是一种预示爱情出现的植物。

报春花，梦见生长在花坛中的，被认为是幸运的代表；在盆中生长的，被认为是婚姻的代表；而如果要被采摘了的话，则预示着将会守寡。

覆盆子，预示将会有一次愉快的长途跋涉。

金雀花，是家庭将要添丁进口的预兆。

花椰菜，预示着会受到朋友们的轻视，或者是你将变得穷困潦倒而无人同情的预兆。

酸叶，预示着将会有一份乡下来的礼物送到你的手里。

水仙花，如果水仙花在一位少女的梦中出现了，则表示上天正在向她发出警告，告诫她不要和自己的情人去幽暗僻静的地方约会，将会发生危险，因为人们在那里可能无法援救她。如果她不听警告，那她就会倒霉的。"她将不再佩戴花环，而是用凄凉的柏树来替代，以及从粗枝上折下来的接骨木。"

如果无花果的颜色翠绿，预示着将会生活困窘；如果是风干了的话，那么穷人将会变成富人，富人则会活得更快乐。

梦到三色堇，意味着心中有痛楚。

梦到百合花，意味着将会有欢乐的事发生。

梦见睡莲，意味着将会有来自海上的危险发生。

梦见柠檬，意味着不久将会分离。

梦见石榴，单身者将很快找到自己的另一半，婚后生活幸福美满；而对于已婚却夫妻不和的人预示着会重新和解。

梦见汶珀树，意味着将会有一段愉快的交往。

梦见玫瑰，意味着恩爱甜蜜的爱情将会伴随着你，并且会远离各种悲伤。

梦见酢浆草，象征着你将会柳暗花明又一村。

梦见向日葵，意味着将会有事情深深地伤害你那高傲的心。

梦见紫罗兰，对于单身的人预示着将会有不幸发生；对于已婚者却预示着会有欢乐的事情发生。

梦见什么种类的黄花都预示着忌妒。

梦见紫杉果对任何性别的人都意味着将会失去人格。

应当时刻注意的是，这些释梦的规则肯定不是放之四海而皆准的。如果一位英格兰的农家女梦见了一朵玫瑰花，那么清晨她会满面红光，相反，诺曼底的农家女子会因相同的境遇而感到震惊、烦恼和失望。一位梦见橡树的瑞士人肯定没办法理解一位英格兰人因此而获得的那种快乐，因为在他看来，这样的梦含有警告的意味，一种巨大的灾难会莫名其妙地降临到他的头上。因此，人们会因为无知和轻信使自己相当痛苦和烦恼。这样一来，他们张开大网捕捉不幸，他们的一生将会在没有意义的希望和惶恐的不幸中度过。

征兆。在人们偶然找到的各种自寻烦恼的办法之中，还有他们要预知未来奥秘的根本没有结果的幻想里，象征和征兆有着很高的地位。预言家们常常会将在某个特定时间发生的某一自然现象看作或吉或凶的预兆。而凶兆占了绝大部分，我们在折磨自己上表现得远比在探求周围事物产生原因来使自己高兴上更加尽力。我们走偏路只是为了寻找不舒服的感觉。好像生活的苦酒对我们来说还不够刺激，我们又找出更多的毒药添加进去，当然，我们不去生产这些毒药，它们根本就不存在。爱迪逊曾说过，"我们在无缘无故的小事中遭受到的苦难和在真正不幸中是一样的。我们都知道，一颗飞逝的流星能够打破夜晚的宁静。曾经也见过一个处于热恋中的男人，在刚刚闪过一个愉快的想法时便面带忧郁，不思茶饭。午夜的一声枭叫给一个家庭造成的恐慌比一伙强盗来得更猛烈，就连一声蟋蟀的鸣叫都比一声狮吼更让人害怕。面对充斥着预言和征兆的想象能够表现出十分淡定样子的事情很平常。一只锈迹斑斑的铁钉或者是一只弯曲的别针突然间就变成超凡的东西了"。

在爱迪逊写了以上这些话过后的125年里，很多奇怪的说法不攻自破。时间的车轮会将众多的荒谬言辞辗得粉碎。然而这些东西的主体仍然存在，那些意志薄弱的人依然会因此而感到惊恐和痛苦。而事实上，不仅低微无知的人会迷信征兆，有一位有很大名望、率领大军的将军也坚持相信裹尸布的幻影出现在烛光中是不吉利的兆头，应当警惕。虽然有些学问颇深的人得到了文学的最高荣誉，但他们仍死死抱住那微薄的荣誉不放，唯恐别人会抢走一点儿，因为"在人们正紧闭双眼熟睡不已的死寂午夜里，它们就被偷走了。"

在大街上有一只狗向着月亮狂吠，那些觉得迷信预兆对人类来说毫无价值和意义的人，也不得不坦诚，即便他们的理智还存在，可依然会在听到墙上一种被称为"死亡之钟"的小虫子发出的叫声时，或是看见一块中空的长方形碳块从火炉中蹦出来时，就会因感到死亡即将降临而内心充满恐惧。

除此之外，还有很多别的不幸征兆，它们一直警示着那些生活在世俗之中的软弱之人，甚至连他们打个冷战也会联想到这个时候正有个仇人在践踏他们未来的坟墓。要是他们早晨刚出家门就碰见一头母猪，会觉得这一天很不吉利；要是遇见一头驴，也是十分不吉利的事情。在梯子下穿过和忘记在圣·米歇尔节时吃鹅，或者踩到甲虫或者是吃了一对孪生坚果仁，这些都是十分不吉利的事情。对于那些无意中洒掉盐的人来说，他们会觉着这是不好的征兆。每一颗被洒落的盐粒都会给他这一天带来痛苦。要是13个人一起坐在一张餐桌前吃饭的话，其中肯定会有一人在这一年死去，而别人也都会跟着倒霉。这在一切征兆中是最不幸的了。吉青纳博士是个十分幽默的人，他曾说过，他发现有一种情况下13个人一起围着一张桌子吃饭确实会很糟糕，那就是饭只够12个人吃的时候。然而更糟糕的是，大部分人的思想并不是这样活跃，他们对这些也并不是有那种聪明的观点。相同的迷信几乎在欧洲各国中传播着，甚至有人认为13这个数字是代表着所有不吉利的事物。要是他们发现自己的钱夹里放着13枚硬币的话，就会像丢脏东西一样将多出来的一枚丢掉。达观的布莱哥在他优美的歌曲——《十三人共餐》（Thirteen at Table）中，以一种诗意来表达这个令人羞愧的迷信，并根据他往常的习惯将天才智慧的一课融在他的歌谣中。正当他在吃饭时将盐洒了出来，朝四周看了看，这才觉察到原来自己是第13位客人。就在他感叹自己的不幸，脑子中不断出现疾病、苦难和坟墓的景象时，忽然他因死神的现身而惊呆了。这个死神并不是以可怕的仇人面目出现的，也不是以飞速到来的吓人骷髅出现的，而是以光明天使的形象出现的。她暗示我们由于她的到来而感到害怕并折磨自己是十分愚蠢的行为。这时她就好像是人类的朋友，而不是敌人，她将我们从躯体的束缚中拯救出来。

要是人们可以如此看待死亡，健康而明智地生活，直至死神必然到来那一刻的话，他们可以去除更多的悲伤和烦恼！

在好兆头之中，最吉利的就是遇见一匹黑白相间的马了。要是能遇见两匹马那简直是中了头彩了，要是这时你吐三口唾沫，许个愿，那么你的这个愿望三天之内就会实现。要是你不小心把双脚的长筒袜左右穿反了，这也是一个吉兆。但是若你是有意这样做的话，你什么好处也不会得到。连续打两个喷嚏也标志着幸运，但要是你再打第三个的话，就不灵验了，你的好运也不会出现。要是一只陌生的野狗一直跟随你，而且对你摇尾巴献殷勤，还在你身上蹭着撒娇的话，这就意味着巨大的财富。要是一只陌生的雄性野猫来你家还和你的家人很亲近，这同样象征着幸运。可是要是它是只母猫的话，那结果就完全相反了。要是你家的花园来了一群蜜蜂，这意味着巨大的荣誉和伟大的功业就要降临在你头上。

除了上面这些探究未来的办法之外，你还能够利用仔细地感知身上各处的瘙痒来推测。例如，眼睛或者鼻子瘙痒，就意味着你将会有短暂的烦恼；要是你脚痒，你就会去陌生的地方；要是你胳膊肘痒，就表明你将会换一位朋友；右手痒象征着你很快就会得到一笔钱财；但要是左手的话，你将被迫将这笔钱花掉。

上面所说的只是在现代欧洲人们广泛相信的一些征兆。要是把一切征兆都列出来的话，你会对它冗长的篇幅感到厌烦。就是打算详细地讲述东方国家信奉的各种骗术也一样没什么好处。每个读者也许都会想起《特里斯·项狄传》（Tristram Shandy）中的那句涵盖万物的常用诅咒用语——如果你诅咒一个你记忆中或者是想象中的人，那么你必然会找到他。东方信奉征兆的内容丰富度一点儿也不逊色于西方。每一次身体的运动，每一次意念的活动，都会在特定的时间包含特定征兆。自然界中物体的每种形态，就连云彩的形状和天气的变化，每种颜色、声音，无论是人的还是动物的，抑或是鸟类和昆虫的，甚至是无生命的东西，都表现为一种征兆。对于引起一种没有价值的希望或者是一种足以令人进入困境的恐惧来说，并不是一切东西都是毫无价值或者无足轻重的。

由于信仰各种征兆而激发早期人们所说的迷信，也就是将那些相对来说更灵验的某个日子当作预知未来奥秘的时间。下面的资料是以原文的形式从十分受欢迎的布里吉特修女院长的著作《梦与征兆读本》（Dream and Omen Book）这部书中摘录的，能够展现出英格兰人的信仰。有关这些宗教仪式的久远历史，好奇的读者能够在《每日读本》（Every-day Book）中找到满意的解释。

"1月1日——要是一位年轻美貌的女子在睡觉前喝一品脱①掺进了小母鸡下的蛋和蜘蛛腿与鳗鱼皮粉末混合而成的冰冷泉水，并在喝之前用护身符来搅拌的话，那么就会在梦中显现出她未来的命运，这种魔力在一年中只有在这一天会灵验，其他时间就不行了"。

"情人节——如果一位单身女人在这一天早晨很早就从家里出来，要是第1个遇见的人是个女士，那么她这一年不会嫁人；要是第10个遇见的人是个先生，3个月之中她肯定会结婚。"

"报喜节②——以下的这些符咒在这一天中会应验：将31个坚果绑在一根细线上，再加上混合了蓝丝的红绒线，在睡觉前把它系在脖子上，而且在嘴里连续念着一句话：啊，我渴望！啊，我渴望遇见我所爱的人！"

"只要午夜过去，你的情人就会出现在你的梦中，同时你未来生活中可能发生的一切主要事件都可以在梦中预见。"

"圣·斯维新节前夕——找出你最渴望知道的三件事，拿一支新钢笔蘸着红墨

---

① 品脱（pint），容量单位，主要在英国、美国及爱尔兰使用。——译者注
② 3月25日为报喜节，意义侧重于玛利亚与天主合作，依照天主圣意给天主提供一条圣子降生、拯救万民的最好途径。——译者注

水在一张精致的纸张上将它们写下来，要事先把这张纸的四个角剪去并且把它们烧掉。写完后就把纸折成情人结，用自己的三根头发绑在外面。然后把这张纸连续在自己枕头下放3夜，那么你就会预知到未来的事。"

"圣·马克节前夕——当时钟敲响12点的时候，去最近的教堂南面的墓地里拔3把草（草越茂盛效果越好），在睡觉前放在你的枕头下面，而且将以下这段话虔诚地反复吟诵3遍以上：

'圣·马克节在预言的保佑下，我能够从容面对一切希望与恐惧，

让我知晓我的命运吧，无论是祸是福；

无论地位高低；

也无论未来是单身还是有如意郎君陪伴，我的星座掌控我的命运。'"

"要是那天晚上你没有做梦，你将终身过着悲凄的独身生活；要是梦见雷电交加，巨大的磨难和悲痛将会折磨你一生。"

"圣烛节[①]前夕（平安夜）——就在这天晚上（贞女玛丽亚的洁身之夜），在一间方形室里将3位、5位、7位或者是9位年轻少女聚集起来，房间的每个角落均垂下一束混合了芸香和迷迭香的甜草，然后放上一块面粉、橄榄油和白糖制作的蛋糕，每一位少女都相应承担部分费用。最后，将这块蛋糕平均切成小块，在切开每块蛋糕时都将相应的一位少女名字的首字大写字母标在上面，然后把这些蛋糕在火上烘烤1小时。在整个过程中少女们要紧抱双臂，交叉双腿，一句话都不能说。每块烤好的蛋糕都要拿纸包起来，少女们将所罗门圣歌的爱情部分写在纸上，然后回家放在她们睡觉的枕头下面，这样梦想就会实现。能看到未来的丈夫和孩子们，而且能够预知她将会有一个贫穷的家庭还是富有的家庭，生活是否舒适。"

"仲夏节[②]——采集3朵玫瑰花，拿硫黄来熏它，在白天3点整的时候将第1朵花在水松树下烧掉；然后把第2朵埋在一座新葬坟墓中；剩下1朵放在你的枕头下面，过了3个晚上之后，再拿木炭火将它烧掉。在这段时间里你会在梦里得知你未来的命运，而且按照布里吉特（Bridget）嬷嬷说的，最奇特的是，将要跟你结婚的那位先生会感到不安，直到他来找你这种感觉才会停止。除了这些，你还会永远出现在他的梦里。"

---

① 圣烛节在2月2日，即圣母马利亚产后40天带着耶稣往耶路撒冷去祈祷的纪念日。——译者注
② 仲夏节是北欧国家的传统节日。每年6月24日前后举行。——译者注

"圣·约翰节前夕——用最上等的黑色天鹅绒（质量差的没效果）做一只新的针插垫，在它的一面上用最细小的针以尽可能大的字刺上你的名字。另一面拿一些大针刺上一个十字，再围着它刺上一个圆圈。当天晚上你将袜子脱下来时把它放到袜子中，然后再把它挂在床脚处。那么你未来的生活就会一幕幕地出现在你的梦中。"

"当年的第一次新月——在一年中的第一次新月出现的这一天，打好一品脱清泉水，把一些白色母鸡下的鸡蛋的蛋清、一杯白葡萄酒，3枚去了皮的杏仁、还有一调羹白玫瑰水放进去。晚上睡觉前把这种水喝下去，但一定要喝足3口，多了少了都不行，与此同时反复诵读下面的诗句，要发音清楚，但不要太大声，以防别人听到：

> 要是我梦见纯净的水，
>
> 在黎明到来前，
>
> 这意味着我会遭受穷苦，
>
> 生来就不会富有。
>
> 要是我梦见在喝啤酒，
>
> 哪怕是次等品都能使我感到愉悦——
>
> 好运与恶运交替出现在我的身上，
>
> 悲伤和快乐随时会上演。
>
> 可是只要我梦见品尝的是葡萄酒，
>
> 我将终生富足快乐地生活。
>
> 酒味越浓，欢乐越多——
>
> 揭示我命运的梦啊，快点出现，快点出现！"

"2月29日——每隔4年这一天才会出现，因而对于那些热切希望预知未来的人们，特别是那些急切地想了解未来丈夫相貌和肤色的年轻少女们，这就是特别吉利的一天。要使用的符咒是这样的：把27枚最小号的别针以3枚为一组插进一只硬烛中。在它的底端点着，然后再把它放在一个用从处女的墓中收集的黏土烧制成的烛台上面。再把烛台放在壁炉的左角处，当12点时钟敲响的时候，马上睡觉。在蜡烛烧完后，就把别针拿出来放在你左脚的鞋里，这样一来，不出9个晚上，你就会梦见你的命运。"

讲到这里，我们已经简明扼要地回顾了不同的预知未来的方法，特别是那些当今社会人们还在用的方法。这些荒谬的行为在各国的表现都大致相同。一些在解释和含义等方面的不同也是由于民族的个性和特点造成的。山区的居民会将一些他们经常见到的自然现象当作未来的征兆。而平原的居民也一样会依据身旁的事物来寻求未来命运，与此同时他们的迷信增添了一些地方的特色。相同的精神力量驱使他们孜孜不倦地探究未来——同样地渴望知道上帝没有告诉他们的秘密。然而，人类关于这个的好奇心几乎不可能被全部根除。命运对于那些意志薄弱的人、无宗教信仰的人和愚昧无知的人来说，他们总是会为注定的死亡和疾病感到恐惧和厌恶，只要世界上存在这种思想，神学家们就会说这是亵渎神灵，哲学家也会说这是无稽之谈，虽然明知这一切都是徒劳的。但是，这些荒谬的观点大体上都被消除了。那些算命先生和预言家们以前的声望也不见了，因此不得不隐居度日，现在再也无法见到他们如同当初那样在光天化日之下大肆横行的场面了。我们可以发现，迄今为止已经有了很大的改观和进步。

古斯塔夫·勒庞点评

[1] 神秘主义是一切宗教和大部分政治信仰的精神基础，如果我们将其中的神秘主义因素抽离，那么，这些信仰将会失去蛊惑力，变得岌岌可危。

[2] 在群体中间，不存在不可能的事，如果想理解那种编造神话和传播捕风捉影的故事的能力，就必须牢牢地记住这一点。

[3] 大众的另外一个重要特征就是他们永远是最容易受人蛊惑的，总是会轻信他人，对事物极为敏感，对事物没有深入思考，缺少理性，于是也不可能作出任何反应。他们轻易就能被断言、传染、重复和威信所说服，而完全忽略事实和客观经验的存在。

第十六章

催眠术士

有人相信他们是神奇的贤哲，

有人认为他们已陷癫狂。

——毕替吟游诗

　　人们都知道，想象力对疾病有着很奇特的影响。虚弱轻信的病人会因为一个手势或眼神而忧郁、困扰，而要是信心充足，就是一粒面包药丸都比一切灵药管用。1625年布雷达围城，在用尽一切办法都毫无效果的情况下，奥林奇（Orange）亲王用善意的欺骗加上医疗手段成功地将所有患了坏血病而面临死亡的士兵都治好了。[①]我们也能联想到更多与此相似的例子，特别是来自巫术历史中的那些事例。那些滑稽的仪式、奇怪的手势和巫师术士粗劣的术语，总会令那些盲从、神经敏感的女人们惊恐万分，从而引起歇斯底里和一些其他类似的疾病。我们现在已经知晓了其中全部的道理，但在那时候这些疾病的症状却被当成是魔鬼在捣乱。不仅受害者和周围的人这样想，就连那些施展巫术的人也十分坚信。

　　在炼金术逐渐失宠却又竭尽全力挽回自己声誉的年代，一种以想象力为基础的新的欺骗性学说突飞猛进地发展起来，在炼金士家中也有很多崇拜这个的人。他们之中很大一部分人将原来的立场放弃了，转而推崇催眠术。这种学说最早的表现形式是矿物磁性说或矿物催眠术，后来又出现了动物磁性说（或催眠术），而后面这种说法到现在还在使用，在这整个过程中它曾将千千万万人都蒙蔽了。

　　最早吸引世人眼光的是矿物催眠术家，他们不愧于是现代庸医的"杰出前辈"。现在人们已经开始怀疑巴拉塞尔苏斯到底是不是炼金术的开山鼻祖，但他毫无疑问是一位催眠术家。本书中在有关炼金术的章节中已经提到，他几乎和所有擅长催眠术的专家一样，也是一位内科医生，而且他也装作自己不但能够炼金，追求长寿，还能治好所有的病。出于后一种目的的考虑，他成了将玄妙的超自然力量归结到磁石的第一人。很明显，他是被一种极其虔诚的信念驱使着，觉得磁石就是点

---

① 见凡·德·迈尔关于布雷达围城的记载。驻军染上了坏血病，奥林奇亲王将两三个小药瓶派人给医生送去，里面装着春黄菊、苦艾和樟脑混合调制的药液。他吩咐医生告诉士兵说这种药特别罕见、非常昂贵，是历尽艰难冒着极大风险从东方取来的。这种药效力很强，一加仑水中加入两三滴就会有特别好的疗效。士兵们汲其信任他们的统帅，于是都高兴地服了药，很快就好了。后来他们二三十人成群地围到亲王身旁，夸耀他的医术，十分感谢他。——译者注

金石。即使它不可以让金属变形，那么它至少也能缓解人类的痛苦，抑制恶化的病情。他花了很多年在波斯和阿拉伯游历，寻找东方神话中著名的硬石山。他将在巴塞尔行医期间给自己调制的一种灵药命名为"金丹（万灵药）"——一种石头或水晶。他说这种药有磁性，能够治好癫痫、歇斯底里和痉挛性疾病。很快，就有人开始模仿他的行为。他的声名与日俱增，也因此种下了这种谬误的首颗种子，从此以后就不断生根发芽，繁荣茂盛。即便现代有些从事类似职业的人坚决不承认，但它依然应该是催眠术的起源，因为我们看到，继巴拉塞尔苏斯之后又连续有规律地诞生了一些矿物磁学家，直到最后梅斯梅尔[①]的出现为这种欺骗性学说注入了新的血液。

巴拉塞尔苏斯吹嘘，他可以利用磁石将人体上的疾病转移到土壤中去，可以采用六种方式展开这种移植。其中一种就可以充分展现实施的方法和程序。"要是某人被病痛折磨，局部或全身都很疼痛，可以尝试一下这种方法。找来一块磁石，将它浸入木乃伊之中，全部混合在肥沃的泥土中。将几粒和这种病同性质的种子放在泥土中，然后仔细筛选一下再用木乃伊浸渍的土装入陶瓷容器中。每天用洗液清洗疼痛部位或全身，然后再拿这种洗液来浇种子。这样就可以把人身体上的疾病移植到埋在泥土里的种子上。然后将陶瓷容器中的种子移植到土里，它们就开始慢慢发芽生长。它们一边长一边病痛随之也就减轻了，等到它们长大后，疾病就会完全消失。"

耶稣会教士基歇尔十分相信磁石的功效，他和炼金术士争论，目的就在于揭发炼金术的欺骗行为。一位患疝病的病人曾经来他这里寻求帮助，他将一小块磁石化成粉末状要病人服下了，并且他将一块用铁屑制成的药膏贴在病人外部的突起处。他希望以这种方式在磁石到了内部的相应位置后会对铁屑和肿块产生吸引力。以他看来，经过这样的处理后，肿瘤很快就会安全地不见了。

在这种新磁性观点被广泛接受下，人们发现所有由于金属物质导致的伤口都能够用磁石来治疗。随着时间的推移，这种痴人说梦般的幻想不断扩大，人们觉得可以将剑磁化来治好所有的剑伤。这就是有名的"武器药膏"的缘由，在17世纪中期它曾一度盛行。以下的药方就是巴拉塞尔苏斯开出的，除了像穿透心脏、大脑或动脉之外的所有的利器创伤都可以治疗。"采集长在裸露放置的被绞死的小偷尸体

---

① 梅斯梅尔（Mesmer，1734—1815年），他认为可以通过让病人把脚放在有磁性的水中，同时手执与磁力场相连接的电线。——译者注

脑袋上的苔藓、木乃伊和依然有温度的人的鲜血各一英两①，人体板油二英两，麻子油、亚美尼亚红玄武土各两钱。将它们放在研钵中完全混合，然后将这类止痛药膏装进窄长方形的瓮中。"把利器浸入从伤口流出的鲜血中，之后仔细地涂上一层药膏，放在阴凉的地方。与此同时，拿干净的水将伤口反复冲洗干净，再拿一块柔软的干净亚麻布包扎好。每天将伤口化脓的地方清理干净或者做其他必需的处理。

《外国评论季刊》第十二卷中有一篇有关动物磁性说的卓越作品，在该文中作者讲到了这种疗法毫无疑问是有效的。"因为不仅将武器涂上擦油膏，外科大夫治伤几乎也按照这种办法。""武器药膏"在欧洲很多地方依然常常被提到，还有许多人急切地要求，希望对这种发明给予相应的荣誉。弗卢德大夫或那位炼金术士阿弗卢克提伯斯特别热衷于将这种发明介绍到英格兰。他以这种方式成功治好了几个病例。事实上这些一点也不神秘。他通过夸耀药膏的伟大功效来鼓励病人，让他们相信会痊愈的同时，他也从来没有忘记过比这些虚幻的东西更重要的治疗手段，比如处理伤口等，而这些手段不管什么时候都能起到治伤的目的。弗卢德又进一步说，要是磁石使用得合适，就能拿来治疗所有的疾病。但是，和地球类似，人体也分为南北两极，人体只有位于北部时磁性才能有效用！在他一度走红的时候，曾经有人质疑他和他最引以为豪的止痛药膏。然而，这几乎没有妨碍到人们继续迷信这种止痛药的奇特功效。一位"弗斯特（Forst）牧师"曾经写过一本名为《擦去武器药膏的海绵》的小册子。他在文中宣称，人们自己使用这种药膏或介绍给别人使用与推行巫术是一样的。魔王撒旦发明的这种药膏，他终究会怪罪每一个曾推行过这种药的人。弗斯特牧师说："实际上，撒旦亲自把这种药膏交给巴拉塞尔苏斯，他又转交给皇帝，然后又流传到了朝臣那里，朝臣又传给了白伯提斯塔·鲍塔，最后传到了弗卢德手中。弗卢德的职位是个大夫，现在就在伦敦城行医，此人尽其所能地保卫这种药膏"。弗卢德大夫在遭受此类攻击之后，便以发表解辩文章的方式为自己的药膏辩护。他的回答是："将弗斯特牧师的海绵挤干，从哪些地方可以看出拿海绵的人不正当地侮辱他的同行。他恶毒讽刺的文章火焰被真理浇灭了，最后，他拿去擦拭武器药膏的海绵功效被挤了出来，最终被完全消灭。"

这种争论产生后不久，又出现了一位对武器药膏更吸引人的虔诚信徒，这就是凯内尔姆·迪格比爵士，他是埃弗拉德·迪格比爵士的儿子。他的父亲由于参加了"火药密谋"而被处决。这位先生是一位博学能干的学者。但对他影响最为深远

---

① 英两：也叫"盎司"。英美制重量单位。1英两即1盎司，合十六分之一磅。——译者注

的还是炼金术士过分渲染的信条。他对点金石深信不疑并希望能够说服笛卡儿，用他一生的精力去寻求所谓的长生不老药或者是别的可以无限延长人类生命的途径。他让自己的妻子维尼夏·阿纳斯塔西娅·斯坦利吃用毒液喂养的阉鸡，希望她可以永远地把美丽留住。这种说法是维勒纳沃的阿诺德最早提出的。像迪格比这样精明强干的人，一旦他将武器药膏的说法接受了，就有发挥这种信念到极致的可能。但是，到他手中这种药膏却变成了一种被称为"同感粉"（Powder of Sympathy）的药粉。他在制造一种自己从一个卡迈尔派白袍行乞修士那儿学来这种知识的假象，而那位修士又是从一位波斯或亚美尼亚著名的东方哲学家那里学来的。詹姆斯国王、威尔士王子、白金汉公爵和其他很多显贵都对这种药粉的神效深信不疑。凯内尔姆爵士在蒙彼利埃将一个著名的医疗病例向一群学者宣读：詹姆斯·豪威尔先生写了一本著作，作品的名字叫《树木志》（Dendrologia），并且还有过一些其他的著述。有一次，他的两位最好的朋友正在决斗，正巧被他给碰上了，他怀着试图进行劝解的心理立刻冲到了两个斗士中间，他两只手分别抓住一位的剑柄和另一位的剑刃。盛怒之下，两个人完全疯了，对朋友的劝解置之不理，并竭力想把这个"障碍"给排除掉。其中一个人粗暴地把被抓住的剑刃撤了回来，这下不但对豪威尔的神经和肌肉造成了严重伤害，还伤到了手骨，差点割掉了他整个手掌；另一个人同时从他手中也把剑挣脱出来了，猛地刺向敌手的脑袋。豪威尔先生事发时迫不得已，迅速把那只受伤的手举起去阻止他的突袭。他的手背被剑刃狠狠地砍在了上面，伤得非常厉害。凯内尔姆·迪格比爵士说："当时他们好像是鬼使神差一般地都刺伤了自己最亲爱的朋友。要是他们的头脑在当时能够清醒一点，是会把自己的生命献给他们的朋友的。"当两个人看到豪威尔先生的脸被伤口崩出的鲜血溅满时，立刻扔掉了剑，不约而同地抱住他，并把他的手用袜带包扎起来，以防止他失血过多。然后他被两人带回了家，并立刻请来了外科大夫给他看病。詹姆斯国王对豪威尔大加赞赏，一听说他受伤了就马上派去了给他疗伤的御医。现在这个故事只有依靠凯内尔姆·迪格比的讲述才能得以继续了。"我们两家相距很近，这对我来说是一个很好的机会。四五天以后，他来拜访我，把他的伤口打开要求我看。他说，'因为我知道你有最好的药方来应付这种情况，我的医生考虑只有截掉这只手，才能防止它长坏疽'。当时，他的脸色告诉我，他正忍受着极大的疼痛。他告诉我，严重炎症造成的疼痛简直是无法忍受的。我告诉他为他效劳我感到非常荣幸，但是如果他知道我给他治疗是采用不碰伤口的反常举措，也许他就再也不会让我给他治疗了。因为他认为采用这种方式为没有用或者还不如说是一种迷信。他回答说，'许多有关您医疗方面的奇妙之处都是别人告诉我的，所以我一点都没有怀疑过它的效用，而且我可以用一句西班牙谚语来表达我想要对您说的所有话——让奇迹发生吧，虽然由穆罕默德带来。'于是我问他有没有一件沾有他手上血迹的东西，随后他立刻让人取来了几双包扎过伤口的袜子。然后我让人给我端过来一盆水，之后我把一把硫酸盐药粉从书房里拿了出来，并用水把它们溶解。刚拿来的那条沾满血迹的袜带便被我立刻放到了盆里，偶尔我会观察一下豪威尔先生的反应。一位先生正在和站在我房间角落里的豪威尔先生亲切地交谈着，对我所做的一切根本没有注意。然而在他好像不经意间发现了自己身上的一些微妙的变化后突然惊叫起来，我问他为什么这样，他说：'原来我苦于寻找让我一直感到痛苦的原因，但现在我发现痛苦消除了，有一种像是湿手绢般凉爽舒适的东西让我感觉在手上展开，它带走了让我备受折磨的炎症。'我回答说，'既然你认可我的疗法效果，我建议你除掉所有的膏药，保持伤口的清洁，不要过冷或者过热。'立刻有人把这件事情禀告了白金汉公爵，没多久国王也知道了，他们对此都很好奇，想弄清事情的来龙去脉。我在吃过晚饭后从水中取出了袜带，在火旁将它烘干。等袜带快被烤干的时候，豪威尔先生的仆人跑过来把他的主人感到自己正在被烧烤的事情告诉了我，似乎他的手正被放在燃烧的煤块中间烘烤。我告诉他，豪威尔先生现在的痛苦是短暂的，不久就会舒适起来。因为这种痛苦产生的原因我已经熟知了，它要尽可能地避免再出现。我对他说，也许他还没有来得及回去，手上的炎症便会被消除了。但是，如果他感到伤势并没有减轻的迹象，他就要立刻回来见我。反之，就不用来了。仆人按我的吩咐回去了，袜带又被我放入了水中，于是他回去后便发现他主人的病痛消失不见了。总而言之，后来他始终感觉良好，五六天之后开始结疤，不久就完全愈合了。"

这精彩的故事就是在凯内尔姆·迪格比爵士身上发生的。那个时代有一些实施类似疗法的人也开始虚浮自吹，气势不比他的低。当时也不是所有的人认为用"同感粉"或"武器药膏"来治伤是必须的。要是想治愈这把剑所致的创伤，那就可以用手对剑进行磁化（动物磁性说的第一线微弱曙光）。他们宣称，伤者会在他们的手指向上抚摩那把剑的时候，立刻感到伤痛缓解，但如果他们向下抚摩那把剑，他就会感到十分痛苦。

与此同时，还有一种让人更感兴趣的有关磁性神奇功效的观点。以这种观点看来，可以在人的肉体上制造一种"情感字母表"（Sympathetic alphabet）。人们有了它，就算是相距很远也能够尽情地迅速传递信息，沟通思想。双方各割下自己胳膊上的一块肉，然后趁着它仍然温热、还在滴血时就把它移植到对方身体中。尽管肉会在对方的体内继续"生长"，但它依旧和原来的主人相互联系，所以对它的一切伤害都能够刺激旧主人的敏感神经。再将字母表刺写在这两块移植皮肉上，这样一来，当他们要进行沟通时，只要其中一个人拿一根磁针刺一下胳膊，就算他们俩之间隔着宽阔的大西洋，这个通告也能被那位朋友马上接到，准备接收远方发来的电报。不管其中一个将哪个字母刺痛了，另一位胳膊上的相同字母就会感到疼痛。

有一位名声和凯内尔姆·迪格旗鼓相当的同时代人叫做瓦伦丁·格里特莱克斯（Valentin Gerrylex）。这个人从不提磁性说，也不需要任何理论就能给自己和他人营造一种骗术。这种骗术与矿物磁性说相比，和现时代的动物磁性说（催眠术）更接近。它曾一度盛行，那时非常流行研究它。这位先生出生在科克郡一个富有的家庭，他的父亲是一位爱尔兰绅士，他曾接受过很好的教育。他小的时候曾经得过忧郁性精神错乱。过了些时候，他就产生了一种冲动或者说是有一种奇怪的信念出现在他的脑子里。这种信念无论是在他清醒还是睡着时都会出现，他认为这是上帝赐予了他治疗瘰疬①的能力。

当他将这种信念告诉妻子时，妻子就会坦白地告诉他，他是个傻瓜。虽然这种信念是由最高统治者上帝赐予他的，他依然不敢肯定是不是真的，因此发誓想要验证一下自己身上的魔力。过了几天，他去看赛特斯桥的威廉·马赫（William Mach）。这个住在利斯莫尔教区的病人，他的眼睛、面颊和喉头都得了严重的瘰疬，十分痛苦。这位病人极其信任他，他拿手抚摸他，然后进行虔诚的祈祷。他发现短短的几天里病人病况就有了很大好转，为此他感到很满意。最后，借助于他的治疗方法，病人终于彻底康复了。这次的成功，使他坚信自己负有神圣的使命。随着时间的推移他又产生了新的冲动，他又在上帝的鼓舞下去治疗疟疾。随着时间的流逝，他的魔力延伸到了治疗癫痫、溃疡、疼痛和腐伤等更广泛的领域，一时间整个科克郡都沸腾了，人们纷纷来拜访这位超凡的医生。他在一些由臆想和压抑影响病情加重的病例中，的确是出手不凡。据他所述，附近许许多多的人前来求助于他，他甚至都没有一点独立的时间，也不能和朋友、家人欢聚。他每周不得不花3

---

① 瘰疬（scrofula），以颈部缓慢出现豆粒大小圆滑肿块，累累如串珠，不红不痛，溃后脓水清稀，夹有败絮状物，易成瘘管为主要表现的结核类疾病。——译者注

天的时间，从早上6点到下午6点来为患者治疗——将自己的手放在他们身上。不断赶来他这里的人太多了，连附近的城镇都装不下了，因此他不得不离开自己的家到了约尔。然而爱尔兰各地甚至英格兰的病人又涌到他这里。约尔的行政长官开始担心这里会蔓延出各种各样的疾病。甚至有几位穷苦而迷信的病人刚一看到他就晕过去了，他就将手放在病人脸上帮他们祈祷直到他们苏醒过来。不仅这样，他还说只要他的手套稍微碰一下，疼痛马上就会消除。有一次，他用手套从一位女人身上拉出了好几个曾经没完没了折磨她的恶魔，也可能是邪恶的精灵。格里特莱克斯说，"不论这些邪恶的精灵之中随便哪一个，都能在到达她的喉咙时使她窒息。"很明显，其实这位妇女得的只不过是歇斯底里罢了。

利斯莫尔主教管区的牧师们似乎比那里的人更能清楚地认识格里特莱克斯的所作所为。这位新的先知和创造奇迹的人遭到了他们的坚决反对。他被教长的法庭传讯，从此禁止他拿手去摸病人。但是他完全不理会教会，他认为自己的魔力是从天堂来的。他常常让人们晕厥，之后又让他们醒过来。这一点和现代的催眠家们很相似。终于他威名远扬，康威勋爵专门派人从伦敦去请他，恳请他马上去他那里给他的妻子看病。这位女士已经被严重的头痛病折磨了好多年，但即使是英格兰最好的医生也没办法治好她。

格里特莱克斯应邀前来，为康威勋爵夫人治病，并为她祈祷。然而他的疗法一点用也没有。那位女士的头痛病是多种原因造成的，病痛实在太严重了，她可谓是病入膏肓了，就连信念和丰富的想象也没有用了。格里特莱克斯在康威勋爵家住了好几个月，他的治疗办法跟在爱尔兰所做的一样。之后他又搬到了伦敦，在林肯法学会附近定居，那里马上又变成了那个大都市所有盲目迷信的女人们每天都会光顾的地方。这段时间（1695年），在《圣·埃夫勒蒙杂集》（Miscellanies of StEvremond）第二卷上刊出了一件有关格里特莱克斯的非常可笑的趣事，文章是以这位爱尔兰先知的名字命名的。它生动地勾勒出这位早期催眠术家的形象。很难说他装腔作势的样子是否比后来他的继任者更荒唐可笑，那帮后来的继任者都已经出现在了我们周围。

圣·埃夫勒蒙说，"当蒙·考明奇斯担任教皇和大不列颠国的大使时，伦敦来了一位爱尔兰先知，他将自己伪装成制造奇迹的人。曾经有些上流社会的人去蒙·考明奇斯先生那里请示去他家，想一睹他的奇迹。看在朋友的面子上，也由于自己同样好奇，预示大使就同意了，他对格里特莱克斯说特别想见他。"

"镇上很快就传开了先知要来的传说，病人很快就涌到蒙·考明奇斯住的旅馆。这些病人都笃信他能治好他们。他们花了很长时间等待那位爱尔兰人出现，最终在他们都要不耐烦时，先知终于来了。他样子很朴实，神情很严肃，一点儿也不像骗子。"考明奇斯先生想要细细地询问他，想要跟他探讨一下自己在范·海尔蒙和博迪那斯那里读到的事情。但是很遗憾，他根本没办法跟他交谈。这里聚集的人太多了，那些腿有伤残和别的围观的人等得都很不耐烦了，都想第一个接受治疗。仆人们为了维护治安不得不动用武力阻挡。然后，他们适当调整了一下围观者。"

"先知说是恶精灵带来了所有的疾病。每种疾病都是因为人的灵魂被恶魔拿走了而引起的。第一个看病的人患有痛风和风湿，他的病太重了，所有的大夫都治不了。'呵'，那个创造奇迹的人说，'我在爱尔兰已经无数次见到这种精灵了。它们的属性是水，会使身体不断颤抖，会令眼球流出水状的液体'。然后他对病人讲，'恶精灵，你不在你水中的住所而到这里，你不断地折磨着这个可怜的肉体，我要你马上离开这回到你原来的住处！'这段讲完，他就叫这个病人离开了，又叫另一位病人过来。这位病人说他一直被抑郁病折磨着，实际上，他表现得更像是一位疑症患者，这种病人总会想象自己有病。'空中的精灵啊，'爱尔兰人说道，'快回去，我要你回到空中，在暴风雨中去做好你原本的神职，不要再折磨这个可怜的肉体啦！'这位病人马上被请走了，又叫来第三位。这个爱尔兰人认为，这第三位只是在被一种小妖精折磨，一刻都受不了他的符咒。他装作用别人看不见的一些迹象将这些小妖精认出来，然后转身朝众人一笑，说，'这种精怪危害不大，它们常常对人很感兴趣'。人们听他这样一说就会觉得他对精灵十分熟悉——它们的名字、职位、数量、职业以及它们所有命运的归宿他都了解。他夸耀说，相比于人情世故，他更加精通魔鬼的手段计谋。你都不能想象，就在很短的时间里他就得到了那么高的声誉。各处的天主教徒和新教徒都来拜访他，人们都认为上帝赐予了他权力。"

圣·埃夫勒蒙在最后提到了一对夫妇恳请格里特莱克斯将他们之间潜伏着的不和魔鬼驱走，并根据这个来对他在人们头脑中产生的奇怪影响作结论："人们如此深地信任他，失明的人能幻想看见了看不见的光线，失聪的人幻想他们能听见声音，腿残的人认为他们可以笔直行走，瘫痪病人觉得他们的四肢全部有了力气。由于渴望健康，病人暂时将自己的病痛忘记了，在那些单纯出于好奇的人和病人身上，想象力起到了相同的功效。好奇的人只是为了观看施加在病人身上的一种虚假的疗法，而病人会产生出一种将病痛完全治好的欲望，他们一起产生了不真实的想象。这就是这位爱尔兰人对人头脑的影响，也就是人的潜意识对肉体的影响。这时，在伦敦他所创造的奇迹成为人们讨论的核心话题，而这些奇迹又得到了权威人士的证实。原本半信半疑的人这回彻底放心了，而理智的人也不敢运用自己的知识去反驳它们。很明显，这个傲慢的得到专家首肯的催眠术家的错误轻易地就得到了胆小而又被束缚的公众舆论的尊重。那些已经看穿了这些幻想的人，从不对外人说自己的想法，因为他们知道，反对观点对于那些已经被迷信冲昏了头脑的人来说一点用也没有。"

就在瓦伦丁·格里特莱克斯这样为伦敦市民"催眠"的时候，还有一个叫弗朗西斯科·巴格奥的意大利人也热衷于干这个。在意大利他使用相同的伎俩，效果一点也不亚于前者。他只稍稍触摸一下身体虚弱的女人，或有时（由于要充分利用他们的幻想因素）借助于一种圣物令他们惊厥，表现出很多被催眠的症状。

除了上面讲到的几个人之外，欧洲各地也有几个博学的人开始专注于研究催眠术，他们笃信能够利用它有效地治好很多疾病。特别值得提一下的是一部范·黑尔蒙特出版的著作讲到了催眠术对人身体骨架的作用。还有一个叫巴尔塞泽·格雷西安的西班牙人，由于对这种观点有着大胆解说而著称。他说，"世间万物都处于磁性作用之中，其原因在于两点：第一，磁铁对铁具有吸引力；第二，铁随处可见。它只是自然法则中的一种建立人类和谐或产生人类分歧的变体。同时也是这种东西产生了同情、反感和别的感情。"

白博提斯塔·鲍塔是最先涉足于武器药膏的人，并且这些武器药膏都是福斯特神父异想天开提出来的。这位医生也对磁石的效验坚信不疑，而且治疗病人的疾病都是利用想象的方法。他的疗法因为过于夸张，所以别人斥责他是魔术师，就连罗马教廷也禁止他行医。塞巴斯汀·沃迪格在以相信催眠术而出名的圈子里，是特别引人注目的。身为梅克伦堡的罗斯多克大学①药物学教授的沃迪格，完成了一篇名为《新型精灵药物》的论文，并向伦敦皇家学会提交了这篇论文。这书其中的一个版本是在1673年印刷发行的。作者在书中强调磁性的影响在天地万物中都发挥着作用。他说，磁性使整个世界都处于它的作用之中，万物的生死存亡都是因它所致！

马克斯韦尔（Maxwell）是另一位迷恋于此的人，他的师傅便是巴拉尔苏斯，

---

① 罗斯托克大学：是德国北部及波罗的海沿岸最古老的大学，位于梅克伦堡－前波莫瑞州罗斯托克市，校园与城市融为一体。——译者注

他也是巴拉尔苏斯最为得意的弟子。他吹嘘说那位伟大哲学家的众多处方对自己已经丝毫没有神秘之处了。他于1679年在法兰克福发表自己的著作。下一段的论述可以体现出，他好像开始认识到了想象力不仅可以影响治疗病痛，也可以影响生产。

他说："如果你能够概括抽象出物质的实体性——增加灵性在肉体中的比重——唤醒沉睡中的灵魂，那么你就可以创造奇迹。如果你对此望尘莫及，不能将这一观点贯彻下去，你就永远创造不了奇迹。"事实上，这里将催眠术和任何同类幻想的所有秘密都显示了出来，增加灵性的成分——唤醒蛰伏状态中的灵魂，换言之就是使想象的作用得以充分地发挥——使信任得以诱发，使自信得以蒙蔽，于是做任何事情对你便成了举手之劳。蒙·迪波泰认可并援引了这一段话，出发点是想使物磁性学家们所提倡的理论得到确证，却事与愿违。如果他们对必须借助于马克斯韦尔提供的方法创造出所有奇迹的说法表示怀疑，那么广泛存在于自然界中的宇宙流体被他们假装用指尖注入病弱的肉体，又会发生什么样的事情呢？

18世纪初，有一个欧洲动物磁性学家从他们的学说中引证了一个例子，引起了人们极大的关注。有一群被叫做是"圣梅达尔的痉挛者"，聚居在他们最崇敬的圣者——圣·帕里斯神父的墓前，彼此交流怎样发惊厥。他们笃信，圣·帕里斯能够将他们所患的一切疾病治好。患歇斯底里的女人和存在不同症状的弱智的人从各处聚集到墓地。每天所有通往墓地的大路都会被大量的患者堵塞。他们渐渐地让自己变得兴奋，然后接连产生痉挛，同时其中有些很显然心智正常的人只能心甘情愿让自己遭受痛楚。一般情况下，这种折磨完全可以使一个人丧命。在文明进化和宗教上这种状况都必然是一种混合了糜烂、荒唐、迷信的丑闻。有些人双膝及地跪倒在圣·帕里斯圣灵前，开始祈祷。还有一些人大喊大叫，制造各种恐怖的噪声，女人们做这些更加卖力。在教堂一侧的20个女人全部痉挛，而另一侧也许会更多。她们特别激动，进入一种癫狂状态，做出各种丑陋下贱的行为。有些人甚至从被殴打和被虐待之中找到一种病态的快感。根据蒙泰格雷的记述（我们的引文也来自他那里），有一位女士特别喜欢这种虐待，只有最强烈地痛打她才能让她感到满足。有一位类似大力神海格力斯的人，手握一根铁棒，使足全力来打她。她不断地祈求他继续。他打得越厉害，她就越高兴，不断地喊着："做得好，兄弟，做得好！呵，真舒服！你对我真好呵！勇敢些，我的兄弟，勇敢些，再重一些，还要再重一点。"还有一位疯狂的人十分热衷于被殴打，卡雷·蒙蒂杰隆介绍了当时的情景。他拿着一个大锤使足力气打了她60下，也不能满足她。为了实验功效，后来他拿相同的工具用相同的力气，在打到第25下时就把一块石头砸出了一个洞。还有一个叫索内特（Thonet）的女人，勇敢地躺在猛烈燃烧的火盆上，夺得了"拨火棒"的绰号。还有人打算尝试一种更伟大的牺牲，打算将自己钉死在十字架上，蒙·德勒兹在批判"催眠术"时尝试来证明这种愚蠢迷信的癫狂是被催眠造成的，这些狂热的盲从者们在没觉察到之前就互相催眠了。也许他还能笃信，印度教的偏执狂一直保持水平伸展胳膊直到肌肉萎缩，把手指缩到手掌里，直到手指甲从手背上长出来，也都归功于催眠的神奇功效！

在六七十年间，似乎只有德国才有催眠术。一些明智的人，专心研究天然磁石的不同属性。有一位耶稣会的会士黑尔（Hare）神父，是维也纳大学①的天文学教授，由于磁化疗法而闻名。大概在1771年到1772年之间，他创造了一种特别的钢板，在病人裸露时能够医治好几种疾病。1774年，他告诉安东尼·梅斯梅尔他自己的这一套发明体系。后者改善和发展了他的成果，建立了全新的理论体系，开创了动物磁性说这一新领域。

反对这个新学说的人们都开始猛烈攻击梅斯梅尔，把他称为一个无耻的冒险家，这种说法当时十分盛行。相反，梅斯梅尔的门徒大力吹捧他，快要将他捧上天了，把他吹嘘成是再造人类的人。这和炼金术士们吹捧他们创始人的话语类似，他们宣称梅斯梅尔找到了可以让人类和创造他们的人进入一种更紧密联系的秘密，使人类的灵魂摆脱压抑它的肉体躯壳的束缚而重获自由，使人类可以克服时空的阻碍。以下是我们精选的一些梅斯梅尔装模作样的把戏，通过检测那些表面看来比较确信无疑的证据，我们能够迅速理解何种观点更为正确。这些作者认为，梅斯梅尔将自欺欺人作为骗人的手段，而凭借这一点就能够明白他为什么能够在本书中有一定的地位，还能够和弗拉尔、阿格里帕、博里斯、博曼卡廖斯特罗这些人并列。

1734年5月，梅斯梅尔在斯瓦比亚的梅泽堡出生，之后他又到维也纳大学学医药学，1766年获得学位。他的论文课题是行星对人体的影响，他用古老的占星术医生的办法论述了这个论题，这导致了他在那时和以后的时期都变得很尴尬。甚至在比这还早时，他伟大理论的某些模糊的观念就在他头脑里酝酿了。他在论文中说："太阳、月亮和恒星在它们自己的轨道里彼此影响；它们导致了地球上的潮汐现象不只存在于海洋里，而且也会表现在大气中。它们的形式类似，都借助于稀薄流动

---

① 维也纳大学：是奥地利历史最悠久的大学，也是德语区国家最古老的大学之一。成立于1365年，是27位诺贝尔奖获得者的母校。——译者注

的液体来影响有机体，整个宇宙都是这种液体，把世间万物相互联系成为一个协调的整体。"他说，这种影响在神经系统上表现得最为明显，而且造就了两种状态，他把它们叫做"弱强"和"减增"。他认为，正是这两种状态造成了有几种疾病总是会表现出周期性变化。他曾在他的后半生时见过黑尔神父，黑尔的观测结果令他更笃信他的很多观点都是正确的。他请黑尔给他做了磁板，然后更深入地满足自己的好奇心，他打算亲自来利用这些磁板做实验。

他后来做的实验成功到连他自己都感到震惊。使用金属板的人，由于盲目迷信它们而利用它们创造了奇迹。梅斯梅尔按照约定将他的实验结果报告给了黑尔神父。黑尔神父将这些实验报告以自己的名义发表了，而且在报告中说梅斯梅尔只是他雇来辅助工作的一位医生而已。梅斯梅尔觉得这简直是在侮辱他的人格，他觉得自己比黑尔神父更伟大。他公然宣称那项发明全部是他自己做的，他控告黑尔不守信，根本就是一个卑鄙小人，竟然把别人的发现据为己有。对此，黑尔展开反击，结果导致了激烈的争吵，就在几个月里成了维也纳知识界最有趣的奇闻轶事。最终，这次争论以黑尔的胜利而结束。梅斯梅尔也没有放弃，继续散布自己的看法，最终一个偶然的机会发现了动物磁性理论（催眠术）。

他的一位年轻女病人叫塞斯特琳，患有痉挛。这种病周期性发作，开始时是鲜血大量流到头部，然后发生昏迷、晕厥等症状。他通过运用那一套行星作用的体系，幻想自己可以预知病情的恶化和消退状况，他很快就减轻了病人的症状。他很满意自己这样得出的病因，也因此福至心灵，脑中闪过一个极佳的念头：以模仿上面说的有关潮涨潮落的周期性循环，他能够证实自己长期以来一直笃信的那种观点是没有错误的，也就是在组成我们这个星球的有机体中，也有类似天体间的彼此作用的一种影响。然而只要这一点被证实，他就能实现施展自己疗法的愿望。但后来他意识到，就算不用这些金属板，只用他自己的手逐渐朝病人的四肢推移效果也是一样的，而且他与病人距离的远近也不能影响他。

梅斯梅尔的理论这样就变得非常完善了。他对全欧的学术界宣布了他的发现，请他们更深入地进行调查研究。对他报告的唯一一回复是来自柏林科学院，而这个回复只是为了表示赞成他的理论，还将他恭维了一番。然而，他仍然没有放弃。他告诉所有愿意听他讲课的人，整个宇宙都充满了磁性物或流体——在一切人的身体里都能发现，人们能够借助于意志的力量利用这种过多的流体来和其他人交流。他在写信给一位维也纳朋友时说："我已经发现磁差不多是和电流一样的东西，借助有机体，它能够用相同的方式传递，并不是只有铁这种物质才能进行这种传导。我已经实验过纸、面包、羊毛、丝绸、石头、皮革、玻璃、木头、人类和狗这些东西，简单来说，我碰到的一切东西都会带有一种磁性，它们的磁性对于治疗病人的功效一点儿也不次于天然磁石。我已经采取类似充电的方式将瓷罐装满了磁性物。"

然而，梅斯梅尔很快就发现，维也纳并没有他想象中那么舒适。人们鄙视他那装模作样的举动，而且冷漠地对待他。塞斯特琳小姐这个病例并没有传播他的好名声，反而使他臭名远扬。他打算换个新地方尝试一下，很快就去了斯瓦比亚和瑞士。他在瑞士和著名的加斯纳（Gassner）神父相遇了。神父如同瓦伦丁·格里特莱克斯一样，也从事驱逐魔鬼、把自己的手放在病人身上为人治病的事情，并且以此为乐。他的治疗使女孩脆弱的全身开始感到痉挛，疑病症患者想象自己已经好了。他的房子周围整天围着一些腿脚不便的人、盲人和歇斯底里患者。梅斯梅尔马上就认可了他的治疗方法很有效，并且声明显然这些都是由他新发现的催眠术引起的。有一些神父的病人马上就被梅斯梅尔的理论吸引了，经过他的治疗之后大大缓解了病痛。然后，在慕尼黑医院里他又在穷人身上大展身手。而且据他（没有别人）所说，他又将一例角膜炎和黑蒙①成功地治好了。有了这些辉煌的经历，他又回到了维也纳，希望对手终究会沉默，至少能够让他们对自己新得到的荣誉和声名表示尊重，以便更认真地对待他的理论体系。

在那个城市的再次出现，也没比第一次顺利多少。他接下了将帕里迪斯小姐治好的任务，这位病人视力减退而且常常痉挛。他给她进行了好几次催眠，然后就说她已经好了。要是没有好，也是她的错，跟他没关系。那时候一位名叫巴斯（Bath）的著名眼科医生去看望她，表示那位小姐跟以前一样看不见东西，并且她的家人说她跟以前一样常常会痉挛。梅斯梅尔却坚信她已经好了。和那位法国哲学家相同，他不能让他的理论受到事实的影响，他说那是有人阴谋陷害他，在家人的教唆下，帕里迪斯小姐装作看不见，从而损害他的名声。

这次装腔作势治疗的结果，使梅斯梅尔终于意识到，维也纳肯定不是他的天堂。但是在巴黎，到处都是游手好闲的人和放纵的人，巴黎倾向于娱乐，寻找新奇事，正是他这种哲学家要待的地方。于是，在1788年他到了巴黎，开始谦卑地将自己和自己的理论介绍给一些名医。开始时，他得到的鼓励并不多，他发现人们不会支持、资助他而是更倾向于嘲笑。但是他这个人极其自信，能够顽强地面对困难和

---

① 即丧失视力，看不清事物。——译者注

挫折。他租了一所豪华别墅招揽所有愿意尝试这种自然界神奇力量的人。有一位德高望重的名叫蒙·德斯隆的医生投靠了他。从此，动物磁性说或催眠术在巴黎流行起来。女人们为此十分兴奋，相当狂热。他的名声在她们那分外羡慕的饶舌作用下传递到社会各个阶层。顿时，梅斯梅尔成为人们讨论的核心。他许下了各种美好的诺言，人们不管高低贵贱，不管迷信与否，都很快被这位神奇魔术师的神力所折服了。梅斯梅尔和别人一样明白想象力的巨大作用，他坚定地认为应该竭尽全力地把催眠术的魔力完全发挥出来。在整个巴黎，梅斯梅尔先生住的房子装饰摆设比任何一所房子都要豪华。他的大客厅相当精致宽敞，四面墙上都挂着镜子，客厅被透过重彩玻璃洒下的微弱光线蒙上了一层宗教色彩。走廊里充满了香检花的香气，最昂贵的熏香在壁炉上老式的花瓶中燃烧着，远远的小阁楼里不断地传来清脆悦耳的竖琴声，时不时地会从高处或低处传来女性悦耳的声音，房间里刻意保持着神秘的寂静被轻轻地打破了，也环绕在一切来客身边。

“没有比这更美妙的东西了！”所有来他的房子里寻求刺激的巴黎人都这样感慨。“多么神奇啊！”伪哲学家惊叹而羡慕，他们相信所有时尚的东西。“多有趣啊！”已经竭力的纵欲者惊叹，他们已经把情欲耗尽，他们渴望见到让他们眼前为之一亮的漂亮女人，想要以这种方式获得新的快感。

以下是催眠的具体方式：把一个椭圆形器皿放在客厅中央，最宽处有4英尺，深1英尺。有好多只酒瓶放在了器皿中，用磁化水装满，瓶塞紧紧地盖着，瓶口向上放置着，瓶颈朝外。然后往器皿注水将酒瓶没过，为了增强磁性，过一会儿就往水中放进一些铁屑，然后将器皿拿刺满了洞的铁盖封住。这种器皿被称为”baquet”（催眠器皿）。将一根活动的铁棒放进每个洞中，施加到病人不舒服的地方。病人围器皿坐好，手拉着手，将膝盖尽可能地夹紧，以确保彼此身上磁性流体流通。

然后几位催眠术助手进来。他们通常都是俊俏健壮的男性年轻人。这些催眠者将流体从病人的指尖灌入。他们拿膝盖将病人夹住，他们的脊柱和神经通路轻轻地按摩，更加轻柔地按摩女士的乳房。他们一直死死地盯着她们直到她们觉得难为情连脸色都变了，这就是在利用眼睛实施催眠。这时人们总是完全沉默，只是偶尔会有口琴或钢琴上的一串嘹亮的音符传来，或一位藏在高处的歌剧演员停顿很久后的轻柔动听的音乐声传来。女士们的面颊逐渐开始发亮，她们的想象就被放飞了。她们接连离开，都处在痉挛惊厥状态。有些人哭着撕扯自己的头发，有些人大笑着直到眼泪都流下来，另有一些人大喊大叫直到完全昏迷过去。

这就是癫狂状态的最高潮。这时，主角出现了，像布拉斯普罗那样挥舞着他的魔杖，希望产生新的奇迹。他身穿一件很长的淡紫色丝袍，上面绣着很多金色的花朵，一根白色的磁棒拿在手中，神态庄严，仿佛就是东方伊斯兰教国家首领哈里发①。他迈着庄重的步伐走进房间。他用严厉的眼神，威吓着那些神志仍然尚存的人，以缓解他们的病状。他拿手轻轻敲打那些昏迷之人，从眼眉到脊柱。在他们身体上用很长的白手杖敲打，碰到他们的胸部、腹部，那些昏迷的人就又恢复平常的状态了。他们平静了，因此就觉得他的法力很大。他们说，大师拿手杖叩击和手指在身体上轻触，他们能觉察到有一种时冷时热的气体从骨架中流过。

蒙·杜波泰特说，"梅斯梅尔在巴黎造成的巨大影响根本就没办法描述。在天主教会的最初时，从没有一种别的神学争端像这样激烈地对抗。"反对他的人不承认这个发现，有些人说他是骗子，有些人把他称为傻瓜，还有一些像神父弗亚德这样的人又说他是个将灵魂出卖给了魔鬼的人！然而他的朋友对他的赞扬一点儿也不比他的对手给他的谴责和攻击少。在巴黎和这件事相关的传单和小册子遍布各处，侮辱、谩骂和极佳的赞扬反击不相上下。然而自从女王在宫中赞许了他之后，社会上就再也没有反对意见了。

在蒙·德斯隆的建议下，梅斯梅尔挑衅地申请医学院检测他的学说。他建议选出24位病人，他对其中的12位实施催眠治疗，剩下的12位由医学院采取传统的、被承认的办法实施医治。他还说，为了防止争议，让政府来指派合适的人到现场观看实验。他们不应该是医生，问的问题也不是如何产生疗效，而是能否真正有效地治病。医学院不同意将问题只限定于此，因此他的提议也就作罢。

然后梅斯梅尔写信给玛丽·安托瓦妮特，打算通过她的作用来获取政府对他的保护。他盼望着可以赐给他一座城堡和一些土地，让他每年有充足的收入，使他可以自在地继续他的实验，避免受到对手的迫害。他暗示说，支持为科学献身的人是政府的职责。他说要是这里没人支持他，可能他就会带着他的伟大发现去更懂得欣赏他的国家。"在陛下您看来，"他说，"四五十万法郎用来做一件有利的事很容易，您的人民的福乐安康是最重要的。您应该肯定和奖赏我的发现，而我也会誓死效忠陛下。"后来政府同意，要是他能在医药学上发现什么，并把它告诉国王指定的医生，他就能从政府那里得到2万法郎和圣·迈克尔勋章。梅斯梅尔不愿意接受

---

① 哈里发（Khalifah），伊斯兰教职称谓。原意为"代理人"或"继位人"。——译者注

这种"赏赐"的条件。他担心国王的医生会将不利于他的事情报告给国王，因此他拒绝协商，说自己不看重钱，只想要政府马上认可他的伟大发现。然后他带着极大的怒火和反感隐居到矿泉疗养地，装作担心自己的健康，要喝那儿的水。

他从巴黎离开之后，医学院第三次也是最后一次通告蒙·德斯隆，让他不要再坚持动物磁性说，不然就把他从医学院驱逐出去。蒙·德斯隆不仅没放弃，反而说这种学说的新秘密又被他发现了，而且要继续验证。最后，在科学院的一个专门调查委员会鼓励和推进下，委派医学院皇家专门调查委员会来调查这些现象并且对此做报告。科学委员会里面都是巴黎的著名医生，有一些声名显赫的人物也在医学院皇家委员会中，其中有本杰明·富兰克林（Benjamin Franklin）[1]、拉瓦锡（Lavoisier）[2]和天文历史学家贝利。他们正式地将梅斯梅尔请进这个团体，但是每天他都会找到不同的借口缺席。相比而言，蒙·德斯隆更诚实些，彻底地相信出现在实验中的各种现象。委员会总是会质疑梅斯梅尔的实验里到底有没有出现这些现象。蒙·德斯隆每次都准时参加会议，不断地实验。

贝利这样描述他调查时亲眼看到的情景："大量的病人在催眠器皿旁边围坐成几排，以下面的方式被催眠：从器皿中直接拿铁棒传导，在身体上缠上细绳，用拇指接触旁边的座位传导，借助钢琴的乐声，或动听的声音令磁性遍布在空气中，催眠者也可以通过手指动作直接将病人催眠。有时催眠者会在病人面前轻移手杖，在脑袋上面或后面还有病痛的地方轻轻地挥舞，手杖总会顺着器皿上洞的方向挥动，整个过程中催眠者要一直用眼睛盯着患者。更要提到的是，催眠者用手掌抚摸疑病症患者，用手指按压腹部，这个过程通常要持续很久——有时连续几个小时，这也是为什么他们会被催眠。"

"这时，不同病症的病人会相应地做出各种不同的反应。有的平和安宁，看不出受到了影响的样子。有些咳嗽、吐痰，感到有一点疼痛，全身或部分发热、冒汗。还有一些会很躁动，出现痉挛。发生这种痉挛的人数，持续时间和强度都会让人感到诧异。一个人刚开始痉挛，剩下的很多人也会被影响。委员会成员发现有时这种痉挛竟然能够持续长达3小时以上。在整个过程中还会呕吐肮脏的黏液状物，有时还会有血丝。这种痉挛发作的特点是，四肢剧烈又不受控制地全身颤抖抽搐；

---

[1]　本杰明·富兰克林（Benjamin Franklin, 1706—1790年），18世纪美国最伟大的科学家和发明家，著名的政治家、外交家、哲学家、文学家和航海家以及美国独立战争的伟大领袖。——译者注

[2]　安托万·洛朗·拉瓦锡（A.L.Lavoisier, 1743—1794年），法国著名化学家，近代化学的奠基人之一，"燃烧的氧学说"的提出者。——译者注

喉头紧缩；疑病症患者会上下跳动且上腹部会运动——眼睛昏暗、眼光散漫——高声惨叫，哭泣或狂笑。痉挛之前和之后患者会很虚弱没有力气或产生幻觉，或情绪低迷，有时疲倦嗜睡。会因为忽然出现的小动静而感到惊颤，据说不断变换的钢琴乐声在很大程度上将会对病人产生影响。轻快愉悦的音乐会使他们更加烦躁，进而达到痉挛或惊厥的高潮。"

"任何景象都没有比这种痉挛更使人震撼的了，没有亲眼见过的人根本就没法想象。一些患者特别安静；相反，另一些患者却十分焦躁，让人惊奇。此外，还有很多重复出现的现象，病人之间感情十分亲密，观察者为此都感到很诧异。有些患者彼此十分关注，他们拥抱彼此，笑着彼此安慰，表现出有很多爱恋的样子。这些全部都是由催眠者的神力所引发的。当他们处于一种困顿倦怠的状态时，催眠者只需要一点声音、一个眼神、一个手部动作就能从幻梦中唤醒病人。处于痉挛状态的病人大多数都是女人，男性病人很少。"

这些实验大概进行了5个月之久。就在实验即将开始之前，梅斯梅尔担心实验最后会严重毁坏他的名誉，到手的财富也会损失，因此打算返回巴黎。有些富有的有权势的人笃信他的学说，也追随他到疗养地。其中有一位叫贝尔加斯（Biagas）的患者，提议梅斯梅尔以他的名字募捐。共计100份，每份100路易①，前提是他要将他学说的秘密告诉捐资人，而且要允许他们随意使用。梅斯梅尔兴奋地答应了。这里马上就聚集了大批的募捐者，结果，仅几天的时间，捐资不仅达到预定的数额，甚至还超过了14万法郎。

他带着这样一笔钱财返回巴黎，他的实验又重新启动。与此同时，皇家委员会也正在进行他们的实验。为了得到他的教导，他那敬爱的信徒们已经付给他一笔数目相当可观的学费，结果在乡下他的名声也很快传播开来。在法国各大城镇他们创办"协和会"展开实验，而且利用催眠术来治病。与此同时，某些"协和会"吸收了一些行为不端、浪荡的人。这些组织道德败坏，恶名远扬。这些人专门来观察年轻女孩的痉挛，以此为乐。许多类似的催眠术家竭尽全力抓住机会来满足自己的欲望，在那时成了声名狼藉的浪荡子。这些"协和会"逐渐在斯特拉斯堡、南特、里昂和其他城镇创建，参加这个组织的法国居民的人数也大幅增加。

最后，由不幸的贝利先生起草的委员会报告发表出来了。这份报告推理明确，严谨公正，不偏袒任何一方。在详细介绍了各种实验和实验结果之后，作者得出结

① 法国货币。——译者注

论，说对动物磁性说唯一有利的证据就是它对人体的影响——这种影响能够不使用这种手法或别的催眠手段就能获得——要是不了解患者，这些手段和各种仪式根本就没有用。这样看来，产生这种现象的原因根本就不是动物催眠术，而是想象力。

这份报告将梅斯梅尔在巴黎的名誉完全毁坏了。他很快就离开了巴黎，带着他的信徒们给他的34万法郎返回了他的祖国，在1815年去世，享年81岁。但是他种下的种子却开花结果了，而且在公众迷信的滋养下逐渐成熟。在法国、德国和英格兰，效仿他的人此起彼伏，有的甚至比这个创始人还要厉害，使得这种学说产生了连创建它的人都没有想过的魔力。其中，谬斯特罗将这种学说充分利用起来，使得自己声名大噪，成为玄妙秘术的一代宗师。但是，他根本就没有做出任何能够和普伊塞格侯爵和巴巴兰勋爵媲美的发现。后面这两位还相对诚实，因为他们先是自欺欺人然后才开始欺骗他人。

在布桑斯，普伊塞格侯爵有着数量可观的地产，当时他也曾经给梅斯梅尔募捐过。在梅斯梅尔那个大人物从法国离开后他就隐居到布桑斯，跟他的弟弟一同给他的雇农施展催眠术，给乡下人治好了各种疾病。他这个人十分纯真善良，他不仅给病人催眠，还管饭。在方圆20英里内，人们把他当作拥有神圣魔力的人。根据他所说的，他是在一个偶然的机会找到了这个伟大的发现。有一天他正在给他的园丁实施催眠，却发现他已经沉沉地睡去了。他突然想要像问梦游的人那样问他一个问题。在他提问时，园丁清楚而准确地回答了问题。普伊塞格侯爵又震惊又兴奋，他不断地实验，发现催眠时，"睡眠者的灵魂扩张，会进入自然界特别是和普伊塞格侯爵更加亲密的交流之中。"他发现，根本不需要更深入地催眠，处在这种状态时，根本不用说话或者做什么，他就能将自己的意愿传达给病人——实际上，身体不用做任何动作，就能够使灵魂和灵魂进行沟通。

同时他还做出了另一个更惊人的发现，这个发现更深入地证明了他的解释。像瓦伦丁，他发现很难对前来看病的病人进行催眠——他甚至连必须的休息和放松时间都没有了。在这时，他突然想到一个机智的权宜之计。他曾听梅斯梅尔说过，他能够磁化木头，那么他为什么就不能催眠一棵树呢？他马上着手行动。有一棵绿油油的大榆树生长在布桑斯的一个树林里，节日时农家女孩常常会在树下跳舞。在晴朗的夏夜里，老人们常常会坐在树下喝酒。于是，普伊塞格来到树下，开始发功催眠这棵榆树。首先，他伸出手去抚摸它，然后退后几步，将磁性力量不断地喷洒到树枝、树干和树根上，将很多圆形座位摆在树周围，用很多细绳缠在上面。病人坐好后，就彼此通过拇指进行碰触，形成流体通道直接交流。

这时，有两件东西令普伊塞格侯爵"痴恋成癖"——灵魂扩张的人和被磁化的大榆树。有关他和他的病人是怎样痴迷，用他自己的话来说最好不过了。在1784年5月17日他给他弟弟写信说，"要是你不来看望我，我亲爱的朋友，你将永远错过这个超凡的人。他的身体几乎彻底康复了。我一直在应用从蒙·梅斯梅尔那里获得的这种使人愉快的力量。我每天都念着他的名字为他祈祷，因为现在的我正将他的价值不断实现，能够有效地治疗周围的穷苦病人。他们都在我的磁性树周围聚集着，今天早晨就有130多人。这棵树也许是最成功的催眠物，每一片树叶都传递着健康，人们或多或少都有所获得。你要是看到这样卓越的人道主义画面肯定会兴奋的。只是遗憾的是——即使所有来这里的人我不能一一地亲自触摸，但是一个接受我的催眠的人——我的仆人——让我很高兴。他告诉我该如何去做。按他所说，我不必去触摸每一个人，只要一个眼神，一个手势，甚至一个愿望就足够了。而这个办法是一个乡下最无知的农夫教授给我的！在他到达临界期时，我觉得没有人比他更渊博、目光更敏锐、思想更深邃了。"

他在另一封信中讲述了用磁性树做的第一个实验："昨天晚上我带着第一位患者来到树下，我才将细绳缠在他身上，他就盯着树凝视起来，而且带着难以形容的吃惊表情尖叫，'我在那儿看到什么啦？'之后他的脑袋就垂了下来，彻底进入一种催眠状态。过了一个小时，我将他带回他家，然后让他恢复神志，好几个男女过来告诉他之前发生的事情。他固执地不肯相信他们说的话，他说像他这样虚弱，连走路都吃力，根本就不可能下楼梯来到树下。今天我又再次将这个实验重复了一遍，依然很成功。我告诉你，我一想到我做的好事，我就兴奋得快疯了。事实上，像普伊塞格夫人本人以及她的朋友还有我的仆人，这些所有我熟识的人都觉得很震惊而且怀着无比的敬仰，根本无法用语言来形容，但是他们的兴奋程度连我一半的狂喜都比不上。这棵树让我有了休息时间，而且今后它会给我更多。失去它，我就会变得焦躁，我将无法掌控我的身体。要是能这么说的话，我的存在都已经得到延伸了。"

然后，他又在另一封信中，更加浪漫地评论那个被他催眠的园丁，"从这个思想简单的人身上，也就是在这个高大健壮的23岁乡巴佬身上，在这个因伤痛和悲哀而被折磨的相当虚弱而又能够轻易被伟大的自然力所影响的人身上——就是在这个人身上，我再次声明，我被他引导，得到了知识。他被催眠时，便不再是一个不怎么能说话的农夫，他成为一个生命，一个存在，我不知道用什么名字来称呼他更合适。我根本不用说话，只要我当着他的面思考，他就马上能理解我的心思并且回答。假设有人走进房间，要是我愿意让他看到（而不是别的什么），他就可以看到那人，并且将我要说的话告诉他，虽然并不是跟我说的完全一样，但是内容大体相似。当他想再说一些不应该让精明的陌生人听到的话时，我会将他的思想流程中断，在一个字的中间将他的谈话打断，给他一个突然的转折。"

在那些受到这些异常事件的吸引而来到布桑斯的人中有一个名叫蒙·克洛凯的人，他是一位金融财产管理员。他对这些令人震惊的故事很感兴趣，彻底相信了蒙·布伊塞格对他说的所有事，而且这些远不能满足他。他曾经将他看到的情景和他相信的东西都记录下来了，这种骗术的进程在这些记录的作用下更加清晰。他发现病人被催眠进入深度睡眠时，肉体的全部器官都会听从智力器官的指挥。病人紧闭双眼，什么也听不见，只有在听到催眠者的声音时他们才会醒来。"要是在转换期有人碰触他或碰他坐的椅子，"蒙·克洛凯说，"都会使他特别痛苦，导致他的痉挛。在转换期，有一种超自然的神力被赋予在他们身上。在这种神力的作用下，他们在触摸其他病人时能感受到他的身体哪里患有病痛，甚至将手放在衣服上就能知晓一切。"另一个奇特的地方就是，这些睡眠者可以找出疾病，透视病人的腹部、胃部，并且给出治疗方法。但是，当催眠者觉得饿，让他们从这种状态中清醒过来时，他们就想不起之前发生过什么了。似乎从进入转换期到清醒过来的这段时间神奇地从他们的记忆中被抹掉了。催眠者不仅能让这些人听见他的声音，并且他只需在远处用手指一指他们，就能让他们跟着他走，尽管被催眠的人一直紧闭双眼。

这就是普伊塞格侯爵主持进行的催眠术。正当他在榆树下实施各种法术时，在里昂又出现了另一派别的催眠术家巴巴兰（badbaran）勋爵。这位先生觉得只需要依靠意志的力量，而不需要任何像手杖和催眠器皿这种设备的辅助，就能够给病人催眠，使其进入梦游状态。他为此进行了尝试，效果很好。他在病人床边坐下，祈祷他们接受催眠，病人就慢慢地进入跟普伊塞格侯爵所做的指令极其类似的状态了。顿时一大批数量和普伊塞格侯爵相当的催眠者都开始崇拜巴巴兰，自称为巴巴兰派。各地都有他们的影子，人们纷纷传说他们已经成功地实施了好几例治疗。这一派的信徒在瑞典和德国数量剧增，人们将他们称做"唯灵论者"，以此来和普伊塞格侯爵的追随者"经验主义者"相区分。他们笃信，梅斯梅尔所说的可以借助在自然界中处处弥漫的磁化流体所引起的动物催眠术的各种效果和影响，都可以利用一个人类灵魂来影响另一人类灵魂而产生。一旦催眠者和患者之间建立某种联系，催眠者就能够利用意志的力量从不同距离甚至几百英里之外作用于患者。有一位催眠者这样描述一个已经被催眠了的病人："动物本能在这人身上被凸显出来。他有着纯粹的不搀带其他杂质的动物洞察力。只有精灵才可能拥有他那样敏锐的观察力。他就类似于上帝，他的眼睛能够将自然界的所有奥秘看穿。当他集中注意力观察这个世界上的任何一种东西时——他的疾病，他的死亡，他最爱的人，他的朋友、亲戚、敌人——他能够在想象中关注他们的行为，他能将他们的行为缘由看透，他变成了一位医生、先知和神灵！"

现在我们就来了解一下在英格兰这些神秘的玄术获得的成就。麦诺德克医生原本是梅斯梅尔的学生，之后又做了埃斯隆（Esilon）的弟子。1788年他来到布里斯托尔，公开发表有关催眠术的演讲。他获得了意想不到的成功。伦敦许多有钱有势的人为了接受催眠或拜他为师匆忙赶到布里斯托尔。在乔治·温特（George winter）医生的《催眠术历史》中作出了如下的叙述："已有127位声名显赫的人到了这里，他们之中有1位公爵，1位公爵夫人，1位侯爵夫人，两位伯爵夫人，1位子爵，1位男爵，3位男爵夫人，1位主教，5位正直高尚的先生和女士，两位从男爵，7位议会成员，1位牧师，两位内科大夫，7位外科大夫，剩下还有92位体面的先生和女士。"后来麦诺德克定居在伦敦，在那里他依然成功了。

他先是呼吁女士们成立"健康协会"。他在文章里大肆吹嘘催眠术的各种功效，而且以自己是首位把这个引到英格兰的人而感到骄傲。在文中结尾处他得出结论："这种治疗办法不受性别或所受教育程度的限制。通常女性更富有同情心，健康和如何抚养后代也是她们最关心的问题。我应该感激你们公正的科学态度。因此我必须尽我所能为你们做一些贡献，让你们可以更深入地实现自己的价值和意义。考虑了这些之后，我提议创办'健康协会'，和巴黎的'健康协会'合作。累计20位女士报名之后，我们约定时间在我家里召开第一次会议，到那时请每位女士交纳15基尼，作为全部会费"。

1788年9月汉娜·莫尔（Hannah Moore）在写给霍勒斯·沃波尔的一封信中讲到麦诺德克制造的这出"恶魔的哑剧"，还说他和梅斯梅尔在巴黎的展览时一样，稳赚了一笔，数目竟达到10万元。

这个课题激发了公众强烈的好奇。就在这时，一个名叫霍洛韦（Holloway）

的人在伦敦开展了一系列有关动物催眠术的讲座。每个学生收费5基尼，赚了很多钱。画家卢泰尔堡和他的夫人也开始效仿他们开展这种利润颇丰的买卖。人们特别痴迷于此，都蜂拥而去，想要亲眼目睹一下。在哈默史密斯房子周围有时能够聚集3000多人，有很多人都不能亲眼目睹他们的神奇表演。演出票价在1~3基尼不等。卢泰尔堡以触摸的方式实施治疗，在这一点上他和瓦伦丁·格里特莱克斯一模一样，最后将自己伪装成上帝使者。人们将他的表演当作是奇迹，在1789年发表了关于这种奇迹的记录，题目叫做《哈默史密斯的卢泰尔堡先生和太太实施的新疗法一览，无需药物，一位上帝羔羊的爱人，献给坎特伯雷大主教阁下》。

这个"上帝羔羊的爱人"指的是一位名叫玛丽·普莱特的半疯老太太。她尊敬卢泰尔堡夫妇的程度近乎于崇拜。她选取《新约全书》中《使徒行传》第十三章中的一首诗作为她小册子的题词："看吧，你们这些鄙视的人，你们震惊吧，消亡吧！由于我就要创造出奇迹，一个你们这个时代不敢相信的奇迹，但终会有一个人告诉你们它的诞生！"为了给这位画家的治疗方法赋予一种宗教特性，她觉得女人再合适不过了，她们能够令这种疗法举世闻名。因为使徒说，男人是无法消除人类怀疑的。她说，从1788年的圣诞节到1789年7月的这段时间里，卢泰尔堡夫妇已经治好了2000人，"她们已经成了最适合揭示神圣指令的人。那些神圣指令来自上帝，仁慈地上帝已经授权他们将治病良方告知所有人，无论聋子、哑巴、瞎子、瘸子或跛子。"

在她给坎特伯雷（Canterbury）大主教的献辞中请求他写一种新的可以适用于所有大教堂的祈祷文。她说，什么都不能阻碍这种无价的发明得到它应有的重视。然后她恳请当地行政长官和有权势的人去拜访卢泰尔堡夫妇，和他们商议马上建造一所大医院等事宜，并且建议在建医院时应附带一个礼拜堂。所有的催眠家都很反感这个老太太的荒唐言论。表面上卢泰尔堡为了躲避她而离开了伦敦——但依然和妻子一同耍着那种伎俩。这种伎俩导致那个可怜的盲目信仰它的人思想混乱，也使得很多别的装作比那个老太太明智的人被欺骗了。

在1798年之前，伦敦城中的催眠术几乎都没被关注。在1798年，有人曾试图推行催眠术，但也只是以矿物的形式而并不是动物催眠术。在雷塞斯特广场有一个名叫本杰·道格拉斯·佩尔金斯的美国人在那里行医。他发明了著名的"金属牵引车"，获得专利。两个很小的强磁化金属构成的这种牵引车，就类似于黑尔神父最早制造的铁板。他认为，要是把它外用在疼痛的地方，然后轻轻地移动它，只和皮肤表面接触，这些牵引车就能够将痛风、风湿、中风和人体可能感染的几乎一切的疾病治好。关于这件事的传说迅速风行起来。有许多小册子在舆论界发行，大力鼓吹牵引车的疗效。牵引车卖到5基尼一副，佩尔金斯很快就赚了好多钱。这种新疗法可以使痛风病人忘记他们的痛苦，有了它风湿病也不见了。一般牙医很难治好的牙痛，遇到了佩尔金斯和他的神奇铁板就马上消失了。佩尔金斯是公谊会的会员，因此善良的公谊会大力赞助了这项发明。他们想要令这种伟大的发现给那些穷人恩惠，那些付不起佩尔金斯先生5基尼甚至5先令的人也能够享受到。他们资助了很多钱，建了一座医院，命名为"佩尔金斯学院"，来医院的所有人都能享受免费催眠。这种牵引车几个月内就被普及了，那个有幸发明它的人获取了5000英镑的报酬。

海加思大夫是巴斯的一位著名医生。在他回忆想象力是如何作用于治疗疾病时，突发奇想，想到一个好主意可以令牵引车的真正价值显现出来。佩尔金斯的治疗方法流传太广泛了以至于都无法质疑。因此，针对各种不同的传说，海加思大夫并没有当面驳斥，而是在许多人的亲眼目睹之下，将这个很多人笃信的疗法欺骗之谜平静地揭穿。他建议法尔科纳大夫做一个木头牵引车，将它的表面刷上漆，让它看起来像铁的东西，然后再试试它们会不会产生相同的效果和影响。于是他们挑选了巴斯医院的5位病人实施治疗。其中有4位长期患有严重风湿病，发作处分别在脚踝、膝盖、手腕和臀部，第5位患痛风也已经持续了几个月。在约好的做实验的日子里，海加思大夫和他的朋友们聚集在医院里，庄严地请出神话般的牵引车。其中就有4位患者马上就说他们的病痛已经没有了，有3位患者说他们不光病情好多了，而且受益匪浅。有1位感觉他的膝盖也温暖了，还说他可以在房间里走动。他试着走几步而且也真的成功了，虽然在此之前他几乎都不能动。患痛风的病人感觉自己的病痛正在快速消退，几个小时都觉得很舒服，而他刚一回到床上，却又开始疼痛了。第二天给他们用了真正的牵引车，他们描述各种情况用的话和之前几乎一样。

为了更加精确，过了几周又在布里斯托尔医务室进行实验。这次的病人肩部患有严重的风湿，手不能从膝盖上抬起来。他们拿来了神奇的牵引车，并且马上用在病痛部位。为了使得场面更加庄重，一位医生拿出口袋里的一个秒表来精确计时，还有一个人握着笔坐在旁边计下每分钟的症状变化。不到4分钟病人就觉得症状缓解了，并且将他的手指抬高好几英寸都没觉得疼！

海加思大夫将这些记录放在一个小册子里发表了，名为"想象力是疾病的起因和良药——神话般的牵引车是最好的例子"。对佩尔金斯大夫的体系来说，这种揭露是致命的一击。他的朋友和赞助人依旧不肯承认受骗，拿着牵引车在牛、羊、马身上做实验，说动物们能够从金属板中获得好处，但从木制牵引车中却不行。但是事实上根本没人相信他们。"佩尔金斯学院"被冷落了。佩尔金斯从英格兰溜走了，走的时候身上带着1万英镑，这些钱使他在宾夕法尼亚这座美丽的城市过落魄日子时得到了一丝安慰。

在一段时期内，催眠术在英格兰遭到耻笑。在法国，在大革命风暴的席卷下，人们根本没时间关注它。在斯特莱堡的"协和会"和其他一些大城市它也停留了一下，之后就被学生和教授这些人遗弃了。因为人们的注意力被更庄重的东西吸引了。在欧洲，这种催眠体系最早被这两个国家否定，然后它又寄居在一些富有幻想力的德国哲学家那里。在他们那里，催眠的功效越来越神奇：患者得到了先知的礼物，他们的想象力甚至超越于地球之外，他们可以通过脚趾和手指看、听，可以理解没学过的语言，只把书放在腹部就能明白书中内容。被催眠术迷惑的无知农夫可以迸发出比柏拉图的哲学更神圣的思想，可以大肆探讨对人脑的奥秘，他那深刻的观点、尖刻的言辞能够和世界上最博学的玄学家媲美，可以轻易地解决神学上最困难的问题，那种轻松就像一个清醒的人解开鞋带那样简单！

本世纪①最开始的12年里，动物磁性说在所有欧洲国家都很少被提起，就连德国人都忘记了他们丰富的想象，而被拿破仑的大炮和王国的兴亡唤醒返回到现实世界中来。这时，科学被一层模糊的乌云遮盖了，直到1813年蒙·德勒兹（Be Deleuze）的《动物磁性说史评》一书发表，这层乌云才被消散。这部著作将新的活力注入这种已经被淡忘的骗术。针对它是真是假，在报纸、小册子、专著、秘籍上再一次展开论战。许多医药界的名人研究其，致力于探求真相。

德勒兹著名论文的结论就是以下的论断："有一种流体连续不间断地逃出人体，而且'构成围绕在我们四周的空气'，这种空气由于'气流不固定'，对附近个体的影响并不能被感知。但是，它却'可以通过意志传导'，而且被引导时，它会以和人类的精力相适应的力量'产生一种气流'。它的流动与'燃烧的物体发出的光很像'，'在不同人身上它会表现出不同的属性。'它可以高度集中，'而且存在于树木里'。催眠者的意志'被动物所体现，手朝着相同的方向悔悟几遍'，就能够将整棵树都充满这种流体。当催眠者的意志将这种流体注入身体后，很多人

---

① 即作者所在的19世纪。——译者注

在催眠者将手放到他们面前还没等碰到时就会'有一种忽冷忽热的感觉'。有些人被注入充足的流体之后，会进入一种催眠梦游状态或催眠痴迷，而且在这种状态中，'他们能够见到催眠者身上围绕着像光晕一样的液体，这种光亮的液体从他的嘴到鼻孔，到他的头和手都在流动着，散发出一种很好的气味，让食物和饮水变得更美味。'"

人们也许会觉得这些观点已经足以被很多医生所接受，要是他们希望别人认为他们神志清醒的话。但是它仅仅是蒙·德勒兹先生提到的美妙东西的很小一部分。他接着说："当催眠术造成梦游时，在这种状态下的人一切感官都开始扩张。有几个外部器官，特别是那些视觉和听觉器官就会变得迟钝，但是视觉、听觉都转到了内部。视觉和听觉都通过磁化液体传导，任何神经或器官都不能影响这种液体，它可以直接把感觉传到大脑。因此虽然梦行者眼睛闭着，耳朵堵着，却不仅能听又能看，甚至比他清醒的时候更清晰。他能体会催眠者的意志，虽然那种意志并不会表现出来。他可以将自己的身体内部看透，所有和他有着催眠关联的人内部最隐秘的组织都能被他洞察到。一般情况下，他只能发觉有病痛的部分，并且只凭借直觉开处方。他拥有先知那样的见解和感受，一般是正确的，偶尔也会出错。他表达顺畅，表现出惊人的言语技能，当然难免也有些夸张。要是通过催眠者的英明引导，他就可以在一段时间里生动地变成更完美的人。但他要是受到不明智的引导，就会惊慌失措。"

在蒙·德勒兹看来，所有人都可以成为催眠者，都能够创造这些奇迹，只需依照以下的条件和规则：

> 暂时将你所学的医学知识和玄学知识都忘记。
>
> 将你脑中所有可能出现的抵触都驱除出去。
>
> 想象你的神力足够你将病痛握在手里并抛弃。
>
> 这种研究开始后6个星期之内不要思考。
>
> 秉承一种要做好事的积极想法，笃信催眠术的神奇力量，完全有信心使用它。简单地说，将所有的顾虑都排除，渴望成功，聚精会神地操作。

这意思就是，"要坚定信念，执著，将一切曾经的经历都摒弃，拒绝理智的声音，"这样你就能够做蒙·德勒兹所认为的那样完美的催眠者。

　　进入状态后，"将一切你认为可能会影响你的人从患者身边逐走，只将必需的目击者留下——要是必须有一个的话。要求他们不要参与一切你将要进行的事情，不要左右所有可能从中得到的结果，而只想着和你一样要给病人带来好处。让自己尽量舒适一点，既不太冷也不太热，进入一种所有东西都无法妨碍你自由行动的状态，谨防在静坐时遇到打扰。让你的病人尽可能坐得舒服，你在他对面一个稍高一点的座位上坐着。用你的双膝夹住病人的双膝，将你的脚放在他的脚两侧。先让他自我放松，什么都不要想，也不要想任何可能产生的影响，抛弃一切恐惧，使自己充满希望。要是催眠术会令他有短暂疼痛，也不要惊慌放弃，要让自己镇定，用你的手夹住他的拇指，然后用指腹接触他的指腹，用眼睛凝视他！你一定要保持这种姿态2~5分钟，直到你感觉你的拇指和他的温度相同。然后，你再将自己的手抽回，放到两侧。同时慢慢地翻转双手，手心向外，举到头部。这时将双手放在肩上，保持一分钟，然后轻轻地沿胳膊向下移动到指间。一边移动一边轻微地触摸，将这个动作重复5~6遍。连续翻转双手，起来前将双手从身体稍微移开一些。然后放在头上，停一会儿放低，离面颊1~2英寸时慢慢放下，直到肚脐。放置两分钟，将大拇指放到肚脐上，剩下的手指放在肋骨下，然后慢慢沿身体滑到膝盖。或者要是可以的话，可以放到脚上，保持静坐的姿态，将这种动作重复几遍。你要不断靠近你的病人，把手放到他肩膀上，慢慢沿他的背脊滑到大腿、膝盖或双脚。初步操作结束后，你可以不用再将手放到头上，可以从肩部开始，只放到胳膊上。从腹部开始，再到全身。

　　以上这些就是德勒兹推荐的催眠过程。甚至动物磁性说最固执的对手都会相信，只要那些脆弱、富有想象力、神经敏感的女人接受催眠就一定会痉挛。按照这种被强迫的姿态坐着——有一个家伙用双膝夹住她的膝盖又盯着她，直到她脸色大变，同时还要抚摸她身体的各个部分——这些已经完全可以让一个女人惊厥了，特别是如果她容易痉挛。同样，那些头脑稍清醒、身体相对强壮些的人受到催眠也能够被这样解释。这些手法能够产生的各种效果可以通过上千的例子显示出来，但是它们都有得益于催眠术的证据吗？它们能够证明磁性流体的存在吗？我们都知道安静、单纯和长久地保持一个姿势的躺卧可以令人昏昏欲睡或激动，模仿和将想象作用在一个虚弱之人的身体上时会令她惊厥，根本就不用催眠术或坟墓中的鬼魂来告诉我们!

在法国,蒙·德勒兹的书反响热烈,人们又投入成倍的热情去研究这一学说。第二年出现了名为《催眠术年鉴》的杂志,针对这种学说展开探讨。很快又出现了《催眠术大全》和很多其他杂志。几乎就在同时,法里亚(Faria)神甫,"创造奇迹的人",开始进行催眠。人们相信有更多磁性液体环绕他全身,他相比于绝大部分人都有更强的意志力,他的治疗相当成功。他的实验令人信服地证明了是想象力而绝不是假想的流体对这种享有很高声望的学说造成影响的真正原因。他把病人安排在扶手椅中坐好,让他们闭上眼,然后大声地以命令的口吻喊出一个字:"睡!"他什么手法都不需要——既没有催眠器皿,也没有流体的引导,但是他却能够让上百病人成功入睡。他夸耀道,他在那时就用这种方法让5000名患者变成催眠梦游的人。一般情况下需要重复这个命令3~4遍。要是病人依旧不肯睡着,神甫会一边把他从椅子上赶走,一边说这人不适合催眠,以此来解除困境。特别值得一提的是,催眠者们并不认为他们的流体是万能的。像健壮的人、心存疑虑的人、对它进行理智思考的人,这些人都不能被催眠,只有坚信它的人和身体或思维虚弱的人才可以被催眠。并且,由于担心后一类人会因为各种不同的原因对磁力产生抵制,这种学说的信徒们就会狡辩,称甚至有时他们也不能被催眠。只要在场的有一个不信或鄙视它的人,都将削弱或破坏这种流体的功效。蒙·德勒兹在教导催眠者时明确指出:"一定不要在爱问问题的人面前进行催眠,但是信仰催眠术的人们却坚持把它放进科学范畴内。"

古斯塔夫·勒庞点评

[1] 我们已经认识到,不同的过程能将个人带入一种完全丧失人格意识的状态,他会绝对服从于使自己失去人格意识的暗示者,做出一些同他的性格和习惯相矛盾的行动。通过极为细致的观察已经证实,个人长时间融入群体行动就会发现——也许因为在群体发挥催眠影响的作用下,也许是由于一些我们根本不知道的原因——自己进入一种特殊状态,这与被催眠的人在催眠师的操纵下进入的迷幻状态类似:被催眠者被麻痹了大脑活动,他变成了受催眠师任意支配的所有无意识活动的奴隶,有意识的人格荡然无存,意志和辨别力也不复存在,一切感情和思想都被催眠师所支配。

[2] 一些可以在群体中广泛流传的神话之所以能够发生,不仅是由于群体的极端轻信,也是由于事件在人们的想象中被做了错误的解释。明明是在群体眼前发生的最简单不过的事情,用不了多长时间就会变得面目全非。